Über dieses Buch Während der vergangenen drei Jahrzehnte hat sich in der Geschichtswissenschaft ein bedeutsamer Paradigmenwechsel vollzogen. Neue Fragestellungen führten zu neuen Wertungen, neue Methoden und Theorien erweiterten und veränderten das Problembewußtsein, neue Disziplinen und Präsentationsformen fanden ein aufgeschlossenes und kritisches Publikum. Einen Einblick in den derzeitigen Forschungsstand der Geschichtswissenschaft zu vermitteln, ist daher die Intention dieser Neuausgabe des Fischer Lexikon Geschichte. Es informiert über Methoden und Disziplinen, über zentrale historische Grundbegriffe sowie über historische Epochen. In den einzelnen Beiträgen werden aber nicht nur konzentrierte Informationen geboten, sondern sie spiegeln auch die derzeitige Diskussion der Geschichtswissenschaft wider, die von den unterschiedlichsten Positionen und Interessen bestimmt wird und vor allem eines deutlich macht, daß es kein allgemein verbindliches Geschichtsbild gibt.

Der Herausgeber RICHARD VAN DÜLMEN ist Professor für die Geschichte der frühen Neuzeit an der Universität Saarbrücken, besonders hervorgetreten ist er durch seine Arbeiten zur Alltags- und Kulturgeschichte. Im Fischer Taschenbuch Verlag: »Die Gesellschaft der Aufklärer« (4323), »Reformation als Revolution« (4366), (Hg.), »Armut, Liebe, Ehre« (4379), »Arbeit, Frömmigkeit und Eigensinn« (Bd. 4430), »Verbrechen, Strafen und soziale Kontrolle« (Bd. 10239), »Frauen vor Gericht« (Bd. 4431), »Religion und Gesellschaft« (Bd. 6644), »Hexenwelten« (4375), zusammen mit Norbert Schindler »Volkskultur. Zur Wiederentdeckung des vergessenen Alltags«, (3460) und »Entstehung des frühneuzeitlichen Europa 1550–1648« (Band 24 der Fischer Weltgeschichte).

Das Fischer Lexikon

Geschichte

Herausgegeben von
Richard van Dülmen

Fischer
Taschenbuch
Verlag

Redaktion: Ludwig Linsmayer

9.–10. Tausend: Dezember 1991

Originalausgabe
Veröffentlicht im Fischer Taschenbuch Verlag GmbH,
Frankfurt am Main, Januar 1990

Umschlaggestaltung: Buchholz/Hinsch/Hensinger
Gesamtherstellung: Clausen & Bosse, Leck
Printed in Germany
ISBN 3-596-24563-X

Die Autoren

BLICKLE, Prof. Dr., Peter, Universität Bern: Bauer; Reformation
BURKHARDT, Priv.-Doz. Dr., Johannes, Universität Eichstätt: Frühe Neuzeit
DEININGER, Prof. Dr., Jürgen, Universität Hamburg: Antike
GERTEIS, Prof. Dr., Klaus, Universität Trier: Bürger, Bürgertum
HANNIG, Dr., Jürgen, Universität Saarbrücken: Schule, Bildung; Mittelalter
HUDEMANN, Prof. Dr., Rainer, Universität Saarbrücken: Neueste Geschichte
JAEGER, Friedrich, Universität Bochum: Theorie der Geschichte (gemeinsam mit Prof. Dr. Jörn RÜSEN)
KOPITZSCH, Dr., Franklin, Universität Hamburg: Aufklärung
KUCHENBUCH, Prof. Dr., Ludolf, FernUniversität Hagen: Adel
LANGEWIESCHE, Prof. Dr., Dieter, Universität Tübingen: Revolution (engl., franz., russ.); Neuzeit, Neuere Geschichte
LOTTES, Prof. Dr., Günther, Universität Regensburg: Staat, Herrschaft
MITTERAUER, Prof. Dr., Michael, Universität Wien: Familie
MOOSER, Priv.-Doz. Dr., Josef, Universität Bielefeld: Wirtschafts- und Sozialgeschichte, Historische Sozialwissenschaft, Gesellschaftsgeschichte
NOWAK, Prof. Dr., Kurt, Universität Leipzig: Religion, Kirche
RÜSEN, Prof. Dr., Jörn, Universität Bochum: Historische Methode; Theorie der Geschichte (gemeinsam mit Friedrich JAEGER)
SCHIEDER, Prof. Dr., Wolfgang, Universität Trier: Faschismus
SCHMIDT, Prof. Dr., Gustav, Universität Bochum: Imperialismus
TENFELDE, Prof. Dr., Klaus, Universität Innsbruck: Arbeiter, Arbeiterbewegung; Industrialisierung
THAMER, Prof. Dr., Hans-Ulrich, Universität Münster: Politische Geschichte, Geschichte der internationalen Beziehungen
WEBER, Prof. Dr., Hermann, Universität Mannheim: Sozialismus, Kommunismus
WUNDER, Prof. Dr., Heide, Universität Kassel: Kulturgeschichte, Mentalitätengeschichte, Historische Anthropologie

Inhalt

Vorwort

Seit 1961, als die 1. Auflage des Fischer Lexikons Geschichte erschien, hat sich in der Geschichtswissenschaft ein bedeutsamer Paradigmenwechsel vollzogen. Neue Fragestellungen führten zu neuen Wertungen und Selbsteinschätzungen, neue Methoden und Theorien erweiterten und veränderten das Problembewußtsein, neue Disziplinen und Präsentationsformen fanden ein aufgeschlossenes, kritisches Publikum. Aber nicht nur dies nötigt zu einer völligen Neufassung; die gegenwärtige Problemlage und das kritische Aufklärungsinteresse verlangen nach neuen Zugängen und Orientierungen über historische Grundbegriffe, historische Probleme und methodische Überlegungen, ohne daß dies bisher in einem Grundlagenwerk ausreichend Niederschlag gefunden hätte. Die deutsche Geschichtswissenschaft hat in letzter Zeit die Zahl der historischen Reihen, Zeitschriften und Handbücher beträchtlich erweitert; erstaunlicherweise fehlt es an handlichen Informationsbüchern.
Das Fischer Lexikon Geschichte möchte einen Einblick in den Stand der derzeitigen Forschung vermitteln, wobei es allerdings weniger um eine historiographische oder begriffsgeschichtliche Erschließung geht als um die Vermittlung problemorientierter Kurzdarstellungen von zentralen Sachproblemen, Strukturzusammenhängen und Entwicklungsprozessen über die mitteleuropäische Geschichte hinaus. Freilich stellt jedes Lexikon einen Kompromiß dar, dennoch wurde bei der Auswahl der Artikel zu Themen und Grundbegriffen stets versucht, der gegenwärtigen Forschungslage entsprechend so objektiv und ausgewogen wie möglich vorzugehen.
Allgemein verfolgen die Mitarbeiter des Lexikons drei Intentionen: Bei einer klaren Konzentration auf die neueste Geschichte wurde doch stets das Ganze der historischen Entwicklung, womöglich bis in die Antike zurück, berücksichtigt. So sehr sich die meisten deutschen Historiker nach wie vor dem mitteleuropäischen Geschichtsraum verpflichtet fühlen, wurde doch stets versucht, gesamteuropäische Perspektiven gebührend einzubeziehen, darüber hinaus überhaupt die Internationalität der historischen Probleme zu berücksichtigen. Schließlich wurde zwar auch nicht auf politische Dimensionen der Geschichte verzichtet, aber entsprechend dem allgemeinen Perspektivenwandel steht die sozial- und auch kulturhistorische Problemaufarbeitung historischer Prozesse im Vordergrund.
Das Lexikon ist in drei Abschnitte gegliedert: Im 1. Teil geht es um die Grundlagen der Geschichtswissenschaft, wobei einerseits die wichtigen Probleme der Methoden und Theorien der Geschichte thematisiert, andererseits Überblicke über die historiographischen Richtungen der wich-

tigsten Disziplinen vermittelt werden. Geht es in diesem Abschnitt um die eigentliche Problemgeschichte der Geschichtswissenschaft, bringt dann der 2. Teil 15 Einzelartikel über zentrale historische Grundbegriffe, die nach drei Sachgesichtspunkten wiederum untergliedert sind. Diese Grundbegriffe betreffen 1. die Entwicklung und Geschichte der großen sozialen Gruppen (Adel, Bürger, Bauern, Arbeiter) von den Anfängen bis heute, 2. die zentralen epochenbestimmenden Ereignisse und fundamentalen Transformationsprozesse (Industrialisierung, Imperialismus, Faschismus, Revolution sowie Reformation, Aufklärung, Sozialismus/Kommunismus), 3. die gruppenübergreifenden Phänomene und Institutionen (Familie, Religion – Kirche, Schule – Bildung und Staat – Herrschaft). Der 3. Teil ist den Hauptepochen Antike, Mittelalter, Frühe Neuzeit, Neuzeit/Neuere Geschichte und Neueste Geschichte/Zeitgeschichte gewidmet. Die Gliederung folgt hier zur allgemeinen Orientierung zwar den bekannten Periodisierungsmustern, unterstellt sie aber sozialgeschichtlicher Problemstellung.

Die Beschränkung auf diese Auswahl von Themen und Begriffen ergab sich allgemein aus dem vorgegebenen Umfang des Lexikons, dann aber auch aus der Überlegung, daß wenige, umfänglichere Artikel hilfreicher sind als viele knappe. Nicht zuletzt bot sich auch dadurch den Mitarbeitern die Möglichkeit, nicht nur ein konzentriertes Gerüst von Informationen zu vermitteln, sondern eine Interpretation zu bieten, die zugleich einen Einblick gibt in die keinesfalls gleichförmigen Diskussionen der Geschichtswissenschaft. Sie werden im Gegenteil von unterschiedlichsten Positionen und Interessen bestimmt, und gerade diese Pluralität sollte auch das Lexikon wiedergeben. Ein allgemein verbindliches Geschichtsbild gibt es nicht. Insofern versteht sich das Lexikon auch als Beitrag zu einer Geschichtswissenschaft, die mit unterschiedlichen Methoden und Interessen, Fragestellungen und Sichtweisen sich der Öffentlichkeit stellt, auf ihre Probleme reagiert und dadurch einen Beitrag leistet zur politischen Kultur der Gegenwart.

Zweifellos ist das Lexikon ein wissenschaftliches Werk, es möchte den Forschungs- und Diskussionsstand aber nicht nur den Wissenschaftlern vermitteln, sondern vorrangig sich an Schüler, Studenten, an alle historisch Interessierten wenden.

Das Lexikon wäre nicht in dieser Form vollendet worden, hätten die Mitarbeiter nicht ihr volles Engagement eingebracht. Es ist nicht leicht, sich mit seinen Interessen und Problemstellungen an ein vorgegebenes Konzept anzupassen, ohne sie aufzugeben, ja sie in diesem Rahmen zur Geltung zu bringen. Für den Einsatz, die Flexibilität und die Diskussionsbereitschaft dankt der Herausgeber außerordentlich.

Saarbrücken, Januar 1989 — RICHARD VAN DÜLMEN

I. Grundlagen
Methoden und Disziplinen
der Geschichtswissenschaft

Historische Methode

Über die Regelbarkeit der historischen Erkenntnis. Historische Methode ist Inbegriff der Regelungen, die das historische Denken als Erkenntnisprozeß bestimmen und der Geschichtsschreibung begründbare Wahrheitsansprüche verleihen. Im Laufe seiner Entwicklung in der Neuzeit hat das historische Denken seine Regelungsmöglichkeiten vornehmlich in zwei unterschiedlichen Operationen gesehen: zunächst überwiegend in der literarischen Formung des historischen Wissens, in der Historiographie, und dann in der Produktion historischer Wissensinhalte, in der Forschung.
Wir knüpfen zunächst an die klassischen Methodiken des 19. Jahrhunderts an, die die Erkenntnisoperation der historischen Forschung auf ihre maßgebenden Regulative hin durchsichtig gemacht hatten. Mit ›Regulativen‹ sind die Verfahrensgesichtspunkte gemeint, die die Vielzahl und Unterschiedlichkeit der Forschungstechniken im Umgang mit dem Quellenmaterial in einen kohärenten Zusammenhang bringen. Sie bestimmen die drei Basisoperationen Heuristik, Kritik und Interpretation und ihre Abfolge als wissenschaftsspezifische Etappen des historischen Erkenntnisprozesses. Diese Dreiheit entfaltet sich in einem reichen Instrumentarium von Forschungsverfahren und ordnet sie zugleich zu einem methodischen Gefüge, das die Rekonstruktion der menschlichen Vergangenheit aus den empirischen Befunden, in denen sie als Erfahrungsinhalt gegenwärtig und zugänglich ist, organisiert.
Außer den Regulativen der Heuristik, Kritik und Interpretation existieren noch diejenigen methodischen Prinzipien der Forschung, die festlegen, wie die jeweils in den Zusammenhang einer ›Geschichte‹ gebrachten Aspekte der menschlichen Vergangenheit aus den Quellen erhoben werden können und müssen. Je nachdem, was aus der Summe des vergangenen Geschehens als Geschichte rekonstruiert wird, sehen die Verfahren der Forschung anders aus. Die Vielfalt dieser Verfahren läßt sich mit der Unterscheidung von Hermeneutik und Analytik ordnen.

Regulative der Forschung

Heuristik. Am Anfang der Forschung steht die historische Frage. Diese entscheidet bereits weitgehend über die Fruchtbarkeit und den möglichen Ertrag des von ihr motivierten und eingeleiteten Forschungsprozesses. Lassen sich methodische Gesichtspunkte angeben, denen man folgen muß, wenn man sicherstellen will, daß die historischen Fragen zu ertragreichen Forschungen führen? Solche Gesichtspunkte gibt es in der Tat, in negativer und in positiver Form. ›Negativ‹ bedeutet in diesem Zusammenhang, historische Fragen immer so zu stellen, daß sie über gegebenes

Wissen hinausgehen und die historische Forschung zu permanenten methodischen Innovationen nötigen. Sie sollten freigesetzt werden vom Anpassungszwang an Fragegewohnheiten, vom Folgegebot ausgefahrener Forschungsroutinen. Sie sollten offen sein für die Faszination des Unerhörten, des Fremden, des Verlockend-Ungefragten, für die Rätselhaftigkeit des Selbstverständlichen – kurz für all das, was jenseits des schon forschend erschlossenen Bereichs der historischen Erfahrung liegt.

Zur negativen Regel kommen zwei positive hinzu: Die eine bindet die heuristischen Intuitionen an die Orientierungsbedürfnisse der jeweiligen Gegenwart: Frage historisch so, daß deine Forschungen zu Ergebnissen führen, die unabgegoltenen Orientierungsbedürfnissen deiner Gegenwart entsprechen. (Forschungslücken sind noch nicht hinreichend produktive Forschungsanlässe.) Die andere Regel bezieht die historischen Fragen auf den Quellenbestand: Stelle deine vom Orientierungsbedarf der Gegenwart angetriebenen historischen Fragen so, daß sie auch forschend beantwortet werden können.

Plausibel sind historische Fragen und Probleme, wenn sie (methodisch geregelt) die Form begründeter Vermutungen haben. In dieser Form sind historische Fragen systematisch an den gegebenen Wissensbestand gebunden und auf seine Erweiterung und Vertiefung gerichtet. Erweitert wird er, wenn die Fragen die ihm zugrunde liegenden Erkenntnisstrategien unberührt lassen; vertieft, wenn sie auch die Deutungsmuster und Erkenntnisstrategien problematisieren, die die Wissensbestände zu historischen Sinnzusammenhängen organisieren, wenn sie also nicht nur den Blick auf neue Tatsachen lenken, sondern neu sehen lassen, den Blick selber verändern.

Heuristik ist jedoch nicht nur die methodische Aufklärung darüber, was gewußt werden soll, sondern auch die Bestimmung dessen, was gewußt werden kann. Die Heuristik wird dann zur Methode des Findens der Quellen, deren Informationsgehalt für die Antwort auf die gestellten historischen Fragen, für die Lösung der gestellten historischen Probleme notwendig und hinreichend ist.

Mit diesem operativen Schritt der Forschung führt die Heuristik vom innovationsträchtigen Fragen und gutbegründeten Vermuten zum weitverzweigten Dokumentationswesen mit einschlägigen Fachdisziplinen, die für die historische Forschung den Status unverzichtbarer Hilfswissenschaften haben (z. B. die Archivkunde).

Nach welchen Gesichtspunkten werden die Quelleninformationen erhoben und ausgewertet, die Auskunft über das spezifisch Geschichtliche der menschlichen Vergangenheit geben? In der Heuristik wird dieses Problem mit der Unterscheidung von Tradition und Überrest als Qualifikationen von Quellenbeständen diskutiert. Quellen haben Überrestqualität, wenn ihre Bekundung der Vergangenheit absichtslos geschieht, also nicht durch Zwecke der zukünftigen Erinnerung geprägt ist. Demgegenüber haben Quellen Traditionsqualität, wenn sich in ihnen solche Zwecke gestaltend niedergeschlagen haben. Während Traditionen bereits von sich aus Sinnbestimmungen an sich tragen, mit denen Zeitverläufe durch historische Deutung zu Geschichten qualifiziert werden, besitzen Überreste diese Sinnbestimmungen nicht. Ihnen kann ein geschichtlicher Sinn erst nachträglich im Akt der historischen Deutung angesonnen werden.

Diese Unterscheidung ist relativ. Die Forschung lebt davon, daß prinzipiell alle Traditionen Überrestcharakter haben, sich also in dinglich-gegenständlicher Form präsentieren und sich in dieser Form dann auch hinsichtlich ihres empirischen Wahrheitsgehaltes untersuchen lassen. Und umgekehrt künden alle Überreste immer auch von den Subjekten, die sie hinterlassen oder ihnen zumindest ihre Spuren aufgeprägt haben; sie sind ohne Bezug auf die für diese Subjekte lebenswichtigen Sinnbestimmungen ihres Handelns nicht als historische qualifizierbar. Die historische Forschung vermittelt dieses heuristisch vorgegebene Spannungsverhältnis zwischen dem Sinn- und dem Tatsachencharakter der Quellen.

Kritik. Quellenkritik ist die Forschungsprozedur, in der aus den Relikten der Vergangenheit zuverlässige und überprüfbare Informationen darüber gewonnen werden, was, wann, wo, wie und (in bestimmten Grenzen auch:) warum der Fall war. Sie läßt sich in drei methodische Verfahren aufgliedern:

a) Die äußere Quellenkritik untersucht den Aussagewert einer Quelle. Die traditionelle Bezeichnung ›Kritik der Echtheit‹ sagt, worum es geht. Es sollte jedoch nicht übersehen werden, daß auch Falsifikate Quellen sind, allerdings nicht in dem Sinne, wie sie es zu sein vorgeben, sondern sie bekunden das, worüber sie täuschen wollen.

b) Die innere Quellenkritik untersucht die Informationsqualität der Quellen, und zwar nach den Gesichtspunkten der Zeitnähe und objektiven Möglichkeit. Beide Gesichtspunkte dienen zur Feststellung von Wahrscheinlichkeitsabschätzungen. Die Zeitnähe hat eine besondere Bedeutung im Rahmen einer Forschungsstrategie, in der es um die Dokumentation von Ereignissen und Ereignisfolgen geht. Da die Zuverlässigkeit der Erinnerung bekanntlich mit dem Zeitabstand zum Erinnerten abnimmt, nimmt die Plausibilität einer Dokumentation mit der Nähe zur Zeit des Dokumentierten im Prinzip zu. Bei der quellenkritischen Edition von Berichten und Urkunden hat es die Geschichtswissenschaft zu einer hochentwickelten Kunst der Rekonstruktion ursprünglicher Texte aus späteren und oft abweichenden Fassungen gebracht. Das Kriterium der

objektiven Möglichkeit überprüft Quellenaussagen auf ihre Kohärenz mit gesichertem historischen Wissen und darüber hinaus auch mit allen anderen einschlägigen empirischen Wissensbeständen.
c) Schließlich leistet die Quellenkritik noch eine Konstitution höher aggregierter Tatsachen. Damit ist eine Forschungsoperation gemeint, die aus den Quellenbeständen solche Strukturen von Tatsächlichkeit rekonstruiert, welche die Quellen selbst nicht dokumentieren können. Es handelt sich um Tatsachen höherer Ordnung, die in analytischen Forschungsverfahren (vor allem durch quantifizierende Methoden) ermittelt werden können, etwa Geburtenraten, Steigerungsraten eines Bruttosozialprodukts, mentale Faktoren einer politischen Kultur und ähnliches. –
Für die Erschließung der Quellenbestände, die für die traditionelle politische Geschichte maßgebend waren, hat sich ein fester Kanon von Hilfswissenschaften ausgebildet, der innerhalb der Geschichtswissenschaft subdisziplinären Status besitzt. Es handelt sich um die Chronologie, die Datierungsprobleme lösbar macht, die Paläographie, die Schriften lesbar macht, die Diplomatik, die den Informationsgehalt von Urkunden erschließt, die Genealogie, die Abstammungsverhältnisse klärt, und die Heraldik, Sphragistik und Numismatik, die die besondere ›Sprache‹ von Wappen, Siegeln und Münzen verständlich machen. Hinzu kommt noch die Historische Geographie, die die Auskünfte von Quellen über räumliche Gegebenheiten erschließt. Die modernen Forschungstechniken der Quantifizierung erheben die Statistik in den Rang einer wichtigen Hilfswissenschaft: Mit ihrer Hilfe kann die Quellenkritik quantitative Daten erheben. – Im Prinzip sind alle anderen Wissenschaften Hilfswissenschaften der Geschichtswissenschaft, insofern es in ihnen um Erfahrungsdimensionen geht, die auch die historische Erfahrung tangieren und um deren innere Struktur man wissen muß, wenn man feststellen will, was die Quellen an Informationen enthalten.
Die Quellenkritik garantiert mit ihren Verfahren diejenige Objektivität historischer Aussagen, die auf dem Tatsachengehalt von Geschichten beruht. Diese Objektivität ist fundamental und wesentlich für den Wissenschaftlichkeitsanspruch der Geschichtswissenschaft und natürlich auch für ihr damit verbundenes kulturelles Prestige. Allerdings ist dieser Objektivitätsanspruch begrenzt. Zumeist ergibt die kritische Auswertung der Quellenaussagen nur ein genaues Wissen darüber, was wir mit welcher Gewißheit wissen und nicht wissen können. Überdies ist der sich in den Quelleninformationen manifestierende Tatsachengehalt selbst noch nicht historisch; er erstreckt sich gerade nicht auf die spezifisch geschichtlichen Zusammenhänge zwischen den einzelnen Tatsachen. Erst die Interpretation hat als eigentlich historische Forschungsoperation diese Zusammenhänge zum Inhalt.

Interpretation. Interpretation ist die historische Forschungsoperation, die intersubjektiv überprüfbar die quellenkritisch ermittelten Tatsachen der Vergangenheit zu Zeitverläufen zusammenfügt, die als Geschichten dargestellt werden können. Die Interpretation macht also die Tatsachen allererst historisch. Die historischen Zusammenhänge, in denen die aus den Quellen methodisch ermittelten Tatsachen stehen, können als solche den Quellen nicht abgelesen werden; denn zu einem historischen Zusammenhang gehören gleichermaßen die zeitlichen Dimensionen der Vergangenheit, Gegenwart und Zukunft. Über letztere können jedoch die Quellen, die ja Tatsachen dokumentieren, keinen Aufschluß geben. Die Zukunft übersteigt prinzipiell den Erfahrungshorizont und die Aussagekapazität der Quellen. Deshalb kann ein historischer Zusammenhang nur post festum wahrgenommen, aber nicht in actu dokumentiert werden.

In jeder historischen Frage steckt (im Modus der Vermutung) die Vorstellung eines einzelne Tatsachen umgreifenden Zeitverlaufs, gleichsam die Idee einer möglichen Geschichte. Die Forschung verwandelt diese Idee einer möglichen Geschichte in eine wirkliche Geschichte. Die Quellenkritik liefert die Bausteine dieser Wirklichkeit, und die Interpretation schichtet diese Bausteine (um im Bilde zu bleiben) nach bestimmten Konstruktionsplänen der historischen Wirklichkeit aufeinander. Solche Konstruktionspläne sind Vorstellungen übergreifender Zeitverläufe, in die sich die Tatsachen ihrer Tatsächlichkeit gemäß einfügen lassen. Der Zusammenhang, den die Interpretation herstellt, entsteht im Modus von Narration, im Vollzug des historischen Erzählens als konstitutiver Bedingung des historischen Wissens.

Was macht historische Interpretationen überprüfbar? Der Vorgang deutend-interpretierender Zusammenfügung ist dann methodisch geregelt, wenn sich die dabei maßgebliche Vorstellung eines übergreifenden zeitlichen Zusammenhangs in einer überprüfbaren Art und Weise auf die aus den Quellen erhobenen Informationen beziehen läßt. Das geht nur, wenn diese Vorstellung als Wissenselement expliziert und als ein besonderes gedankliches Konstrukt auf die einzelnen Tatsachen bezogen wird. In diesem Bezug gewinnt es gegenüber den Tatsachen einen theoretischen Status. Dieser Status besteht darin, daß die Vorstellung des Zeitverlaufs gegenüber den in den Tatsachen gleichsam geronnenen einzelnen Zeitpunkten ein Allgemeines darstellt, das in den Tatsachen seinen jeweiligen individuellen Ausdruck findet. Im gedanklichen Vorgang dieser Individualisierung büßen die Tatsachen aber nicht nur nichts von ihrer Tatsächlichkeit ein, sondern sie werden überhaupt erst zu historischen Tatsachen; sie gewinnen ihre Historizität als eine eigene zeitliche Qualität. Zugleich laden sie sich mit dem Sinn und der Bedeutung auf, die sie im narrativen Zusammenhang einer Geschichte haben.

Die umgreifenden Zeitverlaufsvorstellungen, mit denen im Umgang mit den Quelleninformationen historische Zusammenhänge von Tatsachen ermittelt und empirisch plausibel gemacht werden, lassen sich als narrative Konstrukte explizieren. Es sind Baupläne, nach denen historisch erzählt wird, gewissermaßen konstruktive (Vor)entwürfe des zu Erzählenden. Ihre Verwendung in der Forschungsoperation der Interpretation kann als narrativer Theoriegebrauch erörtert werden. Solange jedoch die Arbeit mit theorieförmigen Wissenselementen in der historischen Forschung noch nicht den Status eines standardisierten methodischen Verfahrens hat und statt dessen häufig noch mit impliziten Vorstellungen übergreifender Zeitzusammenhänge gearbeitet und historisch erklärt wird, bleibt die methodische Regelung der Interpretation ein offenes Problem.

Strategien der Forschung

Heuristik, Kritik und Interpretation können auf unterschiedliche Weise vollzogen werden, je nachdem, was als Geschichte aus dem Erfahrungsbestand der Quellen erhoben werden soll. Maßgebend sind dafür letztlich fragende Vermutungen und theoretische Vorentscheidungen darüber, was als Geschichte forschend aus dem Quellenmaterial herausgearbeitet werden soll. In der methodischen Regelung der Forschungspraxis lassen sich grundsätzlich (und in sehr vereinfachter Form) zwei verschiedene Forschungsstrategien unterscheiden: die hermeneutische und die analytische. Sie beruhen auf prinzipiell verschiedenen Korrelationen von Tradition und Überrest bei der historischen Qualifikation des Erfahrungsinhalts von Quellen.

Hermeneutik. Hermeneutische Forschungsstrategien gehen von einer hohen Bedeutung der Quellenbestände aus, in denen sich die Sinnbestimmtheit vergangenen menschlichen Handelns und das Selbstverständnis der Akteure niedergeschlagen hat. Der spezifisch historische Charakter der Quelleninformationen besteht (aufgrund entsprechender heuristischer Vorentscheidungen) darin, daß die für die historische Erkenntnis maßgebenden Sinnkriterien und Deutungsmuster in den Quellen vor-gegeben sind. Vor-gegeben heißt: Die zeitlichen Verläufe der Vergangenheit werden nach Gesichtspunkten rekonstruiert, die auf der Ebene handlungsleitender Intentionen liegen, die also im Handlungszusammenhang der Vergangenheit selber als Sinnpotenzen wirksam werden. Die von dieser Vorannahme bestimmten Forschungsstrategien bevorzugen Quellen mit Traditionsqualität. Es stehen also Zeugnisse im Vordergrund, die Aufschluß über die Sinnbestimmtheit und die Absichten vergangenen menschlichen Handelns und Leidens geben, etwa: Dokumente politischen Handelns (Akten, Urkunden), zeitgenössische Geschichtsschreibung, Selbstzeugnisse der Akteure.

Das heißt nun freilich nicht, daß die zu erforschende Geschichte sich gleichsam in den Quellen schon selber erzählte. Wohl aber geben die Quellen eine Art Vor-Erzählung her; sie präsentieren die geschichtliche Qualität vergangener zeitlicher Veränderungen auf der Ebene der historischen Erfahrung, auf der diese Veränderungen durch sinnbestimmte Interaktionen vollzogen werden. Die historische Forschung gewinnt im Rahmen einer hermeneutischen Strategie neues historisches Wissen aus den Quellen im Lichte der in die Quellen selber eingelagerten Elemente von ›Tradition‹ (im Sinne objektivierter Sinnbestimmtheit), an die sich verstehend anknüpfen läßt. Überreste werden forschend auf Traditionen bezogen, Traditionen mit dem Informationsgehalt von Überresten verständlich gemacht.

Diese Forschungsstrategie war maßgebend für die Epoche des Historismus und wirkt als dessen Tradition bis heute weiter. J. G. Droysen hat sie mit dem bekannten Wort zum Ausdruck gebracht: »Unsere Methode ist forschend zu verstehen.« Bis heute werden Geschehensabläufe aus Handlungen rekonstruiert und mit den Absichten erklärt, die diese Handlungen im Interaktionsgeflecht ihrer Akteure bestimmten. So gibt es z. B. nicht wenige Historiker, die die Politik des nationalsozialistischen Deutschland verständlich machen, indem sie sie als Konsequenz wahnhaft weltanschaulich-ideologischer Überzeugungen Hitlers und seiner Gefolgsleute erscheinen lassen.

In der Heuristik bedeutet eine hermeneutische Forschungsstrategie, daß die historische Frage auf die Aspekte des vergangenen Geschehens zielt, die verstehbar sind. Entsprechend richtet sie den historischen Blick auf Tatbestände, die Sinnspuren an sich tragen, die besagen, was die Akteure dachten und wollten, als sie mit ihren (Inter-)Aktionen die historischen Prozesse vollzogen, die forschend rekonstruiert werden sollen. Daß die heuristische Sinnvermutung nicht in die Irre geht, wenn sie Geschichte im inneren Sinnzusammenhang zeitbewegenden Handelns und Leidens ausmachen will – dafür stehen als empirische Garanten diejenigen Kulturschöpfungen der Vergangenheit, mit denen diese bekundet, daß und wie in ihr selbst sich Sinn manifestieren und sich als Kultur objektivieren konnte.

Die Quellenkritik ermittelt aus den Sinnspuren, die die Vergangenheit hinterlassen hat, die in ihnen wirksam gewordenen inneren Bewußtseinsfaktoren. Es geht ihr um Tatsachen, die die Qualität der Verstehbarkeit haben: Diese Qualität besteht darin, daß sie als Ausdruck, Manifestation, Symptom oder Indikator sinnhafter Intentionalität des menschlichen Lebens gelten können. – Die Interpretation fügt diese Tatsachen zu zeitlichen Abläufen zusammen, die sich als Sinnzusammenhänge – etwa als Bewegung einer ›Idee‹, als Veränderung einer Staatsauffassung, als Herausbildung einer Gesinnungsgemeinschaft oder ähnliches – verstehen lassen. So läßt sich z. B. die nationalsozialistische Machtergreifung historisch-hermeneutisch aus dem Machtwillen führender Nationalsozialisten, ihrem skrupellosen Machiavellismus, also letztlich mit der ›Dämonie der Macht‹ erklärend verstehen.

Analytik. Ganz anders verfährt die analytische Forschungsstrategie. Sie folgt nicht den Verstehensmöglichkeiten, die die Quellen mit ihren Traditionsqualitäten anbieten. Sie beruht auf einem Geschichtsverständnis, das die entscheidende Qualität zeitlicher Veränderungen nicht in handlungsleitenden Absichten und Selbstverständigungen der Akteure, sondern in handlungsbestimmenden Umständen und Verhältnissen sucht, die sich durchaus den Verstehensmöglichkeiten und den Absichten der Betroffenen entziehen können. Die Geschichte wird in zeitlichen Zusammenhängen von dinglichen Tatbeständen forschend ausgemacht, die menschliches Handeln in wechselnden strukturellen Konstellationen bedingen (z. B. in Konjunkturzyklen).

Die analytische Heuristik fragt nach Wirkungszusammenhängen von Faktoren zeitlicher Veränderungen, nach Folgen objektiver Lebensbedingungen für subjektiv gesteuertes Handeln und dessen Auswirkungen für die Lebensverhältnisse. ›Geschichte‹ wird wie ein Sachzwang angesehen, dem die Betroffenen folgen müssen, um leben zu können (wie immer sie ihn dann deuten mögen). Ein solcher Wirkungszusammenhang besteht z. B. in frühneuzeitlichen Gesellschaften zwischen Klimaschwankungen, Nahrungsmittelproduktion, Preisentwicklungen und Lebenschancen verschiedener Gruppen und Schichten. Fragt man (um ein anderes Beispiel zu nehmen) historisch im Rahmen der analytischen Forschungsstrategie nach dem Holocaust, so geht es weniger um Rassenwahn und Antisemitismus führender Persönlichkeiten des nationalsozialistischen Regimes, sondern um ein komplexes System bürokratischer Strukturen und unkoordinierter Aktionen im Rahmen polyzentrischer Machtsysteme unter den Bedingungen eines totalen Krieges; es ist dann dieses System und nicht die Absicht von Akteuren, das die Entwicklung der Tötungsmaschinerie hervorrief. – Die analytische Kritik fragt nach Tatsachen, die sich unter abstrakte Regelmäßigkeiten subsumieren lassen (z. B. Geburtenziffern, Steigerungsraten gewerblicher Produktion). Ihre besonders prononcierte Form ist eine statistische Information (wie überhaupt die Quantifizierung ein – nicht das einzige und vermutlich auch nicht einmal das wichtigste – Beispiel analytischer Forschungsstrategien darstellt). Die analytische Quellenkritik macht Tatsachen theoriefähig. – Entsprechend verknüpft die analytische Interpretation Tatsachen solcher Art zu Sachzusammenhängen, die sich quer zu den Absichten und Verständnismöglichkeiten der Betroffenen vollzogen haben. Analytische

Interpretationsverfahren sind häufig durch expliziten Theoriegebrauch gekennzeichnet (z. B. Modernisierungstheorien, Faschismus-Imperialismustheorien). Erst im Lichte solcher Konstrukte gewinnen die Tatsachen ihr historisches Profil – sie bestimmen darüber, auf welche zeitlichen Verläufe und auf welche Interdependenzen einzelner Faktoren es ankommen soll. –

Die Unterscheidung zwischen hermeneutischen und analytischen Forschungsstrategien ist natürlich nur relativ. Eine historische Rekonstruktion zeitlicher Abläufe nach dem Leitfaden handlungssteuernder Absichten und Selbst- und Weltdeutungen kann – um diese Absichten und Deutungen wirklich verstehen zu können – auf die Überrest-Informationen der Quellen nicht verzichten und bedarf eines Wissens um handlungsbedingende Umstände und Verhältnisse. Umgekehrt muß in einer analytischen Forschungsstrategie der intentionale Faktor selber als Bedingung des Handelns gelten, als Teil der Umstände und Verhältnisse, die darüber entscheiden, was geschieht und was sich verändert. Die historische Forschung muß den intentionalen und den strukturellen Faktoren des menschlichen Lebens zugleich Rechnung tragen und macht dabei in unterschiedlichem Maße und in variierenden Konstellationen von den Möglichkeiten hermeneutischer und analytischer Forschungsverfahren Gebrauch.

Methodische Paradigmen der Forschung

Zur Geschichte des Methodenwandels. Die »historische Methode« als systematische Einheit von Heuristik, Kritik und Interpretation erstmalig theoretisch expliziert und gleichzeitig forschungspraktisch realisiert zu haben, gehört zu den unumstrittenen Verdiensten des Historismus.

In seinen wesentlichen Zügen war der Historismus eine ›bürgerliche‹ Erscheinung. In ihm spiegelte sich das kulturelle Selbstverständnis sowie die Interessenlage der bürgerlichen Schichten des 19. Jahrhunderts. D. h. aber auch, daß er theoretische und methodische Plausibilität nicht unabhängig von einer gesellschaftlichen Realität beanspruchen konnte, in der zentrale Implikationen der bürgerlich-liberalen Gesellschaftstheorie zumindest andeutungsweise realisiert worden waren bzw. im Werden begriffen schienen. Dieser Sachlage entspricht nur, daß der Historismus als etabliertes Methodenkonzept in dem Moment unter Rechtfertigungsdruck geriet bzw. durch alternative Forschungsansätze abgelöst wurde, als sich erhebliche Zweifel an der Plausibilität der klassischen bürgerlich-liberalen Emanzipationskonzepte anmeldeten. Das späte 19. und beginnende 20. Jahrhundert war eine sich verschärfende Krisenperiode der bürgerlichen Gesellschaft: Erster Weltkrieg, ökonomische Depressionen, eine Verschärfung sozialer Klassengegensätze sowie schließlich das Bewußtsein einer allgemeinen Kulturkrise dominierten weitgehend den Gegenwartshorizont der Zeitgenossen. In ihrer Gesamtheit ließen diese Krisenerscheinungen der bürgerlichen Moderne den hermeneutisch bestimmten Methodenbegriff des Historismus an seine ihm immanenten Grenzen stoßen. Sie bildeten den erfahrungsgeschichtlichen Hintergrund für die sog. Krise des Historismus seit der Wende zum 20. Jahrhundert und umschreiben gleichzeitig die theoriegeschichtliche Ausgangskonstellation eines Methodenwandels, aus dem die wichtigsten historischen Methodenkonzepte der Gegenwart hervorgegangen sind. In gewisser Weise haben alle bedeutenden methodischen Innovationsbewegungen, die das gegenwärtige Erscheinungsbild der Geschichtswissenschaft prägen, sowohl an diese Krisenkonstellation der bürgerlichen Moderne wie an den damit zusammenhängenden Zerfall des historistischen Methodenkonzepts angeknüpft. Mit Hilfe neuer methodischer Zugriffe auf die menschliche Vergangenheit werden Erfahrungsbereiche neu erschlossen, die im Rahmen der überlieferten Form der Geschichtswissenschaft nicht mehr zu deuten waren.

Im folgenden skizzieren wir drei etablierte Paradigmen posthistoristischer Forschungsstrategien hinsichtlich ihrer grundlegenden Methodenkonzeptionen: den Marxismus-Leninismus, die ›Annales-Schule‹ und die seit den 60er Jahren in Westdeutschland erfolgreiche Gesellschaftsgeschichte. Abschließend erörtern wir einige aktuelle Ansätze methodischer Innovationen der historischen Forschung.

Der Marxismus-Leninismus. Die von Marx und Engels seit den 40er Jahren des 19. Jahrhunderts ausgearbeitete ›materialistische Geschichtsauffassung‹ (Marx/Engels) ist bis heute ausdifferenziert worden zu einer ganzen Reihe unterschiedlicher ›Marxismen‹. In der geschichtswissenschaftlichen Diskussion des Westens hat sich der Historische Materialismus als Forschungskonzept nicht in größerem Umfang durchsetzen können, wenn auch seine Theorie- und Methodenangebote – insbesondere auf dem Gebiet der Heuristik – als produktive Herausforderungen zu eigenen theoretischen Anstrengungen aufgegriffen wurden. Demgegenüber hat sich der Marxismus in den sozialistischen Staaten zur allgemein anerkannten Grundlage der historischen Forschung entwickelt. Auf das Methodenkonzept dieses ›Marxismus-Leninismus‹ heben unsere Ausführungen ausschließlich ab.

Der Marxismus-Leninismus richtet heuristisch sein Augenmerk auf diejenigen Aspekte der historischen Realität, die er im Sinne seiner materialistischen Basisüberzeugungen als eigentliche Bedingung und Triebkraft des historischen Fortschritts erkennt. Heuristik ist im Verständnis der marxistisch-leninistischen Geschichtswissenschaft der systematische Ort, an dem Theorie und Methode ineinanderfließen. Die theoretischen

Grundüberzeugungen müssen hier zu den Kategorien und Strategien der empirischen Forschung operationalisiert werden. Ob dabei der theoretisch erhobene Anspruch, ein objektives Wissen um die gesetzesförmigen Strukturen der historischen Realität zu produzieren (und damit der Anspruch, geschichtliche Verläufe prognostizieren zu können), methodisch eingelöst werden kann, entscheidet sich an dieser Stelle des historischen Erkenntnisprozesses: bei der Formulierung der historischen Frage, ihrer Ausdifferenzierung zu einem Erkenntnis- und Forschungsproblem sowie bei der Entwicklung der diesem Problem angemessenen Kategorien. Der Anspruch des Marxismus auf Gesetzeswissen und Prognosefähigkeit bedeutet heuristisch, über Kriterien verfügen zu müssen, die es erlauben, die objektiv ›richtigen‹ Fragen an die historischen Phänomene zu adressieren. Zur Begründung dieses Anspruchs rekurriert der Marxismus nicht auf innerwissenschaftliche, sondern auf außer- bzw. vorwissenschaftliche Faktoren der historischen Erkenntnis. Im Rückgriff auf wahrheitsverbürgende politische Instanzen (z. B. auf die Partei) glaubt der Marxismus, diesen Praxisbezug des historischen Denkens objektivieren zu können.

Vor allem unter zwei Aspekten scheint diese objektivistische Wendung der marxistischen Heuristik jedoch problematisch zu sein: Zum einen argumentiert der Marxismus in gewisser Weise zirkulär. Er muß seinen Anspruch, Forschungsprobleme mit hohem heuristischen Objektivitäts- und Verbindlichkeitsgehalt zu artikulieren, begründen mit dem Verweis auf außerwissenschaftliche Autoritäten, die selbst bereits die Geltung der Grundlagen des Marxismus implizieren. Zum anderen wird die heuristische Frage- und Suchbewegung der historischen Forschung deutlich stillgestellt, wenn politische Instanzen zu Entscheidungskriterien über die Plausibilität historischer Fragestellungen auf forschungspraktischem Gebiet inthronisiert werden. Die relativ geringe heuristische Innovationsfreudigkeit der marxistisch-leninistischen Geschichtswissenschaft erklärt sich weitgehend aus diesem Umstand. In ihr ist die Heuristik als eigenständige Operation der Geschichtswissenschaft im wesentlichen zur Quellenkunde verkümmert. Das Interesse des Marxismus richtet sich gemäß seiner kategorialen Zugriffe auf Geschichte vor allem auf solche Quellenbestände, die Auskunft geben über ökonomische Zusammenhänge und Entwicklungsprozesse sowie über soziale Auseinandersetzungen zwischen den einzelnen Klassen als entscheidenden kollektiven Handlungssubjekten der Geschichte.

Auch im Hinblick auf die methodischc Operation der Quellenkritik sind die Modifikationen des Historismus durch den Marxismus erheblich. Während er die im Bereich der äußeren Quellenkritik erreichten Standards durchaus als universell gültig akzeptiert, hält er die Maßnahmen der inneren Quellenkritik für ergänzungsbedürftig: Der objektive Klassencharakter der Quellen muß ideologiekritisch rekonstruiert werden. Wie der Historismus erkennt auch der Marxismus die Interpretation (im Sinne der Produktion eines sinnhaften Zusammenhangs zwischen den quellenkritisch ermittelten Tatbeständen des historischen Wissens) als die Operation des historischen Denkens, in der sich der Prozeß der historischen Forschung vollendet. Jedoch lehnt er den hermeneutischen Begriff der Interpretation im Sinne des ›forschenden Verstehens‹ entschieden ab.

Zwar herrscht auch im Marxismus weitgehend Einigkeit darüber, daß das Erkenntnissubjekt keine Photographie der Vergangenheit herzustellen vermag, sondern daß ›Interpretation‹ immer auch eine Konstruktionsleistung des Subjekts darstellt. Allerdings ist diese nicht frei, sondern selbst durch bestimmte, durch die Subjekte selbst hindurchgreifende objektive Konstellationen präformiert. Der Marxismus hält am Prinzip der objektiven Erkennbarkeit der Wirklichkeit fest, jenseits aller konstruktiven Elemente der historischen Interpretation und einer von konkurrierenden Klassenstandpunkten geprägten Parteilichkeit von Erkenntnis. Er orientiert sich an einem Begriff von Geschichte, der sie als ein objektives Geschehen faßt, das durch materielle Bedingungsfaktoren gesetzmäßig determiniert ist und sich unabhängig vom Willen und Bewußtsein der Menschen vollzieht. Objektive Interpretation ist dann möglich, wenn sie diese materiellen Bedingungsfaktoren von Wirklichkeit in Rechnung stellt. Interpretationen vermitteln im Marxismus ein Wissen von etwas, was mit gesetzmäßiger Logik, d. h. auch unabhängig vom Akt der Interpretation selbst, geschieht. Sie vermittelt eher Einsicht in die Notwendigkeit, als daß sie noch geleitet wäre von der Perspektive der Befreiung aus den restriktiven Bedingungen einer Gegenwart durch eine zeitliche Orientierung des Handelns.

Die Annales-Schule. Die Schule der Annales in Frankreich fußt auch heute noch weitgehend auf den theoretischen und methodischen Neuansätzen M. Blochs und L. Febvres, die diese seit den 20er Jahren dieses Jahrhunderts entwickelt hatten. Die von ihnen 1929 gegründete Zeitschrift ›Annales d'histoire économique et sociale‹ (1946 umbenannt in: ›Annales – Économies – Sociétés – Civilisations‹) wurde darüber hinaus zum Sammelbecken einer Gruppe französischer Historiker, denen die Grenzen der traditionellen Fachwissenschaft zu eng geworden waren.

Die Kritik der Annales-Schule an der historistisch geprägten Fachwissenschaft entzündete sich an deren Fixierung auf die großen Ereignisse als den angeblich wichtigsten Manifestationen historischer Wirklichkeit. Sie machte demgegenüber geltend, daß die eigentlichen Bewegungsmomente des geschichtlichen Wandels sich nur im Blick auf tieferliegende

Schichten der Wirklichkeit enthüllen ließen. Hier seien die gegenüber dem Lärm der Ereignisse verschwiegeneren, aber gerade deshalb um so wirksameren Faktoren, Bedingungen und Triebkräfte des historischen Wandels angesiedelt. Die Annales-Schule thematisiert diese Tiefendimensionen und Determinanten der historischen Realität als ›Strukturen‹, als langlebige Rahmen des geschichtlichen Wandels, die der freien und bewußten Verfügbarkeit durch die Subjekte weitgehend entzogen sind (F. Braudel).

Die heuristische Bedeutung des Strukturbegriffs liegt darin, daß es den Annales-Historikern mit seiner Hilfe gelingt, die sozialpsychologische, die sozioökonomische und die soziogeographische Dimension der Geschichte thematisch neu zu erschließen und gleichzeitig im Rahmen innovativer Forschungskonzepte auch methodisch zu bewältigen. Mit dieser entschiedenen Historisierung bisher unterbelichteter Bereiche verbindet sich im Selbstverständnis der Annales-Schule der Anspruch, Geschichte nun ohne alle Verkürzungen ins Blickfeld treten zu lassen. Der Gedanke einer ›histoire totale‹ ist motivbildend gewesen.

Die sozialpsychologische Dimension historischer Realität erschließen die Annales-Historiker im Rahmen eines mentalitätsgeschichtlichen Forschungsansatzes. Sie zeigen, daß ›Mentalität‹ als eine kollektive, weitgehend vorbewußte, wenig ausdifferenzierte geistige Struktur keineswegs nur ein Bestandteil vormoderner Bewußtseinsverfassungen war, sondern als eine tendenziell irrationale Macht auch unsere Gegenwart noch weiterhin prägt; und zwar in einer Weise, wie sie von einer rationalitätsgläubigen, an intentional gesteuerten Ereignissen orientierten Historiographie nicht in den Blick gebracht werden kann. In klassischer Form hat L. Febvre diese Intention der Mentalitätsgeschichte bereits 1941 formuliert (C. Honegger). Hier dient der mentalitätsgeschichtliche Ansatz als methodisches Mittel, in der Rekonstruktion der irrationalen Elemente vormoderner Bewußtseinsverfassungen gleichzeitig die heimliche Kontinuität dieser mentalen Elemente des kollektiven Bewußtseins bis in unsere eigene Gegenwart hinein transparent werden zu lassen. Insofern trifft der oftmals erhobene Vorwurf einer Aufgabe des Gegenwartsbezuges mit entpolitisierender Wirkung für das mentalitätsgeschichtliche Forschungskonzept der Annales-Schule nur bedingt zu, wenn auch, wie z. B. in den Schriften des französischen Historikers E. Le Roy Ladurie, Mentalitätsgeschichte durchaus zu einer intellektuellen Flucht aus den als Zwang, Krise und Verlust erfahrenen Lebenszusammenhängen der Moderne verhelfen soll.

Neben dem mentalitätsgeschichtlichen Interesse ist die Frage nach den sozioökonomischen Faktoren und Bedingungen des historischen Wandels für die Annales-Schule konstitutiv. Nach dem Zweiten Weltkrieg ist dieses Forschungsinteresse ausdifferenziert worden zum Konzept einer quantitativen oder ›seriellen‹ Konjunkturgeschichte. Sie fußt auf der Erstellung langer statistischer Reihen, mit deren Hilfe quantitative Aussagen gemacht werden können über Verhältnisse und Kausalbeziehungen zwischen einzelnen Sektoren des Wirtschaftslebens und der Sozialstruktur bzw. über die Folgen langfristiger konjunktureller Trends für politische Zusammenhänge. Berühmt geworden sind in dieser Hinsicht etwa die verschiedenen Arbeiten von E. Labrousse zur Auswirkung der Preis- und Einkommensentwicklung breiter Bevölkerungsschichten auf den Ausbruch der Französischen Revolution. Die serielle Geschichtswissenschaft beansprucht, historische Trendaussagen durch eine ›kliometrische‹ Errechnung des Ausmaßes von Veränderung überhaupt erst wieder zu operationalisierbaren Kategorien der historischen Forschung gemacht zu haben (F. Furet).

Eine dritte Forschungsperspektive der Annales-Schule von großer heuristischer Fruchtbarkeit stellt ihre entschiedene Historisierung naturnaher Bereiche der menschlichen Lebenswelt dar. Insbesondere von Braudel und Le Roy Ladurie ist die Bedeutung klimatischer und geographischer Faktoren als grundlegender und unbeweglicher Strukturen von Realität für Prozesse historischen Wandels betont worden.

Die quellenkritischen Probleme, die mit dieser heuristischen Ausuferung der historischen Forschung verbunden sind, können noch lange nicht als gelöst gelten. Für die Mentalitätsgeschichte resultieren z. B. Probleme daraus, daß Quellen oftmals unter einer Fragestellung aufgegriffen werden, zu der sie nur indirekt etwas sagen (etwa wenn Testamente, die ja Erbschaftsangelegenheiten regeln und nicht über religiöse Auffassungen Aufschluß geben wollen, mit ebendieser Frage konfrontiert werden). Wie diese ›Indirektheit‹ der Quellenaussagen methodisch kontrolliert werden kann, ist ein schwieriges quellenkritisches Problem der Mentalitätsgeschichte, das nur im Rückgriff auf kulturanthropologische und ethnologische Methoden zu lösen sein dürfte.

Auch die ›serielle‹ Geschichtswissenschaft hat es mit neuartigen quellenkritischen Problemen zu tun. Da sich ihre statistischen Quellen oftmals über lange Zeiträume erstrecken, liegt die Frage nach der Vergleichbarkeit der Quellenbestände nahe. Die Quellen müssen über langfristige historische Veränderungsprozesse hinweg nach eindeutigen Klassifikationskriterien standardisiert werden. Eventuell auftretende Lücken müssen mit Hilfe von Extrapolationen und statistischen Hochrechnungen geschlossen werden.

Welches Interpretationsangebot macht uns die Annales-Schule im Hinblick auf die Erfahrungen zeitlichen Wandels? Sie integriert die von ihr erschlossene Vielfalt des historischen Geschehens nicht in ein neues Einheitskonzept, eine eigene Theorie historischen und sozialen Wandels. Dieser Verzicht bedeutet eine gewisse Einschränkung ihrer Interpretationsfähigkeit gegenüber den von ihr selbst heuristisch erschlossenen Erfahrungsbeständen: Zum einen fehlen der Annales-Schule Kriterien zur Vermittlung der einzelnen, von ihr thematisierten Strukturebenen der Geschichte. Und zum anderen folgt aus dem Verlust eines historischen Einheitskonzepts der Verlust des Gegenwartsbezuges der Geschichtswissenschaft. Deren Orientierungsfunktion müßte sich erweisen an der Gegenwartspraxis als dem eigentlichen Bestätigungsfeld historischer Einsicht. Eben diese wird jedoch in der Annales-Schule sowohl auf der kategorialen wie auf der thematischen Ebene nur unangemessen berücksichtigt. Indem man von ihr als dem nur ereignishaften Schein von Geschichte systematisch abstrahiert und gerade danach strebt, sie als den Lärm des Tages zugunsten tieferer historischer Einsicht hinter sich zu lassen, leugnet sie das praktische Aufklärungsmotiv, dem sie sich selbst verdankt.

Die Gesellschaftsgeschichte. Noch vor der Entstehung der Annales hat es in Deutschland – der Hochburg des Historismus – bereits gegen Ende des 19. Jahrhunderts Bestrebungen K. Lamprechts gegeben, die hermeneutisch bestimmte Methode des Historismus in ein Forschungskonzept zu transformieren, das den sozioökonomischen Zusammenhängen der modernen Industriegesellschaften Rechnung zu tragen versuchte. Dem in Deutschland fest etablierten Historismus gelang es jedoch, diese forschungspraktischen Innovationsversuche Lamprechts zurückzudrängen. Dieses Scheitern Lamprechts bedeutete letztlich eine Verhinderung methodischer Neuansätze bis in die 60er Jahre dieses Jahrhunderts hinein. Erst dann gelang es einer Reihe jüngerer Historiker, ein sozialgeschichtlich ausgerichtetes Geschichtskonzept theoretisch zu formulieren, methodisch-praktisch zu realisieren und gleichzeitig innerhalb des Wissenschaftsbetriebes zu institutionalisieren. Zu den Meinungsführern dieser als ›Gesellschaftsgeschichte‹ oder ›Historische Sozialwissenschaft‹ auftretenden Forschungskonzeption zählten v. a. J. Kocka, W. J. Mommsen sowie H.-U. Wehler. Wie bei der Schule der Annales bildet auch hier eine historische Fachzeitschrift – ›Geschichte und Gesellschaft‹ (seit 1974) – das institutionelle Zentrum der Gesellschaftsgeschichte.

Unter heuristischen Gesichtspunkten ist für die Gesellschaftsgeschichte die Frage nach den Voraussetzungen und Verlaufsformen des ›deutschen Sonderweges‹, der in die Katastrophen der 30er und 40er Jahre gemündet war, zentral. Die Rekonstruktion der Eigentümlichkeiten deutscher Geschichte erzwang eine komparative Perspektive, d. h. den Vergleich mit der historischen Entwicklung der übrigen Nationen der sich modernisierenden Welt des 19. und 20. Jahrhunderts. Unter diesem Aspekt haben sich für die Gesellschaftsgeschichte die Erklärungsangebote der komparativen Modernisierungstheorien als besonders tragfähig und von großem heuristischen Wert erwiesen. Diese bringen bei der Deutung der wichtigsten historischen Prozesse des 19. und 20. Jahrhunderts nicht mehr hermeneutisch verstehbare, sondern nur analytisch rekonstruierbare Bedingungsfaktoren und -konstellationen ins Blickfeld. Ökonomische Konjunkturschwankungen und Verteilungsprobleme, soziale Klassenbildungsprozesse, kollektive politische Ideologien als Wegbereiter nationaler Identitäten, demographische Trends und viele andere Faktoren des sozialen Wandels bekommen gegenüber kultur- oder politikgeschichtlichen Zusammenhängen eine ungleich größere Bedeutung beigemessen, wenn auch diese nicht vollständig vernachlässigt werden.

Die Gesellschaftsgeschichte ist bei der quellenkritischen Überprüfung des Aussagegehalts der von ihr heuristisch thematisierten Quellenbestände auf die methodischen Verifikationsinstrumente einer ganzen Reihe von Hilfswissenschaften angewiesen. Diese sind vornehmlich im sozialwissenschaftlichen Bereich angesiedelt. Aber auch im geisteswissenschaftlichen Bereich entdeckt die Gesellschaftsgeschichte durchaus hilfswissenschaftliche Bundesgenossen, mit deren Hilfe sie auch hermeneutisch zu erschließende Überlieferungsbestände mit neuen Formen einer quellenkritischen Überprüfung ihres Aussagegehalts konfrontieren kann. Sie zieht etwa die Psychoanalyse oder sozialpsychologische Theorien zu Rate, um Überlieferungsschichten aus Quellen zu rekonstruieren, die entweder auf den ersten Blick des Historikers gar nicht zu existieren scheinen, oder sich nur in einer bewußt oder unbewußt entstellten bzw. verfälschten Form offenbaren.

Im Hinblick auf die methodische Operation der historischen Interpretation sorgt die Gesellschaftsgeschichte konsequent für die Transparenz ihrer Argumentation durch eine systematische Offenlegung aller ihrer theoretischen Grundlagen. Sie entfaltet die Prämissen ihrer Interpretation historischen Wandels auf drei Ebenen:

a) Auf der Ebene ihrer systematischen Vorstellung von der Einheit der historischen Erfahrung. Die Gesellschaftsgeschichte differenziert historische Realität aus in ein interdependentes System der Wirklichkeitssektoren Gesellschaft, Wirtschaft, Politik und Kultur. In ihrem Prinzip, eine Gesamtinterpretation des historischen Wandels ›von der Gesellschaft her‹ zu strukturieren, offenbart sich die Vorstellung, daß in den sozialen und ökonomischen Sektoren moderner Gesellschaftssysteme die eigentlich dynamischen und historisch produktiven Basisprozesse zu lokalisieren sind. Von ihnen her läßt sich die Einheit der historischen Erfahrung zu einer Theorie des sozialen Wandels synthetisieren. Wenn die Gesellschaftsgeschichte auf dem Syntheseangebot beharrt, dann bedeutet dies zugleich, daß eine prinzipielle Vielschichtigkeit und Offenheit des historischen Geschehens anerkannt wird. Würden kulturelle und politische Faktoren als wichtige Triebkräfte der Geschichte ausgeblendet, dann würde die synthetisierende Kraft der Gesellschaftsgeschichte nur geschwächt (vgl. zuletzt die mit dem Anspruch auf historische Synthese auftretende ›Deutsche Gesellschaftsgeschichte‹ H.-U. Wehlers).

b) Die Gesellschaftsgeschichte enthüllt die Prämissen ihrer Interpretationsarbeit in der Form, daß sie ihre historische Vorstellung von der Einheit des sozialen Wandels expliziert. Die Gesellschaftsgeschichte orientiert sich im wesentlichen an der Perspektive und dem Fortschrittskonzept der komparativen Modernisierungstheorien. Der historische Prozeß präsentiert sich aus diesem Blickwinkel als eine Ausweitung von Freiheitsspielräumen der gesellschaftlichen Individuen bei gleichzeitiger Bindung politischer Herrschaft an die Legitimationskriterien der bürgerlichen Öffentlichkeit, der modernen Menschenrechtskataloge sowie der übrigen Bestandteile moderner Verfassungssysteme. Modernisierung erscheint als ein tendenzieller Fortschritt von Demokratisierung, der nicht abgeschlossen, sondern auf seine Fortsetzung hin angelegt ist.

c) Schließlich läßt die Gesellschaftsgeschichte die Grundlagen ihres Interpretationskonzepts des historischen Wandels transparent werden, indem sie Rechenschaft gibt über die normativen Prämissen ihrer Argumentation. Sie verhehlt nicht ihre Parteilichkeit für den relativ liberaldemokratischen Weg in die Moderne, den die westlichen Industriegesellschaften seit dem Ausbruch der Amerikanischen Revolution gegangen sind. In dem gesamten Ensemble historischer Möglichkeiten hält die Gesellschaftsgeschichte diesen Weg für besonders begründungsfähig, weil hier die Abwägung von historischen Kosten und Nutzen am günstigsten ausfällt. Aus diesem ›bürgerlichen‹ Entwicklungsmodell lassen sich nach Meinung der Gesellschaftsgeschichte am ehesten die normativen Kriterien herauskristallisieren, von denen ausgehend sich die Einheit der historischen Erfahrung erschließen läßt.

Rückkehr des Historismus? Neohermeneutische Methodenkonzepte der Gegenwart. In der Bundesrepublik haben sich in den letzten Jahren alltagsgeschichtlich und kulturanthropologisch orientierte Forschungsansätze etabliert, die ihr methodisches Selbstverständnis u. a. aus ihrer erklärten Gegnerschaft zur Gesellschaftsgeschichte schöpfen (H. Medick, L. Niethammer u. a.). Alltagsgeschichte und Kulturanthropologie zielen gegenüber der Gesellschaftsgeschichte auf eine stärkere Berücksichtigung kultureller und mentaler Faktoren für den sozialen Wandel moderner Gesellschaften. Darüber hinaus klagen sie in Form einer Kritik am Fortschrittskonzept der Gesellschaftsgeschichte ein sensibleres Bewußtsein für die Dialektik der Aufklärung ein; Kosten und pathologische Be-

gleiterscheinungen von Modernisierungsprozessen werden nun stärker betont und empirisch konkretisiert.
Heuristisch lenken die neohermeneutischen Positionen die Aufmerksamkeit der historischen Forschung auf eine bisher ›vergessene Geschichte‹. Ihr gemeinsames Interesse gilt dem Verdrängten, Fremden und Marginalisierten in uns selbst, und zwar sowohl auf der Ebene der soziokulturellen Evolution wie in den Bereichen unserer eigenen Lebensgeschichte. Empirisch äußert sich dieser heuristische Impuls in einem gestiegenen Interesse an den ›Verlierern‹ des Modernisierungsprozesses, an den von ihm Kolonisierten, aber auch an den kleinen Widerständen des Volkes gegenüber den Tendenzen politischer, sozialer und kultureller Disziplinierung (R. van Dülmen / N. Schindler). Darüber hinaus rücken alltägliche Verarbeitungsformen von Klassenbildungs- und Industrialisierungsprozessen ebenso ins Blickfeld wie lebensgeschichtliche Erfahrungen und Erzählungen der von der unmittelbaren Vergangenheit Betroffenen.
Die heuristische Gemeinsamkeit dieser neuen methodischen Ansätze besteht in ihrer ausgeprägten Fähigkeit zur Irritation des eigenen wissenschaftlichen und soziokulturellen Selbstverständnisses. Es kennzeichnet sie übereinstimmend ein ›ethnologischer Blick‹, der sie neue Fremdheitserfahrungen gegenüber der eigenen, sich selbst sicheren Identität und Normalität machen läßt. Alltagsgeschichte und Kulturanthropologie ermöglichen neue Perspektiven, indem sie das Augenmerk auf eine immer schon erfolgende Verarbeitung objektiver Strukturzwänge in Form alltäglicher Lebensformen und Sozialbeziehungen richten. Sie lassen in den Quellen eine ›selbstinterpretative‹ Dimension der Vergangenheit sichtbar werden. In dieser geben die historischen Subjekte selber Auskunft darüber, wie sie die objektiven Herausforderungen und Systemzwänge ihrer Gegenwart jeweils erfahren, interpretiert und kulturell verarbeitet haben (H. Medick). Von großem heuristischem Wert hat sich in diesem Zusammenhang die Praxis der ›oral history‹ erwiesen. Die in lebensgeschichtlichen Erinnerungsinterviews freigesetzten Erfahrungen der Subjekte schaffen eine Komplexität der Überlieferung, die sich kritisch auf die traditionellen Generalisierungen der historischen Forschung beziehen läßt (L. Niethammer).
Mit welchen quellenkritischen Mitteln läßt sich nun diese selbstinterpretative Dimension der historischen Realität methodisch und intersubjektiv überprüfbar rekonstruieren? Einmal verspricht die Methode der ›dichten Beschreibung‹ einen objektivitätsverbürgenden Zugang zum Material der historischen Forschung. Der Begriff geht zurück auf den amerikanischen Kulturanthropologen C. Geertz. Ein zunächst von seiten des Forschers geübter Verzicht auf eine eigene Interpretation dieser Wirklichkeit sowie auf die Anwendung der ihm zur Verfügung stehenden theoreti-

schen Zugriffe und methodischen Kategorien soll die Möglichkeit eröffnen, sich der historischen Wirklichkeit über die dem Forscher selbst fremden Deutungen der historischen Subjekte zu nähern. Auch die im Kontext von oral history praktizierten kooperativen Formen der historischen Wahrheitssuche lassen neue Aspekte einer quellenkritischen Überprüfbarkeit des historischen Wissens deutlich werden.

Demgegenüber impliziert der Bezug auf die selbstinterpretative Dimension der historischen Realität notwendigerweise den Verzicht auf quantitative Verfahren der methodischen Objektivierung, da diese vom individuellen Erscheinungsbild und von der spezifischen Qualität der Quellen gerade zugunsten statistischer Zusammenhänge zu abstrahieren versuchen. Statt dessen versprechen mikroanalytische Zugriffe mehr Erfolg, da sie eine qualitative Erschließung von Einzelfällen intendieren.

Was die methodische Operationalisierung der historischen Interpretation anbetrifft, so gehen von den neohermeneutischen Positionen erhebliche Modifikationen an den traditionellen Interpretationskonzepten der Geschichtswissenschaft aus. Auf jegliche Synthese und Einheitskonzeption von Geschichte wird dezidiert verzichtet. Für die neohermeneutischen Positionen haben sich die modernisierungstheoretischen Globaldeutungen des historischen Wandels verbraucht. Ihnen setzen sie ein Interpretationskonzept entgegen, das eine sensiblere Annäherung an die Erfahrungen und Selbstauslegungen der Subjekte selbst ermöglichen soll, diese nicht mit ›theoretisch‹ vorentworfenen Sinnunterstellungen verzeichnet, sondern eine behutsame Anerkennung des Eigensinns historischer Erfahrungen praktiziert. Geschichte wird so erneut hermeneutisch an das Selbstverständnis und die Handlungsstrukturen der Betroffenen angebunden. Dies bedeutet keineswegs zwangsläufig einen intentionalistischen Fehlschluß durch Leugnung einer Strukturdimension des historischen Geschehens. Es bedeutet vielmehr, historische Realität an den Schnittpunkten zu rekonstruieren, wo historische Objektivität und Subjektivität aufeinanderprallen, wo also strukturelle Handlungsbedingungen immer schon in Form ihrer Interpretation kulturell entschärft und hierdurch neue Freiheitschancen geschaffen werden.

Damit ist die Frage nach der methodischen Vermittlung von struktureller und kultureller Dimension der Geschichte nicht gelöst, sondern nur neu gestellt – ebenso wie die Frage nach der methodischen Vermittlung der Subjektivität des Interpreten und derjenigen der historischen Akteure. Was die erste Frage betrifft, so legt es bereits die im Grunde künstlich wirkende Polarisation zwischen Gesellschaftsgeschichte und Neohermeneutik nahe, Geschichte weder einseitig als Strukturzusammenhang, der analytisch rekonstruiert werden müßte, noch einseitig als Kulturprozeß, der hermeneutisch verstanden werden könnte, zu interpretieren.

Hinsichtlich der zweiten Frage scheinen die neohermeneutischen Illusionen eines ›außertheoretischen‹ Standpunktes der historischen Forschung Lösungswege eher zu verstellen als zu eröffnen. Indem sie ihre Kritik an der Enge traditioneller hermeneutischer Ausgangslagen der Geschichtswissenschaft in ihrer historistischen und modernisierungstheoretischen Form in den Versuch eines Aufsprengens des hermeneutischen Zirkels überhaupt münden lassen, begehen sie ebenden Fehler, den sie vermeiden wollten: eine unreflektierte Konfrontation des historisch Fremden mit den Sinnunterstellungen des eigenen Gegenwartshorizonts. Demgegenüber käme es heute darauf an, die Kritik an alten, möglicherweise einseitigen theoretischen Standpunkten umzumünzen in die Dynamik einer methodisch kontrollierten Suche nach neuen und vielseitigeren Interpretationskonzepten. – [J. Rüsen/F. Jaeger]

Theorie der Geschichte

Das Theorie-Problem stellt sich in der Geschichtswissenschaft auf zwei Ebenen: einmal auf der Ebene einer Theorie über die Geschichtswissenschaft (Meta-Theorie) und dann auf der Ebene einer Theorie in der Geschichtswissenschaft (Objekt-Theorie). In einer Meta-Theorie der Geschichtswissenschaft geht es um die Geschichtswissenschaft selber, um ihre Eigenart, ihre Wissenschaftlichkeit, die Prinzipien der historischen Erkenntnis, die Regeln der historischen Forschung, die Geschichtsschreibung u. a. m. Für diese Art Theorie hat sich im deutschen Sprachraum der Terminus ›Historik‹ eingebürgert. Im Rahmen einer Objekt-Theorie der Geschichtswissenschaft geht es um Geschichte als Sachverhalt, um theorieförmige Aussagen über zeitliche Veränderungen des Menschen und seiner Welt in der Vergangenheit, über allgemeine Zusammenhänge zwischen Vergangenheit, Gegenwart und Zukunft, um allgemeine Charakterisierungen historischer Phänomene, um erklärende Hypothesen über historische Verläufe und ähnliches.

Verwissenschaftlichung durch meta-theoretische Grundlagenreflexion: Aufgaben und Funktionen der Historik

Die Historik expliziert den disziplinären Status der Geschichtswissenschaft in einem eigentümlichen Spannungsverhältnis: Einmal legt sie die Prinzipien der methodischen Rationalität der Geschichtswissenschaft dar, die sie als Wissenschaft definiert und somit an die Seite anderer Wissenschaften rückt, andererseits verteidigt sie die Eigentümlichkeit der Geschichtswissenschaft im Unterschied zu anderen Wissenschaften, insbesondere zu den Naturwissenschaften, wenn diese das Ideal und Vorbild für Wissenschaftlichkeit überhaupt abgeben sollen. In der Wissenschaftstradition des Historismus war der zweite Gesichtspunkt ausschlaggebend. Gegen das positivistische Wissenschaftsideal der exakten (Natur-)Wissenschaften wurde die Eigenart der Geschichtswissenschaft mit der Notwendigkeit begründet, dem spezifischen Erkenntnisobjekt ›Geschichte‹ methodisch gerecht zu werden. Die Erkenntnisweise der historischen Wissenschaften wurde als ›Verstehen‹ von der Erkenntnisweise anderer, insbesondere der Naturwissenschaften als ›Erklären‹ abgegrenzt; der gleiche Unterschied wurde mit dem Gegensatz idiographisches vs. nomothetisches oder individualisierendes vs. generalisierendes Verfahren erkenntnistheoretisch zum Ausdruck gebracht.

Diese Unterscheidung hatte und hat erhebliche Konsequenzen hinsichtlich der Theoriefähigkeit der Geschichtswissenschaft – bedeutet doch ›Erklären‹ und ›Generalisieren‹, daß die so verfahrenden Wissenschaften theorieförmiges Wissen über ihre Erkenntnisobjekte erarbeiten und verwenden, während ›Verstehen‹ und ›Individualisieren‹ in Abgrenzung davon eine Erkenntnisweise bezeichnet, in der theorieförmiges Wissen entweder gar keine oder eine ganz andere Rolle spielt.

Die jüngere Diskussion über die Wissenschaftlichkeit der Geschichtswissenschaft und über ihre disziplinäre Besonderheit ist nach wie vor von diesem Gegensatz geprägt: Auf der einen Seite arbeitet die analytische Wissenschaftstheorie Modelle des rationalen Erklärens aus, die für alle Wissenschaften gelten sollen, und weist in subtilen Untersuchungen nach, daß und wie diese Modelle auch für die Geschichtswissenschaft zutreffen. Hier spielt das Hempel-Oppenheim-Modell einer rationalen Erklärung eine wichtige Rolle, in dem nomologisches Wissen (Erkenntnisse von gesetzmäßigen Zusammenhängen von Tatsachen) unverzichtbar ist, weil nur mit ihm ›rational‹ (und das soll heißen: wissenschaftsspezifisch) erklärt werden kann. Gegen diese Unterwerfung der Geschichtswissenschaft unter ein Methodenideal von Wissenschaftlichkeit, das am Vorbild der Naturwissenschaften gewonnen worden ist, wird nun eingewandt, daß historisches Wissen in seiner Eigenart durch eine narrative Struktur gekennzeichnet ist. Entsprechend läßt sich eine spezifisch historische Erklärungsweise als narrative Erklärung, als Erklären durch Erzählen darlegen, und diese Erklärung folgt einer eigenen Logik, die sich von derjenigen des Erklärens mit Hilfe gesetzesförmigen Wissens unterscheidet.

Zugleich aber wird mit dieser (narrativen) Besonderheit der historischen Erkenntnis deren Wissenschaftsfähigkeit prekär: ›Erzählen‹ als fundamentaler Modus historischer Erkenntnis läßt sich als poetische oder rhetorische Sprachhandlung darlegen, die letztlich gar nicht wissenschaftsfähig ist, so daß die Geschichtsschreibung wieder in den Umkreis der schönen Künste gerückt wird, aus dem sie sich im Prozeß ihrer Verwissenschaftlichung entfernt hatte.

Neben dieser Frage nach der spezifischen Rationalität des historischen Denkens existiert jedoch noch eine Fülle von Einzelfragen, die die komplexe Struktur der Geschichtswissenschaft als Fachdisziplin betreffen. Diese Einzelfragen lassen sich in einen systematischen Zusammenhang bringen, wenn diese Struktur als disziplinäre Matrix entfaltet wird. Es handelt sich bei der disziplinären Matrix um einen inneren Zusammenhang kognitiver Prinzipien des historischen Denkens, die jedes für sich notwendig und alle zusammen hinreichend die Geschichte als Fachdisziplin konstituieren.

Als solche Grundprinzipien lassen sich im einzelnen ansprechen: die für das historische Denken maßgeblichen Orientierungsbedürfnisse der menschlichen Lebenspraxis, die die Fachwissenschaft in der Form von Erkenntnisinteressen bestimmen; leitende Hinsichten auf die menschliche Vergangenheit, in denen diese als ›Geschichte‹ in einen sinn- und bedeutungsvollen Zusammenhang mit der Gegenwart und Zukunft tritt; die historische Methode als Regelsystem der empirischen Forschung; die Formen der Geschichtsschreibung, in denen das forschend gewonnene historische Wissen an potentielle Rezipienten adressiert wird; und schließlich die Funktion, die die Geschichtsschreibung in der Kultur ihrer Gegenwart wahrnimmt (um derentwillen historische Erkenntnis, gesteuert über Orientierungsbedürfnisse, überhaupt gewonnen wird). In der Reflexionsarbeit an ihren Grundlagen, die die Geschichtswissenschaft in der Form der ›Historik‹ unternimmt, geht es nun darum, diese Faktoren und ihren inneren systematischen Zusammenhang daraufhin zu untersuchen, ob und wie sie jeweils die Geschichte als Fachwissenschaft tragen, ihren Erkenntnisfortschritt ermöglichen und ihre Erkenntnisse in der Geschichtskultur ihrer Gegenwart praktisch wirksam werden lassen.

Summarisch lassen sich die wichtigsten Fragestellungen und Argumentationsstrategien hinsichtlich der disziplinären Matrix und ihrer einzelnen Funktionen folgendermaßen auflisten: Das dominante Thema in der Erörterung der für die Geschichte als Wissenschaft maßgebenden Erkenntnisinteressen ist die Standpunktabhängigkeit des historischen Denkens und die daraus resultierende Perspektivität und Relativität des historischen Wissens. Damit einher geht eine Abwägung der Objektivitätschancen, die das historische Denken erlangt, indem diese ihm eigene Standpunktabhängigkeit und Perspektivität zum Gegenstand einer rationalen Argumentation gemacht werden. In dieser Argumentation werden Standpunkte normativ auf ihre Verallgemeinerungsfähigkeit hin reflektiert und verschiedene Perspektiven kritisch aneinander abgearbeitet; beides führt zur Erweiterung historischer Perspektiven.

Ein weiteres Untersuchungsfeld der Historik sind die leitenden Hinsichten, unter denen die Geschichtswissenschaft die Orientierungsbedürfnisse ihrer Gegenwart aufgreift und auf die Erfahrungsbestände der menschlichen Vergangenheit bezieht. Es ist weitgehend unbestritten, daß es derartige leitende Hinsichten gibt; sie heben dasjenige an der menschlichen Vergangenheit hervor, was als Geschichte erinnerungswert für die Gegenwart und ihre Zukunftserwartung ist. Die menschliche Vergangenheit ist nicht schon von sich aus Geschichte, sondern es bedarf zur Erhebung ihres geschichtlichen Charakters eines erkennenden Zugriffs von der Gegenwart her, und in diesem erkennenden Zugriff spielen strukturierende Gesichtspunkte eine wesentliche Rolle. Fraglich aber ist es, in welcher Form diese Gesichtspunkte fachspezifisch konzipiert und erkenntnispraktisch zur Geltung gebracht werden. Hier liegt das Problem objektbezogener Theorien in der Geschichtswissenschaft beschlossen.

Die Theoriefrage führt zwingend zum dritten Faktor der disziplinären Matrix, zum Regelsystem der historischen Forschung. Hier hat der Historismus zur Vorstellung eines systematischen Zusammenhangs dreier Forschungsoperationen geführt, der die ›historische Methode‹ ausmacht: Es ist die Einheit von Heuristik, Kritik und Interpretation, die den historischen Forschungsprozeß so regelt, daß die Dynamik eines ständigen Erkenntnisfortschritts entsteht und erhalten bleibt. Das erwähnte Theorieproblem der Geschichtswissenschaft läßt sich nur lösen, wenn sich zeigen läßt, daß und wie theorieförmige (narrative) Konstrukte historischer Zusammenhänge in den Forschungsoperationen der Heuristik, Kritik und Interpretation eine wesentliche Rolle spielen, insbesondere als explizite Bezugssysteme der historischen Interpretation.

Die Formen der Geschichtsschreibung sind im Laufe des Verfachlichungsprozesses der Geschichtswissenschaft zugunsten der Fragen nach dem Regelsystem der historischen Methode vernachlässigt worden. In den letzten Jahren haben jedoch Fragen nach der historiographischen Darstellung und Gestaltung der historischen Erkenntnis zunehmend an Gewicht gewonnen. Sie sind als wichtige Theorieprobleme der Geschichtswissenschaft neu in den Blick geraten. Der historiographischen Formung wird seither eine konstitutive Bedeutung innerhalb des historischen Forschungs- und Erkenntnisprozesses selber zugesprochen. Das Schreiben von Geschichte erscheint nicht mehr als bloße Funktion der Forschung, sondern als eine eigenständige, nicht ableitbare produktive Tätigkeit der Historiker. Offen ist die Frage nach der kognitiven Struktur dieser Operation und d. h. vor allem die Frage nach ihrem inneren Zusammenhang mit der theorieförmigen Explikation leitender Hinsichten und der methodischen Regelung der empirischen Forschung.

Mit der Geschichtsschreibung ist bereits der funktionale Aspekt in der

Begründungsarbeit der Historik angesprochen. In einem auf eine bloße Technologie der historischen Forschung verengten Wissenschaftsverständnis wurden Fragen der praktischen Funktion des historischen Wissens als fachexterne Probleme angesehen, obwohl praktische Absichten in der fachlichen Tätigkeit der Historiker unübersehbar waren. In dem Maße jedoch, in dem Erkenntnisinteressen und ein historiographischer Adressatenbezug als strukturierende Faktoren der fachlichen Erkenntnisarbeit unübersehbar und im meta-theoretischen Selbstverständnis der Geschichtswissenschaft auch aufgearbeitet und diskutiert werden, gewinnt der funktionale Aspekt des historischen Wissens zunehmend an Bedeutung. Die Geschichtsdidaktik ist der innerwissenschaftliche Ort, an dem die Fragen nach der praktischen Verwendungsfähigkeit des durch die Geschichtswissenschaft produzierten Wissens diskutiert werden. Bei dem Problem, welche Schlußfolgerungen aus der historischen Erkenntnis zu ziehen sind, darf sich die Geschichtswissenschaft als fachliche Instanz nicht übergehen lassen. Der Geschichtsdidaktik kommt daher entscheidende Bedeutung zu, insofern sie für die Entwicklung und Begründung der Kriterien zuständig ist, die über den rechten und unrechten Gebrauch historischen Wissens urteilen lassen. Lange Zeit als bloße Anwendungstechnologie des fachlich produzierten Wissens in außerfachlichen Verwendungszusammenhängen angesehen und entsprechend außerfachlich angesiedelt, ist sie inzwischen aus einem differenzierten Reflexionsprozeß der Geschichtswissenschaft auf ihre eigenen disziplinären Grundlagen nicht mehr fernzuhalten. Spätestens dann, wenn die Rolle des historischen Wissens und seiner wissenschaftsspezifischen diskursiven Form für die Bildung historischer Identität im sozialen Kontext der Geschichtswissenschaft aufgeworfen und dieser Bildungsprozeß historischer Identität als Lernprozeß thematisiert wird, gehört der funktionale Aspekt in der Form einer geschichtsdidaktischen Reflexion zum integralen Bestandteil einer Historik.

Ebenen objektbezogener Theoretisierung

Die Theoretisierungsarbeit erfolgt im historischen Erkenntnisprozeß auf mehreren Ebenen. In typisierender Abstraktion lassen sich drei solcher Ebenen unterscheiden: (1) die Ebene kategorialer Grundbegrifflichkeit, (2) die Ebene expliziter Bezugsrahmen der historischen Interpretation und (3) die Vermittlungsebene allgemeiner Periodisierung.

(1) Auf der tiefsten Ebene werden kategoriale Grundbegriffe entwickelt. Hier wird der Erkenntnisbereich begrifflich erschlossen, den man landläufig ›die Geschichte‹ nennt: diejenigen Erfahrungsinhalte der menschlichen Vergangenheit also, die als sinn- und bedeutungsvolle Geschichte zur forschenden Erschließung und historiographischen Vergegenwärti-

gung durch die Historiker anstehen. J. G. Droysen formulierte mit Blick hierauf als allgemeine Leitfrage der historischen Theoriearbeit: »Wie wird aus Geschäften Geschichte?« Dieser Frage liegt die Einsicht zugrunde, daß Geschehnisse der menschlichen Vergangenheit nicht allein schon dadurch, daß sie vergangen sind, die besondere Qualität des Geschichtlichen besitzen. Es bedarf vielmehr noch der Vermittlung der Vergangenheit mit der Gegenwartserfahrung und Zukunftsorientierung der Historiker und ihres Publikums, um sie als Geschichte thematisieren zu können.

Diese Vermittlung von Vergangenheit, Gegenwart und Zukunft kann in drei Hinsichten erfolgen, die (a) den Inhalt, (b) die Formen und (c) die Funktionen der historischen Erkenntnis betreffen.

(a) Inhaltlich geht es um die Kategorisierung eines inneren Zusammenhangs zwischen Vergangenheit, Gegenwart und Zukunft, der als allgemeines Sinnkriterium von Zeitverläufen zur historischen Qualifikation von Erfahrungen der Vergangenheit verwendet wird, z. B. ›Fortschritt‹, ›Entwicklung‹, ›Evolution‹, ›Prozeß‹, ›Gesetzmäßigkeit‹. Dieser Zusammenhang der Zeiten wird in der jüngsten geschichtstheoretischen Diskussion als Sachkategorie der ›Kontinuität‹ angesprochen (H. M. Baumgartner). Diese inhaltliche Qualifikation von Geschichte grenzt spezifisch historische Erfahrungen von anderen Erfahrungen ab, definiert also den Gegenstandsbereich der historischen Erkenntnis und gibt zugleich die Art und Weise vor, wie dieser Bereich erkennend erschlossen und angeeignet werden kann. Sie kann in unterschiedlichen Denkstrategien zu einem Konzept von ›Geschichte‹ als Inbegriff des historisch Erkennbaren führen, das die Erfahrungen von den zeitlichen Veränderungen des Menschen und seiner Welt in der Vergangenheit begrifflich ordnet: Die Geschichtsphilosophie formuliert einen allgemeinen Sinnzusammenhang zeitlicher Veränderungen des Menschen und seiner Welt (das bekannteste Beispiel ist G. W. F. Hegels Geschichtsphilosophie); die Historische Anthropologie beschreibt die dem Menschen als Gattung eigentümlichen Faktoren seines Handelns und Leidens und leitet aus ihnen allgemeine Charakteristika historischer Verläufe ab (bekannte Beispiele sind J. Burckhardts Theorie der drei Potenzen und sechs Bedingtheiten in seinen ›Weltgeschichtlichen Betrachtungen‹ und das ›Feuerbach‹-Kapitel in Marx' und Engels' ›Deutscher Ideologie‹); der historische Materialismus entwickelt ein System allgemeiner Gesetzmäßigkeiten historischer Verläufe, die tendenziell Vergangenheit, Gegenwart und Zukunft umgreifen.

(b) Eine andere Kategorisierung der historischen Erkenntnis liegt vor, wenn es um formale Qualifikationen geht, die Denken und Erkennen als spezifisch historisch definieren. ›Geschichte‹ ist ja nicht nur Inhalt oder Gegenstand historischer Aussagen, sondern auch eine Qualifikation der

Aussageform selber. Analog zur kategorialen Qualifikation historischer Inhalte mit dem erfahrungsbezogenen Zeitzusammenhang ›Kontinuität‹ läßt sich auch für die kategoriale Qualifikation historischer Formen ein Terminus nennen: ›Narrativität‹. Dieses kategoriale Formkriterium besagt, daß ein Denken dann historisch ist, wenn es sich in einer Geschichte darstellt, also sich in narrativen Sprachhandlungen vollzieht.

Auch dieses Kriterium ist abstrakt-allgemein und kann auf unterschiedliche Weise zu einer Theorie der historischen Formung ausgearbeitet werden. Bekannte Ausprägungen solcher Theorien sind die Rhetorik (in der vor-wissenschaftlichen Entwicklungsphase des historischen Denkens), eine Poetik der Historiographie, eine Typologie historiographischer Darstellungsformen. Theorien dieser Art erschließen begrifflich-argumentativ den Gestaltungsraum von Historiographie, indem sie die Art ihres Adressatenbezuges, ihre kommunikative Struktur, ihren ›Kunst‹-Charakter, ihren Formenreichtum, ihr Verhältnis zur (forschend erschlossenen) historischen Erfahrung und all die Momente thematisieren, die die sprachliche Produktivität des Historikers betreffen.

(c) Schließlich gibt es eine Form der Kategorisierung historischer Erkenntnis, die ihren funktionalen Aspekt betrifft. Die kulturelle Funktion, die die Geschichtsschreibung wahrnimmt, ist ja der Arbeit des Historikers nicht äußerlich, sondern geht auf unterschiedliche Weise in sie ein (etwa als unbewußte Voraussetzung von Erwartungen der Adressaten, aber auch als bewußte pädagogische oder politische Absichten). Historische Erkenntnis wird durch Orientierungsbedürfnisse der jeweiligen Gegenwart (mit-)konstituiert. Sie bedingen in der Form von erkenntnisleitenden Interessen den fachspezifischen Diskurs der Historiker, und die Art dieser Bedürfnisse entscheidet darüber, was kulturell als sinn- und bedeutungsvolle Geschichte gelten kann. Das hierfür maßgebliche funktionale Sinnkriterium der historischen Erinnerungsarbeit ist dasjenige der ›historischen Identität‹: Über Geschichten, die die Erfahrung der Vergangenheit unter plausiblen kategorialen Zusammenhängen mit Gegenwart und Zukunft in rezeptions- und kommunikationsfähigen Formen präsentieren, bilden sich Menschen eine Vorstellung über sich selbst, die den Stellenwert ihres Lebens im Prozeß der zeitlichen Veränderung ihrer Welt und ihrer selbst betrifft. Solche Vorstellungen von der diachronen Erstreckung ihrer Subjektivität sind Bestandteil ihrer individuellen und sozialen Identität, und mit ihnen verständigen sie sich auch darüber, wer jeweils ›die anderen‹ sind, d. h. diejenigen Menschen, Gruppen, Völker oder Nationen, mit denen sie zusammenleben müssen.

Bei den kulturellen Funktionen, die das historische Denken im Hinblick auf eine zeitliche Stabilisierung kollektiver Identitäten besitzt, kann es darüber hinaus zu ausführlichen theoretischen Rechtfertigungen und Begründungen dieser Funktionen kommen. Ein bekanntes Beispiel ist etwa die nationale Identität. Sie wird als dynamischer Integrationsfaktor moderner Gesellschaften durch staatlich organisierten Geschichtsunterricht überliefert, erneuert und entsprechend pädagogisch und politisch reflektiert. In solchen Fällen werden die Gesichtspunkte dargelegt und begründet, nach denen Geschichtsbewußtsein im Sozialisations- und Individuierungsprozeß absichtsvoll geformt wird, um die Dauer der kulturellen Lebensform einer Gesellschaft im Inneren ihrer Subjekte zu sichern. Die einschlägigen Theorien treten als Konzepte historischer Bildung in unterschiedlichen (politischen, ästhetischen, didaktischen) Ausprägungen auf. –

(2) Die eigentliche Leistung der kategorialen Grundbegriffe im Prozeß der historischen Erkenntnis besteht darin, daß sie aus der Fülle der menschlichen Vergangenheit diejenigen Aspekte von Realität ausgrenzen, die dann erst als ›Geschichte‹ thematisiert werden können. Sie definieren somit den Gesamtbereich möglicher Geschichte, d. h. sie stecken den Verstehenshorizont der Historiker ab, innerhalb dessen ausschließlich historische Erfahrungen gemacht und verarbeitet werden können. Wenn z. B. für eine Rekonstruktion der materiellen Produktionsverhältnisse von Gesellschaften keine adäquaten Kategorien zur Verfügung stehen (wie es im Historismus des 19. Jahrhunderts teilweise der Fall war), können diese auch nicht zum Gegenstand und Inhalt der historischen Erkenntnis werden. Sie gehören nicht zu dem Erfahrungsbereich, der historisch erschlossen und überschaut werden kann.

Neben diesen kategorialen Grundbegriffen existieren jedoch noch andere Theorieformen, die innerhalb des Rahmens möglicher Geschichte die Erfahrungsbestände der Vergangenheit zu ›wirklichen‹ historischen Zusammenhängen organisieren. Sie nehmen Bezug auf eine sich in den Quellen manifestierende wirkliche Geschichte, rücken damit konkrete historische Erfahrungen in den Blick und übersetzen deren Tatsacheninhalt in bestimmte, ›typische‹ Zeitverläufe und Geschehenszusammenhänge, die als solche nicht in den Quellen stehen, in denen jedoch der Gehalt der Quellen überhaupt erst seine historische Qualität, seinen Stellenwert in spezifisch historischen Abläufen gewinnt. Bei derartigen Theorieformen handelt es sich um explizite Bezugsrahmen der historischen Interpretation, mit denen die aus den Quellen erhobenen Befunde, die sog. Tatsachen der Vergangenheit, zu sinn- und bedeutungsvollen Geschichten zusammengefügt werden.

(3) Als eine weitere Form historischer Theorien existieren schließlich noch allgemeine Periodisierungen der historischen Erfahrung. Diese integrieren die auf der Basis kategorialer Grundbegriffe mögliche Geschichte sowie die durch theorieförmige Bezugsrahmen der Interpreta-

tion erschlossene wirkliche Geschichte selbst wiederum in die Vorstellung allgemeiner historischer Entwicklungsverläufe. Periodisierungen vermitteln die in den Kategorien und Interpretationsrahmen theorieförmig angesprochenen Zeiten mit anderen Zeiten so, daß der Stellenwert deutlich wird, den die jeweils typisierend hervorgehobene Zeit im Gesamtbereich der historischen Erfahrung hat. Solche periodisierenden Zeitqualifikationen führen dominierende Gegenwartserfahrungen und Zukunftserwartungen (ein ›Nicht mehr‹ und ›Noch nicht‹) in die kategorialen Zeitverlaufsvorstellungen (›Kontinuität‹) ein und gewinnen damit Gesichtspunkte zur qualitativen Abgrenzung von Zeiträumen. Die bekannteste Abgrenzung ist die von Altertum, Mittelalter und Neuzeit, deren Fragwürdigkeit in einem merkwürdigen Spannungsverhältnis zu ihrer wissenschaftsorganisatorischen Wirksamkeit steht.

Periodisierungen spielen in der Theoriearbeit der Geschichtswissenschaft dort eine besondere Rolle, wo theorieförmig ausgearbeitete Konzeptionen umfassender zeitlicher Verläufe oder historischer Gesamtentwicklungen mit einem starken Gegenwartsbezug so verbunden werden, daß eine qualitativ neue Zukunft durch die Erfahrung der Vergangenheit plausibel gemacht werden kann. Dies ist vor allem im Marxismus-Leninismus der Fall. Dort wurden und werden auch die ausdifferenziertesten Periodisierungen in der Form einer allgemeinen Theorie historischer Entwicklungen (mit dem Anspruch prognostischer Kraft) ausgearbeitet und diskutiert. Er unterscheidet fünf Großepochen in der Geschichte der Menschheit (Urgesellschaft, Sklavenhaltergesellschaft, Feudalismus, Kapitalismus, Sozialismus), charakterisiert jede Epoche als Formation eines bestimmten Gesellschaftstyps und verknüpft die einzelnen Epochen mit der Kategorie des gesetzmäßigen Fortschritts zu einer historischen Gesamtverlaufsvorstellung, die in einer eindeutigen Zukunftsperspektive als Handlungsdirektive mündet.

Schübe der Theoretisierung

In welchem Maße historisches Denken theoriefähig und historische Forschung theoriegeleitet ist, läßt sich nicht als eindeutiger Tatbestand in der aktuellen Arbeit der Historiker und Historikerinnen oder gar als unstrittiges Selbstverständnis der Fachleute ausmachen. Wohl lassen sich in der Entwicklung der Geschichtswissenschaft Richtungen und Schübe von Theoretisierungen feststellen, von denen her die aktuelle Situation erläutert und die vorherrschenden Problemstellungen präzisiert werden können.

Schon vor der Verwissenschaftlichung des historischen Denkens und der Geschichtsschreibung gab es eine auf das Werk der Historiker bezogene Theoretisierung: Die Rhetorik diskutierte die Formen der Historiographie unter den leitenden Gesichtspunkten ihres literarischen Status und ihrer Orientierungsfunktion in der Lebenspraxis. Der Entwicklungsschub zur Verwissenschaftlichung des historischen Denkens im späten 18. und frühen 19. Jahrhundert setzte diese rhetorische Theoretisierung nicht einfach außer Kraft, sondern brachte neue, den Inhalt des historischen Denkens betreffende kategoriale Möglichkeiten: ›Geschichte‹ wurde als ein Ganzes, als kohärentes Objekt historischer Erkenntnis denkbar. Vorher hatte es eigentlich nur eine Vielheit von Geschichten gegeben, die verschiedene Zeitverläufe thematisierten. Diese Vielheit von Geschichten wurde allerdings von einer sinntragenden religiösen Zeitvorstellung oder einer ebenfalls sinntragenden Naturvorstellung umgriffen, die jedoch nicht selber als ›die Geschichte‹ angesprochen und begriffen wurden.

Die kategoriale Konstitution eines solchen Erkenntnisobjekts ging einher mit einer qualitativen Veränderung der für das historische Denken maßgebenden Sinnkriterien: Es ging in der deutenden Aufarbeitung der Erfahrung der Vergangenheit nicht mehr darum, an einer Fülle historischer Beispiele allgemeine Handlungsregeln zu erheben und deren praktische Anwendungsmöglichkeiten zu demonstrieren; diese exemplarische Sinnbildung über Zeiterfahrung wurde zugunsten einer genetischen Sinnbildung überwunden: Die Zeiterfahrung der Vergangenheit wurde unter dem Gesichtspunkt einer allgemeinen geschichtlichen Entwicklung der Menschheit thematisiert und interpretiert; Vergangenheit, Gegenwart und Zukunft hingen in der Form einer dynamischen Entwicklung zusammen, die ihren wirkungsvollsten Ausdruck in der historischen Fundamentalkategorie des ›Fortschritts‹ gefunden hat.

Diese Theoretisierungsleistung, in der ›die Geschichte‹ zum Objekt einer besonderen wissenschaftlichen Erkenntnisleistung wurde, gehört zu den Voraussetzungen der Geschichtswissenschaft und blieb in ihr selber zumeist nur in der Form impliziter Annahmen wirksam. Einen ausgesprochenen Theoriebedarf in der Arbeit an den Quellen gab es solange nicht, wie das Augenmerk der Historiker sich vornehmlich auf menschliche Interaktionen im Zeitverlauf richtete und die Verläufe auf der Handlungsebene im Lichte der jeweils handlungsbestimmenden Absichten der Akteure einsichtig wurden. Zum Verständnis und zur Erklärung dessen, was geschah, reichte zumeist ein Alltagswissen über Zusammenhänge zwischen Handlungsabsichten und Handlungsvollzügen aus.

In der Epoche des Historismus gab es jedoch eine wichtige implizite Theoretisierung, die die innere Verknüpfung zeitlicher Abläufe in der Vergangenheit zu einem sinn- und bedeutungsvollen Zeitverlauf betraf: Der Historismus ging von der Prämisse aus, daß der Zeitverlauf menschlicher Interaktionen durch Ideen als Triebkräfte von Kulturbildung durch menschliches Handeln gesteuert wird und daß er durch diese Steuerung erst seinen spezifisch geschichtlichen Charakter bekommt. Die Ideen, die im Historismus ›Geschichte‹ als Inhalt der historischen Erkenntnis konstituierten, hatten zweifellos einen theoretischen Status, der allerdings als ein theoretischer in der Regel nicht eigens expliziert worden ist. Der Historismus glaubte sich der Verpflichtung dazu enthoben, weil er die Ideen als hermeneutisch verstehbare Formen menschlicher Handlungsintentionen interpretierte, aus denen sich historisches Geschehen bruchlos herleiten ließ. Die Ideen offenbarten sich in ihrer doppelten Eigenschaft als Inhalt der historischen Erfahrung und als Prämisse der historischen Interpretation für den Historismus gleichsam unmittelbar im hermeneutischen Bezug von Handlungsabläufen auf Handlungsabsichten.

Diese Art eines impliziten Theoriegebrauchs in der historischen Forschung wurde in dem Maße problematisch, als die regulierenden geschichtstheoretischen Prämissen des Historismus ihre Überzeugungskraft als leitende Sinnkriterien der historischen Interpretation verloren und überdies neben der Geschichtswissenschaft sich (Sozial-)Wissenschaften etablierten, die für das von ihnen produzierte Wissen Theoriestatus beanspruchten, und diesem Wissen eine Bedeutung für historische Erkenntnis nicht einfach abgesprochen werden konnte.

In dem Maße, in dem das fachliche Bedürfnis nach expliziten Bezugsrahmen der historischen Interpretation zunahm, stellte sich das Theorieproblem in der Geschichtswissenschaft neu. Es war deshalb langfristig unabweisbar, weil das historische Denken einen tiefgreifenden Wandel von Zeiterfahrungen zu bewältigen hatte: Zeitlicher Wandel wurde als eine Veränderung von Lebensbedingungen erfahren, die sich nicht mehr hinreichend mit bewußten Absichten einzelner Akteure erklären ließen. Anonyme Triebkräfte jenseits oder unterhalb solcher Absichten lenkten den historischen Blick auf sich und machten neue Interpretationskonzepte der Geschichtswissenschaft notwendig.

Das damit aufgeworfene Theorieproblem stellte sich in formaler und in inhaltlicher Hinsicht: Formal entwickelte die Geschichtswissenschaft verschiedene Strategien, theorieförmige Elemente in die Forschungsarbeit der historischen Interpretation einzuführen. Die zwei bekanntesten Formen des Theoriegebrauchs im interpretierenden Umgang mit den Quellen sind einmal typisierende Verfahren, wie sie von M. Weber, O. Hintze u. a. entwickelt, methodologisch reflektiert und praktisch verwendet wurden, und daneben der historische Materialismus, der eine Theorie historischer Gesetzmäßigkeiten entwickelt und einer marxistisch-leninistisch orientierten Geschichtswissenschaft als Forschungsinstrumentarium zur Verfügung gestellt hat.

Inhaltlich lenkt der Theoretisierungsschub, der die Geschichtswissenschaft über das Wissenschaftskonzept des Historismus hinausführt, den historischen Blick auf eine Tiefenstruktur zeitlicher Vorgänge, in denen strukturelle Handlungsbedingungen als Determinanten zeitlicher Veränderungen des Menschen und seiner Welt sichtbar werden. Ökonomische und soziale Faktoren der menschlichen Lebenswelt wurden nun als wesentliche Bereiche der historischen Erkenntnis angesehen. Nicht mehr kurzfristige Ereignisse und ihr schneller Wechsel machen den geschichtlichen Wandel aus, sondern langfristige prozeßhafte Veränderungen von Strukturen.

Paradigmatische Theoriepotentiale der historischen Forschung
Es kann in der gegenwärtigen Entwicklungsphase der Geschichtswissenschaft nicht davon gesprochen werden, daß es bereits einen kanonisch etablierten forschenden Theoriegebrauch im Umgang mit den Quellen gibt. Ob überhaupt und wenn ja, welche Art von Theorien als Bezugsrahmen der historischen Interpretation entwickelt und verwendet werden, ist in den einzelnen Konzeptionen der Geschichtswissenschaft unterschiedlich geregelt. Ich möchte im folgenden einige der wichtigsten solcher disziplinären Strukturierungen der Geschichtswissenschaft auf das in ihnen vertretene und wirksame Verfahren interpretierenden Theoriegebrauchs hin charakterisieren.
Der Marxismus. Der Marxismus faßt die modernen Vorstellungen von der Dynamik geschichtlicher Veränderungen, von der Überbietung der Vergangenheit durch die Zukunft, in einem allgemeinen Begriff des historischen Fortschritts. Er siedelt diesen Fortschritt im Bereich der materiellen Lebensverhältnisse an. In ihm konstituiert sich der spezifisch historische Charakter zeitlicher Veränderungen des Menschen und seiner Welt. Gegenüber der hermeneutischen Tradition des Historismus verhält sich der Marxismus dezidiert ideologiekritisch: Die Triebkräfte der Geschichte lassen sich nicht als ideelle Bestimmungsgrößen des menschlichen Handelns ausmachen, sondern diese sind selber bestimmt durch die äußeren Faktoren der materiellen Lebensführung. Der Marxismus entwickelt daher Geschichtstheorie in der Form eines historischen Materialismus, für den die Produktionsverhältnisse, die gesellschaftlichen Formen und technischen Mittel, in und mit denen die Natur zur physischen Lebenserhaltung angeeignet wird, die eigentlich geschichtliche Dimension der menschlichen Lebenspraxis konstituieren.
Der historische Materialismus bietet der Geschichtswissenschaft forschungsleitende Vorstellungen einer inneren Gesetzmäßigkeit dieses materiell konstituierten geschichtlichen Lebens an. Die historische Gesetzmäßigkeit betrifft die synchrone und die diachrone Dimension der historischen Erfahrung. In synchroner Hinsicht formuliert das ›Basis-

Überbau-Theorem‹ ein Kriterium, mit dem die unterschiedlichen Faktoren der menschlichen Lebenspraxis (wirtschaftliche, gesellschaftliche, politische, rechtliche, kulturelle usw.) gewichtet und aufeinander bezogen werden. Es legt die Priorität der sozio-ökonomischen Faktoren fest und erklärt von ihnen her die Phänomene und Entwicklungen in den anderen menschlichen Entwicklungsbereichen. In diachroner Hinsicht wird die geschichtliche Erfahrung durch eine Theorie erschlossen und geordnet, die die entscheidenden Gründe für die Veränderung der menschlichen Lebensverhältnisse in der fortschreitenden Entwicklung von Produktivkräften und in deren widersprüchlichem Verhältnis zu den Produktionsverhältnissen sieht.

Die Annales-Schule. Im Wissenschaftskonzept der Annales-Schule wird die Geschichte als Fachdisziplin den Erkenntnismöglichkeiten und Erkenntnisfortschritten der anderen Disziplinen geöffnet, die sich ebenfalls mit dem Menschen und seiner Welt befassen. Wichtig sind dabei vor allem diejenigen Wissenschaften geworden, denen es gar nicht primär um geschichtliche Entwicklungen, sondern um systematische Zusammenhänge menschlicher Lebensverhältnisse geht. Typisch dafür sind die Linguistik (in ihrer systematisch-synchronistischen Ausrichtung), Anthropologie, Ethnographie, Geographie und – natürlich – die mathematisierende, nach Gesetzmäßigkeiten oder Regularitäten fragende Ökonomie. Mit Hilfe der Wissensbestände dieser Disziplinen erweitert die Geschichtswissenschaft den Horizont des historischen Denkens beträchtlich. In der Form einer integrativen ›histoire totale‹ repräsentiert sie die Einheit der Menschennatur im weiten Raum der historischen Erfahrung. Sie füllt diesen Raum nicht mehr mit der Kunde zeitlich bewegter Ereignisse, weil sie in ihnen nur die Oberfläche einer viel wichtigeren Erfahrungsdimension von Tiefenkräften des menschlichen Lebens sieht. An die Stelle der Ereignisse tritt die Struktur. Der historische Blick wendet sich auf Regelhaftes, sich Wiederholendes im zeitlichen Wandel, auf Rahmenbedingungen des menschlichen Lebens von langer zeitlicher Dauer und – im Verhältnis zu den Wandlungsprozessen moderner Gesellschaften – von geringer Veränderungskapazität. In ihnen wird eine feste Basis, eine umgreifende Determination der ereignishaften Veränderungen in der Vergangenheit gesehen. Mit den entsprechenden Forschungsmethoden des Vergleichs, der Quantifizierung und tiefenhermeneutischen Rekonstruktion mentaler Lebensformen gewinnt die historische Forschung neue Standards methodischer Rationalität und Interdisziplinarität.

Die Annales-Schule unterscheidet sich vom Marxismus und seiner historischen Theorie eines gesetzmäßigen Fortschritts grundsätzlich dadurch, daß sie den historischen Blick abwendet von der zeitgeschichtlichen Dynamik des Modernisierungsprozesses. Sie präsentiert als historische Erfahrung Gegenbilder zur modernen Gesellschaft: die alternativen Tiefenstrukturen vormoderner Gesellschaften. Sie wirft die Frage nach den historischen Prozessen, die in die gegenwärtigen Lebensverhältnisse münden, nicht auf.

Ein weiterer wesentlicher Unterschied zum Marxismus besteht darin, daß die Annales-Schule ihre neuen methodischen Zugriffe auf die historische Erfahrung nicht auf theoretisch explizite Annahmen über die zu erschließende Tiefendimension der historischen Erfahrung stützt und auf das Mittel expliziter Theoriebildung und expliziten Theoriegebrauchs verzichtet. Die Annales-Schule verzichtet auf eine Explikation der theoretischen Gesichtspunkte, die ihren strukturgeschichtlichen Interpretationen zugrunde liegen, zugunsten einer historischen Beschreibung von Lebensverhältnissen, in der das erschlossene und interpretierte Material auch ohne seine theorieförmige Aufbereitung, gleichsam aus sich selbst heraus, spricht.

Gesellschaftsgeschichte, Historische Sozialwissenschaft. In den späten 60er und frühen 70er Jahren kam es in Westdeutschland zu einer Grundlagenkrise der Geschichtswissenschaft. Die Grenzen der traditionellen historistischen Wissenschaftskonzeption wurden kritisch aufgewiesen; die Geschichtswissenschaft sollte jenseits des Historismus etabliert werden. Im Rahmen dieses Versuches wurde entschieden dafür plädiert, mit theorieförmigen Wissenselementen als Forschungsinstrumentarien zu arbeiten und dadurch der Geschichtswissenschaft ein neues Erkenntnispotential zu erschließen. Dabei wurden vor allem M. Webers Anregungen zur Bildung und Verwendung von Idealtypen aufgegriffen und praktisch erprobt. Die Bezeichnung ›Gesellschaftsgeschichte‹ oder ›Historische Sozialwissenschaft‹ charakterisiert die mit diesen Theoriekonzeptionen formulierten Hinsichten auf den Bereich der historischen Erfahrung. Geschichte wird wie in der Annales-Schule und im Marxismus nicht mehr vornehmlich auf der Ebene intentional gesteuerter Interaktionen angesiedelt, sondern auf der tieferen Ebene struktureller Handlungsbedingungen und -voraussetzungen. ›Gesellschaft‹ wird als Inbegriff dieser Tatbestände bezeichnet, in denen Geschichte empirisch und zugleich theoriegeleitet aufgesucht wird.

Auch diese Geschichtskonzeption rückt die Geschichtswissenschaft in die Nähe der Sozialwissenschaften, ja läßt sie selbst als Sozialwissenschaft mit der spezifischen Ausrichtung auf die historische Dimension menschlicher Vergesellschaftung verstehen. Die Gesellschaftsgeschichte arbeitet mit expliziten theorieförmigen Bezugsrahmen der historischen Forschung. Diese Theoriekonzepte bewegen sich zumeist inhaltlich im Umkreis einer allgemeinen Modernisierungstheorie.

Wie sehr diese Arbeit mit begrifflichen Konstrukten im Umgang mit den

Quellen den Stil der Geschichtswissenschaft prägt, läßt sich an dem erheblich erhöhten Grad an Argumentation in der Historiographie ablesen, die dem Wissenschaftskonzept der Gesellschaftsgeschichte verpflichtet ist. Diese Geschichtsschreibung legt die für sie maßgeblichen Hinsichten auf die behandelten historischen Sachverhalte explizit dar und begründet sie gleichzeitig als Kriterien und Bezugsrahmen ihrer historischen Interpretation. Der für die historische Darstellung maßgebliche Erkenntnisprozeß wird damit durchsichtig und diskutierbar.

Theoriekritik und neue Ansätze

Gegen das Wissenschaftskonzept theoriegeleiteter historischer Forschung sind gravierende Einwände erhoben worden. In unterschiedlichen neuen Forschungskonzeptionen – wie etwa der Alltagsgeschichte, der Historischen Anthropologie und einiger Richtungen der Frauengeschichte – werden neue Zugänge zur historischen Erfahrung erprobt, die einer neuen und ausgesprochen modernitätskritischen Gegenwartserfahrung und -deutung und einer sehr kritischen Zukunftserwartung entsprechen.

Alternativ zu der im Wissenschaftskonzept der Gesellschaftsgeschichte dominierenden Modernisierungsvorstellung und ihrer Fortschrittsidee wird ein Geschichtskonzept entwickelt, in dem es nicht mehr um einen Gegenwart und Zukunft tendenziell umgreifenden Entwicklungsprozeß geht; der Gedanke einer objektiven Zeitrichtung der mannigfaltigen und unterschiedlichen Veränderungen in der Vergangenheit spielt keine dominierende Rolle mehr. An seine Stelle tritt der Blick auf partikulare Vorgänge und einzelne Entwicklungen. Deren historische Bedeutung besteht nicht mehr darin, daß sie einen jeweiligen Entwicklungsstand indizieren, sondern darin, daß sie Möglichkeiten humaner Selbstverwirklichung und Gefahren humaner Selbstverfehlung exemplarisch manifestieren. Es geht überhaupt nicht mehr primär um Entwicklungen als zeitliche Transformationen, deren Richtung als zukunftserschließende Größe in aktuelle Praxisorientierungen eingehen kann, sondern darum, einlinige Entwicklungsvorstellungen in die Relativität unterschiedlicher Möglichkeiten menschlicher Lebensformen zurückzunehmen.

Der historische Blick wendet sich nicht vornehmlich auf die Geschichte umfassender Systeme wie Wirtschaft, Gesellschaft und Politik, sondern er geht auf die konkreten Menschen, auf ihre Lebensverhältnisse im Horizont subjektiver Erfahrung. ›Alltag‹ ist die hierfür kennzeichnende historische Hinsicht, die jedoch begrifflich noch nicht hinreichend entfaltet werden konnte.

Es ist kein Zufall, daß diese neuen Hinsichten auf die historische Erfahrung nicht in der Form expliziter theorieförmiger Konstrukte ausgearbeitet werden. Denn es geht jetzt – wie in Anlehnung an einen Terminus der Kulturanthropologie formuliert wird – nicht mehr um theoretische Konstruktionen, sondern um ›dichte Beschreibung‹, nicht mehr um analytische Begrifflichkeit, sondern um teilhabende Beobachtung. Mit dieser Forschungsstrategie rückt die Geschichtswissenschaft in die Nähe der Ethnologie und Kulturanthropologie, und sie greift zurück auf hermeneutische Denkmuster zur Erschließung der menschlichen Vergangenheit.

Eine noch unklare Stellung nimmt in diesen Kontroversen um den konstruktiven oder deskriptiven Charakter der historischen Erkenntnis die Frauengeschichte ein. Auf der einen Seite bedient sie sich des gesamten Instrumentariums moderner historischer Forschung, um den weiblichen Lebenszusammenhang als historischen Sachverhalt zur Geltung zu bringen; sie kritisiert die theorieförmigen Konstrukte, die den Blick auf diesen Sachverhalt verengen oder verschließen, und modifiziert sie zu neuen Hinsichten auf die historische Erfahrung, in denen die andere Hälfte der Menschheit sichtbar wird. Auf der anderen Seite setzt sich eine radikale feministische Kritik an wissenschaftskonstitutiver methodischer Rationalität, die in ihr ein kulturell höchst wirksames Mittel männlicher Herrschaft sieht, in die historische Erinnerungsarbeit hinein fort: Einzig in neuen Diskursen, die einer anderen Logik als derjenigen rationaler Theoriekonstruktionen folgen, könne die kognitive Kraft weiblicher Selbsterfahrung entfaltet und historisch zur Geltung gebracht werden.

Die entschiedene Kritik an theoretisierender methodischer Rationalität in der Geschichtswissenschaft konvergiert mit geschichtstheoretischen Richtungen im Umkreis post-modernen Denkens, die genau diejenigen Voraussetzungen kritisch in Frage stellen, auf denen die Geschichtswissenschaft als Fachdisziplin beruht: die Vorstellung von Geschichte als definierbarem Erfahrungsbereich mit einer eigenen, besondere Erkenntnisverfahren erheischenden Zeitqualität und die Wissenschaftlichkeit des historischen Denkens. ›Geschichte‹ wird als Produkt einer narrativen Sinnbildung über Zeiterfahrung verstanden, deren entscheidende Gesichtspunkte poetischer oder rhetorischer Art sind, also gerade nicht Gesichtspunkte, die methodische Rationalität notwendig machen.

Die Geschichtswissenschaft kann dieser Herausforderung nur dadurch begegnen, daß sie die (meta-)theoretische Begründungsarbeit an ihren eigenen Prinzipien fortsetzt, die sie mit ihrer Verwissenschaftlichung begonnen hatte. Dies bedeutet gegenüber den erwähnten Einwänden gegen Theorieentwicklung und Theoriegebrauch in der historischen Forschung, daß die erarbeiteten methodischen Standards konstruktiver Theoriebildung nicht vorschnell preisgegeben, sondern eher daraufhin überprüft werden sollten, ob sie nicht eben dort zur Geltung gebracht werden können, wo in neuen Fragestellungen neue Erfahrungsbereiche für die historische Erkenntnis erschlossen werden sollen. Und dies ist durchaus möglich, da sich das Wissenschaftskonzept der Gesellschaftsgeschichte oder der Historischen Sozialwissenschaft und die gegen es entwickelten Alternativen gar nicht gegenseitig ausschließen, sondern sich in einem etwas distanzierteren und meta-theoretisch geschärften Blick komplementär ausnehmen; sie lassen sich produktiv ineinander verrechnen oder miteinander vermitteln.

Eine theorielose ›dichte Beschreibung‹ wäre ein um erhebliche Erkenntnischancen gebrachtes methodisches Konzept der historischen Forschung; denn es gibt Theorien genau derjenigen inneren Erfahrungshorizonte und kollektiven Sinnbildungsleistungen, die die ›dichte Beschreibung‹ aus den Quellen erheben soll, etwa die Soziologie lebensweltlicher Sinnstrukturen. Die gegen das Prinzip des konstruktiven Theoriegebrauchs ins Spiel gebrachten Gesichtspunkte ›Erfahrung‹ und ›Sinn‹, mit denen die Subjektivität der von den erforschten historischen Veränderungen Betroffenen zur Geltung gebracht werden soll, sind durchaus theoriefähig. Darin liegt die Chance, diese Subjektivität über eine emotionalisierende Betroffenheitszumutung hinaus argumentativ überzeugend zur Geltung zu bringen.

Auch eine bloße Negation übergreifender, makrohistorischer Zeitverlaufsvorstellungen ist noch keine überzeugende Forschungsstrategie. Sie vermag wohl Grenzen der bisher durch konstruktive Theoretisierung erarbeiteten Sichtweisen aufzuzeigen, ergibt selbst jedoch noch keine Gesichtspunkte, mit denen Zeitverläufe historisch gedeutet und die übergreifenden zeitlichen Zusammenhänge angesprochen werden können, in denen die jeweils mikrohistorisch ermittelten historischen Phänomene stehen und ohne deren Berücksichtigung sie nicht hinreichend historisch interpretiert werden können.

Auch die feministische Kritik an der Dominanz des männlichen Blicks auf die historische Erfahrung muß nicht zwingend zur Eliminierung theorieförmiger Konstrukte in der historischen Interpretation führen. Soll das Plädoyer für einen neuen Diskurs in der Geschichtswissenschaft nicht auf eine fatale Bestätigung des Stereotyps spezifisch weiblicher Irrationalität hinauslaufen, dann müßten der Radikalität der feministischen Kritik entsprechend neue Kategorisierungen der historischen Erfahrung erarbeitet und zur Grundlegung neuer Bezugsrahmen der historischen Forschung verwendet werden. Die Kritik daran, daß theoretische Konstrukte der historischen Forschung den männlichen Blick festschreiben, muß nicht notwendig dazu führen, daß der weibliche Blick nur theorielos gedacht und zur Geltung gebracht werden kann. Im Gegenteil: In dem Maße, in dem die theoretischen Konstrukte selber in der Form von Theorieentwicklung kritisiert werden und ein forschender Gebrauch weiterführender theoretischer Konstrukte die empirische Fruchtbarkeit des postulierten erweiterten Blicks erweist, in dem Maße kann eine feministische Parteilichkeit über die Gemeinschaft der Gleichgesinnten hinaus das Argumentationspotential der historischen Forschung erhöhen und neue Chancen einer diskursiven (und d. h. immer: tendenziell konsensfähigen) historischen Orientierung im Geschlechterverhältnis eröffnen. Entsprechende Arbeiten an der Explikation von ›Geschlecht‹ als historischer Kategorie und entsprechende Neustrukturierungen des empirischen historischen Blicks sind bereits im Gange.

Die Herausforderungen der Postmoderne mit ihrer radikalen Rationalitäts- und Wissenschaftskritik am historischen Denken können von der Geschichtswissenschaft nur dadurch adäquat beantwortet werden, daß sie sich auf eine grundsätzliche Reflexion der für die historische Erkenntnis maßgeblichen Sinnkriterien und Sprachhandlungen einläßt. Mit dem Nachweis der Theoriefähigkeit historischer Sinnkriterien und der Methodisierungsfähigkeit historischer Sprachhandlungen steht und fällt der Wissenschaftlichkeitsanspruch der Geschichtswissenschaft. Indem sie sich dieser Frage stellt, rückt sie bewußt in die Tradition der Historik ein, die mit der Entstehung der Geschichte als Wissenschaft eben diesen ihren Wissenschaftlichkeitsanspruch reflektiert und begründet hat.

Zur Praxis und Methodologie der Theoriearbeit

Wenn Fragestellungen, Aufgaben und Funktionen einer forschenden Arbeit an und mit Theorien in der Geschichtswissenschaft angesichts der bisherigen Forschungspraxis und angesichts der Diskussion über Nutzen und Nachteil des Theoriegebrauchs beschrieben werden sollen, dann können drei verschiedene Problemkomplexe unterschieden werden: (1) das Verhältnis der Geschichtswissenschaft zum theorieförmigen Wissen anderer Wissenschaften, (2) die kategorialen Sinnkriterien der historischen Erkenntnis und (3) die forschende Arbeit mit expliziten Bezugsrahmen der historischen Interpretation.

(1) Theorieförmiges Wissen anderer Wissenschaften spielt in der Geschichtswissenschaft auf allen Ebenen der historischen Forschung eine wichtige Rolle. Unproblematisch wird es dort verwendet, wo im Rahmen der Quellenkritik Tatsachen der Vergangenheit ermittelt werden. Um aus den Quellen Informationen zu schöpfen, bedient sich die Geschichtswissenschaft eines großen Arsenals hilfswissenschaftlicher Verfahren, in die theorieförmiges Wissen anderer Wissenschaften eingegangen ist. So verwendet beispielsweise die Ur- und Frühgeschichte hilfswissenschaftlich physikalisches Wissen mit hohem Theoriegehalt, um mittels der C-14-Methode Grabungsfunde datieren zu können. Probleme einer spezifisch

historischen Theoriebildung tauchen erst dort auf, wo das theorieförmige Wissen nicht spezifisch historischer Wissenschaften dazu verwendet werden soll, spezifisch historische Zusammenhänge zwischen den quellenkritisch ermittelten Tatsachen herauszufinden und plausibel zu machen. Wenn sich die Geschichtswissenschaft nicht grundsätzlich auf einen hilfswissenschaftlichen Status als Tatsachenlieferantin für andere Wissenschaften festlegen lassen will, die beanspruchen, solche Zusammenhänge theorieförmig darlegen zu können, dann muß sie die zur historischen Interpretation der quellenkritisch ermittelten Tatsachen maßgeblichen Gesichtspunkte und Konzepte selber ausarbeiten. Sie muß eine Vorstellung davon, was der jeweils spezifisch historische Zusammenhang bestimmter Tatsachen der Vergangenheit ist, entwickeln. Historische Theorien sind solche expliziten Vorstellungen; in sie kann theorieförmiges Wissen anderer Wissenschaften vom Menschen und seiner Welt eingehen, aber es ist die Geschichtswissenschaft, die darüber entscheidet, welches Wissen für welche historischen Zwecke gebraucht und in welche Form es (zusammen mit anderem Wissen) gebracht werden muß.

Maßgebend für spezifisch historische Theorieentwicklungen sind die historischen Kategorien. Sie werden freilich im forschenden Gebrauch theorieförmiger Wissensbestände anderer Wissenschaften zumeist nicht eigens reflektiert und als Kriterien der Umrechnung dieses Wissens in den Parameter der Geschichtswissenschaft formuliert. In Zweifelsfragen und immer dann, wenn das Verhältnis der Geschichtswissenschaft zu ihren Nachbardisziplinen grundsätzlich in Frage steht, führt jedoch kein Weg an einer solchen expliziten Formulierung kategorialer Kriterien vorbei. Ein Eklektizismus im praktischen Gebrauch theorieförmigen Wissens anderer Wissenschaften durch die Geschichtswissenschaft kann eine Explikation und Begründung der jeweils maßgebenden Gesichtspunkte nicht ersetzen.

(2) Wie aber können historische Kategorien praktisch expliziert werden? Letztlich ist dies nur im Schnittfeld zwischen Philosophie und Geschichtswissenschaft möglich. Hier wurden in jüngster Zeit die narrative Struktur historischen Wissens und die narrativen Sprachhandlungen des Geschichtsbewußtseins analysiert und Gesichtspunkte entwickelt, die das spezifisch Historische einer Erkenntnis vom Menschen und seiner Welt präziser als in den traditionellen Entgegensetzungen von Erklären und Verstehen oder von generalisierenden und individualisierenden Methoden angeben lassen. Es erscheint erfolgversprechend, das alte Thema ›Sinn der Geschichte‹ neu als Frage nach der narrativen Kohärenz historischen Wissens zu formulieren und anzugehen.

Die narrative Kohärenz einer historischen Erkenntnis besteht im Ausmaß der Plausibilität, mit der Geschichten als sinn- und bedeutungsvolle

Veränderungen des Menschen und seiner Welt im Laufe der Zeit erzählt werden. Die Geschichtswissenschaft verpflichtet sich als Wissenschaft auf bestimmte Standards dieser Plausibilität, indem sie forschend verfährt. Forschung ist eine besondere Begründung für den Geltungsanspruch historischer Behauptungen über die menschliche Vergangenheit (die immer auch Behauptungen über den Sinn- und Bedeutungszusammenhang der Vergangenheit mit Gegenwart und Zukunft enthalten). Historische Theorien sind nichts anderes als Gedankengebilde, die dazu dienen, den in einer Geschichte behaupteten zeitlichen Zusammenhang von Tatsachen der Vergangenheit dort plausibel zu machen, wo er weder in der Tatsächlichkeit der behaupteten Tatsachen noch in ihrer bloß chronologischen Aufeinanderfolge besteht, wo er also über das hinausgeht, was die Quellenkritik aus der empirischen Dokumentation der Vergangenheit intersubjektiv überprüfbar ermittelt.

Es handelt sich jeweils um Leitfäden oder Elemente von Leitfäden einer Geschichte, mit denen die durch die Forschungsoperation der Quellenkritik ermittelten Tatsachen in einen historischen Zusammenhang gerückt werden. Historische Theorien geben Leitfäden oder Elemente von Leitfäden für Geschichten ab, die für sich entworfen werden, damit von ihnen her argumentativ begründet – und d. h. vor allem: intersubjektiv überprüfbar – das Sinngebilde einer Geschichte aus Quelleninformationen erstellt und dargestellt werden kann.

(3) Für die Entwicklung und den Gebrauch historischer Theorien als Bezugsrahmen der Interpretation lassen sich eine Reihe von Kriterien entwickeln, die den höchst abstrakten Gesichtspunkt, daß sich die Plausibilität von Geschichten durch eine theorieförmige Explikation der für sie maßgebenden narrativen Konstrukte steigern läßt, in die Nähe der Forschungspraxis rückt:

(a) Gesichtspunkte, die im Forschungsprozeß dazu dienen, zwischen wichtigen und unwichtigen Quellenbefunden zu unterscheiden, haben gegenüber diesen Befunden einen theoretischen Charakter.

(b) Historische Forschung wird von Fragestellungen induziert. Fragen sind um so fruchtbarer, je mehr sie in der Form eines ausgearbeiteten Hypothesengeflechts an die Quellen herangetragen werden, also je konstruktiver oder theoretischer sie formuliert werden.

(c) Mit Hilfe theorieförmiger Konstrukte lassen sich konkrete historische Phänomene präziser beschreiben, als wenn man sich nur umgangssprachlicher Bezeichnungen oder gar nur der Quellensprache bediente.

(d) Periodisierungen sind ohne allgemeine (theorieförmige) Charakterisierungen von Zeitabschnitten, ihrer Unterschiede und Zusammenhänge nicht möglich.

(e) In jeder historischen Erklärung stecken theoretische Momente, und die Erklärung ist um so klarer und überprüfbarer, je deutlicher die jeweils erklärenden Theoreme sind.

(f) Jeder historische Vergleich braucht einen Maßstab, der sich zu den miteinander verglichenen Sachverhalten wie ein Allgemeines zu einem Besonderen verhält, also ihnen gegenüber einen theoretischen Status hat.

(g) Auch das Gegenteil eines Vergleichs, eine innere Ausdifferenzierung historischer Phänomene in synchrone und diachrone Komponenten kann mit theorieförmigem Wissen konstruktiv vollzogen werden.

(h) Mit theorieförmigem Wissen, das wegen seiner relativen Allgemeinheit einen ganzen Bereich empirischer Befunde abdeckt, läßt sich feststellen, für welche Segmente dieser Bereiche empirisches Wissen fehlt.

(i) Schließlich läßt sich ohne theorieförmige Verallgemeinerungen und Zusammenfassungen historischen Wissens nicht angeben, worauf es ankommen soll, wenn es für Orientierungszwecke im Lebenszusammenhang der Historiker praktisch verwendet, vor allem: wenn es lernend zur Bildung historischer Identität angeeignet werden soll.

Historische Theorien sind kein Selbstzweck der Forschung, so daß sie sich in ihrer Aufstellung und im Nachweis ihrer empirischen Bewährung erschöpften. Sie dienen vielmehr dazu, eine historische Erkenntnis zu gewinnen, in die sie selbst als strukturierende Faktoren eingehen, die aber zugleich immer mehr und anderes ist als ein theoretisches Konstrukt, so wie eben eine Geschichte etwas anderes ist als der Leitfaden, dem sie folgt. Ob und inwieweit eine zu Forschungszwecken erfolgte Theoretisierung historischen Wissens zur Steigerung der narrativen Kohärenz des forschend gewonnenen historischen Wissens geführt hat, geht letztlich nur aus der Art hervor, wie dieses Wissen historiographisch präsentiert wird. Wenn es die Spuren konstruktiver Argumentation so an sich trägt, daß die erzählte Geschichte nur verstanden und rezipiert werden kann, wenn der Adressat seine eigenen Fähigkeiten zur diskursiven Argumentation mobilisiert, wenn also die Geschichtsschreibung die historische Deutungskompetenz ihrer Adressaten durch einen Zuwachs an historischer Erfahrung und zugleich an Möglichkeiten ihrer Deutung steigert, dann ist eine Theoretisierung in der Geschichtswissenschaft ein Kernbestand historischer Sinnbildungsarbeit. [J. Rüsen]

Politische Geschichte, Geschichte der internationalen Beziehungen

Begriff und Gegenstand

Politische Geschichte ist eine Teildisziplin der Geschichtswissenschaft. Ihr Gegenstand ist im modernen Verständnis die Geschichte des politischen Handelns. Dies umfaßt den Bereich der Innen- wie der Außenpolitik. Politisches Handeln geht nicht nur vom Staat und seinen Institutionen, sondern auch von politischen und gesellschaftlichen Gruppen und Kräften aus. Untersuchungsfelder der Politischen Geschichte sind u. a. die Bildung und Veränderung von Staaten bzw. staatlich-administrativen Institutionen. Ferner das Verhältnis von Staaten zueinander, die Formen, Institutionen und Träger politischer Entscheidungs- und Willensbildungsprozesse, die Ausbildung von politischen und gesellschaftlichen Zielvorstellungen und einer spezifischen politischen Kultur sozialer Systeme. Themen der Politischen Geschichte können sein sowohl die Möglichkeiten und Grenzen politischer Macht wie die je besonderen Verschränkungen von Politik und gesellschaftlichen wie ökonomischen Verhältnissen, von Politik und Kultur wie Mentalitäten. Politische Geschichte ist darum offen zu anderen Teildisziplinen der Geschichtswissenschaft und unterscheidet sich von diesen teilweise durch ihre Untersuchungsfelder, vor allem aber durch ihre spezifische Fragestellung. Denn sie zielt vor allem auf das Entscheidungshandeln, das sie »gegenüber der Vorstellung vom Prozeßcharakter der Geschichte betont« (A. Hillgruber).

Politische Geschichte als Staats- und Diplomatiegeschichte

Politische Geschichte war und ist in den letzten Jahrzehnten Gegenstand heftiger Kritik und vielfacher Mißverständnisse. Die Gründe dafür liegen in der seit dem späten 19. Jahrhundert zu beobachtenden Verengung der politischen Geschichte zur Geschichte von ›Haupt- und Staatsaktionen‹ und der damit gegebenen Gefahr der kritiklosen Verherrlichung nationaler Machtstaatsgeschichte.

Die traditionelle Geschichtsschreibung verstand unter dem Begriff der Politischen Geschichte die Untersuchung politischer Prozesse auf der Ebene staatlicher Organe und Entscheidungsträger. Dahinter stand meist die Vorstellung, daß sich in der Diplomatie- und Staatsgeschichte die ›eigentliche‹ Geschichte entdecken lasse. Ihren charakteristischen Ausdruck fand diese Anschauung im Begriff der ›großen Politik‹. Er lenkte den Blick auf das Handeln leitender Staatsmänner und die Beziehungen zwischen den Staaten. Staatsbildung und Diplomatie waren jene Bereiche, in denen sich staatsmännische Größe und Weitsicht manifestierten. Daraus leitete sich mit einer gewissen Konsequenz die Vorstellung von einem ›Primat der Außenpolitik‹ ab.

Die These vom ›Primat der Außenpolitik‹ gegenüber der Innenpolitik stammt von L. von Ranke. Er sah in diesem Primat das Bewegungsgesetz der Geschichte und zugleich eine daraus abgeleitete Forderung an die staatliche Politik. Staaten galten als Kampf- und Selbstbehauptungsorgane gegen die Nachbarstaaten. Innen- und Verfassungspolitik waren darum dem außenpolitischen Zweck und Behauptungswillen des Staates, d.h. dessen Staatsräson untergeordnet. Politik wurde darum gerade von der deutschen Geschichtsschreibung als Außenpolitik verstanden. Auch in der englischen Denkweise des 19. Jahrhunderts dominierte der Primat der Außenpolitik, freilich in einer stärker defensiven Weise. »Der Grad der Freiheit innerhalb des Staates wird immer umgekehrt proportional sein dem Grad des Druckes, der auf seinen Grenzen lastet« (R. Seeley). Ein Politikverständnis, nach dem äußere Lage und machtpolitische Dynamik eines Staates dessen Politik bestimmen, sieht das Handeln von Staaten und Regierungen überdies unabhängig von sozio-ökonomischen Interessen und sozio-kulturellen Bedingungen. Folglich blieben Aspekte von Kultur, Wirtschaft und Gesellschaft außerhalb des Interesses dieser Form von politischer Geschichtsschreibung.

Die Praxis der traditionellen Historiographie, ihr Untersuchungsfeld auf das Handeln von Staaten, Nationen und ihrer Regierungen einzugrenzen und dies zugleich mit einer ›allgemeinen Geschichte‹ gleichzusetzen, hat ihren Grund in der zentralen Erfahrung der Historiker des 19. Jahrhunderts.

Sie standen unter dem Eindruck der modernen Staatsbildung als Instrument innerer Friedenssicherung und hatten den Aufstieg des modernen National- und Machtstaats noch teilweise unmittelbar erlebt. Diese Erfahrung war besonders ausgeprägt in der verspäteten Nation Deutschland.

Seine besondere geschichtsphilosophische und theoretische Begründung erfuhr diese zunehmende Identifizierung von politischer Geschichte und Staatshandeln durch den Historismus. Dieser hatte mit seiner Betonung der Individualität und dem Gewordensein aller historischen Vorgänge vor allem eine Befreiung und perspektivische Erweiterung der Geschichtsschreibung bewirkt. Doch indem der Historismus mit seiner Berufung auf die Einmaligkeit und Unverwechselbarkeit aller historischen Situationen alle normativen Maßstäbe des Politischen relativierte oder gar leugnete, konnte er dem jeweils herrschenden Zeitgeist wenig entgegensetzen. Diese Schattenseiten des Historismus traten besonders in Deutschland hervor, wo die Eigentümlichkeit deutscher Staatlichkeit und die zunehmende Machtstaatsverherrlichung mit den besonderen Bedingungen eines deutschen ›Sonderwegs‹ gerechtfertigt und alle normativen Vergleiche mit den westlichen Nachbarn auch als methodisch unzulässig abgewehrt wurden.

Hinzu kam ein spezifischer Anspruch der deutschen Historiographie, nämlich bei der politischen Urteilsbildung einen besonderen Vorrang zu besitzen. L. von Ranke hatte der Geschichtsschreibung die Aufgabe zugewiesen, das Wesen des Staates allein aus dessen historischer Genese abzuleiten und damit politische Aktion historisch zu legitimieren. Dahinter stand eine Anschauung von Geschichte, die in ihr weniger das Wirken freier, autonomer Individuen sah, sondern die Verwirklichung überindividueller, real geistiger Tendenzen, die sich vor allem im Staat und im Handeln großer Staatsmänner manifestierten. Darum konnte Ranke zu Bismarck sagen: »Der Historiker kann viel von Ihnen lernen.« Denn Bismarck galt ihm als Vollstrecker historischer, immanenter Tendenzen, die der Historiker aufzuspüren hatte. Eine solche Affinität historischer Urteilsbildung zu großen politischen Entscheidungen war Ausweis des Ranges politischer Geschichtsschreibung.

Unter solchen Prämissen verengte sich die Geschichtsschreibung immer mehr zur Staatengeschichte und verlor die Zusammenhänge mit dem anderen großen Veränderungsvorgang des 19. Jahrhunderts, der Industriellen Revolution, und deren sozialen Folgen immer mehr aus dem Blick bzw. überließ deren Untersuchung der Wirtschaftsgeschichte, die sich in der ›Historischen Schule der Nationalökonomie‹ etablierte.

Mit den Erfahrungen der nationalen Katastrophen des 20. Jahrhunderts einerseits und der allgemeinen Mobilisierung in der Industriegesellschaft sowie einer zunehmenden Ausdehnung staatlicher Intervention in alle sozialen Bereiche andererseits wurde dieses Verständnis von politischer Geschichtsschreibung immer fragwürdiger. Der Vorwurf, die staatsbezogene politische Geschichtsschreibung habe sich seit eh und je auf die ›Schlachten- und Vertragsgeschichte‹ sowie auf die ›großen Männer‹ beschränkt, übersieht freilich, daß es auch im 19. Jahrhundert weitergehende Ansätze und integrative Betrachtungsweisen gab.

Das beweist etwa die fünfbändige ›Deutsche Geschichte im Neunzehnten Jahrhundert‹ (1879 ff.) von H. v. Treitschke, einem der wirkungsmächtigsten Verkünder borussischen Geschichts- und Staatsbewußtseins. So bleibt bei ihm zwar der Staat »strukturierender Kern seiner weitausgreifenden Darstellung« (D. Langewiesche). Den Staat definiert er jedoch als »die Gesellschaft in ihrer eigentlichen Organisation«, und darum ist es nur konsequent, wenn in seiner Darstellung auch die Schilderung wirtschaftlicher, kultureller Entwicklungen und sozialer Konflikte wie antagonistischer Interessen einen breiten Raum einnimmt. So sollte die politische Geschichtsschreibung die Herausforderung durch die entstehende ›Kulturwissenschaft‹ in produktiver Form aufnehmen, indem auch das ›soziale Leben‹ als ein wichtiges ›Element politischer Macht‹ verstanden wurde.

Was Treitschke konzipierte und ansatzweise auch in seiner Darstellung einlöste, nimmt einiges von dem vorweg, was in der modernen politischen Sozialgeschichte der Gegenwart praktiziert wird: nämlich die Untersuchung sozio-ökonomischer Prozesse in ihrer Wechselwirkung mit politischen Entscheidungen und Strukturen.

Die schulbildende Mehrheit der nachfolgenden deutschen Historiker reagierte anders als Treitschke auf die Konkurrenz der zeitgenössischen ›Kulturwissenschaft‹, die sich nicht sehr viel von dem unterscheidet, was wir heute ›Strukturgeschichte‹ nennen. Die Tatsache, daß diese ›Kulturgeschichte‹ auch an dem Widerspruch zwischen Anspruch und eigenen methodisch-technischen Unzulänglichkeiten scheiterte, war den Vertretern der staatsbezogenen Politikgeschichte willkommener Vorwand, um die Überlegenheit des eigenen Ansatzes zu behaupten.

Wenn in dem Methodenstreit um K. Lamprecht um die Jahrhundertwende sich schließlich die Staatsgeschichte durchsetzte und sich bis zur »Staatsfrömmigkeit« (O. Hintze) übersteigerte, so hatte das viel mit den zeitgeschichtlichen Erfahrungen der deutschen Historiker zu tun, die von der Bismarckschen Reichsgründung fasziniert und von der Notwendigkeit des Staates als der einzigen Institution zur Lösung gesellschaftlicher Konflikte überzeugt waren. Historiker wie Staatsrechtler bemühten sich darum, das Kaiserreich und seine besondere Verfassungsstruktur im Zusammenhang deutscher Geschichte und in Abgrenzung von der andersartigen geschichtlichen Entwicklung Westeuropas zu rechtfertigen. O. Hintze stellte 1911 fest, daß das monarchisch-konstitutionelle System ebenso dem von der deutschen Mittellage her bestimmten Primat der Außenpolitik entspräche wie der territorialen Vielfalt des Deutschen Reiches. Die außenpolitischen Konstellationen, in die das Reich seit den neunziger Jahren geraten war, verstärkten die Betonung des besonderen deutschen Wegs. G. von Below, Gegenspieler von Lamprecht, benannte den zeitgeschichtlichen Zusammenhang, der zur Dominanz einer Staatengeschichte führte. Er stellte fest, daß der »Wendepunkt in der inneren politischen Geschichte Deutschlands«, nämlich die konservative Wende der Jahre 1878/79, mit einem »Wendepunkt in der inneren Entwicklung der Historiographie« zusammengefallen sei (D. Langewiesche).

Allerdings beherrschte die »machtpolitisch orientierte Geschichtsschreibung« (K. G. Faber) zu keiner Zeit absolut das Feld historischer Forschung. So wurde noch vor dem Ersten Weltkrieg der etablierte Kanon der Diplomatie- und Politikgeschichte durch weiterführende Ansätze einer Verfassungsgeschichte (Schmoller, Hintze) wie einer Geistesgeschichte (Dilthey, Meinecke) ergänzt und nach dem Ersten Weltkrieg weitergeführt.

Auch Erster Weltkrieg und Revolution änderten ebensowenig etwas an den methodischen und konzeptionellen Grundpositionen deutscher Politikgeschichte wie die Erfahrung neuer weltpolitischer Konstellationen. Die Mehrheit blieb bei der Orientierung an deutscher Machtpolitik und einem eurozentrischen Geschichtsbild. Der Kampf gegen den Versailler ›Diktatfrieden‹ und die ›Kriegsschuldlüge‹ einte die Zunft und grenzte alle Querdenker aus. Methodische Neuansätze, zumal wenn sie mit Prinzipien westlicher Demokratien in Verbindung zu bringen waren, hatten es schwer. Um so trotziger behauptete man den deutschen Sonderweg gegen die ›westliche Zivilisation‹, die nach dem Urteil nicht weniger Historiker auch in der ungeliebten Weimarer Republik Ausdruck gefunden hatte.

Neben der Kontinuität staatsbezogener Politikgeschichte im Zeichen eines verstärkten Sonderwegbewußtseins gab es die Kontinuität der Ideengeschichte wie einer Verfassungs- und Sozialgeschichte. Ihre führenden Repräsentanten F. Meinecke bzw. O. Hintze hatten in der Zunft einen guten Namen. Nicht nur, daß ihr wissenschaftlicher Rang die These von der Allmacht traditioneller Staats- und Diplomatiegeschichte einschränkt, sie sind zugleich Beweis dafür, daß methodische Ausrichtung und politische Standortnahme nicht immer deckungsgleich sein müssen. Verbanden sich bei Hintze methodische Progressivität und politischer Konservativismus, so bezeugt umgekehrt der Vernunftrepublikaner Meinecke, daß auch politischer Liberalismus nicht unbedingt Garantie für wissenschaftliche Progressivität sein muß. Da gab es schließlich außerhalb der borussischen Tradition auch Politikgeschichte, die wie F. Schnabels ›Deutsche Geschichte im 19. Jahrhundert‹ auch Wirtschafts-, Technik- und Kulturgeschichte miteinbezog. Und da gab es schließlich echte Außenseiter, die von imperialismustheoretischen Positionen ausgehend einen Primat der Innenpolitik behaupteten, wie etwa der junge E. Kehr.

Die Aversionen, die ihm entgegenschlugen, waren auch dadurch begründet, daß er eine methodische Grundprämisse der Mehrzahl der zeitgenössischen deutschen Historiker in Frage stellte, die eng mit ihrem politischen Selbstverständnis korrespondierte. Für sie galt der Primat der Außenpolitik, den sie mehr denn je durch die Geschichte erwiesen sahen. Die geopolitische Lage Deutschlands brachte es mit sich, daß die politische Existenz des Deutschen Reichs wie die keines anderen Landes von der internationalen Politik abhing. Eine Mißachtung dieses Grundgesetzes deutscher Politik mußte nach ihrer Meinung politisch verhängnisvoll sein. Darum verstanden es die meisten deutschen Historiker als ihre nationalpädagogische Pflicht, »dem Primat der Außenpolitik gegenüber allen primär innenpolitischen Orientierungen der deutschen Gesellschaft und ihrer Parteien im deutschen politischen Bewußtsein Geltung zu verschaffen« (B. Faulenbach).

Knüpften methodische Ausrichtung und politisches Selbstverständnis der Mehrheit der Historiker in der Weimarer Republik an Positionen aus dem Kaiserreich an, so bildeten Sonderwegbewußtsein und nationaler Machtstaatsgedanke auch die Brücke in die nationalsozialistische Zeit. Keiner der Historiker, die 1933 Ordinariate innehatten, war Mitglied der

NSDAP. Doch die partielle Übereinstimmung ihrer nationalen Ziele und Ressentiments mit den nationalistisch-autoritären Elementen der nationalsozialistischen Ideologie machte es der Mehrheit der Historiker nicht schwer, auch unter dem NS-Regime zu lehren und zu schreiben wie bisher. Eine Geschichtsschreibung, die sich »zur Apotheose der eigenen Nationalgeschichte verengt hatte« (W. J. Mommsen), machte wenig immun gegen eine Politik, die hinter der Maske nationaler Restitutions- und Großmachtpolitik einen Rassen- und Eroberungskrieg globalen Ausmaßes plante und führte.

Zögernder Neubeginn und Traditionskritik

Um so größer war der ideologische Schutt, der nach 1945 abzutragen war. Die Bereitschaft unter der Generation der nach 1945 bestimmenden Historiker, Traditionen deutscher Historiographie zu überprüfen, war groß.

Betroffen waren vor allem die Neuzeithistoriker, die sich durch die Verengung ihrer wissenschaftlichen Perspektiven auf reine Machtstaatsgeschichte am leichtesten in den Dienst einer ideologischen Akklamation hatten nehmen lassen. Von ihnen kamen angesichts der »deutschen Katastrophe« (F. Meinecke) auch grundsätzliche Zweifel daran, ob ein Historismus, der sich auf Staatsgeschichte und die Biographie großer Männer verengt hatte, noch eine zeitgemäße methodische Grundlage sein könne. G. Ritter, Mitglied der Widerstandsgruppe um Goerdeler, gestand 1950 ein, daß »Historie der neuesten Zeit ohne Beherrschung der ökonomischen Grundbegriffe [...], aber auch der soziologischen Methoden [...] zu bloßer Rhetorik ohne tieferen Erkenntniswert« führe.

Doch blieb dies ein langer und dornenreicher Weg, weil er die eigenen Denkweisen und wissenschaftlichen Traditionen berühren bzw. in Frage stellen mußte. Sicherlich nahm man sehr schnell Abschied von der Glorifizierung eines deutschen Sonderwegs, aber eine grundsätzliche Abkehr von einem durch seine Einseitigkeiten und politischen Implikationen belasteten Historismus blieb lange aus. Zunächst dominierte der Versuch, von der Tradition zu behaupten, was sich behaupten ließ und angesichts der populären pauschalen Verdammung deutscher Geschichte zur Besinnung auf die besseren, unverbrauchten deutschen Traditionen aufzurufen. Die deutsche Geschichtswissenschaft nach 1945 bewegte sich »zwischen Restauration und langsamer Weiterentwicklung« und war in dieser Zeit von einem »politisch-moralisch gezähmten Historismus« (E. Schulin) geprägt. Einig in der Ablehnung der nationalsozialistischen Herrschaft und ihrer Ideologie griff man zunächst auf Autoren zurück, die unbeeinflußt von dem nationalsozialistischen Zeitgeist geblieben waren. Wirkliche Neuansätze kündigten sich allmählich in den fünfziger Jahren an; teils durch die Öffnung zu Nachbardisziplinen, vor allem der Politikwissenschaft und auch der Soziologie, teils durch die Erweiterung des klassischen individualisierenden Historismus mit Hilfe von vergleichenden und typologisierenden Verfahren.

Th. Schieder etwa wollte neben die Geschichte des handelnden Menschen gleichberechtigt auch die des leidenden stellen, d. h. neben die »Darstellung der res gestae der handelnden Staatsmänner und der großen Exponenten der vorwaltenden geistigen Tendenzen eines Zeitalters« die Geschichte der »übermächtigen Tendenzen der geschichtlichen Mächte mehr oder weniger hilflos ausgelieferten Menschen, der breiten Massen« (W. J. Mommsen). Daraus sprach die beklemmende Erfahrung der Dialektik der Freiheit und des Fortschritts im 20. Jahrhundert, und das führte zum Bemühen »um die historiographische Bestimmung der übergreifenden Bedingungsfaktoren menschlichen Handelns und des ›Geworfenseins‹ des Menschen inmitten einer von ihm nicht beeinflußbaren, vorfindlichen Umwelt höchst komplexen Zuschnitts« (W. J. Mommsen).

Damit waren der Blick wieder geöffnet für das Spannungsverhältnis von politischer und gesellschaftlicher Verfassung und der Weg gewiesen für eine Aneignung sozialwissenschaftlicher Fragestellung durch die Geschichtswissenschaft, die nicht nur die politisch-geistigen Triebkräfte geschichtlichen Entscheidungshandelns, sondern auch dessen institutionelle und sozial-strukturelle Bedingungen systematisch erforscht. Ähnlich suchte W. Conze, von der französischen Strukturgeschichte beeinflußt, nach Wegen aus der Sackgasse einer bloß staatsbezogenen Politikgeschichte. In seiner Studie ›Strukturgeschichte des technisch-industriellen Zeitalters‹ von 1957 forderte er, »überkommene Trennungskategorien wie ›politische Geschichte‹ und ›Geistesgeschichte‹ einerseits, ›Sozial- und Wirtschaftsgeschichte‹ andererseits, ebenso die angebliche Unvereinbarkeit von typologisierender und individualisierender Methode zu überprüfen und zu überwinden.« Aus der Einsicht, daß Staat und Gesellschaft im Unterschied zu den aus dem 19. Jahrhundert überkommenen Denkmustern nicht voneinander zu trennen sind, leiteten Conze wie der Mediävist O. Brunner bereits in den fünfziger Jahren die Forderung nach einer »politisch-gesellschaftlichen Integrationshistorie« (D. Langewiesche) ab, da jede »soziale Struktur politisch bestimmt und wandelbar« sei, sich jedoch von der Politikgeschichte dadurch unterscheide, daß sie »nicht in erster Linie die res gestae, sondern die Strukturen in ihrer Kontinuität und Veränderung ins Auge faßt.«

Mit der Bereitschaft, die Grenzen der eigenen Disziplin und vor allem der herkömmlichen Politikgeschichte zu öffnen, verband sich bei Conze wie bei Schieder ein klares Bewußtsein um die Grenzen dieser Operation, damit die Eigenständigkeit des Faches nicht aufgegeben würde.

Eine Öffnung zur Politikwissenschaft, die ebenfalls als Erweiterung, nicht aber als Bruch mit den Traditionen deutscher Historiographie verstanden wurde, brachte die Zeitgeschichte, die durch die Einflüsse der amerikanischen liberalen Politikwissenschaft mit ihrem Bezug auf ein naturrechtliches Demokratieverständnis die jüngere deutsche Vergangenheit der Weimarer Republik und des Dritten Reichs einer radikalen Revision unterzog. Durch K. D. Brachers Pionierwerk ›Die Auflösung der Weimarer Republik‹ wurde zunächst gegen den Widerstand nicht weniger Historiker in die klassische Verlaufsanalyse eine an politikwissenschaftlichen Begriffen orientierte systematische Strukturanalyse eingeführt und mit ihr richtungsweisend kombiniert.

Zur eigentlichen Zäsur in der deutschen Geschichtswissenschaft wurde die Fischer-Kontroverse in den sechziger Jahren, die mit den konventionellen Methoden politik- und ideengeschichtlicher Interpretation der Ursachen des Ersten Weltkriegs eröffnet und geführt wurde und dennoch am Ende zum Durchbruch einer gesellschaftlichen Strukturgeschichte führte. Man hat darum von einer ›Art historiographischem Stellvertreterkrieg‹ gesprochen, der vom Beispiel des Ersten Weltkriegs ausgehend auf andere Forschungsfelder ausgriff und die dort obwaltenden Deutungsmuster angriff. So wurde die Verfassungs- und Gesellschaftsstruktur des Deutschen Kaiserreichs im neuen Licht einer kritischen Geschichtswissenschaft gesehen, und von dort aus wurde gleichsam im Krebsgang wieder die Frage nach den strukturellen Defiziten aufgeworfen, die zum Scheitern der Weimarer Republik und zur nationalsozialistischen Machtübernahme bzw. -übertragung führten. Die Schärfe der Fischer-Kontroverse lag also darin begründet, daß sie die Kontinuitätsproblematik deutscher Geschichte und damit die Sonderwegdebatte neu entfachte. Mit der Sonderwegdiskussion war die Funktion der deutschen Geschichtswissenschaft aufs engste verbunden, so daß im Verlauf der Kontroverse die dort zu beobachtende traditionsbewahrende Rolle der Historie nun durch Traditionskritik ersetzt wurde. Dabei wurden auch gängige Interpretationsmuster mit bilderstürmerischem Eifer abgelöst und durch neue ersetzt, die bald den Charakter einer neuen Orthodoxie annahmen und weit über das Ziel hinausschossen. So vor allem die These vom ›Primat der Innenpolitik‹, die H.-U. Wehler in Anlehnung an den wiederentdeckten E. Kehr verfocht. Auf eine ähnlich breite, wenn auch nicht unangefochtene Zustimmung stieß Wehlers Theorie des ›Sozialimperialismus‹, mit dem die manipulativen Integrationsstrategien von traditionellen Machteliten zum Zweck ihrer Machtbehauptung inmitten einer Phase tiefgreifenden Wandels erklärt wurden, ohne daß man einer kruden ökonomistischen und monokausalen Imperialismustheorie zum Opfer fiel.

Schließlich entwickelte sich aus diesen Ansätzen das Konzept einer sozialgeschichtlich ausgerichteten ›Gesellschaftsgeschichte‹, die durch zwei fundamentale Postulate gekennzeichnet ist. Nämlich einmal durch den Anspruch, eine neue Integrationsdisziplin zu sein, die der Totalität des historischen Prozesses gerecht würde. Im Kontext einer solchen Gesellschaftsgeschichte fänden dann die überkommenen Sektoren der Geschichtswissenschaft ihren Platz, so auch die Politische Geschichte. Im Unterschied zum klassischen Konzept der Politischen Geschichte besteht die neue Gesellschaftsgeschichte darauf, daß ihr Konzept von Gesellschaft aussagefähiger weil umfassender sei als das der Politik. Dieses beschränke sich lediglich auf die Analyse des Staates, seiner Institutionen und seines Entscheidungshandelns. Ziel der neuen Gesellschaftsgeschichte, die einen Paradigmenwechsel in der Geschichtswissenschaft herbeiführen wollte, war es, geschichtliche Entwicklungen nicht mehr vom Staat, sondern von der Gesellschaft her zu untersuchen und zu erklären.

Die historiographische Wende bahnte sich in der westdeutschen Geschichtswissenschaft in den späten sechziger Jahren an und setzte sich im folgenden Jahrzehnt auf breiter Front durch. Anlaß war das Bedürfnis vor allem einer jüngeren Historikergeneration, sich von der Tradition eines Historismus zu lösen, der sich zur Verherrlichung der borussisch-deutschen Nationalstaatsgeschichte verengt und darum auch wenig Abwehrkräfte gegen die Verlockungen und Herausforderungen des Nationalsozialismus aufgeboten hatte. In Frankreich läßt sich die Abkehr von der traditionellen Staats- und Diplomatiegeschichte schon früher beobachten, und sie hat dort vermutlich weniger mit politischen Brüchen und nationalen Identitätsverlusten als mit allgemein sozio-kulturellen Veränderungen zu tun. Überdies konnte sich der französische Neuansatz einer sozialen und wirtschaftlichen Strukturgeschichte auf ältere, ungebrochene wissenschaftsgeschichtliche Traditionslinien beziehen. Dabei war und ist die Abwendung von der als Ereignisgeschichte abgewerteten politischen Geschichtsschreibung und die Hinwendung zur reinen Strukturgeschichte sozialer Gruppen, Mentalitäten, Lebens- und Arbeitsformen wie von Bevölkerungsweisen jenseits des Rheins mitunter radikaler als in der westdeutschen Historiographie, die auch unter dem Vorzeichen einer »kritischen« Sozialgeschichte »überwiegend von politischen Gesichtspunkten angeleitet und in der Regel eng mit einer Analyse der politischen Entscheidungsprozesse verbunden« ist (W. J. Mommsen).

Die Vorwürfe der Kritiker galten den Methoden, teilweise auch dem Gegenstand der überkommenen politischen Geschichtsschreibung. Sie galt als elitär und personalistisch, als psychologisierend und idealistisch, als singularisierend und qualitativ, als ideologisch und narrativ, wo sie doch global und massenbezogen, funktionalistisch und materialistisch, vergleichend und quantifizierend, bewußtseinssoziologisch und analytisch hätte sein sollen. Gipfelten also in Frankreich die Vorwürfe in dem Verdikt, Politische Geschichte sei bloße Ereignisgeschichte (histoire événementielle), obwohl sie doch Strukturgeschichte in einem möglichst umfassenden, alle Lebensbereiche einschließenden Sinne sein müsse, so lauteten in Deutschland die Vorwürfe zusammengefaßt, politische Geschichtsschreibung sei nicht nur bloße Machtstaatsgeschichte, sondern sie diene auch der Machtverherrlichung.

Ansätze einer modernen Politikgeschichte

Überall vollzog sich dieser Paradigmenwechsel unter heftigen Kämpfen der Historiker und überall hat sich mittlerweile Kritik an der neuen Orthodoxie entfaltet, so daß es verfehlt wäre, hinter der neuerlichen Tendenzwende bloß einen deutschen Provinzialismus zu vermuten. Im Kern ging es überall um die sozialwissenschaftliche Durchdringung historischer Forschung und die damit verbundene Verdrängung politikgeschichtlicher Untersuchungen bzw. die befürchtete Negation spezifischer Elemente des Politischen, vor allem der relativen Autonomie des politischen Entscheidungshandelns unbeschadet der Einsicht in die Fülle der gesellschaftlichen, ökonomischen und mentalen Strukturen, die das politische Handeln prägen oder gar determinieren. Schließlich verwiesen die Verfechter einer modernen Politikgeschichte darauf, daß in einer Zeit der zunehmenden politischen Intervention in fast alle menschlichen Daseinsbereiche die neue Sozialgeschichte mit einem sehr engen und nicht mehr zeitgemäßen Politikbegriff operiere, um auf diese Weise den Totalitätsanspruch des eigenen Konzepts zu begründen. Grundsätzlicher ist der Einwand, daß in der postulierten Priorität sozialökonomischer Faktoren eine schwer begründbare Dezision und eine Reduktion auf einen Teilbereich vorliege, wie ihn ihrerseits auch einst die Politische Geschichte vorgenommen hat. Darum könne man in den Geisteswissenschaften nicht von einem Paradigmenwechsel, sondern von einem Nebeneinander konkurrierender Paradigmen sprechen.

Die Frontlinien in den Historiker-Schlachten der siebziger und auch frühen achtziger Jahre verliefen im einzelnen in Westeuropa und den USA anders als in Deutschland. Gleichwohl hat die Herausforderung durch die neue Sozialgeschichte überall zu einer Belebung und Erneuerung der Politikgeschichte geführt. Durch die Konfrontation mit der neuen Sozialgeschichte hat sich auch der Politikbegriff erweitert, der nicht länger auf die Ebene des Staates bezogen bleibt, sondern Institutionen bzw. Tendenzen neben und unter dem Staat ebenso miteinbezieht wie die Träger politischen Entscheidungshandelns in ihrer Ideologie, ihrer sozialen Rekrutierung wie in ihrer Tendenz zur Abschließung und Oligarchiebildung. Um diese verschiedenen institutionellen Bereiche der Politik und ihre Verbindung zur Gesellschaft besser zu erfassen, hat man vorgeschlagen, den Begriff des Staates als Referenzpunkt durch den des politischen Systems zu ersetzen. Sinnvoller erscheint es, den Begriff des Politischen um ein allgemeines Konzept des politischen Handelns und der Erfahrung zu erweitern. Dem entspricht neuerdings das Konzept einer politischen Kultur, mit dem bei aller analytischen Unschärfe jenes Geflecht von Wertmustern, Verhaltensformen und Mentalitäten angesprochen wird, das das politische Handeln und Wahrnehmen von politischen Akteuren und Gruppen wie von Individuen teils bewußt, teils unbewußt prägt. Hinter diesen Erweiterungen des Politikbegriffs steht die Grunderfahrung der Gegenwart, nämlich die Tatsache, daß man von Politik in allen Bereichen des Daseins betroffen, zugleich aber zur Daseinsbewältigung auch auf sie angewiesen ist. Durch diese Ausweitung des Politikbegriffs und der Themenfelder einer modernen Politikgeschichte haben sich die Grenzlinien zur Sozial- und Wirtschaftsgeschichte, aber auch zu anderen Spezialdisziplinen immer weiter verwischt. So besteht Einigkeit darüber, daß Politikgeschichte heute den gesamten Bereich der Gesellschaft berücksichtigen muß, d. h. alle Faktoren, die politisches Handeln ermöglichen, erfordern, aber auch einschränken oder determinieren. Umstritten sind das Gewicht der einzelnen Faktoren, die politisches Handeln beeinflussen, und das Ausmaß der Autonomie politischen Entscheidungshandelns.

So hat es eine moderne Politikgeschichte mit einem »höchst komplizierten Verhältnis zwischen der relativen Autonomie des Politischen einerseits und dessen vielfältiger Einbettung in weiteste Zusammenhänge« andererseits zu tun (Chr. Meier). Denn es kann kein Zweifel daran bestehen, daß politische Entscheidungen in den seltensten Fällen bloße Ableitungen bzw. Umsetzungen von wirtschaftlich-gesellschaftlichen Interessen oder Vorgaben sind und daß auch gesellschaftliche Konflikte politisch entschieden werden mit all den Möglichkeiten eines angemessenen oder eines falschen Handelns, den Unterstützungen oder Hemmnissen durch entsprechende Organisationen und Konfliktregelungsinstanzen. Diesen Handlungsspielraum ernst zu nehmen, heißt die relative Autonomie des Politischen anzuerkennen. Dies gilt um so mehr, als durch die wachsende Interdependenz von gesellschaftlichen Machtträgern und staatlichen Institutionen, von nationalen und internationalen Entscheidungszentren ein Geflecht von Entscheidungsebenen entsteht, das die Möglichkeiten und Grenzen politischer Verfügungsgewalt in einem neuen Licht erscheinen läßt. Auch die Fülle des Ereignishaften durch neue Formen der Kommunikation und der gesellschaftlichen Mobilität erweitert den Bereich des Politischen und schafft ununterbrochen neue Strukturen. Dies ist ein zusätzlicher Beleg dafür, wie unsinnig der angebliche Gegensatz von

Struktur- und Ereignisgeschichte ist und daß die eigentliche Gegenposition zur Strukturgeschichte in der Verlaufsgeschichte liegt.
Die Palette neuer Themenfelder einer modernen Politikgeschichte läßt sich noch unendlich erweitern, etwa um die Untersuchung von wirtschaftlichen, finanziellen und auch ökologischen Krisen ebenso wie um die zentrale Kategorie der Veränderung in Wirtschaft und Gesellschaft mit ihren jeweiligen Auswirkungen auf politisches Handeln und Denken bzw. Erfahren einzelner oder der vielen. Die Analyse politisch-gesellschaftlichen Wandels kann ergänzt und verfeinert werden durch Beobachtungen der unterschiedlichen Zeitstrukturen, wie sie die französische Strukturgeschichte herausgearbeitet hat. Politikgeschichte ist dann nicht nur ein Phänomen, das ausschließlich den Vorgängen der ›kurzen Dauer‹ zugerechnet werden darf. Auch im Bereich der politischen Kultur und Herrschaft gibt es die ›lange Dauer‹.
Die Erweiterung der Perspektivität der Politikgeschichte auf eine Geschichte des politischen Handelns verdeutlicht, wie obsolet damit auch klassische wissenschaftliche Arbeitsteilungen bzw. konzeptionelle Gegensätze geworden sind. Das gilt für den scheinbaren Gegensatz von Ereignis- und Strukturgeschichte und von Politik- und Sozialgeschichte wie auch für den sterilen Streit zwischen einem Primat der Innenpolitik bzw. einem Primat der Außenpolitik.

Geschichte der internationalen Beziehungen

Besonders heftig umstritten war und ist die Frage, ob es möglich ist, mit sozialgeschichtlichen Methoden auch den Bereich der internationalen Beziehungen zu analysieren. Zwar behaupten mittlerweile auch die entschiedensten Verfechter der neuen Gesellschaftsgeschichte nicht mehr, daß der Primat der Innenpolitik kanonische Gültigkeit besitzt. Doch neigen sie nach wie vor dazu, Außenpolitik »primär als Resultat der großen gesellschaftlichen Auseinandersetzungen im Schoße der einzelnen Gesellschaften« zu interpretieren und diese nicht »länger abgeschottet von den inneren Verhältnissen als diplomatische Kunstlehre« zu behandeln (W. J. Mommsen). Doch das propagieren auch die Vertreter der Geschichte der internationalen Beziehungen nicht mehr, die – wie ihr entschiedenster Wortführer A. Hillgruber – von einer Verschränkung innerer und äußerer Faktoren ausgehen, aber mit guten Gründen darauf bestehen, daß außenpolitisches Handeln durch den Rekurs auf innenpolitische Verhältnisse und Konfliktlagen nicht allein erklärt werden kann. Sie verweisen vielmehr auf die Existenz machtpolitischer Konstellationen, die durch langfristige Interessensicherungen bzw. -definitionen bestimmt sind und eine Eigendynamik entfalten. Dies gilt auch für das Zeitalter der modernen Industriegesellschaft und -wirtschaft, in der es ebenso zahlreiche Belege für eine autonome außenpolitische Interessen- und Entscheidungsebene wie für die zwischenstaatlichen Beziehungen ideologisch verwandter Systeme gibt, die – wie das Verhältnis des faschistischen Italien zum nationalsozialistischen Deutschland zeigt – eher machtpolitischen als ideologischen Prämissen folgten. Auch diese Einsicht bzw. dieser Einwand bleibt nicht auf die deutsche Debatte der Historiker beschränkt, sondern findet Entsprechungen in Frankreich wie in den USA, wo gleichermaßen unter dem lange vorherrschenden Einfluß der neuen Sozialgeschichte und ihres Konzepts vom Primat der Innenpolitik die Erforschung der internationalen Beziehungen vernachlässigt worden ist.

So bleibt es eine schwierige, aber angesichts der perspektivischen Erweiterungen auch reizvolle Aufgabe der Geschichte der internationalen Beziehungen, außenpolitischen Entscheidungen in dem »Dreieck« von »machtpolitischen Kalkulationen«, »von gegensätzlichen wirtschaftlichen Interessen und von widerstreitenden Ideen und ›Ideologien‹, von politischen Doktrinen« (A. Hillgruber) nachzugehen. Dabei geht es um die komplizierte und in jedem Einzelfall variierende Verknüpfung zwischen langfristigen sozialökonomischen Entwicklungen einerseits, oft kurzfristig einwirkenden innenpolitischen Faktoren andererseits mit den wiederum langfristig angelegten machtpolitischen Konstellationen. Dabei können die Mechanismen der Beeinflussung auch in der gegenläufigen Richtung wirken: Innen- und wirtschaftspolitische Krisen können auf außenpolitische Entscheidungen einwirken, diese aber können umgekehrt auf den innenpolitischen Handlungsspielraum in der einen oder anderen Weise zurückwirken.

Damit gilt für die Innen- wie für die Außenpolitik, daß das Politische nicht bloßes Derivat von gesellschaftlichen und wirtschaftlichen Verhältnissen ist, sondern eine Autonomie besitzt, die auch in der Praxis des Historikers zu ihrem Recht kommen muß. Indem die moderne Politikgeschichte damit auch den Spielraum für menschliches Handeln, für politisches Können wie für Unvermögen analytisch zurückgewinnt und genauer bestimmt, trägt sie auch zur ›Wiederentdeckung des Individuellen‹ bei, das im Überschwang der Strukturgeschichte als Bezugspunkt historischer Betrachtung unterzugehen drohte. [H.-U. Thamer]

Kulturgeschichte, Mentalitätengeschichte, Historische Anthropologie

Als allgemeiner Nenner dieser – auf den ersten Blick disparaten – Zugriffe auf die Rekonstruktion und Erklärung vergangenen menschlichen Handelns, Denkens und Verhaltens läßt sich ›Kultur‹ bestimmen. In der

Geschichte der Historiographie bezeichnen Kulturgeschichte, Mentalitätengeschichte und Historische Anthropologie eine zeitliche Folge in der Beschäftigung mit Kultur wie eine inhaltliche Weiterentwicklung dessen, was als Kultur verstanden wird und was mit dem Konzept Kultur erklärt werden soll. Der jeweilige zeitgenössische Entstehungszusammenhang und der disziplinäre Ausgangspunkt bestimmen Möglichkeiten und Grenzen, aber auch die Perspektiven der neuen Zugriffe, ihren Anspruch auf eingeschränkte oder allgemeine Erklärung: Kulturgeschichte richtete sich gegen die Dominanz der Ereignisgeschichte, Mentalitätengeschichte gegen eine anonyme Wirtschafts- und Sozialgeschichte im Zeichen der ›histoire totale‹, Historische Anthropologie gegen anthropologische Konstanten, gegen eine objektivistische Historische Sozialwissenschaft wie gegen eine ahistorische Kulturanthropologie. Zugleich sind Kulturgeschichte, Mentalitätengeschichte und Historische Anthropologie neue modi historischen Erkennens in jeweils bezeichnenden Kontakten mit anderen Disziplinen, die als Abgrenzung oder methodische Annäherung, als Interdisziplinarität oder als methodische Verzahnung wirken. Die Grenzen zwischen Kulturgeschichte, Mentalitätengeschichte und Historischer Anthropologie sind weniger wissenssystematisch als wissenschaftsgeschichtlich begründet. Da es eine selbständige »Geschichte der Mentalitäten« nicht gibt (A. Gurevič), werden ihre Ergebnisse sowohl der Kulturgeschichte wie der Historischen Anthropologie zugeordnet. Kulturgeschichte und Historische Anthropologie ihrerseits sind flexible Konzepte mit engerer wie weiterer Reichweite, die durch verschiedenartige Akzentuierung voneinander abgehoben werden können, aber auch – wie in der neueren französischen Diskussion – gleichsinnig gebraucht werden, wobei Kulturgeschichte eher übergeordnet den Verlauf des kulturellen Prozesses verfolgt, Historische Anthropologie mehr auf Fragestellungen, Epistemologie und die Arbeitsweisen bezogen wird. Wenngleich zwischen der Kulturgeschichte etwa bei K. Lamprecht und bei P. Bourdieu inhaltlich die Entwicklung der systematischen und empirischen Kulturwissenschaften wie der Sozialwissenschaften liegt, verbindet beide das Streben, die inneren Beziehungen, Zusammenhalt und Veränderung von Gesellschaft, die über die disziplinär ausdifferenzierten Teilbereiche Staat, Wirtschaft und Kultur nicht mehr erkennbar sind, über jeweils spezifische Formen von sozialer Logik, der die handelnden Menschen folgen, herauszuarbeiten.

Wenn also von Kulturgeschichte, Mentalitätengeschichte und Historischer Anthropologie die Rede ist, muß bedacht werden, daß an ihrer Konstitution immer auch die anderen Kultur-, Human- und Sozialwissenschaften beteiligt sind, nicht nur materiell als ›Hilfswissenschaften‹, sondern konzeptionell in der Erweiterung dessen, was als historisch wissenswert gilt. Besonders deutlich tritt diese Tendenz in den letzten beiden Jahrzehnten zutage, in denen das Ungenügen der Einzeldisziplinen an den jeweiligen disziplin-spezifischen Möglichkeiten der Synthese und Weiterentwicklung zunahm. Die Orientierung an sozialwissenschaftlichen Gesellschaftstheorien und am Kontext der Sozialgeschichte erwies sich bald als zu großmaschig, zu abstrakt, der Komplexität nicht angemessen. So erklärt sich die folgende Neubesinnung auf Kulturkonzepte, die den sozialen Kontext beibehalten, aber Kultur und Gesellschaft im Handeln der einzelnen in neuer Weise miteinander verflechten, ohne die Eigendynamik z. B. von Sprache und Kunst im sozialen Prozeß aufzugeben.

Als Ergebnis bisheriger Kulturforschung stehen heute mehrere Kulturbegriffe nebeneinander: Kultur im engeren Sinne bezogen auf die Hervorbringungen des menschlichen Geistes und im weiteren Sinn auf alle Hervorbringungen des Menschen; Kulturen als weltweite Pluralität menschlicher Vergesellschaftung wie als Plural zur Bezeichnung verschiedener kultureller Systeme innerhalb einer Gesellschaft; schließlich Kultur als Symboluniversum, das Gesellschaft eint.

Die auf Kant zurückgehende Unterscheidung zwischen Kultur und Zivilisation, die seit der Mitte des 19. Jahrhunderts benutzt wurde, um den deutschen ›Agrarstaat‹ und die deutsche ›Kulturnation‹ von der (technischen) Zivilisation der Industriestaaten England und Frankreich abzugrenzen, ist inzwischen aufgegeben. Zivilisation wird jedoch weiterhin verwandt, um soziokulturelle Prozesse zu bezeichnen (N. Elias). Ebensowenig sinnvoll ist die geläufige Unterscheidung von materieller Kultur und geistiger Kultur, da auch die materiellen Hervorbringungen der Menschen (Realien, Sachkultur) nicht ohne ›Geist‹ erklärbar sind und geistige Kultur nur in Beziehung zu materiellen und sozialen Bedingungen zu verstehen ist. (Gleichwohl werden diese Begriffe als heuristische Arbeitsbegriffe beibehalten.) Aus dem Ungenügen an solchen Objektivationen von Kultur und den mit ihr verbundenen Wertungen entspringt ein Verständnis von Kultur als Lebensstil, Lebensweise, Alltag, in denen kulturelle Muster gelebt, wiederholt und verändert werden. Damit werden schichtenspezifische Unterschiede kultureller Prägungen nicht verwischt, vielmehr die vielfältigen Ausdrucksformen von Kultur erst recht ins Licht gerückt. Vor allem geht es in dieser Sicht darum, Kultur nicht als festen Bestand, sondern als Prozeß zu erweisen, so daß von Kulturation, Akkulturation und Enkulturation gesprochen wird.

Kulturgeschichte

Cultura (›Pflege‹, ›Veredelung‹) bereits von Cicero vom Ackerbau auf Literatur und Philosophie übertragen – wurde in diesen Anwendungsbereichen im ausgehenden Mittelalter rezipiert. Seit dem 18. Jahrhundert verselbständigte sich ›Cultur‹ und erhielt einen Bedeutungszuwachs, der bis heute weiterwirkt und sich im Begriffspaar Natur – Kultur darstellt: Einerseits unterscheidet Kultur Menschsein vom Reich der Natur, andererseits wird der Mensch leiblich als Teil der Natur und ihren Gesetzen unterworfen erforschbar. Die Konsequenzen dieses gespaltenen (›dialektischen‹) Verständnisses von Humanität zeigen sich beispielhaft in der Zuordnung der Frauen zur Natur. Sie sind nur im älteren Sinn von Kultur kulturfähig, sie tradieren Kulturtechniken (›Sitten‹), ›veredeln‹ Mann und Kinder, werden aber nicht als kreativ im Sinn ›gesellschaftlicher Sinnproduktion‹ angesehen. »Es ist als wenn die Weiber alles mit eignen Händen machten, und die Männer mit dem Handwerksgerät.« Eine analoge Anwendung dieses Begriffspaares stellt die Unterscheidung von Natur- und Kulturvölkern dar.

Die radikale Gegenüberstellung von Kultur und Natur sowie die Neuformulierung des alten Gegensatzes von Leib – Seele als Natur – Geist war möglich geworden, weil die theologische Erklärung der Welt als Schöpfung Gottes und die außerweltliche Finalisierung menschlichen Handelns (K. Löwith) im 18. Jahrhundert an allgemeiner Gültigkeit verloren. Mit der kulturellen Neubestimmung des Menschen im 18. Jahrhundert entstand nicht nur die Anthropologie als neue Wissenschaft vom Menschen, sondern es veränderten sich auch die Ansprüche an Geschichte: Annalistische Verzeichnung von dynastischen, militärischen und absonderlichen Ereignissen sowie noch so systematische Kompilation von Wissensbeständen reichten nicht als Geschichte einer Menschheit aus, für die Welt zum Handlungsraum der Natur- und Menschenbeherrschung geworden war. Zugleich gewann Geschichte eine neue, bis dahin nicht bekannte Dimension, die mit der chronologisch meßbaren Zeit Fortschritt und seine Planung verband. ›Geschichte der Menschheit‹ als ›Geschichte der Cultur‹ war zugleich ›Universalgeschichte‹, die eine Entwicklung vom Niederen zum Höheren aufzeigen wollte und damit eine qualitative Auswahl traf. Seit ihren Anfängen stellt Kulturgeschichtsschreibung sowohl die Vielfalt von Kultur als auch die Entwicklung und Steigerung von Kultur dar. So als erster Voltaire in seinem ›Zeitalter Ludwigs XIV‹ (1752), das als ›viertes Zeitalter‹ der Weltgeschichte Errungenschaften der drei vorhergehenden (1. Griechenland unter Philipp und Alexander; 2. Rom unter Cäsar und Augustus; 3. Italien nach der Eroberung Konstantinopels durch Mohammed II.) aufnahm, aber die bisherige Geschichte krönte, weil die menschliche Vernunft sich vervollkommnete. Der universalistische Ansatz von ›Geschichte der Cultur‹ mit überwiegend pragmatischer Absicht blieb im 18. und beginnenden 19. Jahrhundert bestimmend und erklärt, warum die moderne Geschichtswissenschaft nicht aus ihr hervorgegangen ist: Geschichte der Kultur ist eine umfassende Betrachtungsweise – wenngleich mit unterschiedlichen Schwerpunkten und Orientierungen –, keine Disziplin mit eindeutigen Abgrenzungen gegen andere Fächer, vielmehr gerade auf Entgrenzung und zugleich Zusammenschau und Zusammendenken angelegt.

Seit der Herausbildung der Geschichtswissenschaft zu Beginn des 19. Jahrhunderts mit ihrer Fixierung auf Staat, Verfassung und Politik entsteht in immer neuer Ausprägung die Dichotomie von ›unwissenschaftlicher‹ Kulturgeschichte als Gesamtschau – beim ›breiten Publikum‹ auf viel Interesse stoßend – und begrenzter, aber sich als exakt wissenschaftlich verstehender Geschichtswissenschaft. Diese Spannung trat erstmals im Verhältnis des Historikers und Kunsthistorikers J. Burckhardt zur Zunft hervor. Sein qualitatives Verständnis von Kultur steht in der Nachfolge Voltaires, unterscheidet sich allerdings insofern gravierend von diesem, als er Kultur nicht als finalen Prozeß begreift. Gemäß seinem Maßstab ›Individuierung‹ sah er bereits in der griechischen Kultur den Höhepunkt erreicht. Die ›Kultur der Renaissance‹ zeichnet sich durch eine erfolgreiche Wiederaneignung dieser Kultur aus, die Burckhardt auch als Perspektive für die von ihm als krisenhaft empfundene eigene Gegenwart herausstellt. Ebenfalls anders als Voltaire weist er Kultur den gleichen Rang an Geschichtswirksamkeit zu wie den ›Potenzen‹ Staat und Religion und sieht in ihr das eigentlich bewegende Element in der Geschichte. Kulturgeschichte ist für Burckhardt eine Abfolge von ›Zuständen‹, in der ästhetischen Darstellungsform ein ›Bild‹/›Gemälde‹, da sie eine Bearbeitung von Wirklichkeit ist. Kulturgeschichte zielt auf die Erfassung des Typischen als Geist einer Epoche, nicht auf individuelle Eigentümlichkeiten, repräsentiert in herausragenden Persönlichkeiten. Insofern ist Burckhardts ›Kulturgeschichte‹ ein Vorläufer der Kultursoziologie und paradigmatisch für die Kunstgeschichte geworden.

Im 19. Jahrhundert nahm die auf Deutschland bezogene Kulturgeschichtsschreibung insofern eine Sonderstellung ein, als sie sich mangels gesellschaftlicher Identität am ›Volk‹ (Herder, Grimm) orientierte. Dabei knüpften die Autoren einerseits an die ›Statistiken‹, Landesbeschreibungen und obrigkeitlichen Erhebungen an, andererseits an eigene Erkundungen von ›Land und Leuten‹, »um im unmittelbaren Verkehr mit dem Volke diejenigen Ergänzungen meiner [W. H. Riehl] historischen, staatswissenschaftlichen und volkswirtschaftlichen Studien zu suchen, die ich in den Büchern nicht finden konnte«. Mit dieser »gleichsam naturgeschichtlichen Methode der Wissenschaft vom Volk« werden Einzeltatsachen erforscht, »zum Nachweis ihres Zusammenhanges mit einem immer größeren, reicheren Ganzen. Erst aus den individuellen Bezügen von Land und Leuten entwickelt sich die culturgeschichtliche Abstraction der bürgerlichen Gesellschaft« als »Entwurf zu einer socialen Volkskunde Deutschlands, einer allgemeinen Systematik der Gesellschaft dieses Landes. Das Ganze wird zusammengehalten von dem Gedanken, daß die naturgeschichtliche Untersuchung des Volkslebens zur Gesellschaftswissenschaft, zur sozialen Politik führe« (W. H. Riehl).

Die Mehrzahl der sich als kulturhistorisch verstehenden Arbeiten verfolgte schlichtere Ziele, wie K. Biedermann, der »ein vollständiges Bild des gesamten Kulturlebens, der politischen wie der literarischen, der religiösen wie der materiellen Zustände, der Verhältnisse des Reiches wie derjenigen der Einzelstaaten, der Formen der Gesellschaft wie des Geistes der Individuen« entwerfen wollte (1854), oder G. Steinhausen, der 1889 in der »Betrachtung des deutschen Briefes wichtige Beiträge zur Kulturgeschichte im weitesten Sinne, zur Geschichte des Verkehrs, Kultur und Geselligkeit, der Entwicklung der Volksbildung und des Volkslebens, wie des Volksgeistes und Volkscharakters« erblickte. Die eigentliche Herausforderung der Kulturgeschichte an die politischen Historiker ist darin zu sehen, daß sie »mehr in das innere Leben der Zeit zu dringen und von innen heraus die Geschehnisse als Folgen eines natürlichen Entwicklungsvorganges zu erklären und zu verstehen sucht« (Meyers Konversations-Lexikon 1890) und damit in die Nähe marxistischer Auffassungen einerseits und der entstehenden soziologischen Konkurrenz andererseits rückte. So stehen die beiden Methodenstreite um Kulturgeschichte im Kontext der Herausforderung der Rankeschen Tradition durch Wirtschaftsgeschichte und Sozialgeschichte. Im ersten Streit um Kulturgeschichte (1888–1891) zwischen dem Treitschke-Schüler D. Schäfer und dem von J. Burckhardts ›Kultur der Renaissance in Italien‹ stark beeinflußten Wirtschaftshistoriker E. Gothein bestand Schäfer auf dem Primat der Staats- und Staatengeschichte, während Gothein – ganz in der Tradition des 18. Jahrhunderts – Kulturgeschichte als die übergreifende ›allgemeine‹ Geschichtsschreibung bewertete.

In der folgenden großen Auseinandersetzung um Kulturgeschichte, dem ›Lamprechtstreit‹ (1893–1898), ging es um die »Anfänge der Sozialgeschichte« (G. Oestreich), um den Primat von ›individualistischer‹ oder ›kollektivistischer Geschichtsauffassung‹ sowie um die methodische Identität der Geschichtswissenschaft, herausgefordert durch ein positivistisches, naturwissenschaftlich geprägtes Verständnis von objektiver Wissenschaft. Während die idealistischen Historiker darauf beharrten, daß – anders als die Vorgänge in der Natur – menschliche Handlungen nicht kausal erklärt werden könnten, sondern nur durch individuelles Verste-

hen, orientierte K. Lamprecht die Wissenschaftlichkeit der Kulturgeschichte an der Sozialpsychologie: »Die Kulturgeschichte ist mithin die vergleichende Geschichte der sozialpsychologischen Entwicklungsfaktoren, und sie verhält sich zur Sprachgeschichte, Wirtschaftsgeschichte, Kunstgeschichte usw. so, wie sich sonst vergleichende Wissenschaften zu den ihr untergeordneten Wissenschaften zu verhalten pflegen... Die Kulturgeschichte hat somit ihre besondere Aufgabe und ihre besondere Methode: und darum ist sie eine nach jeder Seite hin klar abgrenzbare Disziplin auf dem besonderen Boden der vergleichenden Wissenschaft... Die Kulturgeschichte... im Sinn einer Wissenschaft des sozialpsychischen Gesamtverlaufs, ist für alle geschichtlichen Richtungen oberste Bedingung. Auch für die individualistische...«
Mit der Niederlage Lamprechts verschwand Kulturgeschichte als umfassende Sozialgeschichte aus der deutschen Fachhistorie. Sie entfaltete allerdings große Wirksamkeit in der neuentstehenden Landesgeschichtsforschung: »Landesgeschichte in moderner Form ist Kulturgeschichte« (R. Schmidt). »Die Archäologie des Bric-à-brac« (K. Lamprecht) bestimmt jedoch bis heute das gängige Bild von »Sitten- und Kulturgeschichte«, deren Spielraum von »obscur bis obszön« (M. Scharfe) reicht. Gleichzeitig begann die Disziplinierung der einzelnen Kulturwissenschaften mit der Abrenzung von Arbeitsfeldern, der Erarbeitung einer eigenen Fachsystematik und immanenter Interpretationsmethoden. Die Enthistorisierung kommt treffend im Wechsel von ›Kulturgeschichte‹ zu ›Kulturwissenschaft‹ zum Ausdruck.
Die weltgeschichtliche Kulturgeschichtsschreibung, die im 19. Jahrhundert zunächst in der Konfrontation mit der imperialistischen weltweiten Expansion europäischer Mächte und der in ihrem Gefolge aufsteigenden Völkerkunde/Ethnologie die Hierarchie von primitiven Kulturen und Hochkulturen entwickelte, wurde stark vom evolutionistischen Denken insbesondere der Biologie beeinflußt, blieb aber ebenfalls nicht unberührt von der neuen Allgemeinwissenschaft Soziologie und ihren anfangs stark materialistischen Orientierungen. Unter diesen Prämissen entstand die Kulturstufenlehre (K. Lamprecht, K. Breysig). Die Krise des abendländischen Geschichtsdenkens bewirkte die Relativierung der »Weltgeschichte Europas« (H. Freyer) und ordnete die europäische Kultur in ein weltweites System von Hochkulturen ein. Zum prominentesten Vertreter dieser Richtung wurde A. Toynbee mit seiner Kulturzyklenlehre, in der er die bekannten Hochkulturen in Kulturkreisen anordnete, die jeweils Aufstieg, Blüte und Verfall durchlaufen. Nach dem Lamprechtstreit stand die universale Geschichtsschreibung in Deutschland im Zeichen von literarischer Kulturkritik und philosophischem Kulturpessimismus (O. Spengler, E. Friedell). Die Fachhistorie hielt sich von solchen The-

men fern. Allenfalls wurde J. Huizingas ›Herbst des Mittelalters‹ als Kulturgeschichte ›ohne Staat‹ akzeptiert.
Einflußreicher für historisches Denken als diese Außenseiter wurden Kultursoziologen und Kulturphilosophen, in erster Linie M. Weber, A. Weber, A. Gehlen. Forschungsimpulse gehen allerdings erst von N. Elias und neuerdings von P. Bourdieu sowie von den zahlreichen Arbeiten M. Foucaults aus. Freilich gehört diese neue Forschungsrichtung eher zur Historischen Anthropologie (s. u.) oder zur »Sozialgeschichte in der Erweiterung« (W. Conze) als in die deutsche Tradition von Kulturgeschichte.
Demgegenüber haben die Vertreter und Vertreterinnen des Tübinger Instituts für empirische Kulturwissenschaft Kulturgeschichte erneut aufgenommen und akzentuieren damit die Rehistorisierung der Volkskunde als empirische Kulturwissenschaft, die ohnehin zu einem gesellschaftskritischen Forschungskonzept gehört. (H. Bausinger: »Volkskunde, die ja über weite Strecken nichts anderes ist als eine Kulturgeschichte der unteren Schichten.«) Die historische Perspektive ist allerdings – anders als bei der Rechtlichen Volkskunde (K. S. Kramer) – auf ›Kultur und Lebensweise nichtprivilegierter Bevölkerungsgruppen‹ seit dem 18. Jahrhundert begrenzt. Die »kulturgeschichtliche Betrachtungsweise« (M. Scharfe) dient dazu, die »methodische Balance zwischen abstrahierender Verallgemeinerung und detailgieriger Konkretisierung« zu erleichtern, mit dem Ziel einer »Kulturtypik im Hinblick auf Denken, Empfinden, Einstellungen, Handlungen, Wirkungen«. Während sich andere Richtungen der Volkskunde seit dem großen Methodenstreit der 70er Jahre als ›Europäische Ethnologie‹ verstehen und sich z. T. an der Kulturanthropologie orientieren, greifen die Tübinger auf die Geschichte ihres Faches zurück (s. o. W. H. Riehl), um ihr Arbeitsfeld neu zu bestimmen. Sie treffen dabei häufig auf die Alltagshistoriker des 19. und 20. Jahrhunderts und bevorzugen bislang wie diese Kritische Theorie und soziologische Kulturtheorie als Referenzsystem (z. B. U. Jeggles Arbeit über Kiebingen).

Mentalitätengeschichte
Mentalitätengeschichte erforscht kollektive Weltsichten, Vorstellungen und Einstellungen zu fundamentalen Lebenssituationen, zu gesellschaftlichen Institutionen und Machtverhältnissen, um Sinnstrukturen und Rationalitäten kollektiven Verhaltens sowohl bei Ereignissen wie bei der Bewältigung lebensweltlicher Situationen zu ergründen. Im Unterschied zur traditionellen Ideengeschichte untersucht sie nicht Kontinuum und Wandel von hochkulturellen Denk- und Wissenssystemen, sondern Deutungsmuster und Sinnstrukturen, die sich z. T. nur indirekt aus der Analyse von Verhaltensweisen ermitteln lassen, zum einen weil es sich um

kulturelle Selbstverständlichkeiten handelt, die nicht explizit thematisiert werden, zum anderen weil es auch um das Selbst- und Weltverständnis solcher sozialen Gruppen/Schichten geht, die im allgemeinen wenig schriftliche Zeugnisse hinterlassen haben. Ebensowenig wie die Geschichte der Ideen allein in ihrer Eigendynamik zu verstehen und erklären ist, sind kollektive Mentalitäten in sich geschlossene Systeme, sondern stehen in vielfachen Wechselwirkungen mit den jeweils ›herrschenden‹ Ideen und Wissenspotentialen. Mentalitätengeschichte bedeutet also insofern eine Entgrenzung von Ideen- und Geistesgeschichte, als dem Handeln aller sozialen Gruppen Sinnhaftigkeit unterstellt wird und alle sozialen Gruppen an der gesellschaftlichen Sinnproduktion teilhaben. Die gesellschaftlichen Sinngebungen können schichten- und lokal/regionalspezifisch sein, d. h. sie können soziale Gruppen trennen, sie können diesen aber ebenso gemeinsam sein, sie können ›bewußt‹ und explizit ›gewußt‹, aber auch habitualisiert und damit ›kollektiv unbewußt‹ sein. Diese Beschreibung von Mentalitätengeschichte bezieht sich auf die wegweisenden französischen Studien. Sie unterscheidet sich vom traditionellen deutschen Sprachgebrauch, der ›Mentalität‹ als ›Selbstverständnis‹ oder ›Ideologie‹ von Mitgliedern einer sozialen Gruppe versteht.

Mentalitätengeschichte ist insofern Kulturgeschichte, als sie nachweist, daß ›die vielen‹ Kultur besaßen – wenngleich eine eigene und nur teilweise an der ›Hochkultur‹ orientierte, die ebenso wie die Hochkultur Wandlungen erfuhr und sich in eigenen Rationalitäten und rational begründeten Handlungen ausdrückte.

Die Erforschung von Mentalitäten gehört wesentlich zum Verständnis von Geschichte als umfassender Sozialgeschichte und ist eng mit der Herausbildung und Durchsetzung von Sozialgeschichte verbunden. Der Begriff Mentalitätengeschichte wird vor allem auf eine Forschungsrichtung der französischen Geschichtswissenschaft um die Zeitschrift ›Annales‹ mit ihrem weltweiten Einzugsfeld bezogen (1.). Darüber wird leicht der ebenso bedeutsame, wenngleich anders akzentuierte englische Beitrag vergessen (2.).

1. Ebenso wie Lamprecht in der an der Völkerpsychologie ausgerichteten Sozialpsychologie ein Bezugssystem für die verschiedenen Ausprägungen gesellschaftlichen Lebens sah, wurde in Frankreich das Konzept einer Historischen Psychologie – ausgehend von E. Durkheims ›conscience collective‹ – maßgebend. L. Febvre hat 1938 für diese ›vue d'ensemble‹ drei Untersuchungsbereiche benannt: die psychologie collective, die den Menschen in seinem Milieu, die psychologie specifique ou psycho-physiologique, die den Menschen als Lebewesen, und die psychologie différencielle, die den einzelnen in seinen individuellen Lebensbezügen erforscht. M. Bloch und L. Febvre, die Begründer der französischen Sozialge-

schichte und ihrer Zeitschrift ›Annales d'histoire économique et sociale‹ (seit 1929), haben selbst exemplarische Studien zu diesem Programm vorgelegt, die bereits die Spannweite aufzeigen: M. Bloch zur Herausbildung der Vorstellung vom wundertätigen König in England und Frankreich (1924), L. Febvre zum Problem des Unglaubens im 16. Jahrhundert am Beispiel der Person von Rabelais (1942). Bestimmender für die Forschungspraxis wurde allerdings zunächst F. Braudels ›La Méditerranée et le monde méditerranéen à l'époque de Philippe II‹ (1949), in dem er aus L. Febvres Programm nur die Beschreibung des Milieus aufnahm, das der Herangehensweise der deutschen landesgeschichtlichen Kulturgeschichte verblüffend ähnelt, das er aber zum Konzept der ›longue durée‹ weiterentwickelte. In seiner Nachfolge entstand eine Vielzahl quantifizierender Studien auf der Grundlage serieller Quellen, insbesondere zur atlantischen Wirtschaft der beginnenden Neuzeit, die aber den Eindruck einer ›Geschichte ohne Menschen‹ vermittelten. Vor allem das wechselnde generative Verhalten forderte Erklärungen, die nicht in individuellen Entscheidungen, sondern in kollektiven Einstellungen zu Leben und Sterben, zu Sexualität, Familie und Kindern gesucht wurden. Aus diesem Ansatz sind die beispielhaften Arbeiten von P. Goubert, E. Le Roy Ladurie und J.-L. Flandrin hervorgegangen. Diese Mentalitätengeschichte auf der Grundlage serieller Quellen verband kollektive Mentalitäten mit der ›longue durée‹ und betonte ihr Beharren, da zunächst die Einstellungen zu den elementaren Lebensbereichen (s. o.) thematisiert wurden. In dem Maße, wie sich Mentalitätengeschichte aus dem funktionalen Erklärungsauftrag löste, geriet auch der Wandel von kollektiven Mentalitäten stärker in den Blick, für die französische Forschung bezeichnenderweise provoziert durch neue Fragen zu den Voraussetzungen der Französischen Revolution (M. Vovelle: ›histoire du mouvement‹). Andererseits begünstigte die Verselbständigung von Mentalitätengeschichte die Tendenz, die erforschten mentalen Systeme von ihrem sozialen Kontext abzuheben und damit den Bezug zum programmatischen Ziel einer ›histoire totale‹ aus den Augen zu verlieren.

Einen engeren Bezug zu L. Febvres Konzept zeigen die Arbeiten R. Mandrous, der als langjähriger Sekretär der Annales die programmatische Erweiterung durch civilisations durchsetzte. Ihm ging es von Anfang an nicht nur um die Erklärung bestimmter Zustände, sondern ebenso um die Veränderung von Mentalitäten, insbesondere der gehobenen Schichten.

Gleichwohl eröffnet Mentalitätengeschichte einen spezifischen Zugang zu den Handlungsorientierungen des ›Volkes‹, d. h. der sozialen Schichten, die sich nur zum kleinsten Teil in schriftlicher Selbstthematisierung überliefert haben. Zwar sind wörtliche Reden von Männern und Frauen

›aus dem Volk‹ ebensowenig wie ihr Verhalten, ihre Gesten, ihre Körpersprache von ihnen selbst aufgezeichnet und in ihrer Sicht dargestellt worden, doch haben die traditionellen historischen Arbeitsweisen, insbesondere aber die Anregungen der französischen Ethnologie, Schlüssel geliefert, diese Überlieferung zu erschließen. Als zentral erwies sich die Analyse des kirchlichen Verhaltens und der Frömmigkeit, die aufgrund der Durchsetzung der katholischen Erneuerung im 17. Jahrhundert und wegen der großen Bedeutung der Kirche als normensetzender und den Alltag prägender und durchdringender Instanz in vielfältigen materiellen und schriftlichen Zeugnissen überliefert sind (z. B. Votivtafeln, Votivgaben, Literatur für das Volk).

Die Interpretation kollektiver Mentalitäten als soziokulturelle Muster brachte nicht nur eine Neubewertung von Volksaufständen und Hexenprozessen, sondern öffnete auch den Blick auf Bereiche, die bis dahin als historisch nicht bearbeitbar galten, wie Körper, Sinneswahrnehmungen, Gefühle, Sichbewegen, Raum und Zeit. Diese Entwicklung lag zwar in der Logik der Mentalitätengeschichte, sie erfuhr aber entscheidende Impulse durch enge Kontakte zwischen Historikern, Ethnologen und Philosophen (C. Lévy-Strauss, M. Mauss, R. Barthes, P. Bourdieu und M. Foucault). Fundamental wurde die Erkenntnis, daß das europäische Mittelalter und die Frühe Neuzeit zwar in einem Wirkungszusammenhang mit der Gegenwart stehen, aber durchaus eigene Kulturen darstellen, die in ihrer Eigenart und Fremdheit zu analysieren sind. Diese neue Epistemologie, die den Forscher von seinem Untersuchungsgegenstand abkoppelt, stellt eine gleichberechtigte Beziehung zwischen zwei Subjekten her, schafft somit die Voraussetzung für einen »Dialog mit den Menschen vergangener Epochen« (A. Gurevič) und setzt neue Bedingungen im Hinblick auf Möglichkeiten und Grenzen historischen Erkennens. Subjektivität und Objektivität als Kriterien für Wissenschaftlichkeit gewinnen auf diese Weise neue Dimensionen. Das bislang mehr ›moralische‹ Postulat, Geschichte nicht nur aus der Herrschaftsperspektive zu schreiben, sondern die Herrschaftsobjekte ›Untertanen‹ ebenfalls als historische Subjekte zu setzen, erfährt durch die neue – von der Ethnologie/Anthropologie gelernte – Epistemologie eine wirksame Unterstützung. Unter diesen Voraussetzungen ordnet sich Mentalitätengeschichte Historischer Anthropologie/Kulturgeschichte zu.

Diese Epistemologie bezieht sich auf ein Verständnis von Kultur als einem System von Symbolen, deren Sinn nicht offen zutage liegt, sondern über ihre Ausdrucksformen und Erscheinungen (z. B. Sprache, Gestik, Rituale) – über die »Figuration des Unsichtbaren« (J.-C. Schmitt) – zu erschließen ist. Unter diesen Prämissen ist die Beziehung des Forschers zum historischen Subjekt als die von zwei Subjekten zueinander zu verstellen, aber die Konstitutionsbedingungen dieses Subjekts müssen struktural und diskursanalytisch ermittelt werden. Die einzelnen, deren Aufzeichnungen über sich wie über ›Gott und die Welt‹ als Quelle dienen, dokumentieren sich nicht nur selbst als Individuen, sondern als Kinder ihrer Zeit, ihrer Altersgruppe, ihrer sozialen Gruppe, in jeweils spezifischen historischen Erfahrungssituationen und in Traditionen, die sie mit anderen teilten. Die Erforschung kollektiver Mentalitäten und des von P. Bourdieu – in Anlehnung an E. Panofsky – entwickelten Habitus (als integrierte vergangene Erfahrung) vermittelt daher zwischen Subjekt, Gesellschaft und Kultur, zwischen Vergangenheit und Zukunft der jeweiligen gesellschaftlichen Handlungspraxis.

Die methodischen Probleme, inwieweit individuelle Zeugnisse Schlüsse auf Allgemeines zulassen, stellen sich somit in veränderter Form: Repräsentativität ist nicht länger nur eine Frage der Quantität, sondern ebenso der Qualität. Diese Frage ist um so wichtiger, als die Quellenlage für die verschiedenen historischen Epochen sehr unterschiedlich ist, es insbesondere für die meisten Jahrhunderte des Mittelalters an seriellen Quellen mangelt. Das hat für das Mittelalter spezifische Kooperationen zur Folge, insbesondere mit der Kunst-, Sprach- und Literaturgeschichte sowie mit der Linguistik. Demgegenüber orientieren sich frühneuzeitliche Forschungen inhaltlich und methodisch stärker an Kultursoziologie und der Dialektik des Prozesses der Zivilisation (N. Elias, P. Bourdieu, M. Foucault). Gemeinsam ist ihnen die Interpretation der gesellschaftlichen Praxis auch als sozialer Form von Herrschaft: bei Elias als Disziplinierung des einzelnen, bei Foucault als Ausgrenzung, bei Bourdieu als symbolische Gewalt.

Die Mentalitätengeschichte ist wegen ihrer Theorielosigkeit kritisiert worden (D. Groh, G. Oexle). Dieser Vorwurf trifft insoweit nicht, als Mentalitätengeschichte keine selbständige ›Geschichte der Mentalitäten‹ ist, sondern als Forschungsstrategie zum Konzept der Annales gehört, das eine gewisse Nähe zum marxistischen Konzept von Basis-Überbau nicht verleugnen kann. Berechtigt ist der Vorwurf insofern, als die Beziehungen zwischen den drei ›Ebenen‹ (Wirtschaft – Gesellschaft – Zivilisation) zuwenig reflektiert und Mentalitäten ohne weiteres vorgegebenen sozialen Gruppen und Schichten zugeordnet wurden, ohne die Eigendynamik und dialektische Bewegung zwischen den drei ›Ebenen‹ zu bedenken und zu nutzen.

Schließlich ist aus der Mentalitätengeschichte die gegenstandsbezogene ›Theorie‹ der Volkskultur hervorgegangen. R. Muchembled (›Kultur des Volkes – Kultur der Eliten‹) entwickelt eine Kulturtheorie am Beispiel Frankreichs in der Frühen Neuzeit, die sich stark an Foucaults Ausgrenzungstheorem anlehnt: Seine These, wonach die ›heile‹ Volkskultur des

15./16. Jahrhunderts im anschließenden 17. Jahrhundert unterdrückt worden sei, was zu einer erzwungenen Akkulturation geführt habe, ist stark umstritten.

2. In England und Nordamerika entstanden Forschungen zu kollektiven Mentalitäten in drei Kontexten: a) der Geschichte des Wissens und Glaubens, b) der frühneuzeitlichen Protestforschung und der Geschichte der Arbeiterklassen, c) der Peasant Studies. Gemeinsam ist allen Richtungen eine starke Prägung durch Sozial- und Kulturanthropologie. An erster Stelle ist jedoch P. Laslett zu nennen, der bereits 1965 einen Entwurf über die durch die Industrielle Revolution ›verlorene Welt‹ vorlegte, in dem er die ganz anderen (›fremden‹) Bedingungen von Leben und Überleben im England des 17. Jahrhunderts darstellte.

a) Aus dem Kontext der Geistesgeschichte ging die wegweisende Studie von K. Thomas ›Religion and the Decline of Magic‹ hervor, in der er der Frage nachging, warum bis ins 17. Jahrhundert der Glaube an Astrologie, Zauberei, Magie, Wahrsagerei, Geister und Feen allgemein – auch unter den Gebildeten – verbreitet war und dann zumindest aus dem akzeptierten Wissen der Gelehrten verschwand. Er thematisiert also das uns ›fremde‹ Problem der Magie, das jedoch in der Kulturanthropologie breit erforscht ist und neue Zugänge zum ›Aberglauben‹ wie zu den europäischen Hexenprozessen eröffnete. Der englische Anthropologe A. Macfarlane legte gleichzeitig eine empirische Studie zu englischen Hexenprozessen vor, in der er die zunehmenden Zaubereianklagen im 16. Jahrhundert mit dem grundlegenden Wandel der ländlichen Gesellschaft in England verband. K. Thomas hat seine Forschungen mit einer Untersuchung der sich verändernden Haltung der Engländer zur Natur in der Frühen Neuzeit (1983) fortgesetzt und sich damit – wie die französische Mentalitätengeschichte – auf eine Historische Anthropologie orientiert. P. Burkes Darstellung der Volkskultur im frühneuzeitlichen Europa gehört – zumindest teilweise – in diesen Kontext englischer ›Geistesgeschichte‹, die die Mentalitäten der Eliten und des ›Volkes‹ als synchronen und diachronen Zusammenhang in den Blick nimmt.

b) Eng in Sozialgeschichte eingebunden sind Mentalitätsforschungen, die aus der Protestforschung (G. Rudé) und aus der Geschichte der Arbeiterklasse erwachsen sind. Wegweisend wurde E. P. Thompson mit seiner Studie ›The moral economy of the English crowd in the 18th century‹. Geprägt von einem undogmatischen marxistischen Geschichtsverständnis und sozial-/kulturanthropologischen Anregungen, wollte er die kollektivem Handeln, insbesondere ›Renitenz‹ und Rebellion vorausgehenden Sinnstrukturen herausfinden. Sollte nicht das Denk- und Deutungsmuster der Autoren der schriftlichen Überlieferung, das von wenigen Rädelsführern und einer rohen, verführbaren Menge ausgeht, wiederholt werden, mußte nach den diesem widerständigen Verhalten zugrunde liegenden Orientierungen, Werten und Erfahrungen gefragt werden. Damit wurde die Analyse der Herrschaftsverhältnisse ›kulturell‹ erweitert und klar sichtbar, daß Eliten ihre Herrschaft durch »kulturelle Hegemonie« (A. Gramsci) zu sichern suchten, so daß Klassenkämpfe auch einen Kampf um Werte darstellen.

c) Die ›Peasant Studies‹ haben eine Wurzel in den Transformationen der ländlichen Gesellschaft Europas im 19. und beginnenden 20. Jahrhundert. Die entscheidende Weiterentwicklung geschah jedoch durch die Provokation der Widerstandsbewegungen in den Ländern der Dritten Welt, die zunächst überwiegend von Anthropologen mit ihren spezifischen Methoden, wenngleich mit offensichtlicher Orientierung an Soziologie und marxistischer Gesellschafts- und Geschichtstheorie, analysiert wurden. Eine zentrale Frage war, wann und unter welchen Bedingungen sich Bauern und Landarbeiter entschließen würden, ihr Schicksal selbst in die Hand zu nehmen. Für die Mobilisierung von Widerstand wurden die Rolle der gemeindlichen Strukturen, die schichtenspezifische Widerstandsbereitschaft und die Rolle der Vermittler zwischen Gesamtgesellschaft und lokaler Gesellschaft erkennbar (E. Wolf). Zugleich traten die eigenen soziokulturellen Deutungsmuster von Wirklichkeit, wie das ›image of limited good‹ und die Vorstellung der Reziprozität in der Strukturierung menschlicher Beziehungen hervor. Der Gewinn für die Erforschung der europäischen Sozialgeschichte besteht darin, daß sich diese anthropologischen Forschungen auf komplexe Gesellschaften im Übergang beziehen, daher in größerer Nähe zu den Transformationen der europäischen Gesellschaft in der Frühen Neuzeit stehen als die Untersuchungen kulturell geschlossener, einfacher Gesellschaften in der Tradition der französischen strukturalen Anthropologie.

3. Während Mentalitätengeschichte in Frankreich trotz Kritik und Selbstkritik seit den 60er Jahren als fruchtbare historische Arbeitsmöglichkeit anerkannt wird, stößt sie in der deutschen Geschichtswissenschaft auf methodische und prinzipielle Bedenken. Die Argumente sind überwiegend aus dem Streit um Kulturgeschichte und G. Ritters Stellungnahme zum Konzept einer ›histoire de la civilisation‹ (vorgetragen auf dem Internationalen Historikertag in Straßburg 1950) bekannt: Mentalitäten seien zu diffus, quellenmäßig nicht zugänglich und gehörten z. T. gar nicht zur ›Geschichte‹. So gibt es informative Literaturberichte (insbesondere von R. Reichardt) und beginnend mit G. Tellenbach (1974) eine Reihe von kritischen Präsentationen des Konzepts (H. Schulze, V. Sellin, F. Graus), aber wenige Forscher beziehen sich ausdrücklich auf französische Anregungen (vor allem A. E. Imhof und P. Zschunke für die Historische Demographie, E. Hinrichs für die Alphabetisierungsforschung,

H. Hörger und W. A. Blessing für die Erforschung von Volksglauben und religiösen Mentalitäten).
Auffallend ist die Zurückhaltung der Mediävisten gegenüber Mentalitätengeschichte, obwohl gerade französische Mediävisten durch ihre Mentalitätenforschung hervorgetreten sind. Eine Ausnahmeerscheinung auch hier war E. Maschke, der bereits 1964 eine Studie zur Mentalität (›Berufsbewußtsein‹) mittelalterlicher Kaufleute vorlegte und 1980 in ›Die Familie in der deutschen Stadt des späten Mittelalters‹ die große Rolle des Familienbewußtseins herausarbeitete. Zwar hat R. Sprandel bereits 1974 ›Mentalitäten‹ in Verbindung mit einem systemtheoretischen Ansatz als neuen Zugang zur Erforschung des Mittelalters vorgeschlagen, aber er konnte den Gewinn der französischen Mikrogeschichte in seinem makrogeschichtlichen Ansatz nicht realisieren. ›Mentalitäten‹ gehören seit 1980 zum Programm deutscher Historikertage, der Konstanzer Arbeitskreis für mittelalterliche Geschichte hat ihnen 1985 eine Tagung gewidmet, das Konzept kritisch durchleuchtet und exemplarisch getestet. Gerade in dieser Verfahrensweise zeigt sich das Problem der Rezeption: Am Beginn der Forschung stehen nicht offene Fragen, sondern eine Begriffsdefinition, die überprüft werden soll. Der Bezug von Mentalität auf festgelegte soziale Gruppen ist vorgegeben, es geht um das ›Selbstverständnis‹, die Meinungen und die Ideologien dieser bekannten Gruppe, um dieser Gruppe verfügbare Wissenssysteme und Deutungsmuster, kaum darum, von der Figuration des Unsichtbaren auf das Unsichtbare zu schließen, um die jeweils bezeichnende ›mentale Ausstattung‹ (L. Febvre) zu erkennen. Diese Form der Auseinandersetzung mit Mentalitätengeschichte ist geprägt von der deutschen Wissenschaftsgeschichte, in der Erfahrung mit Ethnologie nicht zur Verfügung steht und aufgrund der Ausgrenzung von Anthropologie für das ›Selbstverständnis‹ von Historikern als epistemologisches Problem nicht präsent ist.
Die spezifisch deutsche Wissenschaftsgeschichte erklärt z. T. die Zurückhaltung in der Rezeption von Mentalitätengeschichte, denn aus der deutschen Forschungstradition sind vorzügliche Beiträge zur Geschichte mentaler Systeme hervorgegangen: So schon M. Webers ›Protestantische Ethik‹ und W. Sombarts ›Das Wirtschaftsleben im Zeitalter des Hochkapitalismus‹. Führend waren zunächst Mediävisten, die sich mit der Fremdheit ihres Arbeitsgebietes konfrontiert sahen, so vor allem P. E. Schramm, O. Brunner und die Rechtsarchäologen. Frühneuzeithistoriker, wie etwa R. Engelsing, R. Stadelmann und W. Fischer, haben neue Einblicke in die soziokulturelle Geschichte deutscher Mittel- und Unterschichten eröffnet. Nicht zuletzt die deutsche Tradition der Begriffsgeschichte erarbeitet immer weiterreichende Einsichten in Vorstellungs- und Denksysteme. Die Wendung von der Benutzung moderner Begriffe

für vorindustrielle Gesellschaften zu den ›Quellenbegriffen‹ läßt sich als erster Schritt in Richtung auf die Erkenntnis der ›eingeborenen Theorien‹ dieser Gesellschaften interpretieren. Das Innovationspotential der Teildisziplinen beschränkt somit die Wirkung von Mentalitätengeschichte in der traditionellen Geschichtswissenschaft. In der ›neuen‹, weniger traditionsgeleiteten deutschen Sozialgeschichte der Frühen Neuzeit und des 19./20. Jahrhunderts dagegen wirkt der englische und amerikanische Einfluß weitaus stärker als Mentalitätengeschichte. Große Wirkung hat aber vor allem die bereits 1960 vorgelegte Untersuchung des Schweizer Volkskundlers R. Braun ›Industrialisierung und Volksleben‹ insbesondere auf die Protoindustrialisierungsforschung ausgeübt, in der er zeigt, wie sich aufgrund neuer Arbeitsmöglichkeiten eine neue soziale Gruppe herausbildete, mit eigenen Lebensweisen und Einstellungen zu ›Gott und der Welt‹.

Historische Anthropologie

Der Begriff Historische Anthropologie signalisiert, daß es nicht um die Bestimmung von Menschsein ›an sich‹ geht, sondern um die sich verändernden Möglichkeiten von Menschsein in bestimmten Epochen, unter wechselnden Herrschaftsformen, in bestimmten sozialen Gruppen, Schichten, Klassen, als Mann oder Frau, als junger, erwachsener, alter, gesunder oder kranker Mensch. In der kurzen Zeit, in der Historische Anthropologie als zur historischen Forschung gehörig angesehen wird, haben sich unterschiedliche Ausprägungen entwickelt, je nach den nationalen Wissenschaftstraditionen und den jeweils gewählten Bezugswissenschaften. Gemeinsam ist allen Ansätzen die Ausrichtung auf eine »histoire de l'homme totale« (J. Martin), trennend sind die thematisierten Aspekte und die methodischen Zugriffe.

1. In Frankreich gehört Historische Anthropologie programmatisch zur Nouvelle Histoire und ist universitär etabliert. Sie steht in der unmittelbaren Tradition der ›Annales‹ mit ihrem Konzept der ›histoire totale‹ wie der älteren ›histoire sociale des mœurs‹. Sie ist z. T. aus der Mentalitätengeschichte hervorgegangen, bezieht sich aber stärker als diese auf die Sozial- und Kulturanthropologie englisch-amerikanischer Prägung. An die Stelle von L. Febvres synthetischer »vue d'ensemble« ist die diskursive »approche d'ensemble« (G. Duby) getreten. Die Historische Anthropologie hat kein abgrenzbares Feld im Sinn einer Disziplin oder Teildisziplin. A. Burgière definiert Historische Anthropologie als »une histoire des habitudes: habitudes physiques, gestuelles, alimentaires, affectives, habitudes mentales... Le propre de l'anthropologie serait d'étudier les phénomènes à travers lesquels se désignent une société et une culture; des phénomènes non pas signifiants... mais signifiés, c'est-à-dire digérés et

intériorisés par la société.« Zwar bezieht Burgière Historische Anthropologie vor allem auf die Geschichte des Alltagslebens, aber nicht verstanden als historisches Repertorium – wie in Teilen der älteren deutschen Kulturgeschichte und Volkskunde –, sondern in der Verknüpfung von Mikro- und Makrogeschichte. Als vorbildlich gilt wiederum M. Blochs ›Les rois thaumaturges‹ sowie F. Braudels ›Civilisation matérielle et capitalisme‹. Es liegt in der Logik dieses Ansatzes, daß eine ›anthropologie historique‹ auch Politik umfaßt (G. Duby, J. LeGoff), freilich nicht im älteren Sinn einer individualisierenden Personen- und Ereignisgeschichte. Von großem Einfluß auf diese anthropologische Rekonstruktion von Geschichte waren die neuen Dimensionen von Macht und Gewalt, die P. Bourdieus Konzept der ›symbolischen Gewalt‹ und M. Foucaults diskursives Inbeziehungsetzen von Wissen und Institutionen eröffneten.

2. Aus dem Blickwinkel der Disziplinengeschichte in Deutschland sind Geschichte und Anthropologie polare, d. h. aufeinander bezogene Gegensätze: conditio humana und societas humana (A. Borst). Gleichwohl werden im historischen Forschungsfeld ›societas‹ z. B. Frauen und Bauern als Teile der conditio humana wie anthropologische Konstanten behandelt und nicht an Geschichte beteiligt.

Seit etwa 20 Jahren mehren sich die Versuche, die disziplinäre Aufspaltung von Anthropologie (z. B. philosophische und biologische Anthropologie) und ihre Abspaltung von Geschichte zu überwinden. Die von H.-G. Gadamer und P. Vogler herausgegebene ›Neue Anthropologie‹ vermittelt einen Überblick der Diskussionen in den jeweiligen Anthropologien. A. Heuss, F. Wagner und A. Nitschke präsentierten stark philosophisch geprägte geschichtswissenschaftliche Positionen.

Schon 1967 hatte Th. Nipperdey die deutsche Wissenschaftstradition im Hinblick auf ›Kulturgeschichte, Sozialgeschichte, historische Anthropologie‹ überdacht und für die Erweiterung der Sozialgeschichte durch eine ›anthropologische Dimension‹ plädiert. Der Soziologe W. Lepenies sah darin die Gefahr einer allein kompensatorischen Aneignung von Anthropologie. In seinem eigenen Konzept für eine Historische Anthropologie entwickelt er – ausgehend von der modernen Wissenschaftsgeschichte und den in ihr angelegten Disziplinenkontakten – zwei Annäherungsformen: Historisierung der Anthropologie und Anthropologisierung der Geschichte. Als Soziologe bevorzugt er letztere, und zwar als »›Instrumentalisierung‹ der Anthropologie für historische Zwecke, insbesondere für das historiographische Grundproblem der Epochenbestimmung. In der Perspektive einer ›Instrumentalisierung‹ anthropologischer Tatbestände sind die Kompetenzen der Geschichte für die Ausarbeitung einer historischen Anthropologie vermutlich angemessener beschrieben als mit

dem ideologiekritisch belasteten Programm einer Historisierung und damit Relativierung anthropologischer ›Konstanten‹.«
Diesem universalen Programm am nächsten stehen die Forscher des Freiburger Instituts für Historische Anthropologie (gegr. 1975), orientiert an der universalgeschichtlich-philosophischen Tradition der Saeculum-Weltgeschichte und repräsentiert in der Zeitschrift ›Saeculum‹. Sie bearbeiten einen ›biologie- und körpernahen‹ Themenkatalog (z. B. Kindheit, Jugend, Familie, Geschlechterverhältnis) mit dem Ziel, die conditio humana als geschichtswürdig herauszustellen und »das Humanum gerade nicht in unveränderlichen, beständigen Strukturen« (J. Martin) zu erforschen. Die von A. Nitschke entwickelte ›Historische Verhaltensforschung‹ analysiert die Veränderungen von menschlichen Bewegungs-, Wahrnehmungs- und Handlungsräumen als zeit- und schichtenspezifische Figurationen von Körper – Raum – Zeit und verbindet dazu Politik-, Geistes- und Sozialgeschichte mit der Geschichte der Naturwissenschaften.
Ob die Annäherung von Geschichte und Sozial-/Kulturanthropologie, die seit etwa 20 Jahren in beiden Disziplinen diskutiert wird, für die beteiligten Historiker ebenfalls zu einem Selbstverständnis als historische Anthropologen führen wird, ist noch nicht absehbar. Absehbar ist dagegen, daß Historische Anthropologie wie ›historische Ethnologie‹ (K. Hastrup) ihren Bezugswissenschaften zugehörig bleiben, daß keine lineare Annäherung auf ein und derselben Ebene möglich ist. Denn für die Geschichte geht es um eine ›Denaturalisierung‹ der conditio humana und all dessen, was ihr zugerechnet wurde, für die Anthropologie um die Dynamisierung scheinbar in sich ruhender Kulturen. Die inspirierende Begegnung spielt sich vielmehr in der Metaebene von Epistemologie, Semiotik und Semantik ab.
Das Interesse an Sozial- und Kulturanthropologie ist in den einzelnen Teildisziplinen der europäischen Geschichte recht verschieden ausgeprägt: Während es in der Mediävistik wenig erkennbar ist (z. B. übernahm E. Pitz ›Geschenkverkehr‹ zur Charakterisierung des frühmittelalterlichen Handels, und H. Vollrath charakterisierte die mittelalterliche Gesellschaft als ›orale Kultur‹), spielt es für Sozialhistoriker der Frühen Neuzeit, die sich mit den ›Schriftlosen‹ beschäftigen, eine große Rolle. Freilich hat Historische Anthropologie bisher nicht den Status einer wissenschaftlichen Disziplin mit festen Grenzen, sondern steht eher für einen umfassenden Blick auf die Menschen in ihrer Geschichte.
Ausdrücklich in den Rahmen einer Historischen Anthropologie stellt N. Schindler seinen Entwurf für die Erforschung von »Volkskultur als einer von der Kultur der Eliten unterschiedenen und mit einer eigenständigen symbolischen Handlungspraxis ausgestatteten sozialen Forma-

tion«. Neben den englischen, amerikanischen und französischen ethnologischen/anthropologischen Forschungen und Konzepten stützt er sich vor allem auf die Ergebnisse der deutschen ›historischen Volkskunde‹ – eine Disziplin, die in den westlichen Nachbarländern unbekannt ist. R. van Dülmen hingegen initiiert Forschungen unter den Titeln ›Kultur der einfachen Leute‹, ›Volksleben‹, ›Alltag‹ und ›historische Kulturforschung‹. Frühneuzeithistoriker besetzen also ein traditionell volkskundliches Feld, das sie z. T. mit denselben Dokumenten und Materialien, z. T. mit den Fragestellungen und Interpretationsansätzen der Ethnologen/Kulturanthropologen, jedoch auch – entsprechend ihren literarischen und bildlichen Quellen – mit dem Instrumentarium dieser Nachbardisziplinen bearbeiten.

Die größere Affinität zwischen Frühneuzeithistorikern und Anthropologen beruht zum einen sicher darauf, daß beide vorindustrielle Gesellschaften im Übergang behandeln, und zum anderen darauf, daß die jeweils untersuchten Gesellschaften/Kulturen chronologisch parallel liegen und daher in der Struktur der Überlieferung für diesen Zeitraum große Ähnlichkeiten aufweisen, aber auch über Strategien des kolonialen Handels auf der Grundlage europäischer Protoindustrie und kolonialer Herrschaft dialektisch miteinander verbunden sind.

In der vom Göttinger Kreis um H. Medick, A. Lüdtke und D. Sabean vorgetragenen anthropologischen Herausforderung an die Historische Sozialwissenschaft ›ohne Menschen‹ soll der historische Prozeß auch aus der Erfahrung und ›alternativen Perspektive‹ der handelnden Subjekte rekonstruiert werden. Vorbilder sind Arbeitsweisen und Darstellungsformen der amerikanischen Sozial-/Kulturanthropologie (teilnehmende Beobachtung und dichte Beschreibung, C. Geertz) sowie der ethnologische Blick für das Fremde in der eigenen Kultur. Um diese Fremdheit ›verstehen‹ zu lernen, gilt es, den ›Eigensinn‹ der ›eingeborenen Theorie‹ der historischen Subjekte zu entdecken. Die Überlieferung, der ›Text‹, wird als ein dem Außenstehenden nicht unmittelbar zugängliches Zeichensystem verstanden, dessen Bedeutung zu dekodieren ist. Es gibt also kein festes Gefüge von Normen und Werten, vielmehr werden Bedeutung und Sinn immer erst durch soziales Handeln hergestellt. Die Art der Vermittlung zwischen dem Subjekt und der Gesellschaft erhält damit einen ausgesprochen dynamischen Akzent: »Ich sehe kulturelle Ausdrucksformen und -weisen als eine historische Triebkraft, die als ein die Erwartungen, Handlungsweisen und deren Folgen prägendes Moment im historischen ›Ereignis‹ ebenso anwesend ist wie in der ›Strukturierung‹ der sozialen Welt der Klassen-, der Herrschafts- und der ökonomischen Beziehungen.« (H. Medick)

Die Umsetzung dieses Programms einer »historischen Hermeneutik

symbolischen Handelns« (G. Lottes) bedarf neben den anthropologischen Methoden der klassischen historischen Arbeitsweisen, ›moderne‹ Gesellschaftstheorien allein erweisen sich zumindest für die Analyse der Frühen Neuzeit einschließlich der Protoindustrialisierungsphase als nicht angemessen, weil der systemische Charakter der Gesamtgesellschaft erst im Entstehen begriffen war. Der ganzheitliche Zugriff läßt sich nur als symbolische »Durchdringung des sozialen Kontexts« (N. Schindler) realisieren, wie dies N. Z. Davis am Beispiel Lyon und C. Ginzburg am Beispiel der Welt des Müllers Menocchio demonstriert haben. Diese Wendung zur ›historischen Ethnographie‹ ist in der deutschen Historiographie nicht ganz ohne Vorbild. Bereits O. Hintze hat L. v. Ranke, der in seiner Art, Geschichte zu schreiben, von Gipfel zu Gipfel schritt, G. Droysen gegenübergestellt, der sich in den Niederungen mit alltäglichen Geschäften herumschlug.
Die Vehemenz der Diskussion über die Zulaßbarkeit einer derartigen anthropologischen Erweiterung von Historischer Sozialwissenschaft ist allein aus der Disziplinengeschichte erklärbar: der späten Anerkennung von Sozialgeschichte und ihrer wissenschaftlichen Legitimierung durch die Übernahme sozialwissenschaftlicher Verfahrensweisen und expliziter Theoriebildung. Diese Errungenschaften scheinen durch das als ›irrational‹ interpretierte ›Verstehen‹ der Kulturanthropologie in Frage gestellt (H.-U. Wehler). Allerdings ist den Kritikern entgangen, daß es nicht um ›historisches‹ Verstehen geht, sondern um Verstehen im Rahmen der kulturanthropologischen Epistemologie.
Die unmittelbare Wirksamkeit von Sozial- und Kulturanthropologie wird durch die vielfältig ausgeprägte Alltagsgeschichte gebrochen, die zunächst als ›andere‹ Sozialgeschichte der Arbeiter und ›kleinen Leute‹, dann als Aufarbeitung der Erfahrungen des ›alltäglichen Faschismus‹ entstand. Die auf den ersten Blick fast selbstverständliche Nähe von Alltagsgeschichte auf der Basis von oral history und Anthropologie auf der Basis von teilnehmender Beobachtung wird in der Kontextualisierung und Interpretation sehr unterschiedlich akzentuiert. D. Peukert vertritt eine »Sozialgeschichte in der Erweiterung« (W. Conze) und orientiert sich an einer Gesellschaftstheorie, die der modernen Gesellschaft inhärente dialektische Spannungen als Spannung zwischen systemischer und lebensweltlicher Logik bearbeitet. »Der Ansatz von Habermas scheint es zu erlauben, zwischen der Mikro- und der Makroebene von Geschichte, zwischen Erfahrungsbezügen und Systemanalysen sowie zwischen einer anthropologischen und einer im strengeren Sinne sozialgeschichtlichen Fragestellung zu vermitteln, zumindest, was die Erforschung der modernen Welt angeht.« Die Orientierung an Habermas ist zugleich eine Entscheidung gegen E. P. Thompsons als zu begrenzt angesehene Theoretisie-

rung. Demgegenüber vergleicht A. Lüdtke die europäische Vorstellung von den »Völkern ohne Geschichte« (E. Wolf) mit den in der europäischen Geschichte geschichtslos gemachten Abhängigen und Beherrschten (»das ›Fremde im Eigenen‹«) und fordert eine »De-Zentrierung eingefahrener historischer Sichtweisen«, um Alltagsgeschichte als »Erfahrungsgeschichte der Ausbreitung von Warenproduktion, von Staat und Bürokratie« zu rekonstruieren.

Einen großen Stellenwert besitzt die Alltagsgeschichte auch für die Erforschung des Mittelalters und der beginnenden Neuzeit. Fußend auf den ›Realien‹, literarischen und bildlichen Zeugnissen sowie traditionellen Archivalien, will sie ›Lebensformen‹ ermitteln. Dabei hängt es ganz vom einzelnen Forscher ab, ob und welche methodischen Anregungen er aufnimmt. Bezeichnend ist jedoch, daß die vor allem österreichische Schule der Alltagsgeschichte den Akzent weniger auf Unterschichten und ›kleine Leute‹ legt, sondern alle sozialen Gruppen im Blick hat.

Es könnte der Eindruck entstehen, daß Historische Anthropologie lediglich eine neue Form sei, ›Unterschichten‹ und ›Randgruppen‹ für die Geschichtswissenschaft ›hoffähig‹ zu machen. Zwar werden diese Gruppen ebenso wie die Bauern der Frühen Neuzeit, die keineswegs als Unterschicht klassifiziert werden können, in neuer Weise in den soziokulturellen Prozeß einbezogen, aber ebendies geschieht mit den ›Eliten‹, wie Bourdieu, Elias und Foucault zeigen. Dennoch ist die besondere Bedeutung der Historischen Anthropologie für die Erforschung der ›Unterschichten‹ nicht zufällig, da sie unter den herkömmlichen teildisziplinären Zugriffen keinen Subjektcharakter gewinnen konnten.

Von besonderer Bedeutung ist die Annäherung von Geschichte und Anthropologie für die Historische Frauenforschung. Der vergleichende Blick auf Position und Rollen von Frauen in einfachen Gesellschaften, aber auch in den ›unterentwickelten‹ komplexen Gesellschaften der Dritten Welt deckt auf, wie wenig natürlich und wie stark kulturell die Stellung der Frauen geprägt ist. Die großen theoretischen Diskussionen fanden bereits in den 70er Jahren in den USA – der Hochburg der Kulturanthropologie und der neuen Frauenbewegung – statt und endeten mit der Forderung, ›Geschlecht‹ als ebenso bestimmend für soziale Ungleichheit wie ›Klasse‹ zu begreifen. Die ersten empirischen Studien konzentrierten sich auf das 19. und 20. Jahrhundert und thematisierten – neben Frauenarbeit – weibliche Widerstandsformen. Inzwischen zeichnet sich im Zusammendenken von anthropologischen Anstößen und europäisch-amerikanischen gesellschaftlichen Verhältnissen eine fortschreitende Differenzierung ab: Zunächst schien die Zuordnung von häuslich-öffentlich die entscheidende Differenz zwischen Frauen und Männern zu bezeichnen, nunmehr sind als neue Kriterien Natur – Kultur, Wildheit –

Zivilisation und ein Nachdenken über Geschlechterbeziehungen und deren Veränderungen im historischen Prozeß hinzugetreten. (G. Pomata).

Die ersten unmittelbar kulturanthropologisch inspirierten Studien, die einer Historischen Frauenforschung zugerechnet werden können, stammen wiederum von N. Z. Davis. Die später einsetzenden deutschen Arbeiten verarbeiten neben den englisch-amerikanischen Forschungen und Konzeptionen auch die französischen Diskussionen. Dies zeigt sich jedoch weniger in unmittelbaren Übernahmen, als vielmehr in den Ausgangspositionen für die Bearbeitung bestimmter Themen (R. Schulte, C. Opitz). Eine neue Zentralperspektive hat der ›Frauenblick‹ auf die Medizin des 18. und 19. Jahrhunderts eröffnet. Im Zeitalter der ›kulturellen Neubestimmung des Menschen‹ werden Frauen in neuer Weise zum Objekt von Medizin zunächst im Dienste der Bevölkerungspolitik, dann im Dienst der Stabilisierung der bürgerlichen Gesellschaft (U. Frevert, B. Duden). Die Historische Frauenforschung ist wohl der überzeugendste Beleg für die spezifischen Leistungen der Historischen Anthropologie, zum einen für eine Geschichte der Geschlechterbeziehungen, zum anderen für den Ertrag, der daraus für eine Gesellschaftsgeschichte gewonnen werden kann. [H. Wunder]

Wirtschafts- und Sozialgeschichte, Historische Sozialwissenschaft, Gesellschaftsgeschichte

Die Stichworte dieses Beitrags verweisen auf theoretische Varianten der Sozialgeschichte und offene Probleme der Geschichtswissenschaft insgesamt. Definitionen der Gegenstandsbereiche der Sozialgeschichte – die Analyse sozialer Strukturen, Prozesse und Handlungen, von sozialen Gruppen, Schichten und Klassen, ihrer Beziehungen und Konflikte – stoßen immer auf die Vieldimensionalität und Komplexität des ›Sozialen‹ und damit auf die ›Gesamtgeschichte‹. Diese Spannung hat sich niedergeschlagen in der doppelten Umschreibung der Sozialgeschichte als ›Sektorwissenschaft‹ oder geschichtswissenschaftliche Teildisziplin einerseits und einer ›Betrachtungsweise‹ auf die Gesamtgeschichte andererseits. Die dabei diskutierten theoretischen Probleme sind nicht zuletzt mit der Geschichte der Geschichtswissenschaft seit dem späten 19. Jahrhundert verbunden und wurden am schärfsten in Auseinandersetzung mit Problemen der neueren deutschen Geschichte verhandelt.

Im Jahr 1969 schloß H. Rosenberg, einer der Gründerväter in der Erneuerung der Geschichtswissenschaft, seine Kritik an der deutschen Agrargeschichtsschreibung mit einer gewissen Hoffnung. Er knüpfte sie an die »Tatsache, daß in den letzten Jahren die sog. Sozialgeschichte für viele ein nebuloser Sammelname für alles (geworden ist), was in der Geschichtswissenschaft der Bundesrepublik als wünschenswert und fortschrittlich angesehen wird«. Die damals sich ändernden Erwartungen in die Geschichtsschreibung blieben jedoch ausgerechnet und bezeichnenderweise von dem von H. Aubin und W. Zorn herausgegebenen ›Handbuch der deutschen Wirtschafts- und Sozialgeschichte‹ überwiegend enttäuscht, obwohl dieses eine jahrzehntelange Tradition wirtschafts- und sozialgeschichtlicher Forschung repräsentierte und laut Vorwort eine »Zwischenbilanz des gesicherten Wissens« beabsichtigte. Manche Kritiker sahen darin erst den Anfang einer deutschen Wirtschafts- und Sozialgeschichte. Bemerkenswerterweise hat auch ein anderer, kaum der bilderstürmerischen Übertreibung verdächtiger Ziehvater der neueren Sozialgeschichte, W. Conze, diese Tradition schon in den 1950er Jahren bei seinen konzeptionellen Überlegungen stillschweigend übergangen. Ein Rückblick darauf ist gleichwohl notwendig und aufschlußreich; er korrigiert nicht nur kurzschlüssige Vorstellungen über die absolute Neuartigkeit der Ansätze in den 1960er Jahren oder die Legende, daß die Sozialgeschichte als Oppositionswissenschaft begonnen und daher verdrängt worden sei, sondern bietet auch Einblicke in Eigenarten der Geschichtswissenschaft seit dem späten 19. Jahrhundert.

Sieht man ab von vielfältigen kultur-, wirtschafts- und besonders handelsgeschichtlichen Studien außerhalb der akademisch-professionellen Geschichtswissenschaft, die mit der Aufklärung im 18. Jahrhundert einsetzen, kann man den Beginn der Wirtschafts- und Sozialgeschichte als Teilbereich der Geschichtswissenschaft relativ genau datieren: mit der Gründung der ›Zeitschrift für Sozial- und Wirtschaftsgeschichte‹ (ZSWG) im Jahre 1893. In Opposition gegen die politische Geschichtsschreibung der ›Haupt- und Staatsaktionen‹ und der abstrakt-theoretischen Nationalökonomie in Wien, fand die Zeitschrift schnell Zuspruch und Reputation in der deutschen und internationalen Geschichtswissenschaft infolge des steigenden Interesses an Sozialgeschichte (G. Oestreich). Diese auch international erste Fachzeitschrift für Sozial- und Wirtschaftsgeschichte scheiterte schließlich nach zehn Jahren nicht an wissenschaftspolitischer Verdrängung, sondern an einem ängstlichen Verleger, der angesichts eines breiten sozialwissenschaftlichen Zeitschriftenwesens gerade in den 1890er Jahren kein sicheres Lesepublikum mehr sah. Selbst dies verweist aber noch auf das große wissenschaftliche und außerwissenschaftliche Interesse an Themen des wirtschaftlichen und sozialen Lebens, so daß die ZSWG in einem anderen Verlag 1903 fortgesetzt wurde als ›Vierteljahrsschrift für Sozial- und Wirtschaftsgeschichte‹ (VSWG), die bis heute ein wichtiges deutsches Organ dieser Teildisziplin

darstellt. Als Herausgeber fungierten zunächst der frühere Herausgeber der ZSWG, der Sozialist Hartmann, und der protestantisch-konservative G. v. Below; seit 1915 lag die VSWG allein in den Händen des letzteren. Der Mediävist v. Below gehörte zu den einflußreichsten Historikern und wachte als scharfer Rezensent über den ›richtigen‹ Kurs der Geschichtswissenschaft, wobei er besonders die kulturgeschichtlichen und soziologischen Konzeptionen der Geschichtsschreibung seit den 1890er Jahren bekämpfte. Seine immerhin gut zehnjährige Kooperation mit Hartmann verdeutlicht etwas vom Pathos der ›reinen‹, ›strengen‹, quellenkritischen Methode der Geschichtswissenschaft, die vor dem Ersten Weltkrieg die politische Gegnerschaft überbrücken konnte.
Diese Gemeinsamkeit in der Methode, die dann freilich doch gegenständliche Folgen hatte, bildet auch das Zentrum der dürren programmatischen Erklärung im ersten Jahrgang der VSWG: In »exakter Weise« sollen die »ökonomischen Zustände wie die Wirtschaftspolitik der Vergangenheit« behandelt werden in universalhistorischer Perspektive auf »alle Zeiten und Völker« – eine bemerkenswerte Erweiterung gegenüber der in allen Ländern üblichen nationalgeschichtlichen Konzentration der politischen Geschichtsschreibung. Daneben erklärte man ausdrücklich, sich von der »Behandlung der Probleme der theoretischen Nationalökonomie wie von Fragen der Social- und Volkswirtschaftspolitik der Gegenwart fernhalten« zu wollen. Auch wenn man von einer redaktionspolitischen Absichtserklärung keine breite methodische und theoretische Programmatik erwartet, werfen die wenigen Sätze doch ein Licht auf die Entwicklung der Sozial- und Wirtschaftsgeschichte in Deutschland bis in die 1950er Jahre: die dünne theoretische und methodische Reflexion, die (scheinbare) Abstinenz gegenüber der direkten Thematisierung von gegenwartsnahen Problemen und die Abgrenzung von der Nationalökonomie. Bezeichnenderweise erschien die erste Einführung in Methoden und Probleme dieser Teildisziplin der Geschichtswissenschaft erst 70 Jahre nach Gründung der VSWG.
Das sei in notwendiger Kürze erläutert. Ein Indiz für die Theoriescheu ist die beliebige terminologische Umstellung der beiden Sachbereiche in der Wortverbindung ›Wirtschafts- und Sozialgeschichte‹ und ›Sozial- und Wirtschaftsgeschichte‹. Hinter dieser – überdies spezifisch deutschen Doppelbezeichnung – stand lange Zeit faktisch die Wirtschaftsgeschichte, ohne daß mit dem zweigliedrigen Terminus ein Bedingungsverhältnis der ›Wirtschaft‹ für das ›Soziale‹ oder umgekehrt behauptet worden wäre. Gleichzeitig wurde der Gegenstand ›Wirtschaft‹ überwiegend in einer begrenzten Weise betrachtet. 1929 bezeichnete O. Hintze die »herkömmliche Wirtschaftsgeschichte« als eine »wirtschaftliche Rechtsgeschichte«, die Rechtsformen des wirtschaftlichen Handelns, staatliche

Systeme der Wirtschaftspolizei und die Handelspolitik darstelle, aber nicht das Wirtschaftsleben selbst, also die Subjekte und Mittel, Erscheinungsformen und Ergebnisse des wirtschaftlichen Handelns. Eine solche »eigentliche Wirtschaftsgeschichte« erblickte er in Sombarts Darstellung des ›Hochkapitalismus‹.

Ebenso wie jene ursprüngliche Wirtschaftsgeschichte war die damit verbundene Sozialgeschichte in ihren Methoden und Erkenntniszielen eigentlich eine Verfassungsgeschichte. Liest man z.B. Belows Artikel ›Bürgertum‹ in der dritten Auflage des ›Handwörterbuchs der Staatswissenschaften‹ (1909) in der Erwartung, über soziale und wirtschaftliche Eigenarten jener Gruppe informiert zu werden, findet man nur kurze Bemerkungen, verbunden mit der Versicherung, daß es »große Schwierigkeiten« bereite, solche festzustellen. Davon abgesehen, bezeugen Belows Ausführungen doch auch ein anderes Forschungsinteresse. Das ›Bürgertum‹ verschwindet fast hinter bzw. wird identifiziert mit der inneren Verfassungsgeschichte der Städte und deren Verhältnis zu den übergreifenden politischen Ordnungen. Besonders letztere sind für Below auch ausschlaggebend für die Entwicklung des Bürgertums, z. B. das Fehlen eines »mächtigen Staates« als Ursache für den Niedergang des Handels seit dem 16. Jahrhundert. An der kontinuierlichen Existenz seit dem Mittelalter, ja an einer langen historischen Identität »des Bürgertums« zweifelte Below nicht. Für das 19. Jahrhundert registriert er als Folge der Zollvereinspolitik und von technisch-industriellen Innovationen einen »ungeahnten Aufschwung... der Erwerbszweige des Bürgertums« und schließt: »Seit Entstehung eines deutschen Bürgertums stellt in der Geschichte desselben dieser Aufschwung das bedeutungsvollste Ereignis dar.« Diesen Satz würde heute wohl kein Historiker mehr schreiben, weil alle unter dem Eindruck der sozialgeschichtlichen Diskontinuität infolge der Industrialisierung stehen. Im 19. Jahrhundert war das, von Marxisten abgesehen, nicht selbstverständlich. Darüber hinaus weist jener Satz auf fundamentale Kontinuitätsannahmen, also über etwas Allgemeines, Regelhaftes im Zeitverlauf – in bezug auf soziale Erscheinungen, noch mehr auf das Politisch-Staatliche und die Anthropologie – in einer Geschichtswissenschaft, die als ihr Herzstück die Erkenntnis des ›Individuellen‹ in der Geschichte proklamierte. Begreift man dies als theoretisch-methodisches Element des ›Historismus‹, dann scheint die philosophische Diskussion des Historismus als allgemeiner und vollständiger geschichtlicher Relativismus (E. Troeltsch) eine Radikalisierung, die die implizite Philosophie der historiographischen Praxis nicht ganz deckt.

Mit jenen Kontinuitätsannahmen verband sich die Bildungs- und Orientierungsfunktion der Geschichtswissenschaft; die lange anhaltende Konzentration der entstehenden Wirtschafts- und Sozialgeschichte auf Probleme der mittelalterlichen und frühneuzeitlichen Geschichte stellte daher keine Flucht aus der Gegenwart in den historischen Antiquarianismus dar. Insbesondere die (kontroversen) Forschungen über Stadt, Handwerk und Handel im Mittelalter waren eingebunden in die Gegenwartsauseinandersetzungen über die soziale und wirtschaftliche Gestaltung der Gesellschaft im Prozeß der kapitalistischen Industrialisierung. Daneben war die Herausbildung der Wirtschafts- und Sozialgeschichte als Teildisziplin der Geschichtswissenschaft im Kontext vor allem der Mediävistik und gleichermaßen der Alten Geschichte wissenschaftsgeschichtlich begründet. Die Professionalisierung der Historiker, die Verfeinerung und Erhärtung ihres methodischen, quellenkritischen und hilfswissenschaftlichen Handwerks, erfolgte in der Auseinandersetzung mit Problemen jener Epochen. Und trotz der Spezialisierung der Einzelforschung war bis ins frühe 20. Jahrhundert – besonders in der Verbindung von ›mittlerer und neuerer Geschichte‹ – die epochenspezifische Segmentierung weniger stark ausgeprägt als heute mit der Differenzierung zwischen Mittelalter, früher Neuzeit und ›neuerer Geschichte‹ seit 1789.

Diese wissenschaftsgeschichtliche Konstellation hatte schwerwiegende Folgen für die Disziplin der Wirtschafts- und Sozialgeschichte, weil die Fachhistoriker damit in Gegensatz zur ›Historischen Schule der Nationalökonomie‹ gerieten. Diese die deutsche Volkswirtschaftslehre im Kaiserreich dominierende Schule bewegte sich in der Tradition der ›Staatswissenschaften‹, in der Politische Geschichte, Staats- und Verwaltungsrecht sowie die Statistik im Sinne der Staats- bzw. Landesbeschreibung vereinigt waren. In ihren Forschungsgegenständen – Bevölkerung und Finanzen, Agrarverfassung, Gewerbe, innere Verwaltung und Wirtschaftspolitik – und ihrer methodischen Orientierung stellt sie einen bedeutenden, später verkümmernden Traditionsstrang der Wirtschafts- und Sozialgeschichtsschreibung außerhalb der Fachhistorie dar. Da die Nationalökonomen schon seit den 1860er Jahren historische Forschungen trieben und auch noch in den 1890er Jahren überwiegend das breite Lehrangebot in Wirtschaftsgeschichte trugen, liegen die Anfänge dieser Disziplin eigentlich in der Historischen Schule der Nationalökonomie.

Deren Motiv war zunächst ein wirtschaftswissenschaftliches. Mit der Kritik an den abstrakten Axiomen der liberalen klassischen Ökonomie wandte sie sich der historischen Forschung zu, um auf induktivem Wege eine staatswissenschaftliche Theorie zu begründen, die zugleich eine wissenschaftliche Grundlage für Sozialreformen bilden sollte. G. Schmoller, das wissenschaftliche und wissenschaftspolitische Haupt jener Schule, war 1872 ein führender Mitbegründer des ›Vereins für Sozialpolitik‹. Die Bemühungen der Historischen Schule der Nationalökonomie um die Theoriebildung schlugen sich nieder in der Konstruktion von ›Wirtschaftsstufen‹, d. h. der Beschreibung und Erklärung der miteinander verflochtenen, epochal typischen Prozesse von Produktion, Distribution und Konsumtion. Wirtschaft wurde nicht isoliert, sondern als ein sozial und politisch gebundener und regulierter Prozeß begriffen, weshalb Schmoller die Wirtschaftsstufen der Haus-, Stadt-, Territorial- und Volkswirtschaft auch als ›wirtschaftliche Verfassungsformen‹ bzw. als ›politisch-gesellschaftliche Körper‹ begriff. Zugleich wurde die Abfolge der Wirtschaftsstufen – mehr oder weniger vorsichtig – als ein universalhistorischer Evolutionsprozeß begriffen.

Sowohl die Einzelforschung der (nicht eigentlich fachhistorisch ausgebildeten) Nationalökonomen als auch besonders ihre Schritte zur Theoriebildung stießen auf die Kritik der Fachhistoriker – allen voran G. v. Below. Im Namen der ›exakten‹ Quellenkritik polemisierte er gegen den angeblichen historischen Dilettantismus der Nationalökonomen. Mit Verweis auf die bunte Fülle und Komplexität der historischen Phänomene destruierten die Fachhistoriker seiner Auffassung nach das Theorem der Wirtschaftsstufen. Die Annahme einer räumlich in sich geschlossenen Stadtwirtschaft im Mittelalter löste er z. B. auf durch den Nachweis des Fernhandels. Neben Below war in diesem Sinne einer der wirkungsvollsten Kritiker der hochangesehene Mediävist und Wirtschaftshistoriker A. Dopsch, der als Hauptzweck seiner Forschung die Falsifizierung der ökonomisch-historischen Theorien begriff. Schließlich provozierten die evolutionistischen Implikationen den weltanschaulichen Verdacht, weil man dahinter deterministische ›Gesetze‹ vermutete, die unvereinbar waren mit dem philosophischen Axiom der Fachhistoriker, daß der wesentliche Gegenstand der Historie nicht das Regelmäßige, sondern das Individuelle sein müsse. Die gleiche Frontstellung zwischen Individualität/Idealismus und Regelmäßigkeit/Determinismus hatte schon die Kritik und Ausgrenzung der ›Kulturgeschichte‹ von K. Lamprecht in den 1890er Jahren bestimmt. Der Blick auf die ›Historische Schule der Nationalökonomie‹ zeigt somit ein Element der Wirkungsgeschichte des Lamprecht-Streits: weniger die Ausgrenzung, sondern die Zurichtung der Wirtschafts- und Sozialgeschichte für das vorherrschende Leitbild der Geschichtsschreibung des Historismus. Dieses war durchdrungen von einer idealistischen Anthropologie, die in der Kategorie der Individualität auf die Geschichte projiziert wurde, und die man vornehmlich im politischen Handeln der Eliten konkretisierte, das erkennbar wurde im einfühlenden ›Verstehen‹. Im Horizont dieses Leitbildes konnte man daher fordern, die »Wirtschaftsgeschichte als Geistesgeschichte zu betreiben« (H. Kellenbenz).

Es ist jedoch festzuhalten, daß auch die Gelehrten der Historischen Schule der Nationalökonomie und besonders Schmoller jene philosophischen Annahmen der Fachhistoriker weithin teilten. Kaum ein fundamentaler,

weltanschaulich-politischer Gegensatz, sondern professionspolitisches Selbstverständnis im Verein mit disziplinärer Spezialisierung methodischer Standards hat zur Trennung der Historiker und Nationalökonomen geführt. Dahin drängten allerdings auch innere Entwicklungen in den Wirtschaftswissenschaften selbst, insbesondere die Kritik an der theoretischen Durststrecke bzw. Unergiebigkeit der historischen Studien und am Versagen gegenüber den drängenden praktischen Problemen der Inflation seit dem Ersten Weltkrieg. Daneben erschütterte der ›Werturteilsstreit‹ nach der Jahrhundertwende die Gewißheit, sozialreformerische Werte und Ziele aus der Wissenschaft ableiten zu können. Die historisch orientierten Nationalökonomen rutschten in eine Randstellung innerhalb ihres Faches, obwohl – wie in England und den USA – die (nicht sehr häufige) Institutionalisierung der Wirtschaftsgeschichte in universitären Dozenturen (zuerst 1911 an der Handelshochschule Köln, besetzt mit B. Kuske) nicht innerhalb der historischen Seminare, sondern im Rahmen der staatswissenschaftlichen Fakultäten erfolgte. Wirtschaftsgeschichte wurde daher nicht selten zu einem Nebenberuf der Volkswirte. Zu den Fachhistorikern öffnete sich eine ›Kluft‹, weil auf der einen Seite die ökonomische Theorie und auf der anderen Seite die quellenfundierte Empirie vernachlässigt wurden.
Die wechselseitige Entfremdung zwischen Historie und Nationalökonomie ist auch deswegen aufschlußreich, weil sich darin ein Auflösungsprozeß der ›Staatswissenschaften‹ zeigt, zu dem das interdisziplinäre Postulat der ›historischen Sozialwissenschaft‹ ein Gegenstück bildet. Die Historische Schule der Nationalökonomie ist ein Erbe der Geschichtswissenschaft, das erst neuerdings wieder pfleglicher behandelt wird und dies auch verdient aufgrund der Leistungen besonders in der Agrar- und Gewerbegeschichte.
Die deutsche Tradition der Wirtschafts- und Sozialgeschichte innerhalb des Historismus und als Teildisziplin der Geschichtswissenschaft erfuhr seit den 1950er Jahren bedeutende Erweiterungen und Umformungen. Der allgemeine Wandel in der Geschichtswissenschaft riß sie nicht nur aus der »Verkümmerung« heraus (F. Lütge); sie wurde selbst eine aktive Kraft in der Erneuerung der Geschichtswissenschaft. Teilweise, jedoch längst nicht vollständig, wurde sie von den theoretischen und methodischen Anstößen der ›Historischen Sozialwissenschaft‹ erfaßt. Die Einrichtung neuer Lehrstühle und die Gründung vieler Fachzeitschriften besonders seit den 1960er Jahren zeugen vom Aufschwung dieser Teildisziplin in der Bundesrepublik ebenso wie in anderen Ländern. Die ›Wirtschafts- und Sozialgeschichte‹ als Gegenstandsfeld der Geschichtswissenschaft ist charakterisiert durch Methodenpluralismus – von der individualisierenden Biographie bis zur Cliometric – und ein weit aufgefächertes

Themenspektrum. Bei aller Vielfalt im Resultat sind aber doch einige übergreifende Veränderungen charakteristisch.

Parallel zur allgemein gesteigerten Aufmerksamkeit auf die ›neuere Geschichte‹ seit dem Epochenjahr 1789 (und seinen Voraussetzungen) und die ›Zeitgeschichte‹ konzentrierte sich die expandierende ›Wirtschafts- und Sozialgeschichte‹ weit stärker als früher auf die Industrialisierung seit dem 18. Jahrhundert. In gewisser Weise setzt sie damit die Arbeit der ›Historischen Schule der Nationalökonomie‹ fort, deren Bemühung um eine historisch orientierte Gegenwartsanalyse in den sich enthistorisierenden Wirtschaftswissenschaften ortlos geworden waren. Entscheidend war aber wohl die Erfahrung der Krisen des Industriekapitalismus seit dem Ersten Weltkrieg einerseits und der gigantischen Wachstumswelle seit den 1950er Jahren andererseits. Sie schärfte den historischen Blick für die vielschichtigen Zusammenhänge und Widersprüche zwischen Wirtschaft, Gesellschaft und Politik.

Mit Fragen nach den Faktoren langfristigen Wirtschaftswachstums und den konjunkturellen Zyklen wurde der tatsächliche Wirtschaftsprozeß analysiert – im Unterschied zur verfassungs- und geistesgeschichtlichen Tradition der Wirtschaftsgeschichte, in der man wenig über Praxis und Ergebnisse des wirtschaftlichen Handelns erfuhr. Preise und Löhne, nicht mehr allein literarische Beschreibungen, bildeten nun erst eine Grundlage für die Untersuchung kollektiv typischer Lagen von Gruppen und Schichten der Gesellschaft. Das Studium von Lebensbedingungen und -formen – Arbeit und Einkommen, Wohnen und Familie, soziale Mobilität usw. – stärkte gewissermaßen den ›sozialen‹ Teil in der Kombination ›Wirtschafts- und Sozialgeschichte‹, nachdem letztere lange Zeit eher einen bloßen Appendix dargestellt hatte. Die unteren Schichten, vor allem Arbeiter und Angestellte, stießen dabei auf besonderes Interesse, nicht zuletzt weil mit ihren sozialen Lagen und Chancen die Legitimitätsfragen der kapitalistischen Industrialisierung und der ›bürgerlichen Gesellschaft‹ verbunden waren. ›Sozialgeschichte‹ wurde zeitweise sogar, in Anknüpfung an die ›Arbeiterfrage‹ des 19. Jahrhunderts und in Verdrängung anderer Elemente der Wissenschaftstradition, zu einem Synonym für ›Arbeitergeschichte‹. Diese gewiß notwendige und fruchtbare thematische Konzentration hat das historische Wissen über die ›industrielle Welt‹, ihre zentralen Strukturen und Konflikte enorm erweitert und zur Überwindung der idealistischen Verachtung der ›Massen‹ beigetragen. Im wissenschaftsgeschichtlichen Rückblick werden jedoch auch Verluste in der Agrar- und Kleingewerbegeschichte deutlich, die einst wichtige Felder der ›Historischen Schule der Nationalökonomie‹ darstellten. Das geschichtliche Verschwinden der ältesten sozialen Klassen – Adel und Bauern – wird vielleicht erst wieder künftige Historiker interessieren.

Jenen Erkenntniszugewinn ermöglichte nicht zuletzt die Erweiterung der Quellenbasis. Neben der Schrift wurde die Zahl zum Material der Historiker, und zuletzt gewann neben dem Bild auch das gesprochene Wort die Dignität der Quelle (oral history). Mit den neuen technischen Hilfsmitteln wie Taschenrechner und Computer nutzte man mehr als zuvor die reichhaltige amtliche und private Überlieferung statistischer Quellen zu vielen Aspekten des wirtschaftlichen und sozialen Lebens, ja die Historiker gingen dazu über, ihre Quellen in gewissem Maße erst selbst herzustellen durch die quantitative Aufbereitung serieller und standardisierter Aufzeichnungen – Personenstandsregister, Bevölkerungs-, Steuer- und Haushaltslisten, Notariatsurkunden, betriebliche Personalbücher – aus der staatlichen, kirchlichen und privaten Verwaltung gleichsam zu einem sozialgeschichtlichen Mikroskop. Die methodische Ordnung und Verknüpfung dieser massenhaften Informationen bot vorher nicht mögliche Einblicke in die Feingliederung eher anonymer Strukturen und Prozesse gesellschaftlicher Ordnung und menschlichen Verhaltens und führte insbesondere in der Bevölkerungs- und Familiengeschichte zur Auflösung zäher Stereotypen, z. B. über die vorindustrielle Großfamilie, die durch die ›moderne‹ Kleinfamilie abgelöst worden sei. Trotz aller Ernüchterung über die zeitweilig euphorischen Hoffnungen in die Quantifizierung als Königsweg einer ›neuen‹ Geschichtswissenschaft bleibt die historische Statistik ein grundlegendes und unentbehrliches Erkenntnisinstrument für massenhaft relevante Zustände, Bedingungen und Resultate menschlichen Handelns. Sie ist bzw. muß nicht identisch sein mit den erkenntnis- und modelltheoretischen Implikationen strenger Quantifizierung. Schließlich sei auch nicht vergessen, daß sie gerade auch mit ihren avanciertesten Methoden – z. B. der Familienrekonstitution und Datenverknüpfung – in der Lage ist, das Leben der vielen zu entanonymisieren und menschliche Individualität auch unter denen sichtbar zu machen, die keine anderen Spuren hinterlassen haben und im Dunklen standen. Eine ältere und jüngere Kritik an der ›unpersönlichen‹ Zahl oder einer ›Sozialgeschichte ohne Menschen‹ verkennt diese Chancen.

Die Erweiterung und Umformung der Wirtschafts- und Sozialgeschichte seit den 1960er Jahren war verbunden mit scharfen Auseinandersetzungen über die theoretischen und methodischen Grundlagen sowie Funktionen jener Teildisziplin wie der Geschichtswissenschaft überhaupt. In manchem erinnern diese an die Kontroverse zwischen Fachhistorikern und historisch orientierten Nationalökonomen um 1900, nun freilich verschärft durch politische Umstände (NS-Vergangenheit, Protestbewegung) und eine Grundlagenreflexion, die die gewachsene Identität des Faches in Frage stellte. U. a. ging es dabei auch um den Zusammenhang zwischen Wirtschaft und Gesellschaft, also ein theoretisches wie

empirisches Problem, das in der traditionellen Wirtschafts- und Sozialgeschichte entweder stillschweigend umgangen oder als ideologisch abgewehrt wurde.
Im Zentrum jener Grundlagenauseinandersetzung stand und steht die Programmatik und Praxis der ›Historischen Sozialwissenschaft‹. Diese deckt sich freilich nicht mit dem Gesamtspektrum der Theoriedebatte, beschränkt sich aber umgekehrt auch nicht auf Probleme der Wirtschafts- und Sozialgeschichte. Das wirkungsvolle, manche erschütternde Wort von der »Theoriebedürftigkeit der Historie« (R. Koselleck) galt für die Geschichtswissenschaft im allgemeinen und die Wirtschafts- und Sozialgeschichte im besonderen. Die Historische Sozialwissenschaft nahm diese doppelte Problemstellung auf mit dem Ziel, die Geschichtswissenschaft insgesamt auf ein neues ›Paradigma‹ zu orientieren. Dieser der allgemeinen Wissenschaftstheorie und -soziologie Th. Kuhns entnommene Begriff i. S. einer Leitvorstellung für die Organisation des historischen Wissens, die Erklärung von Problemen und die Funktion der Geschichtsschreibung signalisierte in der Bundesrepublik einen Veränderungsanspruch, einen ›Paradigmawechsel‹, der mit ähnlicher Intention in England und den USA unter dem Etikett der ›new social/economic history‹, in Frankreich der ›nouvelle histoire‹ erhoben wurde.
Der Begriff ›Historische Sozialwissenschaft‹ markierte in den 1970er Jahren das programmatische Selbstverständnis einer (damals) jüngeren Historikergeneration vor allem im Umkreis der seit 1975 erscheinenden Fachzeitschrift ›Geschichte und Gesellschaft. Zeitschrift für Historische Sozialwissenschaft‹ und wurde insbesondere von H.-U. Wehler schon seit den 1960er Jahren schrittweise entfaltet. Den Unterschied zu anderen Richtungen der Theoriedebatte – Begriffsgeschichte, Wissenschaftscharakter, Objektivität und Narrativität der Historie – bestimmt nicht die Theorieorientierung als solche, sondern die konstitutive Absicht, Theorien, Fragestellungen und Methoden aus den Sozialwissenschaften, insbesondere der Soziologie, Politikwissenschaft und Ökonomie mit der geschichtswissenschaftlichen Arbeit zu verbinden. Deren vordringlichen Gegenstand sollte nicht mehr das Handeln der Individuen und das einzelne Ereignis darstellen, sondern die überindividuellen Strukturen in Wirtschaft, Gesellschaft und Politik, die langfristigen Prozesse und kollektiv typischen sozialen Lagen von Gruppen, Schichten und Klassen. Sie wurden gesellschafts- und handlungstheoretisch als bedingende Faktoren für menschliches Handeln in der Geschichte begriffen. Sie zu erschließen und zu erklären erforderte die Erweiterung der historischen Methode, weil das individualisierend-hermeneutische Verstehen ihnen gegenüber blind gewesen war. Darüber hinaus hoffte man, die Orientierungsfunktion der Historie i. S. einer Selbstaufklärung der Gegenwartsgesellschaft

wieder und neu zu begründen, nachdem gerade in den 1950er/60er Jahren vielfach über den ›Verlust der Geschichte‹ als Bildungsmacht geklagt worden war.

Im Anspruch der Historischen Sozialwissenschaft auf eine umfassende, nicht etwa auf ein Teilgebiet der ›Sozialgeschichte‹ beschränkte Erneuerung der Geschichtswissenschaft in ihren Methoden, Gegenständen und Funktionen hallt die ›Macht der Verhältnisse‹ über die Individuen nach, wie sie die politischen und sozialen Revolutionen und Katastrophen des 20. Jahrhunderts erfahrbar gemacht haben. Der Aufbruch der Historischen Sozialwissenschaft in den 1960er/70er Jahren steht daher teilweise, in einzelnen Dimensionen wie Interdisziplinarität und ›Gesellschaft‹ als Gegenstand der Geschichtswissenschaft auch in einer schmalen Traditionslinie neben dem Hauptstrom der politischen Geschichte mit der Nische für die ›Wirtschafts- und Sozialgeschichte‹.

Außer zeitgenössisch oder in ihrer späteren Wirkungsgeschichte herausragenden Einzelfiguren wie K. Lamprecht, O. Hintze und M. Weber gehört zu dieser Tradition die jüngere ›Historische Schule der Nationalökonomie‹, in deren Selbstverständnis W. Sombart schon 1916 den Terminus »historische Sozialwissenschaft«, allerdings in bezug auf die Nationalökonomie, prägte. Eine interdisziplinäre Öffnung zur Geographie, Psychologie und Sprachwissenschaft kennzeichnete ferner die Landesgeschichte bzw. die historische ›Kulturraum‹-Forschung seit 1900, während die ›Volksgeschichte‹ der 1920er/30er Jahre wesentliche Anstöße aus der historisch gesättigten Soziologie H. Freyers erfuhr. Jedoch waren diese methodischen Innovationen mehr oder weniger stark durchtränkt vom antiliberalen, nationalistischen, völkischen, ›konservativ-revolutionären‹ und nationalsozialistischen Ideengut. Gleichwohl stellen diese in den 1920er Jahren sich verdichtenden und für jüngere Intellektuelle attraktiven Ansätze eine auffällige Kritik der überlieferten Politik- und Geistesgeschichte dar. Diese entsprang nicht zuletzt der Zeit- und Krisenerfahrung seit dem Ersten Weltkrieg und hatte übrigens ein analoges Gegenstück in der teils marxistisch inspirierten wirtschaftsgeschichtlichen Neuorientierung junger liberaler Historiker. Freilich haben jene ›rechten‹ weltanschaulich-politischen Standortbindungen anscheinend häufig (aber nicht immer, vor allem nicht in der Mediävistik) zur Banalisierung bzw. begrenzten Ausschöpfung des neuen methodischen Potentials geführt. Diesen Eindruck gewinnt man im Vergleich mit der intellektuellen Neugier und Frische der im gleichen Zeitraum um L. Febvre und M. Bloch in Frankreich entstehenden Schule der ›Annales‹, zu deren methodischen Neuerungen die genannten deutschen Ansätze durchaus eine Parallele darstellen.

Aus naheliegenden Gründen war vieles von diesen nach 1945 diskreditiert. Dennoch ist festzuhalten, daß Freyers Soziologie weiterwirkte, insbesondere in der 1946 gegründeten ›Sozialforschungsstelle Dortmund‹, wo – zum Teil in personeller Kontinuität – die Kooperation von Demographen, Soziologen und Historikern in einem Kreis weitergeführt wurde, aus dem später bedeutende Sozialhistoriker hervorgingen. Nicht zuletzt gilt das für C. Jantke und W. Conze, die sich bei der Gründung des ›Arbeitskreises für moderne Sozialgeschichte‹ 1957 als »Erben« einer interdisziplinären, »nur schwach entwickelten Tradition historisch gerichteter Sozialwissenschaften oder soziologisch angereicherter Geschichtswissenschaft in Deutschland« verstanden (W. Conze) und die interdisziplinäre Zusammenarbeit im ›Arbeitskreis‹ fortsetzten, in den seit den frühen 1970er Jahren auch Vertreter der Historischen Sozialwissenschaft kooptiert wurden. Es ist bemerkenswert, daß aus jenem politisch erschütterten und geläuterten Verhältnis von Tradition und Innovation nachhaltigere Wirkungen auf die Erneuerung der Geschichtswissenschaft ausgingen als von den in der unmittelbaren Nachkriegszeit weit verbreiteten, pathetischen Proklamationen einer politisch-weltanschaulichen ›Revision des Geschichtsbildes‹.

Diese methodengeschichtliche Traditionslinie, die erst in jüngster Zeit wieder aufgedeckt wird, ist allerdings nicht zu überschätzen. Sie stellte aus der Warte der meisten deutschen Neuzeit-Historiker bis in die 1950er/60er Jahre nur ein marginales Phänomen dar und trägt nur wenig bei zum Verständnis der wissenschaftsgeschichtlichen Bedeutung und Funktion der Historischen Sozialwissenschaft sowie der scharfen Kontroversen um diese. Ihren Ausgangs- und Mittelpunkt bildete vielmehr gerade die politische und wissenschaftliche Traditionskritik, in deren Zentrum die ›deutsche Frage‹, d. h. die Frage nach den Ursachen und Folgen des Nationalsozialismus stand. Es ging um die Leistungsfähigkeit und Funktion der Geschichtswissenschaft für die selbstkritische Darstellung und Erklärung grundlegender Probleme der neueren deutschen Geschichte und um das historische, politische und moralische Selbstverständnis der Bundesrepublik. Gefragt wurde nach den historischen Ursachen für die Hemmungen, aber auch nach den Chancen einer künftigen liberalen Demokratie in Deutschland. Ein kritischer Sozial-Liberalismus motivierte und orientierte die ›politische Pädagogik‹ bzw. die ›emanzipatorische‹ Funktion der Geschichtswissenschaft. Darin wurzelte auch das zeitweilig emphatische Selbstverständnis der Historischen Sozialwissenschaft als ›kritische Geschichtswissenschaft‹, und zwar weniger im Sinne der ›Kritischen Theorie‹ der Frankfurter Schule als im Sinne F. Nietzsches, der neben der »monumentalen« und »antiquarischen« von Zeit zu Zeit auch eine »kritische Historie« im »Dienst des Lebens« für nötig erachtete, d. h. eine rücksichtslos Legenden destruierende Geschichtswissenschaft zum Zweck der moralischen Selbstreinigung des Gemeinwesens. Dem diente auch – durchaus im Kontrast zu den ›rechten‹ Implikationen der oben angedeuteten methodologiegeschichtlichen Traditionslinie – eine Traditionsvergewisserung bei liberalen und ›linken‹ Außenseitern der Geschichtswissenschaft in den 1920er Jahren, die nach 1933 meist zur Emigration gezwungen waren. Emigranten wie besonders H. Rosenberg, die die ›deutsche Frage‹ am eigenen Leib verspürten und diese Erfahrung in eine wissenschaftliche Fragestellung übersetzten, wurden nach 1945 zu einflußreichen Mittlern und Lehrern. Ihr Überleben in den westlichen Ländern machte den normativen Fixpunkt der liberalen, ›westlichen‹ Demokratie auch lebensweltlich überzeugend.

Die Norm der liberalen Demokratie war nicht nur als politische Verfassung gedacht, sondern zugleich als eine Gesellschaft mündiger Staatsbürger und möglichst großer Chancen zur rationalen Orientierung und Regulierung gesellschaftlicher Probleme. Sie leitete auch eine ebenso wirkungsvolle wie umstrittene kritische Interpretation der neueren deutschen Geschichte, die um das Stichwort ›Deutscher Sonderweg‹ kreiste. Diese Denkfigur erweiterte die Perspektiven der enthüllenden und schockierenden Erkenntnisse über die Kriegszielpolitik des kaiserlichen Deutschlands und den Nationalsozialismus, die mit den Mitteln der politischen Geschichtsschreibung gewonnen worden waren. Die ›Sonderweg‹-These in der Konzeption der Historischen Sozialwissenschaft entwickelte sich in diesem Zusammenhang eher experimentell und unsystematisch in einem generationentypischen Rezeptions- und Lernprozeß, in dem an ältere deutsche Kritiker deutscher Zustände wie K. Marx, F. Engels und M. Weber angeknüpft wurde und bei dem die Auseinandersetzung mit dem Marxismus sowie den zeitgenössischen Sozialwissenschaften angelsächsischer Provenienz eine wichtige Rolle spielte. Man fragte besonders nach den längerfristigen ökonomischen, sozialen und innenpolitischen Voraussetzungen für den Umstand, daß Deutschland im Gegensatz zu Westeuropa und Nordamerika das einzige hochindustrialisierte Land mit einer parlamentarisch-demokratischen Verfassung war, das in der alle Länder ergreifenden Weltwirtschaftskrise in eine einzigartig zerstörerische Diktatur flüchtete.

Ohne die im einzelnen unterschiedlichen und im ganzen sehr komplexen Thesen auch nur andeutend zu referieren, sei hier doch soviel festgehalten: Die ›Sonderweg‹-Interpretation betrachtete die kapitalistische Industrialisierung als epochale Zäsur, deren wirtschaftliche und soziale Folgen eine fundamentale Herausforderung an die Politik darstellten, die – so die normative und modernisierungstheoretische Vorannahme – mit den Lernmöglichkeiten einer liberalen, parlamentarisch-demokratischen Verfassungspolitik mit weit weniger negativen Folgelasten hätte bewältigt werden können als im Obrigkeitsstaat Preußen-Deutschland. Vielmehr war, besonders im Kaiserreich, ein Auseinandertreten zwischen Industrialisierung und Demokratisierung charakteristisch. Spätestens seit der ›gescheiterten Revolution‹ 1848/49 kennzeichnete das politische Herrschaftssystem die zunehmend aggressiver werdende Verteidigung der vorindustriellen Herrschaftseliten gegen die neuen Kräfte, denen es auch gelang, im ›verspäteten‹ Nationalstaat von 1871 ihren Vorrang zu wahren und über das infolge der Hochindustrialisierung zwar ökonomisch erstarkende, aber politisch und sozialkulturell ›schwache‹ Bürgertum die Hegemonie zu erringen. Dieses wurde in ein Herrschaftskartell von ›Roggen und Eisen‹ integriert, das zwar bürokratisch effizient war, aber liberale Reformen blockierte, die Opposition als ›Reichsfeinde‹ ausgrenzte und eine verhängnisvolle illiberale, nationalistisch-imperialistische politische Kultur förderte, die grundlegende Weichenstellungen dafür enthielt, daß die Weimarer Republik weithin ohne (bürgerliche) Republikaner blieb und unter dem Krisendruck der Rechtsradikalismus und Nationalsozialismus attraktiv wurden.

Dies war eine düstere und zugleich kathartische Interpretation der neueren deutschen Geschichte mit der Pointe, daß gerade infolge der selbstverschuldeten Katastrophe des Nationalsozialismus und dessen Niederlage im Zweiten Weltkrieg der ›Sonderweg‹ gewissermaßen begradigt worden sei. Als eine Geschichte der Läuterung war sie neben der existentiellen Erfahrung offenbar auch inspiriert von den großen Hoffnungen auf eine rational steuerbare Gesellschaft, die in den 1960er Jahren weit stärker waren als heute.

Jene Sonderweg-Interpretation der neueren deutschen Geschichte ist mittlerweile durch den normalen Gang der Forschung relativiert und methodisch übersetzt worden in die Forderung nach einem expliziten internationalen Vergleich von Gesellschaften bzw. historischen Problemlagen. An sie ist jedoch nicht nur wegen des normativen Impulses für die Historische Sozialwissenschaft zu erinnern; mit ihren gegenstandsbezogenen Aussagen verbanden sich auch die (Ideologie-) Kritik der ›traditionellen‹ Geschichtswissenschaft und das Ziel, die Historie mit Hilfe der Sozialwissenschaft theoretisch und methodisch umzuformen bzw. zu erweitern.

Das polemische Schlagwort über den ›Primat der Innenpolitik‹ umfaßte ebenso ein Forschungsfeld wie die Absetzung von einer historiographischen Tradition unter dem ›Primat der Außenpolitik‹. Die Rekonstruktion und Erklärung der staatlichen Politik im Zusammenhang von sozialökonomischen Strukturen und Konjunkturen wie von gruppentypischen Interessen orientierte sich auf eine »Geschichtswissenschaft jenseits des Historismus« (W. J. Mommsen). Dieser allerdings sehr vielschichtige Begriff, in dem sich die Philosophie ›der Geschichte‹ und die Theorie der historischen Methode verschränken, wurde dabei meist in einem engeren Sinne gebraucht. Vornehmlich mit Bezug auf die kleindeutsch-kulturprotestantische Geschichtsschreibung seit Ranke verstand man als ›Historismus‹ die Geschichtsschreibung der ›großen Politik‹ unter dem Leitbild des Nationalstaates, die ihren Gegenstand über das Handeln und Denken der ›großen Männer‹ auf dem Wege des hermeneutischen Verstehens bzw. der Einfühlung erschloß und dabei den Staat zum höchsten Wert der Geschichte erhob. Die idealistische Staatsfrömmigkeit des Historismus wurde ideologiekritisch als kulturelle Dimension des ›Sonderweges‹ begriffen.

Neben dieser ideologiekritischen Antithese bemühte sich die Historische Sozialwissenschaft um eine erweiterte theoretische Begründung und methodische Ergänzung der Geschichtswissenschaft. Gegenüber der individualisierenden und idealistischen Anthropologie des Historismus betonte man gewissermaßen realistisch die überindividuellen Strukturen und Prozesse als Voraussetzungen für menschliches Handeln und Leiden. Diesen Impuls in klare Fragestellungen zu übersetzen, die Gegenstandsbereiche zu erschließen, sie miteinander zu verknüpfen und womöglich zu erklären, diente die Rezeption von sozialwissenschaftlichen Theorien oder auch nur von einzelnen Begriffen, Modellen und Interpretamenten der Soziologie, Politik- und Wirtschaftswissenschaften. Entsprechend dem vordringlichen Interesse an Problemen und Folgen der Industrialisierung für die Politik wurden wachstums- und konjunkturtheoretische Modelle für die Periodisierung der politischen Geschichte (z. B. ›Große Depression‹ und Bismarck-Reich), soziologische Interpretamente der politischen Herrschaft (z. B. Sozialimperialismus) und vor allem solche des Zusammenhangs zwischen Wirtschaft, Gesellschaft und politischen Entscheidungsprozessen (z. B. ›Organisierter Kapitalismus‹) erprobt. Theorien der sozialen Schichtung und Klassenbildung gewannen an Bedeutung mit den zunehmend komplexer werdenden, sich stark auf die industrielle Arbeiterschaft konzentrierenden Forschungen zur sozialen Ungleichheit.

Entgegen manchen Befürchtungen über eine Selbstauflösung der Geschichtswissenschaft durch die Historische Sozialwissenschaft bewegt sich die Theorieverwendung innerhalb des klassischen methodischen Rahmens der Historie. Theorien bleiben der »Vetomacht der Quellen« (R. Koselleck) und der Quellenkritik unterworfen. Sie dienen der Erweiterung und Präzisierung des historischen Blickfeldes und haben in ihrer idealtypischen Verwendung eine heuristische, instrumentelle Funktion. Diese kann außer den genannten forschungspragmatischen Leistungen nicht zuletzt auch dazu beitragen, die Selbstverständigung des Historikers und die Transparenz seiner Urteilskriterien, somit die intersubjektive

Nachprüfbarkeit seiner Untersuchung und Darstellung zu fördern. Als Moment der Aufklärungsverpflichtung der Historie als Wissenschaft verweist das zugleich auf die Grenzen des Historiker-Wissens, die mit dem Verstehensprinzip des Historismus leicht übersehen werden konnten. Gegenüber diesem philosophischen Prinzip, das pragmatisch letztlich intuitiv als ›Kunst‹ gehandhabt wurde, repräsentiert die Historische Sozialwissenschaft ein weiteres Stück Verwissenschaftlichung der Geschichtsschreibung – häufig um den Preis ihrer Anschaulichkeit und der selbstverständlich geltenden kommunikativen Gemeinsamkeiten zwischen Wissenschaft und Publikum, die die historistische Geschichtswissenschaft im Rahmen der (bildungs-)bürgerlichen Öffentlichkeit zumindest fingierte.

Das Konzept der Historischen Sozialwissenschaft kann man auch als eine Methodologie der geschichtswissenschaftlichen Forschung begreifen, deren Darstellung auf eine ›Gesellschaftsgeschichte‹ zielt. Unter der Voraussetzung der handlungstheoretischen Bedeutung von sozialen Strukturen und Prozessen bildet ›die Gesellschaft‹ den Strukturierungskern der historischen Darstellung. Davon ausgehend, erstrebt die Gesellschaftsgeschichte eine synthetisierende Deutung der verschiedenen Wirklichkeitsdimensionen. In diesem Sinne entfernt sie sich am weitesten von einer sozialgeschichtlichen ›Sektorwissenschaft‹ und nähert sich dem Anspruch einer ›Gesamtgeschichte‹. Auf die Gesamt-Gesellschaft bezogene Theorien über deren Zusammenhang und historischen Wandel sind für sie ebenso zentral wie vorläufig. Diese neuerlich besonders von H-U. Wehler erprobte Konzeption steht auch in der Tradition der programmatischen Impulse von O. Brunner und W. Conze. Unter dem freilich vieldeutigen Begriff der ›Strukturgeschichte‹ forderten sie ebenfalls eine Politik und Kultur integrierende Sozialgeschichte, weil sich ›Gesellschaft‹ nicht als Teilbereich isolieren lasse. Diese wissenschaftsgeschichtliche Kontinuität zeugt von der tiefverwurzelten Herausforderung zur Erweiterung und Umformung der Geschichtswissenschaft im 20. Jahrhundert, allerdings auch von weiterhin offenen Problemen. Gesellschaftsgeschichte ist eine regulative Idee, kein Patentrezept. Die historisch-empirische Forschung macht gerade theoretische Annahmen etwa des Historischen Materialismus oder der Modernisierungstheorie, was ›Gesellschaft‹ bilde, auch immer neu fragwürdig. Die Gesellschaftsgeschichte ist daher angewiesen auf die Kulturgeschichte und Historische Anthropologie, ebenso wie auf die Politische Geschichte, da Prozesse der Gesellschaftsbildung immer auch politische Prozesse sind. [J. Mooser]

II. Historische Grundbegriffe

Adel

Geschichtlich ist es in den verschiedensten Kulturen vor der modernen Welt, soweit durch deren Ordnung Formen der sozialen Unterscheidung und Abstufung wie Geschlecht, Alter, Abstammung, Herkunft, Idiom (u. a. m.) in Dienst genommen oder übergriffen waren, regelmäßig zur Ausbildung eines ›Adels‹ gekommen, dessen Hauptmerkmal die bevorrechtete Handhabung der Macht auf der Grundlage einer materiellen Versorgung durch Unterworfene oder Untergebene darstellte. Ob bei den Azteken oder Inka, in den Reichen des Ein- und Zweistromlands, im Persien der Achaimeniden, im Indien der Mogulen, im China der Chou- oder Chingepoche, im Japan der Tokugawadynastie, in der Kiewer Rus, im Griechenland seit homerischer Zeit, im republikanischen und kaiserlichen Rom, in den Reichen des europäischen Mittelalters, in den Territorial- und Nationalstaaten des frühneuzeitlichen Europas – überall findet man unter den verschiedensten Namen bzw. Begriffen namhafte Wenige, die faktisch über die namenlosen Vielen verfügen. Und jene verstehen dies Verfügen als angestammte Aufgabe, sie kämpfen und rechten untereinander um deren angemessene Erfüllung, und sie verteidigen sich gegenüber außenstehenden Anderen exklusiv und feindselig.
Sowohl die weite Verbreitung wie auch die Dauerhaftigkeit seiner geschichtlichen Wirkung machen den Adel zu einer so bezugsreichen sozialen Erscheinung, daß er – natürlich nicht im rigid rechts-, sondern weiter gefaßt im sozialgeschichtlichen Sinn – als historischer Grundbegriff zu gelten hat.
Soziologische Sichtungsarbeit von möglichst viel Geschichte hat den Adel als Oberschicht und regierende Klasse in Agrargesellschaften mit folgenden gemeinsamen Zügen ausgemacht: Der Ackerbau muß für Verknappung hinreichende Erträge bei denen möglich machen, die sie schaffen, ohne ihr Fortkommen zu gefährden (in der Regel Bauern). Er muß zugleich eine Anhäufung der Erträge ermöglichen durch diejenigen, denen er eine abkömmliche Lebensweise sichert. Solche Landwirtschaft (plus Viehzucht) kann aber auch weitere Handlungsweisen tragen, deren Werke und Werte im und vom Austausch mit ihr für Handwerker entsprechendes Auskommen und für Kaufleute wechselvolle Kumulation ermöglichen. Damit gehören zum Gesellschaftstyp, in dem Adel herrschend ist, die Stadt und der Marktverkehr. Weitere Bedingungen sind die Zusammenfaßbarkeit von Bevölkerungsgruppen bzw. Siedlungsgebieten zu Territorien, Regionen: Erst die Addition des regelmäßigen Surplus vieler stiftet die dauerhafte Herrschaft weniger. Diese – ein weiteres Wesensmerkmal – verfügen (bevorrechtet) über wirksame Gewaltmittel, d.h. Waffen (Pferd, Kampfwagen, Schwert, Lanze, Bogen, Körper-

schutz), deren Handhabung ständige Übung verlangt, mithin das Ertüchtigungswesen der Nachwachsenden ebenso beherrscht wie das Leben der Männer im ›Frieden‹ mit Jagd und Spiel unter Freunden. Der Kampf mit dem Rivalen bzw. Feind aber gilt dem Adel agrarischer Gesellschaften als vorrangiges Ziel. Dabei geht es um Ehre und Ruhm genauso wie um Beute und Tribut. Solch endloses Kriegen im Innern wie nach außen zu regulieren, wird als eine Aufgabe verstanden, die dem in Agrargesellschaften selten fehlenden ›Herrscher‹ zufällt. Der Monarch mag strengste Alleinherrschaft üben oder nur befristet gekürter (Heer-)Führer sein, immer handelt der Adel, von Fall zu Fall paktierend und in rivalisierenden Ligen geeint, ebenso als sein erster Diener wie ärgster Gegner. Mit der Staatsform gewinnt der Adel jeweils verschiedene Kontur: In Großreichdespotien nimmt er die Gestalt zivilisierter Hofleute und hochliterater Bürokraten an, in jungen Stammesherrschaften die von leistungshungrigen Kampfgefolgschaften, mit verfestigter Reichsform die von autonomiebestrebten Grundherren, Erbgeschlechtern und Amtsträgern. Dazu gehört vielfach nicht nur die Handhabung der Schriftmacht, sondern auch die Verfügung über oder der Einfluß auf die Götter. Der Adel versteht sich und handelt als selbsterkorener Heilsträger und, soweit die Kulte Kirchengestalt angenommen haben, auch als Heilsvermittler (Priester). Endlich: Der Adel ist kein sozial einheitliches Gebilde. Durch vielerlei rangbildende Merkmale gestuft, die nicht nur ererbt, sondern auch erworben sind (sie werden in Rede-, Sitz-, Kampf-, Festordnungen u. a. m. ständig bekräftigt und modifiziert), teilt sich der Adel als herrschende Klasse regelmäßig in die Wenigen der regierenden Oberschicht und, deutlich nach Reichtum, Macht und Prestige abgesetzt, die Vielen des ›niederen Adels‹, die dem Hochadel direkt oder dem Reich bzw. Zentralherrscher in Heer, Steuer- und Gerichtswesen oder bei Hofe dienen. Ob Daimyos und Samurai im frühneuzeitlichen Japan, senatores und equites im kaiserzeitlichen Rom, lords und knights im hochmittelalterlichen England, Bojaren und Pomeščiki im Moskauer Reich vor dem 16. Jahrhundert –, immer wieder trifft man auf diese Zweiteilung, wobei der niedere dem hohen Adel zugleich zur Selbstergänzung taugt oder sich anempfiehlt. Modifizierend wirken vielfach Aufsteigergruppen nichtadliger Herkunft (›homines novi‹, Ministerialen, Freigelassene, Kaufleute u. a.).

Allgemein anerkannt ist – hinsichtlich der Entstehungsumstände des Adels – der große Anteil innerethnischer oder bei Eroberungen geübter Waffengewalt. Klar scheint auch, daß militärische Überlegenheit nur zur dauerhaften sozialen Stärke einer Oberschicht gerinnt, wenn sie mit Verteilungskompetenzen über die nutzbaren Bodenflächen, mit Regulierungsmacht bei für die Gemeinheit nötigen Arbeiten, mit Kontrollbefug-

nis über Handel und Markt oder mit Eingriffsrechten in die Lebensregeln von Familien, Höfen, Häusern, Dörfern verbunden sind – und wenn möglichst alle diese Herrschaftshandlungen auch entgeltlich sind, also adliges Einkommen erbringen (Geschenke, Steuern, Renten, Tribute in Form von Diensten, Sachgütern oder Tauschmitteln).
Der hier wichtigste Großstrang, ca. 3000 Jahre fortdauernd trotz mannigfachen Wechsels der Schauplätze und ihrer Rangordnung, ist der europäische. Auf ihn soll das Folgende beschränkt bleiben – obgleich etwa die Kulturen des alten Orients oder Altamerikas gleiche Aufmerksamkeit verdienen.
Die aristokratische Überlieferung ist von Anbeginn selbstbezogen: Totengedächtnis (Ahnenkult) und Tatenerinnerung (Heldenlied) etwa dienten als Richtschnur, gerade unter den Bedingungen rein oder vorwiegend mündlich überlieferter Kultur und Tradition. Seit dem Aufkommen von Schriftzeichen, definitiv dann mit der Lautschrift (griechisches Alphabet, römisches ABC) haben die herrschenden Kreise selbst oder ihre literaten Diener bzw. Gegner die Chance zu wortwörtlicher Sinnbewahrung und Sacherfassung genutzt und beständig ausgeweitet. Gerade die Berufung auf buchstäblich gesicherte Tradition führte zu immer breiterer und vielfältigerer Niederschrift von Handlung und Erinnerung. Es entwickelten sich schriftsprachliche Verkettungen, die – immer auf ältere Schriften zurückverweisend – die antiken, mittelalterlichen und frühneuzeitlichen Schauplätze zum Überlieferungs- und Ereignisstrang einer Geschichte Europas einen. Die Geschichte der Adelsethik ist ein schlagendes Beispiel dafür. In jeder Epoche entsteht, indem die ›Alten‹ ausgelegt werden, die ihr gemäße Schriftgestalt der Adelsdebatte und gibt den Nachfolgenden Anlaß zur Reformulierung: ohne Homer kein Aristoteles, ohne Platon kein Cicero, ohne das Corpus Iuris keine Feudaljuristen, ohne Xenophon keine frühneuzeitlichen Hausväterlehren.

Griechische Antike

Obwohl man heute, seit der Entzifferung der Linear-B-Schrift (1952), wesentlich mehr über die Palastkulturen der mykenischen Zeit (1600–1200 v. Chr.) weiß, muß immer noch unklar bleiben, inwieweit diese kleinen Flächenherrschaften, deren Zentren Hofgesellschaften mit feingestaffelter Dienerschaft ähnelten, vom Miteinander des ›Königs‹ mit einem engen Kreis hoher Herren mit wichtigen Ämtern geprägt waren und welchen Anteil die Freien (›demos‹) an der Macht im Gemeinwesen hatten. Noch nach den überlieferungsarmen Jahrhunderten nach dem ›Seevölkersturm‹, in den ersten Zeugnissen durchgebildet alphabetischer Schriftlichkeit, bleibt vieles undeutlich: Zu wenig ist in den homerischen Epen noch die Ordnungsform der ›homerischen Gesellschaft‹ in abstrakte

Begriffe gefaßt, zu wenig die Politik von der Wirtschaft oder der Gesellschaft abgegrenzt. Stark, tüchtig, tapfer, rechtschaffen, gut zu sein, bestimmte das Selbstbild der ›aristoi‹. Diese Leistungsattribute begannen sich zu standeseigenen Wesensmerkmalen zu verfestigen. Der kampftüchtige Krieger, der die Seinen (›oikos‹) schützte, Gefolgsleute um sich scharte, Beute machte, Geschenke erhielt und verteilte, gab seine soziale Stärke nun in der Geschlechterkette weiter. In der gentil-monarchisch umkleideten Frühform der Polis stand zwar noch der König (›basileus‹) einem Gemeinwesen vor, er teilte aber Macht und Ansehen mit einem Fürstenkollegium (›gerontes‹), dessen Mitglieder Abhängige verschiedenster Form und Grade hinter bzw. unter sich hatten und wußten.
In der archaischen Zeit (750–500) nahmen die Aristokraten in den Stadtstaaten die sozialökonomischen Gewinne in Besitz und setzten sich als zur Herrschaft geborene ›alte Geschlechter‹ vom Volk ab. Die Binnenregulierung dieser Vormachtstellung erfolgte demokratisch: Der Rat (›areopag‹) wählte die im jährlichen Wechsel Regierenden (Archonten); wer regiert hatte, wurde Ratsmitglied. Diese Teilung und Wahrung der politischen Führung geriet zwar immer wieder durch tyrannische Einzelne in die Krise, ins Wanken jedoch erst durch die verschärfte Ausnutzung der Vielen, die die Polis militärisch und wirtschaftlich trugen. Nur Reformen, die ökonomische Entlastung und gesicherte formelle Beteiligung der nichtaristokratischen Freien an den politischen Entscheidungen bedeuteten, konnten die Führung der Polisdemokratie durch die Aristokraten retten.
Die außenpolitischen Herausforderungen der klassischen Zeit (500–336) zwangen zu neuen Anpassungen. Im Kampf um die Führung in den Polisstaaten mußten die Aristokraten zunehmend die alten Grundlagen ihrer Vorrangstellung ergänzen durch stärkere außenpolitische Vernetzung, finanzpolitische Erfahrungsbildung, Verausgabung von Reichtum zu Staatszwecken (Leiturgie) und literarische, auf rhetorischen Erfolg in den politischen Arenen zielende Aufzucht und Belehrung, um sich des Konsensus der Mehrheit aller das Bürgerrecht genießenden Freien zu versichern.
Auch wenn die Polisdemokratie sich durch die Krisen und Kriege als lebensfähig erwies, reiften die Bedingungen dafür, daß die griechischen Polisaristokratien sich der makedonischen stammesstaatlichen Großreichsbildung fügten, seit geraumer Zeit heran. So brachte die hellenistische Zeit (336–30 v. Chr.) außer Ämtern wenig Neues für die nun territorialisierten Aristokraten, die zur Honoratiorenschicht erstarrten.

Römische Antike

Der historische Weg des römischen Patriziats, der ›Geschlechterhäupter‹, begann mit der Vertreibung des etruskischen Königs aus Rom. Aus dem etruskischen Königsdienst als berittenes Gefolge hervorgegangen, konnte dieses Patriziat für die folgenden drei Jahrhunderte (frühe Republik) als geschlossener Geburtsstand gegenüber der Menge der Römer (›plebs‹) die Führung in der ›res publica‹ behaupten. Gestützt auf Grund- und Herdenbesitz beherrschten die ›patres‹ den Senat und hielten die militärischen, juridischen und kultischen Ämter besetzt. Daran konnten auch dramatische soziale Konflikte im 4.–3. Jahrhundert v. Chr. (›Ständekampf‹) nur wenig ändern. Die wenigen führenden Plebejer wurden bald ›nobilitiert‹. Im 3. Jahrhundert v. Chr. rekrutierten sich die ca. 300 ›viri nobiles‹, die als ›consules‹ den Senat bildeten und die Magistrate stellten, aus nur 20 patrizischen und plebejischen Geschlechtern und banden als Patrone Mengen von Klienten an sich.

Der Eroberung Italiens folgte eine vorsichtige Aufnahme italischer Geschlechter in den Senatorenstand. Roms Aufstieg zum Weltreich mit dem 2. Punischen Krieg (218–201) brachte der Senatsaristokratie weiteren Machtzuwachs. Doch die im Handel reich gewordenen ›homines novi‹ begannen sich zum Ritterstand (›ordo equester‹) zu formieren, näherten sich dem Senatorenstand in ihren Reichtumsgrundlagen steigend an (Grundbesitz) und dienten ihm zur Ergänzung ebenso, wie sie ihn fortlaufend zur Abgrenzung zwangen.

Bestimmend für die späte Republik (150–30 v. Chr.) war der politische Widerstreit innerhalb der Aristokratie zwischen senats-orientierten ›optimates‹ und reformwilligen ›populares‹. Der 2. Punische Krieg und die Ausweitung der Latifundienwirtschaft hatten die soziale Stabilität gefährdet, die Polarisierung zwischen Armut und Reichtum war gewachsen. Politisch entscheidend wurde, daß zunehmend einzelne Militärstrategen vermochten, die verarmten Massen (Proletarier) durch Versorgungsversprechen (Veteranenansiedlung) fest an sich zu binden, und als Eigentümer großer Heere die republikanischen Machtregeln sowie den binnenständischen Frieden aufkündigten. Die Diktatoren seit Marius bis zu Caesar und Antonius zermürbten nicht nur die Republik, sondern gefährdeten den sozialen Bestand der Aristokratie selbst (Proskriptionen u. a.). Stabile Alleinherrschaft erschien (der Republik gegenüber) als die für Hauptstadt, Heer, Verwaltung und Sozialklima überlegene Staatsform.

Die frühe Kaiserzeit (27 v.–161 n. Chr.) brachte Stabilität für die Aristokratie. Man hatte sich nun jedoch ohne Alternative am ›princeps‹ zu orientieren, was allerdings Kritik an einzelnen Herrschern nicht ausschloß. Die reichsweite Rekrutierung nahm zu, ab 170 bildeten die aus den Provinzen stammenden Konsuln die Mehrheit im Senatorenstand.

Aus der römischen wurde eine Reichsaristokratie. Im Zuge dieser Umbildungen kamen neue Bezeichnungen auf, die den Zug der Zeit zur ständischen Akzentuierung der Gesellschaft (›ordines‹) spiegeln: Den ›honestiores‹ als Oberschichten stehen die ›humiliores‹ unter ihnen gegenüber. Kennzeichnend für den Senatorenstand (über 500 Mitglieder) blieb, daß Grundbesitz, Ämtermacht und hohes Ansehen als erbliche Standesmerkmale galten, die ihren Ausdruck in distinkten Riten, Titeln und Kleidung fanden. Die Standschaft im ›ordo equester‹ (ca. 20000 Mitglieder) blieb persönlich zu erwerben. Als neuer Stand der in den Provinzialstädten Herrschenden formierte sich der ›ordo decurionum‹ (ca. 100–150000 Mitglieder), eine leistungsständisch bestimmte Miniaturform des römischen Vorbilds.

Im krisengeschüttelten 3. Jahrhundert hatte der Ritterstand seine große Zeit. Er stellte eine Reihe von Kaisern, erweiterte seine wirtschaftliche, militärische und bürokratische Macht, begann sich aber zu teilen: Wenige, an der großen Politik maßgeblich Beteiligte setzten sich von den auf mittleren Ebenen Dienenden ab. Im Dekurionenstand entstanden Distanz, ja Mißtrauen und Empörung, da die Provinzstädte zunehmend Steuer- und Militärlasten zu tragen hatten. Auch Teile des ›ordo senatorius‹ begannen sich den Imperatoren und deren Hof zu entfremden, zumal der Senat politisch weitgehend ausgeschaltet wurde, den ›clarissimi‹ zivile Ämter und militärische Kommandos verlorengingen. Neigungen zum Rückzug aus der Politik aufs Land, in die Bildung und (nun auch christliche) Glaubenspraxis waren die Folge.

Alle diese Tendenzen innerhalb der herrschenden Stände wirkten weiter nach der Restabilisierung der politischen Verhältnisse in der Spätantike. Zu Beginn des 5. Jahrhunderts war der Ritterstand faktisch verschwunden. Kaiserliche Versuche, den Senatorenstand mit präziseren Aufgaben und höheren Belohnungen wieder stärker an den zentralen Staat zu binden, mußten langfristig fehlschlagen. Denn es stellten sich zunehmend neue Herrschaftsaufgaben, deren engerer Raumbezug zu weniger Orientierung auf Kaiser und Reich führte. Es galt, die eigenen Landgüter, die Stadt, in der man residierte, und die Provinz(bevölkerung), dazu aber auch – nach der Konstantinischen Wende – den christlichen Glauben zu schützen und kirchlich zu gestalten. Räumlich begrenzte Herrschaft im zerbröckelnden Weltreich, neben oder unter den germanischen Eroberern, führte in eine neuartige Aufgabenverteilung, die für den Adel des europäischen Feudalismus kennzeichnend war: die Gewaltenvereinigung im kleinen Maßstab. Zunehmend in Erscheinung traten Aristokraten, die als Latifundienbesitzer Gerichtshoheiten über die ›familia‹ erwarben, als Patrone Land- und Stadtflüchtige um sich scharten, als Bischöfe die sterblichen Reste vorbildlicher Christen zu Heilszeichen erhoben (Reliquien),

Gotteshäuser errichteten, Gottesdienst (Liturgie) und Entschuldung (Buße) organisierten, als Stadtherren die Steuern eintrieben, die Rechtspflege übernahmen, als militärische Führer in den Kampf zogen und als hochliterate Berater oder Partner der germanischen Nachbarn oder Souveräne wirkten. Dies alles blieb nicht ohne Einfluß auf die Ranghöchsten der germanischen Invasoren.

Früheres Mittelalter

Da es nach wie vor zweifelhaft ist, ob es einen exklusiven ›Uradel‹ gegeben hat, müssen die römischen Berichte über germanische ›nobilitas‹ (Caesar, Tacitus) schwer verständlich bleiben. Sicher jedoch sind aus Schatzfunden, Wehrbauten, Siedlungen und Gräbern soziale Rangstufungen erwiesen. Sie entstanden entweder durch Eroberung und Überlagerung oder durch allmähliche Güterdifferenzierung und Aufgabenteilung, gefördert durch den Austausch an den Grenzen des Römischen Reiches.

In den Völkerwanderungen gingen solche Ansätze weitgehend unter. Die instabilen Lebensverhältnisse während der Wanderung förderten die soziale Mobilität, der militärische Erfolg (Heerkönigtum und Kampfgenossenschaft bzw. -gefolgschaft) entschied über das Ansehen im Verband, die Beute nach der Schlacht, die Grundbesitzmenge bei der Landnahme.

Mehrere Jahrhunderte mußten vergehen (5.–7. Jahrhundert), bis sich auf den neuen Schauplätzen Alteuropas, in den christlich-gentilen Nachfolgereichen Westroms, die Unterschiede zwischen den (provinzial)romanischen Erben des Senatoren- und Dekurionenstandes und den seßhaften Nachkommen der germanischen Eroberer ausgeglichen hatten.

Auf dem Schauplatz des fränkischen Reiches wuchs erst mit der Karolingerzeit zum gesellschafts- und reichsbestimmenden Grundmuster zusammen, was in Teilen bereits für die Merowingerzeit galt: Die Mächtigen (›potentes‹) verband freie Geburt, ererbter und verstreut liegender Grundbesitz, christlicher Glaube und monarchische Gesinnung, (reiter-) kriegerische Verhaltensnormierung sowie eine Verwandtschaftspraxis, die durch verschiedenste Kooptationsformen offengehalten war (Freundschaft, Verbrüderung, Patenschaft usf.).

Darüber hinaus kennzeichnete die Herren (›domini‹, ›nobiles‹, ›primores‹, ›proceres‹, ›optimates‹ u.a.m.) eine Teilung in Laien, (Welt-)Klerus und Mönche, sowie die Schichtung in Führende und Dienende (Lehnsherren und Vasallen). Beide Teilungen waren funktional und sozial unscharf, trotzdem hochwirksam, ja ständebildend und politikbestimmend im früheren Mittelalter.

Handelten und herrschten die laikalen Mächtigen (vom König bis zum berittenen Benefiziar) als ›Herumziehende‹, gleich ob auf Feldzügen, zu Hofhaltung oder Gerichtstag (Reiseherrschaft), so waren die Bischöfe und ihre Amtsdiener schon stärker an eine ›Residenz‹ (Domkirche in der Bischofsstadt), die Äbte/Äbtissinnen und Mönche/Nonnen rigid an allein einen Lebensort gebunden (›stabilitas loci‹). Diese geschiedenen Lebensformen beeinflußten die Art, wie die Einkünfte organisiert waren: Weltliche Herren zogen von Landgut zu Landgut oder verpflichteten einzelne Güterkomplexe reihum für den Unterhalt; Klöster mußten ihre Landgüter von der Bringschuld der Bauern und lokalen Verwalter her organisieren. Im Adel des früheren Mittelalters wucherten unablässig Tadel und Streit, Bewunderung und Entfremdung, weil die verschiedenen Lebensnormen sich nur mühsam zur tripartiten Lebensform fügen ließen. Zum Leben in Klausur bestimmte Mönche mußten, weil schreib- und lesekundig, den nach mündlichen Regeln lebenden Laien als Urkunden- und Briefschreiber dienen. Zu Liturgie, Seelsorge und Gebet verpflichtete Bischöfe und Äbte zogen schwertgegürtet, vom König zum ›militia‹-Dienst gerufen, gegen den Feind. Könige ließen ihre Abstammung auf alttestamentarische Herrscher zurückführen, lokale Herren gründeten Klöster, ließen Kirchen errichten, beschafften Reliquien und setzten Priester ein, um ihrem Geschlecht angemessene Heiligung zu sichern (Eigenkirchenrecht, Adelsheil). Könige übten einträgliche Schutzherrschaft über Bistümer und Abteien, Vögte entzogen als weltlicher Arm des Rechts den geistlichen Grundherren diverse Einkünfte (Gastungsdienste, Friedens- und Bußgelder). Prüfstein für die funktionale Dreiteilung ist die Verteilung dieser Aufgaben innerhalb der Geschlechter(geschichte) und der Sippen(gegenwart). Es wird sich schwerlich ein Fall finden, wo entweder die Mönche bzw. Nonnen oder die Weltgeistlichen, also diejenigen gänzlich fehlen, die den geistlichen Stand – unter Verzicht auf Ehe und Erbe – erst erwerben mußten. ›Rein‹ weltliche Adelsgeschlechter bzw. -sippen sind im früheren Mittelalter ein Widerspruch in sich.

Gleich wichtig waren die Unterschiede in bezug auf Reichtum, Abstammung, Aufgaben und Rang, die die wenigen königs-, bischofs-, herzogs- und grafenfähigen (Reichs-)Adeligen von der Menge ihrer schwertführenden ›Männer‹ abhob. Vielerlei Institutionen gab es, die diese interne Ungleichheit austarierten, sie alle aber waren von einer Beziehungsform geprägt, die ererbte Freiheit mit sozialer Unterordnung vermittelte: vom Austausch von ›Mannschaft‹ (›homagium‹) und Dienstleistung gegen Einkunftsrechte aus Landbesitz (›beneficium‹, seit dem 10. Jahrhundert ›feudum‹). Der dingliche Aspekt dieser vertragsnahen Verflechtung hat ihr, seit ihrer rechtsgelehrten Systematisierung vom 12. Jahrhundert an, den Namen gegeben: Feudalität, deutsch: Lehnswesen. Der Feudalnexus wurde nach festem, mündlichem Ritus geknüpft und galt nur für die beteiligten Personen, erlosch also im Todesfall (Herren- und Mannfall). Prekär war, daß dem Belehnten, solange er Treue übte, überlassen blieb, wie er die Lehen nutzte – Entfremdung, Vererblichung waren die ständige Gefahr. Seine Bindungskraft resultierte daraus, daß er zur Regulierung all dessen taugte, was es anzueignen bzw. zu verteilen gab (rententragende Güter und Rechte).

Ein wichtiger Entwicklungsschritt im Adel des früheren Mittelalters war es, daß sich eine ›Reichsaristokratie‹ formierte. Ihren Kern bildeten die Anhänger der aufsteigenden Karolinger. Diese dienstadlige Gruppe verband sich im Zuge des politischen Erfolgs mit merowingischen Adelsgruppen genauso wie mit den Großen aus den eroberten Stammesreichen (Bayern, Sachsen, Langobarden u. a.). Aus diesem Konglomerat entsprangen die Königsdynastien der karolingischen Nachfolgereiche, dazu die Herzöge und Grafen (später die Fürsten) sowie die hohe Geistlichkeit (Bischöfe, Äbte).

Durch die Entwicklung der Panzerreiterei zum militärisch entscheidenden Faktor (Steigbügel, Eisenhut, Kettenhemd) verlor das Aufgebot der gemeinfreien Bauernkrieger zunehmend an Bedeutung. Die Kämpfer neuen Typs waren mit ca. einem Dutzend abhängigen Höfen (Hufen) ausgestattet, die sie zu Lehen besaßen: kleine Grundherren mit dem Status von Lehnsvasallen. Aber auch der begüterte Adel (Klöster, Bischöfe, Grafen usf.) geriet zunehmend in den Sog des Feudalnexus, selbst die höchsten Reichsämter (›honores‹) wurden als ›beneficia‹ vom König verlehnt, die Verbindung von Erb- und Lehnsgut wurde die Regel.

Seit dem Ende des 9. Jahrhunderts zeichneten sich allerorten, besonders aber in Frankreich, Tendenzen zur kleinräumigen Verdichtung der Herrschaft über Land und Leute ab: Burgenbau, Besitzarrondierung, Gerichts- und Wirtschaftsbann, Vogtei waren die Signale dafür. Dem entsprach im Verwandtschaftsdenken eine zunehmende Orientierung am Mannesstamm (mit seinen Folgen für das Erb- und Heiratsverhalten). Diesem Übergang vom kognatischen zum agnatischen Muster folgten – seit dem 11. Jahrhundert – Zweinamigkeit, Wappen- und Siegelführung.

Prägend für das ideale Selbstverständnis des Adels wurde die kirchliche Aufwertung der ›militia‹, des Reiterkriegerdienstes, zum Leitbild des Ritters im Vor- und Umfeld der Kreuzzüge. Die Zentrierung adligen Lebens auf den Sitz des (Lehns-)Herrn, den Hof, führte ein kulturell eigenständiges Profil herauf, das in Turnierwesen, höfischen Festen (Schwertleite u. a.) sowie Minnesang und Artusepik gipfelte. Die höfische Dichtung bezeugt Höhepunkt und Abschied von der durch Mündlichkeit geprägten laikalen Adelskultur, die Alleinherrschaft des Lateins als Schriftsprache

ging zu Ende. Mundarten wurden zu Schriftsprachen, die zur Selbstdarstellung und Bezeichnung des Adels taugten (deutsch ›adel‹, franz. ›noblesse‹, ital. ›nobilità‹, engl. ›nobility‹ usf.).
Nutznießer der Verallgemeinerung des Rittertums zum Adelssignum sowie der Politik im Hochadel, zuverlässige Diener zu haben, waren viele (unfreie) Ministerialen und Krieger: Ihnen gelang der Aufstieg in den niederen Adel, der sich dadurch maßgeblich erweiterte.
Zum wirtschaftlichen Aufschwung im 12./13. Jahrhundert trug der Adel selbst vielfach stiftend bei (Stadt-, Markt-, Dorfgründung). So konnte er auf neue Einkünfte, besonders solche in Geldform, hoffen und einen prachtvolleren Lebensstil pflegen, der rangsteigernd wirken konnte.
Daneben führten die Abgrenzungskämpfe der Papstkirche und des romverbundenen Ordensmönchtums gegen die weltlichen Herrscher – seit dem Investiturstreit – zu klareren Zuständigkeiten, ideal gefaßt in der Drei-Stände-Lehre: Über den arbeitenden stehen die betenden und kämpfenden ›ordines‹. Die Rangordnung im Adel gewann an feudalrechtlicher Verbindlichkeit (Stufung zur Heerschildordnung im Deutschen Reich, Nivellierung über die ligische Bindung an den König in Frankreich), ständische Distinktion und regionale Gruppierung nahmen zu.

Späteres Mittelalter

Doch schon gegen Ende des 13. Jahrhunderts zeigten sich vielerorts Vorboten soziopolitischen und wirtschaftlichen Wandels, die den Adel für das 14. und 15. Jahrhundert zu schwierigen Anpassungsleistungen zwangen.
Im Vordergrund standen Bewährungs- und Ausscheidungskämpfe innerhalb des in den Reichen bzw. ›Ländern‹ führenden Adels um die langzeitige, räumlich abgegrenzte und sozial durchdringende Alleinherrschaft (Erbmonarchie), Kämpfe, die verfassungsgeschichtlich den Übergang von (gentilen) Feudalreichen zu (territorialen) Fürstenstaaten bedeuteten. Dabei hing es maßgeblich vom Werdegang einzelner Geschlechter (Erbteilung oder Primogenitur; Heiratspolitik), von der Teilhabe des Hochadels an der Herrschaftspraxis (Wahlrecht; Repräsentation und Beratung bzw. Mitentscheidung über Steuern und Ämter, Krieg und Frieden in Reichs- bzw. Landtagen, ›Parlamenten‹ u. ä.) sowie vom Organisationsgrad der Herrschaftsmittel und -stäbe ab (Entwicklung eines Herrschafts-Haushalts; Verwaltungsformen: Ämter, ›Behörden‹), wie lange sich der unwiderrufliche Ausschluß des Hochadels vom direkten Regiment, ebenso aber auch die Einbindung aller Adelsränge und -gruppen in den Fürstenstaat als dessen erste Diener hinzog. Europaweit abgeschlossen war diese Entwicklung erst gegen Mitte des 17. Jahrhunderts. Viele

altadlige Geschlechter starben bei diesen Ausscheidungskämpfen aus oder gingen in anderen auf. Dies galt besonders in den Reichen, wo die erbmonarchische Machtkonzentration früh begann und kontinuierlich zunahm (etwa Frankreich); im ›Heiligen Römischen Reich Deutscher Nation‹ konnte der Reichsfürstenstand im allgemeinen (nicht nur die Kurfürsten, die den König wählten) seine Souveränität wahren.

Den niederen Adel trafen besonders die langfristigen Entwicklungen auf dem Land, bei den Bauern. Seit dem frühen 14. Jahrhundert kam es im Gefolge von Mißernten und Hungersnöten, Seuchen (Pest ab 1348), Entsiedlungen (Orts- und Flurwüstungen), Absatzstockungen (durch Getreidepreisverfall) sowie steigenden Löhnen zu oft beträchtlichen Einkommensverlusten. Ein übriges taten die Geldentwertungen (Münzverschlechterungen), die allen Grundherren, deren Bauern langfristig zu fixierten Geldzinsen verpflichtet waren, einen erheblichen Kaufkraftschwund ihrer Renten bescherten. Verschuldung und Verpfändung (oft bei Städten und Patriziern), Ansehensverlust, ja Verarmung ließen vielfach nur Auswege in die gewalttätige und wilde Abschöpfung offen (Fehde, Beutezüge: ›Raubrittertum‹), zumal die Bauern, längst zu Dorfgemeinden mit festem Gewohnheitsrecht zusammengewachsen, sich dem seigneurialen Druck zur Umwandlung, Erhöhung oder Neuerhebung von Abgaben und Fronden ernsthaft, bis zu Aufstand und Bauernkrieg hin, widersetzten.

Sich durch Verheiratung mit reichen Stadtbürgerfamilien zu helfen, Erbteilungen zu vermeiden, Nachgeborene mit kargen Pfründen in standesgemäßen Stiften oder Klöstern abzufinden, günstige Gelegenheiten im standeseigenen Heiratskreis auszumachen, das waren erprobte Mittel und Wege, den Status zu halten. Hinzu trat die Korporierung zum landsässigen Gesamt-Stand. Steigende Bedeutung aber kam dem loyalen Dienst für den Fürsten (Landesherrn) zu, da er dem niederen Adel differenzierte Chancen zur Erschließung zusätzlicher Einkünfte bot: als Rat bei Hofe, der zunehmend festen Residenz der Fürsten, als über eine Reitergruppe gebietender Burgmann mit Aufgaben wie Grenzsicherung, Zollerhebung, Strafverfolgung und Geleitdienst, als Vogt und Steuereintreiber in den landesherrlichen Städten und Dörfern, als Pächter großer Landgüter. Viele konnten sich so behaupten, manche schafften den Aufstieg in den fürstennahen Hochadel. Bei all dem wandelten sich die vasallischen Beziehungen unter dem Einfluß befristeter Vertragsformen und geldförmiger Vergütung – der Trend ging hier vom Lehen über das Pfand und die Pacht zum Lohn (als Sold oder Pension).

Unübersehbar beeinflußten auch die neuen Waffen (Pike, Bogen und Armbrust, Nah- und Fernfeuerwaffen) sowie die Änderungen in der Kriegsführung und -organisation (Vermassung und Brutalisierung der

Kampfhandlungen; Kriegsunternehmertum, stehende [Söldner-]Truppen), das Handeln und Selbstverständnis der Ritter, auch wenn insgesamt der gepanzerte Reiterkrieger als Leittyp der adligen Kriegstätigkeit bestimmend blieb. Weil sich die neuen Kriegsformen jedoch eng auf die Staatsverfestigung bezogen bzw. Hand in Hand mit ihr gingen, beanspruchten die Fürsten zunehmend nicht nur die Kontrolle über den Einsatz der Gewalt, d. h. auch die Entscheidung über Frieden oder Krieg (Fehdeverbot, Landfriedensgesetze), sondern auch über die Gewaltfähigen selbst. Der Adel als der körperlich gewaltfähige und zur Kriegstätigkeit berechtigte Stand geriet unter Zivilisationsdruck. Er hatte sich der allmählichen Verstaatlichung des persönlichen Adelsrechts auf körperliche Gewalt zu stellen. Verhöflichung und Pazifizierung auf der einen, militärische Professionalisierung auf der anderen Seite waren die langfristige Folge. Neben den adligen Befehlshaber (Offizier) und Kriegsunternehmer trat der juristisch versierte, bisweilen bereits studierte Höfling und Rat. Tendenzen dieser Art kamen jedoch regional äußerst unterschiedlich zur Geltung; führend wurden die westeuropäischen Monarchien, sie bestimmten die Aufwandsnormen und setzten Zeichen für die Wandlungen im Handeln und Denken des Adels.

Frühe Neuzeit

Die Entwicklung im europäischen Adel des 16.–18. Jahrhunderts stand im Zeichen deutlicher großräumiger, nationaler und territorialer Profilierungen. Auferlegt wurden sie von den agrarischen Wechsellagen, den Konjunkturen des Handelskapitals und der fortschreitenden Staatsverfestigung, durch deren Zusammenwirken sich allmählich die ökonomischen und politischen Gewichte nach Nordwesten verlagerten. Refeudalisierungen im zurückbleibenden Süden, Anpassungen verschiedenster Art an den erstarkenden Staat in Frankreich (und im Deutschen Reich), Entmachtung in den Generalstaaten (Holland), enge Verflechtung mit dem Handels- und Finanzbürgertum und erfolgreiche Regulierung der Monarchie in England, östlich der Elbe der Aufstieg eines getreideexportierenden, die Städte niederhaltenden Gutsadels, der einer Integration in den Staat zähen Widerstand leistete: das waren die Schwerpunkte des Wandels.

Für den Adel grundlegend blieb der rententragende Grundbesitz, dessen Umfang über die ständische Zuordnung entschied. Doch war diese Eigentums- und Einkaufsform so eng in die Regeln und Wechselfälle von Geld und Markt verflochten, daß viel davon abhing, wie man mit dieser Kommerzialisierung, besonders ihren säkularen Folgen (etwa der Preisrevolution im 16. Jahrhundert, den Absatzkrisen im 17. Jahrhundert) zurechtkam. Vielfach wurde versucht, über die Straffung von Hoheitsrechten, über neue Abgaben (z. B. Besitzwechsel-, Mahl-, Waldnutzungs-, Marktgebühren), über Erweiterungen des direkt bewirtschafteten Landes (als Pachtgut) und in der Verbindung mit fronpflichtiger Neuverknechtung (Gutsbetrieb) die konjunkturbedingten Nach- bzw. Vorteilslagen auszugleichen bzw. auszunutzen. Derlei grundherrliche Offensiven hatten in Frankreich (›réaction seigneuriale‹), Spanien (›mesta‹), England (›enclosures‹) und östlich der Elbe (Gutsherrschaft und 2. Leibeigenschaft) durchaus Erfolg. Viel hing dabei von der Haltung der Krone ab, z. B. bei bäuerlichem Widerstand.

Der frühmoderne Staat, weiter erfolgreich im Ausbau von Hofstaat und Diplomatie, Ämterbildung und ständischer Repräsentation, Steuer- und Gerichtswesen, Heer und Flotte, bot dem dazu willigen Adel rangbildende und standesgemäße Aufgaben und Stellungen, die die für viele schmerzlichen Verschiebungen von der Herrschaft zur Repräsentation kompensieren halfen, ebenso aber wichtige (zusätzliche) Einkünfte erbrachten. Auch hier kam es zu recht verschiedenen Ausprägungen, die ungleiche Kräfteverhältnisse im Adel sowie zwischen ihm und der Krone ausdrückten. Die rigideste Form der Einbindung in den Staat entstand im absolutistischen Frankreich, wo das höfische Zeremoniell im Versailler Schloß die Rangordnung und den Lebensstil eines Adels dirigierte, der seine politische Macht weitgehend gegen soziale Privilegierung hatte eintauschen müssen. Der dabei entstehende Verhaltenstyp des etikettebewußten, selbstbeherrschten und gebildeten Höflings gewann zunehmend an Vorbildlichkeit und wirkte normstiftend auf das barocke Hofleben Europas ein (›honnête homme‹, ›gentleman‹, Hofmann). Als anderes Mittel der Integration bewährte sich, etwa in Preußen, das Heer: Der gesamte Adel wurde systematisch in das Offizierkorps der Armee eingereiht, Adel und Militärsystem gingen funktional ineinander auf.

Schwer duldbare Herausforderungen entstanden dem alten Adel (frz. ›noblesse d'épée‹) dadurch, daß die Monarchen Europas wirtschaftlich erfolgreiche und um ständischen Aufstieg bemühte Bürgerliche, denen der Kauf von adligen Gütern, Adelspatenten und Ämtern nicht zu teuer war, formell nobilitierten. Dieser Briefadel (frz. ›noblesse de robe›) diente aber nicht allein als wichtiger Geldgeber und Krediteur für das vom höfischen Luxusstandard endlos geleerte Staatssäckel, sondern ebenso als notwendige Ergänzung des Herrschaftspersonals in den Ämtern aller Verwaltungsbereiche und -ebenen. Obwohl vom alten Adel als Bedrohung empfunden und mit rigiden Abgrenzungsbemühungen (Ahnenprobe u. a.) beantwortet, etablierte sich der neue Hof- und Beamtenadel schnell und verschmolz im 18. Jahrhundert, z. B. in Frankreich, mit dem Altadel. Die Nobilitierung von oben war und blieb ein wichtiges staatliches Instrument zur Belohnung und Integration von Aufsteigern.

Dies galt auch für Deutschland, wo die territorial souveränen Reichsfürsten Offiziere, Kaufleute, Kriegslieferanten, Gelehrte nobilitierten und die neuadlige Beamtenschaft mit dem in Landständen organisierten landsässigen Adel erfolgreich um Herrschergunst, Posten und Pfründe rivalisierte.

Auch die Konfessionalisierung von Glaube und Kirche seit der Reformation ließ den Adel nicht unberührt. Reformatorische Neigungen im Adel schlugen besonders dort durch, wo sie die Hoffnungen auf Bewahrung oder Rückgewinnung der traditionellen politischen Autonomie (›feudale Libertät‹) nähren konnten. Die sachlichen Wirkungen des Glaubenswechsels aber waren zwiespältig, aus der Säkularisierung von Kirchengut konnte Besitzzuwachs, ebenso aber Pfründeverlust folgen. Sicher führten Reformation und Landeskirchentum zur tieferen Abschichtung des Klerus vom Adel. Langfristig tendierte der Adel zurück zum Katholizismus, besonders nach Gegenreformation und Trienter Konzil, dies nicht nur aus politischem Opportunismus, sondern auch deshalb, weil jener dem adligen Selbstverständnis besser entsprach. Wo der reformierte Glaube, ob lutherisch, calvinistisch oder anglikanisch, landes- oder staatskirchlich galt oder geduldet war, wuchsen die Chancen dafür, daß die Gräben zwischen Adel und Bürgern versandeten. Dies war besonders in England der Fall, wo die ›Gentry‹, der im Unterhaus vertretene Landadel, sich immer weniger um die Abgrenzungen zur ›Bürgerlichkeit‹ kümmerte; schon gegen Ende des 17. Jahrhunderts war dort der ›landed interest‹ mit dem ›monied interest‹ eng verbunden.

Die wirtschaftliche Entwicklung im 18. Jahrhundert stellte den Adel immer dringlicher vor die Wahl, auf den Weg der Kapitalisierung von Grundbesitz und Landwirtschaft einzuschwenken oder auf den traditionellen Einkunftsformen (Renten, seigneuriale Rechte) zu beharren. Die hier möglichen Wege waren vielfältig. Sie bestimmten die Formen des Übergangs und der Behauptung des europäischen Adels im 19. und 20. Jahrhundert.

Moderne Welt

Obwohl der Topos vom ›Untergang des Adels‹ sich durch die Moderne zieht, hat der Adel ebenso ungewöhnliche Beharrungskraft wie wirkungsvolles Anpassungsvermögen in Wirtschaft, Politik und Kultur während und nach den europäischen Revolutionen bewiesen. Freilich hing viel davon ab, welchen Bedingungen und Formen der Entmachtung er als privilegierter Stand ausgeliefert war, um welche Vorrechte es im politischen Kampf ging, was ökonomisch zu verteidigen war, welche Bündnissituationen bestanden. Im allgemeinen jedoch erlebte der Adel jenen Formwandel vom Stand zur Klasse, der alle Zeitgenossen des aufkommenden

Industrialismus ergriff, ebenso den Formwandel vom Herren über angeborene Sonderrechte zum ›Grundrechte‹ besitzenden Mitglied eines Nationalstaats, eine Nivellierung zum Staatsbürger im Rahmen politischer Gewaltenteilung.

Trotz dieser Umformungen gelang dem Adel während des 19. Jahrhunderts fast durchweg eine Anpassung, die sowohl die Exklusivität als Sozialgruppe bewahrte als auch die politische Führungsrolle sicherte. Sicher trug zu dieser Selbstbehauptung bei, daß die Standessolidarität von Monarchen und höchsten Regierungsbeamten fortbestand – das bedeutete Zugang zum Hof, Vorteile bei der Ämterverteilung, Einfluß auf den Repräsentationsstil. Nicht minder wichtig aber war der Erfolg, mit dem die Verluste an Einkünften aus bodenvermittelten Herrschaftsrechten durch markt- und exportorientierte Agrarproduktion wettgemacht wurden. Endlich kam es darauf an, auf den Wandel im regionalen Institutionsgefüge zu reagieren.

Obwohl dies, begleitet von Verunsicherungen im Selbstverständnis, Verlusten an politischem Einfluß und Einbrüchen der wirtschaftlichen Lage, dem mediatisierten Hochadel (›Standesherren‹), ähnlich aber auch dem landsässigen Adel (z. B. dem katholischen Stiftsadel) gelang, der Paradefall für solchen Gesamterfolg war der preußische Landadel (Junker). Noch im ›Allgemeinen Landrecht‹ (1794) als Stand mit Steuerprivilegien, eximiertem Gerichtsstand, bevorrechtigtem Zugang zu den höchsten Stellen in Militär und Verwaltung, exklusiver Berechtigung auf den Besitz von Rittergütern und alleinigem Recht, auf Kreis- und Landtagen zu erscheinen, ausgestattet, geriet er zu Beginn des 19. Jahrhunderts zunehmend in wirtschaftliche und politische Bedrängnis. Doch konnte er sich durch die weitgehend ungewollte ›Bauernbefreiung‹ von oben schubweise zu einer gutsherrschaftlich gesicherten Unternehmerklasse mausern, die während der Jahrzehnte der agrarischen Prosperität um die Jahrhundertmitte maßgebliche Voraussetzungen mitschuf für den folgenden industriellen take-off in Deutschland. Währenddessen kam eine konservative Elitenkoalition von Monarchie, Militär, Bürokratie und Landjunkertum zustande, die dem Bürgertum allein im industriellen Bereich die Führung gestattete, den legislativen Organen wenig Spielraum ließ.

Deutlich anders war der Behauptungsweg der englischen Grundbesitzeraristokratie angelegt: Schon seit Jahrhunderten hatte sie die Herrschaftssicherung über die Legislative (Ober- und Unterhaus) betrieben, schon früh auf die Kommerzialisierung der Landwirtschaft gesetzt, dann starken Anteil an der Industrialisierung (besonders der Verkehrserschließung) genommen und kontinuierlich Aufsteiger neutralisiert. Der politischen Behauptung des Adels mittels des Parlaments in England stand also die mittels der Exekutive im Deutschen Reich gegenüber – mit all ihren

Folgen für das Verhältnis von Demokratie und Diktatur. Als 1919 in der Weimarer Verfassung (Art. 109) der Adel als privilegierter Geburtsstand abgeschafft wurde, lag der damit vergleichbare Beschluß der französischen Konstituante bereits 130 Jahre zurück (1789). [L. KUCHENBUCH]

Arbeiter, Arbeiterbewegung

Arbeit, Arbeiter

Im modernen Sprachgebrauch bezeichnet der Begriff der ›Arbeit‹ zunächst eine zweckgerichtete, in der Regel der Existenzsicherung dienende Tätigkeit, ferner dann, in diesem Sinne unter Einschluß einer zeitlichen Abgrenzung, das berufliche Tätigsein der Menschen im Gegensatz zu Freizeit und Festzeit, schließlich auch das Produkt solchen Tätigseins. Der früher dominierende Nebensinn der Anstrengung und Mühsal ist seit der Reformation auch durch wertpositive Deutungen ergänzt worden. Im 19. Jahrhundert meinte der Begriff der ›Arbeit‹ noch weit überwiegend Handarbeit; in neuerer Zeit werden alle produktiven Tätigkeiten, darunter also auch Geistesarbeit, unter dem Begriff subsumiert. Demgegenüber werden heute mit dem Begriff des ›Arbeiters‹ immer noch überwiegend schichtspezifische Merkmale assoziiert. Arbeiter sind unselbständig erwerbstätig und in ihrer Existenz völlig oder doch weit überwiegend von solcher Erwerbstätigkeit abhängig; Arbeiter verfügen frei über ihre Arbeitskraft, die sie auf Widerruf gegen Entgelt regelmäßig zur Verfügung stellen. Von den Beamten, den Unternehmern und freiberuflich Tätigen unterscheiden sich die Arbeiter vor allem durch die geringere gesellschaftliche Wertschätzung ihrer Erwerbstätigkeit, darüber hinaus durch deren Rechtscharakter bzw. das Kriterium der Unselbständigkeit; die noch an der Wende zum 20. Jahrhundert bedeutenden sozialrechtlichen und statusbezogenen Unterschiede zu den Angestellten sind in der jüngeren Vergangenheit weitgehend eingeebnet worden.

Entwicklung der Lohnarbeit und Klassenbildung

Historisch gesehen ist der freie Lohnarbeiter eine späte, erst mit der Industrialisierung stark verbreitete Erscheinung. Lohnarbeit hat es zwar auch vor der Industrialisierung in dem Maße gegeben, in dem sich arbeitsteilig organisierte Gesellschaften entwickelt hatten. Die Rechtsformen solcher Lohnarbeit unterschieden sich jedoch zutiefst. Lohnarbeit war als Sklavenarbeit in der Antike überwiegend unfrei. Auch die Feudalgesellschaft kannte den freien Lohnarbeiter nur als Randerscheinung. Landarbeit war unfrei, und ebenso schichtete sich bäuerliche Arbeit in unterschiedlichen Graden der Selbständigkeit, die sich von einem regional sehr vielfältig differenzierten Verfügungsrecht über den Boden herleiteten. Freie Lohnarbeit (im Sinne einer der Idee nach freien Verfügbarkeit über die Arbeitskraft) kam deshalb in stärkerem Maße erst mit der europäischen Stadtbildung im hohen Mittelalter auf. Der Lohnarbeiter als städtischer Tagelöhner verdingte seine Arbeitskraft befristet gegen Entgelt und hatte kaum Chancen, wirtschaftlich selbständig zu werden, während der Handwerksgeselle im Rahmen der Zunftorganisationen fast immer im Familienverband der Handwerksmeister arbeitete und lebte und insofern eine zeitweise freilich schwindende Aussicht auf selbständige Arbeitsverrichtung hatte. Die Rechtsform der Zunft hat das Aufbrechen von Interessengegensätzen zwischen Meistern und Gesellen zumal dann, wenn Handwerke überbesetzt waren, immer weniger überdecken können, so daß im späten Mittelalter mit den Gesellenbruderschaften im Handwerk erstmals der modernen Arbeiterbewegung ähnliche Interessenorganisationen entstanden.

In der Rechtsform der Zunft hat Arbeit auch in der frühneuzeitlichen Stadt vorgeherrscht. Nichtzünftige abhängige Erwerbstätigkeit fand jedoch in einem örtlich sehr verschiedenen Ausmaß zunehmend Verbreitung, während auf dem Lande vereinzelt, besonders in Domänenbetrieben, freie Landarbeit aufkam, die oft als Wanderarbeit im saisonalen Rhythmus den ländlichen Spitzenbedarf an Arbeitsleistung befriedigte.

Außerhalb der Städte war freie Lohnarbeit in den Transportgewerben sowie insbesondere während der frühkapitalistischen Aufschwungperiode des mitteleuropäischen Bergbaus an der Wende zur Neuzeit verbreitet. Auch hier fanden sich allerdings sehr unterschiedliche Rechtsformen der Lohnarbeit, und in den Bergbauregionen bildeten sich eigene Stadtlandschaften heraus. In einer Übergangsphase, vornehmlich im 18. Jahrhundert, war dann gewerbliche Lohnarbeit durchaus auch eine ländliche Erscheinung. Lohnarbeiter fanden sich in den planvoll angesiedelten Manufakturen der vor- und frühindustriellen Zeit vor allem in Frankreich, aber auch in Deutschland. Einen Sondertypus stellt das protoindustrielle Heimgewerbe dar: In die doppelte Abhängigkeit vom Verleger gezwängt, der die Rohstoffe bereitstellte und die Endprodukte abnahm, waren Heimgewerbetreibende zwar im Prinzip selbständige Besitzer von Produktionsmitteln, in Krisenzeiten sowie besonders unter dem Konkurrenzdruck der frühen Textilfabriken glich sich ihre Lebenssituation jedoch derjenigen der Lohnarbeiter an.

Noch zu Beginn des 19. Jahrhunderts war die sog. freie Lohnarbeit in Deutschland ein eher marginaler Erwerbstyp. Auf dem Lande beherrschte, wo es keine bäuerlichen Familienbetriebe aus altem Besitzrecht gab, nach wie vor das feudale Zwangsverhältnis als Gestaltungsfaktor die Arbeitsverhältnisse. Die heimgewerbliche Textilindustrie vereinigte einen großen Teil der Erwerbstätigen auf sich. In den Städten herrschten handwerklich-zünftige Erwerbsformen vor, die wegen der rechtlichen Beschränkungen der Freizügigkeit, des Überwiegens der Familienproduktion und der Marktverhältnisse nicht wirklich als freie Lohnarbeit bezeichnet werden können.

Mit der Einführung der Gewerbefreiheit und der Bauernbefreiung seit Beginn des 19. Jahrhunderts sind deshalb die wesentlichen Voraussetzungen für die massenhafte Entstehung und Mobilisierung freier Lohnarbeit bezeichnet. Die Abschaffung der Zünfte führte zur Überbesetzung der Handwerke und schuf ein schlechtverdienendes Handwerkerproletariat, das stets aufs neue nach besseren Erwerbsmöglichkeiten suchte. Mit der Bauernbefreiung, der Teilung der Gemeinheiten und Ablösung der feudalen Dienstverpflichtungen glitten große Teile der bäuerlichen Bevölkerung, soweit sie mit schlechteren Besitzrechten ausgestattet gewesen waren, in den Status der ländlichen Klein- und Kleinstbesitzer, schließlich der Tagelöhner ab. Bei gleichzeitig anhaltend starkem Bevölkerungswachstum nahm das Arbeitskräftepotential rapide zu, so daß in der ersten Hälfte des 19. Jahrhunderts Massenarmut (Pauperismus) entstand. Neben dem Gesellen-Arbeiter, der sich als ehemaliger Handwerker in der textilen Fabrikindustrie verdingte, dürfte der Tagelöhner in den Städten oder als Eisenbahnbauarbeiter die Struktur der Lohnarbeit in dieser Zeit bestimmt haben.

Diese Zunahme der freien Lohnarbeit ist durch den industriellen Aufschwung insbesondere seit den 1850er Jahren ungemein forciert worden. In der Folgezeit nahm der Anteil der selbständigen Erwerbstätigen an der erwerbstätigen Bevölkerung rasch zugunsten der Arbeiter ab. Um die Wende zum 20. Jahrhundert waren in Deutschland deutlich über 70 Prozent der Erwerbstätigen Arbeiter, aber nur noch rund 22 Prozent Selbständige. Hinzu kam die seit den 1880er Jahren aufstrebende Gruppe der unselbständigen, durch kaufmännische, technische oder Führungsfunktionen von den Arbeitern geschiedenen Angestellten, die um 1900 etwa 4 Prozent der Erwerbstätigen ausgemacht haben. Mit Unterbrechungen ist der Anteil der Selbständigen in der Folgezeit immer weiter gesunken, während unter den abhängig Beschäftigten die Anteile der Beamten und der Angestellten zu Lasten der Arbeiter stark zugenommen haben.

Die innere Struktur der Lohnarbeit hat sich dabei entscheidend verändert. Städtische Lohnarbeit war nach wie vor in starkem, jedoch abnehmendem Maße handwerklich und damit kleinbetrieblich geprägt. Der mittel- und großbetriebliche Lohnarbeiter bildete, rasch zunehmend seit den 1880er Jahren, den Kern dessen, was man insofern als Arbeiterklasse bezeichnen kann, als die am Markt realisierte Abhängigkeit vom Besitz bzw. Nichtbesitz von Produktionsmitteln zum entscheidenden Charakteristikum der Klasse wurde. Die Klassenbeziehungen und -gegensätze zwischen den Unternehmern als Besitzern der Produktionsmittel und den Lohnarbeitern haben seither die innergesellschaftlichen Konfliktlagen dominiert. Das Bewußtsein, einer Klasse anzugehören, nährte sich unter Arbeitern aus den kollektiven Erfahrungen am Arbeitsplatz, in den außerbetrieblichen Lebensverhältnissen, den Arbeiterkolonien und großstädtischen Wohnquartieren. Die gesellschaftliche Isolation und Diskriminierung der politischen Partizipationsbestrebungen der Arbeiterklasse stützten diese Erfahrungen. Der Prozeß der Klassenbildung hielt deshalb bis nach dem Ersten Weltkrieg an und ist nur zögernd, seit den 1950er Jahren beschleunigt in einen Prozeß der Entklassung übergegangen. In dieser letztgenannten Entwicklung wirkten sich Veränderungen der Arbeit selbst und der innerbetrieblichen Arbeitsbeziehungen, sozialpolitische Maßnahmen der Absicherung gegen die Gefährdungen durch Krankheit und Invalidität, eine Milderung der sozialen Segregation im städtischen Lebensgefüge durch stadtplanerische Maßnahmen und sozialen Wohnungsbau, ferner die Diffusion urbaner Lebensformen und die wachsende Konsumorientierung der Gesamtgesellschaft unter Hebung des proletarischen Lebensstandards auf das Niveau des unteren Mittelstandes aus. Mit dem Aufschwung der Schwerindustrie und des Maschinenbaus ordnete sich das Gefüge der Qualifikationen in der Arbeiterklasse neu. Der Bedarf an ungelernten Arbeitskräften wurde während der Hochindustrialisierungsphase insbesondere durch die massenhafte Ost-West-Wanderung, zunehmend aber auch durch Frauenarbeit befriedigt. Neue Qualifikationen erforderte der Aufstieg der Dienstleistungsgewerbe. Starke Verschiebungen im Qualifikationsgefüge haben, wie bereits in den 1920er Jahren, jüngst wieder eine starke Rationalisierungswelle gebracht. Neben solchen Merkmalen unterschiedlicher Qualifikation ist die innere Schichtung der Arbeiterklasse besonders stark durch Gegensätze bestimmt gewesen, die sich aus der regionalen, sozialen und ethnischen Herkunft, der Glaubensüberzeugung sowie den Generationen- und Geschlechterunterschieden herleiteten.

Auch die Außengrenzen der Arbeiterklasse haben sich verändert. Für Deutschland ist dabei der tiefe Graben kennzeichnend, der zwischen der Arbeiterklasse auf der einen, den Angestellten sowie dem Kleinbürgertum in Handel und Handwerk auf der anderen Seite verlief. Die Heimgewerbetreibenden verloren während des 19. Jahrhunderts an Bedeutung; sie suchten nur vorübergehend, in Zeiten des Niedergangs, Anschluß an die Arbeiterbewegung. Die Landarbeiter sowie das ländliche und städtische Gesinde ließen sich kaum je in die Arbeiterklasse integrieren, soweit diese zur sozialen Basis der Arbeiterbewegung geworden ist. Ähnlich schwierig war die Integration der mobilen Arbeiter, jener Hunderttausende von unqualifizierten Zuwanderern vom Lande um die Jahrhundertwende und danach. Seit Ende des 19. Jahrhunderts entzogen sich auch die überwiegend kleinbetrieblichen Handwerke etwa im Versorgungsbereich mehr und mehr dem Einfluß der Arbeiterbewegung.

Begriff und Beginn der Arbeiterbewegung

Mit ›Arbeiterbewegung‹ – das Wort wird in Deutschland in den 1840er Jahren gebräuchlich – werden die informellen und formellen, zunehmend organisierten, kollektiven Bestrebungen der Arbeiter zur Durchsetzung ihrer wirtschaftlichen, programmatisch-ideologischen und politischen Vorstellungen und Ziele bezeichnet. Als umfassender Begriff meint ›Arbeiterbewegung‹ grundsätzlich alle durch die Definition erfaßten Bestrebungen, also auch solche, die vorübergehend oder dauernd unter bürgerlich-sozialreformerischem, christlich-konfessionellem oder auch unternehmerischem Patronat standen. Demgegenüber hat die marxistische Historiographie die Geschichte der Arbeiterbewegung in der Regel auf die Geschichte des klassenbewußten Teils des Proletariats, insonderheit der Industriearbeiter, verengt. Dabei war die Frage, ob insofern die Angestellten zur Arbeiterklasse und damit zum Rekrutierungspotential der Arbeiterbewegung zu rechnen seien, lange umstritten; sie erscheint bis heute nicht befriedigend gelöst.

Arbeiterbewegung als flächendeckende Massenbewegung konnte erst mit der Etablierung der Industrie in den Städten und der damit verbundenen Urbanisierung, ferner vor allem mit der Herausbildung überregionaler Marktlagen (Rohstoff-, Kapital-, Absatz- und Arbeitsmärkte) im Zuge einer zunehmend auch international verflochtenen Wirtschaft entstehen. Zu ihren wichtigsten Voraussetzungen gehörte die mit hohem Kapitaleinsatz, technologischen Innovationen und Mechanisierung verbundene Arbeitsteilung. Marktlagen und ein hoher Grad urbaner Bevölkerungsverdichtung waren in England schon in der zweiten Hälfte des 18. Jahrhunderts gegeben; dieselben Rahmenbedingungen gewannen in Deutschland erst seit den 1830er Jahren an Bedeutung und wurden seit den 1850er Jahren allgemein. Unter diesen Voraussetzungen läßt sich die Frage nach dem Beginn der Arbeiterbewegung nicht eindeutig beantworten. Einerseits sind die sozialen Proteste von Handwerkern und Heimgewerbetreibenden gegen den Niedergang ihrer Gewerbe infolge Überbesetzung und fabrikindustrieller Konkurrenz sowie die anders motivierten Proteste der Eisenbahnbauarbeiter und anderer Erwerbsgruppen unzweifelhaft frühe Manifestationen von Arbeiterbewegung. Andererseits rekrutierten sich die Trägerschichten der frühen organisierten Arbeiterbewegung in Deutschland nur ausnahmsweise aus den genannten Gruppen. Die frühe

Arbeiterbewegung ist sowohl in ihren gewerkschaftlichen als auch den politischen Organisationen vielmehr maßgeblich von qualifizierten, oftmals handwerklich geprägten und keineswegs notwendig verarmten Arbeitergruppen geformt worden.
Innerhalb der Grenzen des Deutschen Bundes waren es im Vormärz vor allem die erwähnten kollektiven Protestlagen, in denen sich Arbeiterbewegung manifestierte. Organisatorische Zusammenschlüsse waren darüber hinaus angesichts der scharfen Repression aller entsprechenden Bestrebungen nur ausnahmsweise, dann jedoch im Gewand von Arbeiterbildungsvereinen, möglich. Deshalb haben die Vereine wandernder deutscher Handwerker und Literaten im Ausland (Bund der Geächteten, der Gerechten) seit den 1830er Jahren für die Konstituierung einer ersten organisierten Arbeiterbewegung in den Revolutionsmonaten 1848/49 eine bedeutende Rolle gespielt. Diese Konstituierung vollzog sich, noch ohne klare Differenzierungen zwischen politischen und gewerkschaftlichen Zielsetzungen, zweipolig in der sog. ›Arbeiterverbrüderung‹ unter Führung S. Borns seit dem Spätsommer 1848 sowie im ›Bund der Kommunisten‹ unter dem Einfluß von K. Marx, daneben in gewerkschaftlichen Berufsorganisationen der Buchdrucker und Zigarrenarbeiter. Nach dem Scheitern der Revolution sind zunächst die organisatorischen Spitzenverbände, bald dann auch die Lokal- und Regionalorganisationen aller Gruppen der neuerlichen scharfen Repression zum Opfer gefallen.

Die deutsche Arbeiterbewegung seit 1863

Der Wiederaufschwung vollzog sich im wesentlichen auf zwei Ebenen: zum einen auf der Ebene der politischen Formation vor dem Hintergrund der neuentstandenen Arbeiterbildungsvereine, zum anderen als gewerkschaftliche Formierung im Zuge von Arbeitskämpfen. Während in England und in vielen anderen Ländern die gewerkschaftliche Organisationsbildung der politischen vorausging, verliefen die beiden Prozesse in Deutschland weitgehend parallel, so daß die gewerkschaftlichen Organisationen seit den Anfängen der Arbeiterbewegung in stärkerem Maße dem politischen Einflußfeld ausgesetzt waren.
Die politische Arbeiterbewegung ist durch F. Lassalle 1863 begründet worden. Der Lassallanismus beherrschte den Allgemeinen Deutschen Arbeiterverein, dessen eher gewerkschaftsfeindliche Politik seit 1869 die Entstehung der Sozialdemokratischen Arbeiterpartei unter der Führung von A. Bebel und W. Liebknecht beschleunigte. Die frühen Gewerkschaftsorganisationen, die es seit Mitte der 1860er Jahre zunächst unter Buchdruckern, Zigarrenarbeitern und Schneidern wieder gab, vermochten sich dem Strudel der Auseinandersetzungen zwischen den beiden konkurrierenden Strömungen der politischen Arbeiterbewegung oftmals

nicht zu entziehen. Alle Gruppen der frühen Arbeiterbewegung erlitten unter den Folgen des Reichsgründungskrieges 1870/71 Einbußen, und die schwere Wirtschaftskrise seit 1873 trug dazu bei, daß sich die politischen Strömungen während des Parteikongresses in Gotha 1875 vereinigten, während in den Gewerkschaften mehr und mehr das Erfordernis einer selbständigen, interessenbezogenen Organisierung in den Vordergrund gestellt wurde.

Das Sozialistengesetz, das von 1878 bis 1890 nahezu die gesamte Arbeiterbewegung verbot, war die Antwort des konstitutionellen Obrigkeitsstaates auf das erkennbare Erstarken der Arbeiterbewegung infolge der Vereinigung von Gotha und bei den Reichstagswahlen von 1877. Trotz der Verbotssituation ließen sich Streikbewegungen allerdings nicht unterdrücken, und die Arbeiterbewegung ging, wie an Reichtagswahlergebnissen abzulesen war, im ganzen geeint und gestärkt aus der Unterdrükkungsphase hervor. Die Verfolgung mehrte den Einigungsdruck und trieb die Klärung programmatischer Positionen voran, so daß der Staat mit dem Verbot einen gegenteiligen Effekt erzielte. Im ›Erfurter Programm‹ von 1891 schlug sich die erfolgreiche Rezeption des Marxismus als der parteileitenden Theorie und Utopie nieder.

Nach einer euphorischen Aufbruchsphase in den Streik- und Organisationsbewegungen der Jahre 1889/90 traten Sozialdemokratie und Gewerkschaften mit dem anhaltenden Wirtschaftsaufschwung seit 1895 in eine Phase raschen Wachstums. Die Gewerkschaften entwickelten sich zu Massenbewegungen, stießen freilich auf den oftmals erbitterten Widerstand der Unternehmerseite und schwächten sich darüber hinaus durch ihre richtungsgewerkschaftliche Spaltung in einen sozialdemokratischen, einen christlichen und einen vergleichsweise unbedeutenden sozialliberalen Flügel. Die Sozialdemokratie wurde mit den Wahlen 1912 zur stärksten Fraktion im Reichstag. Sie gewann um die Jahrhundertwende auch in den Kommunen und in manchen bundesstaatlichen Parlamenten an Einfluß; in einigen süddeutschen Bundesstaaten zeichneten sich handlungsfähige Koalitionen mit bürgerlichen Parteien ab. Zu einer eher verdeckten Integration in Staat und Gesellschaft trugen vor allem auch die seit den 1890er Jahren aufblühenden Kulturorganisationen der Arbeiterbewegung bei. Allerdings offenbarte sich die merkwürdige Ambivalenz einer je länger, um so stärker phrasenhaft erstarrten revolutionären Ideologie einerseits und der praktischen politischen Mitarbeit und Integration andererseits bei Kriegsausbruch 1914, als die Arbeiterbewegung entgegen einem vor allem im Zusammenhang mit der II. Internationale geführten propagandistischen Feldzug gegen Krieg und Imperialismus nahezu geschlossen auf die Regierungspolitik einschwenkte.

Der Erste Weltkrieg schwächte zunächst die Arbeiterbewegung, aber die

Gewerkschaften konnten unter den Bedingungen eines innenpolitischen ›Burgfriedens‹ einige sozialpolitische Erfolge erringen. In der Sozialdemokratie zeichnete sich rasch der Gegensatz zwischen Befürwortern der Kriegspolitik und deren radikalen Gegnern ab. Diese Entwicklung führte seit 1916/17 zur Spaltung in Unabhängige (USPD) und Mehrheitssozialdemokraten (MSPD). Unter dem wenig stabilen Kompromiß beider Gruppierungen wurde seit dem November 1918 durch die Revolutionsregierung die Demokratisierung des Reiches vorangetrieben; die Russische Revolution von 1917 stärkte dabei die radikalen Kräfte, die sich im klaren Gegensatz zur Revolutionsregierung an der Jahreswende 1918/19 zur Kommunistischen Partei Deutschlands (KPD) formierten. In den Anfangsjahren der Weimarer Republik konnte die Arbeiterbewegung wesentlichen Einfluß auf die Außen-, Innen- und Sozialpolitik ausüben und die neue Verfassung des Staates mitgestalten; unter dem Einfluß der seit 1917 erstarkten Gewerkschaften näherten sich dabei die Mehrheitssozialdemokraten und der gemäßigte Flügel der USPD wieder einander an. Gerade die Gewerkschaften verloren jedoch in der Stabilisierungsphase der Republik seit 1924 gegenüber der Unternehmerseite an Gewicht. Die Politik der Präsidialkabinette in der Weltwirtschaftskrise drängte die Arbeiterbewegung oftmals in eine Statistenrolle, in der sie, trotz einflußreicher Positionen beispielsweise in der preußischen Politik bis 1932, letztlich auch den Aufstieg des Nationalsozialismus und die Machtergreifung Hitlers im Januar 1933 erdulden mußte.
Während der nationalsozialistischen Diktatur ist die Arbeiterbewegung brutal verfolgt worden. Der anfänglich bedeutsame Widerstand vornehmlich der kommunistischen Arbeiterführer und Parteiorganisationen wurde rasch unterdrückt. Ein Teil der sozialdemokratischen und kommunistischen Arbeiterführer ging ins Exil und versuchte von dort, Verbindung zu halten und Einfluß zu nehmen; andere blieben im Reich und erlitten Verhaftungen, Folterungen und Einweisungen in die Konzentrationslager. Der Widerstand einzelner Gruppierungen der Arbeiterbewegung hat zu keinem Zeitpunkt die Konsolidierung der Diktatur und die Politik des Hitlerstaates wirklich gestört. Insbesondere gelang es nicht, eine Massenbasis gegen die Diktatur aufzubauen. Darin wirkte sich, nachdem die Folgen der Weltwirtschaftskrise durch neuerliche Vollbeschäftigung in der zweiten Hälfte der 1930er Jahre überwunden worden waren, neben den außenpolitischen Erfolgen des Regimes auch die Stabilisierung der proletarischen Lebenslagen aus.
Die Gewerkschaften und die Organisationen der politischen Arbeiterbewegung konnten nach 1945 als erste demokratische Organisationen wieder entstehen. Trotz maßgeblichen und oftmals entscheidenden Einflusses auf die Gestaltung des neuen Staatswesens in den drei westlichen

Besatzungszonen konnte sich die deutsche Arbeiterbewegung gleichwohl nach Kriegsende nicht wieder in der vor 1914 beeindruckenden Geschlossenheit als Klassenbewegung entfalten. Die Sozialdemokratie dokumentierte 1959 im Godesberger Programm ihr grundsätzliches Einschwenken auf einen demokratischen und sozialen Reformkurs. Der wesentlichste Erfolg, der den Einfluß der Arbeiterbewegung und, darüber hinaus, die westdeutsche Demokratie entscheidend stabilisierte, gelang indessen durch die Gründung der Einheitsgewerkschaft, des Deutschen Gewerkschaftsbundes (DGB), im Jahre 1949.

Im Gesamtüberblick treten die Zäsuren von 1890, 1918 und 1933/45 in der Geschichte der deutschen Arbeiterbewegung deutlich hervor: Die Frühgeschichte der Organisationen zog sich über fünf bis sechs Jahrzehnte hin, ohne daß der ›Beginn‹ der Arbeiterbewegung eindeutig zu fixieren wäre – 1848/49 lassen sich erste übergreifende Organisationen nachweisen, aber mit einigem Recht wird die Gründung der Arbeiterbewegung nach wie vor auf das Jahr 1863 datiert. Die Frühgeschichte fand ihren Abschluß durch die Überwindung des erfolglosen Verbotes der Arbeiterbewegung. Diese erreichte im Wilhelminischen Deutschland eine beeindruckende Größe und organisatorische Kraft, ohne daß sich dieser Ausbau in konkretem politischem Einfluß hinreichend niedergeschlagen hätte. Die Hypotheken des Kaiserreiches wirkten in der Weimarer Republik fort, indem die Arbeiterbewegung schon die Revolution von 1918/19 halbherzig betrieb und nicht vollenden konnte, so daß reaktionäre Kräfte erstarkten und letztlich, begünstigt von der Spaltung der politischen Arbeiterbewegung und der Gewerkschaften in christliche und sozialdemokratische Richtungsorganisationen, den Aufstieg der Diktatur einleiteten.

Die Ansicht, das Zeitalter der Arbeiterbewegungen neige sich seit dem Zweiten Weltkrieg dem Ende zu, hat – urteilt man nach dem Kriterium einer möglichst weitgehenden Geschlossenheit der gewerkschaftlichen und politischen Massenbewegung – für die Bundesrepublik Deutschland das Argument für sich, daß sich die SPD wahrscheinlich irreversibel zur Volkspartei gewandelt hat. Darüber hinaus sind die klassenbildenden Wirkungen der kapitalistischen Lohnarbeit vielfältig gemildert, modifiziert und in zentralen Bereichen gebrochen worden. Auch die zunehmend erkennbaren ökologischen Grenzen industriegesellschaftlicher Entwicklung können in diesem Sinne interpretiert werden. Als reine Klassenbewegung gibt es die Arbeiterbewegung in der Bundesrepublik Deutschland nicht mehr. Sie wird indessen als Kristallisationskern für Emanzipation und Partizipation abhängiger und benachteiligter Schichten und sog. neuer sozialer Bewegungen, unter markanten inneren Wandlungen, ihre Bedeutung in der absehbaren Zukunft behalten.

Die deutsche Arbeiterbewegung im Vergleich

Im internationalen Vergleich zeichnet sich die deutsche Arbeiterbewegung bis zum Ausbruch des Ersten Weltkrieges durch eine fortgeschrittene organisatorische Entwicklung, große Resonanz bei Mitgliedern und Anhängern sowie weitgehende innere Geschlossenheit aus. So hat die frühe Entwicklung der englischen Gewerkschaften zum Teil noch im 18. Jahrhundert deren Organisationsformen nachhaltig geprägt und deren Schlagkraft dadurch späterhin eher behindert; die deutsche Gewerkschaftsbewegung entstand hingegen in einer Phase zunehmender Ausdehnung großbetrieblicher Produktionsformen und gliederte sich demnach, begünstigt auch durch den Verbotsdruck des Sozialistengesetzes, zentralistisch nach Berufen und, bald zunehmend, Industrien, was die Schlagkraft der Gewerkschaften erheblich stärkte. Lokalistische und anarchosyndikalistische Kampfstrategien, wie sie in der englischen und französischen Arbeiterbewegung große Bedeutung erringen konnten, sind in Deutschland, sieht man von der kurzen Phase der Revolutionszeit 1918 bis 1920 ab, eher Randphänomene geblieben. Anders als in England, hat die scharfe Konfrontation mit dem konstitutionellen Obrigkeitsstaat eine frühzeitige politische Parteibildung begünstigt. In der engen Verbindung von gewerkschaftlicher und politischer Arbeiterbewegung lagen andererseits auch entwicklungshemmende, die Wendung zur praktischen Reformpolitik verzögernde Einflüsse.

Versuche einer Typisierung der Entstehung und Entwicklung der deutschen Arbeiterbewegung im internationalen Vergleich müssen in erster Linie die unterschiedlichen politischen Traditionen und Systembedingungen, zweitens dann, und damit oftmals zusammenhängend, die unterschiedlichen Phasen und Formen der Industrialisierung in den jeweiligen nationalen, aber auch wirtschaftsgeographischen Gegebenheiten berücksichtigen. So hat man beispielsweise die große Bedeutung syndikalistischer Artikulations-, Organisations- und Aktionsformen in den süd- und südwesteuropäischen Staaten – ganz im Gegensatz zur mitteleuropäischen Entwicklung – gelegentlich mit einer schwer zu präzisierenden ›romanischen Mentalität‹ verbunden; bei genauerem Hinsehen waren jedoch neben politischen bestimmte demographische, wirtschafts- und besonders agrarstrukturelle Voraussetzungen wie die Rolle kleinbetrieblicher Produktion, relativer Rohstoffarmut und ländlicher Besitzstrukturen eher ausschlaggebend. Das waren Voraussetzungen, die in den romanischen Ländern zeitweilig einen in Deutschland und England unbekannten Agrarkommunismus gefördert haben. Auch durch die Auswirkungen sozialistischer Theorienbildung, so besonders des französischen Frühsozialismus und des Marxismus, kompliziert sich das Bild. Für Deutschland war dabei entscheidend, daß der Marxismus in der Rezeptionsphase während

des Sozialistengesetzes die vorgefundene Wirklichkeit der sozialen und politischen Lage der Arbeiterklasse in hohem Maße zu spiegeln schien, diese Wirklichkeit zu begründen vermochte und insofern der Arbeiterklasse eine bestimmte Handlungsperspektive nahelegte. Soziale und ideologische Prägungen dieser Art haben in der Entwicklung der Arbeiterbewegungen Spuren hinterlassen und deren Gesicht oft bis in die Gegenwart geprägt. Daß beispielsweise die Entfaltung der Arbeiterbewegung in den USA die Politik zwar wesentlich beeinflußte, sich auf der politischen Ebene aber nicht institutionell verfestigte, bezeichnet treffend die Bedeutung der Integrationsfähigkeit jeweiliger politischer Systeme für die Entfaltung von Arbeiterbewegungen.
Der seit den 1860er Jahren und besonders seit 1889 mit der Gründung der II. Internationale wirksame, stark ideologisch und politisch induzierte Internationalismus der Arbeiterbewegungen hatte durchaus das Argument der in den kapitalistischen Industriestaaten im wesentlichen gleichartigen und gleichgerichteten sozialen Veränderungen für sich. In der Zeit der II. Internationale hat es in den Arbeiterklassen der Länder ein mindestens rudimentäres internationales Bewußtsein gegeben. Politisch gesehen hat der Internationalismus der Arbeiterbewegungen, wie sich 1914 schlagartig erwies, nirgends ernsthaft mit nationalstaatlichen Loyalitäten konkurrieren können.
Typisierende sozialgeschichtliche Ansätze des Vergleiches der Arbeiterbewegungen einzelner Länder erscheinen insbesondere hinsichtlich der Entstehungsprozesse und im Blick auf globale Entwicklungen in der Organisationsfähigkeit und in der Ausweitung der politischen Einflußfelder erfolgversprechend. Der notwendig auch intertemporale Vergleich des Vorgangs der Erringung angeglichenen kollektiven Bewußtseins, der Vergleich der Herausbildung sachangemessener Kampfformen bis hin zur Akzeptanz des Streikinstruments, schließlich der Vergleich der dauerhaften Kampfpräsenz durch gewerkschaftliche Organisation läßt überall gleichgerichtete Lernfortschritte in den Arbeiterbewegungen erkennen, in denen sich Konsequenzen aus negativen wie positiven Kampferfahrungen niedergeschlagen haben. In gewissem Umfang hat auch die zunehmende internationale Verflechtung des Wirtschaftsprozesses eine Tendenz zum ›Gleichschritt‹ der Arbeiterbewegungen begünstigt. So lassen sich als internationale ›Klassenkampfwellen‹ (E. Gruner) spätestens bereits die Streik- und Organisationswellen von etwa 1867 bis 1872, dann jene von 1888 bis 1893 (sowie umgekehrt, die Folgen der sog. ›Großen Depression‹ der 1870er und 1880er Jahre für die Restrukturierung der Arbeiterklasse und die Entwicklung ihrer Organisationen), ferner ähnliche Entwicklungen um 1905 und in den Jahren nach dem Ersten Weltkrieg sowie während der Weltwirtschaftskrise seit 1929 identifizieren. Da-

bei ist für die Zeit nach der Jahrhundertwende der Strukturwandel in der weltweiten Wirtschaftsorganisation zu beachten, den die marxistische Forschung auf den Begriff des staatsmonopolistischen Kapitalismus gebracht hat, während in der nichtmarxistischen Forschung mit Modellen wie dem Organisierten Kapitalismus und (Neo-)Korporatismus gearbeitet wird.

In allen im 19. Jahrhundert industrialisierenden Staaten haben sich die Arbeiterbewegungen als stetig zunehmende und seit der Wende zum 20. Jahrhundert weithin maßgebliche Gestaltungspole vornehmlich im interessenpolitischen Kräftefeld herausgebildet. Indem sie staatsbürgerliche Gleichheit, Rechts- und Sozialstaatlichkeit erfochten, haben sie bei allen nationalspezifischen Besonderheiten stets die Demokratisierung ihrer Gesellschaften über das ›bürgerliche‹ Zeitalter hinaus erstrebt und erreicht. Darüber hinaus haben die Arbeiterbewegungen zur modernen industriegesellschaftlichen Kultur eigene Akzente beigesteuert. Es kann nicht übersehen werden, daß diese Entwicklungen stets auch Kosten hatten, die sich frühzeitig in der rückwirkenden sozialen Disziplinierung der Träger- und Anhängerschaften zeigten und die heute eher in der Orientierung am industriegesellschaftlichen Fortschrittsdogma erblickt werden mögen. [K. Tenfelde]

Aufklärung

Grundlagen und Grundhaltungen

Der Königsberger Philosoph I. Kant hat 1784 in einem Zeitschriftenbeitrag den Kern dessen, was Aufklärung ausmacht, gültig beschrieben: »Aufklärung ist der Ausgang des Menschen aus seiner selbstverschuldeten Unmündigkeit. Unmündigkeit ist das Unvermögen, sich seines Verstandes ohne Leitung eines anderen zu bedienen. Selbstverschuldet ist diese Unmündigkeit, wenn die Ursache derselben nicht am Mangel des Verstandes, sondern der Entschließung und des Mutes liegt, sich seiner ohne Leitung eines andern zu bedienen. Sapere aude! Habe Mut, dich deines eigenen Verstandes zu bedienen! ist also der Wahlspruch der Aufklärung«. Mündigkeit war ein Schlüsselwort der Aufklärung, jener Bewegung, die – fußend auf dem Humanismus und dem frühneuzeitlichen Rationalismus – den Menschen befreien wollte: von geistiger Abhängigkeit und Bevormundung, von Unwissenheit und Unvernunft. Das selbständige, vernunftgeleitete, seinem Gemeinwesen dienende Individuum war ihr Ideal. Ihre Ziele verwiesen immer auch auf die politisch-soziale Ordnung, von deren Veränderbarkeit hin zu humaneren Lebensbedingungen und Lebensformen die Aufklärer überzeugt waren und für deren

›Verbesserung‹, so der zeitgenössische Begriff für Reform, sie engagiert eintraten. Die Aufklärung wurde so »Beginn und Grundlage der eigentlich modernen Periode der europäischen Kultur und Geschichte« (E. Troeltsch).

Die Aufklärer waren sich in den Prinzipien einig. Vernunft und Kritik waren ihnen unabdingbare Grundlagen des Denkens und Handelns. Selbstdenken und Mündigkeit, die Vorstellung von der Perfektibilität, der Vervollkommnung der Menschen waren für sie »Programmideen«, gegen Vorurteile, Aberglauben und Schwärmerei richteten sich ihre wichtigsten »Kampfideen« (N. Hinske). Das Ringen um Erkenntnis und Wahrheit wurde von ihnen als Prozeß verstanden, für den Toleranz, öffentlich geführter kritischer Diskurs und Publizität essentiell waren.

Innerhalb der Aufklärung bestand eine große geistige »Spannweite zwischen Rationalismus und Empirismus (Descartes – Locke), zwischen antimetaphysischem Skeptizismus und großen metaphysischen Systementwürfen (Bayle – Leibniz), zwischen Verstandesstrenge und Empfindsamkeit (Kant – Rousseau)« (H. H. Holz). Daraus erwuchsen Vielfalt und Lebendigkeit in der Diskussion. Optimistischen, vom Erfolg ihrer Anstrengungen überzeugten, auf wachsende Verbreitung und Wirkung ihrer Ideen vertrauenden Aufklärern standen skeptischere, die Gegner und ihre Einflußmöglichkeiten hoch einschätzende gegenüber. Die Aufklärung war keineswegs von Anfang an die dominierende Kraft ihrer Zeit, sie hatte sich vielmehr lange der Orthodoxie in allen Konfessionen zu erwehren. Zwischen Pietismus und Aufklärung bestanden zwar Gemeinsamkeiten wie in der Betonung des Einzelnen oder manchen Reformanliegen, doch waren die entscheidenden Motive und Ziele des Handelns letztlich verschieden. Empfindsamkeit, Sturm und Drang wie die Klassik waren dagegen mit der Aufklärung eng verbunden, von ihr beeinflußt, wenn sie auch gegen Verengungen und Verkürzungen, die ihr zweifellos eigen waren, auftraten, sie damit veränderten und bereicherten.

Aufklärung zielte auf den Menschen in der Welt, auf rationale Weltaneignung und Weltgestaltung, damit auf die Verknüpfung von Theorie und Praxis. Sie war eine europäische Bewegung, die sich in unterschiedlich langen Phasen und mit starken regionalen Differenzierungen ausprägte: beginnend im Westen und Norden, dann nach Süden und Osten ausgreifend, zunächst im protestantischen, dann auch im katholischen Teil des Kontinents wirksam, mit Vororten und Zentren in den einzelnen Zonen, alte und neue Welt – zunächst Nord-, dann auch Lateinamerika – verbindend.

Entfaltung der Aufklärung

Deutlich ist, daß sich die Aufklärung meist in drei Etappen durchsetzte. Sie begann zunächst als wissenschaftlich-literarische Richtung, erweiterte sich danach zu einer literarisch-publizistischen Strömung, um schließlich zu einer breiten, nahezu alle Lebensbereiche umfassenden Reformbewegung zu werden. Dieser stufenweisen Entfaltung entsprach eine zunehmende Erweiterung der Trägerschichten. Dominierten anfangs die Gelehrten in Hochschulen, Schulen und Klöstern, so traten bald Schriftsteller und Journalisten, Beamte, Pfarrer, Kaufleute, schließlich auch Handwerker und Volksschullehrer hinzu. In den Organisationsformen der Aufklärung spiegelt sich diese Entwicklung ebenfalls wider. Zu wissenschaftlichen Gesellschaften und Akademien, zu Sprache und Literatur gewidmeten Zirkeln und Kreisen, zu Freimaurerlogen kamen patriotisch-gemeinnützige Sozietäten, Lesegesellschaften und Fachvereine für Ärzte, Apotheker, Juristen und Lehrer, teilweise auch politische Vereine und Geheimgesellschaften hinzu. Charakteristisch ist, daß viele Aufklärer mehreren Vereinigungen angehörten. Im Beruf, in Sozietäten und oft auch durch Veröffentlichungen absolvierten sie ein beachtliches Arbeitspensum. Die Wirkungsmöglichkeiten der Gesellschaften waren regional verschieden, hingen – wie bei der Freimaurerei – auch von inneren Auseinandersetzungen, von Krisen und Erneuerungen ab. Geheimgesellschaften wie A. Weishaupts ›Illuminatenorden‹ oder C. F. Bahrdts ›Deutsche Union‹ wurden verboten und verfolgt. Im Zuge der Französischen Revolution und der Reaktion auf die Vorgänge in Frankreich wurden in vielen Territorien Aufsicht und Kontrolle über das Vereinswesen verstärkt.

Das Bestreben, sich mit Gleichgesinnten zu verbinden, den kritischen Diskurs zu fördern, Meinungen zu bilden und zu verbreiten, war bei allen Zusammenschlüssen ein wesentlicher Faktor. Die stark anwachsende Buchproduktion, der Anstieg der Zahl der Zeitschriften – von den ›Gelehrten Blättern‹ über die ›Moralischen Wochenschriften‹ zu den Rezensionsorganen und den vielen überregionalen und regionalen Journalen – und der Zeitungen führten dazu, daß das Lesen und der Gedankenaustausch über die Lektüre zu einem wichtigen Element der Vereinsbildung wurden. Unverkennbar ist die enge, wechselseitige Verbindung der Aufklärung mit der Entstehung der Freizeit und der Herausbildung der Öffentlichkeit, ihr Anteil am Aufkommen einer öffentlichen Meinung und des ständigen kritischen Räsonnements wie an neuen Formen des Umgangs, der Begegnung und der Geselligkeit in Kaffeehäusern, Salons, Gärten und Parks, in Badeorten, im Theater und Konzert, im Freundeskreis und auf Reisen. Bildung und gemeinnütziges Engagement wurden zu neuen Werten, zu Kräften gesellschaftlicher Erneuerung und

Bewegung. Lateinschulen, Gymnasien, Universitäten und Akademien waren dafür entscheidende Stätten der Vermittlung. Internationale, nationale und regionale Kommunikationszusammenhänge bildeten sich aus, durch Korrespondenzen und Schriftentausch verknüpfte Netze entstanden, eine eigene Aufklärungsgesellschaft formierte sich.

Aufgeklärter Absolutismus

Die Aufklärung beeinflußte im Laufe des 18. Jahrhunderts zunehmend Monarchen und Beamte, Herrscher und ihre Ratgeber. Der Aufgeklärte Absolutismus wurde zu einer Regierungsform des Übergangs: noch der alteuropäischen, ständisch geprägten, in festen Vor- und Nachordnungen denkenden und handelnden Welt verhaftet, in manchen Zügen auf neue politische Strukturen, auf Konstitutionen, den Weg von der Untertanen- zur Staatsbürgergesellschaft vorausweisend. Das Regiment der Könige und Fürsten erhielt unter Berufung auf Gesellschafts- und Herrschaftsverträge eine neue Legitimation, Herrscher verstanden sich als erste Diener und Beamte ihrer Staaten. Regenten und Beamte reagierten auf politische und wirtschaftliche Krisen, auf soziale Spannungen, orientierten sich an fortgeschritteneren Staaten, an erfolgreichen Reformen und größerer wirtschaftlicher Leistung. Ziel war überall, die eigenen Ressourcen zu nutzen, neue Möglichkeiten in Handel, Gewerbe und Landwirtschaft zu erschließen, Verwaltung und Justiz zu vereinheitlichen und zu vereinfachen, neue Grundlagen des Rechts zu schaffen, Bildung und Wissenschaft zu fördern. In den katholischen Ländern kam der Neuregelung des Verhältnisses von Staat und Kirche besondere Bedeutung zu. Den Staaten ging es um Integration und Einfluß wie um Effizienz. Der Aufklärung kritisch und feindlich gegenüberstehende Kräfte, insbesondere im Adel und in den Kirchen, die um ihre Privilegien fürchteten, widersetzten sich vielfach und durchaus mit Erfolg dem neuen Kurs. Auch wurden keineswegs alle Staaten vom Aufgeklärten Absolutismus erfaßt. Neben Modellstaaten wie Dänemark – mit zeitweiser Pressefreiheit, der Aufhebung der Leibeigenschaft 1788 und dem ersten Sklavenhandelsverbot 1792 –, Anhalt-Dessau, Baden, Lippe, Oldenburg, Sachsen-Meiningen, Sachsen-Weimar-Eisenach, den geistlichen Staaten Mainz, Salzburg und Würzburg und den Großherzogtümern Mailand und Toskana in Italien gab es Länder, die sich nur zögernd und halbherzig neuen Ideen öffneten und in denen nur zeitweise ernsthafte Reformversuche gewagt wurden. Herrscherwechsel, Meinungsumschwünge am Hof führten zum Erlahmen oder zum Ende von Fortschritt und Erneuerung. Portugal und Frankreich, auch Spanien bieten dafür Beispiele. Im Preußen Friedrichs II., des Großen, boten sich der Aufklärung zwar in Teilbereichen Freiräume, doch fand sie Grenzen an der spezifischen Verflechtung von Militärsystem und Gesellschaftsstruktur. Letztlich blieben Absolutismus und Aufklärung unvereinbar.

Gesellschaften und Vereine

Neben den ›Reformen von oben‹ durch den Aufgeklärten Absolutismus standen vielfältige Bemühungen um ›Verbesserungen‹, die von den Assoziationen, den freien Zusammenschlüssen im Bildungswesen, in der Sozialfürsorge, im Gesundheits- und Armenwesen initiiert und teilweise selbst getragen wurden. Die patriotisch-gemeinnützigen Sozietäten in Stadtstaaten wie Basel, Hamburg und Lübeck sind dafür gute Exempel. Deutlich wird der enge Zusammenhang von Reform und Assoziation auch in der Entstehung der Sparkassen. Ebenso nahmen sich Freimaurerlogen, Lesegesellschaften und Klubs der »Wohlthätigkeit« an.

In den Vereinen wurden überhaupt neue Prinzipien, demokratische Verhaltensweisen, gleichberechtigter Meinungsaustausch, Politik durch Diskussion und Abstimmung, Ämtervergabe durch Wahl, Öffentlichkeit und Publizität des Handelns, in einer weitgehend noch anderen Grundhaltungen verpflichteten Welt verwirklicht, wurde der Schritt von der Korporation zur Assoziation getan. Träger der Aufklärung wie der Sozietätsbewegung waren die Gebildeten, Adlige, Bürgerliche aus dem alten Bürgertum der Städte und den neuen, mit dem modernen Staat entstandenen bürgerlichen Schichten, Männer – nur selten Frauen –, die Wegbereiter der bürgerlichen Emanzipation wurden. Sie verkündeten die »Botschaft der Tugend« (W. Martens) und versuchten, ihr Leben nach sittlich-moralischen Werten und Normen zu führen. Wer sich der Aufklärung und ihren Organisationen anschloß, gehörte zu einer Minderheit, zu einer kritischen Avantgarde. Vereine boten Möglichkeiten der Selbstverständigung und der Selbstbestätigung, stellten Foren für unbefangene Debatten, für umfassenden Gedanken- und Meinungsaustausch bereit und waren wichtige Agenturen des Kommunikationssystems der Aufklärung, Orte der Information, der Bildung, an denen Broschüren und Bücher, Zeitungen und Zeitschriften, amtliche und private Korrespondenzen zu Grundlagen weiterführender Diskurse und häufig auch praktischer Umsetzung neuer Ideen wurden. So initiierten und begleiteten die Sozietäten Reformen oder bereiteten sie doch vor. Für die Aufklärungsgesellschaft waren nicht mehr Herkunft und Konfession, Stand und Beruf die entscheidenden Kriterien der Zugehörigkeit, sondern Bildung und Einsatzbereitschaft für die neuen Vorstellungen und Ziele. Der gebildete, aufgeklärte, seinem Gemeinwesen verpflichtete und zu dessen ›Verbesserung‹ beitragende Bürger wurde zum Ideal. Dieser ›Citoyen‹ konnte adliger oder bürgerlicher Abstammung sein, mitunter auch aus einfachen Verhältnissen kommen, er konnte wohlhabend sein oder in bescheidenen Umständen leben – als Gebildeter und Mitwirkender am Prozeß der Aufklärung war er als Gleicher unter Gleichen willkommen. Durch ihre Arbeit wurden die Vereine wichtig für den Weg vom Untertanen zum Staatsbürger. Allerdings bestand auch die Gefahr, daß Bildung zu einem neuen Faktor der Abgrenzung wurde. Sie blieb jedoch in der Aufklärung selbst gering.

Politisierung

Mit dem Amerikanischen Unabhängigkeitskampf und der Französischen Revolution politisierte sich die Aufklärung, wurden neue Formen der politisch-sozialen Ordnung vorstell- und erlebbar. Die Rezeption naturrechtlicher Vorstellungen intensivierte sich, die Menschenrechte wurden zu einem wesentlichen Thema der Diskussion und zur Forderung des Tages, allen voran ›Publizität‹, das Recht auf freie Äußerung und Verbreitung von Nachrichten und Meinungen. Die Politisierung führte zu Polarisierung und Differenzierung. Traten zum einen – teilweise schon vor 1789 – verstärkt die Kräfte der Gegenaufklärung auf den Plan, so lassen sich nach 1789 deutliche Unterschiede in den politischen Auffassungen innerhalb und außerhalb der Aufklärung erkennen, die auf die Parteienbildung des 19. Jahrhunderts vorausweisen. Die Debatten über das Selbstverständnis der Aufklärung, über Ziele und Grenzen der Volksaufklärung gehören in den Kontext der achtziger und neunziger Jahre des 18. Jahrhunderts.

Reformbewegung

Die Aufklärung war eine Reformbewegung, die vom Menschen und seiner Lebenswelt ausging. Dies erklärt ihr anthropologisches wie ihr soziales Interesse und Engagement, ihre Anteilnahme an Geschichte und Geographie, ihren ständigen Prozeß der geistigen Durchdringung eigener und fremder Lebensformen in Vergangenheit und Gegenwart. Anthropologie und Psychologie – von »Erfahrungsseelenkunde« sprach der deutsche Schriftsteller K. Ph. Moritz –, Pädagogik, Sozial- und Wirtschaftswissenschaften, Statistik und Topographie waren Hauptinteressen- und Arbeitsgebiete der Zeit, zu deren Kennzeichen Enzyklopädien und Reisebeschreibungen zählen.

Größte Bedeutung wies die Aufklärung Erziehung und Bildung zu. Auch in und durch ihre Organisationen war sie selbst eine Bildungsbewegung. Pädagogische Konzepte wurden entworfen, Zusammenhänge von Bildungs- und Gesellschaftsreform erkannt, Kindheit und Jugend als eigenständige und zentrale Lebensabschnitte entdeckt. In den sechziger Jahren des 18. Jahrhunderts erschienen J.-J. Rousseaus ›Émile ou de l'éducation‹ (1762), L. R. de Caradeuc de La Chalotais' ›Essai d'éducation nationale‹ (1763), M. Ehlers ›Gedanken von den zur Verbesserung der Schulen nothwendigen Erfordernissen‹ (1766) und J. B. Basedows ›Vorstellung an Menschenfreunde und vermögende Männer über Schulen und Studien und ihren Einfluß in die öffentliche Wohlfahrt‹ (1768). Damit begann eine fruchtbare Debatte über Erziehung und Bildung, Schulen und Unterricht. Die Aufklärung wurde zu einer wichtigen Etappe auf dem Wege zur »Verweltlichung, Verstaatlichung und Verfachlichung des Schulwesens« (K. E. Jeismann). Die Reform wurde in allen Bereichen in Angriff genommen, eine eigene Schulverwaltung oder doch eine bessere Aufsicht wurde ebenso erstrebt wie eine Ausbildung der Lehrer an Seminaren und Universitäten und eine sichere Existenz und Altersversorgung der Lehrer und ihrer Angehörigen. Inhaltlich erhielt die Muttersprache größeres Gewicht, wurde die Verbindung von Sprach- und Sachunterricht gesucht, kamen moderne Fremdsprachen in den Lehrplan, wurde das Gewicht der Realien, also der Geschichte, Geographie und Naturkunde, verstärkt, Anleitung zum Selbstdenken als Ziel der Erziehung bestimmt. Die Teilhabe der Mädchen und Frauen an Bildung und Aufklärung wurde thematisiert und in ersten Schritten realisiert. Mit der Taubstummenerziehung begann die Einbeziehung der Benachteiligten und Behinderten. Schließlich schuf die Aufklärung die Grundlagen für das berufsbildende Schulwesen. Freilich zog sich der von der Aufklärung initiierte Prozeß umfassender Modernisierung im Bereich von Erziehung und Bildung bis ins 20. Jahrhundert hin.

Zu den bemerkenswerten Leistungen gehören – neben beachtlichen Reformen in kleineren Staaten – der Aufbau des Volksschulwesens und der Lehrerbildung im Österreich Maria Theresias unter dem aus Schlesien berufenen I. Felbiger und in Böhmen unter F. Kindermann, die Errichtung des Oberschulkollegiums (1787) und das Abiturreglement (1788) in Preußen als Anfänge einer staatlichen Schulpolitik und die Gründung einer Kommission für Nationale Bildung in Polen, des ersten Bildungs- und Unterrichtsministeriums in Europa 1773. Wie in Polen so war generell das Verbot des Jesuitenordens ein auch erziehungs- und bildungsgeschichtlich wichtiger Einschnitt. Weitreichende Ausstrahlungskraft hatten gerade im Schulwesen Initiativen einzelner, so Basedows ›Philanthropinum‹ in Dessau (1774–1793), Ch. G. Salzmanns Anstalt in Schnepfenthal (Thüringen) von 1784, die Unternehmungen J. H. Pestalozzis in verschiedenen Schweizer Orten und die Schulen Ph. E. von Fellenbergs in Hofwyl bei Bern (1799). Von großer Bedeutung für den Prozeß der Aufklärung waren neue Universitäten wie Halle (1694), Göttingen (1737) und Moskau (1755).

War die Sozietätsbewegung ein Faktor der Erziehung und Bildung, so war sie auch ein wesentlicher Motor der Toleranz. In den Vereinen fanden sich Angehörige verschiedener Konfessionen zu gemeinsamem Wirken zusammen. Religiöse Gegensätze verloren an Kraft, weil die Aufklärung die Gemeinsamkeiten der vernünftigen, der ›natürlichen‹ Religion betonte und die sozialethischen Pflichten der Gläubigen hervorhob. Sie führte in den Glaubensgemeinschaften zu Veränderungen, indem »an Stelle des religiösen Pathos, das die vorangehenden Glaubenskämpfe bewegt und vorwärtsgetrieben hatte, ein religiöses Ethos trat« (E. Cassirer). Wichtige Marksteine waren die Toleranzgesetze, die Joseph II. seit 1781 im Habsburgerreich erließ. Auch mittlere und kleinere Staaten gewährten größere Toleranz. Für die Gleichberechtigung der Juden war die Aufklärung gleichfalls eine entscheidende erste Etappe, mit G. E. Lessings Drama ›Nathan der Weise‹ (1779), Ch. W. Dohms ›Über die bürgerliche Verbesserung der Juden‹ (1781) und M. Mendelssohns ›Jerusalem oder über religiöse Macht und Judenthum‹ (1783) als wegweisenden Dokumenten. Allerdings zeigt sich im Verhalten gegenüber den Juden auch manche Inkonsequenz der Aufklärer: Anpassung wurde erwartet, die Anerkennung des anderen in und mit seiner Eigenart verwehrt.

Zu den zentralen Anliegen der Aufklärung gehörte ein besserer Schutz der Menschen vor Krankheit, Not und Elend. Auch auf diesem Feld gingen wesentliche Impulse von den Vereinen aus. Im Gesundheitswesen wurde der Gedanke der Vorbeugung zunehmend wichtiger, kamen soziale Momente in den Blick, entstanden moderne Krankenhäuser, wurden Impfungen – gegen die Blattern, eine der Geißeln der Zeit – durchgesetzt, wurde mit gezielter Aufklärung begonnen und der Kampf gegen Kurpfuscherei und Quacksalber aufgenommen. Ledigen Müttern wurde Hilfe zuteil, als sich Menschenfreunde der Kindesmordproblematik annahmen. Es ist kein Zufall, daß der dänische Staatsmann und Aufklärer J. F. Struensee, neben Joseph II. einer der großen Vertreter der ›Reform von oben‹, als Arzt begonnen hatte. Armut erschien nicht mehr als Folge von Müßiggang und Faulheit, von Sünd- und Lasterhaftigkeit. Vielmehr wurden strukturelle und konjunkturelle Ursachen erkannt und zum Ausgangspunkt von Reformen. Den arbeitsfähigen Armen sollte Arbeit verschafft, den Arbeitsunfähigen Versorgung und Unterstützung gewährt werden, den Kindern beider Gruppen schulische Ausbildung zukommen. In einzelnen Städten gelangen, wenn auch oft nur zeitweise, beachtliche, insbesondere von den Bürgern selbst getragene Reformen. Die Hamburger Armenanstalt von 1788, die auf diesen neuen Prinzipien aufbaute, wurde zu einem vielbeachteten Vorbild in ganz Europa.

Auch die Justiz und der Strafvollzug traten in das Blickfeld und den Aktionsradius der Aufklärer. Das 1764 erschienene Buch des Mailänders C. Beccaria ›Dei delitti e delle pene‹ (Über Verbrechen und Strafen) machte Epoche. Die darin enthaltenen Gedanken vom angemessenen Verhältnis von Straftat und Strafmaß, das eindrucksvolle Plädoyer für die Abschaffung von Folter und Todesstrafe wurden in ganz Europa aufgegriffen und lebhaft diskutiert. Das Großherzogtum Toskana war der erste Staat, in dem Beccarias Ideen verwirklicht wurden. Auch um entlassene Gefangene begann sich die Aufklärung zu kümmern, die Idee der Resozialisierung fand Resonanz. Ein großer Erfolg gelang mit dem Ende der Hexenverfolgungen. Die letzten Hexenverbrennungen im Schweizer Kanton Glarus 1782 und in Posen 1793 markieren eine wichtige Zäsur in der Geschichte von Recht und Unrecht, im Kampf gegen Vorurteile und Aberglauben. Mit Gesetzes- und Verordnungssammlungen, vor allem mit großen Rechtskodifikationen wurden Schritte hin zum modernen Rechtsstaat getan.

Wirkungen

Die Amerikanische und die Französische Revolution erfüllten viele Forderungen und Wünsche der Aufklärer. In Deutschland brachten die Reformen in den Rheinbundstaaten, in Preußen, in den direkt oder indirekt von Frankreich abhängigen Gebieten nach 1806 einen Modernisierungsschub – wiederum als ›Aufklärung von oben‹. Das Erbe der Aufklärer, ihr Kampf für Freiheit, Gleichheit und Brüderlichkeit, für Menschenwürde, Gerechtigkeit und Toleranz blieb in den folgenden Freiheitsbewegungen lebendig. Mit der Aufklärung begann in Europa, in Nord- und Lateinamerika die moderne Emanzipations- und Säkularisierungsbewegung. In ihr wurden Grundwerte und Grundhaltungen der demokratischen Gesellschaften geschaffen. An Grundwerten orientierten sich die Aufklärer des 18. und frühen 19. Jahrhunderts zumeist; bloße Zweckrationalität war ihnen überwiegend fremd. Die von M. Horkheimer und Th. W. Adorno beschriebene ›Dialektik der Aufklärung‹ ist weitgehend das Ergebnis verkürzter, verengter und verflachter Nachfolge. Manche Aufklärer allerdings sahen vorrangig ihre Kreise und Interessen, begegneten dem Volk, seinen Gewohnheiten und Vorstellungen eher von oben herab, mit Überlegenheit und Unverständnis, warben nicht in erster Linie durch Überzeugung, sondern suchten mit Verordnungen und Zwang ihre Ziele zu erreichen, machten Bildung zu einem neuen Kriterium der Abgrenzung. Im sozialen Bereich gab es neben uneigennützigem, philanthropischem Engagement auch Disziplinierung und rigide Kontrolle. Generell war die Aufklärung jedoch ›intentional ständetranszendendierend‹ (H. Möller). Ihre Träger waren oft frei von Vorurteilen, sahen und empfanden sich als Vertreter der ›Menschheit‹, der sie sich als ›Weltbürger‹ verpflichtet wußten. Andererseits orientierten sich viele ihrer Protagonisten stark an der politischen und gesellschaftlichen Realität ihrer Zeit und Umwelt. Sie plädierten für eine ›verhältnismäßige Aufklärung‹, welche die sozialen Grenzen, die bestehende Ordnung respektierte. Neuere Forschungen haben ergeben, daß die Bemühungen um die ›Volksaufklärung‹ lange unterschätzt worden sind. An ihnen läßt sich nachweisen, wie sehr die Aufklärung ins 19. Jahrhundert hineinwirkte. Organisationsformen, die von ihr entwickelt wurden, blieben auch in der Folge wichtig, wie an der Bedeutung der Lesegesellschaften für den Demokratisierungsprozeß, für die Emanzipation der Volksschullehrer und für die Konstituierung der Arbeiterbewegung deutlich wird. Gerade Lesegesellschaften haben, wie mehrere Untersuchungen für einzelne Regionen Deutschlands und für die Schweiz zeigen, die Gedanken der Aufklärung im ausgehenden 18. und im frühen 19. Jahrhundert in Kleinstädte und ländliche Gebiete gebracht.

Von den engagierten Aufklärern kann noch heute gelernt werden, von ihrem Bekenntnis zur Mannigfaltigkeit menschlicher Meinungen und Lebensformen, von ihrem Wissen um die nie abgeschlossene Suche nach Wahrheit, um Fehlbarkeit und Irrtum, um die Notwendigkeit und Fruchtbarkeit von Kritik und Zweifel, von ihrem Einsatz für das Gemeinwesen. Jene kritische Avantgarde, die nur wenige Prozent der Bevölkerung umfaßt haben dürfte, hat Bleibendes geleistet. Die moderne demokratische Gesellschaft ist ohne ihre Vorarbeit nicht zu denken. Sie wird ohne ihre kritischen Impulse keinen Bestand haben. [F. Kopitzsch]

Bauer

Der Begriff Bauer hat eine weitere und eine engere Bedeutung. Im weiteren Sinn ist der Bauer der Produzent von pflanzlichen (Ackerbau) und tierischen (Viehzucht) Nahrungsmitteln und Rohstoffen im Rahmen einer selbständigen, ökonomisch weitestgehend autarken Einheit (Hof), die er unter Einsatz seiner eigenen körperlichen Arbeit bewirtschaftet und leitet. In diesem Sinn ist der Bauer eine universalhistorische Erscheinung. In der europäischen Geschichte allerdings ist der Bauer nicht allein durch Tätigkeits- und Organisationsmerkmale definiert, sondern in starkem Maße durch seine soziale Stellung in der Gesellschaft, die eine ständische ist. Durch die Herausbildung der funktionalen Dreiteilung der Gesellschaft in Priester, Krieger und Bauern (Betstand/oratores, Wehrstand/bellatores und Nährstand/laboratores) im Hochmittelalter erhält er seinen eindeutigen sozialen ›Ort‹, der theoretisch durch den komplementären Charakter der drei Stände markiert wird, praktisch durch die Tatsache, daß der Bauer den Priester- und Kriegerstand (Geistlichkeit und Adel) mittels der Erträge seiner Arbeit ernährt. Diese Ordnung wird

im mittelalterlichen und frühneuzeitlichen Europa als gottgewollt und damit auch unveränderlich verstanden: »Got hat driu leben geschaffen, gebure, ritter und pfaffen.«
Da die engere Bedeutung des Wortes, die Tätigkeits- und Standesmerkmale verschmilzt, für Europa konstitutiv geworden ist, empfiehlt es sich, darauf das Hauptgewicht zu legen und den universalhistorischen Charakter des Bauerntums lediglich in einem Ausblick anzudeuten.
Die Demarkationslinie der europäischen gesellschaftlichen Großgruppen liegt im Früh- und Hochmittelalter zwischen Freien und Unfreien. Seit dem 11. Jahrhundert wird diese sozialdifferenzierende Kategorisierung überlagert durch die ›idéologie tripartie‹, eine funktionsspezifische Gliederung der Gesellschaft in Geistlichkeit, Adel und Bauern, die sich ausgangs des Hochmittelalters im 13. Jahrhundert auch rechtlich in fast allen europäischen Ländern durchgesetzt hat. Der Weg vom ›servus‹-Unfreien zum Bauern erfolgt »durch die Verdinglichung der ehedem personalen Abgaben und Dienste zu Reallasten auf Grund und Boden« (G. Franz), aber auch viele als Landwirte tätige Freie werden zu Bauern im ständischen Sinn, indem sie sich dem Adel und der Kirche unterwerfen oder ihnen unterworfen werden. Damit wird die Einbindung in eine Grundherrschaft (seigneurie, manor) zu einem bestimmenden Merkmal des europäischen Bauerntums; nur ganz vereinzelt können sich freie Bauern in Europa halten. Da als Grundherren fast ausschließlich Adelige (Ritter, Grafen, Fürsten, Könige) und kirchliche Institutionen (Klöster, Hochstifte) in Erscheinung treten, Adel und Kirche dem Bauern also übergeordnet sind, ihm als ›Herrschaft‹ gegenübertreten, werden die Bauern als niedrigster Stand, als ›tiers état‹ verstanden.
Das reziproke Verhältnis von ›Herrenständen‹ (Adel, Geistlichkeit) und Bauernstand beinhaltet, daß man von Bauern im europäischen Verständnis des Wortes nach dem Zusammenbruch der Adelsherrschaft und der Säkularisation der Kirche, die in Folge der Französischen Revolution in fast allen europäischen Ländern im 19. Jahrhundert erfolgten, nicht mehr sprechen kann. Der Entprivilegierung der ›Herrenstände‹ und der Egalisierung der Gesellschaft komplementär ist die zeitgleich stattfindende ›Bauernbefreiung‹. Die von der Landwirtschaft lebenden Menschen des 19. und 20. Jahrhunderts sind strenggenommen keine Bauern, sondern Landwirte; sie sind nicht mehr Herrschaftsunterworfene, sondern Staatsbürger.

Bäuerliche Wirtschaft und bäuerlicher Alltag

Die Produktivität der europäischen Landwirtschaft war, verglichen mit heute, ausgesprochen gering. Sie stieg während der 500 Jahre von 1300–1800 nur unwesentlich (wohingegen sich die Erträge zwischen 1800 und 1973 vervielfacht haben von 9–10 dz/ha auf 35–45 dz/ha). In Osteuropa lag der Ertragsfaktor in der frühen Neuzeit zwischen 3,9 und 4,7, in England und den Niederlanden, wo die Landwirtschaft den höchsten Stand erreichte, zwischen 6,7 und 11,1 (Verhältnis Aussaat : Ernte). Nach Abzug der Abgaben an die Grundherren (Feudalrente) und den Staat, des Eigenbedarfs und der notwendigen Betriebsmittel blieb nur ein geringer Rest, was erklärt, daß einerseits die Bevölkerung nur in beschränktem Umfang wachsen konnte, andererseits nur ein kleiner, außerhalb der Landwirtschaft tätiger Teil der Bevölkerung ernährt werden konnte: Die Bevölkerung Europas hat sich vom 14. bis zum ausgehenden 18. Jahrhundert etwa verdoppelt (von rund 78 Millionen Einwohnern auf 185 Millionen); noch im 17. Jahrhundert ernährte eine fünfköpfige bäuerliche Familie nur 1,4 Stadtbewohner (heute ca. 15–20 Menschen). Das erklärt auch, weshalb die Bauern mit 70–90 Prozent der Bevölkerung den numerisch stärksten Stand in Europa ausmachten.

Die bis zur Agrarischen Revolution des 18./19. Jahrhunderts immer äußerst knappe Nahrungsdecke hatte für die Organisation der Landwirtschaft und auch für den Bauernstand selbst erhebliche Folgen. Das allmähliche Wachstum der Bevölkerung führte dazu, daß die ursprüngliche bäuerliche Wirtschaftseinheit der Hufe – die so ausgestattet war, daß sie einer Familie (bestehend aus Eltern, Kindern, evtl. Großeltern) die Existenz sicherte und entsprechend den unterschiedlichen Bodenbonitäten und Klimaverhältnissen naturgemäß unterschiedlich groß war (von einem Richtwert von 10–16 ha wird man ausgehen können) – vielfach parzelliert wurde, so daß seit dem Spätmittelalter eine in sich differenzierte bäuerliche Gesellschaft entstand (Vollbauern/laboureurs, Halbbauern/demi laboureurs, Seldner und Häusler/manouvriers). Der prozentuale Anteil der ausschließlich von der Landwirtschaft lebenden Bauern fiel in Europa bis 1800 ständig (auf 43 Prozent), der der Armen stieg kontinuierlich (auf 35 Prozent), in einzelnen Ländern, etwa Frankreich, auf 65–80 Prozent. Weil der Ackerbau einen höheren Kalorienertrag pro Hektar abwirft als die Viehwirtschaft (etwa 5:1), wurde mit zunehmender Bevölkerungsdichte das Weideland zugunsten des Ackerlandes stark zurückgedrängt. Der Umfang des Weidelandes regulierte sich nach dem Bedarf an Zugvieh und Dünger und stand zum Ackerland durchschnittlich im Verhältnis 1:2. Entsprechend erfolgte die Ernährung der Bevölkerung zunehmend und schließlich überwiegend über Getreideprodukte. Zwischen 1500 und 1800 fiel der Fleischverbrauch pro Kopf und Jahr in Europa von 60–100 kg auf 14–16 kg, hingegen stieg der Brotverbrauch im gleichen Zeitraum von 200–250 kg auf 300 kg. Wiewohl es einen internationalen Getreide- und Viehhandel gab – so ging etwa Getreide aus dem ostelbischen Raum nach England und in die Niederlande, und Viehherden wurden von Ungarn nach Deutschland und Frankreich getrieben –, waren nur großbäuerliche Betriebe am Marktgeschehen beteiligt. Der Bauer produzierte vornehmlich für den eigenen Konsum (A. V. Chayanov). Organisatorischer Mittelpunkt der Landwirtschaft war und blieb bis ins 19. Jahrhundert das ›Haus‹, dessen herausgehobene Stellung darin zum Ausdruck kommt, daß es einen eigenen Friedens- und Rechtsbereich darstellte, in dem der ›Hausherr‹, der ›Hausvater‹, über die Familienmitglieder und das Gesinde gewissermaßen ›Herrschaft‹ ausübte. Das Haus selbst und die Lebensverhältnisse in diesem Haus waren nach Auskunft der Zeitgenossen äußerst bescheiden. Die meist aus Holz und anderen am Ort verfügbaren Baumaterialien gefertigten Häuser verfügten selten über mehr als eine Wohnstube, in der sich während der arbeitsfreien Zeit Bauer, Bäuerin, Kinder und Gesinde aufhielten, und je nach Größe der Familie einige Schlafkammern, die nicht einmal immer von Stall und Scheune getrennt waren (erst im 18. Jahrhundert kommt das ›Mehrstubenwohnen‹ auf); Rüben und Kraut mit Speck, Hirse- und Gerstebrei, Brot, Käse und Obst waren die Hauptnahrungsmittel, Molke, Most und Wasser das tägliche Getränk. Fleisch kam selten auf den Tisch, Fisch und Wild so gut wie nicht, so daß letztere als ausgesprochene ›Herrenspeisen‹ galten. Die Ärmlichkeit der täglichen Nahrung erklärt die Opulenz der bäuerlichen Feste – der Hochzeiten vornehmlich –, deren Renommee mit der Zahl und Qualität der Speisen und Getränke wuchs. Die bäuerliche Festkultur entwickelte sich um das Haus und die Familie, aber auch um die Ernte. Wiewohl sich die Kirchen dieses Festes bemächtigten, drückt sich hier auch eine bestimmte Form bäuerlicher Religiosität aus, die als ›ethische Religiosität‹ bezeichnet worden ist, näherhin als »eine streng formalistische Ethik des ›do ut des‹ dem Gott und Priester gegenüber« (M. Weber). Sie kommt auch zum Ausdruck in Wettersegen und Bittprozessionen durch die Fluren.

Das Dorf – der primäre Lebenszusammenhang der bäuerlichen Gesellschaft

Die Etymologie des Wortes Bauer zeigt eine Verbindung zum Dorf. Im germanischen ›būraz‹ und im mittelhochdeutschen ›gepure‹ wird der Nachbar, der Miteinwohner, der Dorfgenosse begrifflich abgebildet. Interessanterweise findet zeitlich parallel zum Übergang vom Unfreien zum Bauern europaweit ein Wechsel von der bislang vorherrschenden Einöd- und Weilersiedlung zur Dorfsiedlung statt.

Zeitlich gesehen entsteht das Dorf an der Übergangsstelle von der fronhofsorientierten Agrarverfassung zur grundherrschaftlich organisierten Agrarverfassung. Im Fronhofs- bzw. Villikationssystem – beschreibt man es idealtypisch – wird die verfügbare landwirtschaftliche Nutzfläche durch

Dienste der Unfreien (servi, Leibeigene) nach der Weisung des Herrn (Fron) oder seines Verwalters (villicus) bewirtschaftet. Im Prinzip verfügt der Herr unbeschränkt über die Arbeitskraft seines Leibeigenen. Im System der Grundherrschaft, oder besser gesagt der ›Rentengrundherrschaft‹, geht die Eigenwirtschaft des Herrn stark zurück, sein Eigenland (Salland, demesne) wird parzelliert, die Dienste entfallen somit, und der bisher Unfreie kann relativ autonom über seine Arbeitskraft verfügen. Anstelle der früheren Dienste (Arbeitsrente) entrichtet er seinem Herrn für das ihm zugewiesene Land Getreide und andere Abgaben (Naturalrente) und/oder Geldzinse (Geldrente). Damit wird der vom Bauern bewirtschaftete Hof die Grundlage der europäischen Landwirtschaft. Auf Druck der Bauern und wegen der solideren Wirtschaftsführung bei langen Leihezeiten setzt sich allmählich ein bäuerliches Erbrecht an den Gütern durch und verdrängt zunehmend die befristeten Leihen (von Jahr zu Jahr, auf mehrere Jahre oder auf Lebenszeit). Damit verfügt der Bauer – nach Abzug der Feudalrente – auch über seinen Arbeitsertrag. Die freie Verfügung über Arbeitskraft und Arbeitsertrag stellt einen Wandel in der Arbeitsverfassung von säkularen Ausmaßen dar, der ähnlich tiefgreifend ist wie die Herausbildung der lohnabhängigen Arbeiterschaft im 19. Jahrhundert.

Das Dorf gründet auf dem Zusammensiedeln von selbständig wirtschaftenden Bauern. Der ›Verdorfungsprozeß‹ erfolgt vom 11.–14. Jahrhundert. Mit dem Dorf entsteht die für Europa typische Dreiheit von Siedlung, bebauter Flur und Allmende, wobei Haus, Hof und Garten individuell genutzt werden, die Flur in Form der Dreifelderwirtschaft (open field system) in der Abfolge Winterfrucht, Sommerfrucht, Brache individuell-genossenschaftlich und die Allmende (Wald und Weide) genossenschaftlich. Die genossenschaftlichen Formen der Bewirtschaftung der Dorfmark sichern den Zusammenhalt der Bauern, begründen ihr wechselseitiges Aufeinanderangewiesensein: Die dramatische Verknappung der Landressourcen im Hochmittelalter führte dazu, daß die zu den jeweiligen Höfen gehörenden Ackerstücke nicht durch Wege abgetrennt wurden, so daß die Dorfbewohner zur gleichen Zeit einsäen und ernten mußten; das Vieh aller Höfe wurde gemeinsam auf die Weide getrieben. Hier liegen die arbeitsorganisatorischen Grundlagen für die Herausbildung einer Dorfgemeinde.

Der neue Siedlungsverband Dorf und die Modalitäten der Bewirtschaftung der Dorfmark erforderten die Schaffung von Normen; Organe für die Überwachung und Einhaltung dieser Normen mußten ausgebildet werden; und schließlich mußten Institutionen zur Bestrafung von Normverletzungen geschaffen werden. Auf diese Weise entstanden die Dorfsatzung, die dörflichen Organe (für die Kontrolle der Flur und des

Waldes, die Überwachung dörflicher Gemeinschaftseinrichtungen wie Schmiede, Badestube, Taverne, die Aufrechterhaltung des dörflichen Friedens u. a.) und das Dorfgericht. In letzter Verantwortlichkeit gehen Satzungshoheit, Administration und Gerichtsbarkeit auf die Gemeindeversammlung zurück, an der teilzunehmen in der Regel nur die Hofinhaber, die ›Hausväter‹, berechtigt sind: Die Dorfgemeinde erläßt die lokalen Satzungen, und sie bestimmt durch Wahl oder andere Verfahren, z. T. im Zusammenwirken mit dem Grundherrn, die Amtsträger im Dorf. Indem die Gemeinde selbst für Recht, Ordnung und Frieden im Dorf sorgt, nimmt sie – modern gesprochen – staatliche Aufgaben wahr. Der politische Charakter der Gemeinde kommt schließlich auch darin zum Ausdruck, daß dort, wo die Gemeindeautonomie hoch entwickelt ist – und das ist in Mittel- und Westeuropa mehr der Fall als in Osteuropa –, die Bauern in den territorialen und nationalen Repräsentativkörperschaften vertreten sind: in den états généraux und provinciaux Frankreichs, den Landtagen einiger deutscher Territorien und im schwedischen Reichstag. Die gängige Auffassung von der politischen Bedeutungslosigkeit des Bauernstandes bedarf aufgrund solcher neuer Einsichten energischer Korrekturen. Ergänzt man die strukturelle Beschreibung der Dorfgemeinde durch eine ereignisgeschichtliche, so läßt sich unschwer zeigen, daß die Gemeinde bis ins 16. Jahrhundert an Kompetenzen gewinnt und sich im günstigsten Fall der feudalen Herrschaft gänzlich entzieht. Die der Dorfgemeinde analog konstruierten Landgemeinden der Schweiz sind dafür das überzeugendste Beweismittel. Seit dem 16. Jahrhundert erlebt die Gemeinde im Zuge der Verfestigung des fürstlichen Territorialstaats und der Herausbildung der absoluten Monarchie eine zunehmende Einschränkung ihrer Zuständigkeiten, was allerdings im Zusammenhang mit einer allgemeinen Schwächung der politischen Kompetenzen intermediärer Gewalten (Ständeversammlungen) gesehen werden muß.

Grundherrschaft, Gutsherrschaft und Staat – Formen feudaler Herrschaft

Neben der horizontalen Einbindung des Bauern in die Dorfgemeinde steht die vertikale in die Grundherrschaft, die Gutsherrschaft und den Staat. Herrschaft über Bauern hat eine personale und eine dingliche Wurzel. Einerseits rührt sie her von der früh- und hochmittelalterlichen Unfreiheit großer Bevölkerungsteile, andererseits ist sie Folge der Tatsache, daß von wenigen Ausnahmen abgesehen (Skandinavien) der Bauer nicht Eigentümer des Grund und Bodens ist, den er bewirtschaftet, sondern diesen in der Regel von einem adeligen oder geistlichen Herrn zur Nutzung überlassen erhält. Da die Leihe von Grund und Boden, von der das Wort Feudalismus herstammt, idealiter vom Herrn den ›Schutz und

Schirm‹ und vom (Grund-)Holden ›Rat und Hilfe‹, später ›Gehorsam‹ forderte, weitete sich die ökonomische Beziehung um eine herrschaftliche und eine ethische. Der Wissenschaftsbegriff ›Grund-Herrschaft‹ sucht dem Rechnung zu tragen, wiewohl er nicht hinreichend deutlich zum Ausdruck bringt, daß der Grundherr gleichzeitig oft auch Leibherr und Gerichtsherr des Bauern war (wobei die grundherrliche Gerichtsbarkeit oft mit der dörflichen konkurrierte oder mit ihr verschmolz). Der Begriff hat aber insofern seine Treffsicherheit, als die dingliche Beziehung gegenüber der personalen in der Regel im Vordergrund stand und sich schließlich die gerichtlich-obrigkeitlichen Kompetenzen seit dem 16./17. Jahrhundert von den adeligen und geistlichen Grundherren auf die Landesherren und Könige verlagerten, anders gesprochen: auf den Staat.

Generelle Angaben über die wirtschaftliche Belastung der Bauern zu machen, ist ausgesprochen schwierig. Es gibt regionale Berechnungen aus allen Teilen Europas, die es vertretbar erscheinen lassen, als groben Richtwert die Feudalrente auf 30 Prozent des Bruttoertrags eines Hofes zu veranschlagen. Dabei ist zu berücksichtigen, daß der grundherrliche Anteil wegen der häufig fixierten Geldrenten und des langfristigen Geldwertverfalls sinkt, der Anteil des Staates in Form von Steuern wächst. Insofern Adel und hohe Geistlichkeit (in katholischen Ländern) in den Abgaben ihrer grundhörigen Bauern ihre Haupteinnahmequelle haben – nur die Fürsten und Könige sichern sich zusätzliche Einkünfte über Steuern, Zölle, Bergwerke und andere Regalien und haben damit teil an den Konjunkturen in den Städten –, wird die europäische ›Hochkultur‹ der Burgen und Schlösser, Kathedralen und Klöster von den Bauern finanziert.

Noch im Spätmittelalter ist die feudale Abhängigkeit der Bauern in der Figur der Grundherrschaft in ganz Europa sehr ähnlich. Das ändert sich im Verlauf der Frühneuzeit, indem die Grundherrschaft in Westeuropa allmählich durch kapitalistische Formen der Landwirtschaft zersetzt wird, in Ostmittel- und Osteuropa hingegen zur Gutsherrschaft ausgebaut wird. Vornehmlich in England kommt es bereits seit dem 16. Jahrhundert, verstärkt im 17. Jahrhundert durch Einhegungen von Weideland (enclosures) seitens der Grundherren zu tiefgreifenden Veränderungen in der Landwirtschaft, die schließlich schon vor der Agrarischen Revolution zu einem weitgehenden Verschwinden des Bauernstandes führen. Durch die enclosure-Bewegung werden vor allem die kleineren bäuerlichen Betriebe teilweise existenzunfähig (die Aufwendungen für die Armenfürsorge steigen von 699 000 £ im Jahr 1685 auf 4 250 000 £ im Jahr 1800), aufgegeben und ihrerseits dem eingehegten Land zugeschlagen. Mit einem relativ hohen Kapitaleinsatz wird der Getreidebau intensiviert,

werden Spezialkulturen angelegt und schließlich die für die englische Tuchherstellung so wichtige Schafhaltung betrieben. In Frankreich und Spanien erfährt die seigneurie rurale vielfache Umformungen mit der Tendenz, die Leiheverhältnisse durch Pachtverhältnisse zu ersetzen; in Form der Pacht werden in Frankreich bis zu 40 Prozent des Landes bewirtschaftet, in Spanien sind im 18. Jahrhundert 80 Prozent der ländlichen Bevölkerung Pächter oder Tagelöhner. Das alles mindert zwar die herrschaftliche Einbindung der auf dem Land lebenden Bevölkerung, doch der Verlust des Hofes und der Mangel an alternativen Arbeitsmöglichkeiten vergrößert auch in erheblichem Maße die Zahl der Armen.
Eine in gewissem Sinn gegenläufige Entwicklung vollzieht sich östlich der Elbe und Saale (und in Dänemark), wo neue Formen persönlicher Unfreiheit ausgebildet werden. Der lukrative Getreidehandel nach Westeuropa über die Ost- und Nordsee führt hier seit dem 16. Jahrhundert zu einer Ausweitung der von Adeligen betriebenen Landwirtschaft. Zunächst wurden verlassene Höfe zu den Rittergütern geschlagen, schließlich die Bauern aber auch systematisch von ihren Höfen vertrieben (Bauernlegen). Die Bewirtschaftung des Rittergutes jedoch erfolgte überwiegend durch die verbliebenen Bauern im Wege von Fronen, die drei bis fünf Tage in der Woche betragen konnten. Um dieses System zu sichern, das dem landwirtschaftlichen Großunternehmer Arbeitskräfte und Produktionsmittel sparen half (Zugkraft, Pflug etc.), wurden den Bauern in Preußen wie in Böhmen, in Ungarn wie in Rußland der Wegzug verboten (Erbuntertänigkeit) und die in der bäuerlichen Wirtschaft nicht benötigten Kinder verpflichtet, auf dem Rittergut in Dienst zu treten (Gesindezwangsdienst). Es sind nicht zuletzt diese, in der Aufklärung als ›böhmische Servitut‹ gegeißelten Verhältnisse, welche die aufgeklärten Monarchen des späten 18. Jahrhunderts in Preußen, Österreich und Rußland veranlassen, eine ›Bauernbefreiung‹ einzuleiten.

Widerstand – eine bäuerliche Tugend

Naturgemäß bestand zwischen dem Bauernstand und der ›Herrenschicht‹ ein Gegensatz, wenn auch die ständische Ordnung von den Bauern selten prinzipiell in Frage gestellt wurde. Der latente Konflikt wurde durch zweierlei verschärft: einerseits durch die Ausbildung und Verfestigung der Gemeinden, die das alltägliche Leben selbst organisierten und ›Herrschaft‹ teilweise als entbehrlich erscheinen lassen konnten; andererseits durch die Krisenanfälligkeit der Landwirtschaft, die den feudalen Belastungen vor allem bei Mißernten, Kriegen und starkem Bevölkerungswachstum kaum gewachsen war und angesichts der Wertvorstellungen der Bauern von Auskömmlicheit und Gemeinnutz das Billigkeitsprinzip auf seiten der Herren vermißte. So erklärt sich, daß der latente Gegensatz

überall in Europa immer wieder manifest wurde. England erlebt große Bauernaufstände 1381, 1450 und 1549, denen zahlreiche ›enclosure-riots‹ und ›foot-riots‹ bis ins 19. Jahrhundert folgen. In Frankreich kommt es im Spätmittelalter neben dem bedeutenden Aufstand von 1356 (Jacquerie) zu vielen regional beschränkten Revolten, zwischen 1548–1707 zu zwölf größeren Bauernaufständen; allein für die Provence sind zwischen 1596 und 1715 374 lokale Aufstände festgestellt worden. Auch Osteuropa kennt große Bauernaufstände, in Ungarn (1514) und in Rußland (1606/7, 1670/71, 1707/8, 1773/75). Im Reich sind für das Spätmittelalter rund 60 größere und kleinere Unruhen nachgewiesen worden, in der Frühneuzeit werden sie unzählbar, einerseits weil bäuerlicher Protest sich häufig rechtsförmlich vor Gericht artikuliert, andererseits weil sein aggressiv-militärischer Charakter zurückgeht. Den Höhepunkt aller europäischen Bauernunruhen stellt hinsichtlich Massenbasis, Gewaltsamkeit und Programmatik zweifellos der deutsche Bauernkrieg von 1525 dar, der neuerdings als ›Revolution des gemeinen Mannes‹ interpretiert wird, weil in der Verfassungsvorstellung der Aufständischen republikanisch-freistaatliche Aspirationen deutlich zu erkennen sind, das Gemeindeprinzip der ländlichen Gesellschaft also gewissermaßen ins Staatliche gekehrt wird.
Angesichts dieser Fakten, die in dieser Breite und Dichte erst in jüngerer Zeit herausgearbeitet worden sind, muß wohl insgesamt ein neues Bild vom europäischen Bauerntum entworfen werden. ›Naturverbundenheit‹, ›Konservativismus‹, ›Gesundheit‹, ›Frömmigkeit‹, ›Geschichtslosigkeit‹ und was alles sonst an charakteristischen Merkmalen dem Bauern zugeordnet wird, beschreiben allenfalls partiell den Charakter des Bauerntums. Die verbreitete Auffassung einer harmonischen Beziehung von Adel und Bauern in der Grundherrschaft (O. Brunner) blendet den Konflikt als Strukturelement des bäuerlich-herrschaftlichen Beziehungsgefüges aus.

Generell die Ursachen der europäischen Bauernunruhen zu benennen, bleibt bei der großen zeitlichen Erstreckungsbreite und der enormen räumlichen Reichweite des Phänomens äußerst schwierig. Zwar beginnen die Unruhen häufig nach einer Steigerung der wirtschaftlichen Lasten, vornehmlich in Form der Erhöhung von Dienstleistungen und Abgaben seitens der Grund- und Gutsherren oder von Steuererhöhungen des Staates, doch ökonomische Interessen als alleiniges Motiv zu unterstellen, wäre sicherlich verfehlt, weil häufig schon die Prozeßkosten weit höher waren, als die konkreten Belastungen es gewesen wären. In jeder Unruhe steckt ein Stück ›prinzipieller Widerstand‹. Erst im Verlauf der Unruhe wird von den Bauern eine weitergehende Perspektive entwickelt und unter Umständen die Herrschaft in umfassender Weise in Frage gestellt und damit auch über grundlegende Werte in der Gesellschaft räsoniert, im Gegensatz zu den neuzeitlichen Revolutionen seit 1789, die mit einem fertigen Entwurf der neuen Gesellschaft auf die Barrikaden gehen.

Die Folgen und Wirkungen der Bauernunruhen sind bislang kaum angemessen erfaßt. Die deutsche Forschung, die bislang am stärksten den Subjektcharakter der Bauern und Untertanen für historische Prozesse betont, hat darauf aufmerksam gemacht, daß durch Bauernunruhen die Leibeigenschaft abgebaut und der Weg zur persönlichen Freiheit mitgeebnet wird, daß aus dem praktizierten Widerspruch ansatzweise ein ›Grundrecht‹ auf Widerstand entsteht; daß Werte und Normen der Bauern gesamtgesellschaftlich durchgesetzt werden; daß die prozessualen Formen des Widerstands frühe Formen der Rechtsstaatlichkeit hervorbringen. Zwar gibt es umfassendere Entwürfe, die dem bäuerlichen Widerstand für die Entwicklung in die Moderne einen Stellenwert beimessen (B. Moore, J. Blum), doch werden sich die Forschungsanstrengungen auch darauf richten müssen, deutlicher herauszuarbeiten, wie der historische Prozeß Alteuropas aus der Dialektik der latenten und der artikulierten Wertvorstellungen des Bauernstandes und der Herrenstände erklärt werden kann. Ein wichtiger Aspekt des Problems liegt im prinzipiellen Gegensatz von ›Kommunalismus‹ und ›Feudalismus‹. Bauernaufstände gibt es nur, solange es feudale Herrschaft gibt, und Bauernaufstände gibt es erst, seit es die ländliche Gemeinde gibt.

Außereuropäisches Bauerntum – ein Ausblick

Die Möglichkeit, die die Sprache in den beiden Begriffen Bauer und Landwirt (peasant – farmer usw.) anbietet, sollte zur Differenzierung genutzt werden. Landwirtschaft muß nicht von Bauern betrieben werden, wie ein Blick auf die mit Sklaven betriebene Landwirtschaft, den landwirtschaftlichen Großunternehmer in Amerika oder die kollektive Landwirtschaft (Kolchose, Sowchose) in Rußland zeigt. All diesen Formen fehlt ein (für den Bauern bestimmendes) Merkmal, das der »den Hoferfordernissen gemäßen Daseinsordnung« (W. Abel). So ist es auch nur unter Betonung der landtechnischen Gesichtspunkte zwingend, von einem ›Pflugbauerntum‹ oder ›Pflanzenbauerntum‹ (Grabstock, Hacke) zu sprechen, womit sich allerdings Landwirtschaftszonen auf der Erde geschickt kategorisieren lassen: der Pflugbau als verbreitete Erscheinung in Europa, großen Teilen Asiens und im nördlichen Afrika; der Hackbau in Mittel- und Südamerika, großen Teilen Afrikas und den Inselgruppen Südostasiens und Ozeaniens.

Selbstverständlich gab und gibt es Bauern auch außerhalb Europas. Die wesentlich von der Ethnologie und Anthropologie bestimmte Debatte über die ›peasant society‹ hat auf diesen Tatbestand wiederholt hingewiesen. Sie spricht von ›bäuerlicher Gesellschaft‹ eigentlich nur dort – bei Interpretationsdifferenzen im Detail –, wo Landwirtschaft in Form relativ autarker und damit weitgehend marktunabhängiger, aber abgabenpflichtiger Familienbetriebe bei enger existentieller Bindung des Hofes an die »little community« (R. Redfield) betrieben wird, wo Bauern auf diesem ökonomisch-sozialen Hintergrund eigene Werte, Normen und Weltdeutungen entwickeln, die sie als primär gegenüber einer prinzipiell als feindlich empfundenen Außenwelt begreifen, welche freilich immer wieder durch ›brokers‹ wie Priester oder adelig-staatliche Beamte in die bäuerliche Gesellschaft eindringt und sie formt. Die ›part-society‹ der Bauernschaft ist auf die Gesamtgesellschaft bezogen, die eigene ›little tradition‹ prägt auch die ›great tradition‹ der Hochkultur und umgekehrt. Bei aller begrifflichen Unschärfe, die dem Begriff Bauer in der Sprache der Vergangenheit und der heutigen Wissenschaftssprache eigen ist, ergibt sich aus der relativen Konvergenz der historischen und ethnologischen Forschung, daß es sich empfiehlt, vom Bauern nicht mehr zu sprechen, wo Landwirtschaft vornehmlich den Gesetzen des Kapitalismus folgt, wo das Dorf seine soziale Homogenität, seine identitätsstiftende Funktion und damit seine Kultur verliert, wo Demokratie und Sozialismus ›ständische‹ Unterschiede aufheben. [P. Blickle]

Bürger, Bürgertum

Frühgeschichte und Antike

Schon die vorderasiatisch-mediterranen und europäischen frühgeschichtlichen Hochkulturen kannten durchweg Siedlungen, die als Städte anzusprechen sind. Es handelte sich meist um Großsiedlungen, die als Herrscher- oder Verwaltungssitze, Handels- und Produktionsorte sowie mit ihren Kultstätten einen erheblichen Umfang an zentralen Aufgaben für das Umland in sich vereinigten. Die inneren Verhältnisse dieser Städte waren aber weitgehend herrschaftlich geprägt, so auch die keltischen Oppida nördlich der Alpen (mit Schwerpunkt im 2. und 1. vorchristlichen Jahrhundert).

Von grundlegender Bedeutung für die Entwicklung des späteren Bürgertums waren dann die Städte der Griechen und Römer, vor allem die sich in ihnen entwickelnden politischen Strukturen und die damit zusammenhängenden Verfassungsideen. Die Vorstellungen der Griechen, daß der freie, über ein Haus gebietende Mann an der Herrschaft des Gemeinwesens (der Polis) teilhatte, entsprach auch den römischen Grundsätzen. Im Unterschied zur Entwicklung des Mittelalters aber wurden in der griechischen Polis Handwerk und Handel von Nichtbürgern betrieben, da sie im

Unterschied zu Landbesitz und Kriegshandwerk als nicht standesgemäß für den ›Bürger‹ galten. Und die Trennung zwischen Stadt und Land war in den antiken Stadtstaaten keineswegs konstitutiv wie für das mittelalterliche Bürgertum. Der Begriff des ›Civis Romanus‹ bezog sich zwar noch sehr lange formal auf den Stadtstaat, meinte aber die Zugehörigkeit zu dem sich ausweitenden Staatswesen und wurde 212 n. Chr. konsequent zu einem das ganze Reich umfassenden Staatsbürgerrecht. Und die römischen Civitates endeten keineswegs an den Mauern, sondern umfaßten Stadt und Land, den ganzen Verwaltungsbezirk.

Mittelalterliches Stadtbürgertum

Daß die christliche Kirche sich den römischen Siedlungsstrukturen anpaßte, indem die Civitates zu Bischofsstädten wurden, war mit die Ursache für das Hinüberretten städtischen Lebens an Donau, Rhein, Mosel und Maas aus der Antike in das Mittelalter. Nach dem nicht dauerhaften Ausbau von Fernhändlersiedlungen in den »Wiken« erfolgte dann im 11./12. Jahrhundert auf breiter Front der Neubeginn der Geschichte der europäischen Städte. In ihnen setzte eine kontinuierliche Geschichte des europäischen Bürgertums ein. Unter den vielgestaltigen Ursachen für die Herausbildung des Städtewesens war wohl eine anhaltende Bevölkerungszunahme von größerer Bedeutung. Ein Wiederaufblühen des Handels führte zur Verleihung von zahlreichen Marktprivilegien. In diesen Marktorten siedelten sich wegen der guten Absatzchancen Handwerker an. Neben dem Fernhandel begann ein reger Marktaustausch zwischen Stadt und Land. »Nicht der Fernhandel, sondern der Markt macht die Stadt zum zentralen Ort des Wirtschaftslebens.« (E. Ennen) Am Beginn der eigentlichen Geschichte des europäischen Bürgertums stand also eine sich entwickelnde Arbeitsteilung. Die gewerbliche Produktion konzentrierte sich in zunehmendem Maße in den Städten, vor allem im Textil- und Metallsektor.

Während in Italien stadtstaatliche Traditionen bei dem Ausbau der Städte von Bedeutung blieben, wurden die mittel- und westeuropäischen Städte durch das Feudalwesen geprägt. Die feudalen Herren lieferten den neu entstehenden Städten den nötigen Schutz. Bezeichnenderweise wurden hier in den frühen Quellen des 8. bis 11. Jahrhunderts die Begriffe ›burc‹ und ›burgari‹ (›burgeri‹) synonym mit ›urbs‹, ›civitas‹, ›oppidum‹, ›municipium‹ bzw. ›urbani‹, ›cives‹ oder ›oppidani‹ gebraucht. Der Schutz einer Grafenburg oder eines Bischofssitzes war in der frühen Phase häufig ausschlaggebend für die Entstehung einer Stadt. Die Auseinandersetzungen zwischen Stadtherrn und Stadtgemeinde beherrschten die frühe Entwicklung der Städte.

Entsprechend der Entstehungsgeschichte der mittel- und westeuropäi-

schen Städte gestalteten sich ihre Sozialstrukturen. Zunächst erfüllten die herrschaftlichen Beauftragten, die Amtsträger und Ministerialen, die Mitglieder des herrschaftlichen Gerichts, die Schöffen, der Stadtadel (das Patriziat, die Geschlechter) wichtige Leitungsfunktionen in der Stadt. Bald traten aber die reichen Kaufleute in Konkurrenz zu diesen Schichten. Aus dem Zusammenwirken von Marktfreiheiten und den Kaufmannsgilden bildeten sich die ersten für die mittelalterlichen Städte so charakteristischen genossenschaftlichen Elemente, autonome Einungen. Die anderen Bewohner unterlagen zunächst noch den verschiedensten herrschaftlichen Bindungen. Ein wichtiger Schritt in der Geschichte des Bürgertums wurde im frühen 12. Jahrhundert in Flandern vollzogen: Es bildeten sich Schwurgemeinschaften aus der Gesamtheit der Bürgerschaft, das genossenschaftliche Element dehnte sich auf die ganze Stadt aus. Konstitutiv für die Städte wurden die Herauslösung aus dem agrarisch geprägten Landrecht und die Verleihung von einzelnen Freiheiten, so das Recht der Freizügigkeit, die Befreiung von freiheitsmindernden Abgaben, ein freies Erb- und Bodenrecht. Der vielzitierte Grundsatz »Stadtluft macht frei« beinhaltete, daß Hörige, wenn sie ihr Herr nicht binnen Jahr und Tag zurückforderte, durch ihren Zuzug in die Stadt aus ihrem Untertänigkeitsverhältnis befreit waren. An diesen Freiheiten hatte allerdings nur der angesessene (›haushäbige‹) Bürger Anteil; Fremde, Knechte, Mägde, Gesellen, Hintersassen waren davon weitgehend ausgeschlossen. Zwar kennen wir auch im ländlichen Bereich ›Freiungen‹, aber in solchen Vorrechten konkretisierte sich vor allem die ›Freiheit‹ der Städte gegenüber dem flachen Land.
Bürger sein hieß also im Mittelalter, einem ausgesonderten Rechtsbereich anzugehören, eine Tätigkeit in Handel oder Gewerbe auszuüben, eigenen genossenschaftlichen Organisationsformen anzugehören: Gilden und Zünften, Anteil an einzelnen Freiheitsrechten zu haben, insbesondere in bezug auf Garantien für Person und Eigentum. Mit der bürgerlichen Existenz waren außerdem städtische Lebensformen verbunden. Die Zugehörigkeit zur städtischen Schwurgenossenschaft bedeutete aber keineswegs auch, an den politischen Entscheidungen der Gemeinde teilzuhaben.
Die genossenschaftliche Organisation führte im Verlauf des Mittelalters zu der Errichtung von Räten zur weitgehend selbständigen Regelung der inneren Angelegenheiten und der Vertretung nach außen. Die Durchsetzung der Städtefreiheit fand in ganz unterschiedlichem Maße und in Abstufungen statt. Sie mußte in langen Kämpfen den Stadtherren abgerungen werden. Und so sehr auch der Idee der städtischen Schwurgemeinschaft ein egalitärer Zug innewohnte, so ungleich waren häufig die Rechte in bezug auf die Besetzung der Räte.

Mit der Zunahme der handwerklichen Produktion in den Städten, mit dem wirtschaftlichen Aufstieg der Gewerbe, kam es zu verstärkten Teilhabeansprüchen der Zünfte, Gilden und Ämter. Ausgedehnter Handel mit handwerklichen Erzeugnissen, die Produktionsform des Verlages, bei dem Handwerker (teilweise auch auf dem Lande) für einzelne ›Unternehmer‹ in den Städten auf ›Lohnbasis‹ arbeiteten, brachten erhebliche Verschiebungen im Sozialgefüge der spätmittelalterlichen Städte mit sich. In den beiden letzten Jahrhunderten des Mittelalters kam es zu zahlreichen ›Zunftrevolutionen‹ in den Städten, in denen die alten Eliten zurückgedrängt, teilweise auch ganz entmachtet wurden. Das gelang nicht überall, und auch im Falle des Erfolges der Zünfte setzte sich nach einiger Zeit häufig wieder eine ratstragende Oligarchie durch.

Die politische Rolle des Bürgertums im Mittelalter und in der Frühen Neuzeit

Mit der steigenden wirtschaftlichen Bedeutung der Städte wuchs auch ihre Macht. Die monopolartige Stellung der Hanse im Bereich des Handels verlieh ihr lange auch erhebliches politisches Gewicht. Die italienischen Stadtstaaten schlossen sich zu Bünden zusammen, die in der Italienpolitik des Kaisers eine erhebliche Rolle spielten. Und in Zeiten politischer Instabilität im Reich und in den Territorien füllten Städtebünde oder der Zusammenschluß der Städte im Rahmen der Landstände ein politisches Vakuum. Das Bürgertum spielte dann – wenn auch teilweise nur vorübergehend – eine wichtige politische Rolle. Die Macht des spätmittelalterlichen Bürgertums kam neben den Kirchen in den das Stadtbild beherrschenden Gildehallen und Rathäusern zum Ausdruck. Die autonomen Stadtrepubliken Italiens und die Reichsstädte stellten im Mittelalter und in der Frühen Neuzeit einflußreiche politische Faktoren dar, voran das reiche Venedig, aber auch die größeren Reichsstädte wie Köln, Nürnberg, Straßburg oder Augsburg. Unter den deutschen Landstädten spielten in der Frühen Neuzeit insbesondere die eine wichtigere Rolle, die von dem frühmodernen Staat eine besondere Beförderung erfuhren: so die Residenzen und Manufakturstädte.

Ein sich entwickelnder ›Welthandel‹ im Spätmittelalter, eine auf Massenabsatz gerichtete großgewerbliche Produktion, die Blüte im Bergbau brachten als einen Höhepunkt in der ökonomischen Entwicklung des Bürgertums die großen Handelsgesellschaften hervor. Sie bedienten einen Kapitalmarkt, auf den vor allem auch die politischen Gewalten angewiesen waren, deren steigender Geldbedarf (durch Söldnerwesen, Hofhaltung, Aufbau einer Bürokratie) noch nicht durch ein vergleichbares Steuersystem gedeckt wurde. Die marxistische Forschung hat in diesen Erscheinungen nicht zu Unrecht einen Höhepunkt in der Geschichte des Bürgertums im Sinne einer ›frühkapitalistischen‹ Entwicklung gesehen. Ihre Interpretation des Zeitalters von Reformation und Bauernkrieg als Epoche der ›frühbürgerlichen Revolution‹ ist aber allein aus dem marxistischen Klassenkampftheorem zu verstehen. Die zahlreichen Widersprüche dabei lassen sich nur dadurch auflösen, daß die Bewegungen der Bauern und der unterbürgerlichen Schichten beim Versagen des Bürgertums sich ›objektiv‹ gegen den Feudalismus gerichtet hätten.

Stadtbürgerliche Eliten in der Frühen Neuzeit
Das Bürgertum des Mittelalters (und auch weitgehend der Frühen Neuzeit) war ein höchst differenziertes, korporativ gegliedertes soziales Gebilde, das sich zudem regional noch sehr unterschiedlich entwickelte. Bei der ratsfähigen Oberschicht bestand die Tendenz, sich nach einer gewissen Dauer eine durch Landbesitz gesicherte adelsgleiche Lebensform anzueignen. Insbesondere im 16. und 17. Jahrhundert kann man die Tendenz zur Feudalisierung des Patriziats und der Geschlechter beobachten. Das Aufkommen neuer Wirtschaftsformen und damit neuer, wirtschaftlich mächtiger Eliten gefährdete die traditionellen Führungsschichten in ihren politischen Positionen. Diese neuen Eliten wie auch die Zünfte stritten mit dem oligarchisierten Rat um vermehrte Teilhabe am Stadtregiment. Der Druck unter- oder kleinbürgerlicher, nichtzünftiger Konkurrenten führte zu Versuchen der Mittelschichten, sich durch ausschließende Privilegien ihre Position zu sichern.
In vielen Städten, in denen ein Patriziat oder eine ratsfähige Oligarchie herrschte, kam es zudem zur Herausbildung von wenigen durch Verschwägerung, Gevatterschaften, Vormundschaften und Kreditgeschäfte gefestigten ›Clans‹, die die leitenden Positionen besetzten, so daß man von einem ›inneren Patriziat‹ sprechen kann. Von Bedeutung für die weitere Entwicklung des deutschen Bürgertums war, daß gegen Ende der Frühen Neuzeit das Patriziat oder die politischen Eliten sich mit den in ihrer Existenz bedrohten Handwerkern verbanden oder – aufgrund der inneren Verfassung der Städte – durch dieses Handwerk unter Druck gerieten. Die Folge waren nicht selten eine sozial konservative, auf Nahrungssicherung ausgerichtete Gewerbepolitik in diesen Städten oder zumindest anhaltende Konflikte.
Wie unterschiedlich die städtischen Eliten in der Frühen Neuzeit waren – trotz aller Gemeinsamkeiten und verbindender Tendenzen –, kann ein Vergleich der Eliten von Lübeck und Venedig belegen: Das Lübecker Patriziat war relativ offen (so daß manche Historiker bestreiten, daß man überhaupt von einem ›Hanse-Patriziat‹ sprechen dürfe), das von Venedig war geschlossen, obgleich man sich seit 1646 in die Elite von Venedig einkaufen konnte. Die relative Offenheit des Lübecker Patriziats brachte

es mit sich, daß die Identität von Reichtum und politischem Einfluß durch den ständigen Zufluß von Kapital gewahrt blieb. So konnte auch das Lübecker Patriziat, einmal durch Ferdinand III. mit dem Reichsadel gleichgestellt, aus der durch den Handel geprägten städtischen Gesellschaft herauswachsen und sich mit dem Landadel verbinden. Die nach 1580 hinzugekommenen Patriziergeschlechter füllten die Lücken und betätigten sich als Kaufleute. Die Venezianer blieben im wesentlichen eine städtische Aristokratie, die zwar auch im wesentlichen vom Landbesitz im Gebiet des Stadtstaates lebte, die aber kaum die Notwendigkeit sah, selbst auf das Land zu ziehen, das von ihr ja beherrscht wurde.

In vielen Regionen Italiens erfolgte aber auch der Auszug des kapitalkräftigen Bürgertums aus den Städten und die Bildung eines neuen Landadels; dessen Herrensitze wurden zum Träger intellektuellen Lebens auf dem Lande. In Italien, dessen Städte im Mittelalter in vieler Hinsicht eine Vorreiterstellung in Europa gespielt hatten, vollzog sich in der Neuzeit die ›Feudalisierung‹ der städtischen Eliten in einem solchen Ausmaß, daß man für das 17. Jahrhundert eine Wende Italiens zum ›Agrarland‹ hin verzeichnet hat.

Die englische Entwicklung in der Frühen Neuzeit war dadurch geprägt, daß die Ausweitung der gewerblichen Produktion auf das flache Land durch eine entsprechende Gesetzgebung schon im 16. Jahrhundert erheblich erleichtert wurde, daß sich zumindest seit 1688 der Grundsatz der Freiheit in der Nutzung des Eigentums durchsetzte. In welchem Ausmaß es sich bei dem englischen Adel und der städtischen Oberschicht um eine ›offene Elite‹ gehandelt hat, in der Aufstieg wie auch Abstieg relativ häufig und ungehindert erfolgten, ist umstritten. Zumindest war der Anteil der reichen Stadtbürger, die während des 17. und 18. Jahrhunderts in den landbesitzenden Adel aufstiegen, und die Zahl der Adeligen, die durch wirtschaftliche Unternehmungen ihren sozialen Niedergang ausglichen oder verhinderten, geringer als bisher angenommen. Von Bedeutung für eine gewisse Annäherung war, daß auch der Adel zunehmend seine soziale Position durch die Übernahme von staatlichen Ämtern sichern mußte – zunächst noch im Militär, dann in den Kolonien, aber auch in Justiz, Verwaltung und Kirche. Hinzu kam seit den ersten Jahrzehnten des 18. Jahrhunderts ein gesteigertes Selbstwertgefühl der städtischen Kaufleute, in dem gleichen Maße wie London zum Zentrum sozialen Lebens auch der Adeligen wurde. Schließlich fanden adelige Landbesitzer und städtisches Handelsbürgertum ihren politischen Vereinigungspunkt im Parlament, d. h. vor allem in den Parteien der Whigs und Tories. Aufsteiger wurden in England jedenfalls relativ problemlos akzeptiert und assimiliert. Noch lange (im Grunde bis zur Krise von 1789) blieben diese Eliten aber von dem seit der zweiten Hälfte des 18. Jahrhunderts sich

entwickelnden industriellen Unternehmertum getrennt, auch wenn ländliches und Handelskapital mit zu dessen Entstehung beigetragen hatte.
In die im Verlaufe des Freiheitskampfes der Niederlande freiwerdenden Ratsstellen in den Städten der Generalstaaten rückten in verstärktem Maße Kaufleute und teilweise einfache Handwerker nach. Aber auch hier vollzog sich im Laufe des nächsten Jahrhunderts ein Aristokratisierungsprozeß bei den städtischen Eliten. Durch den Erwerb von adeligen Landgütern und anderem ertragreichem Landbesitz näherte sich die städtische Elite der Republik der Niederlande der Aristokratie an, sicherte sich ihre Position durch die Bildung einer mehr oder minder abgeschlossenen Oligarchie. Hinzu kam, daß durch Krisen in der Landwirtschaft die Ratsmitglieder und ihre Familien immer mehr auf die Einnahmen aus ihren politischen Ämtern angewiesen waren. Eine Beobachtung, die man auch in den deutschen Reichsstädten des 18. Jahrhunderts gemacht hat.
Die französische Gesellschaft war geprägt von den Institutionen des monarchisch-absolutistischen Staates und höfisch-feudaler Lebensweise. Im strikten rechtlichen Sinne gehörten zur Bourgeoisie lediglich die besser gestellten Bürger, die das Bürgerrecht erworben hatten und im Gegensatz zur großen Zahl der städtischen Einwohner auch den Zugang zu den Ämtern besaßen. Ökonomisch und sozial zählten zur städtischen Oberschicht, neben dem Adel, der sich einen großen Teil des Jahres gleichfalls in den Städten aufhielt, vor allem die von einer Rendite aus Immobilienbesitz (Seigneurien wie Mietshäusern) oder von Geldrenten aus Darlehen ohne Arbeit lebten, die Steuerpächter wie die Inhaber hoher staatlicher Ämter (officiers, haute magistrature), die »ramasseurs de rente«. Die Rolle der Kaufleute war recht unterschiedlich, wohl nicht so prägend wie für England. Im Unterschied zur kapitalistischen Bourgeoisie hat man die Renten-Bourgeoisie als eine »Bourgeoisie-d'ancien régime« bezeichnet. Durch ihre Einkünfte und ihren Lebensstil trug sie aber auch zum Umverteilungsprozeß vom Land in die Stadt bei.

Soziale Binnendifferenzierung des Bürgertums in vorindustrieller Zeit

Die wirtschaftlichen, sozialen und politischen Eliten in den Städten bildeten die sehr schmale Spitze einer sozialen Pyramide, die sich nach unten hin erheblich verbreiterte. Die Mittelschichten bestanden aus zünftig organisierten Handwerkern, einfachen Kaufleuten, Krämern und Bediensteten der Städte, des Staates und der Kirche. Die größte Gruppe machten in den Städten in der Regel die Tagelöhner, Knechte, Mägde, Gesellen, Lehrlinge und andere Berufsgruppen aus, die ähnlich den Tagelöhnern ohne größere Investitionen von ihrer eigenen Arbeitskraft leb-

ten, wie Transportarbeiter, Gärtner, Weinbergsknechte, Holzhauer. Krankheit, Unglücksfälle, Teuerungen ließen sie der öffentlichen oder kirchlichen Armenfürsorge anheimfallen. Zu dem relativ hohen Anteil städtischer Armut müssen diese potentiell Armen hinzugerechnet werden. Beide Gruppen zusammengenommen machten nicht selten in der Frühen Neuzeit die Hälfte der städtischen Bevölkerung aus. Steigende Agrarpreise und eine starke Bevölkerungszunahme in der zweiten Hälfte des 18. Jahrhunderts schufen erhebliche Probleme für viele Städte, so daß man eine ›Pauperisierung‹ vor der Industrialisierung festgestellt hat.
Das Bürgertum der vorindustriellen Zeit war also insgesamt geprägt von einer starken ständisch-sozialen Binnendifferenzierung und Abstufung. Es war in dem Sinne keine einheitliche Klasse, sondern vielfach gegliedert, von unterschiedlichen widerstreitenden Interessen bestimmt, horizontal geschichtet, dabei aber auch vertikal verbunden durch korporative Organisationen, Klientelschaften und Abhängigkeiten. Die wirtschaftlich-politische Elite des Bürgertums hatte, wie gezeigt, in ganz Europa die Tendenz zur Feudalisierung, zur Imitation und Angleichung an die adelige Lebensform und feudale Rentenwirtschaft.

Wandlungen vom 16. zum 18. Jahrhundert

Im Verlaufe dieser Entwicklung war das 16. Jahrhundert, zumindest im Deutschen Reich, ein ausgesprochen »bürgerliches«. Die Reformation ergriff zuerst die Städte. Bürgerliche Theologen und Humanisten gehörten zu den Propagandisten der Reformation. Bürgerliches Großkapital diente zur Finanzierung des Aufbaues frühmoderner Staatlichkeit und fürstlicher Hofhaltung. In vielen Bereichen waren die Städte Träger und Vorbild für moderne Entwicklungen. Während zum Beispiel das Reichspostwesen noch relativ bescheiden war, ermöglichten die städtischen Botenanstalten die Kommunikation zwischen den wichtigsten Handelszentren. Die bürgerlichen Hofprediger hatten in dieser Zeit einen bedeutenden Einfluß. Auch in England und Frankreich war das 16. Jahrhundert von einer größeren sozialen Mobilität geprägt, der Aufstieg der bürgerlichen Eliten erfolgte damals nicht selten auf dem Wege des ›Einschleichens‹ in den Adelsstand.
In den folgenden Jahrhunderten trat in vielen Fällen der frühmoderne Staat als die modernisierende Kraft auf. Neben der Tendenz zur Feudalisierung der bürgerlichen Oberschichten gab es im Deutschen Reich die Tendenz zur Bürokratisierung. In zunehmendem Maße wurden die Beamten des frühmodernen Staates in vielen Territorialstädten zur ausschlaggebenden Elite, und in den Reichsstädten gewannen die an den Universitäten ausgebildeten Juristen in den Geschäften des Rates an Bedeutung. Auch die aus den traditionellen Eliten stammenden Ratsmit-

glieder waren in zunehmendem Maße studierte Juristen. Ihre Verwaltungsämter und die daraus fließenden Einnahmen sicherten teilweise ihre Existenz. Schließlich gewann die bürgerliche Bürokratie in den absolutistischen Verwaltungsstaaten eine bedeutende Position. Das Zusammenwirken reform-absolutistischer Monarchen und aufgeklärter Bürokratie steigerte das Sozialprestige und das Selbstbewußtsein der letzteren. Es entwickelte sich eine aufgeklärte Öffentlichkeit, eine ›Gelehrten-Republik‹: Durch aufgeklärte (zum großen Teil noch beamtete) Publizisten wurden in der zweiten Hälfte des 18. Jahrhunderts in großer Zahl Wochen- und Monatsschriften herausgegeben, man versammelte sich in Lesekabinetten, in denen die Unterschiede der Stände aufgehoben waren, Literatur, Theater, Wissenschaften wurden zu wichtigen Betätigungsfeldern des aufsteigenden Bildungsbürgertums. Die Träger dieser Entwicklung gehörten als Beamte, Pfarrer, Universitätsprofessoren nicht der traditionellen, ständisch gegliederten stadtbürgerlichen Gesellschaft an, hatten oft keine Verbindung zur alten städtischen Honoratiorenschicht. Dieses Bürgertum beanspruchte eine vom Staat frei gelassene Sphäre privater Betätigung, zu der teilweise auch schon die Wirtschaft gehören sollte. Im 18. Jahrhundert begann die Herauslösung einer ›bürgerlichen Gesellschaft‹ aus dem ständisch organisierten Gesellschaftssystem.
Die Ansätze zu einem neuen Bürgertum erfolgten also in Deutschland im wesentlichen in einem von dem traditionellen, ständisch gegliederten Bürgertum freien Raum. Der frühmoderne Staat mit seinen Bedürfnissen war die Institution, die dieses neue Bürgertum begünstigte und emporbrachte. Das galt auch für die neue wirtschaftliche Elite der Manufakturunternehmer. Sie arbeiteten zunächst unter der direkten Regie, dann zumindest mit Förderung des Staates, waren von den Beschränkungen der korporativen städtischen Wirtschaft freigestellt.
Im Unterschied zu Deutschland war die Gelehrten-Republik Frankreichs, die sich hier vor allem in den Freimaurerlogen und literarischen Salons organisierte, weniger eng mit dem Staat verbunden. Unterbeschäftigte Literaten, Mediziner und Advokaten stellten einen wichtigen Bestandteil der Öffentlichkeit dar, aus der die Kritik am Ancien Régime kam.

Vom Stadtbürger zum Staatsbürger – 19. und 20. Jahrhundert

Um 1800, zu Beginn des ›bürgerlichen‹ Zeitalters, lebten in Europas Städten mit mehr als 5000 Einwohnern etwa 13 Prozent der Gesamtbevölkerung. Der Anteil der städtischen Bevölkerung hatte sich seit dem Mittelalter zwar ständig erhöht, und statt zwei bis drei Städten mit über 100000 Einwohnern gab es zu Beginn des 19. Jahrhunderts 16 oder 17 davon. Die größte der frühneuzeitlichen Metropolen war London mit etwa 850000

Menschen. Von einer ›Urbanisierung‹ in dieser Epoche zu sprechen, erscheint dennoch nicht gerechtfertigt, denn immer noch lebten – stellt man den nicht unerheblichen Faktor der Agrarwirtschaft auch für die Städte in Rechnung – fast neun Zehntel von der Landwirtschaft.

Die entscheidende Wende in der Geschichte des europäischen Bürgertums erfolgte schließlich mit den bürgerlichen Revolutionen, an erster Stelle mit der Französischen Revolution. Durch die Beseitigung der ständischen Privilegien, durch die Befreiung von Boden und Eigentum schuf sie die Voraussetzungen für die Entwicklung einer auf der rechtlichen Gleichstellung aller Staatsbürger beruhenden modernen, industriellen Gesellschaft. Der preußische und andere deutsche Staaten bemühten sich, diese Freisetzung des wirtschaftenden Menschen durch Reformen von oben nachzuvollziehen.

Der Begriff des Bürgertums wandelte sich vom rechtlich definierten, ökonomisch privilegierten Stadtbürger zum gleichberechtigten Staatsbürger, vom ›bourgeois‹ zum ›citoyen‹. Nach G. W. F. Hegel trat der einzelne aber nicht isoliert dem Staat gegenüber, sondern war sowohl in der Familie als auch in der »bürgerlichen Gesellschaft« eingebunden, in ein »System der Bedürfnisse«, erhielt den »Schutz des Eigentums« und organisierte sich in »Korporationen«. Als Bourgeois kann in nachrevolutionärer Zeit in Anlehnung an die sozialwissenschaftliche oder marxistische Terminologie der industrielle Besitzbürger bezeichnet werden.

Aufgrund der gesellschaftlichen Vorbedingungen in Deutschland kam es, im Unterschied zu den anderen westeuropäischen Staaten, nicht unmittelbar zur Ausbildung einer industriellen Bourgeoisie. Das Überleben vorindustrieller, vorbürgerlicher Mentalitäten, Lebensformen und Strukturen, die fortbestehende Macht vorindustrieller Eliten (des Adels als Agrarunternehmer und Offizier) hemmten den Wandlungsprozeß im Unterschied zu den westlichen Staaten. Ein »Defizit an (moderner) Bürgerlichkeit«, die von M. Weber beobachtete ›Feudalisierung des Bürgertums‹ werden für die besondere Entwicklung Deutschlands im 19. und 20. Jahrhundert (den deutschen ›Sonderweg‹) mit verantwortlich gemacht.

Und es wird nicht ohne Einfluß durch die aufgeklärte absolutistische bürgerliche Bürokratie gewesen sein, daß Hegel den Staat als die »Verwirklichung der sittlichen Idee« bezeichnet hat und der Bürokratie als dem »allgemeinen Stand« eine herausragende Rolle in ihm zuschrieb. »Die besonderen Staatsgeschäfte, welche die Monarchie den Behörden übergibt, machen einen Teil der objektiven Seite der dem Monarchen innewohnenden Souveränität aus.«

Die relativ lange Zurückhaltung der nur langsam sich entwickelnden ökonomischen Eliten im politischen Bereich, die das Feld für fast ein halbes

Jahrhundert den Beamten und Intellektuellen überließen, brachte die deutsche Entwicklung in Rückstand gegenüber den westlichen Staaten, in denen der Wandel zur bürgerlichen Herrschaft sich vor allem um das Jahr 1830 vollzog. In der Julischlacht des Jahres 1830 in Paris, in der hauptsächlich Intellektuelle und Arbeiter gekämpft hatten, war letzten Endes die französische Bourgeoisie Sieger geblieben. Das Verfassungssystem des Bürger-Königtums war bestimmt durch: Wahlkönigtum, Bindung des Monarchen an die von der Kammer revidierte Verfassung, Abschaffung der erblichen Pairswürde, ihre Ersetzung durch eine auf dem Leistungsprinzip beruhende lebenslängliche Senkung des Wahlzensus, Verantwortlichkeit der Minister gegenüber dem Parlament. Für die Bourgeoisie wurde die Parole ausgegeben: »Enrichissez-vous!« Und auch die belgische Verfassung von 1831 brachte das Großbürgertum zur Herrschaft.
Unabhängig von der Juli-Revolution, aber doch gleichzeitig, vollzogen sich die entscheidenden Verfassungsveränderungen in England. Durch die Wahlrechtsreform von 1832 wurde hier das Stimmrecht auf Hauseigentümer und Wohnungsmieter ausgedehnt, was eine Verschiebung der Abgeordnetenzahlen des Parlamentes zugunsten der Großstädte bedeutete, und damit die Herrschaft des städtisch-industriellen Bürgertums zur Folge hatte. Und auch hier setzten sich eine Parlamentarisierung des Regierungssystems und die Bourgeoisie durch.

Als das Bürgertum seinen Charakter als ständische Gruppierung im 19. Jahrhundert verloren hatte, ergaben und ergeben sich zunehmend Schwierigkeiten der Definition. Zunächst kann man die Bürger als die Träger von ›Besitz und Bildung‹ ansehen, Bildungsbürgertum und industrielles Besitzbürgertum (die Bourgeoisie im engeren Sinne) sind über lange Strecken im 19. Jahrhundert mehr oder minder sozial deutlich abgesetzte Gruppen. Dabei werden Handwerker, kleine Kaufleute und teilweise Beamte als ›Kleinbürgertum‹ an den Rand gedrängt. Man hat versucht, Bürgerlichkeit als eine besondere Kultur, als ein System bestimmter Werthaltungen zu definieren, in dem die »individuelle Leistung«, die »selbständige Gestaltung individueller und gemeinschaftlicher Aufgaben«, eine »besondere Wertschätzung ästhetischer Kultur« (Kunst, Literatur, Musik) einen herausragenden Platz einnahmen.

Die soziale Differenzierung innerhalb der spätbürgerlichen Gesellschaft wurde teilweise überwunden durch die Sozialisierung innerhalb der bürgerlichen Familie und der Bildungseinrichtungen. Das ›bürgerliche‹ Ideal einer neu-humanistischen Bildung wurde weitgehend auch von den kleinbürgerlichen Schichten übernommen. So kam es über die Ausbildung, insbesondere im akademischen Bereich, zu Wellen des sozialen Aufstiegs aus dem Kleinbürgertum in die akademischen Berufe, wobei den Technischen Hochschulen eine besondere Bedeutung zukam. Integrationskraft für das Bürgertum besaßen auch die politischen Strömungen, die man unter dem Begriff des Liberalismus zusammenfaßt. Erst ein Auseinanderdriften von liberaler und demokratischer Richtung während der Revolution von 1848 führte zu einer gewissen sozialen Segregation des Bürgertums in diesen beiden »Parteien«. Die »kleinbürgerliche« (bildungsbürgerliche) Demokratie versuchte noch in den 50er und 60er Jahren des 19. Jahrhunderts, über die politische Organisation und die angestrebte Gemeinsamkeit im Bildungsideal die entstehende Arbeiterbewegung zu integrieren.

So kann man im 19. und 20. Jahrhundert von einem Wandel vom ›Bürger‹ zur ›Bürgerlichkeit‹ ausgehen. Durch die Ausweitung und die In-Frage-Stellung dieser Werte aber verliert auch das ›Bürgertum‹, die ›Bürgerlichkeit‹ an Identität, in gleichem Maße übrigens wie auch eine ›Arbeiterkultur‹, zumindest nicht durch Generationen hindurch aufrechterhalten werden kann, wie das für ›Besitz und Bildung‹ wie auch ›Arbeiterkultur‹ noch bis in unser Jahrhundert hinein der Fall war. [K. GERTEIS]

Familie

Die Beschäftigung mit Familiengeschichte reicht in der Geschichtswissenschaft sehr weit zurück. Die Frage nach der familialen Herkunft gehört seit alters zu den zentralen Fragestellungen, die Menschen an die Vergangenheit richten. Aus der Erforschung der Vorfahren von Fürsten- und Adelsfamilien hat sich die Genealogie entwickelt. Sie wird traditionell zum klassischen Kanon der historischen Hilfswissenschaften gerechnet. Historische Familienforschung, wie sie in den letzten Jahrzehnten als sozialgeschichtliche Teildisziplin entstanden ist, meint freilich dem Gegenstand und dem Erkenntnisziel nach etwas ganz anderes. Während es bei der Genealogie um die Beschäftigung mit den Vorfahren einzelner Personen und Familien geht, interessiert sich die Historische Familienforschung für die Familie als soziale Gruppe. Ihr Ziel ist nicht Identitätsfindung oder höheres Selbstbewußtsein durch bessere Kenntnis der individuellen Familientradition. Ähnlich der Familiensoziologie setzt sie sich vielmehr zur Aufgabe, gesellschaftliche Einsichten zu vermitteln. Beschäftigung mit historischen Familienverhältnissen läßt aus der Kontrastwirkung die Familiensituation der eigenen Zeit besser verstehen. Im historischen Rückblick können Familienprobleme der Gegenwart aus ihrer Genese begriffen werden. Ein solcher Beitrag zur Orientierung in der persönlichen Umwelt mag in einer Zeit von besonderer Bedeutung sein, in der die Familie Wandlungsprozesse von einer Radikalität durchläuft wie kaum je zuvor in einer früheren historischen Epoche. Diese tiefgreifenden Veränderungsprozesse in den Familienverhältnissen der Gegenwart sind wohl auch der gesellschaftliche Hintergrund für die rasche Entfaltung dieser jungen Forschungsrichtung der Geschichtswissenschaft.

Begriffe

Überlegungen über den Gegenstand historischer Familienforschung bedürfen terminologischer Klarstellungen. Das Wort ›Familie‹ im Deutschen bzw. dessen Vorstufen in romanischen Sprachen und im Lateinischen haben sich auf sehr unterschiedliche soziale Gruppierungen bezogen – so etwa auch auf grundherrschaftliche Verbände. Die jeweilige Wortbedeutung in einer historischen Epoche kann jedoch nicht den entscheidenden Ansatz für die Untersuchung bilden. So wertvoll etymologische Analysen für die Sozialgeschichte der Familie sein mögen – Ausgangspunkt muß stets das heutige Wortverständnis sein. Hier stellt sich freilich das Problem, daß im Wortgebrauch der Alltagssprache zwei Bedeutungsfelder zusammenfließen, die gerade bei historischen Untersuchungen auseinanderzuhalten sind. Unter ›Familie‹ versteht man gängig einesteils einen Verwandtschaftszusammenhang nicht gemeinsam lebender Personen – etwa wenn man von einem ›Familientreffen‹ spricht –, andernteils den engeren Kreis der ständig zusammenlebenden ›Haushaltsfamilie‹. Beide Kreise stehen in der Gegenwart in engem Zusammenhang. Die ›Haushaltsfamilie‹ umfaßt zumeist nur Personen, die untereinander durch Abstammung bzw. Heirat verwandt sind; zur ›Verwandtschaftsfamilie‹ werden in erster Linie die Eltern und Geschwister des Paares gezählt, die in den Herkunftsfamilien der Ehepartner einmal als Haushaltsgemeinschaft zusammengelebt haben. In der historischen Dimension hingegen gewinnt die Unterscheidung zwischen Verwandtschaftsverbänden einerseits, der häuslich zusammenlebenden Gruppe andererseits insofern besondere Bedeutung, als beide stärker differenziert in Erscheinung treten. Die Verwandtschaftsverbände haben als Geschlechter, Klane, Sippen intensivere soziale Bindekraft – vor allem in den Oberschichten und in traditionalen Gesellschaften mit ausgeprägtem Geblüts- und Abstammungsdenken, wie sie in Europa besonders in Rand- und Rückzugsgebieten vorkommen. Sie können hier als klar abgrenzbare Sozialformen von Personen gefaßt werden, die durch das Bewußtsein gemeinsamer Abstammung miteinander verbunden sind – nicht bloß als lockere Gruppierungen, deren Zusammensetzung je nach Bezugsperson wechselt, wie das in unserer heutigen bilateral orientierten Verwandtschaftsordnung der Fall ist. Geht die Historische Familienforschung in die Frühgeschichte Europas zurück oder überhaupt über diesen Kulturraum hinaus, so gewinnt das derzeit vor allem von der Ethnologie angesprochene Thema ›Verwandtschaftssystem‹ immer mehr an Bedeutung. Solchen stärker strukturierten Verwandtschaftsverbänden stehen in der Vergangenheit auf der anderen Seite Haus- und Haushaltsgemeinschaften gegenüber, die nicht nur aus Verwandten bestehen, sondern zu denen auch Personen gehören, die aufgrund eines verengten Familienverständnisses der Gegenwart als ›familienfremd‹ angesprochen werden könnten wie Dienstmädchen, Mägde und Knechte, Handwerksgesellen und Lehrlinge, Ziehkinder oder andere nichtverwandte Mitbewohner. Gerade in der europäischen Sozialgeschichte, die durch einen frühen Bedeutungsrückgang der Verwandtschaftsordnungen für die Familienverfassung charakterisiert zu sein scheint, spielt das familiale Zusammenleben mit nichtverwandten Mitbewohnern durch viele Jahrhunderte eine sehr bedeutsame Rolle. Über verwandtschaftliche Zusammenhänge hinaus sind hier Gemeinsamkeit der Arbeit sowie anderer wirtschaftlicher, sozialer und kultureller Funktionen entscheidende Elemente des Gruppenzusammenhalts. Der maßgebliche Rahmen der Gruppierung ist das Leben unter einem Dach bzw. um eine Feuerstelle. Man charakterisiert diese historische Familienform daher häufig auch mit dem Begriff ›ganzes Haus‹. Dieser Begriff wird der Gruppenrealität solcher Sozialformen eher gerecht als unser heutiges Wort ›Familie‹ mit seinem eingeengten Bedeutungsfeld. Die Historische Familienforschung kann freilich nicht durchgehend mit einer Terminologie arbeiten, die dem Sprachgebrauch vergangener Zeiten entlehnt ist. Begriffe wie Haus- und Haushaltsgemeinschaft stehen der Alltagssprache der Gegenwart näher. Auch sie eignen sich jedoch nicht ohne weiteres als epochenübergreifende Kategorien, weil sie mit bestimmten Wohn- und Siedlungsweisen korrespondieren, die ihrerseits historischen Veränderungsprozessen unterliegen.

Obwohl Familie als Verwandtschaftsverband und Familie als Haushaltsgemeinschaft in historischen Zeiten vielfach stärker voneinander zu unterscheiden sind als heute, läßt sich doch stets eine Wechselwirkung dieser beiden Sozialformen feststellen. Verwandtschaftsordnungen beeinflussen die Struktur der Haushaltsgemeinschaften (etwa über Residenzregeln wie Patrilokalität oder Matrilokalität), Formen des Zusammenlebens unter einem Dach wirken auf Sozialbeziehungen zurück, die über die Hausgemeinschaft hinausgehen. In der Entwicklung der Familiennamen kommen solche Zusammenhänge deutlich zum Ausdruck. Sie sind in der europäischen Tradition einerseits an der Abstammung orientiert, andererseits an der Zugehörigkeit zu bestimmten Hausgemeinschaften bzw. der Herkunft aus solchen. Adelsburgen können dabei genauso die Namengebung bestimmen wie Bürgerhäuser und Bauernhöfe. Diese in ihren unterschiedlichen sozialen Grundlagen bisher noch wenig untersuchten Muster der Familiennamengebung sind ein deut-

licher Indikator dafür, wie familiale Handlungszusammenhänge in Bewußtseinszusammenhängen Ausdruck finden.
Die Familienterminologie der Gegenwart bereitet für die Historische Familienforschung vielfach auch dort Schwierigkeiten, wo es sich nicht um Begriffe der Alltagssprache, sondern um solche der Wissenschaftssprache handelt. Die Familiensoziologie unterscheidet etwa zwischen ›vollständigen‹ und ›unvollständigen Familien‹. Sie meint damit das Zusammenleben von Kindern mit beiden Eltern oder bloß mit einem Elternteil. Ausgangspunkt für das Verständnis von ›vollständig‹ bzw. ›unvollständig‹ bildet dabei eine bestimmte Vorstellung von richtiger Sozialisation – der heute dominierenden Familienfunktion. Ein solches Verständnis ist nicht ohne weiteres auf vergangene Epochen zu übertragen. In historischen Gesellschaften mit ausgeprägtem patrilinearem Ahnenbewußtsein – insbesondere bei Ahnenkult – wurden etwa Familien ohne Söhne – auch wenn noch so viele Töchter vorhanden waren – als ›unvollständig‹ aufgefaßt. Die ›Vollständigkeit‹ wurde dann vielfach dadurch erzielt, daß man den fehlenden männlichen Nachwuchs durch Adoption, also durch fiktive Verwandtschaft, ergänzte. ›Unvollständig‹ im Sinne der damals dominanten Familienfunktionen waren sicher auch Bauernfamilien, in denen nicht die für die Bewirtschaftung der Hofgründe ausreichende Zahl erwachsener Arbeitskräfte zusammenlebte. In Mittel-, West- und Nordeuropa wurde traditionell die ›Vollständigkeit‹ solcher Familienwirtschaften durch die Aufnahme von Mägden und Knechten in die Hausgemeinschaft erreicht. Auch hier handelt es sich sicher um eine andere Form von ›vollständiger Familie‹, als wir sie aus heutiger Sicht verstehen würden. Ähnliche Probleme ergeben sich, wenn man familiensoziologische Typenbegriffe wie ›Kernfamilie‹ und ›erweiterte Familie‹ in die Untersuchung historischer Familienverhältnisse übernimmt. Auch sie implizieren Annahmen über ein überzeitlich gleichbleibendes ›Wesen‹ von Familie, die der Historiker nicht ohne weiteres akzeptieren kann. Seine Sichtweise führt eher zu einer Relativierung vermeintlicher anthropologischer Konstanten des Familienlebens als zu einer Festschreibung von Wesensmerkmalen der Gegenwartsfamilie, wie sie sich aus der undifferenzierten Übernahme mancher familiensoziologischer Typenbegriffe ergeben könnte.

Familienformen
Ein zentrales Forschungsthema der quantifizierenden Richtung in der Historischen Familienforschung war die Überprüfung vorwissenschaftlicher und wissenschaftlicher Annahmen über eine generelle Entwicklungstendenz von der Großfamilie zur Kleinfamilie. Unter Großfamilie wurde dabei sowohl die Mehrgenerationenfamilie (›Urahne, Großmutter, Mutter

und Kind...‹), die mehrere Ehepaare umfassende komplexe Familie, die um mitlebende Verwandte oder um Gesinde erweiterte Familie als auch die kinderreiche Familie verstanden. Als entscheidender Faktor des Wandels von der einen zur anderen Familienform galt in solchen populären Evolutionsmodellen der Prozeß der Industrialisierung bzw. andere mit ihm zeitlich parallel verlaufende Modernisierungsprozesse. Auf breiter Basis durchgeführte quantifizierende Untersuchungen konnten diese generalisierenden Annahmen über Familiengröße und Familienstruktur in vorindustrieller Zeit widerlegen. Vor allem im städtischen Milieu, aber auch in vielen ländlichen Gebieten West-, Mittel- und Nordeuropas dominierten schon lange vor der Industrialisierung Residenzmuster, die dem familialen Zusammenleben mit Eltern und Verwandten entgegenwirkten. Die für diesen Großraum charakteristische Höhe des Heiratsalters – das sog. ›European marriage pattern‹ – hatte auch bei patrilokaler Ansiedlung des jungen Paares bei der damaligen Lebenserwartung analoge Folgen für die Familienzusammensetzung.
Über die Widerlegung des Mythos von der vorindustriellen Großfamilie hinaus hat die Beschäftigung mit historischen Familienstrukturen wesentliche Erkenntnisse gebracht. Die nach Zeiten, Räumen und sozialen Schichten äußerst vielfältigen Muster der Familienzusammensetzung, die bei der Analyse historischer Personenstandslisten erkennbar werden, wirft die Frage nach den bedingenden Faktoren von Unterschieden auf und führt damit über den quantitativen Befund hinaus. Eine bunte Vielfalt von Konstellationstypen zeigt sich schon in der Zusammensetzung der auf Eltern und Kinder beschränkten Familienformen. Die im Vergleich zur Gegenwart weit höhere Zahl von Haus- bzw. Haushaltsgemeinschaften, in denen die beiden Rollen von Hausfrau und Hausherr besetzt sind – insbesondere im ländlichen Raum erreichen sie stets sehr hohe Prozentsätze –, verweist auf die starke Notwendigkeit der Rollenergänzung in dieser zentralen Zone der Familie. In historischen Zeiten war ein solcher Zwang zur Rollenergänzung keineswegs nur durch Erziehungsaufgaben bedingt – die konnten notfalls auch eine ältere Schwester oder eine ›Kindsdirn‹ an der Stelle der Mutter wahrnehmen. Wesentlicher war in traditionalen Familienwirtschaften oft der Ausfall einer erwachsenen Arbeitskraft. Der Druck zur raschen Wiederverehelichung bestand keineswegs nur für Witwer sondern ebenso auch für Witwen. Der Vorrang der Arbeitskraftergänzung vor den Erziehungs- und Fortpflanzungsaufgaben wirkte sich dann vielfach darin aus, daß der zweite Ehemann weit jünger war als die Hausfrau. Dieses in West- und Mitteleuropa sehr häufige Phänomen führte zu Alterskonstellationen, die sich von heutigen Familienstrukturen, aber auch von solchen in vielen außereuropäischen Kulturen, die eine Wiederverehelichung von Witwen nicht begünstigen,

sehr wesentlich unterscheiden. Die Tolerierung eines starken Altersgefälles von der Frau zum Mann gehört wohl zu den spezifischen Sonderentwicklungen der Familie im vorindustriellen Europa.
Die Vielfalt historischer Familienformen mit Kindern in der europäischen Sozialgeschichte ist durch verschiedenste Faktoren bedingt. Durch die häufige Wiederverehelichung von Witwen und Witwern kam es oft zu langen Geschwisterreihen von Stiefgeschwistern. Die ältesten von ihnen lebten manchmal mit keinem leiblichen Elternteil mehr zusammen. Leibliche Elternschaft war auch bei den in manchen Gebieten sehr zahlreichen Ziehkindern nicht gegeben. Die Häufigkeit von Ziehkindern ist ebenfalls eine für die europäische Sonderentwicklung typische Erscheinung. In vielen Städten, vor allem in Frankreich und Italien, war es seit dem Mittelalter Brauch, Säuglinge gleich nach der Geburt zu Ammen auf dem Land zu geben – eine Gewohnheit, die zu einer sehr hohen Kindersterblichkeit führte. In solchen Fällen handelte es sich um Ziehkinder auf Zeit. Ziehkind-Verhältnisse auf Dauer wurden einerseits bei Vollwaisen notwendig, andererseits bei unehelichen Kindern, deren Mütter nicht mehr in der Herkunftsfamilie lebten wie Mägde oder Dienstmädchen. Uneheliche Geburten spielen in der europäischen Gesellschaftsentwicklung insgesamt eine sehr große Rolle. Für das sog. ›European marriage pattern‹ ist ja gerade das hohe Heiratsalter der Frauen typisch. Wo erst lange nach Erreichen der Geschlechtsreife geheiratet werden kann, ist das Risiko vorehelicher Schwangerschaft besonders hoch. Die demographische Besonderheit des hohen Heiratsalters der Frauen in West- und Mitteleuropa dürfte auch einer der Gründe dafür gewesen sein, daß in diesem Kulturraum besonders rigide Sexualnormen entwickelt wurden. Auf die Familienformen mit Kindern wirkte sich das ›European marriage pattern‹ insofern aus, als es vielfach zu einem langen Zusammenleben lediger Töchter und Söhne mit ihren Eltern kam. Das war insbesondere in Familienbetrieben der Fall, in denen die erwachsenen Kinder als Arbeitskräfte gebraucht wurden: In Unterschichtenfamilien, in denen Kinder eine Belastung des Familienbudgets bedeuteten, verließen sie hingegen oft schon mit zehn bis zwölf Jahren das Elternhaus. Der Zeitpunkt des Verlassens des Elternhauses stellt eine wichtige Variable der Familienform dar. Bei frühem Ausscheiden waren auch in Familien mit sehr hohen Geburtenzahlen nur wenige Kinder gleichzeitig in der Herkunftsfamilie präsent.
Als ein besonderes Spezifikum der europäischen Familienverfassung erweist sich im interkulturellen Vergleich das Zusammenleben mit Gesinde. Mit dem Begriff Gesinde faßt man vielfältige Formen des Dienstpersonals zusammen: bäuerliche Mägde und Knechte, Gesellen und Gehilfen in Handwerk und Handel, Dienstmädchen in städtischen Haushalten, sonstiges Dienstpersonal, wie es vor allem in den großen Häusern von Adeligen

und Fürsten in vielfältiger Differenzierung zu finden ist. Gesindedienst unterscheidet sich von der Haussklaverei durch den persönlich freien Status, durch die Möglichkeit des Wechsels zu einem anderen Dienstgeber sowie durch seinen Charakter als im wesentlichen auf die Jugendzeit beschränkte Übergangsphase (›life-cycle-servants‹), von der Lohnarbeit durch die starke Familienintegration, die in manchen Belangen eine kindesgleiche Stellung bedeutet (z.B. Erziehungsaufgaben und religiöse Verantwortlichkeit der Hauseltern für das Gesinde). Die Endphase des europäischen Gesindediensts im 19. und frühen 20. Jahrhundert ist durch Übergänge zur freien Lohnarbeit charakterisiert. Schon in früheren Epochen zeigen sich solche Transformationsprozesse. Der Ursprung der Institution ist noch wenig untersucht. Das ländliche Gesindewesen läßt sich jedenfalls bis in die frühmittelalterliche Villikationsverfassung zurückverfolgen, zu deren System es gehört haben dürfte, daß jugendliche Arbeitskräfte der abhängigen Bauernhöfe zur Arbeit auf den zentralen Haupthöfen abgestellt wurden. Mit spezifischen Formen der fränkischen Agrarverfassung hat sich die Einrichtung offenbar in Europa verbreitet. Entstehungsgeschichtliche Zusammenhänge zu Formen der Zieh- und Pflegekindschaft einerseits, des häuslichen Diensts von Unfreien andererseits sind wahrscheinlich. Eigentliche Haussklaverei findet sich im mittelalterlichen Europa in manchen Regionen noch neben dem Gesindedienst, spielt aber nicht mehr die gleiche Rolle wie in den Kulturen der klassischen Antike. Von den Zeitgenossen wurden Sklaven vielfach nicht nach Personenrecht, sondern nach Sachenrecht eingestuft. Trotzdem werden wir sie aus heutiger Sicht als Angehörige von Haushalts- bzw. Familiengemeinschaften anzusehen haben.

Die mit Verwandten zusammengesetzten Familienformen sind sowohl seitens der Familiensoziologie wie seitens der Historischen Familienforschung am stärksten typologisch differenziert und terminologisch erfaßt. Am weitesten verbreitet ist unter Sozialhistorikern und historischen Demographen das von der ›Cambridge Group for the History of Population and Social Structure‹ entwickelte Kategorienschema. Es stellt den einfachen Familienhaushalten (›simple family households‹) die erweiterten (›extended family households‹) und die komplexen (›multiple family households‹) gegenüber. Zwischen ›erweitert‹ und ›komplex‹ wird unterschieden, je nachdem, ob es sich bei den mitlebenden Verwandten um Einzelpersonen oder um Gruppen handelt, die um ein Ehepaar zentriert sind. Bei beiden Typen erfolgt eine weitere Differenzierung nach der genealogischen Richtung des Verwandtschaftsgrads bezogen auf die Person des Haushaltsvorstands (›upwards‹, ›downwards‹, ›laterally‹). Diese Kategorien machen wichtige Strukturtypen der europäischen Familienentwicklung klar faßbar. So ist die in Mittel-, West- und Nordeuropa häufigste

Form der Mehrgenerationenfamilie, wie sie durch die Einrichtung des bäuerlichen Ausgedinges zustande gekommen ist, in diesem Schema von anderen Formen der Mehrgenerationenfamilie deutlich zu unterscheiden. Das ist bei der vieldiskutierten ›Stammfamilie‹ (»stem-family«, »famille souche« im Sinne von F. Le Play) nicht der Fall. Die Frage, welcher Generation in Dreigenerationenfamilien der Haushaltsvorstand angehört, ist familienstrukturell von entscheidender Bedeutung. Die Möglichkeit bzw. der Zwang, im Alter die Autoritätsposition in der Familie auf einen Sohn (bzw. Schwiegersohn) zu übertragen, erscheint im interkulturellen Vergleich eher als eine Ausnahmeregelung, weil sie das in komplexen Familien sonst allgemein verbreitete Senioritätsprinzip durchbricht. Die Einrichtung des bäuerlichen Ausgedinges dürfte auf grundherrschaftlichen Ursprung zurückgehen. Ihre Bedeutung für die Familienstruktur geht über Formen des Zusammenlebens mit den alten Eltern weit hinaus, weil sie in abgeleiteter Entwicklung auch andere verwandte Personen erfaßt, die in der Hausgemeinschaft mitversorgt werden. Wo ein Bauernhof über eine Austragsstube oder ein eigenes Altenteilerhäuschen verfügt, werden diese Räume, wenn sie nicht gerade von Angehörigen bewohnt sind, häufig an Inwohner vergeben. So kann es im Ablauf des Familienzyklus zu wechselnden Formen des Zusammenlebens mit verwandten und nichtverwandten Mitbewohnergruppen kommen. Eine ganz andere Struktur zeigen komplexe Familienformen des patriarchalischen Typs, in dem der jeweils Älteste lebenslänglich Familienoberhaupt bleibt, sowohl in der punktuellen Momentaufnahme einer Personenstandsliste als auch im Verlauf des Familienzyklus. Hier dürfen oft schon mehrere Söhne zu Lebzeiten des Vaters heiraten – und das ohne die Autoritätsposition in der Familie übernommen zu haben. Nach dem Tod des Vaters kommt es häufig zu lateral-komplexen Familienformen, für die sich die in Südfrankreich für solche Brüdergemeinschaften gebräuchliche Bezeichnung ›frérèches‹ in der Wissenschaftsterminologie eingebürgert hat. Ein Zusammenleben mit nichtverwandten Personen ist in allen lateral- und linear-komplexen Familienformen dieses Typs selten. Die zusammenlebenden verwandten Personen sind zumeist ausschließlich über die Patrilinie miteinander verbunden. Das hauptsächliche Verbreitungsgebiet solcher komplexer Familien, die in der Forschung auch als ›Verbandsfamilien‹ oder ›joint-families‹ charakterisiert werden, ist in Europa der Osten, der Balkanraum sowie einige Regionen der mediterranen Zone. Zu den Gebieten, in denen Ausgedingefamilie, Gesindedienst und hohes Heiratsalter auftreten, verhält es sich komplementär. Der regionale Befund legt so die Annahme zweier einander ausschließender Grundmuster der Familienstruktur nahe. Die Situation in den europäischen Randzonen scheint durch eine stärkere Bindekraft patrilinear

orientierter Verwandtschaftssysteme bestimmt. In West- und Mitteleuropa hingegen dürfte die Familienentwicklung dadurch charakterisiert sein, daß solche Bindungen schon früh an Bedeutung verloren.
Diese größere Freiheit in der Gestaltung der Familienformen könnte dazu geführt haben, daß hier unterschiedliche Bedingungen der Arbeitsorganisation als differenzierender Faktor in der Gestaltung familialen Zusammenlebens so stark in den Vordergrund getreten sind. Die spezifischen Arbeitsverhältnisse im städtischen Handwerk oder im Handel führen zu ganz anderen Mustern des Heiratsverhaltens, der Erbstrategien, des generativen Verhaltens, der Verweildauer von Söhnen und Töchtern, der Aufnahme zusätzlicher Arbeitskräfte oder der Versorgung nicht mehr arbeitsfähiger Angehöriger und damit zu ganz anderen Familienkonstellationen, als sie in der ländlichen Bevölkerung vorkommen. Unter den Bauernfamilien wiederum findet sich eine deutliche Differenzierung nach Ökotypen: In Agrargebieten, in denen die Viehzucht dominiert, zeigt sich etwa die Tendenz, die Arbeitskräftezahl der Familienwirtschaft konstant zu halten; in Weinbaugebieten mit ihren saisonalen Arbeitsspitzen fehlen hingegen die Gesindehaltung sowie andere Formen der Arbeitskräftesicherung durch familiale Einbindung zumeist vollkommen. In unterbäuerlichen Bevölkerungsgruppen gestalten sich die Familienformen aufgrund der Arbeitsverhältnisse und der Versorgungsmöglichkeiten wiederum ganz anders. Diese starke Abhängigkeit der Familienformen von Gegebenheiten des Arbeitslebens fällt vor allem auf, wenn der Vergleich zu Determinanten der Familienstrukturen in außereuropäischen Kulturen gezogen wird. In Japan, China oder Indien etwa scheinen die Konstellationen familialen Zusammenlebens in historischen Zeiten in höherem Maß durch religiöse Vorstellungen bestimmt gewesen zu sein, insbesondere solche des Ahnenkults. Residenzregeln, Heiratsverhalten, Erbrecht, Bewertung der Fortpflanzung und viele andere für die Familienzusammensetzung relevante Faktoren wurden hier durch die Ahnenverehrung beeinflußt. Im Christentum fehlt dieses Moment. Das bedeutet natürlich nicht, daß im christlichen Europa Religion für das Familienleben eine untergeordnete Rolle gespielt hätte. Hinsichtlich des familialen Zusammenlebens mit verwandten und nichtverwandten Personen scheint hier jedoch mehr Freiraum bestanden zu haben, so daß andere Gegebenheiten wie etwa solche der Arbeitsorganisation verstärkt an Einfluß gewinnen konnten.

Familiale Herrschaftsverhältnisse

Für die Erforschung herrschaftlicher Aspekte von Familienbeziehungen stehen bis weit zurück sehr vielfältige Quellen zur Verfügung. Trotzdem liegt das Schwergewicht der Diskussion über dieses Thema gerade in der

Frühgeschichte, für die dazu äußerst wenig Quellen vorhanden sind. Die Annahme, daß die Menschheit in der Frühzeit eine Phase des Matriarchats durchlaufen habe, beschäftigt nach wie vor die Wissenschaft. Darüber hinaus hält sie sich in der Öffentlichkeit mit einer ähnlichen Beharrlichkeit wie der Mythos von der vorindustriellen Großfamilie. Die Zählebigkeit solcher Vorstellungen hat sicher mit Veränderungswünschen in der Gegenwart zu tun. Daraus resultiert auch die Gefahr ideologischer Beeinflussung. Klärung könnte vor allem terminologische Exaktheit bringen. Vielfach wurde und wird Matriarchat mit Matrilokalität, also Wohnsitzwahl des jungen Paares am Ort der Frau bzw. mit Matrilinearität, d. i. Verwandtschaftszurechnung in der Mutterfolge, gleichgesetzt – wie ethnologische Forschungen zeigen, sicher zu Unrecht. Zu unterscheiden ist in der Matriarchats-Debatte auch zwischen Frauenherrschaft in der Gesellschaft und Mutterdominanz in der Familie. Die Annahme, daß ein Matriarchat im ersteren Sinn in Phasen der Urgeschichte existiert habe, gilt heute im wesentlichen als wissenschaftlich widerlegt. Wenn auch extrem männerrechtliche Herrschaftsordnungen wohl erst mit der Entstehung komplexer Gesellschaften aufkamen, so ist doch auch schon auf der Stufe einfacher Wildbeutergesellschaften im allgemeinen mit einer Männerdominanz in der Öffentlichkeit zu rechnen. Anders verhält es sich mit den Abhängigkeitsverhältnissen in den innerfamilialen Beziehungen. Familienherrschaft und Herrschaftsordnung der Öffentlichkeit stehen zwar historisch stets miteinander in Zusammenhang, sind jedoch keineswegs identisch. Familiale Herrschaftsfunktionen von Frauen finden sich in allen historischen Gesellschaften und sind vielfach real bedeutsamer als die von Männern. Herrschaft im Sinn von Anordnungsbefugnissen über Personen kommt zunächst der Mutter über die Kleinkinder zu, mit denen die Männer in historischen Gesellschaften meist wenig zu tun hatten. Diese in der ursprünglichen Mutter-Kind-Dyade wurzelnde Abhängigkeit kann aber auch zu lebenslänglichen Unterordnungsbeziehungen führen, selbst solchen von erwachsenen Söhnen. Der häuslichen Herrschaft der Hausfrau unterstehen ferner alle anderen erwachsenen Frauen des Haushalts, in patrilinear komplexen Familienformen, wie sie historisch sehr weit zurückreichen dürften, vor allem die Schwiegertöchter, in Haushalten mit Gesinde die Mägde, bei Sklavereiverhältnissen die weiblichen und vielfach auch die männlichen Sklaven. Männliche Funktionen der Hausherrschaft kann die Hausfrau im Falle der Verwitwung ausüben. Sie übernimmt dann oft auch die in der Regel männliche Vermittlungsrolle zwischen Hausgemeinschaft und Öffentlichkeit. Familiale Herrschaftsbefugnisse kommen Frauen überall dort in höherem Maße zu, wo Männer durch Außentätigkeit stark gebunden sind. Die Macht der Frauen ist die Abwesenheit der Männer. Schließlich findet sich ein eigenständiger familialer Herrschaftsbereich von Frauen vielfach auch dort, wo durch die geschlechtsspezifische Arbeitsteilung Frauen- und Männersphären deutlich voneinander getrennt sind. Das mag schon in Gesellschaften von Sammlerinnen und Jägern in der menschlichen Frühgeschichte der Fall gewesen sein.

Ebenso wie der Begriff ›Matriarchat‹ wird auch der Begriff ›Patriarchat‹ vielfach unscharf verwendet. Zu differenzieren ist hier in analoger Weise, ob ›Herrschaft der Väter‹ in der Familie oder in der Öffentlichkeit gemeint ist, außerdem nach unterschiedlichen Formen der Herrschaft bzw. nach abhängigen Personen. Ein Verständnis von Patriarchat als generelle Männerherrschaft über Frauen stellt sicher eine unzulässige Verkürzung dar. Die inhaltliche Kernfrage der Patriarchats-Matriarchats-Debatte ist wohl das Problem, warum in fast allen historischen Gesellschaften die Gestaltung der politischen Öffentlichkeit ausschließlich oder vorwiegend den Männern zukommt und dementsprechend zumeist Männer der Gesellschaft gegenüber als Familienoberhaupt fungieren. Die plausibelsten Erklärungen für dieses Phänomen argumentieren mit Bedingungen der geschlechtsspezifischen Arbeitsteilung. Die für die Konstituierung politischer Öffentlichkeit entscheidenden Außentätigkeiten waren in vielen traditionalen Gesellschaften mit den weiblichen Reproduktionsaufgaben inkompatibel. Der Ausschluß von Frauen aus der politischen Öffentlichkeit und die damit verbundenen Auswirkungen auf deren familiale Stellung haben freilich die Phase zwingender Notwendigkeit sehr lange überlebt.

Die Frage nach den innerfamilialen Machtverhältnissen zwischen Männern und Frauen wird in der Forschung vielfach so diskutiert, als wäre die ›Kernfamilie‹ der Gegenwart ein historisches Universale. Eine solche Sicht geht an der Vielfalt weiblicher und männlicher Rollen in Familienformen der Vergangenheit vorbei. Für die Erforschung historischer Familienbeziehungen sind darüber hinaus auch Autoritäts- und Rangordnungen von Interesse, die nicht am Kriterium Geschlecht orientiert sind: Abhängigkeitsverhältnisse unter Geschwistern, in der Gesindehierarchie, zwischen Hauskindern und Gesinde, zwischen Angehörigen verschiedener Generationen. Vor allem geht es auch um den Wandel dieser Autoritäts- und Rangordnungen im Ablauf des Lebens- und Familienzyklus. Der ›developmental approach‹, der sich in der Analyse historischer Familienformen als so fruchtbar erwiesen hat, ist sicher auch für die Beschäftigung mit historischen Familienbeziehungen von Bedeutung.

Ebenso wie bei den herrschaftlichen Aspekten von Familienbeziehungen muß die Vielfalt familialer Rollen auch bei der Geschichte von Gefühlen zwischen Familienangehörigen bedacht werden. Thema einer solchen historischen Beschäftigung mit Emotionen kann nicht nur die Gatten- bzw.

die Mutterliebe sein, die aus heutiger Perspektive so stark im Vordergrund stehen. Eine wesentliche Schwierigkeit für jene Richtung innerhalb der Historischen Familienforschung, die subjektive Momente des Familienlebens stärker in den Vordergrund stellt, ist der Umstand, daß für den Historiker nur die Ausdrucksformen von Gefühlen in der Vergangenheit, nicht aber die Gefühle selbst faßbar sind. Aus dem Fehlen von bestimmten Gesten der Zärtlichkeit oder bestimmter sprachlicher Ausdrucksformen abzuleiten, daß auch die heute damit verbundenen Emotionen gefehlt hätten, wäre sicher ein Trugschluß. Ebenso problematisch erscheint die Annahme, daß es die für die Moderne als charakteristisch postulierte ›romantische Liebe‹ in Zeiten vielleicht nicht gegeben habe, in denen die Partnerwahl stärker nach Kriterien von Besitz, Arbeitsfähigkeit und Gesundheit erfolgte. Gerade den Zusammenhang von Emotionen und materiellen Interessen zu analysieren, wird für Forscher, die um die Verbindung von ›harten‹ und ›weichen Daten‹ bemüht sind, zu einem zentralen Anliegen. Thema einer an der emotionalen Komponente von Familienbeziehungen interessierten Forschung sind keineswegs nur ›positive‹ Gefühle wie Liebe und Zuneigung. Auch charakteristische Konfliktfelder und deren strukturelle Bedingungen – etwa Spannungen, die aus Erbgewohnheiten resultieren – stellen für sie einen wichtigen Untersuchungsgegenstand dar. Verdienst der mit Gefühlsbeziehungen der Vergangenheit beschäftigten Familienforschung ist es vor allem, Vorstellungen von der naturhaften Verankerung familialer Emotionalität entmystifiziert zu haben – etwa von der Mutterliebe als Instinkt.

Eng mit der Geschichte von emotionalen Aspekten der Familienbeziehungen verbunden ist die historische Beschäftigung mit typischen familialen Verhaltensweisen. Im Zentrum des Interesses steht dabei das Verhalten zu Kindern. Ph. Ariès' These von der ›Entdeckung der Kindheit‹ in der frühen Neuzeit hat sich für die Historische Familienforschung der letzten Jahrzehnte als besonders fruchtbar erwiesen, auch wenn manche Teilannahmen der wissenschaftlichen Kritik nicht standhalten konnten. Überhaupt hat das historische Interesse an Familienbeziehungen zu einer intensivierten Beschäftigung mit den einzelnen Lebenszyklusphasen geführt – mit der Kindheit wie auch mit der Jugend und dem Alter. Bei der historischen Jugend- und Altersforschung ist die Forschungsarbeit dabei weit über die innerfamilialen Beziehungen hinausgegangen. Dasselbe gilt für die Geschichte der Sexualität. Neben den innerehelichen Sexualbeziehungen liegt hier ein besonderer Interessenschwerpunkt bei Fragen der vorehelichen Sexualität.

Familienfunktionen

Einzelne Familienfunktionen bilden in unterschiedlicher Weise Schwerpunkte familienhistorischer Forschung. Die Beschäftigung mit Fragen der Fortpflanzung ist relativ intensiv. Fragen der ehelichen Fruchtbarkeit, ebenso aber auch der unehelichen Reproduktion stellen einen zentralen Forschungsgegenstand der Historischen Demographie dar. Um Probleme wie die Anwendung von Empfängnisverhütung in historischen Zeiten zu klären, wurde im Rahmen der Familienrekonstitutionsmethode auf der Basis von Pfarrmatrikeln ein differenziertes Instrumentarium entwickelt. Weniger gut untersucht sind die wirtschaftlichen, sozialen und religiösen Bedingungen jener unterschiedlichen Formen des generativen Verhaltens, die sich aus den quantitativen Analysen solcher Quellen ergeben. Hinsichtlich der Geschichte der familialen Sozialisationsfunktion war die Zusammenarbeit mit der Pädagogik für die Historische Familienforschung ertragreich. Für jene ergab sich daraus eine Akzentverlagerung von der Geschichte der Erziehungsideen zur Geschichte realer Erziehungsverhältnisse. Wenig interdisziplinäre Zusammenarbeit kam bisher bei der Erforschung familialer Produktionsfunktionen zustande. Zum Problemkreis historischer Formen der Familienwirtschaft hat – soweit es um bäuerliche Familienbetriebe geht – am ehesten die Kooperation mit der Agrargeschichte beigetragen. Fragen der innerfamilialen Arbeitsteilung sind vor allem von der Frauengeschichte in den Mittelpunkt des Interesses gerückt worden, die sich über die Geschichte der modernen Hausarbeit hinaus zunehmend mit dem Thema Frauenarbeit in der Vergangenheit beschäftigt.

Die Geschichte geschlechtsspezifischer Arbeitsteilung in ihrer Wechselwirkung zwischen gesellschaftlicher und familialer Arbeitsteilung bleibt sicher auch in Zukunft eines der Leitthemen der Historischen Familienforschung, weil es für die in der Gegenwart so intensiv diskutierte Problematik der Geschlechterrollen grundlegend ist. Die zentrale Bedeutung, die der Existenzsicherung durch Arbeit als Determinante des Familienlebens zukommt, läßt insgesamt erwarten, daß die produktiven Funktionen der Familie in der historischen Beschäftigung in Zukunft in noch höherem Maße Beachtung finden werden. Mit den Konsumtionsfunktionen der Familie im Sinne mikroökonomischer Haushaltsanalysen hat sich die Historische Familienforschung bisher nur wenig beschäftigt. Ähnliches gilt für die Freizeitfunktionen – beides Desiderata vor allem für die Sozialgeschichte der Familie in neuerer Zeit.

Die klassischen Versorgungsfunktionen der Familie betreffen Nahrung, Kleidung und Wohnung. Vor allem das gemeinsame Essen und das gemeinsame Wohnen unter einem Dach sind seit alters entscheidende Kriterien, nach denen Familienzugehörigkeit beurteilt wird. Als Aspekte der materiellen Kultur stellen Wohnung, Nahrung und Kleidung zentrale Themen der volkskundlichen Forschung dar. Die für die Historische Familienforschung relevanten Fragestellungen erfordern allerdings in mancher Hinsicht neue Perspektiven – etwa Essen als Gemeinschaftsritual, Kleidung als Ausdruck geschlechts- bzw. altersspezifischer Rollen, Wohnraumdifferenzierung als Folge von Individualisierungsprozessen in der Familie. Als historische Schutzfunktionen, die die Familiengemeinschaft gegenüber ihren Angehörigen ausübt, ist Hilfe in Risikosituationen wie Krankheit, Unfall oder Arbeitslosigkeit zu bedenken. Über den engeren Kreis der Verwandten konnten Gäste, obdachlose Arme (›Einlieger‹) oder Waisenkinder in die Schutzfunktion einbezogen werden. Schutzfunktion bedeutet aber auch Abwehr äußerer Gefahren – Schutz vor Naturgewalten, vor wilden Tieren, vor Bedrohungen durch Menschen. Schutzfunktionen in diesem Sinne, vor allem wenn sie mit Waffen ausgeübt wurden, waren in traditionalen Gesellschaften fast ausschließlich Sache der erwachsenen Männer der Hausgemeinschaft. Auch Schutz der Familienehre – im Extremfall durch Blutrache – gehört historisch in diesen Zusammenhang, weil dadurch die Identität der Gruppe Familie betroffen ist. Für solche Aspekte von historischen Familienfunktionen hat sich die neuere Sozialgeschichte wenig interessiert. Ähnliches kann auch bezüglich der familialen Kultfunktionen festgestellt werden. Sicher spielt die Familie als Kultgemeinschaft in der europäisch-christlichen Tradition keine so ausgeprägte Rolle wie in manchen anderen Religionen, die Bedeutung des Hauskults ist jedoch auch hier nicht zu unterschätzen. Untersuchungen auf der Ebene der Volksreligiosität sowie vergleichende Studien zwischen Konfessionen und Religionsgemeinschaften könnten die Historische Familienforschung sehr bereichern. Die Erforschung religiös bedingter Praktiken der Namengebung etwa würde familienhistorisch interessante Perspektiven eröffnen.

Prozesse des Wandels

Die Beschäftigung mit historischen Prozessen der Veränderung von Familienfunktionen führt zu der für die Historische Familienforschung letztlich entscheidenden Frage nach den Faktoren des Wandels, die für die jeweiligen Formen familialen Zusammenlebens in der Vergangenheit maßgeblich waren. Die Familiensoziologie spricht für die Gegenwart von einem Prozeß des ›Funktionsverlusts der Familie‹. Die Sozialgeschichte der Familie kann diesen Befund als einen säkularen Trend erhärten, wird ihn aber wohl besser mit dem weniger wertenden Begriff der ›Funktionsabgabe‹ charakterisieren. Viele der in historischen Zeiten von der Familie allein oder dominant wahrgenommenen Aufgaben wurden mehr und mehr von außerfamilialen Einrichtungen und Gruppierungen übernommen. Das gilt für verschiedenste Funktionen der sozialen Sicherung, der Erziehung, vor allem der Produktion, die in historischen Zeiten für das Familienleben so zentrale Bedeutung gehabt hat. Allerdings muß auch gesehen werden, daß die der Familie verbliebenen Funktionen in vieler Hinsicht komplexer und differenzierter geworden sind – die Sozialisation durch die Pädagogisierung der Kindererziehung, die Hausarbeit u. a. durch die Zunahme des Wohnkomforts, die Freizeitgestaltung durch die Ausweitung der arbeitsfreien Zeit bzw. durch neue Möglichkeiten von Freizeitaktivitäten. Die Vergesellschaftung ursprünglich familialer Aufgaben, wie sie durch die Entwicklung spezialisierter Einrichtungen der Erziehung, der sozialen Fürsorge, des Gesundheitswesens, insbesondere der Produktion bewirkt wurde, ist sicher einer der wichtigsten Faktoren, die zu Wandlungsprozessen der Primärgruppe Familie geführt haben.

Prozesse der Funktionsabgabe der Familie wurden nicht nur durch die Entwicklung gesellschaftlicher Einrichtungen wie der Schule oder des Spitals vorangetrieben. Ebenso bedeutsam war dafür die gegenseitige Entlastung von Aufgaben durch die Differenzierung von Familienwirtschaften. Mit zunehmender Spezialisierung in Handwerk und Handel kam es zu Austauschprozessen, die zu einem Rückgang familialer Autarkie führte. Besonders bedeutsam für solche Austauschprozesse erscheint die Entwicklung des Siedlungswesens. Bei Sammelsiedlung ist die gegenseitige Entlastung der Haus- bzw. Haushaltsgemeinschaften stets viel stärker als bei Streusiedlung. Durch Verstädterung bzw. ›Verdorfung‹ ändern sich zugleich die für das familiale Zusammenleben maßgeblichen Wohnformen.

Prozesse der Verstädterung führen in sehr vielfältiger Weise zu Veränderungen der zwischenmenschlichen Beziehungen, nicht nur in den Handlungszusammenhängen, sondern auch in den Bewußtseinszusammenhängen. Der Abbau kollektiver zugunsten individueller Identitäten hat sich in städtischen Gesellschaften stets früher und radikaler abgespielt als in ländlichen Regionen. Für den Wandel des Familienlebens erweist sich der säkulare Prozeß der Individualisierung als entscheidender Faktor. Sicherlich ist er nicht allein aus Entwicklungen der Siedlungsstruktur zu erklären. Individualisierung wurde in der europäischen Sozialgeschichte etwa auch durch religions- und konfessionsgeschichtliche Entwicklungen vorangetrieben. Die Reformation spielt in diesem Zusammenhang eine wichtige Rolle, ebenso innerkonfessionelle Strömungen wie der Pietismus, die das Individuum verstärkt zur Selbstreflexion veranlassen. Aber auch solche Strömungen dürfen in ihrem Ursprung nicht losgelöst von sozioökonomischen und soziokulturellen Prozessen gesehen werden, wie sie mit dem Faktor ›Verstädterung‹ angesprochen wurden.

Viele jener Tendenzen des Wandels der Familienverhältnisse, die der Sozialhistoriker in der Langzeitperspektive verfolgen kann, setzen sich in der jüngsten Vergangenheit und in der Gegenwart beschleunigt und mit nie dagewesener Radikalität fort. Dies gilt etwa für die Individualisierungstendenz. Das Phänomen des ›Singles‹ stellt die extreme Alternative zu allen traditionalen Formen des Familienlebens dar. Auf der Ebene der Haushaltsstatistik spiegelt sich die Individualisierungstendenz in der starken Zunahme der Einzelhaushalte. In Einzelhaushalten leben Menschen in unterschiedlichen Phasen des Lebenszyklus: Jugendliche, die früher das Elternhaus verlassen als noch vor wenigen Jahrzehnten, die mitunter erst sehr spät eine Dauerbindung eingehen, unter ihnen vermehrt auch Mädchen, denen in historischen Gesellschaften ein selbständiger Haushalt prinzipiell nicht zugestanden wurde, ledige Erwachsene, die sich dafür entschieden haben, allein zu bleiben, auch wenn sie Partnerkontakte unterhalten, Geschiedene, die keine neue Bindung einzugehen bereit sind, schließlich alte Menschen, die nach dem Verlust des Partners die Haushaltsform nicht mehr ändern wollen oder können. In Hinblick auf die steigende Lebenserwartung und den früheren Beginn der sog. ›empty-nest-Phase‹ nach dem Ausscheiden des letzten Kindes nimmt diese Gruppe zahlenmäßig stark zu. Individualisierungstendenzen innerhalb von Haushaltsgemeinschaften lassen sich in vielfältiger Weise beobachten. Die individuelle Lohnarbeit führt zu einem Nebeneinander verschiedener Formen der Berufsarbeit, verschiedener Verkehrskreise der Familienmitglieder, aber auch verstärkt zu individuell genutztem Eigentum der beiden Ehepartner und der in der Haushaltsgemeinschaft mitlebenden, selbständig verdienenden Kinder. In der Gestaltung von Wohnungen steht zunehmend jedem Familienmitglied ein eigener Raum zur Verfügung. Auch die heranwachsenden Kinder haben Anspruch darauf. Mit der räumlichen Aufteilung verbindet sich die zunehmende Möglichkeit individueller Freizeitaktivitäten. Verglichen mit historischen Formen des Familienlebens hat die Entscheidungsfreiheit zwischen Alleinsein und Gemeinsamkeit in der Familie enorm zugenommen.

Andere Tendenzen, die zu einem radikalen Wandel der Familienverhältnisse gegenüber traditionalen Strukturen führen, sind die zunehmenden Möglichkeiten der Geburtenplanung, die Trennbarkeit von Fortpflanzung und Sexualität als Ausdrucksform der Partnerbeziehung, die wachsende Flexibilität der Geschlechterrollen, die Deinstitutionalisierung der Ehe, die Zunahme der Scheidungshäufigkeit. Das Verhalten in den Primärbeziehungen von Menschen gerät mit solchen Veränderungstendenzen zunehmend in Diskussion. Das Bedürfnis nach Orientierung wächst. Die Historische Familienforschung kann zu dieser Orientierung zumindest insofern beitragen, als sie aufzeigt, welche Zwänge der Vergangenheit wir hinter uns gelassen haben. [M. MITTERAUER]

Faschismus

Der Begriff Faschismus

Der Begriff Faschismus gehört zu den historischen Schlüsselbegriffen des 20. Jahrhunderts. Er wurde von dem italienischen Wort fascio abgeleitet, das wiederum der lateinischen Bezeichnung fasces für die altrömischen Herrschaftssymbole der Rutenbündel entsprach. In der Bedeutung von Bund wurde es im 19. Jahrhundert in Italien von der aufkommenden Arbeiterbewegung zur Bezeichnung ihrer meist revolutionären außer- und antiparlamentarischen Organisationsformen benutzt. Noch 1914 schlossen sich die Sozialisten und Syndikalisten, die unter der Führung B. Mussolinis und F. Corridonis für einen Kriegseintritt an der Seite der Entente-Mächte plädierten, zu den ›fasci d'azione rivoluzionaria‹ zusammen. Als sich nach der italienischen Niederlage von Caporetto 1917 jedoch der deutlich rechtsorientierte ›fascio parlamentare‹ bildete, zeigte sich erstmals, daß der Begriff auch zur Bezeichnung gegenrevolutionärer Vorbehalte gegenüber dem Parlamentarismus benutzt werden konnte. Diese politische Zielrichtung hatte dann eindeutig der ›fascio di combattimento‹ (Kampfbund), der am 23. März 1919 von Mussolini in Mailand gegründet und zum historischen Vorbild für die davon sich ableitende Bewegung des ›fascismo‹ wurde.

Daß der Begriff Faschismus im engeren Sinn die von Mussolini 1922 mit dem ›Marsch auf Rom‹ an die Macht geführte politische Bewegung und das von ihm bis 1945 ausgeübte Herrschaftssystem bezeichnet, steht ohne weiteres fest. Darüber hinaus sind seine Bedeutung und sein historischer Geltungsbereich jedoch, ähnlich wie bei anderen politischen Richtungsbegriffen (z. B. dem des Sozialismus, Konservativismus oder Nationalismus), äußerst umstritten. Die Geschichte des Faschismus stellt sich zunächst als eine Geschichte seiner Deutungen dar. Diesen Interpretationen ist gemeinsam, daß sie dem Faschismus fast durchweg in kritischer Distanz ablehnend gegenüberstehen. Die sozial- und geschichtswissenschaftliche Theoriebildung über den Faschismus entspringt dem Geist des Antifaschismus.

In seiner realen Existenz war der Faschismus historisch an die Zwischenkriegs- und Kriegszeit von 1919–1945 gebunden, auch wenn es seitdem noch politische Splittergruppen gibt, die als neofaschistisch bezeichnet werden können. Diese Epochengebundenheit ergibt sich aus der historischen Leitfunktion des italienischen Faschismus. Alle politischen Bewegungen, die im strengen Sinne als faschistisch angesehen werden können, haben sich direkt oder indirekt auf das italienische Vorbild oder seit der Machtergreifung Hitlers im Jahre 1933 zumindest auf den seinerseits ursprünglich an Italien orientierten Nationalsozialismus berufen. Mussolini

war sich seiner historischen Führungsrolle voll bewußt. Auch wenn er aus taktischen Gründen außenpolitischer Rücksichtnahme gelegentlich behauptete, der Faschismus sei »keine Exportware«, stellte er seit 1925 bewußt den »universalen Charakter« seines Faschismus heraus und erhob die »Faschisierung Europas« zu seinem Programm. Nach der Machtergreifung des Nationalsozialismus förderte er, wenn auch vergeblich, sogar den Aufbau einer Faschistischen Internationale, um seinen faschistischen Führungsanspruch gegenüber Hitler zu behaupten.
Schließlich ist es bezeichnend, daß es seit 1945 keine ernst zu nehmenden politischen Gruppierungen mehr gibt, die sich selbst als faschistisch einstufen. Nach ihrem selbstverschuldeten Untergang verloren die beiden Führungsfaschismen in Italien und in Deutschland ein für allemal jede politische Attraktivität, wozu entscheidend die Kriegs- und Verbrechensbilanz beitrug, die vor allem der deutsche Faschismus hinterlassen hat. Ohne den Bezug auf Mussolini oder auf Hitler kann es aber keinen Faschismus mehr geben. Seit 1945 hat der Faschismus daher keine Zukunft mehr.

Faschismusdeutungen
Faschismusdeutungen gibt es solange, wie der Faschismus selbst existiert. Doch 65 Jahre nach dem Marsch auf Rom besteht in der historischen Beurteilung des Faschismus nur wenig Übereinstimmung. Dies ist daraus zu erklären, daß die internationale Faschismusforschung stark politische Ursprünge hatte. Bis zum Untergang der faschistischen Regime in Italien und Deutschland spiegeln sich in den Faschismusdeutungen die unterschiedlichen politischen Standortbestimmungen des Antifaschismus wider. Schon unmittelbar nach dem Aufkommen des Faschismus in Italien standen sich einander ausschließend eine kommunistische, eine sozialistische und eine liberal-demokratische Faschismusdeutung gegenüber. Die kommunistische Bewegung wurde durch Mussolinis Machtergreifung in ihrer revolutionären Selbstgewißheit getroffen. Innerhalb der Kommunistischen Internationale kam es angesichts dieser Herausforderung 1922/23 zu einer heftigen Kontroverse über den Faschismus. Dabei unterlagen diejenigen, die den Faschismus als »größte Niederlage, die der Sozialismus und Kommunismus seit Beginn der Periode der Weltrevolution erlitten hat« (K. Radek) bezeichneten, der Mehrheitsmeinung, die den Faschismus als bloßes Übergangsphänomen vor dem Untergang der kapitalistischen Gesellschaft ansah. Diese Interpretation trug zwar wesentlich dazu bei, den Faschismus als eine über Italien hinausreichende politische Bewegung zu begreifen. Je mehr sich aber die orthodoxen Kommunisten darauf versteiften, den faschistischen Staat lediglich als ausführendes Organ des sog. Monopolkapitalismus anzusehen, desto weniger waren sie in der Lage, dessen eigenständige historische Rolle zu durchschauen.

Auch als unter dem Eindruck der Machtergreifung Hitlers schließlich wenigstens ein Unterschied zwischen der demokratischen und der diktatorischen Form bürgerlicher Herrschaft gemacht wurde, hielt die Kommunistische Internationale dogmatisch an ihrer Agententheorie fest. G. Dimitroff fand im August 1935 die Definition, die im kommunistischen Lager bis heute im Prinzip kanonische Geltung behalten hat: »Der Faschismus ist die offene terroristische Diktatur der am meisten reaktionären, chauvinistischen und imperialistischen Elemente des Finanzkapitals.«

Während die kommunistische Faschismusdoktrin zunehmend erstarrte, fand außerhalb ihres politischen Geltungsbereiches eine bis heute anhaltende sozialistische Faschismusdebatte statt, die einen durchaus höheren Realitätsbezug hatte. Behaupteten die kommunistischen Kritiker pauschal, der Faschismus könnte die diktatorische Alternative jedes bürgerlichen Staates sein, so stand für die Sozialisten die Frage nach den Bedingungen der Möglichkeit einer faschistischen Perversion bürgerlicher Herrschaft im Vordergrund. F. Borkenau interpretierte den Faschismus als Entwicklungsdiktatur »zur Schaffung des industriellen Kapitalismus« und glaubte damit noch Ende 1932 seinen Durchbruch in Deutschland ausschließen zu können. O. Bauer sah den Faschismus 1936 umgekehrt als »Resultat eines eigenartigen Gleichgewichts der Klassenkräfte« von Bourgeoisie und Arbeiterschaft an, womit er seine Entstehungsmöglichkeit gerade auf fortgeschrittene Industrieländer eingrenzte. Das entsprach durchaus der Theorie A. Thalheimers, der den Faschismus 1930 als erster in Analogie zu der Bonapartismustheorie von K. Marx zu erklären versucht hatte. Mussolini war in seinen Augen ähnlich wie Napoleon III. in einem Stadium des Machtgleichgewichts zwischen Bourgeoisie und Arbeiterbewegung an die Macht gekommen. Er sah voraus, daß Hitler es unter ähnlichen Bedingungen schaffen könnte, Deutschland in eine faschistische Diktatur zu verwandeln. Das wesentliche dieser Diktatur sah er darin, daß sich die politische Exekutive verselbständigte, obwohl die gesellschaftliche Vormachtstellung der Großbourgeoisie nicht angetastet werde. Die sog. Neue Linke hat in den 60er und 70er Jahren in Deutschland eine letztlich fruchtlose Diskussion darüber geführt, inwieweit der politische Verselbständigungsprozeß des Partei- und Staatsapparates gegenüber den sie tragenden wirtschaftlichen Interessengruppen zu einer Abkoppelung des Faschismus vom Kapitalismus geführt habe. Charakteristisch dafür ist die Argumentation von R. Kühnl, der zwar dazu bereit war, von einer »partiellen Verselbständigung der politischen Gewalt gegenüber den ökonomischen Interessen und Machtgruppen« zu sprechen, der diese aber immer noch eingebettet sah in das »kapitalistische Gesamtinteresse«. Kaum jemand knüpfte dagegen an die Erkenntnis E. Blochs an, der den Faschismus 1935 gerade mit einer »Ungleichmäßigkeit der kapitalistischen Entwicklung« zu erklären gesucht und Deutschland das »klassische Land der Ungleichzeitigkeit« genannt hatte. Der liberal-demokratische Antifaschismus stand von Anfang an vor dem Problem, sich nicht nur mit dem Faschismus, sondern zugleich auch mit der kommunistischen und sozialistischen Faschismuskritik auseinandersetzen zu müssen, die den kapitalistisch geprägten bürgerlichen Staat für die Entstehung des Faschismus verantwortlich machte. Aus dieser doppelten politischen Frontstellung ist ursprünglich der Versuch zu erklären, den Faschismus auf die Krise des Mittelstandes zwischen Kapitalismus und Sozialismus zurückzuführen. Als erster bezeichnete der Journalist L. Salvatorelli schon 1923 in Italien den Faschismus »als den Klassenkampf des Kleinbürgertums, das sich zwischen Kapitalismus und Proletariat wie der Dritte zwischen zwei Kämpfenden befindet«. In Deutschland sprach der Soziologe T. Geiger 1930 in ähnlichem Sinne von der »Panik im Mittelstand«. S. M. Lipset entwickelte die Mittelstandsthese dann zu einem umfassenden Erklärungsmodell des Faschismus. Während er dem Mittelstand den Liberalismus als normale politische Einstellung zuschrieb, war der Faschismus als Krisenphänomen in seinen Augen ein »Extremismus der Mitte«. Seit freilich die Forschung mehr und mehr erweisen konnte, daß sowohl der Partito Nazionale Fascista in Italien wie die Nationalsozialistische Deutsche Arbeiterpartei in Deutschland, aber auch z. B. die Eiserne Garde in Rumänien oder die Pfeilkreuzlerpartei in Ungarn ein sehr viel differenzierteres, sowohl in den oberen Mittelstand als auch in die Arbeiterschaft und vor allem in die Bauernschaft hineinreichendes Sozialprofil hatten, ist die Mittelstandsthese fragwürdig geworden.

Liberal-demokratischer Selbstbehauptung diente seit den 30er Jahren auch die Theorie, daß Faschismus, Nationalsozialismus und Bolschewismus als totalitäre Regime in ihrer Herrschaftsstruktur wesensgleich seien. Sie ging in ihrem Ursprung schon auf die antifaschistische Opposition in Italien zurück, für die der faschistischen Diktatur Mussolinis seit 1925 »die Verleugnung derselben Grundsätze von Freiheit und Ordnung« (F. Nitti) zugrunde lag wie der bolschewistischen in Rußland. Nach 1945 wurden von der politikwissenschaftlichen Forschung (vor allem von J. L. Talmon, H. Arendt, C. J. Friedrich und Z. Brzezinski) unter dem Begriff des Totalitarismus jedoch zunehmend nur noch der stalinistische Kommunismus und der Nationalsozialismus erfaßt. Das entsprach der in der Zeit des Kalten Krieges im Westen vorherrschenden politischen Bewußtseinslage. Für die Faschismusforschung blieb dieses eingeengte Verständnis von Totalitarismus jedoch unbefriedigend, da der Nationalsozialismus aus seinem faschistischen Kontext herausgenommen wurde. Auch wenn neuerdings eine »Differenzierung von Typen oder Versionen des Totalitarismus« (K. D. Bracher) vorgeschlagen wurde, wird sich ein abgestuftes System totalitärer Diktaturen nur beschreiben lassen, wenn zunächst der Faschismus als solcher ernst genommen und das Totalitäre als ein für diesen möglicher, aber nicht notwendiger Aspekt angesehen wird.

Den bisher anspruchsvollsten Versuch, dem Faschismusbegriff eine eigene Legitimität zu verschaffen, stellt nach wie vor das Werk von E. Nolte über den ›Faschismus in seiner Epoche‹ aus dem Jahre 1963 dar. Nolte hielt es für ein »unabweisbares Bedürfnis, einen Begriff für diejenigen politischen Systeme« zu haben, »die ebensosehr vom demokratisch-parlamentarischen wie vom kommunistischen Typus sich unterscheiden und doch nicht bloße Militärdiktaturen oder konservative Regime sind«. Er fand zu diesem Begriff jedoch nicht auf dem induktiven Wege eines historischen Vergleichs, sondern mittels einer philosophischen Deduktion. Der Faschismus ist für Nolte als »transpolitisches Phänomen« im Grunde eine metahistorische Kategorie, von der er fern der Empirie eine frühfaschistische (in Frankreich), eine normalfaschistische (in Italien) und eine radikalfaschistische (in Deutschland) Erscheinungsform abgeleitet hat.

Aufgrund dieser eigenwilligen geschichtsphilosophischen Voraussetzungen sind Noltes Faschismusforschungen im Grunde kaum rezipiert worden. Wirksamer waren außerhalb des Marxismus die Forschungsansätze, die von der sozialwissenschaftlichen Theorie der Modernisierung ausgehen. Soweit sie durch den liberaldemokratischen Fortschrittsglauben getragen wurden, daß der globale Industrialisierungsprozeß unweigerlich zu gesellschaftlicher Emanzipation und freiheitlicher Verfassung führen müsse, waren auch sie ursprünglich durchaus politisch motiviert. Der Faschismus erschien in dieser Sicht als ein letzter Versuch, den Fortschritt aufzuhalten, freilich nicht den auf dem Wege zum Sozialismus, sondern den zur liberalen Demokratie.

Erste Anregungen für eine solche Faschismusdeutung aus modernisierungstheoretischer Perspektive hat B. Moore 1966 gegeben, obwohl der Faschismus für ihn nur ein extremer Sonderfall gegenrevolutionärer Diktatur war. Am eindringlichsten wurde der Faschismus 1968 von dem amerikanischen Soziologen A. F. V. Organski als ein politisches System zur Abwehr des Modernisierungsprozesses gedeutet. Organski vertrat die These, daß faschistische Systeme am ehesten in solchen Staaten entstünden, die sich »in der Mitte ihrer Modernisierung« befänden. In diesen seien die »Eliten des nichtmodernen Sektors« zwar schon in der Defensive gegenüber den expandierenden, Staat und Gesellschaft verändernden Kräften. Sie seien aber noch stark genug, die »modernen Eliten« in Krisensituationen zu politischen Kompromissen zu zwingen, die »der Kern des politischen Systems« seien, »das wir Faschismus nennen«. Wie

die meisten modernisierungstheoretischen Modelle ist auch das Organskis allerdings insofern fragwürdig, als es zwar auf Italien (und auf das Argentinien Peróns) paßt, nicht jedoch auch auf Deutschland. Mit Recht hat daher H. A. Turner 1972 darauf insistiert, daß die Modernisierungstheorie sich nur dann auf den Faschismus anwenden ließe, »wenn sowohl der italienische Faschismus als auch der Nationalsozialismus... politische Entscheidungsformen des utopischen Anti-Modernismus darstellen«.
Genau in der Frage, ob es zwischen italienischem Faschismus und Nationalsozialismus ein »faschistisches Minimum« (S. G. Payne) an Gemeinsamkeiten gibt, ist die nichtmarxistische Faschismusforschung bis heute uneins. Noch immer gibt es Historiker, die den Nationalsozialismus strikt vom italienischen Faschismus trennen und deshalb überhaupt Bedenken anmelden »gegenüber dem Sinn und der Benutzbarkeit eines übernational dimensionierten Faschismusbegriffs« (K. Hildebrand). Besonders häufig wird in diesem Zusammenhang darauf verwiesen, daß es dem italienischen Faschismus ursprünglich an dem rassenbiologisch motivierten Antisemitismus gefehlt habe, der für den Nationalsozialismus schlechterdings konstitutiv sei. Am nachdrücklichsten haben K. D. Bracher und R. De Felice diese Auffassung vertreten. Für De Felice sind sogar überhaupt »bei den einzelnen Faschismen die nationalen Charakterzüge entscheidend«. Andere Forscher, wie z. B. Z. Sternhell, wollen den Faschismusbegriff strikt nur auf Bewegungen außerhalb des Nationalsozialismus begrenzen. Die Mehrzahl der Faschismusforscher hält jedoch daran fest, daß auch zwischen dem italienischen und dem deutschen Faschismus »die strukturellen Gemeinsamkeiten größer sind als die nicht zu verkennenden Unterschiede« (H.-U. Thamer/W. Wippermann).

Der italienische Faschismus als historisches Vorbild

Auch wo innerhalb der geschichts- und politikwissenschaftlichen Forschung heute die Notwendigkeit eines generalisierenden Faschismusbegriffs anerkannt wird, gehen die Meinungen über dessen Inhalt und Bedeutung jedoch noch weit auseinander. Dies ist vor allem darauf zurückzuführen, daß fast alle neueren Faschismusforscher im Grunde von einem idealtypischen Faschismusbegriff ausgehen. Dieser methodische Zugriff läßt viel Raum für voneinander abweichende historische Interpretationen. Vielversprechend ist deshalb ein anderer methodischer Ansatz, der anstatt von einem Idealtypus von einem historischen Realtypus des Faschismus ausgeht: dem des italienischen Faschismus. Dieser bestand historisch eindeutig vor allen anderen. Er liefert somit in seiner realen Existenz das historische Muster für den Allgemeinbegriff Faschismus. Ob eine politische Bewegung oder eine politische Partei als ›faschistisch‹ bezeichnet werden kann, läßt sich im strengen Sinn nur durch den Bezug auf den Faschismus in Italien entscheiden.

Der historische Vorbildcharakter des italienischen Faschismus für alle anderen faschistischen Bewegungen (einschließlich des Nationalsozialismus) beruhte auf folgenden vier Merkmalen:

1. Das politische Selbstverständnis des Faschismus in Italien entsprang nicht einer in sich geschlossenen politischen Theorie, es ergab sich vielmehr aufgrund einer einheitlichen politischen Praxis. Nicht eine bestimmte Ideologie, sondern eine bestimmte Politik konstituierte 1919 den Faschismus in Italien. Alle Versuche, eine »Ideologie des Faschismus« (A. J. Gregor) zu rekonstruieren, sind letzten Endes nicht über eine Zusammenstellung von einander ausschließenden Abwehrhaltungen hinausgekommen: Ein Anti-Sozialismus, aber auch ein Anti-Kapitalismus, ein Anti-Liberalismus, aber auch ein Anti-Konservativismus waren in höchst widersprüchlicher Ausprägung für den italienischen Faschismus in der Phase seiner Bewegung charakteristisch. Ein rassenbiologischer Antisemitismus gehörte zwar eindeutig nicht zu dem Konglomerat der faschistischen »Allfeindschaft« (Nolte), wohl aber ein nationalistisch und kulturell begründeter Apartheids-Rassismus, der sich zunächst gegen die slawischen Minderheiten in Triest und in der Venezia Giulia, sowie dann später ganz besonders gegen die Afrikaner in den italienischen Kolonien in Libyen und Abessinien richtete. Mussolini stieg zum Führer des Faschismus auf, weil er die politische Kunst virtuos beherrschte, diese Antihaltungen nach Bedarf herauszustellen, ohne sich je allzusehr auf sie festzulegen. Weit entfernt davon, eine klare politische Weltanschauung zu haben, war er in erster Linie ein Voluntarist. Treffend hat man ihn als »l'homme qui cherche« (De Felice) bezeichnet, d. h. als einen Politiker, der sich grundsätzlich immer seine Entscheidungen offenhielt und intuitiv seinen Weg suchte.

2. Die politische Praxis des italienischen Faschismus unterschied sich grundlegend von der aller seiner Gegner. Ihr hervorstechendes Merkmal war ihr militaristischer Aktionsstil. Nicht zufällig kam der größte Teil der frühen Kader des Faschismus, der ›squadre d' azione‹, ursprünglich aus dem Umfeld der militärischen Veteranenorganisationen des Nachkriegs (z. B. den Arditi, den Combattenti und den Volontari Fiumani). Politik war für die Squadristen Fortsetzung des Krieges mit terroristischen Mitteln. In der Milizia per la Sicurezza Nazionale (MVSN) wurde der paramilitärische Ursprung des Faschismus seit 1923 konserviert. Der Faschismus behielt dadurch in Italien einen Doppelcharakter: Neben seinem politischen Flügel bestand, personell erst allmählich sich überschneidend, ein militärischer weiter.

Zum besonderen politischen Aktionsstil des italienischen Faschismus gehörte von Anfang an auch die einheitliche Uniformierung mit Schwarzhemden und Rangabzeichen, sowie die militärische Grußform des Erhebens der rechten Hand. Beides wurde von den Freischaren des Schriftstellers D'Annunzio übernommen. Dazu gehörte eine säkularisierte Märtyrerverehrung und ein Kult der ›fascisti della prima ora‹ (Alten Kämpfer) mit Fahnenweihen, Aufmärschen und einem ritualisierten Liedgut.
Der politische Aktionismus der Faschisten hatte ursprünglich einen fast anarchischen Charakter, d. h. er zielte ausschließlich auf die Zerschlagung aller Organisationen der politischen Gegner. Die Blutspur der squadre d'azione wurde zwischen 1919 und 1922 immer breiter. Hätte der Faschismus ausschließlich den Charakter des terroristischen squadrismo behalten, wäre er mit Sicherheit an sein Ende gekommen. Der Faschismus wurde zu einer politischen Kraft, weil seine blinde Gewalttätigkeit von Mussolini gebändigt und auf das politische Ziel einer faschistischen Machtübernahme ausgerichtet werden konnte.
3. Der italienische Faschismus hat drei deutlich voneinander geschiedene Phasen durchlaufen: eine Bewegungsphase (1919–1922), eine Durchsetzungsphase (1922–1929) und eine Regimephase (1929–1943/45). In diesen Phasen hat er seine politische Grundstruktur jeweils verändert. Aus einer Bewegung (ital. movimento) wurde eine Partei (ital. partito), und aus einer Partei unter anderen wurde eine Einheitspartei (ital. partito unico). Es ist daher notwendig, zwischen faschistischer Bewegung und faschistischer Partei, aber auch zwischen faschistischer Partei und faschistischer Einheitspartei in einem faschistischen Regime zu unterscheiden.
Der italienische Faschismus tat sich schwer, eine einheitliche Organisation aufzubauen. Er verstand sich, auch nachdem er sich 1921 förmlich im Partito Nazionale Fascista (PNF) als Partei formiert und selbst nachdem er Mussolini an die Macht gebracht hatte, zumindest noch in der ganzen Phase der Machtstabilisierung, wenn nicht bis zu seinem Ende, weiterhin als Bewegung. Zum besonderen Bewegungscharakter des Faschismus gehörte zuallererst die Jugendlichkeit seiner Mitglieder. Das Durchschnittsalter der Faschisten lag, soweit bisher bekannt ist, vor 1922 weit unter dem aller übrigen italienischen Parteien. Der Bewegungscharakter des Faschismus trat zum zweiten in einer personenorientierten, klientelistischen Gefolgschaftstreue der squadre gegenüber lokalen oder allenfalls regionalen Führern in Erscheinung. Die Folge waren mangelnde Homogenität und regionale Zersplitterung der Bewegung. Das sog. Führerprinzip hatte im Ursprung eine zentrifugale Wirkung. Noch der Marsch auf Rom vom 28. Oktober 1922, mit dem Mussolini seine Regierungsübernahme erzwang, entsprang diesem Bewegungscharakter. Mussolini

konnte sich die faschistische Bewegung im Grunde erst nach seinem Staatsstreich vom 3. Januar 1925 unterwerfen, als er sich zum Duce del Fascismo aufwarf und das charismatische Führerprinzip zur Grundlage einer zentralen Organisation des Faschismus machte. Der PNF lieferte seitdem das Vorbild einer, zumindest dem Anspruch nach hierarchisch von oben nach unten gegliederten Führerpartei.

4. Auch wenn das von manchen innerparteilichen Gegnern Mussolinis wie z. B. R. Farinacci gewünscht wurde, war der PNF seinem politischen Zuschnitt nach keine elitäre Kaderpartei, sondern eine Massenpartei. Der Massencharakter des italienischen Faschismus schlug sich nicht von Anfang an in großen Mitglieder- oder Wählerzahlen nieder. Wichtiger ist, daß der PNF die einzige politische Partei Italiens war, die sich nicht als Klassenpartei festlegen ließ. Es handelt sich bei der Partei des Faschismus vielmehr um eine politische Sammlungsbewegung, die sich im Prinzip allen Schichten der Gesellschaft als politische Heimat anbot. Zunächst waren es Landbesitzer, bestimmte Gruppen von Akademikern und Studenten, die in den Faschismus fanden, dann Handwerker und Kleinhändler, schließlich das gesamte mittlere und obere Bürgertum und selbst auch die Arbeiter. Auch wenn diese in der faschistischen Bewegung immer unterrepräsentiert blieben, war doch entscheidend, daß keine der bürgerlichen Parteien Italiens zuvor die Arbeiter erreicht hatte. Die Sozialisten und die Kommunisten schlossen sich umgekehrt vom Bürgertum ab. Der PNF schien deshalb für alle eine politische Alternative zu bieten, er war eine universale Ersatzpartei für diejenigen, die von allen anderen Parteien enttäuscht waren.

Bewegungsfaschismus, Faschismus in autoritären Regimen, Regimefaschismus

Faschistische Bewegungen gab es in der Zwischenkriegszeit in allen europäischen Ländern mit Ausnahme der Sowjetunion. Ob und in welcher Form sich der Faschismus durchsetzte, hing von den jeweiligen nationalen Rahmenbedingungen ab. Es ist jedoch erkennbar, daß die Entwicklungsmöglichkeiten faschistischer Bewegungen, unabhängig von ihren Zielvorstellungen, durch drei Faktoren bedingt wurden: Zum ersten ist der Prozeß der nationalen Integration zu nennen. Damit ist einerseits die innere Nationsbildung im Sinne sozio-kultureller und rechtlich-politischer Vereinheitlichung zu verstehen, zum anderen die äußere Nationsbildung im Sinne zwischenstaatlicher Abgrenzung. Zweitens ist auf den Prozeß moderner politischer Verfassungsbildung zu verweisen, also auf den Weg vom Obrigkeitsstaat zum liberal-demokratischen Verfassungsstaat. Drittens schließlich war der Prozeß der Industrialisierung von Bedeutung, durch den die nationalen Gesellschaften Europas anstelle von überwiegend agrarischen überwiegend industrielle Erwerbsstrukturen erhielten.

Die mit diesen historischen Entwicklungsprozessen verbundenen Krisen stellten seit dem 18. Jahrhundert alle europäischen Staaten vor große Anforderungen. Aber erst als diese Modernisierungskrisen im Ersten Weltkrieg kumulierten, ergab sich daraus sowohl in verfassungspolitischer wie in wirtschaftlicher und nationaler Hinsicht eine europäische Strukturkrise. Ihr wichtigstes Ergebnis war der Zusammenbruch der zaristischen Autokratie und die revolutionäre Machtergreifung des kommunistischen Bolschewismus in Rußland. Es kann kein Zweifel daran bestehen, daß der Faschismus historisch in erster Linie als eine politische Antwort auf diese revolutionäre Herausforderung anzusehen ist.

Welche Erfolgschancen der Faschismus in einem Land hatte, hing davon ab, in welchem historischen Verhältnis der Prozeß der Nationalstaatsbildung zu dem der Verfassungsbildung einerseits und dem der Industrialisierung andererseits in den europäischen Staaten der Zwischenkriegszeit stand. Je stärker diese parallel liefen oder sich gar überschnitten, desto größer war die Gefahr eines faschistischen Umbruchs. Der Faschismus stellte für Länder wie Großbritannien oder die skandinavischen Länder, in denen der Nationalisierungsprozeß der Industrialisierung vorausging, kein Problem dar. Auch wenn die Auseinandersetzungen um die Demokratisierung der Verfassung hart waren, war das politische System dieser Länder weder durch faschistische noch durch sonstige autoritäre Umsturzversuche jemals ernsthaft bedroht. Faschistische Bewegungen sind auch in den europäischen Ländern nicht zum Zuge gekommen, in denen im 20. Jahrhundert noch keine nennenswerte politische Massenmobilisierung stattgefunden hatte. Dies war überall dort der Fall, wo die Industrialisierung noch großenteils ausstand und es infolgedessen an politisch selbstbewußten proletarischen oder sogar bürgerlichen Schichten fehlte, die nach Demokratisierung des politischen Systems verlangten. Politische Existenzkrisen führten in Staaten wie Rumänien, Ungarn, Jugoslawien oder Spanien zu traditionellen autoritären Regimen in der Form von Königs-, Präsidial- oder Militärdiktaturen. Faschistische Bewegungen wurden an diesen Regimen allenfalls beteiligt, in der Regel mittels einer Integration in autoritäre Staatsparteien. Mißlang die Einbindung der faschistischen Bewegungen, wurden diese in autoritären Regimen scharf bekämpft. Nur die relative Gleichzeitigkeit von Nationsbildung, Verfassungskonflikt und wirtschaftlicher Wachstumskrise bewirkte, daß es unter den besonderen historischen Bedingungen der Nachkriegszeit zur Entstehung eigenständiger faschistischer Regime kam. Außer in Italien war dies im Grunde nur in Deutschland der Fall. In einigen anderen Ländern kamen zwar noch in letzter Stunde faschistische Parteien an die

Macht, doch handelte es sich durchweg um »bloße Kollaborationsregime« (W. Wippermann), deren Lebensfähigkeit allein von der nationalsozialistischen Besatzungsmacht abhing. Nur in Italien und in Deutschland entstanden ohne fremde Unterstützung faschistische Diktaturen. Ihr historisch besonderer Charakter bestand darin, daß in ihnen, vermittelt durch Mussolini bzw. durch Hitler, Teile der traditionellen politischen Führungsschichten mit faschistischen Bewegungen zusammenarbeiteten, die sie nicht weniger bedrohten als die gemeinsam bekämpfte Revolution von links.

Eine vollständige Übersicht aller Bewegungen der Zwischenkriegszeit, die in diesem Sinne als faschistisch einzustufen sind, kann beim derzeitigen Stand der Forschung nicht gegeben werden. In vielen Fällen handelt es sich auch nur um mehr oder weniger kurzlebige Splittergruppen. Außer in Italien gab es lediglich in weiteren 13 europäischen Ländern eine oder mehrere politische Bewegungen mit einem faschistischen Charakter, die eine Mitgliederzahl von über 10000 erreichten oder bei Wahlen auf nationaler Ebene Abgeordnete ins Parlament brachten (vgl. die Tabelle).

Von diesen Hauptparteien des Faschismus erreichte die NSDAP schon vor ihrer Machtergreifung mit Abstand die höchste Mitgliederzahl. Der PNF kam in Italien allerdings schon nach einer Bewegungsphase von nur drei Jahren auf über 320000 Mitglieder, während die NSDAP 14 oder, wenn man nur den zweiten Anlauf seit 1925 rechnet, acht Jahre brauchte, um auf knapp 850000 Mitglieder zu kommen. Die NSDAP war auch bei den Wählern bei weitem am erfolgreichsten. Auch sie hat zwar bei freien Wahlen aus eigener Kraft nie eine absolute Mehrheit erreicht, keine faschistische Partei in Europa kam jedoch jemals an die 37,4 Prozent heran, welche die NSDAP bei den Juliwahlen von 1932 in Deutschland erhielt. Deutschland war das Land, in dem der Faschismus schon als Bewegung die größten Erfolge hatte.

Außer der NSDAP errreichte nur die Eiserne Garde in Rumänien und die Pfeilkreuzlerpartei in Ungarn vorübergehend nahezu die Stärke des PNF vor 1922. Österreich stellte mit zwei großen, miteinander konkurrierenden faschistischen Parteien, den nach Italien orientierten Heimwehren und der von Deutschland abhängigen NSDAP, bis 1934 einen Sonderfall dar. Sofern in anderen Ländern mehrere faschistische Parteien miteinander konkurrierten und nicht überhaupt alle (wie z. B. in Dänemark oder in Schweden) reine Splitterparteien blieben, setzte sich nämlich in der Regel nur eine stärker durch. Dies war z. B. in Frankreich oder in der Schweiz der Fall, aber auch in der Tschechoslowakei, wo – bedingt durch die Expansionspolitik Hitlers – die slowakische Hlinka Garde einen großen Massenerfolg hatte, während die tschechische Nationale Faschisten-

Große faschistische Bewegungen in Europa 1919–1945

Land	Name der Partei	Oberster Führer	Gründungsjahr
Italien	Partito Nazionale Fascista (PNF)	Benito Mussolini	1919
Deutschland	Nationalsozialistische Deutsche Arbeiterpartei (NSDAP)	Adolf Hitler	1919
Österreich	a) NSDAP b) Heimwehren	Adolf Hitler Fürst Rüdiger v. Starhemberg	1926 1930
Schweiz	Nationale Front	Rolf Henne u. a.	1933
Rumänien	Garda de Fier (Eiserne Garde)	Corneliu Zelea-Codreanu	1927
Ungarn	Nemzeti Akarat Partja (Pfeilkreuzler)	Ferenç Szálasi	1935
Jugoslawien/ Kroatien	Ustaša Hrvatska Revolucionarna Organizacija (Ustascha)	Ante Pavelić	1929
Tschechoslowakei/ Slowakei	Hlinková Garda (Hlinka Garde)	Vojtěch Tuka u. a.	1938
Spanien	Falange Española de las Juntas de Ofensiva Nacional-Sindicalista (Falange)	José Antonio Primo de Rivera	1933
Frankreich	Parti Populaire Français (PPF)	Jacques Doriot	1936
Großbritannien	British Union of Fascists (BUF)	Oswald Mosley	1932
Belgien	Front Populaire de Rex (Rexisten)	Léon Degrelle	1936
Niederlande	Nationaal-Socialistische Bewegung (NSB)	Adriaan Anton Mussert	1931
Norwegen	Nasjonal Samling (NS)	Vidkun Abraham Quisling	1933

Quellen: S. U. Larsen, B. Hagtvet, I. P. Myklebust (Hg.), Who Were the Fascists? Social Roots of European Fascism, Bergen 1980; W. Schieder (Hg.), Faschismus als soziale Bewegung. Deutschland und Italien im Vergleich, 2. Aufl. Göttingen 1983; W. Wippermann, Europäischer Faschismus 1922–1982, Frankfurt 1983; S. I. Woolf (Hg.), European Fascism, London 1968; F. L. Carsten, Faschismus in Österreich, München 1978; B. Glaus, Die Nationale Front. Eine Schweizer faschistische Bewegung

Höchste Mitgliederzahl vor einer Regierungsbeteiligung	Höchster Stimmenanteil vor einer Regierungsbeteiligung	Regierungsbeteiligung
1922: 320000	1921: 6,8%	1922: Faschistische Koalitionsregierung; 1925–1943: Autoritäres faschistisches Regime; 1944–1945: Faschistisches Kollaborationsregime (Mussolini)
1933: 849000	1932: 37,4%	1933: Faschistische Koalitionsregierung; 1934–1945: Totalitäres faschistisches Regime (Hitler)
1938: 147000 1930: 150000	1930: 3% 1930: 6%	a) 1933–1938: Opposition gegen autoritäres Regime b) 1934: Eingliederung in die Einheitspartei eines autoritären Regimes (Dollfuß, Schuschnigg)
1935: 10000	1935: 1%	1943: Auflösung durch demokratische Regierung
1937: 270000	1937: 16%	1938–1940: Opposition gegen autoritäres Regime (König Carol); 1940–1941: Regierungsbeteiligung und 1941–1944: Opposition gegen autoritäres Regime (General Antonescu)
1939: 250000	1939: 25%	1935–1944: Opposition gegen autoritäres Regime (Horthy); 1944–1945: Faschistisches Kollaborationsregime (Szálasi)
1938: 40000	–	1941–1945: Faschistisches Kollaborationsregime (Pavelić)
1939: 120000	–	1939: Eingliederung in die Einheitspartei eines autoritären Kollaborationsregimes (Josef Tiso)
1936: 36000	1936: 0,4%	1937: Eingliederung in die Einheitspartei eines autoritären Regimes (General Franco)
1937: 60000	–	1940–1945: Opposition gegen autoritäres Kollaborationsregime (Marschall Pétain; Laval)
1934: 17000	–	1940: Auflösung durch demokratische Regierung
1939: 12500	1936: 11,5%	1940–1944: Kollaboration mit deutscher Besatzung ohne Regierungsbeteiligung
1936: 47000	1935: 8%	1940–1944: Kollaboration mit deutscher Besatzung ohne Regierungsbeteiligung
1936: 8500	1933: 2,2%	1942–1945: Faschistisches Kollaborationsregime (Quisling)

1930–1940, Köln 1969; A. Heinen, Die Legion »Erzengel Michael« in Rumänien. Soziale Bewegung und politische Organisation, München 1986; D. Wolf, Die Doriot-Bewegung. Ein Beitrag zur Geschichte des französischen Faschismus, Stuttgart 1967; M. Kater, The Nazi Party. A Social Profile of Members and Leaders, 1919–1945, Cambridge, Mass. 1973; Margrit Szöllösi-Janze, Die Pfeilkreuzlerbewegung in Ungarn. Historischer Kontext, Entwicklung und Herrschaft, München 1989.

gemeinde (Narodni Obec Fasisticka) von R. Gayda chancenlos blieb. Hatten die verschiedenen Faschismen schon als reine Bewegungen eine unterschiedliche politische Erfolgsbilanz aufzuweisen, so erst recht bei ihren Versuchen politischer Machtergreifung. Deutlich schälen sich bei den Hauptparteien des Faschismus – die kleineren blieben ohnehin ausnahmslos auf der Strecke – drei historische Typen heraus: Ein bloßer Bewegungsfaschismus in parlamentarisch-demokratischen Systemen, ein Faschismus in autoritären Regimen und ein Regimefaschismus.

a) In Ländern mit stabilen parlamentarisch-demokratischen Systemen waren auch große faschistische Bewegungen zu politischer Bedeutungslosigkeit verurteilt. Ungeachtet vorübergehender aufsehenerregender Massenerfolge bildeten sie sich hier überall über kurz oder lang zu politischen Splittergruppen zurück. Dies war in Frankreich ebenso der Fall wie in Belgien, Holland oder Norwegen. Nur durch die deutsche Besatzung erhielten die faschistischen Bewegungen in diesen Ländern 1940 nochmals eine unverhoffte politische Chance, die freilich nur in Norwegen über eine isolierte Kollaboration auf Parteiebene hinausging. In Großbritannien und in der Schweiz wurden die längst unbedeutend gewordenen faschistischen Parteien 1940 bzw. 1943 von der Regierung aufgelöst.

b) In eine eigentümliche Zwitterstellung geriet der Faschismus überall dort, wo er sich mit autoritären Regimen auseinandersetzen mußte. Während Mussolini in Italien seit 1922 demonstriert hatte, wie man traditionelle, durch eine mächtige Linke verschreckte politische Eliten zu einer Koalition mit einer quasi-revolutionären Bewegung brachte, zeigte sich in Rumänien, in Ungarn, in Jugoslawien, in Spanien und in gewissem Sinne auch in Österreich, daß die konservative Rechte sich aus jeweils historischen Gründen stark genug fühlen konnte, politische Systemkrisen durch die Einführung von traditionellen autoritären Diktaturen zu lösen. Die faschistischen Bewegungen waren hier entbehrlich. Sie mußten daher in diesen Regimen gerade gegen die politischen Gruppen kämpfen, die sie als Partner zur eigenen Machtergreifung benötigten. Aufgrund der fehlenden parlamentarischen Möglichkeiten entwickelten sie dabei eine totalitäre Radikalopposition, die etwa die Legionäre der Eisernen Garde in Rumänien zeitweise sogar an die Stelle sozialrevolutionärer Linksparteien treten ließ.

Die autoritären Regime reagierten auf die Bedrohung durch den Faschismus auf zwei verschiedene Weisen: Entweder drängten sie die faschistische Bewegung durch Verbote und Verfolgungen in den Untergrund oder sie versuchten, sie durch die Eingliederung in autoritäre Staatsparteien zu integrieren. Das erste Schicksal erlitt die Eiserne Garde in Rumänien zunächst 1938 unter König Carol und dann erneut 1941 unter General Antonescu. Der rumänische Faschismus reagierte darauf mit blutigen

Terroranschlägen und mehreren Putschversuchen, ohne jedoch die kurze Zeit, in der er auf diesem Wege 1940/41 eine Regierungsbeteiligung erzwang, zu einer Faschisierung des Regimes nutzen zu können. Auch die ungarischen Pfeilkreuzler standen zu dem autoritären Regime des Admirals N. v. Horthy in scharfer Opposition. Ähnlich wie die Eiserne Garde wurden die Pfeilkreuzler sogar in die Illegalität gedrängt, aus der heraus sie 1940 vergeblich einen Putschversuch machten. Ihr Führer Szálasi kam für mehrere Jahre ins Gefängnis, im Unterschied zu Codreanu in Rumänien überlebte er jedoch, so daß er 1944 von Hitler in Ungarn als letzte Karte ausgespielt werden konnte.

In Österreich versuchte der autoritäre Staat beide Wege zu gehen: Die österreichische NSDAP wurde 1933 von Dollfuß verboten. Auch hier kam es daraufhin zu einem faschistischen Putschversuch, dem Dollfuß zum Opfer fiel. Unter seinem Nachfolger Schuschnigg blieb die NSDAP verboten, trat jedoch seit 1936 mehr und mehr aus der Illegalität heraus. Die überwiegend nach Italien hin orientierte Heimwehr-Bewegung wurde dagegen 1934 in die Staatspartei der Vaterländischen Front eingegliedert und auf diese Weise politisch neutralisiert.

Auf ähnliche Weise entledigten sich auch Franco in Spanien und Tiso in der Slowakei der für sie unliebsamen faschistischen Konkurrenz. Die von V. Tunka ursprünglich in der Form einer Heimwehr (Rodobrana) gegründete und von ihm gemeinsam mit S. Mach geführte Hlinka Garde, wurde 1939 nach der Entstehung des autoritären Kollaborationsregimes der Slowakei von J. Tiso in die stark klerikal beeinflußte Slowakische Hlinka-Volkspartei eingegliedert und auf diese Weise von alleiniger Machtausübung ferngehalten. Am besten gelang General Franco in Spanien die Verschmelzung des Faschismus mit einem »Konglomerat an Rechtsgruppierungen« (Bernecker) zu einer einheitlichen Staatspartei, wobei dem bisherigen Namen der faschistischen Falange Española bezeichnenderweise der Zusatz ›Tradicionalista‹ hinzugefügt wurde. Durch die Zwangsvereinigung mit traditionalistisch-monarchistischen Gruppierungen verlor der spanische Faschismus seine politische Dynamik und wurde in dem Neuen Staat Francos als »Faschismus von oben« (Ben-Ami) verwendet.

c) Zu einer eigenständigen Regimebildung unter faschistischer Führung ist es nach Italien nur noch in Deutschland gekommen. Zwar entstanden 1940 in Norwegen unter Quisling, 1941 in Kroatien unter A. Pavelić und 1944 in Ungarn unter F. Szálasi jeweils kurzlebige Diktaturregime, die einen rein faschistischen Parteicharakter hatten. Diese konnten sich jedoch weder aus eigener Kraft durchsetzen noch an der Regierung bleiben. Sie wurden vielmehr durch die deutsche, in Kroatien auch durch die italienische Besatzung eingerichtet und bis zum Untergang des Faschismus an der Macht gehalten. Insofern handelte es sich um faschistische Kollaborationsregime.

In Deutschland kam Hitler dagegen 1933 ebenso aus eigener Kraft an die Macht wie Mussolini 1922 in Italien. Mussolini lieferte bei seiner Machtergreifung auch das faschistische Muster, nach dem Hitler verfuhr. Der Vorbildcharakter des Machtgewinns Mussolinis bestand darin, daß dieser zwischen 1922 und 1929 schrittweise eine persönliche Diktatur durchsetzte, die sich sowohl auf die faschistische Partei als auch auf den König und die von diesem abhängige Armee und Beamtenschaft sowie auf die gesellschaftlichen Gruppen der großen Grundbesitzer und begrenzt auch der Großindustriellen stützte. Mussolini hatte diese Form einer Diktatur durchaus zielstrebig angestrebt, in richtiger Einschätzung der politischen Machtkonstellation, die von radikalen Faschistenführern wie Farinacci oder Balbo geforderte faschistische Alleinherrschaft ebenso vermeidend wie die vollständige Unterwerfung unter die Monarchie.

Bis 1922 verfolgte Mussolini aus diesem Grunde eine gewagte Doppelstrategie, an die sich Hitler seit 1925 ebenfalls halten sollte: Einerseits führte er gegen das in Italien seit 1919 bestehende liberal-demokratische System einen Bürgerkrieg; andererseits bot er den traditionellen Machteliten, die der parlamentarischen Demokratie ablehnend gegenüberstanden, unter der Voraussetzung, selbst mit der Regierung betraut zu werden, die Beendigung des Bürgerkriegs an. Das Ergebnis war ein eigentümliches politisches Machtkartell zwischen politisch zersplitterten und eingeschüchterten konservativ-agrarischen, bürgerlich-industriellen, monarchischen und militärischen Kräften einerseits und der paramilitärischen Massenbewegung des Faschismus andererseits.

Mussolinis diktatorische Sonderstellung beruhte darauf, daß beide Seiten auf seine zentrale Vermittlung angewiesen waren. Er war somit spätestens seit 1929, im Prinzip aber schon seit seinem, das parlamentarische Regierungssystem außer Kraft setzenden Staatsstreich vom 3. Januar 1925 in der Lage, mit Hilfe des PNF einerseits die Monarchie in Schach zu halten und sie andererseits dazu zu benutzen, sich der vollständigen Umklammerung durch seine Bewegung zu entziehen. Der besondere Diktaturcharakter des faschistischen ›stato totalitario‹ bestand somit ursprünglich darin, daß er weder ein bloßer Einparteienstaat noch lediglich eine abgeleitete Königsherrschaft war, sondern eine auf einen charismatischen Führer zugeschnittene Vermittlungsdiktatur. Der Staat identifizierte sich zwar im ›stato corporativo‹ formal mit dem Faschismus, er war aber nie mit diesem ganz identisch. Mussolini gelang es aber, sich mit einer Mischung von polizeistaatlicher Unterdrückung, sozialen Wohlfahrtsversprechungen und einer nationalistischen Expansionspolitik (Abessinien, Spanien) über zwei Jahrzehnte hinweg an der Macht zu halten. Der immer wieder propagandistisch aufgefrischte Gewohnheitsmythos des ›Duce del fascismo‹ überwölbte seine persönliche Diktaturstellung. Mussolinis faschistisches Regime brach erst zusammen, als im Laufe des Weltkriegs seit 1940 die nur unterdrückten, aber nicht gelösten sozialen Konflikte der italienischen Gesellschaft neu aufbrachen und sich schließlich vor allem die militärische Niederlage der Achsenmächte abzeichnete. Der faschistische Diktator wurde am 25.7.1943 bezeichnenderweise in einer sowohl von der faschistischen Partei wie vom König Vittorio Emanuele III. ausgehenden Parallelaktion gestürzt. In der Repubblica Sociale Italiana übte er 1944/45 lediglich nochmals ein kurzlebiges faschistisches Kollaborationsregime aus.

Wie in Italien vollzog sich die Regimebildung des Faschismus auch in Deutschland in zwei Etappen; in einer dritten Stufe ging die faschistische Diktatur in Deutschland jedoch über ihr italienisches Vorbild hinaus. In einem ersten Schritt wurden von Hitler 1933 nach dem Vorbild Mussolinis die demokratischen Parteien und Gewerkschaften mit Hilfe einer Serie von Ausnahmegesetzen aufgelöst. An ihre Stelle trat die NSDAP mit ihren breitgefächerten Unterorganisationen von der SA und der SS bis zur Deutschen Arbeitsfront (DAF), der NS-Frauenschaft und der Hitlerjugend (HJ). Gleichzeitig wurden die Presse- und Meinungsfreiheit, das Versammlungsrecht, das politische Vereinigungsrecht wie überhaupt alle demokratischen Grundrechte außer Kraft gesetzt. Eine Welle von Berufsverboten verdrängte mißliebige Angehörige demokratischer Parteien, im Unterschied zu Italien allerdings vor allem die Beamten jüdischer Herkunft, aus dem öffentlichen Dienst. Der Aufbau einer terroristischen Geheimpolizei (der Gestapo) und die Einrichtung von Konzentrationslagern, in die sofort Tausende von politischen Gegnern eingeliefert wurden, vollendete den im Vergleich zu Italien freilich von vornherein sehr viel rigoroseren faschistischen Polizeistaat.

Zum primären Gleichschaltungsprozeß gehörte auch die gewaltsame Eroberung der kommunalen Ämter durch die NSDAP und die Aufhebung der Selbständigkeit der deutschen Länder. Daß schließlich der Reichstag nicht mehr demokratisch gewählt und in seinen Entscheidungen auf eine reine Akklamationstätigkeit gegenüber der politischen Führung eingeschränkt wurde, entsprach ebenfalls dem italienischen Vorbild.

In einem zweiten Schritt gelang es auch Hitler, seine eigene Bewegung politisch zu disziplinieren. Wie Mussolini mit dem PNF hatte er bis zu seiner Machtergreifung erhebliche Schwierigkeiten mit der NSDAP. 1925 mußte er sie nach seiner Entlassung aus der Haft in Landsberg so gut wie neu aufbauen. Nachdem die Partei zur Massenpartei geworden war, kam es Anfang der 30er Jahre zu dem Konflikt mit dem sog. Strasser-Flügel. Ähnlich wie in Italien sammelten sich die radikalen faschistischen

Kräfte des Nationalsozialismus nach der Machtergreifung vor allem im militärischen Flügel der Bewegung, der SA. Mussolinis Versuch, die Parteimiliz (MVSN) unter staatliche Kontrolle zu bringen, führte 1924 zu der Matteotti-Krise, die sein Regime vorübergehend in Frage zu stellen schien. Er konnte sich der Radikalen im Faschismus nur mit Hilfe des Staatsstreichs vom 3.1.1925 entledigen, für den er über den König die Rückendeckung des Heeres erhielt. Hitler entzog sich der potentiellen Bedrohung durch die Parteimiliz durch die gezielte Mordaktion, durch die er am 30. Juni 1934 ebenfalls mit Billigung der Armee fast die gesamte SA-Führung liquidieren ließ. Seine oberste Führerstellung war seitdem in der nationalsozialistischen Einheitspartei noch weniger umstritten als die Mussolinis in Italien innerhalb des PNF.

Das Diktaturregime, das Hitler nach seiner Machtergreifung im Zuge des stufenweise sich vollziehenden Gleichschaltungsprozesses bis zum Tode des Reichspräsidenten Hindenburg am 2.8.1934 ausübte, war zunächst dem Mussolinis außerordentlich ähnlich. Es beruhte auf einer informellen, ausschließlich in der Person Hitlers vermittelten politischen Allianz des Nationalsozialismus mit den nationalkonservativen Gruppen in der Reichswehr, der Bürokratie, dem ostelbischen Grundbesitz und der Großindustrie, für die Hindenburg der Garant eines autoritären Staates war. Es ist insofern historisch angemessen, den Staat Hitlers in seiner Frühphase als genuin faschistisch zu bezeichnen.

Im Unterschied zu Mussolini gelang es jedoch Hitler, in einem dritten Schritt auch seine nationalkonservativen Bündnispartner sukzessive zu entmachten und auf diese Weise seinen diktatorischen Handlungsspielraum entscheidend zu erweitern. Dieser Radikalisierungsprozeß begann mit der Ausschaltung der Deutschnationalen mit ihrem großagrarischen Anhang um Hugenberg einerseits und von Papen andererseits. Er setzte sich mit der Entmachtung der Wirtschaftsgruppen fort, für die Schacht der Sprecher war. Seinen Abschluß fand er im Februar 1938 mit der Unterwerfung der Wehrmachtsführung (im Zuge der sog. Blomberg-Fritsch-Krise) und des Auswärtigen Amtes (Übergang des Ministeramtes von Neurath zu Ribbentrop). Das faschistische Regime Hitlers nahm seitdem einen totalitären Charakter an, wie ihn der italienische Faschismus niemals erreichte.

Die totalitäre Dynamik des Regimes entsprang jedoch nicht der Omnipotenz einer zentralistisch geführten Einheitspartei. Es war vielmehr für das ›Dritte Reich‹ charakteristisch, daß sich nach der Ausschaltung der nationalkonservativen Bündnispartner der schon zuvor sich abzeichnende Prozeß der Verselbständigung faschistischer Apparate ungehemmt beschleunigen konnte. In einem eher polykratischen Herrschaftsgefüge konkurrierten personenorientierte Parteiorgane und Sondergewalten permanent um politische Zuständigkeiten, wobei sie das institutionelle Normensystem staatlicher Verwaltung zunehmend aushöhlten. Es ist in der Forschung umstritten, ob Hitler die Dauerrivalität nationalsozialistischer Unterführer bewußt herbeigeführt hat, um auf diese Weise seine oberste Führerstellung als letzte Entscheidungsinstanz abzusichern oder ob er auf sie nur jeweils reagierte, ohne sie immer steuern zu können. Jedoch spricht vieles dafür, daß er in die Entscheidungsprozesse des NS-Staates nur insoweit steuernd eingriff, als davon, wie bei dem Befehl zum Mord an den europäischen Juden, Kernbereiche seines weltanschaulichen ›Programms‹ betroffen waren. Im übrigen beschränkte sich die Führerdiktatur Hitlers strukturbedingt weiterhin auf die Vermittlung regimeimmanenter Konfliktlagen.

Für die Eigendynamik des Regimes war etwa der Aufstieg H. Görings charakteristisch, der sich seit 1936 gegen Schacht und Darré mit dem Amt für den Vierjahresplan einen wirtschaftspolitischen Machtapparat aufbauen konnte, der schließlich das Reichswirtschaftsministerium großenteils funktionslos machte, ehe Göring selbst wieder Anfang 1942 durch das konkurrierende Rüstungsministerium Speers entmachtet wurde. Bei den entsprechenden Auseinandersetzungen auf kulturpolitischem Gebiet geriet A. Rosenberg gegenüber dem Propagandaminister Goebbels und dem Chef der Deutschen Arbeitsfront Ley ins Hintertreffen. Der Dauerkonflikt zwischen dem Innenminister Frick und der Parteikanzlei unter Bormann endete mit einem »machtpolitischen Patt« (H. Mommsen). Nutznießer dieser Rivalität war letzten Endes aber Himmler, der sich als Reichsführer SS frühzeitig den Zugriff auf die Polizei gesichert hatte. Er trat im August 1943 als Reichsinnenminister an die Stelle Fricks und machte damit für die Endphase des NS-Regimes den Vorrang des parasitären SS-Staates vor dem institutionell geregelten Verwaltungsstaat auch personell sichtbar.

Die Umgestaltung des faschistischen in ein totalitäres Diktaturregime war die Voraussetzung für die Entfesselung des Zweiten Weltkriegs und die organisierte Massenvernichtung der Juden Europas durch den Nationalsozialismus, für die der italienische Faschismus keinerlei Beispiel gab, an der er sich allenfalls seit 1943 wie auch andere faschistische Kollaborationsregime indirekt beteiligte. Der Nationalsozialismus ging damit über sein historisches Vorbild in Italien entschieden hinaus, er ist seiner Entstehung nach aber nicht ohne dieses zu erklären. [W. SCHIEDER]

Imperialismus

Imperien oder Weltreiche in dem Sinne, daß eine Dynastie oder ein Volk (Imperium Populi Romani) die Herrschaft über die angestammten Hoheitsgebiete ausdehnt und damit Fremdvölker ihrer Kontrolle und Macht unterstellt, hat es – in China und Nordindien, im Mittleren Osten und im Mittelmeerraum – Jahrhunderte vor und nach unserer Zeitrechnung gegeben. Das Sumerische Reich (26.–21. Jahrhundert v. Chr.), das Babylonische Reich (19. Jahrhundert v. Chr.), das Reich der Pharaonen (16.–13. Jahrhundert v. Chr.), die Reiche der Assyrer und Perser (6.–4. Jahrhundert v. Chr.) unterscheiden sich erheblich in der Art, wie sie die unterworfenen Völker rechtlich, kulturell-religiös und ökonomisch behandelten und militärisch unter Kontrolle hielten. Die Herrschaftsträume Alexander des Großen († 323 v. Chr.), ein Weltreich zu gründen, das alle damals bekannten Regionen vereinte, blieben unerfüllt. Das Römische Reich umfaßte auf seinem Höhepunkt erstmals auf längere Dauer die ›Welt‹ von England bis Ägypten. Im Mittelalter knüpfte das Heilige Römische Reich Deutscher Nation an die Traditionen des antiken Römischen Reichs als Friedensordnung an; diese Reichsidee und die damit verknüpften Hoheitsrechte kollidierten sowohl mit dem höheren Geltungsanspruch des Papsttums für das ›sacerdotium‹ als auch mit dem seit dem 12. Jahrhundert von den ›Nationen‹ erfolgreich verfochtenen Leitsatz ›rex est imperator in regno suo‹, d. h. Herr über Krieg und Frieden zu sein und das staatliche Gewaltmonopol nach innen und nach außen zu beanspruchen.

Die Reiche der Neuzeit unterscheiden sich nicht nur von den früheren, sondern auch untereinander: Das portugiesische Weltreich oder die Habsburger Donaumonarchie sind ›empires without imperialism‹; umgekehrt repräsentieren – um 1900 – der US-Imperialismus, aber auch die deutsche Weltpolitik ›imperialism without empire‹.

Die Elemente von Herrschaft und Abhängigkeit, die man aus einer vergleichenden Analyse der Weltreiche gewinnen könnte – a) die mit den Stichworten ›Cäsarismus/Bonapartismus/Sozialimperialismus‹ umschriebenen Herrschaftstechniken; b) die Methoden der Militärschutzverträge oder die der indirekten Beherrschung; c) die Formen der Kolonisierung; u. a.–, ergeben aber noch nicht ›Imperialismus‹ als bestimmtes historisches Phänomen.

Blicken wir auf die Epoche des Imperialismus, mit Vorstufen in der Phase 1830–1860 und im Hochimperialismus 1880/85–1914/18, so erkennen wir darin das Endglied im ›Zeitalter Europas‹, den Höhepunkt, aber zugleich auch den Offenbarungseid eines vergänglichen Herrschaftstraumes. Im Zeitalter des ›klassischen‹ Imperialismus war Europa maßgebend für die Geschicke der Welt: Den europäischen Politikern erschien es selbstverständlich, daß sie überseeische Gebiete in Besitz nahmen und dabei fast überall nur auf das Interesse anderer europäischer Mächte stießen. Hatten die Europäer um 1900 den Prozeß der Aufteilung der Welt unter sich nahezu abgeschlossen, so endeten die beiden Weltkriege als europäische Bürgerkriege mit der Teilung Europas und mit der endgültigen Aufgabe einer europa-zentrierten Weltvorstellung.

Die Entwicklung des europäischen Staatensystems und die Herausbildung einer Weltwirtschaft

Die Entwicklung des europäischen Staatensystems und die Prägekraft Europas für die weltweiten wirtschaftlichen Austauschbeziehungen erfolgten seit dem 17. Jahrhundert nicht nur parallel, sondern es besteht ein historisch-genetischer Wirkungszusammenhang zwischen der Entfaltung und Konsolidierung einer europa-zentrierten Weltwirtschaft und kapitalistischen Produktionsweisen in (Nordwest)Europa einerseits und dem machtpolitischen Konkurrenzdenken der europäischen Nationalstaaten andererseits. Der Wettlauf um Einfluß- und Herrschaftszonen – teils in Übersee (Spanien und Portugal im 15./16. Jahrhundert; die Niederlande, Frankreich und England vom 17.–19. Jahrhundert), teils in angrenzenden Regionen (Rußland; Habsburger Reich; Preußen-Deutschland) – war untrennbar mit dem Zweck verbunden, die Finanz- und Wirtschaftskraft des Mutterlandes zu stärken. Der Verfall der Persischen, Chinesischen, Osmanischen, Mogul (Indien)-Großreiche im 17. Jahrhundert, die bis dahin den europäischen Mächten in fast allen Hinsichten voraus waren, ebnete den Weg für die europäischen Imperialismen. Die neue Qualität der europäischen Expansion zeigt sich darin, daß diese nicht primär auf die Eroberung ›fallender‹ Großreiche abzielte – vielmehr überließ man z. B. Persien wegen der chaotischen Verhältnisse dort vorerst sich selbst –, sondern Stützpunkte und Vorrechte in Übersee für sich reklamierte.

Imperialismus ist das Ineinandergreifen der wechselnden politischen Konstellationen zwischen dem nationalen Expansionismus der großen und mittleren europäischen Mächte, das sich auf der Grundlage der Gesamtheit der ökonomischen Tauschrelationen innerhalb Europas und Europas mit Übersee vollzog. Der Zuschnitt dieser Tauschrelationen bescherte (West)Europa, seit dem späten 17. Jahrhundert voran Großbritannien und Frankreich, seit dem späten 19. Jahrhundert auch dem Deutschen Reich, vorherrschenden Einfluß über weite Teile der Welt.

Die erste Phase der europäischen Expansion 1450–1750/70
Sie erfolgte auf dem Hintergrund von Bevölkerungswachstum, Preisanstieg, Urbanisierung, Ausdehnung der Produktion für den Markt, kapitalistischem Wirtschaftsgebaren, Ausbildung staatlicher Gewalt- und Besteuerungsmonopole etc. Durch den Einsatz militärischer Machtmittel und überlegen organisierter Gewalt – zuerst in Gestalt der Handelsmonopolgesellschaften (East India Company 1600–1813/58; Holländisch-Ostindische Gesellschaft 1602), dann durch die direkte Übernahme der Steuer- und Militärschutzfunktionen durch Staatsorgane – gelang es den Niederländern, Franzosen und Briten, Gebiete in der Karibik, in Südamerika, in Asien und in Afrika kommerziell zu nutzen und/oder als Kolonien zu erobern und diese außereuropäischen Regionen in ein Verhältnis des ›ungleichen Tausches‹ mit der Metropole zu bringen.
In dieser Frühphase der Expansion behandelten die britische und die französische Krone die Handels- und Kolonialambitionen ihrer Bürger zunächst skeptisch-ablehnend und gewährten Unterstützung bestenfalls sporadisch. Die Erfahrungen, daß Seemacht neben Handelsgewinn auch Machtzuwachs bescheren und daß man den Flottenbau auch für Einsatzzwecke außerhalb der Heimatgewässer riskieren könne, steigerten die Bereitschaft, eine Überseepolitik zu verfolgen. Im Zuge der britisch-holländischen Seekriege in der 2. Hälfte des 17. Jahrhunderts verwandelte sich Englands Aufholjagd zur Übersee-Expansion, zum Aufbau des ›Old Colonial Empire‹. Frankreich erwarb in Kanada (ab 1603) und im Mississippi-Gebiet (1682) umfangreiches Territorium und sicherte sich auf den Antillen im Kampf mit Spanien außer Guadeloupe und Martinique auch die wirtschaftlich bedeutsamen Stützpunkte Haiti (1655) und San Domingo. Die Niederländer verdrängten Portugal aus Ceylon (1609) und in Japan/Formosa sowie Spanien in Südostasien und in Südamerika (Curacao, Guayana). England nahm den Niederlanden (Frieden von Breda 1667) die Kolonien New York, New Jersey, Delaware und (1811) Java ab und triumphierte in den 100jährigen Auseinandersetzungen mit Frankreich (1688/89–1793/1813) schließlich in Nordamerika (Kanada, Louisiana) und in Indien (Frieden von Paris 1763), dem Kernstück des zweiten ›British Empire‹ nach dem Verlust der 13 amerikanischen Kolonien.
In allen Fällen beanspruchte das Mutterland das ›Exclusif‹, d. h. den Gütertransport zwischen Kolonie und Metropole ausschließlich auf Schiffen des Mutterlandes resp. des Ursprungslandes. Wer – wie England – kurzfristig den (erstmals in der Navigationsakte 1651 fixierten) Grundsatz durchsetzen konnte, daß Produkte aus den Kolonien nur im Mutterland als Zwischendepot ›gelöscht‹ werden durften, sicherte sich das einträgliche Geschäft als Stapelplatz für Waren aus den resp. in die eigenen Kolonien und für den Re-Export in andere Gebiete Europas.

Während die Europäer sich im Westen – in der Karibik, in Süd- und Nordamerika – sowie in Ozeanien als Siedler niederließen und neue Gesellschaften begründeten, aber auch die ›Bodenschätze‹ (Edelmetalle, Zukker, Kaffee, Baumwolle) rigoros ausbeuteten, dominierte im Verkehr mit dem asiatischen Osten weithin der Handel; außer kleinen Enklaven kam es in Asien selten zu europäischen Siedlungen.
Die Europäer machten die Tauschbeziehungen zu weltweiten Transaktionen: Die in Südamerika ausgebeuteten Silber- und Goldvorräte dienten auch als Zahlungsmittel für Importe im Rahmen des sog. Chinahandels. Die europäische Expansion vollzog sich nicht allein im Austausch zwischen Mutterland und Kolonie/Halbkolonie, sondern schuf auch interkontinentale Vernetzungen. Darunter sind der um die westindische Zuckerproduktion zentrierte atlantische Dreieckshandel und der auf der indischen Erzeugung von Opium und Baumwollprodukten gründende Ostasienhandel, mit chinesischem Tee als dem in Europa markantesten Produkt, die auch in politischer Hinsicht wichtigsten (›Boston Tea‹-Aufruhr als Auslöser des Unabhängigkeitskriegs der USA).
Die Thesen (I. Wallerstein), daß die europäischen Industrieländer zur Vermeidung des Zusammenbruchs ihrer wirtschaftlich-gesellschaftlichen Systeme der Expansionswellen nach Übersee bedurften, lassen sich nicht aufrechterhalten. In volkswirtschaftlicher Berechnung haben die Profite aus den Überseegeschäften im Vergleich mit der Selbstversorgungsquote Europas (incl. des Austauschs zwischen den europäischen Ländern) keine ausschlaggebende Bedeutung (Bairoch; Braudel/Spooner). Die Auswirkungen auf die Handlungsspielräume der Politik sind jedoch beträchtlich. Denn Schiffahrt, Sklavenhandel, Außenhandel begründeten den Reichtum der ›Capitals‹ (Amsterdam; City of London) und erlaubten den Finanzzentren, den Geldbedarf der Krone vorzustrecken; sie befriedigten den primär auf die Machtkalküle gegenüber den jeweiligen Hauptrivalen im europäischen Mächtesystem gerichteten Kriegsmittelbedarf und ermöglichten die Ausrüstung für den Griff nach Kolonialbesitz. Seit Mitte des 18. Jahrhunderts kam der in der City of London kumulierte Reichtum der Entfaltung und Konsolidierung der britischen Schlüsselstellung im Staatensystem und in der europa-zentrierten ›international economy‹ zugute. Während Spanien und Frankreich den Handel mit ihren Kolonien monopolisierten (merkantiler Imperialismus), versuchte England, das seit den 1820er Jahren ein weltweites Freihandelssystem propagierte, den protektionistischen Rivalen durch massive Ausweitung seines Kolonialbesitzes (1806–1819 und wiederum in der Phase des Wettlaufs um die Teilung Afrikas in den 1880/90er Jahren) wichtige Rohstoffgebiete und Absatzmärkte für seine Industrieprodukte abzujagen. Insgesamt kam Großbritannien dabei zugute, daß das britisch geprägte

Handelssystem stets über das ›Old Colonial Empire‹ hinausreichte und daß die amerikanischen Kolonien nach Erlangung der politischen Unabhängigkeit dank der Liberalisierung des britischen Handels mit Nordamerika nicht aus dem von Großbritannien kontrollierten Weltwirtschaftssystem ausbrachen. Der um 1763 abgeschlossene Aufstieg Großbritanniens zur politischen, maritim-militärischen Weltmacht und global präsenten Kolonialmacht ist eng verknüpft mit dem Entstehen eines Weltwirtschaftssystems, das um die Finanzkraft des Inselreiches zentriert war (Pax Britannica). Als einzige ›truly global power‹ entwickelte Großbritannien eine imperiale Bewußtseinslage und Daseinsform und war darin den anderen europäischen Großmächten voraus. ›Indien‹ wurde Neid- und Vorbild-Komplex des französischen, deutschen, italienischen Imperialismus.

Merkmale des Imperialismus in seiner Hochphase

Sie lassen ein kompliziertes Interaktionsmuster zwischen den Bewegungsgesetzen der nationalen Gesellschaftsformation und einem weltweiten Expansionsprozeß erkennen:

a) Das Ineinandergreifen verschiedener ökonomischer Tendenzen bewirkte eine Weltwirtschaft mit autonomer Wachstumsdynamik. Die Verflechtung einzelner Nationalökonomien in die internationalen Austauschbeziehungen ist von maßgeblicher Bedeutung für die Zusammenhänge zwischen Wirtschaftsentwicklung, innergesellschaftlichen Machtverhältnissen und Außenpolitik; daraus resultieren die Unterschiede zwischen den nationalen Imperialismen.

b) Transformation des europäischen Mächtesystems in ein Weltstaatensystem; Europa fungierte als politisches und militärisches Machtzentrum, weil die politische Strategie kalkulierbar bleibender Auseinandersetzungen, die friedliche Regulierung imperialer Konflikte zwischen den europäischen Mächten mit Hilfe von Teilungsabkommen (Samoa, Persien), Kompensationsgeschäften (China 1898) u. a. dafür sorgten, daß die Expansions- und Kolonialpolitik nicht die Sicherheit gefährdeten, die man von bestimmten Konstellationen der Mächtebeziehungen in Europa erwartete.

c) Im Zeitalter des politischen Massenmarktes manifestierten sich innergesellschaftliche Kräfteverhältnisse in politisch-institutionellen Organisationsformen (Interessen- und Agitationsverbände, Parteien); deren Rechtfertigungsideologien bildeten den Kitt, der die dominierenden Herrschaftsbündnisse zusammenhielt.

Die Strukturierung der internationalen Wirtschaftsbeziehungen als Weltwirtschaft

Durch die Internationalisierung ihrer Handelsbeziehungen, durch Auslandsinvestitionen und durch eine erneute Ausweitung der Migrationsbewegungen bezogen die europäischen Staaten (sowie Japan und die USA) nahezu alle Teile der Welt in den Austausch von Primärgütern, Waren und Dienstleistungen, Kapital und Arbeitskräften ein. Die Verbilligung der Transportkosten, die Ansiedlung europäischer Arbeitskräfte in Übersee (1881/1915: durchschnittlich ca. 900000), die Erschließung neuer und die Weiterentwicklung kolonialer und halbkolonialer Gebiete für den Welthandel durch internationale, freizügige Kapitalbewegungen steigerten die Nachfrage und hoben die Kaufkraft. Dadurch erhöhte sich die Bedeutung des Außenhandels für die Volkswirtschaften der europäischen Länder. Die rapide Industrialisierung, vor allem die immer stärkere Spezialisierung innerhalb der Industriezweige (Eisen und Stahl, Textil, Chemie, Elektro) ging einher mit einer Intensivierung des Güteraustauschs zwischen den Industrieländern; zwei Drittel des Welthandels (1909/13) wurde zwischen den europäischen Ländern selbst abgewickelt. Innerhalb Europas, das die Schlüsselstellung in der Weltwirtschaft innehatte, besaßen die ›großen Drei‹ (Großbritannien, Deutsches Reich, Frankreich) in der Erzeugung von Kohle und Stahl, im Maschinenbau und bei den Fertigwaren eine Monopolstellung. Zwischen Großbritannien, Deutschem Reich und Frankreich vollzogen sich aber auch in politischer Hinsicht hochbedeutsame Verschiebungen zugunsten des Deutschen Reichs bei den Anteilen an der Weltproduktion, am Welthandel und schließlich bei den Kapitalanlagen im Ausland.

Das Weltwirtschaftssystem beruhte auf zwei Dreieckssystemen, in denen London und Paris, die Metropolen der alten Kapitalmächte, als Schalt- und Clearingstellen fungierten. Das um die City of London zentrierte Austauschsystem beruhte auf historisch gewachsenen Voraussetzungen: Die Einkünfte aus den Dienstleistungen (der Schiffahrt, Versicherungen, Banken) für den Welthandel, die Zinserträge aus Kapitalanlagen im Ausland und anderen Quellen gewährleisteten kontinuierliche Zahlungsbilanzüberschüsse; die City verwaltete gleichsam einen auf die Stabilität des £ Sterling lautenden internationalen Liquiditätspool; aus ihm konnte London anderen Ländern über Handelsbilanzdefizite hinweghelfen. Neben London gewährleistete Paris internationale monetäre Stabilität und nahm im innereuropäischen Transfersystem den Platz ein, den London im Welthandel ausfüllte. Die Stärke des französischen Kapitalmarktes beruhte darauf, daß die Bourse sich auf ein über das ganze Land erstreckendes Bankensystem stützte, das seinerseits über leicht zu mobilisierendes ›Sparkapital‹ disponieren konnte.

Im Unterschied zum britischen und französischen Finanzimperialismus praktizierten die deutschen Banken eine systematische Verbindung von Kapital- und Warenexporten, so daß die Schwerpunkte des Kapitalexports mit der Stoßrichtung des Außenhandels nahezu identisch waren. Rußland und die USA waren die einzigen Weltmächte, die einen Handelsbilanzüberschuß erwirtschafteten, aufgrund der Kapitalimporte aber Nettoschuldner blieben.
Die Finanzierung der Überseeexpansion (Exploration von Rohstoffen, Bau von Häfen und Wasserstraßen, Eisenbahnen) räumte den ›monied interests‹ von Anbeginn der Expansion eine Schlüsselstellung unter den Antriebskräften des Imperialismus ein. Doch ist die These unzutreffend, daß das anlagesuchende Finanzkapital das staatliche Gewaltmonopol in den Dienst seiner ›aggressiven‹ ökonomischen Interessen gestellt und damit zum Ausbruch weltweiter Konflikte beigesteuert habe. Statt Verdrängungswettbewerb zu forcieren, praktizierten die Finanzinteressen Kooperationsformen; so ist die Ära zwischen den beiden Marokko-Krisen 1905–11 eine Hochphase deutsch-französischer ›joint ventures‹ in Kleinasien (Bagdadbahnbau) und in Lateinamerika. Es waren die politischen Zielsetzungen der Regierungen, die die beteiligten Finanzgruppen (seit 1910/11) zwangen, ihre ökonomischen Ressourcen nunmehr überwiegend zur Unterstützung der jeweiligen nationalen Politik einzusetzen, vor allem Anleihen im Einklang mit machtpolitischen Ambitionen der Regierungen zu plazieren.

›Nationale‹ Imperialismen

Seit der Mitte des 18. Jahrhunderts war Großbritannien als See- und Handelsmacht sowie als Kolonialherr in allen Teilen der Welt präsent. Durch den Besitz von Gibraltar, Singapur, Kap, Suez kontrollierte Großbritannien strategisch wichtige Knotenpunkte des Weltgeschehens. Mit der Erweiterung des eigenen Herrschaftsgebiets (bes. in Afrika 1880–1902) ging ein Mangel an Sympathie für ähnliche Ambitionen anderer Mächte einher: Großbritannien war kompensationssüchtig wie kaum eine andere Nation. Einerseits trafen Verschiebungen im Kräftefeld der Weltpolitik den Nerv britischer Sicherheitspolitik. Andererseits wurde Großbritannien um die Möglichkeit, auf ungesättigte expandierende ›Kolonialmärkte‹ (insbes. der weißen Dominion) ausweichen zu können, von den Konkurrenten beneidet. Die Größe des Kolonialbesitzes erlaubte Großbritannien, militärische ›manpower‹-Ressourcen (Indian Army) auszuschöpfen. Seine Spitzenstellung unter den ›Imperialmächten‹ beruhte auf den Kapazitäten der industriellen, der Rohstoff-(Kohle, Goldminen Südafrikas) und der agrarischen Produktion sowie darauf, daß die Überlegenheit der Kriegsmarine und der Handelsflotte sowie die Finanzkraft

Londons auch solche Staaten auf die Unterstützung britischer Sicherheitsbelange verpflichtete, die nicht zum ›formal and informal empire‹ gehörten, z. B. die USA, die Länder Skandinaviens, Italien. Das Bestreben, das weitverzweigte Empire zu einem ›Greater Britain‹ zu konsolidieren oder wenigstens durch die Gewährung von ›imperial preferences‹ ein Abdriften der Dominions in andere Partnerschaftsverhältnisse zu verhindern, scheiterte an den ökonomischen Interessen der Dominions und an innenpolitischen Widerständen gegen Schutzzölle (Lebensmittelteuerung).

Nach den Einbußen im 100jährigen Konflikt mit Großbritannien betrieb Frankreich seit den 1830er Jahren in Nord- und in Schwarzafrika sowie in Indochina eine erfolgreiche territoriale, kulturelle und ökonomische Expansionspolitik. Die koloniale und die finanzimperialistische Expansion (Kapitalexport als Vorbereiter der Machtarrondierung/Marokko 1902/11) entschädigten, vom Ergebnis her gewertet, für den Verlust der Hegemonialstellung auf dem Kontinent 1870/71; sie wurden von den Imperialisten als Gegengift gegen ›la Decadence‹ verabreicht. Die Dritte Republik (1870–1940) galt als klassisches Land couponschneidender Rentiers, eines ›parasitären Imperialismus‹, und als eine zum Abstieg verurteilte Großmacht. In Wirklichkeit behauptete sich Frankreich nach 1890 im Konzert der großen Mächte als Militär- und als Finanzmacht, die im Wettstreit mit dem Deutschen Reich um die Gunst Rußlands und Mittelsüdosteuropas erfolgreich blieb.

Der russische Imperialismus hat einen kontinentalen Charakter. Die Expansion nach Ostasien in der Periode 1890–1905 war ein Novum im Vergleich mit den in älteren Traditionen verwurzelten Ambitionen, die Großmachtrolle durch Aktionen an den Meerengen und in Mittelasien – in der Rivalität mit Großbritannien – zu demonstrieren. Nach der Niederlage im Krieg mit Japan 1904/5 kehrte Rußland den Entwicklungsperspektiven an der asiatischen Peripherie den Rücken und »rüstete für den großen Entscheidungskampf mit dem Germanentum«. Zur Überwindung der Rückständigkeit und weil Rußland als Agrarstaat keine Zukunft zu besitzen schien, betrieb das Zarenreich – bes. unter Witte (1892–1903) – eine Industrialisierung, und zwar mit ausländischem Kapital; es handelt sich also um einen ›geborgten Imperialismus‹. Die russische Wirtschaft blieb jedoch zu stark importabhängig und entwickelte sich zu ungleichmäßig, um in Analogie zu den USA eine sich selbst tragende Binnenkonjunktur hervorzubringen. Der Eisenbahnbau (Transsibirische Eisenbahn; in Richtung Turkestan und Persien) verbesserte die strategischen Möglichkeiten der russischen Politik, verlangte aber auch immer neue Anstrengungen, um die erschlossenen und die angeschlossenen Gebiete zu schützen. Im russischen Eisenbahnimperialismus sind die Wachstums-

komponente, die Komponente des Kapitaleinsatzes für politisch-strategische bzw. Prestigeobjekte und die kriegstreibende Komponente (gegen Japan 1894/5 und 1903/5) vereint.
Deutsche Weltpolitik vereint unterschiedliche Aspekte einer Globalisierung der deutschen Außenpolitik mit dem Auftrumpfen als Welt(wirtschafts- und -militär)macht. Durch den Flottenbau, den man als politischen Druckhebel ansetzen wollte, sollte Bismarcks Versäumnis, größere Kolonialgebiete zu beanspruchen, wettgemacht werden. Das große Zwischenstück in Mittelafrika, das eine Konsolidierung der Gewinne von 1884/5 in Ost- und Westafrika zu einem ›deutschen Indien in Afrika‹ nähergerückt hätte, wurde erst im Verlauf der 2. Marokko-Krise und in den Verhandlungen mit Großbritannien 1912/14 ins Visier genommen. In den internationalen Beziehungen dieser Epoche konnte das Deutsche Reich nur seine ›Macht‹ ins Spiel bringen. Diese Macht war jedoch der Angelpunkt des innenpolitischen Herrschaftsgefüges. Sie war damit außenpolitischen Absprachen – im Unterschied zu den Kolonien oder Hoheitsansprüchen, die die anderen Weltmächte einander zum Tausch anbieten konnten – nicht nur entzogen, sondern im Gegenteil: Mit der Drohung, den Reichstag aufzulösen und die ›Nation‹ zu mobilisieren, falls Heeres- (1893, 1913) oder Marinevorlagen (1898) nicht bewilligt würden, sollten die innenpolitische Opposition zur Kapitulation und die außenpolitischen Rivalen zur Annäherung an Berlin genötigt werden. Nur im Fall deutscher Weltpolitik verschmolzen Imperialismus, Militarismus und Navalismus sowie die (eher postulierte als realisierte) innenpolitische Stabilisierungsfunktion der Ablenkungsmanöver nach außen zu einer ›Drohpolitik‹. Die deutsche Weltpolitik blieb den Erfordernissen der Gesellschaftspolitik und denen der Globalpolitik (Deutsches Reich zwischen Großbritannien und Rußland) zu stark unterworfen, um eindeutigen wirtschaftlichen Expansionsrichtungen entsprechen zu können. Sie traf in Kleinasien ebenso wie in Südamerika auf ältere politische Vorrechte und auf überlegene Kapitalkraft von Rivalen (Frankreich, Rußland, Großbritannien resp. Großbritannien und USA), die ihre Gegensätze untereinander zurückstellten und das deutsche Vordringen auf Dauer erschwerten.

Die Transformation des europäischen Staatensystems in ein Weltstaatensystem

Während die Grundnormen des Weltwährungs- und -handelssystems (Freizügigkeit des Kapitals; Goldstandard; langfristige Handelsverträge) von allen europäischen Großmächten – ob protektionistisch oder freihändlerisch – akzeptiert wurden, begünstigten die erheblichen Verschiebungen im europäischen Mächtegleichgewicht Ansprüche, die auf eine Sprengung des Status quo hinausliefen. Großbritannien, Schaltzentrale

der Finanz- und Handelsbeziehungen in der Welt und ›archimedischer Punkt‹ des europäischen Gleichgewichtssystems, hielt als einzige Großmacht am Freihandel fest, brach aber mit der Tradition der ›splendid isolation‹, in der die deutschen Mittelmächte immer als Gegengewicht zu den Flankenmächten Frankreich und Rußland gewertet wurden. Das Deutsche Kaiserreich verband den Aufstieg zur stärksten Land-, zweitstärksten Seemacht und gleichwertigen Wirtschaftsmacht mit einander widersprechenden Maximen: Man wollte die Suprematie in Europa durch Heeres- resp. Flottenverstärkungen sowie durch die Handelspolitik auch und gerade gegenüber Rußland (1893/4) und Großbritannien (1908) demonstrieren; demnach sollte die Reichsleitung eine Politik der freien Hand zwischen Großbritannien und Rußland verfolgen, um von den Konflikten zwischen diesen Imperien zu profitieren. Die großen und mittleren Mächte maßen freilich alle ihren Status an der Fähigkeit, a) im internationalen Rüstungswettlauf Schritt zu halten, b) Kolonien zu erwerben und c) wirtschaftliche Machtmittel (Anleihen, Waffenlieferungen) zum Zwecke informeller Herrschaft einzusetzen. Mit Hilfe dieser Maßnahmen wollten sie nationales Prestige und Wirtschaftsinteressen im außereuropäischen Raum präsent halten und in der ›großen Politik der Kabinette‹ entscheidend mitwirken.
Die im System rivalisierender nationaler Imperialismen stark expandierenden ›neuen‹ Weltmächte USA und Japan wurden von Großbritannien politisch und wirtschaftlich beschwichtigt. Ähnliche Konzessionen im kolonialen Bereich an das Deutsche Reich sollten entweder zu Lasten anderer Mächte (Belgien, Portugal, 1898 und 1912/14) gehen, oder innenpolitische Protestaktionen (z. B. gegen den Helgoland-Sansibar-Vertrag und im Rahmen der Bündnissondierungen 1898/1902) durchkreuzten das Vorhaben, den Grundstein für eine dauerhafte Entspannung zu legen. Die Kalkulation von Tirpitz, daß Großbritannien nicht gleichzeitig die asiatische und die europäische Bürde tragen und der Flottenbau daher erreichen könne, daß Großbritannien »uns werde kommen müssen«, ging nicht auf, weil Großbritannien sowohl durch die Entente- und Bündnispolitik mit Japan, Frankreich, Rußland und den USA als auch durch die Mobilisierung seiner überlegenen Finanzressourcen die Erpressungsversuche unterlief.
Die Neuformierung der Bündnisse seit 1889/90 zielte auf die Erhöhung der Sicherheit und des Kräftegleichgewichts in Europa ab; sie bildeten gerade keine imperialistischen Erwerbsgemeinschaften. Diese Wendung erfolgte erst in der Kriegszielpolitik während des Ersten Weltkriegs. Die Verbündeten Frankreich und Rußland bzw. Deutsches Reich und Österreich–Ungarn stimmten ihre wirtschaftliche Penetration in den sicherheitspolitisch ›heißen‹ Zonen, im Balkanraum und Nahen Osten, selten

aufeinander ab und verhielten sich in den imperialistischen Konflikten ihres Verbündeten mit Drittmächten (meistens Großbritannien) neutral. Der weltpolitische Konflikt zwischen Großbritannien und Rußland beherrschte die machtpolitischen Kombinationen 1890–1905, während das Stillhalteabkommen zwischen Zarenreich und Habsburger Monarchie 1897/1907 die ›Orientfrage‹ vertagte. Nach der Niederlage im Krieg mit Japan und der 1905-Revolution kehrte Rußland zu einer aktiven Balkanpolitik zurück und machte sich die Ambitionen Serbiens gegen Österreich-Ungarn durch erneute Wendung zu einer Politik offensiver Selbstbehauptung zu eigen. Die wiederauflebenden Beunruhigungen in Großbritannien und in Frankreich gegenüber den russischen Vormachtansprüchen gingen aber nicht soweit, daß Frankreich und Großbritannien sich vom Zarenreich distanzierten. Denn die deutsche Drohpolitik, die Frankreich in den Marokko-Krisen von 1905 und 1911 und Rußland in den Balkankrisen 1908/9 und 1912/13 zumindest zur diplomatischen Kapitulation hatte nötigen wollen, provozierte die anderen Großmächte, ihr Militärpotential zu stärken und ihre Ententen in einen Dreibund zusammenzuführen. Die militärische Entladung der politischen Spannungen und wirtschaftlichen Rivalitäten des Zeitalters im Ersten Weltkrieg wurde nicht durch Konflikte in Übersee oder durch Mißgunst der führenden Finanzmächte gegenüber dem Aufsteiger ›Deutsches Reich‹ entfacht. Vielmehr wirkten die mit dem europäischen Mächtesystem aufs engste verbundenen Balkankrisen als Lunte am Pulverfaß.

Innergesellschaftliche Antriebskräfte im Zeitalter des Imperialismus

Das Normengefüge der internationalen Beziehungen beruhte auf zwei Maximen: Nach außen sollte jede Nation den Kampf um einen Platz an der Sonne bestehen; nach innen sorgte die Befürchtung, der Nationalstaat könne sich als zu klein erweisen, um die wirtschaftlich-sozialen und die politischen Umbrüche zu bewältigen, für die Akzeptanz der Welt-, Flotten- und Kolonialpolitik. Insbesondere den Mittelklassen und Mittelparteien dienten die Parolen des Imperialismus – wie zuvor der nationale Gedanke – zur Selbstbehauptung in den von wirtschafts- und gesellschaftspolitischen Fragen geprägten Auseinandersetzungen mit Parteien, die über eine festgefügte soziale (Arbeiterparteien, »Alt«-Konservative) oder sozio-kulturelle Basis (konfessionelle Parteien) verfügten.

Zur Motivstruktur imperialer Expansion gehört das Bedürfnis nach innergesellschaftlicher Stabilisierung, verbunden mit Tendenzen, Konfliktpotential durch Expansion nach Übersee zu exportieren (Sozialimperialismus). In den meisten Ländern ist um 1900/10 eine Radikalisierung der Rechten festzustellen, die im Innern keine sozialen Reformen, Steuerreformen und ähnliches mehr akzeptieren und alle Energien nach außen ableiten wollten. Die Radikalisierung der Rechten äußerte sich vor allem in Gründungen von pseudo-demokratischen Massenverbänden, die dem Gouvernementalismus den Kampf ansagten und damit bewußt das Begriffspaar ›gemäßigt-konservativ-regierungsfähig‹ sprengten. Die Transformation der Rechten ist jedoch nicht deckungsgleich mit Sozialimperialismus. Zwar verfehlte dieser seinen Hauptzweck, die Dauerkrisen im Innern zu überwinden, doch führte er – in den letzten Vorkriegsjahren – die Einhelligkeit in der Beurteilung der außenpolitischen Gefahrenlage herbei und begünstigte insofern die Kooperation zwischen traditionellen Nationalisten, gemäßigtem Bürgertum und Teilen des Linkslagers; die Kompromisse in Fragen der Aufrüstungsprogramme und der Deckung der Rüstungsausgaben sind auf diese veränderten (partei-)politischen Konstellationen zurückzuführen.

Die doppelte Stoßrichtung des Sozialimperialismus als ›Gesellschaftspolitik im Gewand der Außenpolitik‹, nämlich Krisenvermeidungsstrategie nach innen und Krisennutzungsstrategie gegenüber innergesellschaftlichen Schwächen des außenpolitischen Rivalen, bewirkte zusammen mit dem Rüstungswettlauf überall im Innern ›Rüstungsnationalismus‹. Dieser Nationalismus von unten, der von den Agitationsverbänden kanalisiert und von den Regierungen manipuliert wurde, begrenzte den Spielraum für Verhandlungsdiplomatie in den Krisen der Weltpolitik. Je weniger – seit 1911 – die komplizierten Probleme der Staatenkonkurrenz politisch regulierbar erschienen, desto größeres Gewicht erhielten die militärischen Ratgeber, die ihre Strategie auf offensive Aufmarsch- und Operationspläne umstellten. Da die hohen Militärs in den Entscheidungsprozessen direkt vertreten waren, verblassen im Vergleich zu dieser Erklärung der steigenden Konfliktbereitschaft am Vorabend des Ersten Weltkriegs Deutungen, welche die ökonomischen Rivalitäten oder wirtschaftliche Antriebskräfte des Imperialismus als Kriegsursache identifizieren. [G. SCHMIDT]

Industrialisierung

Begriff und Phasen

Es empfiehlt sich, unter Industrialisierung die grundlegenden, vornehmlich wirtschaftlichen, gesellschaftlichen und mentalen Veränderungen zu verstehen, die seit der Mitte des 18. Jahrhunderts die Existenzgrundlagen und Befindlichkeiten der modernen Gesellschaften umgewälzt haben. Ausgehend von England, gelangte dieser Prozeß in Deutschland, den USA und in Belgien bis 1914 zu einem gewissen Abschluß, indem der Status einer Industriegesellschaft im Sinne einer das volkswirtschaftliche

Einkommen ganz überwiegend im sekundären Sektor erwirtschaftenden Gesellschaft erreicht worden ist. Der Begriff der Industrialisierung umfaßt jedoch sehr ungleichzeitige Entwicklungen. Zum einen setzte die Industrialisierung zu unterschiedlichen Zeitpunkten ein, so daß starke Diskrepanzen in der wirtschaftlichen Leistungsfähigkeit entstanden, wobei allerdings wirtschaftliche Rückständigkeit auch eine relative Modernität begründen konnte. Neben den genannten gab es schon vor dem Ersten Weltkrieg eine Reihe weiterer Staaten, die als ›Schwellenländer‹ der Industrialisierung bezeichnet werden müssen. Zum anderen vollzog sich die Industrialisierung, wie etwa in Frankreich, eher zögernd; die Sowjetunion durchbrach erst im Zuge einer gezielten Industrialisierung ›von oben‹ seit den 1920er Jahren die Schwelle zur Industrienation; in den Ländern der Dritten Welt, zumal in den tropischen Klimazonen, setzte die Industrialisierung in der Regel erst nach 1945 ein. Deutschland und die USA gelten hingegen als Prototypen einer besonders raschen Industrialisierung in der zweiten Hälfte des 19. Jahrhunderts.

Für Deutschland sollten innerhalb des Globalprozesses Industrialisierung mehrere Phasen unterschieden werden. Während der Protoindustrialisierung entfaltete sich die ländliche, heimgewerblich organisierte Textilindustrie, die unter dem Einfluß der rohstoffversorgenden und produktvertreibenden Verleger-Unternehmer vor allem seit der Mitte des 18. Jahrhunderts die gewerbliche Produktion veränderte. Diese Phase hielt bis in die erste Hälfte des 19. Jahrhunderts an; zunehmend seit den 1830er Jahren geriet das ländliche Heimgewerbe unter den Konkurrenzdruck der fabrikindustriellen Textilproduktion, die nunmehr in den Städten dieselben und bessere Produkte unter dem Einsatz von Maschinen fertigte. Man kann diese bis etwa um 1850 anhaltende Phase auch Frühindustrialisierung nennen. Der Begriff der Industriellen Revolution sollte der Phase eines beschleunigten Wachstums der Industrieproduktion vorbehalten bleiben, die in Deutschland um die Mitte des 19. Jahrhunderts einsetzte und in den ›Gründerjahren‹ etwa von 1867 bis 1873 einen Höhepunkt erreichte. Das gewerbliche Wachstum hielt darüber hinaus auch während der ›Großen Depression‹ der späten 1870er und 1880er Jahre an. Die Industrielle Revolution ist die Kernphase der Industrialisierung. Die zwei Jahrzehnte seit 1895, in denen die deutsche Wirtschaft durchgängig erneut hohe Wachstumsraten erzielte, werden häufig als Hochindustrialisierung bezeichnet. Die Terminologie zur Bezeichnung der Wirtschaftsprozesse in der Zwischenkriegszeit und nach 1945 ist demgegenüber bisher nicht gleichermaßen festgelegt.

Infolge der wachsenden weltwirtschaftlichen Verflechtung haben sich die Wachstumsschritte und -pausen der wichtigeren Industrienationen seit der Industriellen Revolution zunehmend einander angeglichen. Das gilt auch für die Zwischenkriegs- und Nachkriegszeit, mithin für die Phasen der Deflation bzw. Inflation unmittelbar nach dem Ersten Weltkrieg, für den Aufschwung der 1920er Jahre, für die große Weltwirtschaftskrise seit 1929/30, für die herausragenden Wachstumsschritte der entfalteten Industriegesellschaften in den 1950er und 1960er Jahren sowie für die Krisenlagen seit Ende der 1970er Jahre.

Voraussetzungen und Grundzüge

Es herrscht heute weitgehend Übereinstimmung hinsichtlich der Voraussetzungen der Industrialisierung im allgemeinen; abweichende Meinungen begründen sich eher aus unterschiedlicher Gewichtung bestimmter Faktoren oder Akzentuierung bestimmter Zusammenhänge.

Als Voraussetzungen für die Möglichkeit von Industrialisierung gelten hiernach bestimmte, tendenziell gehäufte technische Innovationen in Kernbereichen der Nachfrage, die Expansion der Märkte und mithin der Nachfrage durch rasches Bevölkerungswachstum und Urbanisierung unter günstigen Handelsbedingungen, ein meist über Generationen anhaltender Prozeß der Kapitalakkumulation, eine günstige Ausstattung mit zunehmend nachgefragten Rohstoffen, grundlegende Reformen im Agrarbereich mit dem Ziel der Entfeudalisierung der Produktions- und Daseinsformen, gute handelsgeographische und infrastrukturelle Gegebenheiten, eine günstige, zumindest nicht hinderliche Konstellation der historisch gewachsenen politischen Herrschaftsverhältnisse und eine zunehmende Ausrichtung der Wirtschaftsmentalität auf Rationalität, Effizienz und Gewinn. Gegenüber der Auffassung von K. Marx, wonach die Erfindung und Durchsetzung der Werkzeugmaschine zum Auslöser der Industriellen Revolution geworden sei, hat die neuere Forschung eher in einem umfassenden Sinn technische ›Innovationen‹ in mindestens vier Bereichen – dem Maschinenwesen, der Energieversorgung, dem Verkehrs- und Kommunikationswesen und den Verfahrenstechniken – unterschieden. Grundlegend war die technische Modernisierung der Textilindustrie zum einen durch Einführung von Spinnmaschinen und mechanischen Webstühlen, zum anderen durch Nutzung der Dampfkraft, die die Textilfabrikation unabhängig vom Standort nahe den Flußläufen (Wasserkraft) machte. Die Dampfkraft verbilligte die Rohstoffgewinnung und ermöglichte sie im großen Rahmen; sie machte den Personen- und Güterverkehr sicherer und beschleunigte ihn ungemein, wie überhaupt die Vielfalt und Geschwindigkeit der Informationsübertragung im Verlauf der Industrialisierung sehr stark zunahm. Neue Verfahrenstechniken etwa in der Rohstoffgewinnung, der Textil- und Metallveredelung und – später – insbesondere in der chemischen Industrie rationalisierten die Produktionsformen, verbesserten und vervielfältigten die Produkte. Ein nachgerade explosives Bevölkerungswachstum ging der Industrialisierung in allen Ländern (außer Frankreich) voraus und begleitete sie bis zum Abschluß der Industrialisierung; in ihren Ursachen löste sich die Bevölkerungsentwicklung dabei aus der ursprünglich determinierenden Einbindung in gegebene Nahrungsspielräume. Gegenüber der alten, durch hohe Geborenenrate und Mortalität gekennzeichneten war die neue Bevölkerungsweise durch niedrige Geborenenrate bei hoher Eheschließungsziffer und niedriger Mortalität bestimmt. Dieser Übergang war ein säkularer, in den Kernländern der Industrialisierung wohl erst in der Mitte des 20. Jahrhunderts vollendeter Prozeß.

Zu den wichtigsten Voraussetzungen der Industrialisierung gehörte ein längerer Prozeß der Akkumulation von Kapital und die Bereitschaft, dieses Kapital unter Inkaufnahme von Risiken zu investieren. Kapitalmobilität ist auch durch die weiterhin unabdingbare Entfeudalisierung der Produktions- und Lebensformen auf dem Lande gefördert worden. Im Blick hierauf ist für Deutschland der Begriff der ›Industrialisierung von oben‹ geprägt worden. Vor allem am Beispiel Preußens läßt sich idealtypisch zeigen, daß die staatlichen Agrar-, Gewerbe- und Bildungsreformen zu Beginn des 19. Jahrhunderts entscheidend zur Freisetzung neuer wirtschaftlicher Initiativen beigetragen haben.

Dagegen erwies sich die territoriale Zersplitterung Deutschlands in zahlreiche Kleinstaaten wegen der Hindernisse, die dem Zusammenwachsen zu einem einheitlichen Handelsraum (Binnenzölle) entgegenstanden, zunächst als einer raschen Industrialisierung hinderlich. Auch insofern war staatliches Handeln mit dem Ziel der Schaffung von Voraussetzungen für Industrialisierung erforderlich. Preußen beseitigte seine Binnenzölle 1818 und bildete seit 1834 den Kernstaat des Deutschen Zollvereins, von dem weitere Bestrebungen zur Vereinheitlichung des deutschen Wirtschaftsgebietes unter Ausschluß Österreich-Ungarns ausgingen. Die Vereinheitlichung der Maß-, Münz- und Verkehrssysteme sowie der unternehmens- und handelsrechtlichen Rahmenbedingungen gewerblicher Produktion erreichte in den Jahren nach der Reichsgründung von 1871 einen gewissen Abschluß. Angesichts dieser und anderer Entwicklungen ist die Vorstellung vom manchesterliberalen ›Nachtwächterstaat‹, der passiv die wirtschaftlichen Prozesse habe geschehen lassen, mindestens für Deutschland falsch; sie gilt in diesem strikten Sinn auch nicht für England und die anderen industrialisierenden Staaten.

Staatshandeln war in Deutschland, neben der durch die territoriale Zersplitterung vorgegebenen Vereinheitlichungsaufgabe, während der Industrialisierung auch von aus dem vorindustriellen Zeitalter des Merkantilismus herrührenden Traditionen sowie durch die Existenz einer schon vor der Industrialisierung herausgebildeten Bürokratie geprägt. Das waren Traditionen, die in England vergleichsweise unbedeutend waren. Sie begründen, wie auch die rasche Industrialisierung in Deutschland, die allerdings nicht unwidersprochenen Auffassungen, wonach Deutschland einen besonderen Weg in die Moderne genommen habe – einen Weg, der sich in der zunehmenden Diskrepanz wirtschaftlicher Modernität und politischer Traditionalität dokumentierte. Viele Autoren sehen in dieser Diskrepanz, in langfristiger Perspektive, eine der wesentlichen Ursachen für den Aufstieg des Nationalsozialismus.

Anders als in England, das sehr früh einen hohen Urbanisierungsgrad aufwies, ist die Industrialisierung in Deutschland bis über die Wende zum 20. Jahrhundert und zum Teil bis über das Jahr 1945 hinaus weithin ein regionales Phänomen geblieben. Die früh- und hochindustriellen Gewerbelandschaften entwickelten sich zwar nicht völlig unabhängig von der territorialen Zersplitterung, aber vor allem unter dem Eindruck ihrer wachsenden Urbanisierung doch zunehmend eigendynamisch. Nach der Phase der ländlichen Textilindustrie waren die frühindustriellen Gewerbelandschaften besonders in Sachsen, in Teilen Schlesiens, im rechtsrheinischen Bergischen Land sowie im Schwäbisch-Württembergischen zunächst überwiegend durch textilindustrielle Fabrikproduktion, im Falle Sachsens und des Bergischen Landes zunehmend auch durch frühe Metallindustrie geprägt, während der teilweise sehr alte Erzbergbau in diesen und anderen Regionen in dieser Phase nur wenig landschaftsprägende Kraft entfaltete. Der Erzbergbau ist besonders in der zweiten Hälfte des 19. Jahrhunderts durch den Kohlenbergbau in Schlesien, Teilen Sachsens, der Saarregion und besonders im Ruhrgebiet an Bedeutung rasch übertroffen worden; im Zuge der kohlenbergbaulichen Erschließung bildeten sich beschleunigt große, schwerindustriell geprägte Gewerberegionen heraus, in denen die bergbaulichen Standortfaktoren dominierten und die Erwerbsstruktur sich um Bergbau und Hüttenindustrie, später zunehmend um die Metallverarbeitung, kristallisierte. Die schwerindustriellen Standortfaktoren haben im Verlauf des 20. Jahrhunderts in allen Industrieländern entscheidend an Gestaltungskraft verloren. Seither ist die Entwicklung neben der allgemeinen Diffusion industrieller Erwerbstätigkeit durch die Herausbildung neuer Kernlandschaften gekennzeichnet, in denen die Branchen der verarbeitenden Industrie, der Chemieindustrie, der Fahrzeugproduktion und der Elektrotechnik sowie neuerdings der Elektronik größeres Gewicht haben. Im Ganzen gesehen, hat Deutschland bis in die Zeit nach dem Zweiten Weltkrieg ein deutliches Industrialisierungsgefälle von Nord nach Süd und von West nach Ost aufgewiesen. Als die insofern fortschrittlichsten Industrieregionen des Reichs galten lange Zeit die beiden preußischen Westprovinzen, das Rheinland und Westfalen.

Bei aller unterschiedlichen Akzentuierung der Rolle des Staates während der Industrialisierung fallen die vergleichbaren Grundzüge der Entwicklung in allen industrialisierenden Staaten des 19. Jahrhunderts ins Auge. Neben dem raschen Bevölkerungswachstum zählen hierzu der Übergang von der Agrar- zur Industriegesellschaft im oben bezeichneten Sinn, mithin das bei weitem stärkere Wachstum der Industrieproduktion im Vergleich mit der stagnierenden, gelegentlich rückläufigen, jedenfalls aber in geringerem Maße wachsenden Agrarproduktion, sowie der relative Bedeutungsgewinn des tertiären Sektors, in der Regel mit dem Eintritt in die Hochindustrialisierung.

Rhythmen der Industrialisierung

In allen industrialisierenden Ländern vollzog sich das industrielle Wachstum ungleichmäßig rhythmisch. Es wurde überall durch die Zunahme der textilindustriellen Fabrikation eingeleitet; anders als in England wurde der ›Take-off‹ der Industriellen Revolution in Deutschland allerdings in erster Linie von der Expansion der Schwerindustrie sowie durch den mit dieser durch Rückkoppelungseffekte eng verbundenen Eisenbahnbau getragen.

In der Terminologie von W. W. Rostow bezeichnet der ›Take-off‹ diejenige Phase, »in der sich die Investitionsrate derartig erhöht, daß die Pro-Kopf-Produktion wächst und daß diese erstmalige Steigerung radikale Veränderungen in den Produktionstechniken und der Disposition über die Einkommensströme mit sich bringt«, um hierdurch »die hohe Investitionsrate und die Steigerung der Pro-Kopf-Produktion aufrecht zu erhalten« – mit anderen Worten: »Das Wachstum beginnt, sich selbst zu erhalten« (self-sustained growth). Entsprechend hohe Investitionsquoten lassen sich in England zwischen 1783 und 1902, in Belgien zwischen 1833 und 1860, in den USA zwischen 1843 und 1860, in Deutschland zwischen 1850 und 1873 nachweisen; in anderen Ländern lag diese Aufbruchphase, durch die die Industrielle Revolution am klarsten definiert wird, entweder später oder ist, so vor allem im Falle Frankreichs, weniger eindeutig erkennbar. Gegenüber anderen Bestimmungen der Industriellen Revolution etwa als »great spurt« (A. Gerschenkron) hat Rostows Definition den Vorteil, qualitative Entwicklungen auf meßbare Größen zurückzuführen. Als Leitsektoren spielen darin bestimmte Kernbereiche der Industrieproduktion eine entscheidende Rolle.

Die Auseinandersetzung über die Zyklizität des industriewirtschaftlichen Wachstums hält bis heute an. Am wenigsten umstritten unter Wirtschaftshistorikern ist dabei der erstmals von einem französischen Ökonomen nachgewiesene sog. Juglar-Zyklus, in dem der Zeitraum zwischen den Scheitelpunkten des als wellenförmig ansteigende Kurve gedachten Wirt-

schaftsprozesses zwischen 6 und 10 Jahren beträgt. Neben anderen Typen von Zyklen, die von Wirtschaftshistorikern nachgewiesen worden sind, hat die Bestimmung der sog. langwelligen Kondratieff-Zyklen immer wieder Widerspruch hervorgerufen. Der volle Kondratieff-Zyklus umfaßt ungefähr 50 Jahre, in denen während der ersten Hälfte die Aufschwung-, in der zweiten Hälfte die Abschwungjahre überwiegen. Die erste langwellige Aufschwungphase wäre demnach in Deutschland, wiederholt unterbrochen von kurzfristigen Krisenerscheinungen des Juglar-Typs, während des ›Take-offs‹ von 1850 bis 1873 zu datieren; die folgende, oft als ›Große Depression‹ etikettierte, langwellige Abschwungphase ging erst um 1895 in einen wiederum langwelligen Aufschwung über. Während der 1870er und 1880er Jahre hätten demnach die Abschwungjahre des Juglar-Typs die Zahl der Aufschwungjahre übertroffen; diese Entwicklung kehrte sich seit 1895 um. Während der beiden Kriege ist eine Bestimmung der Zyklizität des Wirtschaftsgeschehens nicht möglich, und über den langfristigen Konjunkturverlauf der Zwischenkriegszeit besteht noch keineswegs Übereinstimmung – die Deutung als langwellige Kondratieffsche Abschwungphase hat indessen einiges für sich. Der Kondratieffsche Aufschwung der Nachkriegszeit dürfte hiernach um die Mitte der 1970er Jahre in einen langwelligen Abschwung übergegangen sein. Der Umstand, daß sich Kondratieff-Zyklen ausschließlich in den Wert-, nicht jedoch in den Mengenreihen der Produktionsentwicklung nachweisen lassen, hat manche Wirtschaftshistoriker dazu veranlaßt, ihnen keinerlei Erklärungskraft zuzusprechen; unter Sozialhistorikern ist diese Deutungsmöglichkeit in einem bei Kondratieff bereits angelegten Sinn jedoch aufgenommen und insbesondere für das letzte Drittel des 19. Jahrhunderts erprobt worden. Eingewendet wird allerdings immer wieder, daß selbst in den Kondratieffschen langwelligen Abschwungjahren das wirtschaftliche Wachstum höchstens ausnahmsweise rückläufig war; überhaupt wird die Zyklizität des wirtschaftlichen Wachstums nicht etwa durch Schrumpfungsprozesse, sondern von einem zyklisch unterschiedlich intensiven Wachstum der Industriewirtschaft bestimmt.
In der marxistischen Wirtschaftstheorie wird die Zyklizität des industriewirtschaftlichen Wachstums stringent aus dem tendenziellen Fall der Profitrate und der infolgedessen eintretenden Kapitalwanderung erklärt. Zyklische Überproduktionskrisen führen deshalb zu einer immer stärker zunehmenden Konzentration des Kapitals, die schließlich in die Phase des Monopolkapitals hinüberleitet. Die Tendenz zur großbetrieblichen Konzentration der Produktion und Monopolisierung der Märkte ist auch in der deutschen Industrialisierung seit den 1880er Jahren unverkennbar. Die Konzentration der Produktion vollzog sich entweder horizontal, durch Zusammenschluß von Unternehmen im selben Produktionsbereich

mit dem Ziel der Marktbeherrschung und Kostenminderung, oder vertikal, durch Zusammenschluß von in einer Produktionskette wirkenden Unternehmen. Dabei gehörte die Erschließung und möglichst weitgehende Beherrschung neuer, zum Teil überseeischer Märkte neben der Diversifikation der Produktpalette zu den unternehmerischen Expansionsstrategien. Gegenüber dem unternehmerischen Familienbetrieb trat nunmehr die Kapitalgesellschaft in den Vordergrund; allerdings darf man den Einfluß der Banken während der deutschen Hochindustrialisierung nicht überschätzen. Marktmacht wurde darüber hinaus durch Verbandsbildung der Unternehmer in Branchen und Regionen sowie durch Produktionsabsprachen (Kartelle) bis hin zu gemeinsamen Verkaufsbüros (Syndikate) verstärkt. Zu den neuen Aufgaben der Wirtschaftspolitik hat es deshalb gehört, eine allzu weitgehende Kontrolle der Preisbildung auf den Märkten zu verhindern.
Während die marxistisch-leninistische Geschichtswissenschaft diese Entwicklungen unter dem Begriff des ›Monopolkapitalismus‹ zusammenfaßt und darunter die höchste und letzte Entwicklungsphase des Industriekapitalismus versteht, sind von der nichtmarxistischen Geschichtswissenschaft in Abgrenzung zu der eher marktwirtschaftlich bestimmten Phase des industriewirtschaftlichen Wachstums während der Industriellen Revolution in systematisierender Absicht andere Modellvorstellungen geprägt worden. Begriffe wie ›Organisierter Kapitalismus‹ und ›Korporatismus‹ zielen dabei auch auf gesellschaftliche und politische Entwicklungen, indem sie das Erfordernis des Interessenausgleichs und die zunehmend institutionalisierte Konfliktregelung im Einflußdreieck von Unternehmern, Arbeitnehmern und Staat in Rechnung stellen.

Gesellschaftliche Entwicklungen

Die Industrialisierung hat, indem sie neue Gruppen und Schichten emporkommen ließ, alte zurückdrängte und überhaupt die Beziehungen der Menschen zueinander und zum Staat auf eine neue Grundlage stellte, die Gesellschaften in einem Maße verändert, das von manchen Soziologen und Sozialhistorikern der Bedeutung nach einzig der sog. ›Neolithischen Revolution‹ gleichgestellt wird. In der Tat sind die sozialen und politischen Folgen der Industrialisierung kaum zu überschätzen, wenngleich Form- und Werttraditionen der vorindustriellen Epoche – man denke an Religion, Volkskultur oder Familie – nicht übersehen werden dürfen. In der Betonung der umwälzenden Industrialisierungsfolgen ist der Historiker oftmals auf typisierende Vorher-Nachher-Setzungen angewiesen, deren vielfältige Verknüpfung trotz und wegen oftmals ungleichzeitiger Entwicklungen die historische Forschung nach wie vor zur Reflexion ihrer methodischen und theoretischen Erkenntnisgrundlagen veranlaßt.

Stand, Schicht und Klasse sowie sozialer Wandel, soziale Mobilität und sozialer Konflikt sind die Kernbegriffe, mit denen die gesellschaftlichen Entwicklungen in der Folge der Industrialisierung in der Regel beschrieben werden. Unter idealtypischer Verkürzung wird die alteuropäische Gesellschaft dabei zumeist als Ständegesellschaft umschrieben, in der sich unter der überwölbenden politischen Herrschaft des Adels städtisches Bürgertum und Bauernstand vergleichsweise schroff gegenüberstanden, während die zahlreichen Gesellen und freien Lohnarbeiter, die Heimarbeiter, die Dienstboten und das Gesinde, die landlosen Bauern und Landarbeiter als un- oder unterständische Schichten begriffen werden. Das Gefüge von Ständen und unterständischen Schichten in Deutschland ist durch die Zunahme der letzteren schon in vorindustrieller Zeit gleichsam von unten unter Druck geraten und schließlich im Zuge der Agrar- und Gewerbereformen seit Beginn des 19. Jahrhunderts, die ihrerseits Resultat so sehr wie Stimulans sozioökonomischer und politischer Entwicklungen gewesen sind, aufgelöst worden. Die Leitvorstellung prinzipieller staatsbürgerlicher Gleichheit hat sich jedoch nur zögernd durchgesetzt; ständerechtliche Privilegierungen, ständische Exklusivität und entsprechend akzentuierte Statusdifferenzen wurden nur zögernd abgebaut, blieben trotz großer regionaler Unterschiede in der ländlichen Gesellschaft sogar dominant und konnten unter den Bedingungen der entfalteten Industriegesellschaft in der Stadt mit der Formierung des Mittelstands als Bollwerk gegen die scheinbar bedrohlichen Entwicklungen in der Arbeiterklasse sogar neue Virulenz gewinnen. Für die sog. konstitutionellen Staaten in Europa war dabei entscheidend, daß der Adel, weil die Revolutionen von 1848/49 in politischer Hinsicht gescheitert waren, seine gesellschaftliche und politische Führungsrolle weitgehend zu bewahren vermochte.

Die Dynamisierung des Ständegefüges hin zu einer Gesellschaft der Schichten und Klassen veränderte deshalb in erster Linie die Zusammensetzung der städtischen Mittel- und Unterschichten, während das Gefüge der ländlichen Besitzklassen und nichtbesitzenden Schichten durch die Agrarreformen zementiert wurde. Schichtübergreifender Aufstieg war auf dem Lande allenfalls noch durch Heirat in die bäuerliche besitzende Mittelschicht, daneben über die Gutspächtergruppe gelegentlich auch in die Oberschicht möglich. Vielmehr sorgten die hohe ländliche Geborenenrate und das urban-industrielle Arbeitsangebot für eine seit den 1880er Jahren rasch zunehmende und bis 1914 anhaltende horizontale Mobilität von Landarbeitern und nichterbenden Bauernkindern in die Städte. Durch diese Land-Stadt-Wanderung mehrte sich die städtische Unterschicht rasch. In ihr verloren handwerklich-kleinbetriebliche und zünftige Traditionen ebenso rasch an Bedeutung, während sich als neuer Kern der städtischen Unterschicht die Lohnarbeiterklasse herauskristallisierte. Darin wirkte sich einerseits die Zunahme des Anteils der Erwerbstätigen im Hauptberuf an der Gesamtbevölkerung überhaupt aus; andererseits ging die selbständige zugunsten der abhängigen Beschäftigung rasch zurück. Das rasche und überproportionale Wachstum der städtischen, fast immer abhängig erwerbstätigen Unterschicht wird noch deutlicher, wenn man sich vergegenwärtigt, daß die Gesamtbevölkerung in Deutschland mit Ausnahme weniger Jahre (Auswanderung in den 1880er Jahren) jährlich durchgängig um mindestens ein Prozent und gelegentlich um mehr als 1,5 Prozent wuchs.

In stärkerem Maße differenzierende Entwicklungen vollzogen sich jedoch in der Mittelschicht. In ihr stieg seit dem Ende des 18. Jahrhunderts die Unternehmerklasse auf. Sie rekrutierte sich aus Handwerkern, Kaufleuten und Verlegern, auch aus den freien Berufen und gelegentlich aus der Gruppe der Offiziere; den Inhabern größerer Betriebe und einflußreichen Unternehmern gelang der Aufstieg in die Oberschicht, in der sie sich durch Reichtum einrichteten und durch Nobilitierung oder sonstige Ehrungen eingerichtet wurden. Stark vertreten blieb in der städtischen Mittelschicht die Gruppe der kleinen Handwerker und Kleinhändler, der sog. alte Mittelstand, der sich vorwiegend aus sich selbst rekrutierte, aber doch auch Aufstiegsmöglichkeiten aus der Unterschicht und Arbeiterklasse bot. Mit der ›Bildungsrevolution‹ und Entfaltung der Dienstleistungsberufe konnten die freien Berufe ihre Position mindestens halten oder verbessern, während im Zuge des Ausbaus der Staatsverwaltung und der – durch die Urbanisierung gemehrten – Kommunalverwaltungen die Gruppe der unteren und mittleren Beamten rasch zunahm. Für sie entwickelte sich das Akademikerprivileg zur neuen Aufstiegsbarriere. Mittlere und höhere Offiziere rechneten im Kaiserreich schon deshalb, weil sie meist adeliger Herkunft waren, zur Oberschicht. Als neue Erwerbsklasse gewannen seit den 1880er Jahren die Angestellten, der sog. neue Mittelstand, rasch an Bedeutung. Gerade sie neigten dazu, sich in ständischen Begriffen zu deuten, um darin ihre staatstreue und staatstragende Rolle als administrative und technische Intelligenz gegenüber dem Proletariat hervorzuheben. Auch Arbeiter konnten Angestellte werden, und vielen Arbeiterkindern gelang mit der Entfaltung der Konsumgesellschaft der Einzug in untergeordnete Angestelltenpositionen vornehmlich im Einzelhandel. Insgesamt entzog jedoch die zunehmende Professionalisierung der technischen Angestellten sowie der freien Berufe diesem Teil der Mittelschicht jede Möglichkeit zum Aufstieg von unten. Darin wirkten sich nicht zuletzt festgeschriebene und gewollte Bildungsbarrieren aus – der Anteil von Arbeiterkindern unter Universitätsabsolventen war verschwindend gering.

Nach zeitgenössischen wie modernen Schätzungen lag in Deutschland um die Jahrhundertwende der Anteil der Unterschichten bei 70 Prozent; die Oberschichten betrugen nicht mehr als ein Prozent von einer Gesamtbevölkerung von etwa 56 Millionen. Überraschend genug, denn diese Angaben weichen nicht zu sehr von entsprechenden Schätzungen für die Zeit um 1800 ab. Gleichwohl hatte sich das Niveau insgesamt gehoben, und die große Leistung des Industriekapitalismus bestand gerade darin, dies unter den Bedingungen einer rasch wachsenden Bevölkerung ermöglicht zu haben. Die Veränderungen lagen in den Schichten, nicht so sehr in den Dimensionen. Der Aufstieg der Unternehmerklasse in die obere Mittelschicht und Oberschicht und die korrespondierende Kristallisation der Unterschicht um die Arbeiterklasse bestimmten das Bild um die Wende zum 20. Jahrhundert. Insofern sich darin der Besitz oder Nichtbesitz an Produktionsmitteln und entsprechende Positionen auf den Märkten dokumentierten, ist die Gesellschaft des 19. Jahrhunderts von einem anhaltenden Prozeß der Klassenbildung geprägt worden. Dieser Prozeß wurde vor 1914 durch gezielte Sozial- und Verteilungspolitik kaum erst konterkariert; von einem Globalprozeß der ›Entklassung‹ kann man in Deutschland erst in der Zeit nach 1945 sprechen. Neben der nunmehr durchgreifend wirksamen Sozialpolitik und den Folgen der nationalsozialistischen Gesellschaftspolitik wirkten sich darin die Veränderung der Industriearbeit selbst und die Milderung sozialer Segregation in den Industriestädten durch gezielte stadtplanerische Maßnahmen sowie insbesondere die Hebung des Lebensstandards der Arbeiter auf das Niveau der unteren Mittelschicht aus.

Aus der Schicht- bzw. Klassenzugehörigkeit herzuleitende Unterschiede der Lebenschancen, wie sie zum Teil noch aus der ständischen Gesellschaft herrührten, sind erst nach einem Jahrhundert Industriegeschichte deutlich abgebaut worden. Vordergründig gesehen hat hierzu die Einkommensentwicklung der unselbständig Beschäftigten maßgeblich beigetragen; nachdem die Einkommen während der Frühindustrialisierung unter dem Eindruck eines Überangebots an Arbeitskräften stagniert hatten oder rückläufig gewesen waren, datieren seit den 1850er Jahren unterschiedlich lange Wachstumsphasen der Reallöhne. Allerdings spiegeln die Einkommensverteilung und die Entwicklung der Realeinkommen aus unselbständiger Arbeit, bei denen seit 1914 eine durchweg anhaltende Annäherung zwischen Arbeitern und Angestellten erkennbar ist, nur unzureichend die Entwicklung der Lebensverhältnisse wider. Wohnungseigentum ist für Arbeiter im Zuge der Industrialisierung und Urbanisierung nicht mehr zu erringen gewesen; nur dort, wo sich Industriearbeit mit ländlichem Nebenerwerb verband, blieb der Anteil von Hausbesitzern unter Arbeitern höher. Wenn, im Ganzen gesehen, die städtischen gegen-

über den ländlichen Wohnverhältnissen auch Vorzüge aufwiesen, so litten doch vor allem die großstädtischen Unterschichten bis in die Zwischenkriegszeit sowie zunächst erneut nach 1945 an einer katastrophalen Wohnungsnot. Auch im Ausbau ihrer infrastrukturellen Einrichtungen hinkten die Industrie-Großstädte hinter ihrem Bevölkerungswachstum nach, was sich in der Ver- und Entsorgung für die alltäglichen Lebensbedürfnisse, im Ausbau der Bildungseinrichtungen und in vielem anderen zeigte.
Starken Veränderungen wurden auch die Rolle der Familie in der Gesellschaft und die Struktur der Familie unterworfen. Die zunehmende Lebenserwartung machte Generationsunterschiede erst bewußt und politisch relevant. Der im Übergang zur »industriellen Bevölkerungsweise« abnehmende Kinderreichtum auch in Arbeiterfamilien könnte im größeren Umfang als die Entwicklung der Realeinkommen zur Verbesserung der proletarischen Lebensumstände beigetragen haben. Das Verständnis von der Rolle der Frau in der Familie und im Arbeitsprozeß erfuhr tiefgreifende Verschiebungen, die in die umfassende Bewegung der Frauenemanzipation mündeten.

Interessen und Politik

Wie hieran erkennbar, gehörte die Formation neuer und alter kollektiver Interessen und deren Regulierung oftmals unter scharfer Anspannung der Integrationskraft der Gesellschaft zu den Kennzeichen der Industrialisierung. Diese Formation der Interessen ist in den Vereinen und Verbindungen des Bürgertums schon gegen Ende des 18. Jahrhunderts eingeleitet worden und hat, in der Organisationsform des Vereins, alle Interessengruppen der Gesellschaft erfaßt. Die Vereine, ihre Trägerschaften und die Formen ihrer Politik erfuhren darin mannigfache Veränderungen. Gerade in diesem Prozeß der Selbstorganisation manifestierte sich die ›Trennung der Gesellschaft vom Staat‹, die im vormärzlichen Liberalismus antizipiert und seit den 1850er Jahren realisiert wurde. Wegen der besonderen Verfassungslage im deutschen Konstitutionalismus errangen insbesondere die wirtschaftlichen Verbände während der Phase der Hochindustrialisierung einen Einfluß auf Politik und Gesellschaft, der jenen der politischen Parteien gelegentlich überstieg. Das gilt vor allem für Bauern- und Industrieverbände, nicht hingegen für die Arbeiterbewegung.
Mit der Industriellen Revolution entfaltete sich der Gegensatz zwischen der Unternehmer- und der Arbeiterklasse als der zentrale, auf das Beziehungsgefüge der gesamten Gesellschaft abstrahlende Konflikt. Es dauerte Jahrzehnte, bis der Streik als das angemessene Mittel anerkannt war, Konflikte auszutragen; selbst nach dieser formalrechtlichen Anerken-

nung sahen die Arbeiter die Mittel- und Oberschichten sowie Staat und Rechtswesen häufig noch auf der Seite des Klassengegners. Eine wesentliche, ebenfalls nur zögernd wahrgenommene Rolle wuchs dem Staat in der Schaffung von Instanzen zur Konfliktregulierung zu. Ein wichtiger Nebenzweck der in Deutschland seit den 1880er Jahren ausgebauten staatlichen Sozialpolitik war ebenfalls die Vermeidung von gesellschaftsgefährdenden Konfliktlagen. So wuchs dem Staat im Verlauf der Industrialisierung mit der Neuordnung und Verrechtlichung des Gefüges der Institutionen und dem Konfliktausgleich vorwiegend durch mittelbare Einflußnahme über die Wirtschafts-, Finanz- und Sozialpolitik eine Fülle neuer Aufgaben zu, deren Bewältigung sich auch in der gelegentlich mit Gesetzesrang formulierten Tendenz zur Ausweitung des Anteils der Staatsausgaben am Bruttosozialprodukt niederschlug.

Kultur der Industriegesellschaft

Die Industrialisierung hat die Beziehungen zwischen den Menschen auf eine neue Grundlage gestellt und in ihrer Beschaffenheit und ihrem Inhalt verändert. Sie hat darin eine neue Kultur, die Kultur der Industriegesellschaft, geschaffen, mit der nach einer Zwischenphase mit stark klassengesellschaftlichen Tendenzen (Entwicklung der Arbeiterkultur) ältere kulturelle Differenzierungen (Volkskultur, Adelskultur und bürgerliche Kultur) in den Hintergrund gedrängt wurden. Von der Forschung und allgemeinen Kulturkritik ist die Entwicklung der Kultur der modernen Industriegesellschaften gelegentlich mit negativen Wertakzenten (Massenkultur) etikettiert worden. Eine gewisse Kristallisation des Wert- und Normengefüges der modernen Industriegesellschaften um die Werte und Normen des Bürgertums ist unverkennbar, weshalb das 19. Jahrhundert mit gutem Recht als das ›bürgerliche Zeitalter‹ bezeichnet worden ist.

Es ist vor allem eine neue Befindlichkeit in Zeit und Raum, durch die sich die modernen Industriegesellschaften auszeichnen. Entgegen der überwiegend tages- und jahreszeitlichen Daseinsrhythmik im vorindustriellen Zeitalter hat die Industrialisierung den Rhythmus von Arbeitszeit und Freizeit, ein Kontinuum von Arbeitserfahrung im Lebenslauf und generationsspezifische Differenzierungen zwischen Kindern, Jugendlichen, Erwachsenen und Greisen ausgeprägt. Ehedem überwiegend oder ausschließlich eng begrenzte Erfahrungsräume sind durch die Entfaltung des Verkehrs- und Kommunikationswesens entgrenzt, ausgeweitet, vervielfältigt worden. Die Beziehungen der Menschen zueinander lösten sich aus den stärker herrschaftsbezogenen, autoritären Gefügen des Feudalsystems und ordneten sich auf einer tendenziell egalitären Grundlage neu; Autorität und Herrschaft legitimierten sich nicht länger durch Geburt und Tradition, sondern immer mehr durch Besitz, Leistung und

Funktion. Mit dem Wandel der Beziehungen akzentuierten und veränderten sich Bedeutungen; jene ›Sattelzeit‹ der mentalen Veränderungen etwa zwischen der Mitte des 18. und des 19. Jahrhunderts, in der die Begriffe neue Konturen gewannen, war eine Inkubationsphase des modernen wissenschaftlichen und politischen Denkens. Die zunehmende Bildung auch der unteren Gesellschaftsschichten und das immer wissenschaftlichere Denken haben die Selbstdefinition des Individuums in der Gesellschaft auf eine neue Grundlage gestellt. Dazu trug insbesondere auch die scheinbare Entgrenzung der Bedürfnisse infolge einer scheinbar unbegrenzten Angebotsvielfalt mindestens in den kapitalistisch industrialisierenden Staaten bei. Niemals zuvor dürften wirtschaftliche und gesellschaftliche Veränderungen, soweit sie nicht oder nicht überwiegend auf gezielten politischen Eingriff zurückgingen, die Befindlichkeit der Menschen in einem auch nur entfernt vergleichbaren Umfang und binnen eines vergleichbar kurzen Zeitraums so grundsätzlich beeinflußt haben.

Indessen scheint die bis in die jüngere Vergangenheit anhaltende, mit dem industriellen Wachstum besonders in bürgerlichen Kreisen verbundene Fortschrittseuphorie an Grenzen angelangt. Industrialisierungskritik ist keine neue Erscheinung; sie ist schon in den Anfängen der englischen Industrialisierung im Blick auf die Zerstörung der Umwelt formuliert worden. Mit der nunmehr weltumfassenden Entwicklung der Industrialisierung sind deren Grenzen allerdings möglicherweise klarer zu erkennen. Gerade diese Grenzen könnten eine alte Behauptung der Industrialisierungstheoretiker, wonach die Struktur der industriellen Gesellschaften unbeschadet ihrer politischen Verfassung langfristig konvergiert, auf eine neue Grundlage stellen. [K. Tenfelde]

Reformation

Reformation bezeichnet zunächst einen theologie- und frömmigkeitsgeschichtlichen Vorgang, dessen tiefgreifende soziale und politische Folgen schließlich dem Begriff die Qualität einer Epochenbezeichnung (Reformationszeitalter) gesichert haben. Insofern die Reformation ihren Ausgangspunkt in Mitteleuropa hat (Wittenberg, Zürich, Genf) und hier zunächst ihre größte Virulenz entfaltete, rückt das Reich (unter Einschluß der Eidgenossenschaft) zunächst in den Mittelpunkt des Interesses; erst durch die längerfristigen Folgen hat sich die Perspektive auch auf Westeuropa zu weiten.

Die Reformation ist – nicht nur, aber auch – die Antwort auf spätmittelalterliche Krisen, die in unterschiedlicher Schärfe in Europa nachzuweisen sind, in seiner Mitte (vor allem Süddeutschland, Schweiz, Österreich) aber eine besondere Zuspitzung erfuhren. Unter dem leitenden Begriff der ›reformatio‹ wurde bereits im 15. Jahrhundert über eine Reorganisation des Heiligen Römischen Reiches (und der Kirche) diskutiert, zumal tiefgreifende wirtschaftliche, soziale und politische Veränderungen die traditionellen Grundlagen des Reichsverbandes schwächten. Dazu gehörte die agrarische Depression, die alle von der landwirtschaftlichen Produktion abhängigen sozialen Gruppen (Bauern, niederer Adel, Klöster) wirtschaftlich schwächte und zu deutlichen Erosionserscheinungen der ständischen Ordnung führte. Im ländlichen Bereich lassen sich seitdem zahlreiche ›Bauernrevolten‹ ausmachen und eine (bis in die Zeit der Industrialisierung) nicht mehr erreichte Landflucht. Mit dem Aufstieg des Bürgertums und der Kapitalakkumulation in den Händen weniger Kaufmannsfamilien entstanden erste Formen eines frühen Kapitalismus (Bergbau, Textilsektor); diese Entwicklung kontrastierte mit der Verarmung, mindestens Schwächung der bislang politisch führenden Schicht des Adels, die zudem auch durch neue Kriegstechniken ihre Legitimität geschmälert sah. Für das lehensrechtlich-feudal organisierte Reich wirkte es sich negativ aus, daß im 14. und 15. Jahrhundert neue soziale und politische Organisationsformen in der Stadtgemeinde und der Landgemeinde ausgebildet und stabilisiert wurden, die in zunehmenden Gegensatz zur adlig-kirchlichen Herrschaft gerieten und tendenziell – wie die Geschichte der schweizerischen Eidgenossenschaft zeigt – republikanische Staatsformen favorisierten. In dieser wirtschaftlichen und sozialen Umbruchszeit konnten die Reichsfürsten ihre Ordnungsfunktion ausbauen und auf dem Weg zur ›Territorialstaatlichkeit‹ merkbare Erfolge verbuchen. Die krisenhaften Erscheinungen gerade im weltlichen Bereich als Voraussetzungen für die Reformation zu betonen, ist deswegen wichtig, weil deren führende Protagonisten, Luther, Zwingli und Calvin, nicht nur theologische Aussagen formuliert haben, sondern aus ihrer Theologie sowohl wirtschafts- und sozialethische als auch staatstheoretische Einsichten gewonnen haben und auf diese Weise auf die Krisenerscheinungen auch umfassend »antworteten«.

Theologie und Sozialethik der Reformatoren

Es kann heute als gesichert gelten, daß – bei zugegebenen Differenzierungen im einzelnen – die führenden Reformatoren im Kern dieselbe Theologie vertreten, vor allem, wenn man sie mit der Theologie der alten, römischen Kirche konfrontiert. Das erlaubt es, die Grundzüge der Theologie der Reformation an Luthers Lehre darzustellen, zumal er nach Tiefe und Weite der Argumentation alle übrigen Reformatoren übertrifft.

Für M. Luther (1483–1546) ist ein individualpsychologischer und ein berufsspezifischer Ausgangspunkt hervorzuheben: einerseits die Erfahrung der eigenen Sündhaftigkeit trotz strengster Einhaltung der mönchischen Gelübde und der Wirkungslosigkeit der von der Kirche in Form der Sakramente bereitgestellten Gnadenmittel; andererseits die tägliche Auseinandersetzung mit der Schrift, zu der er seit seinem Eintritt ins Kloster (1506) und verstärkt seit der Übernahme seiner Wittenberger Professur (1512) gehalten war.

Luthers persönliche Erfahrungen widersprachen den verbreiteten theologischen Grundpositionen der vorreformatorischen Zeit. W. Ockham hatte eine Gnadenlehre entwickelt, die auf die natürliche Fähigkeit des Menschen zur Liebe Gottes abhob: »Si homo facit quod in se est, Deus dat gratiam.« Dem stellte Luther seine eigene, bittere Erfahrung entgegen, daß das »facere quod in se est« nur Sünde hervorbringen könne. Nur Gottes Gerechtigkeit, die »iustitia Dei«, macht den Sünder gerecht, insofern der Sünder Gott recht gibt, insofern er glaubt. Die Erfahrung der Sündhaftigkeit und die Erfahrung des Gerechtfertigtseins sind miteinander versöhnt: Der Mensch ist »simul iustus et peccator«. Das Medium, um zum Glauben zu kommen, ist der logos, ist Christus, ist das geoffenbarte Wort Gottes in der Form des Evangeliums. Die Kategorien Gnade, Glaube und Schrift sind so untrennbar aufeinander bezogen: Sola gratia, sola fide, sola scriptura sind die Axiome, auf denen das weitere theologische Denken Luthers fußt.

Luthers Rechtfertigungslehre kollidierte mit der Rechtfertigungslehre der römischen Kirche. Sie nämlich vertrat die Heilsnotwendigkeit der von der Kirche durch geweihte Priester verwalteten und vermittelten Sakramente (Taufe, Firmung, Eucharistie, Buße, Krankensalbung, Ordo, Ehe). Damit wurde der alten Kirche eine wesentliche Stütze ihrer Legitimität entzogen. Der hohe Stellenwert, den das Evangelium in der reformatorischen Theologie durch das sola-scriptura-Prinzip erhielt, bedrohte die bestehende Kirche von einer zweiten Seite her elementar. Schrift und Tradition, d.h. Evangelium und Auslegung des Evangeliums durch die Kirche, galten im Katholizismus als untrennbare Einheit. Luther hingegen machte die Schrift wieder ›autonom‹ mit seiner Auffassung, sie sei »sui ipsius interpres«, sie erschließe ihren Sinn aus sich selbst.

Das sola-scriptura-Prinzip wurde – darauf ist nachdrücklich hinzuweisen – zum Code-Wort der reformatorischen Bewegung mit geradezu metaphorischer Bedeutung. Das ›Evangelium ohne menschlichen Zusatz‹, abgekürzt das ›reine Evangelium‹, schließlich das ›Evangelium‹ schlechthin war das verbale Feldzeichen, unter dem sich alle Reformationsanhänger zusammenscharten und an dem sie für ihre Gegner, die Altgläubigen, zu erkennen waren.

Naturgemäß mußte für die theoretisch zertrümmerte Kirche Ersatz geschaffen werden; Kirche mußte neu definiert werden. Die führenden Reformationstheologen haben schließlich eine im Kern ähnliche Ekklesiologie entwickelt; sie gründet in der Auffassung, daß die Gemeinde das Recht habe, den Pfarrer zu wählen und »zuschmecken und urteylen, was do recht oder unrecht im glauben were« (Luther). Ecclesia also ist zu übersetzen mit Gemeinde: Die Gemeinde wählt den Pfarrer, den Prediger; und die Gemeinde entscheidet über die richtige Lehre.

Verdeutlichen lassen sich die neuentwickelten Auffassungen in der graphischen Übersicht auf Seite 224.

Die Theologie der Reformatoren weist vergleichsweise einheitliche Züge auf. Unterschiede, und zwar fundamentale, ergeben sich aus ihren divergierenden Verständnissen von ›Evangelium‹ und deren Weiterungen in den ökonomischen, sozialen und politischen Bereich.

Luther hat, ausgehend von seiner Rechtfertigungslehre, in seiner Ethik zwei Positionen entwickelt, die besonders geschichtswirksam geworden sind: sein Berufsverständnis und sein Obrigkeitsverständnis. Der Appell der Bergpredigt zur Nächstenliebe läßt sich nach ihm in angemessener Weise nur durch die gewissenhafte Ausübung des Berufs verwirklichen; die Erfüllung der Berufspflicht wird der einzige Weg, Gott im Diesseits wohlzugefallen. »Diese sittliche Qualifizierung des weltlichen Berufslebens (war) eine der folgenschwersten Leistungen der Reformation und also speziell Luthers« (M. Weber).

Die Obrigkeit, das weltliche Regiment, ist geschichtlich gesehen eine Folge des Sündenfalls. Um die Schöpfung gegen das Böse im Menschen zu erhalten, müssen Gewaltverhältnisse im Diesseits installiert werden. Das erste rechtlich geordnete diesseitige Gewaltverhältnis ist das Hausregiment des Vaters. Die Familie wird zum Ursprung der Ökonomie und Politik, der die staatlichen Ordnungen als nachgebildet gedacht werden. Wenn die Obrigkeit gleichsam zum Vater wird, werden die Untertanen unter eine Gehorsamsforderung gestellt, wie sie seitens des Vaters gegenüber den Kindern besteht, d. h., der Untertanengehorsam wird gewissermaßen dem vierten Gebot unterworfen. Gehorsam wird aber auch als Akt der Nächstenliebe verstanden, woraus folgt, daß auch die Gläubigen, die eigentlich der weltlichen Gewalt nicht bedürfen, sich ihr zur Verfügung stellen. Luthers Obrigkeitsauffassung ist Bestandteil seiner Zwei-Reiche-Lehre, deren theologischer Kern darin besteht, daß das Evangelium nur im Reich ›zur Rechten‹ Gottes regiert; die weltlichen Ordnungen folgen ihrer eigenen Vernünftigkeit. Nichts wäre verkehrter, als dem Evangelium Gesetzescharakter zu unterstellen.

Stand Luther in einer augustinischen Tradition, so der Zürcher Reformator H. Zwingli (1484–1531) in einer humanistischen. Das Anliegen der Humanisten, die politischen Ordnungen durch Rückgriff auf die antiken

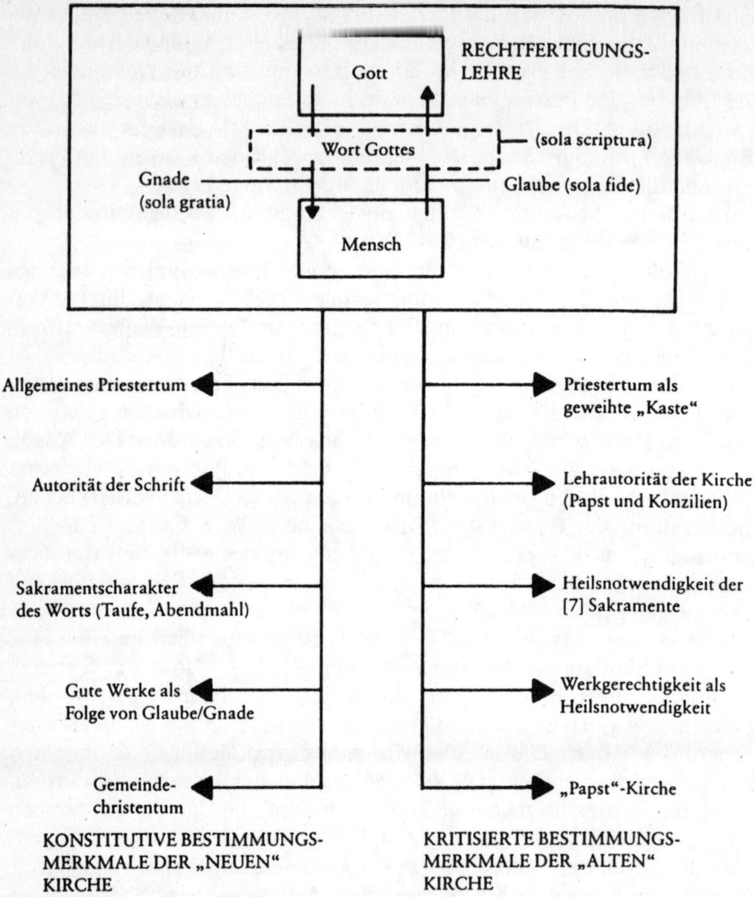

Luthers Rechtfertigungslehre und ihre Folgen
für das Kirchenverständnis

Staatstheorien zu bessern, hofften die ›christlichen Humanisten‹ Oberdeutschlands mittels eines gereinigten Christentums zu erreichen. Von daher war es naheliegend, den Gesetzescharakter des Evangeliums zu betonen. »›Glaube an das Evangelium‹ bedeutet bei Zwingli nicht nur ein persönliches Ergreifen der gnädigen Verheißung des ewigen Heils, sondern zugleich die Entscheidung für eine totale Wendung des sozialen und politischen Lebens« (G. Locher). Den Satz der Apostelgeschichte, »man muß Gott mehr gehorsam sein, als den Menschen«, interpretiert Zwingli dahingehend, daß die politischen Ordnungen auf Rechts- und Gesetzesgrundlagen fußen müssen, »die nit wider gott syind«. Die Tragweite dieses Satzes kann nicht nachdrücklich genug unterstrichen werden. Sind obrigkeitliche »gesatz(t) dem götlichen nit glychförmig«, mangelt ihnen die normative Verbindlichkeit. Daraus folgt, daß Zwingli auch ein Widerstandsrecht akzeptiert. Wo Obrigkeit sich weigert, eine christliche Obrigkeit zu sein, kann und muß dieses Recht praktiziert werden. In diesem Zusammenhang weicht Zwingli auch einer kritischen Auseinandersetzung mit den gängigen Staatsformen nicht aus und votiert schließlich für die Republik bzw. Aristokratie (nach dem Vorbild oberdeutscher Städte) als beste Staatsform.

J. Calvin (1509–1564) ist »in den Zentralpunkten des reformatorischen Bekennens« (Rechtfertigungslehre, Christologie, Ekklesiologie) »Luthers Schüler« (W. Nijenhuis); in seiner Staatslehre steht er Zwingli insofern näher, als er die Verwirklichung des göttlichen Gesetzes durch die Politik zu den »externa media ad salutem« rechnet, die Aristokratie als Regierungsform (u. U. mit breiterer Beteiligung bürgerlicher Selbstverwaltung) favorisiert und (in Umrissen) ein Widerstandsrecht akzeptiert. Was ihn von Luther und Zwingli unterscheidet, ist die stärkere Betonung der Prädestination und die Verpflichtung der Gemeindemitglieder für die Kirchenleitung. Presbyteriat (Kirchendisziplin) und Diakonat (Sozialfürsorge) sind neben dem Pastorat der Theologen gleichwertig und werden als kongenial dem Neuen Testament verstanden.

Rezeption der reformatorischen Theologie und Ethik

Die Reformatoren und ihre Anhänger konnten sich zur Verbreitung ihrer Ideen eines neugeschaffenen Instrumentariums bedienen: der Druckschrift, vornehmlich in Form der ›Flugschrift‹. Zwar blieben traditionelle Vermittlungsformen wie Predigt, Schauspiel, Lied, Gespräch u. a. erhalten und dürfen nicht unterschätzt werden (R. Scribner), doch zeigen jüngste Forschungen die überragende Bedeutung der Druckschriften (H.-J. Köhler). 10000 Flugschriften-Ausgaben dürften zwischen 1501 und 1530 erschienen sein, davon 74 Prozent allein zwischen 1520 und 1526. Unter den thematischen Schwerpunkten stehen ›Theologie und

Kirche‹ mit 98 Prozent eindeutig an der Spitze, und d. h., da Theologie und Reformation in dieser Zeit untrennbar sind, daß sich nahezu alle Flugschriften mit den Thesen der Reformatoren (mehrheitlich zustimmend) auseinandersetzen. Korreliert man die Zahl der deutschsprachigen Flugschriften mit der Bevölkerungszahl im Reich, so ergibt sich, daß (je nach Berechnungsmodalitäten) drei bis fünf Flugschriften auf einen Haushalt kommen.

Anhänger der Reformatoren waren zunächst verschiedene Ordensgeistliche, die Prädikanten in den Städten und die beiden nahestehenden Humanisten, was teilweise erklärt, daß Städte wie Erfurt, Straßburg, Nürnberg, Augsburg, Basel und Zürich zu frühreformatorischen Zentren werden. Um 1523 läßt sich in der Fehde Franz von Sickingens gegen den Kurfürsten von Trier ein Interesse des niederen Adels (in der Pfalz und Frankens) an Luther erkennen, eine soziale Massenbewegung wird die Reformation allerdings erst durch den breiten Nachhall, den die Reformatoren in der städtischen und ländlichen Gesellschaft fanden. Immer waren die Optionen der Bürger und Bauern für die Reformation mit Unruhen verbunden, weil die Obrigkeiten zunächst die Ausbreitung der neuen Lehre verhinderten oder verzögerten. Die Zahl der innerstädtischen Aufstände pro Jahr steigt von 16 im Jahr 1521 auf 50 im Jahr 1525, auf dem Land kulminiert der soziale, durch die Reformationstheologie ideologisch gestärkte Protest in der ›Revolution von 1525‹ (Bauernkrieg). Vor 1525 ist die Reformationsbewegung fast nirgends eine obrigkeitliche Bewegung, sondern kommt von unten. »Der gemeine Mann ist der Patron der Reformation« in den Städten (H. R. Schmidt), und der Bauer ist es in den weltlichen und geistlichen Fürstentümern. Vorreformatorische Kirchenkritik und latenter Antiklerikalismus bilden gewiß eine wichtige Voraussetzung für den Rezeptionsvorgang, entscheidender freilich dürfte sein, daß die Reformatoren den Bürgern und Bauern ein besonders attraktives theologisch-ethisches Angebot für ihre eigenen Bedürfnisse unterbreitet hatten, indem sie die Kirche auf die Gemeinde gründeten (alle Reformatoren) und die normative Verbindlichkeit der Schrift für den innerweltlichen Bereich propagierten (Zwingli u. a.). Was Bürger und Bauern gleichermaßen fordern, ist die Pfarrerwahl durch die Gemeinde, die Entscheidungsbefugnis der Gemeinde über die richtige Lehre und (vor allem die ländliche Gesellschaft) die Verwirklichung des ›göttlichen Rechts‹ als positivrechtliche Materialisierung des Evangeliums.

Bauern und Bürger haben das Angebot der Reformatoren gewissermaßen durch ihre Lebenswirklichkeit gefiltert, die in erheblichem Maße durch die Stadt- und Dorfgemeinde bestimmt war, wo die politischen Ämter im Prinzip durch Wahl vergeben und weitreichende politische Entscheidungen (Stadtrecht, Dorfsatzung) von der Gemeinde gebilligt wer-

den mußten. In der Gemeinde fokussiert die frühe reformatorische Bewegung (vor 1525), so daß man für Mitteleuropa diese frühe Phase als ›Gemeindereformation‹ bezeichnen könnte.
Es ist wichtig, die revolutionären, zumindest systemsprengenden Kräfte des Rezeptionsvorgangs von Reformation zu betonen, weil anders die Haltung, die schließlich die Obrigkeiten zur Reformation einnahmen, nicht hinreichend verständlich gemacht werden kann.
Die Reformation den Gemeinden zu überlassen, bedeutete – wie Stadtunruhen und Bauernkrieg gelehrt hatten – eine Bedrohung der fürstlichen Herrschaft. Aber schiere Repression der reformatorischen Bewegung schien zu gefährlich, sie konnte eine neue »Empörung des gemeinen Mannes« auslösen (R. Wohlfeil). Motivierend wirkte für die Fürsten sicher (von ihren schwer meßbaren Glaubensüberzeugungen abgesehen) auch der Gewinn für den Territorialstaat, der sich aus der Reformation ziehen ließ. Das nämlich hieß: Säkularisierung der Klöster, womit sich das fürstliche Domanium erheblich erweiterte, und Übernahme episkopaler Rechte, vornehmlich der Kompetenzen des geistlichen Gerichts, womit die Rechtseinheit des Territoriums gefördert wurde.
Seit 1525 gewann die Reformation durch die Unterstützung der Fürsten schrittweise an Terrain. Der Deutschordens-Staat, das Kurfürstentum Sachsen, die Landgrafschaft Hessen, die Markgrafschaft Brandenburg-Ansbach und das Herzogtum Braunschweig-Lüneburg wandten sich zuerst der Reformation zu, gefolgt von der Markgrafschaft Brandenburg, dem Herzogtum Sachsen und vielen anderen kleineren weltlichen Fürstentümern. Mit Visitationen, an denen Theologen und fürstliche Beamte gleichermaßen mitwirkten, wurden die reformatorischen Ziele in den Pfarreien durchgesetzt; Kirchenordnungen gaben dem neuen Kultus innerhalb eines Territoriums ein einheitliches Gepräge. Aus der Symbiose zwischen Staat und Kirche entwickelte sich »überall wieder eine kirchliche Hierarchie«, und die neugeschaffenen Kirchenbehörden »gaben dem ganzen Kirchenwesen einen beamtenhaften und bürokratischen Zug« (B. Moeller). Das gilt nicht nur für das Luthertum, sondern mit Einschränkungen auch für den Zwinglianismus. Die Reaktion der Bürger und Bauern auf dieses erneute ›Staatskirchentum‹ war, soweit nicht schiere Resignation die ursprüngliche Euphorie ablöste, das Täufertum, das auf dem Prinzip der bewußten, freiwilligen Entscheidung für den Glauben (Erwachsenentaufe) beharrte und sich als verfolgte Gemeinde in der Nachfolge Christi definierte. Allein die Täufer tragen das ›Gemeindechristentum‹ in die Neuzeit.
Die Optionen der deutschen Fürsten für die Reformation waren in Wahrheit ein Votum für Luther. Andere protestantische Denominationen, wie sie von den oberdeutschen Reformatoren in Zürich und Straßburg ent-

wickelt worden waren, kamen auf dem entscheidenden Augsburger Reichstag von 1530 nicht einmal mehr zur Sprache. Verhandelt wurde lediglich über die ›Confessio Augustana‹, die Bekenntnisschrift der Lutheraner. Zwischen ihnen und den katholisch gebliebenen Fürsten, den österreichischen Habsburgern, den bayerischen Wittelsbachern und den geistlichen Reichsfürsten, mußte der konfessionelle Konflikt ausgetragen werden. Die eindeutig pro-katholische Haltung Kaiser Karls V. führte zum Zusammenschluß der ›evangelischen‹ Reichsstände im Schmalkaldischen Bund (1531), der schließlich unvermeidliche Konflikt entlud sich im Schmalkaldischen Krieg (1546/47), dem ein politischer Religionsfriede (1555) folgte. In der Kurzformel ›cuius regio eius religio‹ kommt prägnant zum Ausdruck, daß der Fürst das Bekenntnis seiner Untertanen bestimmt. Nicht religiöse Toleranz führte zur Gleichberechtigung von Katholiken und ›Augsburgischen Religionsverwandten‹ im Reich – alle anderen Bekenntnisse fielen nicht unter die Friedensbestimmungen –, sondern die politische Vernunft unter Respektierung der gegebenen Machtverhältnisse.

Zwar hatte die Reformation ihren Ausgang in Mitteleuropa genommen, aber sie erfaßte bald große Teile Europas. In Skandinavien (Schweden, Dänemark) wurde die Reformation zunächst von der Monarchie getragen und brachte ihr einen ähnlichen Machtzugewinn wie den protestantischen Fürsten im Reich. Verfassungsrechtlich vollzog sich die Ablösung von Rom und die Ausbildung von Nationalkirchen durch Reichstagsbeschlüsse in den späten 1520er Jahren; doch in der breiten Bevölkerung stieß die Reformation ›von oben‹ zunächst kaum auf Resonanz.

Die Modalitäten der Nationalisierung der Kirche sind in England ähnlich wie in Skandinavien. Mit Hilfe des Parlaments erreichte Heinrich VIII. zwischen 1532 und 1534 die Loslösung von Rom und seine Anerkennung als ›supreme head of the Church of England‹; eine breitere Verankerung in der Bevölkerung fehlte dem ›Anglikanismus‹. Es ist nicht ohne Erkenntniswert, daß im Reich Aufstände zur Durchsetzung der Reformation geführt wurden, in England hingegen, um sie zu verhindern (vor allem 1549). In der Liturgie bewahrte die Anglikanische Kirche weitgehend katholische Formen; doch losgelöst von Rom bildete sie ein brauchbares Gehäuse, um allmählich einer tiefergreifenden theologischen Neuorientierung Platz zu bieten. Seit der Mitte des 16. Jahrhunderts dringt calvinisches und zwinglianisches Gedankengut in die englische Nationalkirche ein, das alsbald eine breitere soziale Basis gewinnt und schließlich im Puritanismus seine revolutionäre Kraft entfaltet (Cromwell).

Nicht nur England, sondern auch Frankreich öffnet sich dem Calvinismus. Hier hat der reformatorische Prozeß zu tiefen sozialen Erschütterungen geführt. Seit 1547 setzten massive Verfolgungen der ›Hugenotten‹

ein, die in große Religionskriege mündeten und erst durch das Edikt von Nantes (1589) beigelegt wurden. Anders als in Mittel- und Nordeuropa waren in Frankreich vor allem der Adel und die Städte die Träger der Reformation; als eine Bewegung von erheblicher sozialer Breite hat sie zeitweise nahezu ein Drittel Frankreichs für den Calvinismus gewinnen können.

Wirkungsgeschichte

In den historischen Wissenschaften ist unbestritten, daß man von einer »Weltwirkung der Reformation« (G. Ritter) sprechen kann und muß. Worin sie besteht, ist allerdings äußerst umstritten. Zweifellos sind der Freiheitskampf der Niederlande, die englische Revolution unter Cromwell, der Dreißigjährige Krieg als Konflikt europäischen Ausmaßes ohne Reformation nicht zu denken, wenn auch nicht allein auf sie zurückzuführen. Umstritten allerdings ist, inwieweit die aus der Reformation hervorgegangenen Konfessionen mentalitätsprägend bis in die Moderne gewirkt haben.

Im Zentrum der Diskussion über die Wirkungen des Luthertums steht meist die sog. ›Zwei-Reiche-Lehre‹. Kritische Theologen des 20. Jahrhunderts haben vor dem Hintergrund der Erfahrungen des Nationalsozialismus behauptet, die Deutschen litten »an der Erbschaft des größten christlichen Deutschen: an dem Irrtum M. Luthers hinsichtlich des Verhältnisses von Gesetz und Evangelium, von weltlicher und geistlicher Macht« (K. Barth). Weitgehenden Konsens wird man darüber erzielen können, daß Luthers Obrigkeitslehre mentalitätsprägend geworden ist und damit für die Formen der politischen Kultur in Deutschland mitverantwortlich. Seit der Reformation und durch Luther gewinnt der Territorialstaat mit dem Gemeinnutz (Gemeinwohl) eine neue Legitimität, die über die bisherigen Staatszwecke Friedewahrung und Rechtssicherung hinausweist. Insofern Luther die Untertanen den Kindern parallelisiert hatte, wurden sie als Bürger aus dem politischen Leben ausgeschlossen, wohingegen Obrigkeit sich der politischen Kontrolle durch verfassungsmäßige Organe mehr und mehr entziehen konnte; damit definierte der Fürst (und seine Beamten) das Gemeinwohl seiner Untertanen. Die durch das Gemeinwohl legitimierte Verwaltung zielt letztlich auf den modernen Sozialstaat. »Hier liegt der eigentümliche Beitrag Deutschlands zum modernen Staatsgedanken« (H. Maier).

Der Modernisierungseffekt des Calvinismus wird im allgemeinen höher eingeschätzt als der des Luthertums, vor allem seit M. Weber seine ›Kapitalismus-Calvinismus-These‹ entwickelt hat. Trotz vielfachen Widerspruchs besticht sie noch heute als synthetische Leistung und dient als heuristische Hilfe für umfassendere Erklärungskonzepte. Weber ging von der Beobachtung aus, daß sich der Kapitalismus in jenen Ländern besonders wirksam entfaltete, in denen sich der ›asketische Protestantismus‹ etabliert hatte. Kapitalistisches Verhalten (und Arbeitermentalität) werden von ihm als Verinnerlichung theologischer Positionen und ethischer Normen verstanden: Die Prädestinationslehre Calvins war für gläubige Menschen unerträglich; man konnte nicht mit dem Bewußtsein leben, möglicherweise von Gott verdammt zu sein. Die Seelsorger (vor allem im Puritanismus) fanden einen pastoralen Ausweg aus diesem Dilemma. Weil die Welt nur der Verherrlichung Gottes zu dienen hat, ist der Mensch zum strengen Vollzug der Gebote Gottes verpflichtet. Das heißt zuallererst Nächstenliebe, die sich im Calvinismus im Beruf konkretisiert. Gewissenhafte Berufserfüllung, was in concreto nur beruflicher Erfolg heißen konnte, ist zwar irrelevant für das Heil, aber möglicherweise ein Zeichen der Erwählung. Kapitalistisch ausgeformt werden konnte dieses Berufsethos durch die calvinische Forderung nach strenger Askese. Sie und die Nächstenliebe verboten den Konsum der Früchte der Arbeit. Damit konnte der Gewinn sinnvoll gar nicht anders angelegt werden als im eigenen Betrieb.

Umstritten ist schließlich auch die gelegentlich sehr hoch eingeschätzte Bedeutung des Täufertums. Den Täufern sind angesichts ihrer Gemeindeverfassung ausgeprägte Gleichheitsvorstellungen eigen, die bis zur Gütergemeinschaft gehen konnten. Durch den freikirchlichen Charakter der Täufergemeinden konnten sich auch Freiheitsvorstellungen besonders gut behaupten. Die in die ›neue‹ Welt vertriebenen oder geflüchteten Täufer seien, so eine kontrovers diskutierte Position eines führenden Religionssoziologen, wichtig für die Entwicklung der Menschenrechte geworden (E. Troeltsch). [P. Blickle]

Religion, Kirche

Strukturen der Religion

Die Beschäftigung mit dem Phänomen ›Religion‹ steht in der Spannung von gelebter Religion und seiner wissenschaftlich objektivierenden Beschreibung. Ein allgemein anerkannter Begriff der Religion existiert nicht. Die Vielfalt prinzipiell unabschließbarer Definitionen ist Bestandteil der Wirklichkeit von Religion selbst. Die Pluralität begrifflicher Beschreibungen geht auf unterschiedliche Betrachtungsperspektiven zurück (anthropologisch, historisch, soziologisch, philosophisch, theologisch), außerdem auf die hermeneutischen Herausforderungen, die in den konkreten Religionen beschlossen liegen, vor allem aber auf das Bestimmt-Unbestimmte aller religiösen Phänomene, deren Transzendenzcharakter unerschwinglich bleibt. Generell lassen sich inhaltsbezogene (intentionale/substantielle) und wirkungsbezogene (funktionale) Definitionen unterscheiden. Die intentionalen/substantiellen Definitionen sind gerichtet auf religiöse (Bewußtseins-)Inhalte (das Heilige, Gott, numinose Mächte usf.), die funktionalen Definitionen – sie bilden im religionswissenschaftlichen Gespräch der Gegenwart den Schwerpunkt – auf deren Funktionen für Individuen, Gruppen, Gesellschaften. Mitunter gilt Religion als Integral von Kultur und Gesellschaft schlechthin.

Aus theoretischen und praktischen Gründen klassifiziert die Religionswissenschaft Stammesreligionen, Volksreligionen und Universal- bzw. Weltreligionen. Die Übergänge zwischen Stammes- und Volksreligionen, aber auch zwischen Volks- und Weltreligionen sind fließend und nicht in jedem Fall eindeutig festzulegen. Die Religionen der Menschheit der Zivilisationsgeschichte in aufsteigender Linie zuzuordnen, hat mancherlei Gründe für sich, stößt aber in der modernen Religionswissenschaft weithin auf Ablehnung. Verfahren dieser Art tragen sachfremde Wertmaßstäbe (Evolutionsbegriff) in die Religionen ein. Außerdem vermögen evolutionäre Modelle den diachronen Elementen in den Religionen nicht hinreichend Rechnung zu tragen. Auch in den Universalreligionen (Hinduismus, Buddhismus, Judentum, Christentum, Islam) sind Momente längst untergegangener Stammes- und Volksreligionen auszumachen. Andererseits leben Stammes- und Volksreligionen (Japan) neben den Weltreligionen ungebrochen fort. Zivilisationsgeschichtliche Ungleichzeitigkeiten mittlerer Reichweite prägen sich zudem im permanenten Mit- und Gegeneinander von Tradition und Innovation in den Weltreligionen aus.

Mit den geschichtlichen Phänomenen teilen die Religionen die Eigenart des Unwiederholbar-Individuellen. Allenfalls sind Analogien denkbar. Das Individuelle tritt in den Systematisierungen der Religionswissenschaft weniger stark hervor als in der Disziplin Religionsgeschichte, die Werden und Entwicklung der Religionen erforscht. Der synchrone Vergleich von Religionen erfolgt durch die religionsphänomenologische Methode. Die Religionssoziologie widmet sich den nachgerade unabsehbaren Verflechtungen der Religion in die menschliche Lebenswelt, die Religionspsychologie hingegen untersucht das religiöse Erleben selbst.

Besondere historische und aktuelle Aufmerksamkeit beansprucht das Christentum. Nach dem Urteil A. v. Harnacks (1851–1930) besitzt es im Vergleich mit anderen Weltreligionen eine gesteigerte Konsumptions-, Assimilations- und Produktionskraft und somit hohe Potentiale an Wirklichkeitsveränderung. Sie sind der Geschichte in tiefen und unauslöschlichen Spuren eingezeichnet. Als Begriff wurde Christentum (griech. »Christianismos«) erstmals von Ignatius von Antiochien († 111/113) zur

Kennzeichnung der unterschiedlichen Glaubensnormen und Lebenshaltungen von Christen und Juden gebraucht. Versuche, die Eigenart, das Wesen, das Prinzip des Christentums zu beschreiben oder auch spekulativ zu entwickeln, sind Legion und besonders im Zeitalter der Aufklärung und des Deutschen Idealismus anzutreffen. Die berühmteste Definition stammt von F. Schleiermacher: »Das Christentum ist eine eigentümliche Gestaltung der Frömmigkeit in ihrer teleologischen Richtung, welche Gestaltung sich dadurch von allen anderen unterscheidet, daß alles einzelne in ihr bezogen wird auf das Bewußtsein der Erlösung durch die Person Jesu von Nazareth.« Definitionen des Christentums unterliegen ähnlichen Ambivalenzen wie sonstige begriffliche Bestimmungen der Religionen. Sie sind notwendig, enthüllen aber vor der Wirklichkeit, die sich selbst zu Idee und Begriff wird, schnell ihren spezifischen Charakter.

Geschichtliche Entwicklung der christlichen Kirche

Das Christentum im antiken Kulturkreis. Entstanden ist das Christentum auf dem Boden des Judentums. Die ersten Christen waren Juden, die sich von ihren Volksgenossen durch den Glauben an Jesus von Nazareth als den von Israel erwarteten Messias unterschieden. Geographisches Ursprungsgebiet des neuen Glaubens war das ›jüdische Land‹ (Mt 2,1), seit der Eroberung Jerusalems durch Pompeius im Jahr 63 v. Chr. ein römischer Klientelstaat im östlichen Grenzbereich des Imperium Romanum. Zu Jesu Lebzeiten war Judäa eine prokuratorische Provinz mit mehrfach wechselnden Statthaltern (26–36/37 n. Chr. Pontius Pilatus). Das Selbstbewußtsein der ersten Christen fußte auf der Anschauung ungebrochener Kontinuität mit den religiösen Traditionen Israels. In seinen Anfängen erschien das Christentum als eine weitere Gruppierung im Judentum, als Ausdruck der Vielfalt religiösen Lebens in diesem Volk. Im Gemisch der Völker und Religionen des Römischen Weltreichs wurde es vorerst nur sehr undeutlich wahrgenommen. Es lebte im Schatten des Judentums, das den Status der religio licita (›erlaubte Religion‹) besaß. Erste Anhänger gewann der neue Glaube in verschiedenen Gruppen des heterogenen Judentums in Jerusalem (›Urgemeinde‹), in Judäa und Galiläa. Seine Wirkung auf das jüdische Volk scheint nicht unbeträchtlich gewesen zu sein. Andererseits stellten sich den Jesusgläubigen erhebliche Widerstände in den Weg. Die jüdische Führungsschicht, auf eine Politik des Ausgleichs mit Rom und einen konservativen religiösen Kurs bedacht, konnte kein neues Beunruhigungspotential gebrauchen.

Der Schritt vom Judentum zum Heidentum vollzog sich rasch, zunächst in Richtung Norden nach Damaskus und Antiochien, wo die Bezeichnung ›Christen‹ aufkam. Die auf das Heidentum gerichtete Mission löste einen tiefgreifenden Konflikt unter den Christen über die fortdauernde Geltung des mosaischen Gesetzes aus. Er endete mit der Anerkennung der Gleichberechtigung des Heidenchristentums, eine Leistung des Heidenapostels Paulus aus der kilikischen Diaspora, deren weltgeschichtliche Folgen schwerlich überschätzt werden können. Sie stellte eine Weichenstellung für die Universalisierung des christlichen Glaubens dar, der sich fortan im Imperium von Osten nach Westen ausbreitete und schon vor Paulus auch die Reichshauptstadt Rom erreichte. Bestimmend waren von Anbeginn Vielfalt und Vielgliedrigkeit des christlichen Zeugnisses. Gerade im Verhältnis zwischen Judenchristen und Heidenchristen tritt diese Tatsache hervor. Normative Abgrenzungen eines einheitlichen Ursprungs von späteren Entwicklungen sind nicht möglich und werden durch die Pluriformität der Überlieferungen des Neuen Testaments widerlegt.

Nach der Zerstörung Jerusalems durch Titus (70 n. Chr.) und seiner Umgestaltung zur hellenistischen Stadt mit Jupitertempel (Colonia Aelia Capitolina) als Folge des Bar-Kochba-Aufstandes (132–135) waren religiös und politisch erhebliche Veränderungen in Palästina eingetreten. Seit dieser Zeit versank das Judenchristentum allmählich und lebte nur noch im Winkel der Geschichte fort. Aber die Bedeutung des Judentums für das Christentum war mit diesem Vorgang weder innerlich noch äußerlich abgegolten. Bei seiner Ausbreitung über das Imperium schritt das Christentum vielfach auf den vom Judentum der außerpalästinensischen Diaspora gebahnten Wegen entlang. Ein Zentrum der jüdischen Diaspora wie Alexandria wurde alsbald auch ein Zentrum des Christentums. Die imponierende Präsenz des Judentums im Römischen Weltreich – in der Regierungszeit des Tiberius (14–37 n. Chr.) rechnete man mit einem jüdischen Bevölkerungsanteil von sieben bis acht Prozent –, besaß unmittelbare christentumsgeschichtliche Bedeutung. Die Synagogen der Diaspora bildeten Anlaufstellen und Keimzellen für die Kirche, besonders im Hinblick auf die locker mit den Synagogen verbundenen nichtjüdischen ›Seboumenoi‹ (Gottesfürchtige).

Macht und zivilisatorischer Einfluß des Imperium Romanum waren in der Entstehungs- und Ausbreitungsphase des Christentums auf den Mittelmeerring konzentriert. Analog dazu bildete der mittelmeerische Raum auch den Kernbereich des antiken Christentums. Seine missionarischen Möglichkeiten standen im konkordanten Verhältnis zu den Herrschafts- und Kolonisationsstrukturen des Reichs mit den Städten als Knotenpunkten der Verwaltung, Wirtschaft und Kultur. Von großem Belang war die Pax Romana, eine unter dem Prinzipat des Augustus († 14 n. Chr.) eingeleitete Zeit der politischen und militärischen Befriedung. Das Zusammentreffen der Pax Romana mit dem Friedenszeugnis des Evangeliums galt unter den Christen als Werk der lenkenden Hand Gottes. Die Geschichte der Ausbreitung des Christentums im Römischen Reich ist die Geschichte der von manchen Rückschlägen begleiteten, gleichwohl unaufhaltsamen Christianisierung der mittelmeerisch-antiken Welt. Umgekehrt ist sie die Geschichte der Hellenisierung und Romanisierung des Christentums. Sprachgeographisch und kulturgeschichtlich wurde das Christentum durch den bereits in der ersten Kaiserzeit spürbaren Dualismus von griechischer und lateinischer Reichshälfte mitgeprägt, daneben auch vom syrischen Sprachkreis. Die spätere Trennung von Ost- und Westkirche war im kulturellen Unterboden des Imperiums schon vorgezeichnet.

Die Christen verstanden sich als ekklesia. Außerhalb des neutestamentlichen Sprachgebrauchs bezeichnete der Begriff die Versammlung der stimmberechtigten Bürger einer Gemeinde. Im christlichen Sinn meinte ›ekklesia‹ die Gesamtheit der Gläubigen, die Jesus als den Christus, als ihren Erlöser und Herrn anerkannten (Acta 2,47; Mt 16,16ff.): Im römisch-katholischen Verständnis gilt die ekklesia (Kirche) als von Jesus Christus eingesetzte Stiftung, alle seitherige Entwicklung als Entfaltung des einmal gelegten Keims der einen, unwandelbaren Kirche. Der Übergang des Christentums zur ›frühkatholischen Kirche‹ im 2. Jahrhundert samt den institutionellen, theologischen und lebenspraktischen Verfestigungen, die dieser Prozeß mit sich brachte, wird hier nicht als Problem empfunden. Hingegen neigte die protestantische Geschichtsschreibung lange Zeit dazu, den Übergang als Denaturierung des Ursprünglichen zu verstehen, ein Urteil, das gewiß auch durch wechselseitige konfessionspolitische Polemik im 19. Jahrhundert verfestigt wurde. Jenseits solcher Kontroversen ist festzuhalten, daß sich einer universalistischen Religion, die über alle ethnischen und nationalen Schranken hinwegstrebte, eine institutionelle Ausgestaltung mit Anlehnung an die politischen, rechtlichen und verwaltungstechnischen Strukturen des Imperiums nachgerade anbot. Verwaltungsgliederung der Städte und Provinzen und Struktur des Reichs spiegelten sich in den alsbald von Bischöfen geleiteten Gemeinden und in den Metropolitanverbänden ebenso wie im Vorrang des Bischofs von Rom (zunächst nur Ehrenprimat, seit Leo I. [440–461] dann ausdrückliche Beanspruchung der ›cura totius ecclesiae‹). Seine geistige Formung hat das antike Christentum in Assimilation und Konfrontation mit der Umwelt erhalten. Wichtigstes Kommunikationsmittel war das Koiné-Griechisch, die lingua franca der alten Welt. Gemeindepredigt, Liturgie und Schriften der Christen bedienten sich der Koiné. Mit der Sprache gingen griechische Kultur und Philosophie auf das Christentum über. Die Kirche geriet damit in ein Spannungsfeld von außerordentlicher Bedeutung für die Zukunft. Seine größte Dynamik entfaltete der Hellenisierungsprozeß während des 2./3. Jahrhunderts. Die frühen Schriftsteller der Kirche nahmen in steigender Intensität und Präzision den philosophisch-religiösen Denkbestand des Hellenismus auf, um den christlichen Glauben in allgemein kommunikationsfähige Formen zu gießen und die Botschaft vom Gekreuzigten und Auferstandenen als Lösung aller existentiellen und kosmischen Welträtsel darzustellen. Angefangen hat diese Bewegung, die den Glauben der Christen zu einem Gebilde von hoher Komplexität emporwachsen ließ, bereits in den Schriften des Neuen Testaments. Im 2. Jahrhundert waren es vor allem die Apologeten (Justin der Märtyrer, Athenagoras u. a.), die sich bei der öffentlichen Darstellung des Christentums im Horizont der griechischen Bildungswelt bewegten, etwa in der Verschmelzung von naturphilosophischem Gottesverständnis mit dem biblischen Gottesglauben. Justin knüpfte an die platonische Ideenlehre zur Verdeutlichung des alttestamentlichen Schöpfungsgedankens an. In der Anthropologie erfolgte die Aufnahme der Vorstellung von der Unsterblichkeit der Seele. Der lateinische Apologet Tertullian von Karthago († nach 220), dessen umfangreiches Schrifttum zugleich der frühkatholischen Theologie angehört, schuf mit der Lehre von der ›anima naturaliter christiana‹ die Grundlage für eine natürliche Theologie. Durch Tertullian erhielt das Christentum in Verarbeitung der Stoa eine stark ethische Prägung. Die erste zusammenfassende christliche Ethik schrieb Ambrosius von Mailand (De officiis ministrorum; nach 386). Am tiefsten eingewirkt auf das antike Christentum hat der Neuplatonismus. Sein Zentrum Alexandria war zugleich Mittelpunkt einer durch Clemens Alexandrinus († nach 215) und Origenes († 253/254) repräsentierten Form frühkatholischer Theologie (Alexandrinische Schule; im 4. Jahrhundert bedeutendster Vertreter der orthodoxe Athanasius). Clemens begriff die Menschheitsgeschichte als allmähliche Entfaltung der einen geistigen Urwahrheit. Das Christentum wird zur Lehre von der Schöpfung, Erziehung und Vollendung des Menschengeschlechts durch den Logos. Der Logos ist das Weltgesetz, der Lehrer, oder in Christus der durch heilige Weihen in die Erkenntnis einführende Hierurg (›Protreptikos‹; ›Stromateis‹). Origenes gliederte den Kosmos unter dem beherrschenden Gegensatz von Gott und dem Geschaffenen, das sich wiederum in die Welt der Ideen und der materiellen Erscheinungen zerlegt. Das Geistige gehört einerseits als Wesensentfaltung Gottes zu Gott, andererseits steht es als Geschaffenes Gott gegenüber. In dieser Amphibolie des Geistigen ruht auch der aus der ewigen Zeugung des Vaters hervorgegangene Christus. Abgehoben vom Geschaffenen und substantiell in Gott gestellt ist er durch die Vorstellung, er sei die präexistente Stufe des Übergangs von dem Einen zu dem Vielen (›Peri Archon‹; lat. ›De principiis‹). Es wäre falsch, die Entwicklung des Christentums allein aus den anspruchsvollen Produkten seiner Hochtheologie und der leitenden Kir-

cheninstitutionen zu verstehen. Das apokryphe christliche Schrifttum des 2.–4. Jahrhunderts (z. B. Thomasakten; Kindheitsevangelien) spiegelt zugleich eine rege Volksfrömmigkeit. Ihre religiösen Trägerschichten bleiben leider fast völlig im dunkeln. Die bruchstückhafte Quellenlage gestattet lediglich Vermutungen über das Verhältnis von Volksfrömmigkeit und Kirche. Partiell hat die frühkatholische Kirche Elemente aus der Welt der christlichen und außerchristlichen Volksfrömmigkeit, der Mantiker, Charismatiker, Astrologen in sich aufgenommen, beispielsweise den Exorzismus, der in der Taufliturgie seinen Platz fand. Eine bedeutende Rolle bei der weiteren Ausprägung des Christentums spielte die Begegnung mit der synkretistischen Religionswelt der Gnosis (Erkenntnis). Die Gnosis, unmittelbar vor oder gleichzeitig mit dem Christentum entstanden, beanspruchte ein besonderes Wissen über die verlorene Lage des Menschen im Irdischen und über die Wege zu seiner Rettung. Sie beeindruckte durch farbige Mythopoesie auf dem Fundament eines dualistischen Weltbildes (Licht und Finsternis/Geist und Materie) sowie gedankliche und lebenspraktische Gliederung ihrer Erlösungsvorstellungen. Die hellenistisch-christlichen Gnostiker bauten Jesus Christus in den Erlösungsweg ein (Hauptvertreter in Ägypten Basilides, in Rom Valentinus). Das Christentum ist von der Gnosis trotz aller gegen sie aufgebotenen geistigen Energien der Ketzerbestreiter (Hegesipp, Irenäus von Lyon, Tertullian) nicht unbeeinflußt geblieben. Die Ausprägung der fundamenta fidei im kirchlichen Amt, der Glaubensregel und im Kanon des Neuen Testaments (ältestes Kanon-Verzeichnis ›Canon Muratori‹ ±200) wurde im antignostischen Kampf beschleunigt.
In politisch-sozialer Hinsicht war die Lage des Christentums im Römischen Reich bis zum Toleranzedikt des Galerius 311 und der Vereinbarung zwischen Konstantin und Licinius (Zirkularschreiben des Licinius ›De restituenda ecclesia‹ vom 13. 6. 313) durch Unsicherheit und Verfolgung gekennzeichnet. Obwohl die Zahl der Opfer vergleichsweise gering war, haben märtyrertheologische Perspektiven (Tertullian: »semen est sanguis christianorum«) in Verbindung mit geschichtstheologischen Gedanken Theologie und Struktur der Kirche tief beeinflußt. Euseb von Cäsarea (265–339) deutete die Christenverfolgungen im Rahmen der providentia dei, ihr Ende als glorreichen Sieg der Kirche (»Historia Ekklesiastike«). Sowohl die Verfolgung der Christen als auch der Übergang zur Kooperation von Staat und Kirche unter Kaiser Konstantin und seinen Nachfolgern sowie die schließliche Erhebung des Christentums zur Staatsreligion (Edikt ›Cunctos populos‹ unter Theodosius I. vom 28. 2. 380) entziehen sich monokausaler Deutung. Sie sind Bestandteile eines historischen Entwicklungsgeflechts, aus dem je nach Blickrichtung herrschaftsgeschichtliche, soziale, religiöse Faktoren hervortreten. Min-

destens bis 249 wurde die bloße confessio nominis, das Geständnis des Christseins, als strafbares Verbrechen behandelt. Dic in die Epoche der Unsicherheit eingelagerten akuten Krisen (decisch-valerianische Verfolgung 249–260 und diokletianische Verfolgung 303ff.) standen im Zusammenhang mit der Krise des Reichs in der Mitte des 3. Jahrhunderts bzw. am Beginn des 4. Jahrhunderts und dem Willen der Herrscher, das Imperium nach den Gesetzen und der staatlichen Disziplin der Römer zu reformieren. Die inzwischen bedeutendste Religionsgemeinschaft des Reiches lehnte zwar nicht den Staat, aber die römische Staatsreligion mit dem Kaiserkult ab. Der sich in den Ausrottungsversuchen verschärfende Zugriff der Staatsmacht korrespondierte mehr und mehr mit der Einsicht, ein nicht mehr beherrschbares Gegenüber vor sich zu haben.
Die unter Galerius, Konstantin (306–337), Licinius eingeleitete christentumsgeschichtliche Wende bedeutete die konstruktive Auflösung eines anders nicht mehr steuerbaren Widerspruchs. Für Staat, Gesellschaft, Kirche war sie gleichermaßen bedeutsam. Das Christentum rückte durch staatliche Privilegierung, die ihre Krönung in der Erhebung der katholischen Kirche zur alleinberechtigten Staatskirche fand, zum cultus publicus auf. Christlichen Häretikern und dem Heidentum wurde auf legislatorischem Wege das Rückgrat gebrochen. Die Lehrentwicklung der Kirche war seit der Wende von staatspolitischen Interessen beeinflußt. Das trinitarische Dogma (Nicäno-Constantinopolitanum 381) und das christologische Dogma (Chalcedon 451) sind klassische Beispiele für die reichskirchliche Gemengelage von Theologie und Politik.
Die Teilung des Orbis Romanus beeinflußte auch den Orbis Christianus. Die schon unter Diokletian (284–305) gesondert verwalteten Ostprovinzen (Griechenland, Mittel- und Ostbalkan, Kleinasien, Syrien, Palästina, Ägypten) wurden nach dem Tod von Theodosius I. 395 als Oströmisches, später Byzantinisches Reich endgültig vom Westen getrennt. Die Teilung in West- und Ostreich unter Verlagerung des Schwerpunktes nach Byzanz (330 als Konstantinopel zur Reichshauptstadt erhoben) sollte dem Verfall des Imperiums entgegenwirken. Das Ende des unter Bürgerkriegen, Usurpationen und Angriffen der Barbarenstämme leidenden Weströmischen Reichs 476 war trotzdem nicht aufzuhalten. Die westliche Kirche hat den Verfall nicht nur überlebt, sondern durch weitere Stärkung ihrer Strukturen, insbesondere des Papsttums, beantwortet. Im reicher bevölkerten Osten mit seiner hochentwickelten Zivilisation lag hingegen am Ausgang der antiken Christentumsgeschichte noch immer das Schwergewicht religiösen Lebens und theologischer Denkarbeit. Einen den Theologen des Ostens ebenbürtigen, sie wirkungsgeschichtlich schnell überholenden Denker erhielt der Westen erst in Augustinus (354–430). An Augustinus, dem Bischof, Theologen und Autor der faszinierenden ›Be-

kenntnisse‹ und des ›Gottesstaates‹, wird zugleich die Tiefe eines Bruchs erkennbar. Augustinus verstand kaum Griechisch. Schrifttum und theologische Denkwege des Ostens blieben ihm weitgehend verschlossen, obschon auch er durch lateinische Vermittlung ein Erbe des Neuplatonismus geworden ist. In seinem Werk gingen das Interesse am Menschen im Kosmos und am Kosmos im Menschen eine Synthese ein. In der Theologie, der Anthropologie, dem Geschichts- und Kirchenverständnis des Bischofs von Hippo Regius (Nordafrika) waren Grundlagen der mittelalterlichen Kirche folgenreich beschlossen.

Kirche im Mittelalter. Die intermedia aetas galt lange als Epoche des Verfalls, eingelagert zwischen goldener antiquitas und deren Erneuerung in der nova aetas. Die Trias ›Altertum–Mittelalter–Neuzeit‹ ist mittlerweile von der Bürde ihres geschichtsphilosophisch-theologischen Überbaus befreit. Heute erscheint Mittelalter als ein historischer Periodisierungsbegriff von begrenzter Reichweite. Er ist weder auf die byzantinische Geschichte anzuwenden, die keinen dem Westen vergleichbaren Umbruch erlebte, noch auch auf die dritte Kultur, welche im ersten Jahrtausend n. Chr. im Umfeld des Orbis Romanus entstanden ist, auf den Islam. Sogar seine Anwendung auf die Weltgeschichte muß vollends fehlschlagen. Der Begriff Mittelalter bleibt auf Europa und eine bestimmte lateinisch-germanische Kulturform beschränkt. Er ist durch doppelte Variabilität gekennzeichnet, nämlich geographisch und chronologisch. Geographisch umspannt das Mittelalter die Regionen West-, Südwest- und Mitteleuropas unter Einschluß mancher slawischer Gebiete, chronologisch die Zeit vom Untergang Westroms und dem Emporkommen der fränkischen Herrschaft bis an die Schwelle des Zeitalters der großen Entdeckungen um 1500. An den Rändern des chronologischen Rahmens, also in der Bestimmung von Beginn und Ende des Mittelalters, sind zahlreiche Verschiebungen möglich. Auch der geographische Rahmen ist beweglich und bestimmt sich nach dem Maß der in den abendländischen Kulturkreis eintretenden Gebiete. Phasenverschobene Entwicklungen innerhalb des Abendlandes offenbaren zusätzlich den konstruktiven Charakter des Begriffs. Seine Legitimation gewinnt er im Blick auf die Sprach-, Kultur- und Religionseinheit, auf die Geschlossenheit von Gesellschaft und Weltbild des Abendlandes von 500–1500.

Im Übergang von der Spätantike zum frühen Mittelalter teilte und verwandelte sich das Erbe des einstigen Orbis Romanus. Das Byzantinische Reich (4. Jahrhundert bis 1453) hat im Gegensatz zu Westrom die Stürme der germanischen Völkerwanderung erfolgreich überstanden und konnte unter Kaiser Justinian I. (527–565) sogar noch einmal die Wiederherstellung des Imperiums in seiner alten Ausdehnung anstreben. Justinian bekämpfte die Germanenreiche in den Mittelmeerländern, heterodoxe

christliche Richtungen sowie das Heidentum und setzte im Byzantinischen Reich die zentralistische Politik einer Verschmelzung von Staatswesen und orthodoxem Kirchentum mit dem Kaiser als Soter an der Spitze durch. Theologisch blieb der Osten dem Westen noch überlegen. Eine Blüte erlebten das Mönchtum, die Spiritualität in den Bahnen des Dionysius Areopagita, die Baukunst (Hagia Sophia 532–537) und das Rechtswesen. Die staatsrechtliche Trennung vom Westen erfolgte erst mit der Zubilligung des Titels Basileus an Karl den Großen durch den oströmischen Kaiser Michael I. im Vertrag von Aachen 812. Kirchenrechtlich sind Ost- und Westkirche wegen ihrer konkurrierenden Universalansprüche seit 1054 getrennt. Das Dahinsinken des Byzantinischen Reichs vollzog sich bei immer wieder erreichten geistig-kulturellen Höhepunkten (Konstantin VII. 912–957; Palaiologen 1261–1453) in langgestreckten Phasen. Starke Anziehungskraft übte Byzanz auf die Slawenvölker aus. Der größte byzantinische Missionserfolg war die Bekehrung der Russen (988/989 Großtaufe im Dnjepr). Bei den Slawen machte sich der Dualismus von Ost- und Westkirche als religiöse Spaltung in römisch-katholische Westslawen und griechisch-orthodoxe Staaten (Ostslawen) bemerkbar. Am Ende fast nur noch auf Konstantinopel und Umgebung beschränkt, erlag Byzanz, jahrhundertelang erste Großmacht Europas, 1453 dem Ansturm der Türken.
Byzantinisches Staatswesen, Kultur, Kirche haben Gang und Struktur des abendländischen Mittelalters mitbestimmt. Das wird nicht nur an dem Austausch zwischen Osten und Westen selbst noch unter getrennten und vielfach konkurrierenden Verhältnissen sichtbar, sondern auch im Vergleich mit dem Islam. Er war nach der Auflösung des alten Orbis Romanus die dritte religiös wie politisch bedeutende Macht, ohne deren Berücksichtigung das Bild des Mittelalters unvollständig wäre. Als nachchristliche Religion ist der Islam vom Christentum beeinflußt. Das gilt negativ z. B. in der strikten Verwerfung aller scheinbaren oder tatsächlichen Einschränkungen des Monotheismus (Gottessohnschaft Jesu), positiv durch Aufnahme von Elementen christlicher Eschatologie und von Einzelheiten der biblischen Überlieferung. Beim Tode Mohammeds 632 umfaßte das Gebiet des Islam die bewohnten Gebiete Arabiens. Seither breitete sich die arabisch-islamische Welt über Nordafrika, Spanien, den Irak, Persien, Ostturkestan, Südindien aus, ohne in allen diesen Regionen dauernd Fuß zu fassen. Mit dem Auftreten der Osmanen in Europa seit 1354 drang der Islam tief in den Balkan vor. Auf dem Höhepunkt erstreckte sich das Osmanische Reich bis Podolien und Südrußland. 1529 standen die Türken vor Wien. Das abendländische Mittelalter und die Geschichte des zunächst arabisch, dann osmanisch geführten Islam sind gleichfalls ineinander verflochten. In Gebieten unter islamischer Oberho-

heit war Religionswechsel von Christen nicht unüblich. Die Vermittlung der aristotelischen Philosophie durch Averroës (Ibn Roschid 1126–1198) bildete eine Voraussetzung der Hochscholastik. Aber trotz manchen interkulturellen Austauschs handelte es sich um eine im wesentlichen feindliche Verflechtung von Antipoden. Pointiert gesprochen: Auf der einen Seite stand der von Karl Martell bei Tours und Poitiers 732 mit knapper Not abgewehrte Arabersturm, auf der anderen der Angriff des christlichen Okzidents auf den islamischen Orient in den Kreuzzügen 1096–1270.

Die Verlagerung des historischen Schwerpunkts vom Mittelmeerraum nach West- und Mitteleuropa war Ergebnis der germanischen Völkerwanderung. Die christliche Religion kam auf die germanische Welt als sittliche Erziehungs- und Bildungsmacht von imponierendem Glanz zu. Maßgeblicher Träger der künftigen politisch-kulturellen Entwicklung war das Frankenreich. Seine Bedeutung wuchs nach dem Untergang der arianischen Germanenreiche (Reich der Ostgoten in Italien 493–553/54, Wandalenreich in Nordafrika 429–533/34 u. a.) unaufhaltsam. Unter König Chlodwig (481/2–511), der als zweiter Konstantin galt, haben die Franken im Gegensatz zu den von Wulfila geprägten ›arianischen‹ Germanen das Bekenntnis der Reichskirche angenommen. Germanen und Romanen vereinten sich in der römisch-katholischen Religion. Das Frankenreich, unter Karl dem Großen (768–814) auf den Gipfel seiner Macht und Ausdehnung geführt, befand sich zwischen 687 und 843 fast ohne Unterbrechung in der Hand eines Herrschers. Es dauerte relativ lange, bis der neugebildete geopolitische Machtraum auch kirchengeschichtlich die ihm angemessenen Gestaltungskräfte entband. Das Papsttum stellte sich erst im 8. Jahrhundert durch das Bündnis Papst Stephans II. mit Pippin 754 (Abmachungen von Ponthion und Quiercy) auf den neuen Machtschwerpunkt ein, nicht ohne gleichzeitig die eigene Position in Italien durch die Pippinsche Schenkung zu befestigen (»Patrimonium Petri« – Wurzel des bis 1870 bestehenden Kirchenstaats). Umgekehrt verharrte das Frankenreich bis zur großräumigen Neuorganisation des fränkischen Kirchenwesens durch den Angelsachsen Wynfrith/Bonifatius († 754) in zersplitterten Formen, ein Reflex des Rückgangs der antiken Stadtkultur und der Ausprägung neuer sozialer Organisationsformen. So leistungsfähig das fränkische Eigenkirchenwesen im Zusammenhang mit der grundherrschaftlichen Ordnung bei der religiösen Durchbildung der agrarischen Bevölkerung auch sein mochte, die Zusammenfassung, die Festigung der theologischen Grundlagen (Concilium Germanicum 743) und Verbindung mit Rom wurden notwendig. Als Erzbischof und päpstlicher Vikar für »ganz Germanien« war Bonifatius die Schlüsselgestalt der fränkischen Reichskirchenreform. Pippins Salbung zum König durch den

Papst 751/52 bedeutete einerseits ein enges Zusammenrücken beider, andererseits den Keim zum späteren Konflikt zwischen päpstlicher und königlicher Gewalt, da es hieß: »Jussit Pippinum regem fieri« (der Papst befahl, daß Pippin König werde).
Das Verhältnis zwischen Imperium und Sacerdotium gehörte zu den Grundproblemen und -konflikten des Mittelalters. In der Zweigewaltenlehre von Gelasius I. (›Petition‹ an Kaiser Anastasius 494, einer der meistzitierten päpstlichen Texte des Mittelalters) war gesagt, die Welt werde an oberster Stelle durch zwei Mächte regiert, die auctoritas sacrata pontificum et regalis potestas (›die geheiligte Autorität der Bischöfe und die kaiserliche Gewalt‹). Aus der Nackenbeugung des Herrschers beim Sakramentsempfang wurde die Vorordnung des Priestertums vor dem Kaisertum abgeleitet. Insgesamt stand diese Gedankenwelt im Zeichen wechselseitiger Ergänzung von geistlichem Heil und leiblichem Wohl am Leibe der Christenheit. Unter den Verhältnissen der Herrschaft Karls des Großen, der im übrigen als Herr der Reichskirche und Schutzherr der Christenheit auch sacerdotal wirkte, blieb das Sacerdotium dem Imperium klar untergeordnet. Karl verstand sich als David, den Papst als Moses, der während der Schlacht mit erhobenen Händen betete (Karl an Leo III. 796). Die Zerstörung des harmonischen Bildes von weltlicher und geistlicher Gewalt erwuchs aus der langfristigen Einsicht in die Eigenart der auctoritas sacrata des Papsttums. Auch nach der Teilung des Frankenreiches (Vertrag von Verdun 843) und vor allem unter den ottonischen Kaisern (Ottonisches Reichskirchensystem; Anfang des seit dem 15. Jh. sog. »Heiligen Römischen Reiches Deutscher Nation«) blieb die weltliche Gewalt gleichwohl noch überlegen. Aber durch kirchliche Erneuerungsbewegungen stärkte sich das Selbstbewußtsein des Sacerdotium weiter. Ihre Zusammenfassung und gleichzeitige Überspannung fanden diese Tendenzen in Gregor VII. (1073–1085). Der ›Dictatus Papae‹ entschied, es sei dem Papst erlaubt, Kaiser abzusetzen (›Quod illi liceat imperatores deponere‹). Die bisherigen Theorien vom Sacerdotium überspitzten sich hier zum Anspruch oberster Gewalt auch in weltlichen Dingen. Die in der ersten Hälfte des 11. Jahrhunderts erheblich vorangeschrittene Christianisierung des europäischen Nordens und Ostens (Eintritt Böhmens um 950, Polens, Ungarns und der nordischen Länder um 1000 in die christliche Staatenfamilie) sowie die Lösung von der Ostkirche 1054 gaben dem Papsttum weiteren Rückhalt. Bis zur Mitte des 11. Jahrhunderts sind die Kräfte in ihren Kirchenreform- und geistlichen Erneuerungsplänen noch vereint gewesen. Die cluniazensische Klosterreform, die Impulse des Reformpapsttums und die kirchlichen Reformpläne der Krone hatten bei unterschiedlichen Akzentsetzungen und Zielvorstellungen insgesamt kirchenerneuernd zusammenfließen können. Das Ringen

um die Befugnisse beider Gewalten bei der Einsetzung der Bischöfe führte zum Investiturstreit. Er endete mit einer Serie konkordatärer Kompromisse (Hauptdatum Wormser Konkordat 1122), führte zu Verzichtleistungen der Krone auf geistliche Herrschaftsrechte, insgesamt zur Entsakralisierung des weltlichen Herrscheramts und Stärkung der Oberhoheit des Papsttums über die Christenheit. Von einem deutlichen päpstlichen Sieg konnte trotzdem keine Rede sein. Den Verlust an Sicherheit, den die Lockerung des Bandes zwischen den obersten Gewalten mit sich brachte, glich das Papsttum durch Verfestigung seiner politischen Positionen aus. Die Konfrontation Imperium–Sacerdotium setzte sich auf neuer Ebene in den päpstlichen Weltherrschaftsplänen des 12./13. Jahrhunderts fort (Berufung Papst Innozenz III. bei seiner Amtsübernahme 1198 auf Jer. 1,10: »Constitui te super gentes et regna, ut evellas et destruas et disperdas et dissipes, et aedifices et plantes« [»Ich habe dich gesetzt über Völker und Königreiche, daß du ausreißen, zerbrechen, zerstören und verderben sollst, und aufbauen und pflanzen«]).
Theologiehistorisch stand am Eingang des Mittelalters das Werk des Kirchenvaters Augustinus. Auf seinem Gipfel erhoben sich das Werk des Dominikaners Thomas von Aquino († 1274) und die Theologie des Franziskaners Duns Scotus († 1308). Thomas war, ausgerichtet an der Schöpfungsbotschaft (›Thomas a Creatore‹), ein Theologe der Synthese von Natur und Gnade, Denken und Glauben. Im Gegensatz zum Neuplatonismus sah er die Schöpfung nicht als bloßen Widerschein des Göttlichen an. Den Geschöpfen war durch Gott die Würde ihres Seins und Tuns gemäß den Stufen der Seinsordnung mitgeteilt. In Christus fand die Welt zu Vollendung und Einheit. Die Ethik war als Tugendlehre an den Seinsstufen ausgerichtet. In Thomas kulminierte das mittelalterliche Bild der Welt als Hierarchie göttlich bestimmter Werte. Der Reichtum des Irdischen fand in der thomasischen Seinsharmonie besondere Beachtung. So stand das Werk des ›Doctor angelicus‹ auf der Grenze zwischen augustinischer Ewigkeitssehnsucht und den Konstellationen, die zur neuzeitlichen Welt überleiteten. Bei Duns Scotus, dem ›Doctor subtilis‹, veränderte sich die ontologische Konkordanz von Philosophie und Theologie, die schon bei Thomas keineswegs bruchlos ausgestaltet war. In produktivem Mißverstehen der thomasischen analogia entis bildete Duns Scotus im Modell der univocatio entis eine veränderte Metaphysik aus. Aus logischen wie theologischen Gründen traten Gott (unendliches, notwendiges Sein) und Schöpfung (endliches, nicht-notwendiges Sein) unter neue Bestimmungen. Aussagen über die Einheit von Gott und Schöpfung wurden mit dem Vorzeichen ihrer Seinsdifferenz versehen, die Möglichkeiten philosophischer und theologischer Aussagen genauer bestimmt, die Grundverfassung des Endlichen als kontingent verstanden. Der Gedanke

von der Kontingenz des Endlichen verstärkte sich mit dem Verlassen der via antiqua (traditionelle Wesensphilosophie) und leitete im Verein mit der ›Entplatonisierung‹ der aristotelisch-scholastischen Tradition zur via moderna über. Eigenwertigkeit des einzelnen und Prinzip des Widerspruchs in philosophischer Hinsicht, Stärkung des Glaubens an Gottes unfaßbare Allmacht in theologischer Hinsicht (jedoch keineswegs im Sinne eines bloßen »Fideismus«) bildeten dann bei Wilhelm von Ockham († ca. 1347) u. a. die Wahrzeichen eines neuen Weges.

Die historischen Übergänge vom Hoch- zum Spätmittelalter im Medium scholastischer Theologiegeschichte aufzuspüren, ist in Anerkennung der internen Bewegungslogik von Theologie nur in Grenzen möglich. Eine sukzessive Ausweitung des mittelalterlichen Denk- und Erlebniskreises bahnte sich schon im 12. Jahrhundert an (Kreuzzüge, spanische Reconquista, Ausweitung des Fernhandels, Eintritt neuer Kulturen, Aufstieg der Städte). Nach außen und innen weitete sich die Welt. In religiösen Protestbewegungen meldeten sich Ansprüche der Laien gegen die Amtskirche zugunsten eines lauteren Christentums an (Armutsideal, neue Spiritualität). Von der Amtskirche wurden sie teils mit rigiden Mitteln ausgegrenzt – die Inquisition war seit 1232 eine ständige Einrichtung –, teils durch Ordensstiftungen, insbesondere die Bettelorden, aufgefangen und verkirchlicht. Im Spätmittelalter (ca. 1300–1500) hatte sich der Charakter der Laienbewegungen gewandelt. Sie waren einer Neubelebung des verkrusteten Kirchenkörpers verpflichtet. Dadurch erhielt die Anstaltskirche einen lebendigen volkskirchlichen Unterbau. An der wiclifitisch-hussitischen Bewegung im 14./15. Jahrhundert zeigten sich allerdings auch dramatische Polarisierungen. Das Papsttum war in das Kräftespiel der entstehenden Nationalstaaten verstrickt. Sein durch Bonifaz VIII. gegen die französische Krone gerichteter Anspruch, dem römischen Pontifex gehorsam zu sein, sei heilsnotwendig, und die nochmals gesteigerte Formulierung aller päpstlichen Universalansprüche (›Unam sanctam‹ 1302) bedeuteten Peripetie und Absturz der päpstlichen Weltmonarchie in einem. Jahrzehntelang durch Selbstzerfleischung gelähmt (1378–1415 Großes Abendländisches Schisma), erlebte das Papsttum eine Verfallsperiode, der durch die gleichfalls stark von Laien emporgetragene konziliare Bewegung des 14./15. Jahrhunderts (Konzilien von Pisa 1409, Konstanz 1414–1418, von Basel/Ferrara/Florenz 1431–1449) gegengesteuert wurde. Die auf Lk 22,38 gestützte Papstoptik der zwei Schwerter erfuhr in den Distinktionen französischer Juristen zwischen geistlicher und weltlicher Gewalt, dann auch durch weitere scharfsinnige Anwälte der Unabhängigkeit der weltlichen Gewalt von der kirchlichen Hierarchie eine entscheidende Aushöhlung. Durch die politische Entwicklung in Spätmittelalter und Reformation wurde die Zweiregimentenlehre weiter wirksam.

Neuzeitliches Christentum. Der historische Epochenbegriff ›Neuzeit‹ ist nicht minder theoriebeladen wie der Begriff ›Mittelalter‹. Seinen Ursprung hat er in Renaissance und Humanismus. Um 1435 schrieb M. Palmieri, ein »neues Zeitalter« habe begonnen. Damit war die Anknüpfung an Maßstäbe der Antike und deren Erneuerung gemeint. Zu theoretischer Klarheit gelangte das Bewußtsein neuer Eigenständigkeit und Mündigkeit erst seit den ästhetischen Debatten des 17. Jahrhunderts in Frankreich, in der Querelle des Anciens et des Modernes. Die historisch-politischen und gesellschaftsgeschichtlichen Entwicklungen der Neuzeit waren bedingt durch die großen Entdeckungen, durch die Bildung der modernen National- und Einheitsstaaten, koloniale Expansion, kapitalistische Wirtschaftsformen und die Emanzipation der Wissenschaften und Künste. Das Christentum trat durch den Gegensatz von Protestanten und Katholiken, ausgelöst durch die Reformation Luthers, Zwinglis, Calvins und die Seitenzweige der reformatorischen Bewegung, in tiefgreifende Zersplitterungsprozesse ein. Die konfessionelle Ausfächerung stellte gegenüber dem bisherigen Spektrum (orthodoxe Kirchen des Ostens, römische Kirche, nestorianische, monophysitische Kirchen) eine qualitativ veränderte Situation her. Durch die Reformation wurde das Christentum in eine neue Unmittelbarkeit der Gott-Mensch-Beziehung gestellt. Der heilsvermittelnde Anspruch des katholischen Kirchenwesens wurde abgestreift und bekämpft. Die römisch-katholische Kirche antwortete auf die Herausforderung der Reformation, deren Wurzeln tief ins Spätmittelalter zurückreichen, durch weitausgreifende Versuche zur Sicherung der Kirchen- und Glaubenseinheit. Das Rechtfertigungsdekret des Konzils von Trient (1545–1563) zeigte erhebliche Nähe zum reformatorischen Kernanliegen sola fide – sola gratia. Das neuere katholische Urteil über das Tridentinum (H. Jedin: »Zu spät!«) ist für zahlreiche Interpretationen offen. Die Krise und Spaltung des Corpus Christianum war aus kirchlichen und politischen Gründen schon zu weit vorangeschritten (kirchliche Organisation der reformatorischen Kräfte, politische Macht der neugläubigen Fürsten und Städte, auf der anderen Seite das Zurückweichen des Papsttums vor der via concilii), um dem Auseinanderdriften zu wehren. Die Reformation, in aktueller Sprengkraft wie Langzeitwirkung kirchlich und gesellschaftlich gleichermaßen bedeutend, führte zum neuzeitlichen Christentum. In der Gegenreformation, einer durchaus auch fruchtbaren Epoche des Katholizismus, und im Dreißigjährigen Krieg (1618–1648), der als Religionskrieg begann und als Kampf der Mächte Europas endete, erwies sich die Unumkehrbarkeit der Entwicklungen, die zur Zersetzung und schließlichen Auflösung des Corpus Christianum geführt haben. Soll man den Rückzug Kaiser Karls V. (1519–1556) ins klösterliche Leben (San Yuste/Spanien), eines altgläubigen Herrschers, der schon durch den

Augsburger Religionsfrieden 1555 sein ganzes Lebenswerk vernichtet sah, als weit vorausweisendes Signal historischen Lagebewußtseins verstehen? Der Westfälische Friede von 1648 schrieb nach den Konfessionskriegen die seither eingetretene Lage in Konfessionsstand, Gebietsstand und Reichsverfassung fest. Übereinstimmende Beschlüsse des Reichstags waren nurmehr nach vorhergehender itio in partes des Corpus Evangelicorum und des Corpus Catholicorum möglich. Zum formalen Abschluß kam das konfessionelle Zeitalter erst am Beginn des 19. Jahrhunderts. Mit der Auflösung des ›Heiligen Römischen Reiches Deutscher Nation‹ 1806 und Artikel 16 der Verfassung des Deutschen Bundes, der nach dem Wiener Kongreß 1814/15 an die Stelle des Kaiserreichs trat, wurde den Angehörigen der christlichen Konfessionen volle Gleichberechtigung in allen Bundesländern gesichert.

Seit dem 17. Jahrhundert, das in europäischer Perspektive den Beinamen ›Jahrhundert der Krise‹ erhalten hat, veränderte sich allmählich das gesamte zivilisatorische Gefüge. Politik, Gesellschaft, Wissenschaft traten zunehmend in ihren Sachanliegen hervor; die Entwicklung ziviler Verhaltensformen vollzog sich, ohne noch der Rückversicherung in den cultus publicus zu bedürfen. Eine Veränderung der kirchlichen Signatur des Christentums war bereits im 16./17. Jahrhundert durch das Aufkommen einer »secular theology« (A. Funkenstein) von Laien für Laien angebahnt. Es war mit Auflösungen und Umbildungen der Theologie, die sich seit dem 13. Jahrhundert als veritable Wissenschaftsdisziplin verstand (Universitätsgründungen!), verbunden. Schon die Reformation hatte Elemente einer Säkulartheologie vorgebildet (Verständnis des Sakralen als Dimension des Alltagslebens, theologische Mündigkeitserklärung für die Laien). Indem christliche Laien (Galilei, Descartes, Leibniz, Newton, Vico) Modelle und Sprachen bestimmter Wissenschaftszweige kombinierten (z. B. physikalische, historische, theologische Aussagen), was in der aristotelisch-scholastischen Tradition verpönt gewesen ist, gelangten sie zu neuartigen Wechselauslegungen von Welt und Gott. In der Aus- und Umdeutung von Gottes Omnipräsenz, Omnipotenz und Providenz stießen sie zu neuen Erkenntnisformen im Sinne der Konstruktion bzw. Rekonstruktion von Welt, Natur, Gesellschaft vor (›Systema mundi‹). Die kirchliche Theologie verlor ihre Monopolstellung.

Eine nochmals neue Herausforderung erwuchs der kirchlich-theologischen Kultur im 18. Jahrhundert unter dem Stichwort »Religion«. Ein Verständnis der Religion als Instinkt der Gottesverehrung, als natürlich-sittliche Hinordnung des Menschen zum Göttlichen hatte schon M. Ficino entwickelt (›De Christiana Religione‹ 1374) und damit langfristig eine Ausgangslage für die Verselbständigung der natürlich-vernünftigen Religion im Zeitalter der Aufklärung (zeitlicher Schwerpunkt: 18. Jahrhundert; geographische Schwerpunkte: Niederlande, England, Frankreich, Deutschland) geschaffen. Erschien die natürlich-vernünftige Religion als Basis und Anknüpfungspunkt jeder Religion, wurden die historischen Religionen gleichsam zu konkreten Anwendungsfällen der religiösen Grundausstattung des Menschen und auf ihre Leistungsfähigkeit entsprechend befragbar. Das Spektrum der Vermittlungen von natürlicher und geoffenbarter Religion (biblischer Offenbarungsglaube) war vielgestaltig (Programme der ›Übergangstheologie‹, Neologie, des Rationalismus) und zunehmend beeinflußt von einem historisch-explikativen Zugriff auf Quellen und Geschichte des Christentums (Aufblühen der historisch-kritischen Exegese und Dogmengeschichte). H. S. Reimarus (1694–1768) setzte dem kirchlichen Offenbarungsglauben seine ›Apologie oder Schutzschrift für die vernünftigen Verehrer Gottes‹ entgegen. Mit der natürlich-vernünftigen Religion bildeten sich die historischen Religionen transzendierende Religionskonzepte aus (Lessing: »Nur das Metaphysische, keineswegs das Historische macht selig«), die neben Christentum und Judentum auch den Islam einschlossen und mit menschheitsgeschichtlichen Verbrüderungs- und Vollendungsutopien einhergingen. Dem Zeitalter der Aufklärung (siècle des lumières, Enlightenment) im 17./18. Jahrhundert waren indes auch ganz andere Denk- und Erlebnishaltungen eigen (Pascal: »die grauenvollen Räume des Universums« [›Pensées‹ 1670]; Zerbrechen der Natur-, Gottes- und Fortschrittsverklärung im Erdbeben von Lissabon 1755 u. a.). Im Deutschen Idealismus fand das Christentum eine Überhöhung in Systeme spekulativer Philosophie. Das kirchliche Christentum antwortete auf Aufklärung und Idealismus mit Betonung der Differenz von Glauben und Denken (Erweckungs- und neukonfessionalistische Bewegungen in Europa und Nordamerika). Falls es dabei nicht zu produktiver Neubestimmung des Verhältnisses von Philosophie und Dogmatik kam (»Gleichgewicht in beiden Wassern« – Schleiermacher an F. H. Jacobi 1818), war ein Abdriften der Theologie aus dem allgemeinen Kultur- und Wissenschaftszusammenhang unvermeidlich. Die neuzeitlichen Kompetenzverluste des Christentums waren auch theologieinternen Weichenstellungen geschuldet und nicht allein Ausfluß historisch-sozialer Entwicklungsprozesse. Die Pluralität von christlichen Konfessionen und religiösen Haltungen konnte seit der Mitte des 19. Jahrhunderts mit wachsender Deutlichkeit ins Irreligiöse und Gegenkirchliche umschlagen (Marx/Engels; bürgerliche und proletarische Freidenkerbewegung). Die Deutungskategorie ›Säkularisierung‹ in ihren zudem stark divergenten Bestimmungen (Beerbung, Erfüllung, Verrat der christlichen Tradition bzw. auch Betonung von Eigenständigkeit und ›Legitimität der Neuzeit‹ [H. Blumenberg]), ist kaum zur Beschreibung der vielfältigen und bis in die Gegenwart reichenden Transformationen des Religiösen im Gang neuzeitlich-moderner Weltorientierung geeignet. Christentumsgeschichtlich fächerte sich die Entwicklung in kirchliches Christentum, kirchendistanziert-öffentliches Christentum in Politik, Wissenschaft, Kunst und in privates Christentum auf.

Im 18. Jahrhundert hatte sich Europa noch als geschlossener christlicher Kontinent dargestellt, als Familie christlicher Staaten mit relativ homogenen zivilisatorischen Grundüberzeugungen, denen herrschaftstechnisch Modelle der Machtbalance korrespondierten. Das ›Ancien Régime‹ zerbrach in der Französischen Revolution und ihren europäischen Auswirkungen. Die Geschichtsperiode nach 1789 war gekennzeichnet durch veränderte Standortbestimmungen der Kirche in der Gesellschaft und durch die sie formenden Kräfte (Nationalismus, Industrialisierung, Wandel der Herrschaftsstrukturen). Die großen Kirchen und Konfessionen in West- und Osteuropa (Katholische Kirche, Anglikanische Kirche, protestantische und orthodoxe Kirchen) sowie die Kirchen und Denominationen des seit 1776 vom alten Kontinent unabhängigen Nordamerika haben auf diese zivilisationsgeschichtlichen Umbrüche höchst unterschiedlich reagiert, nicht zuletzt in Abhängigkeit von ihren institutionellen Spielräumen. War die Mehrzahl der Kirchen zumeist in das politische und kulturelle Gefüge der jeweiligen Länder und Staaten tief eingebaut (protestantische Landeskirchen, auch Russisch-Orthodoxe Kirche), so bildete die Katholische Kirche noch einmal ein fast mittelalterliches Selbstbewußtsein aus. Der Kirchenstaat (Untergang 1870, völkerrechtlich veränderte Neubildung 1929 als Stato della Città del Vaticano) existierte inmitten der neuzeitlichen Staatenwelt. In Auseinandersetzung um die Kulturhoheit des Staates kam es zum Kulturkampf zwischen Preußen (Reich) und Heiligem Stuhl (1871–1887) sowie weiteren Ländern. Seine geistliche Autorität verstärkte das Papsttum mit dem Dogma vom unfehlbaren Lehramt des römischen Bischofs auf dem I. Vatikanischen Konzil 1869/70 (De Romani Pontifici infallibili magisterio). Durch seinen intransigenten Kurs hat der Katholizismus im 19. Jahrhundert ein erhebliches Modernisierungsdefizit erlitten, vermochte allerdings durch weitausgreifende Konkordatspolitik viel Boden zu gewinnen.

Ist die Neuzeit die Epoche der Zersplitterung der christlichen Konfessionen und Kirchen, nicht selten auch ihrer zivilreligiösen Instrumentierung, so ist sie zugleich die Epoche der Ausbreitung des Christentums im Globalmaßstab. Eine Glanzzeit hatte die christliche Mission bereits in der zweiten Hälfte des 16. Jahrhunderts in Verbindung mit der Kolonialpolitik der spanischen und portugiesischen Krone erlebt (Amerika, Indien, Japan, China). Die protestantische Mission mit ihren bedeutenden Anfängen im 18. Jahrhundert (Süd-, West- und Nordindien, Goldküste) stand unter dem Schutz der dänischen Krone. Der Gipfel wurde am Ende des 19. Jahrhunderts erreicht. Veränderungen der Kolonialstrategie (»indirect rule«) zeitigten auch missionspolitische Folgen: Einschränkung der Mission durch die Kolonialmächte. Umgekehrt konnte Mission auch integraler Bestandteil des Kolonialisierungsprogramms sein. Die Inkulturierung in ganz unterschiedliche ethnische und kulturelle Zusammenhänge hat dem Christentum im 19./20. Jahrhundert neue Vielgestaltigkeit und Dynamik verliehen, die besonders in Südamerika und Afrika spürbar geworden ist. Die ökumenische Bewegung – ihr Ausgangsdatum im 20. Jahrhundert ist die Weltmissionskonferenz von Edinburgh 1910 – strebt Konvergenz bzw. Konsens der unterschiedlichen Lehrtraditionen an, um die ›eine, heilige, allgemeine, apostolische Kirche‹ (Nizänisches Credo) als Glaubensgröße mit den empirischen Realitäten zu vermitteln und zur Einheit des Christentums zu gelangen.

Die Christentumsgeschichte des 20. Jahrhunderts ist über weite Strecken ein Spiegelbild der Allgemeingeschichte in kirchenspezifischer Brechung. Scheinen Kirchen und Christentum in der Breite des zeitgenössischen, namentlich europäischen Bewußtseins auch in Nischen der Gesellschaft abgedrängt, so treten sie doch zu bestimmten Zeiten immer wieder markant ins Blickfeld und belegen schon dadurch – positiv wie negativ – ihr Mitgehen in der Zeit. Im Zeitalter der Weltkriege 1914–1945 befanden sich die Kirchen Europas noch einmal in Phasen gesteigerter nationalkirchlicher Funktionen, eindrucksvoll ablesbar im Zweiten Weltkrieg in der Verbindung Russisch-Orthodoxe Kirche – »Großer Vaterländischer Krieg« oder an der Rolle der Kirche Norwegens im Widerstand, ablesbar aber auch am deutsch-protestantischen Volkskirchentum trotz oder gerade wegen seiner aufgespaltenen Loyalität (Spannung zum NS-Regime im Kirchenkampf). In der deutschen Nachkriegszeit waren die Kirchen eine Zeitlang in privilegierte gesellschaftliche Gestaltungspositionen gestellt. In unfesten gesellschaftlichen und politischen Systemen der Gegenwart (Südamerika) fällt ihnen diese Rolle offenbar nach wie vor zu und stiftet neue Symbole und Begriffe christlichen Selbstverständnisses (›Theologie der Befreiung‹). Ob nach fast 2000 Jahren Christentumsgeschichte eine radikale und fundamentale Umbestimmung des Verhältnisses Christentum–Kultur angezeigt ist, wie sie nach 1918 in Deutschland angestrebt wurde (›Dialektische Theologie‹), stößt als theologisches Problem in jenen Grenzbereich vor, in dem die Religion sich ihrer Weltförmigkeit zu entledigen sucht, ohne doch über den Schatten ihrer geschichtlichen Existenz springen zu können.

Stellung des Christentums unter den Weltreligionen der Gegenwart
Wie keine andere Universalreligion ist das Christentum gekennzeichnet durch Konkretion des Heiligen. Das Heilige/Gott geht durch Leben, Tod und Auferstehung des Gottessohnes in die Geschichte und ihre Horizonte ein. In Jesus Christus wird die Vereinigung von Menschlichem und Göttlichem zum Glaubensgut. Das christologische Dogma des Jahres 451 (›Chalcedonense‹) von der Kundgabe des Gottessohnes in zwei Naturen (ἐν δύο φύσεσιν γνωριζόμενον) bringt die religiöse Intention des Christentums in Kontrast zu allen anderen Religionen unüberbietbar zum Ausdruck. Alle historisch-soziologischen Gestaltungen des Christentums, die Eigenart seiner Institutionen, seine reichgegliederte Symbolwelt, seine ethischen Potenzen sind auf diese Mitte bezogen. Der Brükkenschlag zu anderen Wirklichkeitsbereichen und Wertstrukturen ist dem Christentum seit den Anfängen eingeboren und macht seine hohe Welthaltigkeit aus. Hält es jedoch mit seiner »Zentralanschauung« (Schleiermacher) geistlich und geistig nicht Schritt, sinkt es auf die Stufe des bloßen Kultus und der superstitio ab. Die christlichen Konfessionen mit ihren unterschiedlichen Stärken im Geistlichen, Geistig-Intellektuellen und Institutionellen können sich hier als Partner verstehen, die gemäß ihrer Schwerpunkte zusammenkommen. Die tendenzielle Autonomie der Kultur des Christentums in der massengesellschaftlich-pluralistischen Welt unserer Zeit kann nicht bedeuten, den Glauben von der göttlichen Bestimmtheit und (eschatologischen) Vollendung des Menschen auf die eigene Anhängerschaft zu verengen. Andernfalls würde sich der Status Universalreligion in einen nur noch geographischen Begriff verwandeln.
Die in der neueren protestantischen Theologie vertretene Auffassung, das Christentum sei keine ›Religion‹ (K. Barth u. a.), übersieht die psychologischen und soziologischen Funktionen, die das Christentum mit den übrigen Religionen teilt. Unter den Bedingungen der religiösen Weltlage und der auch religiös-konfessionell gravierenden Bevölkerungsentwicklung im Globalmaßstab hat es die Konkurrenz der anderen Universalreligionen auszuhalten. Der in jüngster Zeit verstärkte Dialog der Universalreligionen ändert an dieser Tatsache nichts. Zudem stößt er vielfach auch aus politischen Gründen (Islam) oder wegen historischer Belastungen (Judentum–Christentum) schnell an seine Grenzen. Unter Aufrechterhaltung der religiösen Abgrenzungen gibt es Plattformen der Verständigung (World Conference on Religion and Peace: 1970 Kyoto, 1974 Löwen, 1979 Princeton, 1984 Nairobi, 1989 Melbourne). In einem Dialogprogramm des Ökumenischen Rates der Kirchen entstanden ›Guidelines on Dialogue with People of Living Faiths and Ideologies‹ (Jamaica 1979), die nicht zuletzt der Ausbildung politisch-ethischer Hand-

lungsfähigkeit dienen. Eine Tendenz zu dualistisch-fundamentalistischem Denken in vereinfachenden Gut-Böse/Freund-Feind-Kategorien hat sich in den Religionen – graduell unterschiedlich – verstärkt, offenbar deshalb, weil traditionelle Analyseinstrumentarien im gegenwärtigen Weltzustand nicht mehr hinreichen.
Im ›klassischen Quintett‹ der Weltreligionen nimmt das Christentum noch immer den ersten Platz ein. In der Religionsstatistik D. Barrets von 1987 wird die Zahl der Christen mit 1,64 Milliarden angegeben (1986: 1,57 Milliarden). Die zweitstärkste Weltreligion, der Islam, hat 854 Millionen Anhänger (1986: 837 Millionen). Außerdem gibt es nach Barret 312 Millionen Buddhisten (1986: 300 Millionen), 658 Millionen Hinduisten (1986: 661 Millionen) und 18,2 Millionen Juden (1986: 18 Millionen). Die Zahl der ›Nichtreligiösen‹ soll von 825 auf 819 Millionen zurückgegangen sein. Die Zahl der erklärten Atheisten ist bei 224 Millionen fixiert (1986: 213 Millionen). Andere Zahlen liegen im Gallup-Institut vor. Die Schwankungen erklären sich aus Faktoren der statistischen Methodologie, aus politischen und kulturellen Gründen (z. B. Analphabetismus). Alle christlichen Kirchen und Gemeinschaften machen gegenwärtig 32,9 Prozent der Weltbevölkerung aus (907 Millionen Katholiken, 332 Millionen Angehörige reformatorischer Kirchen, 173 Millionen Gläubige der orthodoxen Kirche, 51,6 Millionen Anglikaner u. a.). Trotz Wachstumsrate, die sich jedoch im dynamischen Entwicklungsgefüge der nichtchristlichen Religionen und Völker als Schrumpfung ausnimmt, wird bis zur Jahrtausendwende mit einem Rückgang des Christentums in der Weltbevölkerung auf 17 Prozent gerechnet (zu Beginn des 20. Jahrhunderts 70 Prozent). Nach der geschichtlichen Epoche seiner Mehrheitsfähigkeit wird sich das Christentum auf seine Minderheitsfähigkeit umzustellen haben. Allerdings dürfte sich die Lage in den einzelnen Ländern und Kontinenten unterschiedlich darstellen. [K. Nowak]

Revolution

Revolutionsbegriff, Revolutionstheorie

Revolution ist umgangssprachlich, z. T. auch in der Wissenschaftssprache, zu einem Modewort geworden. Doch auch noch sprachlich zerschlissen, begrifflicher Trennschärfe entleert, bewahrt es ein Grundelement des modernen Revolutionsverständnisses: ›Revolution‹ entwirft Zukunft, schafft Veränderung, die nicht Altes, Vergangenes wiederherstellen will. Der Gleichklang mit ›Zukunft‹ und ›Fortschritt‹ weist ›Revolution‹ als einen neuzeitlichen Bewegungsbegriff aus, der die Erwartungen der Menschen nicht mehr in deren Erfahrung begrenzt sieht. Dieses moderne Verständnis von Revolution als einer Art Zukunftssprung ist im 18. Jahrhundert entstanden, geschichtsphilosophisch ausgeweitet zum Wandel schlechthin, der alle Lebensbereiche durchdringen und für die Zukunft progressiv öffnen sollte.

Das Wort ›revolutio‹ kam in der Spätantike auf. Es bedeutet ›Umwälzung‹, wurde jedoch nicht politisch gebraucht. Das gilt auch noch für das Werk ›De revolutionibus orbium caelestium‹ (Über die Kreisbewegungen der Himmelskörper, 1543), mit dem Kopernikus, bahnbrechend in Astronomie und Astrologie, einen Revolutionsbegriff verbreitete, der in die Politik hinüberwirkte: ein Kreislauf, der zum Ausgangspunkt zurückführt, nicht in etwas Neues mündet. Die Übertragung in den politischen Bereich hatte zwar bereits im 14. Jahrhundert eingesetzt, zunächst wohl in Italien und Frankreich, doch erst im 17. Jahrhundert verfestigte sich die politische Bedeutung. Sie löste sich nun langsam von dem astronomischen Modell des Kreislaufs, aber das Schema der Wiederkehr durch Aufstieg und Abstieg blieb erhalten. Die wichtigsten Etappen, in denen der politische Revolutionsbegriff im 17. Jahrhundert entstand, bildeten der Dreißigjährige Krieg, die in französischen Reiseberichten beschriebenen orientalischen révolutions und vor allem die englische Glorious Revolution. In der breiten französischen Rezeption der Glorreichen Revolution von 1688 traten erstmals zentrale Merkmale des modernen Revolutionsbegriffs auf. Er bezeichnete nun eine konkrete Staatsveränderung, die nicht mehr als eine zyklische Wiederkehr, sondern als eine unumkehrbare Entwicklung begriffen wurde. Und er wurde zu einem politischen Kampfbegriff, da Protestanten und Katholiken die englische Revolution gegensätzlich deuteten und sie schließlich in den Widerstreit von kontinentalem Absolutismus und englischer Parlamentsherrschaft einordneten.

Die verschiedenen Elemente der Wortbedeutung, die sich in einem langen Prozeß herausgebildet hatten, verschmolz jedoch erst die Französische Revolution von 1789 zu einem neuartigen Begriff, der zu dem wohl zukunftsmächtigsten der Neuzeit werden sollte. Revolution wurde nun aus einem »einzelnen Ereignis zu einer Menschheitsaufgabe«, zum Grundprinzip einer »dynamischen Entwicklungsgeschichte der Menschheit« (K. Griewank), das in sich selber seine Legitimation besaß und selbst den Gegnern den Begriff aufnötigte: contre-révolutionnaire. Die neue Wortbedeutung registrierte nicht nur Geschehenes, sie bezeichnete auch die Machbarkeit des ›Fortschritts‹, der sich aber – für viele Zeitgenossen der Französischen Revolution eine überraschende Erfahrung – der Steuerung entzog. So konnte der neue Kollektivsingular ›Revolution‹ das Werk planender Menschen benennen und selber als handelndes Subjekt verstanden werden: Revolution wird gemacht und schreitet übermächtig über die Revolutionäre und ihre Gegner hinweg; und sie kennt keine Grenzen. Die Überzeugung, daß die Französische Revolution eine Weltrevolution sei, teilten Anhänger wie Gegner. Robespierre sprach von ›la révolution du monde‹, Burke von der Krise der ›whole human race‹. Als grenzenlos wurde die Revolution noch in einer weiteren Hinsicht erfahren. Während jede frühere Revolution, auch noch die Amerikanische, nur die Staatsgewalten oder die Staatsform ausgetauscht habe, begriff man die Französische als eine ›Totalrevolution‹, die in die gesamte Sozialordnung eingreife. In diesem unbegrenzten Veränderungswillen, der von der politischen zur sozialen Revolution vordringe, sahen viele Zeitgenossen die Ursache für den gewaltsamen Verlauf. Gewalt in Form von Massenunruhen und Bürgerkrieg wurde seit 1789 zu einem Merkmal des modernen Revolutionsverständnisses, das Vorgänge einschließt, die früher durch Begriffe wie ›Empörung‹, ›Rebellion‹ oder ›seditio‹ benannt worden sind. Es hat allerdings immer Versuche gegeben, den Begriff ›Revolution‹ von der Verbindung mit Gewalt zu befreien, etwa im Frühliberalismus der ersten Hälfte des 19. Jahrhunderts, in der deutschen Sozialdemokratie vor 1933 oder in sozialwissenschaftlichen Theorien des 20. Jahrhunderts. Werden Revolution und Gewalt entkoppelt, so haben wir es in der Regel mit einem weiten Revolutionsbegriff zu tun, der auf langfristigen Wandel abhebt. Th. Geiger (1931) hat von ›schleichender Revolution‹ gesprochen, um die ›echte Revolution‹, die sich durch eine ›Diskontinuität des Kulturgehalts‹ in den Fundamenten einer Gesellschaft auszeichne, von gewaltsamen Umstürzen abzugrenzen, die allenfalls als ›Einzelereignisse im Ablauf einer Revolution‹, möglicherweise lediglich als Putsche oder Staatsstreiche zu bewerten seien. Zwischen dem weiten Begriff, der auf langfristigen Fundamentalwandel zielt, und dem engeren, der Revolution als historischen Entwicklungssprung begreift, oszilliert das moderne Revolutionsverständnis seit 1789. Beiden gemeinsam ist die Vorstellung vom unabgeschlossenen revolutionären Wandel, offen in die Zukunft hinein, die als eine fortschreitende Kette revolutionärer Veränderungen verstanden wird. Dieser Sicht fügten sich auch die Gegner, wenn sie über Möglichkeiten nachdachten, die »großen politischen Katastrophen«, wie A. H. L. Heeren 1803 die Revolutionen genannt hat, zu verhindern. Der Versuch, durch »vernünftige Evolution der Dinge« (J. G. Herder, 1792) der Revolution zuvorzukommen, gehört zu den historisch bedeutsamen Lernerfahrungen von 1789, denn in der Forderung nach Reform ist seitdem »die Revolutionsdrohung versteckt« (R. Koselleck). Begriffe wie ›Restauration‹, ›Reaktion‹ oder ›Revolution von oben‹ bezeichnen Handlungsanleitungen, die in unterschiedlicher Form auf die Revolutionserwartungen reagieren, die seit 1789 die Zukunftsvorstellungen durchziehen.

Das 19. Jahrhundert fügte dem Revolutionsverständnis, das der Französischen Revolution abgewonnen worden war, nichts grundsätzlich Neues hinzu, entwickelte es aber weiter. Frankreichs Juli-Revolution von 1830 führte den Zeitgenossen vor Augen, daß die Revolution in eine ›politische‹ und eine ›soziale‹ zerlegt und vor dem Umschlag von der einen in die andere beendet werden konnte. An diese Erfahrung knüpften sich die angstvollen Erwartungen der bürgerlichen Revolutionäre von 1848, sprachlich faßbar in der neuen Bedeutung, die das Wort ›Revoluzzer‹ in Deutschland erhielt: wer revolutionär sein möchte, es sich aber nicht zutraut. Während im europäischen Bürgertum des 19. Jahrhunderts ein ausgeprägter »Revolutionspessimismus« (Th. Schieder) entstand, nach 1848 zum Revolutionsverzicht gesteigert, lebte in den sozialistischen Bewegungen die Hoffnung auf die »Revolution in Permanenz« (K. Marx) fort. K. Marx und F. Engels erweiterten das Revolutionsverständnis des 19. Jahrhunderts, indem sie ›Revolution‹ zu einem geschichtsphilosophischen Erwartungsbegriff machten, mit dem sich die Weltgeschichte als eine durch Klassenkämpfe vorangetriebene Abfolge von Gesellschaftsformationen erklären und in die Zukunft vorausdenken ließ. Letzteres konnte zur dogmatischen Erstarrung eines marxistischen Revolutionsbegriffs führen, der selbst »das Scheitern der politischen Revolutionshoffnungen als Unterpfand kommender Erfüllung deuten lehrte« (R. Koselleck). Die Faszination, die von dem marxistischen Revolutionsverständnis im 19. Jahrhundert ausging, zehrte von dessen Fähigkeit, die neuartige Erfahrung der industriekapitalistischen Klassengesellschaft theoretisch zu verarbeiten und zugleich deren ›notwendige‹ Überwindung durch die ›proletarische Revolution‹ siegessicher zu prophezeien. Die Mehrdeutigkeit von ›Revolution‹ bei Marx ließ es jedoch zu, daß sich auf ihn in der sozialistischen Bewegung sowohl Repräsentanten einer voluntaristischen »Revolution der Tat« wie auch einer schleichenden »sozialen Revolution gänzlich mit friedlichen und gesetzlichen Mitteln« (F. Engels, 1886) berufen konnten. Eine neue, für das 20. Jahrhundert wirkungsmächtige Fortbildung der marxistischen Deutung von der ›Revolution in Permanenz‹ gelang 1906 L. Trotzki. Er ging davon aus, daß in kapitalistisch unterentwickelten Ländern wie Rußland der Sprung in die sozialistische Revolution durch die Zusammenarbeit von Bauern und Arbeitern möglich sei, ohne zuvor die bürgerliche nachzuholen. Diese von Lenin aufgenommene und in der russischen Oktoberrevolution von 1917 praktizierte Revolutionstheorie bot die Voraussetzung dafür, daß sie als eine bereits erfolgreich erprobte Form des revolutionären Weges zum Sozialismus auf die industriell nichtentwickelten Länder der ›Dritten Welt‹ übertragen werden konnte. Entkolonialisierung wurde so zu einem Teil der »Weltrevolution der Weltdörfer gegen die Weltstädte« (Lin Piao, 1965). In diesem Revolutionsverständnis, das vor allem durch die Chinesische Revolution Überzeugungskraft gewann, übernahmen die Bauern die führende Rolle im revolutionären Kampf. Damit verband sich eine erneute Aufwertung der Gewalt als notwendiger Bestandteil von Revolutionen, nachdem 1848 und dann noch einmal in der Pariser Kommune von 1871 der 1830 entstandene Mythos des revolutionären Barrikadenkampfes unter der überlegenen Schlagkraft des regulären Militärs zerbrochen war. Der ›stillen‹, ›friedlichen‹ Revolution schien seit dieser Erfahrung militärischer Überlegenheit die Zukunft zu gehören. Die Revolutionen des 20. Jahrhunderts führten dagegen zur Neuentdekkung der Guerilla als einer wirksamen Kampfform der an Machtmitteln Unterlegenen.

Die Kette von Revolutionen, die seit dem ausgehenden 18. Jahrhundert Europa und die außereuropäische Welt erschütterten, ließ eine Flut von historischen und sozialwissenschaftlichen Revolutionsstudien entstehen. Alle Versuche, durch den Vergleich generalisierbare Erklärungen über Ursachen, Verlauf und Erfolgschancen von Revolutionen ermitteln zu können, schlugen zwar fehl. Diese Bemühungen, allgemeine Revolutionstheorien zu entwickeln, die zur Prognose und damit auch zur Verhütung von Revolutionen befähigen sollten, trugen dennoch dazu bei, die Revolutionen der Vergangenheit besser zu verstehen. Die Revolutionen in agrarischen Ländern des 20. Jahrhunderts z. B. lehrten, die Bedeutung von Agrarbewegungen für die Revolutionen früherer Jahrhunderte schärfer zu erkennen. Der Vergleich provozierte auch, darüber nachzudenken, warum die ›großen‹ Revolutionen alle in überwiegend agrarischen Gesellschaften stattgefunden haben. Nur die mitteleuropäische Revolution von 1918/19 (Deutschland und Österreich) ereignete sich in Industriestaaten. Blieb sie stecken, weil in industriell hochentwikkelten Gesellschaften die Voraussetzungen für revolutionäre Entwicklungssprünge fehlen?

Ob der moderne Revolutionsbegriff, der unser Revolutionsverständnis seit dem Ende des 18. Jahrhunderts bestimmt, sich auch eignet, frühere Zeiträume analytisch zu erschließen, ist strittig geblieben. Die marxistisch-leninistische Historiographie bejaht diese Frage. Gestützt auf die Lehren des Dreigestirns der marxistischen Klassiker: Marx, Engels und Lenin, geht sie von einem »universalen bürgerlichen Revolutionszyklus« aus. Dessen »aufsteigende Linie« führe von der frühbürgerlichen Revolution – manche begrenzen sie auf Reformation und Bauernkrieg, andere lassen sie von der böhmischen Hussitenbewegung des 15. Jahrhunderts bis zum Aufstand der Niederlande im 16. Jahrhundert reichen – bis zur europäischen Revolution von 1848. Spätestens mit der französischen Commune von 1871 dominiere im universalgeschichtlichen bürgerlichen Revolutionszyklus, mit dem sich die kapitalistische Gesellschaftsformation in evolutionärem Wandel und revolutionären Sturmschritten gegen die feudale durchgesetzt habe, die »absteigende Linie«. Sie ende 1917, als in Rußland »die klassische Revolution im proletarisch-sozialistischen Revolutionszyklus« die »Epoche des Übergangs vom Kapitalismus zum Sozialismus« eingeleitet habe (M. Kossok).

Die ›westliche‹, nicht-marxistische Forschung hat zwar ebenfalls entwicklungsgeschichtliche Perspektiven von universalem Zuschnitt entwickelt, doch sie haben sich nie allgemein durchgesetzt, und Revolutionstheorien bildeten nicht ihren Kern – im Gegensatz zur marxistisch-leninistischen Historiographie. Diese hat als produktive Herausforderung die gesamte Revolutionsforschung belebt. Das gilt auch für die Kontroversen über Reformation und Bauernkrieg als die deutsche »frühbürgerliche Revolution« oder über den revolutionären Charakter anderer Vorgänge in einer Zeit, die den modernen Revolutionsbegriff noch nicht kannte.

Englische Revolution

England erlebte im 17. Jahrhundert zwei Revolutionen: 1640 bis 1660 und 1688. Während die unblutige Glorious Revolution von 1688 schon von den Zeitgenossen als ›Revolution‹ bezeichnet und zu einem Markstein in der Geschichte des modernen Revolutionsverständnisses wurde, blieb der revolutionäre Charakter der umstürzenden Ereignisse zwischen 1640 und 1660 umstritten. Sie galten lange, dem zeitgenössischen Sprachgebrauch folgend, als ›Bürgerkrieg‹ und ›Große Rebellion‹, im 19. Jahrhundert kam der Begriff ›Puritanische Revolution‹ auf, und viele verstehen sie als »die erste ›Große Revolution‹ in der Weltgeschichte und damit als ein Ereignis von fundamentaler Bedeutung in der Entwicklung der westlichen Zivilisation« (L. Stone). Sie war eine »Revolution, die nicht Revolution sein wollte, die unbeabsichtigt erfolgte, die zunächst ohne Revolutionäre stattfand« (P. Wende). Die meisten der Beteiligten wollten nichts Neues verwirklichen, sondern verlangten Wiederherstellung des vermeintlich Alten. Daß aus dem Widerstand des House of Commons gegen die Ausweitung absolutistischer Machtansprüche der Krone unter Karl I. (1625–49) eine Revolution hervorgehen konnte, hatte eine Vielzahl von Gründen. Die Finanzkrise des Staates, welche die Krone durch neue Abgaben wie Finanzzölle, durch die Vergabe von Monopolen und durch Zwangsanleihen ohne Beteiligung des Parlaments zu lösen suchte, gehört ebenso zur Vorgeschichte der Revolution wie der Verlust an Ansehen, den die Krone aufgrund außenpolitischer Mißerfolge gegen die katholischen Mächte Spanien und Frankreich im Dreißigjährigen Krieg hinnehmen mußte. Dies wog um so schwerer, als eine Art nationaler Prädestinationslehre entstanden war, die England als die Vormacht des Protestantismus betrachtete, ausersehen, den göttlichen Willen als ›auserwählte Nation‹ zu vollstrecken. Reformen in der Anglikanischen Kirche, die als Schritte auf dem Wege zu einer Rekatholisierung gedeutet wurden, intensivierten den Widerstandswillen des in sich ungemein vielschichtigen Puritanismus. Die staatliche Repressionspolitik verband ungewollt die politische mit der religiösen Opposition, und sie überbrückte die sozialen Gräben zwischen den oppositionellen Gruppierungen. Die Oberschichten, die angesichts des absolutistischen Kurses Karls I. ihre Rechte gefährdet sahen, fanden Rückhalt in einer schon hochgradig politisierten Bevölkerung, von der vor 1640 bereits etwa ein Drittel der erwachsenen Männer das Wahlrecht zum Unterhaus besaß. Den offenen Konflikt lösten in dieser krisenhaften Entwicklung schließlich die beiden erfolglosen Kriege von 1639 und 1640 aus, mit denen Karl I. vergeblich versuchte, die Angleichung der calvinistischen Kirche Schottlands an den englischen Anglikanismus zu erzwingen. Um Geldquellen für die Fortsetzung des Krieges erschließen zu können, mußte der König nun seine seit 1629 praktizierte Politik, das Parlament nicht einzuberufen, aufgeben. Wäre diese Politik der Ausschaltung des Parlaments nicht durch die sog. Bischofskriege gegen Schottland durchkreuzt worden, hätte sich in England möglicherweise wie auf dem Kontinent eine absolutistische Herrschaft entwickelt. Mit der Einberufung des ›Langen Parlaments‹ (1640–1648/53) erhielt die breite, vielfältig motivierte Opposition jedoch einen Kristallisationspunkt, der die Englische Revolution erst ermöglicht hat.

Die konfliktreiche Vorgeschichte ermöglichte die Revolution, erzwang sie jedoch nicht; und sie legte nicht deren Verlauf und Ergebnisse fest. Die Revolution entwickelte vielmehr ihre eigene Dynamik. Das ›Lange Parlament‹ ging zunächst daran, den Machtzuwachs der Krone zurückzudämmen und die eigene Position zu festigen. Die Politik des Königs sollte geändert werden, nicht die Verfassung. Man hat deshalb für die Anfangsphase von einer ›konservativen Revolution‹ gesprochen, die jedoch in einem Klima gegenseitigen Mißtrauens und politischer Polarisierung rasch über die defensive Zielsetzung hinaustrieb. 1642 begann der erste, vier Jahre dauernde Bürgerkrieg, in dem ca. 100000 Menschen getötet wurden. In ihm bildeten sich mit den Royalisten und den Anhängern des Parlaments zwei ›Parteien‹, in denen politische, religiöse, soziale und regionale Motive in komplizierter Mischung zusammenliefen, und 1645 wurde die New Model Army als ein nationales Parlamentsheer aufgebaut. Es entschied 1646 den ersten Bürgerkrieg zunächst gegen den König, entwickelte sich jedoch ab 1647 zu einem eigenständigen Machtfaktor, der sich dem Parlament mehr und mehr entzog. Die Rivalität zwischen diesen beiden Kräften trat zurück, als nach der Flucht Karls I. aus dem Gewahrsam der Armee 1648 der zweite Bürgerkrieg ausbrach. Doch sie lebte nach dem schnellen Sieg der Armee über die royalistischen Auf-

ständischen sofort wieder auf und trieb die Radikalisierung der Ereignisse voran. Das Unterhaus wurde mit Hilfe der Armee von den gemäßigten Abgeordneten ›gesäubert‹ (Pride's Purge, 6.–7. 12. 1648). Dieses ›Rumpfparlament‹ ließ Karl I. zum Tode verurteilen und ihn am 30. Januar 1649 öffentlich hinrichten – ein beispielloser Vorgang, Gipfelpunkt der Revolution, die am 19. Mai 1649 England offiziell zum republikanischen Commonwealth machte, und zugleich ein weltgeschichtliches Zukunftsfanal, mit dem erstmals historisches Recht und monarchische Legitimität gegen das Prinzip der Volkssouveränität unterlagen.
Wie kam es zu dieser Radikalität einer Revolution, die ursprünglich niemand gewollt hatte? Soziale und ökonomische Konflikte erklären diesen Verlauf nicht. Die entscheidende Rolle spielte die Religion. Die Vorstellungen der Zeit vom Leben in der Welt waren religiös geprägt. Das gab den verfassungspolitischen Auseinandersetzungen zwischen Krone und Parlament die Schwungkraft, die niemand voraussehen konnte und alle Beteiligten über die anfänglichen Ziele hinausdrängte. Das gilt vor allem für den Puritanismus, ein breites Spektrum von Ideen und Gruppen umfassend, aber doch einig in der oppositionellen Haltung zum Anglikanismus, der Hauptstütze der Royalisten. Der puritanische Prädestinationsglaube, der »entsetzliche Dünkel, zu den ›Erwählten‹ zu gehören« (J. Burckhardt), verlieh den Revolutionären die Gewißheit, den göttlichen Willen zu vollstrecken – auch gegen den von ›Gott Auserwählten‹ auf dem Thron. Selbst als er ein machtloser Gefangener war, strömten noch viele Menschen zu Karl I., um sich von ihm durch Handauflegen heilen zu lassen. Diese religiös-magische Verankerung der Monarchie konnte wohl nur durch die Radikalität gottseliger Erwählter gebrochen werden. Religiöse Überzeugungen steigerten jedoch nicht nur die Entschlossenheit der Puritaner, sie spalteten auch. Presbyterianer, die eine stärkere hierarchische Ordnung in Kirche und Staat anstrebten, standen den Independenten gegenüber, die den Kirchengemeinden eine größere Selbständigkeit zusprachen. Obwohl die Erwähltheitsvorstellungen Andersdenkende ausgrenzten, erweiterte der Zerfall religiöser Konformität doch den Freiraum für persönliche Entscheidungen, wie die wachsende Zahl von Sekten zeigt. Religiöse Wahrheit, die immer auch Ideen über die angemessene Weltordnung einschloß, erwuchs nun aus Überzeugungskraft, nicht aus vorgegebener Autorität der Institution Kirche. Alles konnte in Frage gestellt werden, die überlieferte hierarchische Stufung in Politik und Gesellschaft, auch diejenige zwischen den Geschlechtern. Der religiöse Radikalismus, der Anzeichen für eine zweite, soziale Revolution aus religiöser Weltsicht enthielt, bestimmte zwar nicht Verlauf und Ergebnisse der Revolution, aber er läßt doch erkennen, wie tief diese reichte: »The World turned Upside Down« (C. Hill).

Machtpolitische Bedeutung gewannen religiöse Ideen auch deshalb, weil sie dazu dienten, politische Forderungen der Armee zu legitimieren. Ein stehendes Heer hatte es in England nicht gegeben, und auch das ›Lange Parlament‹ versuchte 1647 nach dem Bürgerkrieg, sein Heer wieder aufzulösen. Doch inzwischen hatten sich militärische Selbstverwaltungsorgane gebildet – ein Zeichen für die fortschreitende Politisierung der Bevölkerung –, die sich der Auflösung erfolgreich widersetzten. Die Armee bildete nun einen selbstbewußten politischen Machtfaktor. Dazu hatten die Ideen der Levellers erheblich beigetragen. Ausgehend von religiösen Freiheitsforderungen entwickelten sie ein politisch-gesellschaftlich egalitäres Reformprogramm, das vorwärts- und rückwärtsgewandte Züge verband. Ihr Verlangen nach Rechtssicherheit und -gleichheit führte zur Forderung nach einer geschriebenen Verfassung, ihre sozialen und wirtschaftlichen Ideale zielten auf eine Gesellschaft von Kleineigentümern, die nach einfachen, für alle durchschaubaren Regeln leben sollten. Sie entwickelten keine sozialrevolutionären Programme, doch ihre Vorstellungen waren den Führungsgruppen der Revolution zu radikal. Sie konnten sich auch in der Armee nicht durchsetzen, die seit dem Sturz der Monarchie unter der Führung O. Cromwells zum Hauptgegenspieler des Rumpfparlaments wurde. Nachdem Cromwell es 1653 mit Gewalt aufgelöst hatte, war er unbestritten die große Führungsgestalt Englands. Man hat oft gesagt, er sei Robespierre und Napoleon, Lenin und Stalin in einer Person gewesen: Er wirkte an der Revolution in allen ihren Entwicklungsphasen mit, er versuchte, sein Protektoratsregime durch eine kriegerische (gegen Holland, dann gegen Spanien gerichtete) Außenpolitik zu festigen, und er beendete die Revolution. Die Krone, die ihm das Parlament angeboten hatte, lehnte er zwar ab, doch nach seinem Tode (3.9.1658) führte der »Kreislauf der obersten Gewalt«, wie T. Hobbes im ›Behemoth‹ schreibt, 1660 zurück in die Monarchie, beschlossen von einem Parlament, das damit dem Willen der großen Mehrheit seiner Wähler folgte.

Was hat die Englische Revolution erreicht? Sie war keine soziale Revolution. Nur in Irland kam es zu großen Besitzumwälzungen, doch diese waren als antikatholische Strafaktionen religiös bedingt. Es begann keine Ära bürgerlicher Herrschaft, vielmehr verfestigte sich nach 1660 die Macht der Aristokratie. Die Englische Revolution war eine religiöse Revolution. Und deshalb konnte sie angesichts der religiösen Imprägnierung des gesamten Lebens im 17. Jahrhundert auch zu einer tiefwirkenden politischen Revolution werden. Es kam zu einer Aufbruchsstimmung, die in viele Bereiche ausgriff. Die Politisierung der Gesellschaft weitete sich enorm, selbst Frauen beteiligten sich in großer Zahl, und das intellektuelle Leben ließ eine Fülle von Ideenexperimenten zu: Über die

Volkssouveränität und die Festlegung von Kompetenzen durch eine geschriebene Verfassung, über religiöse Gewissensfreiheit und die republikanische Staatsform dachte man nach. Nichts von dem konnte jedoch, im Unterschied zur Amerikanischen Revolution, dauerhaft gesichert werden. Die Englische Revolution lieferte Ideen, die erst später verwirklicht wurden. In die Zukunft hinein wirkte sie auch mit dem, was mit ihr endete. Der Chiliasmus verschwand als revolutionäre Triebkraft – erst in jüngster Zeit scheint er in Form der muslimischen Revolution wiederzukehren –, und der Puritanismus wurde zum Hauptopfer der »Puritanischen Revolution« (J. H. Hexter), denn die politischen Führungsschichten verbanden sich wieder fest mit der Anglikanischen Kirche, und ihr Beharrungswille versteifte sich. Die Revolution gab jedoch auch Entwicklungen frei. Sie argumentierte religiös, doch sie trug auch mit dem, was fehlschlug, zur säkularen Fundierung von Staat und Politik bei. Die Monarchie wurde »entgöttlicht« und der Staat entpersonalisiert. Der Versuch, ein stehendes Heer zu errichten, war gescheitert, und die Machtbehauptung der alten Führungsschichten verhinderte, daß eine vom König abhängige Bürokratie entstehen konnte. Damit fehlten die beiden Hauptpfeiler, auf die sich die absolutistischen Herrscher des Kontinents stützten.
Die zweite englische Revolution des 17. Jahrhunderts, die Glorious Revolution, festigte diese Ergebnisse und nahm einiges auf, was bis 1660 noch nicht gesichert werden konnte. Das Parlament entzog Jakob II. wegen Bruch des ›Vertrages zwischen König und Volk‹ den Thron, und es verlieh Wilhelm von Oranien und dessen Frau Maria, der ältesten Tochter Jakobs II., die Krone. Die Idee des Gottesgnadentums war damit in England endgültig vernichtet und der Weg zur parlamentarischen Monarchie eröffnet, abgesichert durch eine Reihe grundlegender Gesetze, die 1689 und in den folgenden Jahren verabschiedet wurden. Insofern begründeten die beiden Revolutionen des 17. Jahrhunderts Englands politischen »Sonderweg« in die Moderne.

Amerikanische Revolution
Wie die Englische entwickelte sich auch die Amerikanische Revolution ungeplant aus der Verteidigung des Alten oder was man dafür hielt. Religiöse Vorstellungen spielten jedoch nicht mehr die dominierende Rolle wie ein Jahrhundert zuvor in England, und im Unterschied zur Französischen Revolution, mit der sie gemeinsam den Zyklus der »atlantischen Revolutionen« (R. R. Palmer) eröffnete, blieb die Amerikanische trotz sozialer Unterströmungen eine Verfassungsrevolution. Ausgelöst wurde sie durch wirtschaftliche und fiskalische Maßnahmen, mit denen das englische Mutterland, von dem die nordamerikanischen Kolonien in unter-

schiedlicher Weise abhängig waren, die eigene wirtschaftliche Situation zu verbessern suchte. Es waren aber weniger die neuen Lasten als vielmehr die Methoden, wie sie auferlegt und durchgesetzt werden sollten, welche Widerstand provozierten. Die Kolonisten empfanden das englische Vorgehen als einen zentralen Angriff auf die Rechtsordnung, in der ›Eigentum‹ und ›Freiheit‹ eine unlösbare Einheit bildeten. Als diese gefährdet schien, entstand eine breite Protestwelle, die in der Formel »No taxation without representation« eine massenwirksame Parole von hoher Integrationskraft fand. Die Wortführer des Protestes wollten die ›rights of Englishmen‹ verteidigen, nicht die Kolonien von England lösen. Das Ziel der Unabhängigkeit trat erst in den Vordergrund, als die englische Regierung nicht einlenkte und so die Überzeugung entstand, die ›Freiheiten der Engländer‹ könnten in den Kolonien nur durch die Trennung von England gesichert werden. Der Unabhängigkeitskrieg (1775–83) entfesselte dann eine Dynamik, die nicht nur den Bruch mit dem Mutterland England irreparabel machte, sondern auch die Vorstellungen über die künftige Herrschaftsordnung, die mit der staatlichen Selbständigkeit verwirklicht werden sollte, vorantrieb. Die Amerikanische Revolution entfaltete also eine doppelte Stoßrichtung: nach außen auf Autonomie zielend gegen England und die Verfassung ausgestaltend nach innen. Eine Vielzahl von Gründen ermöglichte es, daß diese Bewegung wesentlich anders verlief als die Französische Revolution und zu Ergebnissen führte, die bis heute immer wieder zu den »Glanzlichtern der Menschheitsgeschichte« (H. Arendt) gerechnet wurden, Richtpunkte in der nie zu beendenden kontroversen Diskussion über die erstrebenswerten Grundlagen politischer Ordnung. Die sich steigernde Rigorosität von Ideen und Taten, die seit der Französischen Revolution dem neuzeitlichen Revolutionsdenken als Erwartungsmodell eingeschliffen ist, prägte die Amerikanische Revolution nicht. Auf ihr lastete kein in den revolutionären Terror treibender Gewaltdruck. Das lag z. T. an der Sozialverfassung der Kolonien. Vielfältig geschichtet, umfaßte sie zwar ein weites Spektrum sozialer Ungleichheit von den Unterschichten bis zur ›Pflanzeraristokratie‹, doch anders als in Europa bot sie sich als eine offene Ordnung dar, ohne starre, rechtlich festgelegte Grenzen. Zu deren Erweiterung schien Gewalt nicht notwendig zu sein, zumal die Sklaven, die mehr als ein Fünftel der Bevölkerung stellten, zu ca. 90 Prozent aber in den südlichen Kolonien lebten, in den Zielen der ›weißen‹ Revolutions- und Unabhängigkeitsbewegung noch keine Rolle spielten. Diese Ausklammerung eines großen Teils der Bevölkerung, die gelang, obwohl die Briten sie durch ein Freiheitsversprechen für überlaufende Sklaven zu nutzen suchten, befreite die Amerikanische Revolution von einem bedeutenden Konfliktpotential, das seit dem 19. Jahrhundert zunehmend gewichtiger wurde. Es existierte auch keine ›soziale Frage‹, die mit der Massenarmut in Europa vergleichbar gewesen wäre. Das begünstigte die integrative Kraft, die von dem Leitbild einer Mittelklassen-Gesellschaft ausging, die im Gegensatz zu der feudal-ständischen Gesellschaftsordnung Europas jedem den Aufstieg nach eigener Leistungskraft versprach. Sozialproteste flossen zwar in erheblichem Maße auch in die Amerikanische Revolution ein, doch ihre Sprengkraft war nicht stark genug, um die politische Revolution zur sozialen voranzutreiben. Die politische Ordnung der Kolonien fing diese Proteste dank der bereits weitgehenden demokratischen Mitwirkungsmöglichkeiten flexibel auf. 50 bis 80 Prozent der weißen, männlichen Erwachsenen besaßen das Wahlrecht, in manchen Gemeinden, die eine ausgedehnte Selbstverwaltung besaßen, sogar mehr als 90 Prozent. Wo der Protest nicht institutionell entschärft werden konnte, wurde mit Erfolg militärische Gewalt eingesetzt. Im Vergleich zu Frankreich gilt aber, daß in der Amerikanischen Revolution die Gewalt sich weniger nach innen richtete, sondern in den Unabhängigkeitskrieg eingebunden blieb, der vor allem im Süden eher einem Guerillakrieg als einem konventionellen glich. Auch die Hoffnung, als Siegesprämie das Recht zur Landnahme im Westen zu gewinnen, entlastete die amerikanische Gesellschaft während der Revolution von politischen und sozialen Konflikten. Dieses Kriegsziel wurde erreicht, da der Frieden von Paris, mit dem Großbritannien 1783 die Souveränität der Vereinigten Staaten anerkannte, die von den Briten 1763 verhängte Grenzlinie für die Besiedlung (Proclamation Line) aufhob.

Die in kolonialer Zeit bereits erprobte Repräsentationsidee erwies sich als stark genug, in der Revolution zentrale Instanzen zu schaffen, deren Legitimität in den Kolonien ohne ernsthafte Konkurrenz blieb. Mit dem Ersten Kolonialkongreß, der am 5. 9. 1774 in Philadelphia zusammentrat, schufen sich die Kolonien eine nationale Dachorganisation, die weiter ausgebaut wurde und schließlich den Verteidigungszustand für alle Kolonien ausrief (10. 5. 1775, Zweiter Kolonialkongreß) sowie am 4. 7. 1776 die Unabhängigkeitserklärung verabschiedete. Aus ihr sprach das Pathos des Neubeginns, das sich während der Revolution entwickelt hatte und zu ihrem unverlierbaren Erbe an die Nachwelt gehört.

Der Erfolg des amerikanischen Unabhängigkeitskrieges ließ sich keineswegs von Beginn an absehen. Fehler der englischen Generalität halfen den Amerikanern, ebenso ihre diplomatischen Erfolge in Europa, vor allem die politische und finanzielle Unterstützung durch Frankreich und die Niederlande. Diese internationale Hilfe prämierte den innenpolitisch gemäßigten Revolutionsverlauf und zugleich stabilisierte sie ihn. Denn die Unterstützung von außen, wie auch die räumliche Entfernung von feindseligen Nachbarn, hat die Amerikanische Revolution im Unter-

schied zur Französischen dagegen gefeit, eine gegen andere Nationen gerichtete revolutionäre Missionsideologie zu entwickeln und damit auch im Innern die Revolutionsdynamik anzufachen. Die diplomatischen und militärischen Erfolge halfen, den bestimmenden Einfluß der kolonialen Führungsschichten im Revolutionsgeschehen zu sichern. Es gelang ihnen, die Höherrangigkeit der Verfassung vor der normalen Gesetzgebung durchzusetzen, so daß die Bundesverfassung von 1787 ein System von ›checks and balances‹ schuf, welches das Prinzip der Volkssouveränität und zugleich »republikanische Heilmittel für die Gebrechen der Republik« (J. Madison) verfassungspolitisch institutionalisierte. Erzielt wurde die Verfassung in einer außergewöhnlich breiten öffentlichen Diskussion, die dazu beitrug, politische Wunden, welche die Revolution geschlagen hatte, vernarben zu lassen. Für eine ›Konterrevolution‹ gab es keinen Ansatzpunkt. Auch das wirkte gewaltdämmend.
Die Amerikanische Revolution befreite zwar von kolonialer Abhängigkeit, doch sie konnte nicht zum Vorbild für die Entkolonialisierungsrevolutionen des 19. und 20. Jahrhunderts werden. Dafür waren die Ausgangsvoraussetzungen zu unterschiedlich. Ihre weltpolitische Bedeutung gewann die Amerikanische Revolution aus ihrer Nachgeschichte. Die Revolution schuf die Voraussetzungen dafür, daß die Vereinigten Staaten sich zum Symbol einer freien Gesellschaft entwickeln konnten. In diesem Prozeß, der im Zweiten Weltkrieg einen Gipfelpunkt erreichte, wurde die Amerikanische Revolution zum Mythos, der als Forderung an die eigene Gegenwart in jeder Generation immer wieder neu gedeutet wird.

Französische Revolution
Die Amerikanische Revolution und die Volkserhebungen der 1780er Jahre in England, Holland, den österreichischen Niederlanden und in Schweizer Kantonen stehen zwar am Beginn einer bis zur Mitte des 19. Jahrhunderts reichenden Kette von Revolutionen, doch erst die Französische Revolution von 1789 löste eine Dynamik aus, die in etwa 2 ½ Jahrzehnten die Welt politisch umgestaltete. Unter dem revolutionären Druck zerfielen die feudalen und ständischen Ordnungen, in denen die Menschen Jahrhunderte gelebt hatten. Die Französische Revolution war folgenreicher und vielschichtiger als alle früheren Revolutionen. Das erklärt, warum es trotz nie abreißender Forschung und einer schlechthin unüberschaubaren Flut von Veröffentlichungen umstritten ist, wie der Verlauf und die Ergebnisse der Revolution zu bewerten sind. Ihr Ablauf legte fest, was seitdem die Menschen als ›vollen‹ Revolutionszyklus begriffen und ihre Hoffnungen und Ängste bestimmte: zunächst parlamentarisch beschlossene liberale Reformen, die unter Wahrung der monarchischen Staatsform die im Ancien Régime längst begonnene Auflö-

sung der hierarchischen Ständegesellschaft in schnellem Stoß zu Ende führten, dann eine gewaltreiche Phase der sozialrevolutionären Republik, die schließlich in die Diktatur eines einzelnen mündete, der die Revolution, nicht jedoch deren Ergebnisse liquidierte. Diese Phasen sind zwar klar voneinander abgegrenzt, umschließen aber unterschiedliche, z. T. gegenläufige Entwicklungen. Schon in der ersten Phase schoben sich drei Revolutionen (F. Furet, D. Richet) ineinander: die Revolution der Abgeordneten, die städtische Revolution der klein- und unterbürgerlichen Sozialschichten und die Revolution der Bauern.

Die Triebkräfte der Revolution auf dem Lande entsprangen einem Wandel, der die Bauern in mehrfacher Weise bedrängte. Die von Kommerzialisierung und Konzentration des Grundbesitzes begleitete Mobilisierung des Bodens verringerte den bäuerlichen Besitzanteil bis zum Vorabend der Revolution auf etwa 30 Prozent, förderte die Zunahme des Landproletariats und löste die Bindungen der Dorfgesellschaft, so daß Schutz und Hilfe in Notfällen entfielen und die soziale Distanz zwischen den Menschen zunahm. Die Bauern empfanden sich deshalb als Opfer eines ökonomischen ›Fortschritts‹, der das städtische Bürgertum – es besaß ebenfalls etwa 30 Prozent des Bodens –, Teile des Adels (ca. 20 Prozent) und des Klerus (ca. 10 Prozent) begünstigte. Zugleich litten die Bauern weiterhin unter der Last der Grundherrschaft, die ihnen trotz der bereits abgeschwächten Feudalität vieles aufbürdete, was dem ›Zeitgeist‹ widersprach, z. B. Fronarbeit, seigneurale Gerichtsbarkeit oder adlige Monopole, die etwa in Form des Jagdrechts feudale Privilegien in provozierender Weise ständig vor Augen führten. Die Bauern sahen sich also mit Grund als Opfer von zu wenig und zugleich zu viel ›Fortschritt‹. Sie konnten deshalb mit den anderen Revolutionskräften zusammengehen, aber sich auch gegen diese richten, ohne ihren eigenen Zielen untreu zu werden. Die bäuerlichen Forderungen gingen in ihrer Radikalität über die bürgerlichen hinaus und trugen dazu bei, daß die politische Revolution in eine soziale mündete. Als unter ihrem Druck 1794 die entschädigungslose Abschaffung aller Feudalabgaben verfügt sowie die nationalisierten Kirchengüter und die eingezogenen Güter der Emigranten zum Teil in Landparzellen aufgeteilt und damit für Bauern erschwinglich wurden, schieden diese aus dem Kreis der ungleichen revolutionären Kräfte aus. Zum Teil wandten sie sich gegen die Revolution, von der sie sich um den vollen Ertrag der Revolutionsernte, die sie erhofft hatten, zugunsten der Städte betrogen wähnten. Vor allem Paris erschien ihnen als die unproduktive Zentrale, welche die Arbeit des Landes verzehrt. Wie die Bauern stemmten sich auch die klein- und unterbürgerlichen Schichten der Städte gegen eine wirtschaftliche Entwicklung, die ihnen die sozialen Kosten aufzubürden schien. Ihre Empörung darüber, die schon die vorrevolutionären Revolten gespeist hatte, floß von Beginn an in die Revolution ein. Das revolutionäre Fanal, die Erstürmung der Bastille am 14.7.1789, fiel zusammen mit dem Höchststand des Brotpreises, für die breite Masse der städtischen Bevölkerung Maßstab für die Erträglichkeit des Lebens. Dessen Sicherung verlangten sie gegen die Mechanismen einer marktrationalen Ökonomie. Ihr soziales Ideal war eine vom Staat garantierte Gesellschaft der Kleineigentümer, die krasse Besitzunterschiede ebensowenig vertrug wie eine kapitalistische Entwicklungsdynamik.

Bauern und die »kleinen Leute« der Städte, vor allem von Paris, gaben der Revolution Schwungkraft, doch in ihren Ergebnissen bestimmt wurde sie in der ersten, bis 1792 reichenden Phase, der sog. ›Révolution de la Liberté‹ oder ›Révolution bourgeoise‹, von den Abgeordneten in Versailles. Eine Elite aus allen drei Ständen erreichte es, daß die Generalstände sich am 17.7.1789 zur Nationalversammlung erklärten. Damit verwirklichten sie erstmals auf dem europäischen Kontinent die Idee der Nationalrepräsentation, die im 19. Jahrhundert zu einer der stärksten Bewegungskräfte werden sollte. Die Assemblée nationale zerstörte in einer einzigen Nacht, am 4.8.1789, mit ihren Beschlüssen die Grundlagen der feudal-ständischen Privilegiengesellschaft. Sie verbot alle korporativen Sonderrechte, die grundherrlichen Rechte, Feudalabgaben und die Ämterkäuflichkeit. Die Abgeordneten hielten aber die Grenzen einer sich abzeichnenden bürgerlichen Rechtsordnung ein. Die persönlichen Bindungen galten als ersatzlos aufgehoben, während bei den auf dem Boden lastenden Rechten und Pflichten zwischen feudalrechtlichen und privatrechtlichen unterschieden wurde. Die letzteren waren nur gegen Entschädigung ablösbar, denn das Eigentum galt der Parlamentsrevolution, wie in den staatlichen Reformen außerhalb Frankreichs, als unantastbar. Zu den Maßnahmen von überzeitlicher Bedeutung, die in der ersten Revolutionsphase gelangen, gehört vor allem die ›Erklärung der Menschen- und Bürgerrechte‹ vom 26.8.1789, die seitdem zum Kern einer liberalen Verfassung zählen. Die ›bürgerliche Revolution‹ der Nationalversammlung griff auch tief in die Staatsordnung ein. Die Verfassung vom 3.9.1791 sah eine einzige Kammer, zu wählen von den männlichen Steuerzahlern, als Organ der souveränen Nation vor. Der König wurde entmachtet, behielt aber ein aufschiebendes Vetorecht. Begleitet war das Verfassungswerk durch eine umfassende Verwaltungs- und Justizreform. Frankreich erhielt mit 83 Departements neue, nicht mehr der historischen Entwicklung entsprechende Verwaltungseinheiten, in denen ebenfalls Vertretungsorgane gewählt wurden. Die Justiz wurde vereinheitlicht, von der Verwaltung getrennt, und für Strafverfahren richtete man Geschworenengerichte ein. Diese Reformen verwirklichten bürgerliche Leitbilder, führten aber auch das Werk des zentralisierenden Absolutismus weiter –

ein Zeichen, wie sehr vielfach Altes und Neues ineinanderflossen. Das gilt auch für die 1791 beschlossene Aufhebung aller Zünfte und Korporationen. Man begründete damit die Berufs- und Gewerbefreiheit, verbot aber auch Arbeiterorganisationen und Streiks. Selbst die Säkularisierung der Kirchengüter und die Unterordnung der Kirche unter den Staat (staatliche Wahl und Besoldung des Klerus) schienen zunächst die absolutistische Kirchenpolitik fortzuführen, bedeuteten aber auch einen unbeabsichtigten Schritt zur Säkularisierung des gesamten staatlichen und gesellschaftlichen Lebens.

In der zweiten Phase, der sog. ›Révolution de l'Egalité‹ oder ›Révolution démocratique‹, die vom Sturz der Monarchie am 10. 8. 1792 bis zum Sturz der Jakobinerdiktatur am 27. 7. 1794 dauerte, zerbrach die »fiktive Einmütigkeit« (M. Vovelle) der Revolutionskräfte. Vorangetrieben durch den Krieg, der 1792 begann und eine unvorhergesehene politisch-soziale Dynamik auslöste, radikalisierte sich der Revolutionsverlauf, der von der Konventsherrschaft der Gironde zur Diktatur des Wohlfahrtsausschusses unter Robespierre führte. Das Ideal der Sansculotten, deren Aufstand 1793 die Jakobinerherrschaft ermöglichte, blickte sowohl in die Zukunft wie in die Vergangenheit. Sie forderten die wirtschaftliche Gleichheit, aber im Zeichen einer kleingewerblichen Wirtschaft, die sich gegen Industrialisierung sperrte; soziale Grundrechte wie Recht auf Arbeit, Unterstützung und Bildung, ergänzt durch die Forderung nach Vermögensgleichheit, standen neben der ›Sichel der Gleichheit‹ in Form der Guillotine, die zum Werkzeug des Terrors als einem Erziehungsmittel zur ›Tugend‹ wurde, dem schließlich auch Robespierre und seine Anhänger zum Opfer fielen.

Nach der Ausschaltung der in verfeindete Gruppen gespaltenen Jakobiner setzte die dritte Phase der Revolution ein, die von der instabilen Herrschaft der Konventsmehrheit und des Direktoriums bis zum Staatsstreich Napoleon Bonapartes vom 9. 11. 1799 (18. Brumaire) reichte. Der erfolgreiche Heerführer bestimmte nun zunächst als Konsul, ab 1804 dann als Kaiser die französische Politik. Damit kehrte die Revolution aber nicht an ihren Ausgangspunkt zurück. Napoleons Herrschaft in Frankreich und Europa wurde zwar nur durch seine militärischen Erfolge möglich, und als diese ausblieben, stürzte er. Doch Napoleon war mehr als ein bloßer Militärdiktator. Er schuf eine neue Verfassung, ermöglichte eine Annäherung von alten und neuen Führungsschichten, setzte die Zentralisierung der Verwaltung und die Reform der Justiz fort. Er konnte deshalb nach Erlaß der Konsulatsverfassung verkünden: »Die Konstitution gründet auf den heiligen Rechten des Eigentums, der Gleichheit, der Freiheit... Bürger, die Revolution ist zu den Prinzipien zurückgekehrt, von denen sie ausgegangen ist. Sie ist beendet.« Weil er zentrale Ergebnisse der Revolution bewahrte, konnte er seine Macht so lange behaupten.

Nichts war seit der Französischen Revolution mehr wie zuvor, nicht einmal die Monarchie. Sie sah sich nun unter einen ständigen Rechtfertigungsdruck gesetzt. Das galt für Napoleon als dem Usurpator auf dem Throne, den er sich 1804 durch ein Plebiszit vom Volk hatte bestätigen lassen, in besonderem Maße. Aber auch die auf dynastischer Tradition gegründeten europäischen Monarchien gerieten in den Entmythologisierungsprozeß, der seit der Englischen Revolution die monarchische Legitimität kraft göttlichen Rechts abschwächte. Die Französische Revolution trieb diese Entwicklung mächtig voran, beendet wurde sie weltweit erst durch die Revolutionen des 20. Jahrhunderts. Die Folgen der Französischen Revolution und der napoleonischen Ära als ihrer letzten Phase sind widersprüchlich, Nah- und Fernwirkungen von den langfristigen Entwicklungslinien, die schon vor 1789 eingesetzt hatten, schwer zu trennen. Deshalb sind die Urteile darüber durchtränkt von weltanschaulichen Grundhaltungen. Unbestreitbar folgenreich war die revolutionäre Ära für die territoriale Ordnung Europas. Vor allem der mitteleuropäische Raum wurde völlig umgestaltet. Das Alte Reich hörte auf zu existieren, die bunte Fülle der Klein- und Zwergstaaten verschwand. Die Ideen der Volkssouveränität und des Nationalstaats wurden 1815 auf dem Wiener Kongreß zwar zurückgestaut, doch sie blieben wirkungsmächtig. Und auch die Monarchien, die auf diesem Kongreß dem neuen, nach-revolutionären Europa eine erneuerte dynastische Legitimität schaffen wollten, verschlossen sich den Wirkungen der Französischen Revolution nicht. Deren Impulse lebten in den staatlichen Reformen und in dem gesellschaftlichen Reformverlangen weiter – außerhalb Frankreichs nicht weniger stark als in Frankreich, in manchen Bereichen sogar stärker. Das gilt für die wirtschaftliche ›Modernisierung‹, die z. B. infolge der Parzellierung des Bodens durch die sog. ›bürgerliche Revolution‹ von 1789 eher verlangsamt wurde. Die in der Revolution gefestigten wirtschafts- und gesellschaftspolitischen Leitvorstellungen zielten keineswegs auf die Entwicklung zum Industriekapitalismus. Die fortwirkende Kraft dieser Orientierungen gehört ebenfalls zu den Spätfolgen einer Revolution, die politische und soziale Demokratie unter den Bedingungen einer vorindustriellen Gesellschaft zu verwirklichen suchte. Die Französische Revolution hatte Grundprobleme der Gesellschafts- und Staatsordnung aufgeworfen, die im 19. Jahrhundert in Europa und auch in Nord- und Lateinamerika die Entwicklung prägten – sei es in Form tiefgreifender ›stiller‹ Revolutionen, sei es durch revolutionäre Erschütterungen, welche schon damals die Menschen vom ›Zeitalter der Revolutionen‹ sprechen ließen. Der Erste Weltkrieg schloß dieses Zeitalter ab. Die Revolutionen, die nun entstanden, folgten nicht mehr dem Modell, das die Welt in der Französischen Revolution von 1789 kennengelernt hatte.

Russische Revolution

Aus dem Ersten Weltkrieg ging eine veränderte Welt hervor. Das »Weltsystem der europäischen Interessen« begann dem »System der neuen Weltmächte« (H. Freyer) zu weichen. Das Jahr 1917 kann, zumindest im Rückblick, als Chiffre für den sich abzeichnenden Ausklang der europäischen Weltherrschaft gelesen werden: Die Industriemacht USA trat mit einem demokratischen Missionsprogramm von weltweitem Geltungsanspruch in den Krieg ein, und das Entwicklungsland Rußland brachte eine neue Form der Revolution hervor, die sich begriff als Auftakt und Modell einer antiimperialistischen Weltveränderung, geplant und gesteuert von den Zukunftsentwürfen revolutionärer Eliten.

Die Russische Revolution entstand zwar aus dem Ersten Weltkrieg, der auch ihren Verlauf prägte, aber ihre Wurzeln reichen weiter zurück. Die krisenreiche wirtschaftliche Modernisierung unter der zwanghaften Obhut der Bürokratie gehört dazu. Die aus dem Staatsinteresse hervorgegangene Industrialisierung hatte ein Fabrikproletariat entstehen lassen, das bereits in der gescheiterten Revolution von 1905 eine demokratisch-soziale Republik forderte und mit den Räten, den Sowjets, spontan eine zukunftsträchtige Organisationsform des Arbeiterprotestes schuf. Große Streiks, die unter der Knute staatlicher Gewalt in sozialistische Demonstrationen gegen das Regime umschlugen, rissen auch nach 1905 nicht ab. Die Masse der bäuerlichen Bevölkerung, etwa 80 Prozent der Nation, überwiegend Analphabeten, zeigte sich hingegen für die politischen Programme der oppositionellen Intelligenz noch nicht empfänglich. Unter dem Druck von Massenarmut und Überbevölkerung begann sich zwar die überkommene ländliche Lebenswelt aufzulösen, ohne daß aber bereits eine neue Ordnung erkennbar gewesen wäre. Erst der katastrophale Kriegsverlauf sprengte das bürokratische, polizeistaatliche Regime, für das angesichts der nur kümmerlich entwickelten, auf die Bildungsschicht begrenzten Parteien kein Ersatz bereitstand. Als Ende Februar 1917 aus der allgemeinen Krisenstimmung die Revolution der Arbeiter und der Garnison Petrograds ausbrach, auf das Land und auch auf die Fronttruppen übersprang, erwies sich die staatliche Führung bis hinauf zum Zaren als handlungsunfähig. Zar Nikolaus II. trat zurück, und es kam zu dem für die Offenheit der Situation kennzeichnenden Nebeneinander von Institutionen bürgerlich-parlamentarischer (Duma) und proletarisch-revolutionärer Demokratie (Sowjets), die sich im März auf eine Provisorische Regierung einigten. In ihr saßen keine Revolutionäre, aber sie war ein Geschöpf der Revolution, welche die Regierung nicht selber übernahm, sondern ihre Organisationen, die Räte, neben die alten Behörden stellte. Die Grundlagen dieser Doppelherrschaft, zusammengehalten durch den Krieg, zerfielen mit dessen erfolgloser Fortdauer. Die Bolschewiki waren die einzige Kraft, die in dieser Situation, als »die improvisierte Notstandsdemokratie der Februarrevolution« (D. Geyer) scheiterte, über ein entschiedenes Aktionsprogramm verfügten: sofortige Beendigung des Krieges, sofortige Nationalisierung von Grund und Boden sowie der Banken, sofortige Kontrolle der Industrie durch die Arbeiterräte, sofortiges nationales Selbstbestimmungsrecht für die nichtrussischen Nationalitäten. Diesem Programm hatten die in die Kompromisse der Doppelherrschaft eingebundenen anderen Räteparteien nichts entgegenzusetzen. Während sie ihre Glaubwürdigkeit in einer erfolglosen Politik verbrauchten, hielten sich die Bolschewiki handlungsfähig. Ihr erster, gescheiterter Putschversuch im Juli 1917 bedeutete nur einen vorübergehenden Rückschlag. Lenin hatte seit 1901 beständig gefordert, den Volksaufstand vorzubereiten, indem eine Partei von Berufsrevolutionären organisiert werde, die den Aufstand planen, auslösen und lenken müsse. Gegen den Widerstand in den eigenen Reihen setzte Lenin seit September 1917 seine Überzeugung durch, die Zeit sei reif für den Aufstand, der den »Übergang zur Kommune« erzwingen werde. Darunter verstand er einen Rätestaat, in dem die »Ideologen der kleinbürgerlichen Masse« ausgeschaltet seien. Darauf zielte auch der bolschewistische Appell »Alle Macht den Räten«, nicht auf den Machterhalt der bereits bestehenden Räte. Deren Prinzip, Kontrolle des Staatsapparates, nicht dessen Zerschlagung, lehnten die Bolschewiki ab, aber sie nutzten die Räte, um die staatlichen Institutionen auszuschalten und die Regierung Kerenskis am 25. Oktober 1917 zu stürzen, ohne daß ein Appell an die »bewaffneten Massen« (Lenin) nötig wurde. Die öffentlich vollzogenen organisatorischen Vorbereitungen zum Aufstand wurden so geschickt durch die Legalität des Petrograder Sowjets abgeschirmt, daß die Provisorische Regierung faktisch ihre Macht verlor, ohne sich wehren zu können, wenn sie nicht das Odium der Konterrevolution auf sich laden wollte. So politisch vorbereitet und durch das bolschewistische Sofortprogramm »Waffenstillstand und Landaufteilung« massenwirksam untermauert, konnte der Machtwechsel an der Spitze des Staates ohne einen Volksaufstand vollzogen werden.

Mit dem Erfolg der Oktoberrevolution war ein doppeltes Scheitern verbunden. Rußlands Weg in eine parlamentarische Demokratie, den die Februarrevolution geebnet zu haben schien, war nun beendet. Die Ergebnisse der Wahlen zur Konstituante lassen sich zwar als Wunsch der Bevölkerungsmehrheit nach einer Parlamentarisierung deuten, doch die verfassunggebende Versammlung konnte die von den Bolschewiki vorangetriebene Revolutionsdynamik nicht brechen. Neben dem bürgerlich-demokratischen Parlamentarismus zerbrach auch der Räte-Parlamentarismus, denn der bolschewistische Sowjetstaat sollte den bürgerlichen Staat ersetzen, zu dem auch die Räte der Februarrevolution gerechnet wurden. Die Bolschewiki konnten ihren Kurs der diktatorischen Alleinherrschaft durchsetzen, obwohl ihre Macht mit der Oktoberrevolution noch keineswegs fest etabliert war. Neben der Gewalt, die sie einsetzten, sicherten sie ihre Position vor allem durch eine plebiszitäre Politik, die kein spezifisch bolschewistisches Programm versprach, sondern verwirklichte, was die Massen seit langem forderten. Das ›Dekret über Grund und Boden‹ legalisierte die Umverteilung des Bodens, die schon wildwüchsig in Gang gekommen war; das ›Dekret über den Frieden‹ stillte die wohl drängendste Sehnsucht der Zeit; und die ›Deklaration über die Rechte der Völker Rußlands‹ verhieß, die Selbstbestimmung der Völker auch im Innern zu fördern. Die bolschewistische Partei sicherte ihre ungefestigte Macht vor allem also, indem sie tat, was die Zeit verlangte, und indem sie weitertrieb, was ohnehin zerfiel. Das gilt für die Agrarrevolution, die sich selbst überlassen wurde, ebenso für die Armee, die zerfiel, als der Frieden und das zu verteilende Land die bäuerlichen Soldaten in die Heimat zogen; und es gilt auch für die Industrie, wo die Arbeiterselbstverwaltung die alten Hierarchien stürzte. Die Bolschewiki förderten diesen Prozeß der Zerstörung des Alten mehr, als daß sie ihn steuerten. Dieser Verfall half ihnen, ihre Macht zu sichern, aber er barg auch die »Gefahr der Selbstzerstörung der Revolution« (D. Geyer). Um sie zu bannen, setzten die Bolschewiki die Räte ein, die sie entpolitisierten, indem sie sie in ein Organisationssystem einbanden, das Entscheidungen von oben nach unten zu vollziehen hatte. Auch die Partei veränderte sich in diesem Prozeß der administrativen Verkrustung. Die bolschewistische Partei, die sich als Avantgarde der proletarischen Diktatur begriff, wurde von einem kleinen Führungsgremium diktatorisch geführt, während die meisten Mitglieder zu Rädern im Verwaltungsapparat gerieten. R. Luxemburg hat dieses »Erdrücken des politischen Lebens«, das aus der erhofften »Diktatur des Proletariats... die Diktatur einer Handvoll Politiker« gemacht habe, als »Tragödie« der Russischen Revolution bezeichnet. Man wird allerdings bedenken müssen, daß die Sowjetrepublik in einer Situation lebte, die innen- und außenpolitisch zum Handeln zwang. Die Liquidierung des Krieges im deutschen Diktatfrieden von Brest-Litowsk (3.3.1918) belastete den neuen Staat schwer, und Lenins Hoffnung auf die antiimperialistische Weltrevolution, beginnend im kriegsmüden Europa, schlug fehl. Die bolschewistische Parteiherrschaft entstand in einer Ausnahmesituation, die fortdauerte, als der Weltkrieg endete, ohne daß proletarische Revolutionen die Isolierung Rußlands aufgebrochen hätten. Der ›Sozialismus von oben‹ wurde nun zur Erziehungsdiktatur, die eine starre bürokratische Herrschaft aufbaute. Sie sicherte sich nach innen ab, indem sie keine Demokratie zuließ, und sie setzte nach außen die weltrevolutionären Ziele zur Verteidigung und zur Machterweiterung der Sowjetunion ein.

Obwohl die revolutionären Zukunftsvisionen der Bolschewiki und Lenin scheiterten, markiert die Russische Revolution eine Zäsur im neuzeitlichen Revolutionsprozeß, der mit der Englischen Revolution eingesetzt hatte. Die alten Vorstellungen von der ›bürgerlichen‹ und der ›proletarischen‹ Revolution griffen nicht mehr, als im Agrarstaat Rußland eine Revolution geschah, die sich sozial vornehmlich auf kleinbäuerliche Massen stützte und politisch von einer machtbewußten, gebildeten Minderheit gesteuert wurde. Diese Mischung und die Verbindung von ökonomischer Entwicklungs- und antiimperialistischer Befreiungsprogrammatik ließ die Russische Revolution zu einem Vorbild in der nicht-westlichen Welt werden, das seitdem in vielfacher Weise verändert worden ist, seine Faszination in den Entwicklungsländern aber nicht eingebüßt hat.

[D. LANGEWIESCHE]

Schule, Bildung

Die Schule hat sich in den modernen Gesellschaften als öffentliche Einrichtung für Massenlern- und -bildungsprozesse universal durchgesetzt. Ihre historischen Wurzeln reichen jedoch nicht weiter zurück als in jenen langwierigen Prozeß, in dem sich in der Frühen Neuzeit der absolutistische Staat und mit ihm die moderne, auf der Idee der Egalität und des Vertrages aufgebaute bürgerliche Gesellschaft mit ihren Bedürfnissen nach Massenloyalität und qualifizierten Trägern einer staatlichen Verwaltung entwickelten.
Die Organisationsform der heutigen Schule mit ihren spezifischen Lern- und Lehrmethoden resultiert letztlich aus der Ausdehnung der arbeitsteiligen und an optimaler Verwertung von Kapital orientierten Wirtschaftsweise. Mit der Durchsetzung der Lohnarbeit, wachsenden Marktverflechtungen und der zunehmenden Anwendung von komplizierten und kostspieligen Werkzeugen und Maschinen entstand ein breiter und differenzierter Bedarf an Arbeitskräften, die ihre grundlegenden formalen und materiellen Qualifikationen, Kenntnisse, Verhaltensweisen und Denkmuster während eines der produktiven Arbeit vorgelagerten Erziehungs- und Ausbildungsprozesses erworben haben.
Ein Verständnis für die historische Entwicklung der Schule setzt also eine Abstrahierung von den Denk-, Kommunikations- und Ausbildungsformen voraus, die wir gewöhnlich mit den Begriffen ›Schule‹ und ›schulisches Lernen‹ verbinden.
Das gleiche gilt auch für den Begriff der Bildung. Die moderne Konzeption von Bildung als geistigem Habitus und anthropologisch orientierter Wertnorm für individuelles und gesellschaftliches Verhalten hat sich erst

im 18. Jahrhundert ausgeprägt. Maßgeblich formuliert wurde diese Konzeption von der Generation J. G. Herders, und auf den Begriff gebracht hat sie das Bildungskonzept des Neuhumanismus W. v. Humboldts.
Diese spezifische Ausprägung des modernen Bildungsbegriffs erweiterte einerseits die traditionellen Bildungs- und Erziehungsvorstellungen der »alteuropäischen Gesellschaft« (O. Brunner) durch die enge Verbindung der Freiheitsidee der Aufklärung mit dem Konzept vom Einzelmenschen als einer ideellen harmonischen Ganzheit von Fähigkeiten, Fertigkeiten und Werthaltungen. Auf der anderen Seite aber verengte diese Entwicklung den Begriff der Bildung auf eine dominant an die Voraussetzung der Lese- und Schreibfähigkeit gebundene Kultur. Sie vollendete damit die im europäischen Mittelalter eingeleitete Zurückdrängung der Bereiche mündlich tradierter Kulturformen aus dem Konzept von Erziehungs- und Bildungsbemühungen.

Schule und Erziehung in der griechisch-römischen Antike
Das Ausbildungs- und Schulsystem des griechisch-römischen Altertums hatte im Hellenismus eine etwa ein Jahrtausend lang gültige Form ausgebildet. Es stützte sich auf die Verbindung von Schriftkultur und einer differenzierten städtischen Zivilisation und spiegelte damit eine offenbar universalhistorische Koinzidenz von städtischen Hochkulturen mit der Wende zur Schriftkultur wider. In der alteuropäischen Gesellschaft ist dies erst wieder in Ansätzen in den spätmittelalterlichen und frühneuzeitlichen Stadtgesellschaften zu beobachten (E. Ennen).
Dieses antike, ›klassische‹ Bildungssystem steht nicht nur durch die organisatorischen und inhaltlichen Rückgriffe humanistischer und neuhumanistischer Pädagogen und Bildungstheoretiker des 14.–16. und des 19. Jahrhunderts den modernen Bildungssystemen näher als die ständisch-feudalen Ausbildungsformen des Mittelalters. Neben der grundlegenden Tatsache der Schriftkultur lassen sich auch Tendenzen staatlicher Institutionalisierung, eine frühe Professionalisierung der Lehrerfunktion mit den Begleiterscheinungen pädagogischer Routine und Versuche, über Bildungsprivilegien den Traditionsstrom im Sinne sozialer Abgrenzung zu kanalisieren, als gemeinsame Strukturelemente von antiken und modernen Ausbildungssystemen nachweisen. Allerdings setzt die prinzipielle soziale Exklusivität der antiken Schule und Bildung dieser Vergleichbarkeit enge Grenzen. Denn die ›Bildung‹ des Altertums war ein Oberschichtenphänomen, war völlig getrennt von der deklassierenden Berührung mit der Welt der Arbeit, der Produktion und der beruflichen Qualifikation.
Gemeinsamer Ausgangspunkt für die Entwicklung von Schule und Bildung im griechischen Kulturraum sind die Ausbildungsformen nach dem

Muster einer ritterlichen Kriegeraristokratie, für die Waffenübungen, Sport, Spiele, Tanz, Musik, Dichtung, Beredsamkeit und höfische Lebensart zentrale Ziele des Bildungsinteresses gewesen sind. Die Heranbildung der jungen Elite erfolgte in Männerbünden, Kampfbruderschaften und durch die Ratschläge und das Vorbild älterer Mentoren, denen sie anvertraut war. Daneben existierten aber wohl auch andere Erziehungs- und Bildungsmuster, wie sie in Hesiods Bauernkalender und der Welt der Sappho aufscheinen. Aber auch die aristokratische Elite der Polisgesellschaft orientierte sich weitgehend am Ideal der tradierten Adelserziehung. Dabei konnten als Antwort auf die politisch-gesellschaftlichen Herausforderungen sehr unterschiedliche Ausformungen gefunden werden.

In Sparta entwickelte sich seit der Mitte des 6. Jahrhunderts aus der Bedrohung der messenischen Kriege eine Erziehungs-Dressur durch den Staat, die auf die Bedürfnisse einer im Zustand permanenter Mobilmachung erstarrten Kriegerkaste zugeschnitten war. Die intellektuelle und musisch-kultische Seite der Erziehung wurde der militärischen völlig untergeordnet. Ziel war der asketisch geformte und zu Härte und Patriotismus erzogene Berufskrieger.

Auch im ›zivilen‹ Athen bewahrte die Ausbildung der landbesitzenden Oberschicht eine enge Bindung an ihren aristokratischen Ursprung, wenn auch die kriegerischen Übungen zunehmend in die elegantere Form des Sports transformiert wurden. Spätestens seit dem 1. Jahrzehnt des 5. Jahrhunderts finden sich die ersten Zeugnisse für die Existenz von Schulen und damit der Übergang von der Einzelerziehung durch einen älteren Mentor zu einer kollektiven Schulung in Sport, Musik, Tanz, Literatur und wohl auch Schrift- und Rechenkünsten. Für die Erfordernisse der Schreib- und Lesefähigkeit der Bürger der Polis waren nicht allein merkantile, sondern auch politisch-organisatorische Gründe verantwortlich, setzte doch das Verfahren des Ostrakismus (508–507 von Kleisthenes eingeführt) eine hinreichende Schriftkenntnis der Bürgerschaft voraus.

Ziel der Ausbildung der Oberschichtkinder war der Erhalt des sozialen Status in der organisierten Gemeinschaft der Polis. Dazu bedurfte es besonderer Fähigkeiten des öffentlichen Auftretens, des rhetorischen Argumentierens und der Überzeugung in der politischen Aktion. Hierin liegt das politische Substrat für die »pädagogische Revolution« (H. Marrou) der Sophisten in der 2. Hälfte des 5. Jahrhunderts, die als frei unternehmende Erzieher eine umfassende, meist mehrere Jahre dauernde Schulung der Heranwachsenden aus reichen Familien versprachen. Damit gewann die Pädagogik im modernen funktionalen Sinne die Bedeutung einer empirischen Wissenschaft, für die die Bildung des einzelnen

durch die Maximierung der in ihm wohnenden Fähigkeiten ein erreichbares, die Erziehung im Sinne auf ethische Durchformung des Menschen ein unerreichbares Ziel wird.
Was die sophistische Bildung verhieß, war der Sieg in den politischen Aktionsfeldern der Polisdemokratie. Ihr Mittel war das Training im dialektischen Argumentieren, in der Kunst des Redens und des überzeugenden Plädoyers. Hinter der Attraktivität dieses utilitaristischen Konzepts erkannten die Wortführer der alten aristokratischen Tradition (Sokrates, Platon) wohl die Ablösung des Bildungsgedankens von der Staatsbezogenheit und der Erziehung zur ethischen Bindung an eine Gemeinschaft. Aber sie hatten ihm mit dem Postulat der Nichtlehrbarkeit der ›Tugend‹ (arete) letztlich nichts anderes als die moralische Überlegenheit der Wahrheitsforderung entgegenzuhalten. Die sophistische ›pädagogische Revolution‹ bildete jene Ordnung und Systematisierung des Bildungsstoffes und der Lernmethoden aus, die bis zum 4. Jahrhundert ihre Vollendung (Isokrates) in der ›klassischen‹ Erziehung des hellenistischen Zeitalters fand. Die griechisch-hellenistische ›Paideia‹ formierte in ihrer Blütezeit eine untrennbare Einheit aus gymnastisch-agonalen Elementen, der Schulung einer spezifischen Konversations- und Redefähigkeit für den privat-freundschaftlichen Umgang wie für die öffentliche politische Aktion und eine auf vernünftige Daseinsdeutung und politisch-praktische Reflexionen zielende philosophische Grundausbildung. Dabei war es die Leistung der Schule, ihres Lehrplans und ihrer Methoden, aus dieser Einheit die Rhetorik als die Kunst der wirkungsvollen politischen und forensischen Rede, die Grammatik als analysierende, methodisch geregelte metasprachliche Reflexion (über Literatur) und die Dialektik und Logik als Denkmethoden weiterentwickelt und zu grundlegenden Elementen einer formalen Bildung für die politisch tonangebende Oberschicht ausdifferenziert zu haben.
Dieses während des Hellenismus über die Grenzen der Poleis vom Indus bis zum Sudan verbreitete Bildungskonzept hatte entscheidenden Anteil an der Überlegenheit der Kultur und Philosophie der neuen hellenischen Großmächte. In allen Teilen der Welt wird das Gymnasium zum Mittelpunkt einer gräzisierten, ehemals barbarischen Oberschicht. Es entwikkeln sich ein Ausbildungskanon, Prüfungen, ständige Wettkämpfe, dazu ein festbesoldetes Lehrpersonal, das in der Lage war, die staatlichen Kultfeiern auszugestalten und den Beamtennachwuchs auf seine künftigen Aufgaben vorzubereiten. Natürlich waren diese Bildungsanstrengungen prinzipiell ein Privileg der reichen, von der Mühsal verachteter körperlicher, agrarisch-handwerklicher Arbeit verschonten aristokratischen Oberschicht. An der Spitze eines Gefüges von florierenden Elementarschulen, Gymnasien, Rhetoren- und Sophistenschulen standen die gro-

ßen Institute der Metropolen Athen, Alexandria, Antiochia und Pergamon mit ihren Bibliotheken und Forschungszentren, ihrer angesehenen Lehrerschaft und den besonders zahlreichen Studenten.

Wie die mittelalterliche, kennt die antike Schule allerdings keine Pädagogik, die eine eigenständige Welt des Kindes respektieren würde. Sie ist der Typ der rezeptiven Schule, der unendlichen Wiederholung, der Unanschaulichkeit, des Drills und Wettbewerbs, in der die Furcht vor Gewalt und körperlicher Züchtigung das wichtigste Motivationsmittel darstellt. Die Erziehung ist allein auf die schrittweise integral körperliche, geistige und charakterlich-sittliche Ausbildung des erwachsenen Menschen gerichtet (Humanismus), nicht auf eine spezifische, fachliche und professionelle Qualifizierung, für die man allenfalls Verachtung übrig hatte, wenn man von der früh entwickelten Sonderausbildung für den Arztberuf absieht.

Die fast unveränderte Übernahme dieses Bildungskonzeptes und seiner längst bewährten Institutionen und Stufenfolgen bestimmte auch die römische Welt. Die ursprüngliche Erziehung der römischen Oberschicht war die allmähliche Einführung in das ›herkömmliche Leben‹ (mos maiorum) eines Landeigentümers, der wissen muß, wie man einen agrarischen Großbetrieb leitet, den Boden fruchtbar macht, Sklaven überwacht, Pächter oder Wirtschafter anleitet und berät. Der Ort der Ausbildung ist vor allem die Familie unter der Vollgewalt des ›pater familias‹, die Methode die Imitation und das praktische Mittun. An diese Familienerziehung konnte sich eine Einführung in die politische oder juristische Praxis unter der Leitung des Vaters, häufig auch eines großen Schutzherren anschließen, die eine Laufbahn in den militärisch-zivilen Ämtern eröffnen konnte. Seit dem 3. Jahrhundert übernimmt die römische Nobilität für ihre Söhne die griechische Erziehung der Gebildeten, wenn auch mit charakteristischen Veränderungen bezüglich der musischen und körperlichen Ausbildung.

Die auf etruskische Einflüsse zurückgehenden Anfänge eines Elementarschulwesens zum Erlernen von Schreiben und Lesen werden seitdem überformt und erweitert, so daß bis zum Ende der Republik eine dem Unterrichtszyklus der griechischen Schulen parallel aufgebaute Reihe von lateinischen Schulen entsteht: An die Elementarschule mit ihrem sehr begrenzten Lehrprogramm, das sich lediglich auf Lesen, Schreiben und Rechenübungen erstreckte, schlossen sich die höheren Schulen an, deren Besuch zu den Vorrechten einer gehobenen Schicht gehörte. In ihnen lernte man Grammatik und eine streng formalistische Interpretation der Werke der Dichtkunst (Vergil, Terenz, Horaz, Cicero), die auf der Methode der Rezitation, des Auswendiglernens und formalisierter Form- und Inhaltserläuterungen beruhte.

Eine noch kleinere Gruppe konnte sich an Hochschulen mit den ausgeklügelten Finessen einer zunehmend im politischen Bereich funktionslos gewordenen griechischen Rhetorik vertraut machen, die vornehmlich für den künftigen Anwalts»beruf« und weitergehend juristische Studien qualifizierte. Dabei war die griechische Sprache trotz der ursprünglich für unterrichtliche Zwecke geschriebenen lateinischen Literatur (Ennius) bis ins Kaiserreich das eigentliche Element, in dem die höhere Bildung – vor allem die Philosophie – sich entfaltete. Bis ins erste nachchristliche Jahrhundert war die Zweisprachigkeit Ziel und zugleich Medium der Erziehung der Kinder der Nobilität. Neben dem Besuch der öffentlichen Schulen spielte vor allem bei den großen senatorischen Familien auch die Erziehung durch Privatlehrer im Hause, in der Regel Sklaven oder Freigelassene, eine Rolle.

Für fast ein Jahrtausend bestand so eine gemeinsame Idee von der Enkulturation und Sozialisation der Oberschichtangehörigen und den daraus abgeleiteten Forderungen für die Erziehung in Familie, Gesellschaft und Staat. Die Erziehungskontinuität war zugleich auch eine Kontinuität in der Einschätzung der Schule, ihrer Lehrfächer und ihrer Lehrmethoden. Erst mit der Etablierung der barbarischen Germanenstaaten im römischen Westreich wird das System der antiken Schulen funktionslos und erlischt. Im griechisch sprechenden Osten setzt jedoch die byzantinische Erziehung mit der Aufgabe, qualifiziertes Verwaltungspersonal nach den klassischen Normen der freien Künste mit Rhetorik, Philosophie und Rechtsstudien an der Spitze heranzubilden, die Antike ohne Unterbrechung bis zum Zusammenbruch des Reiches im 15. Jahrhundert fort.

Elementare Schreib- und Lesekenntnisse waren bei der städtischen Bevölkerung weit verbreitet, weniger stark allerdings auf dem Lande. Im Gegensatz zur westeuropäischen Entwicklung bildete sich in Byzanz keine Sonderrolle des gebildeten Schreib- und Lesekundigen heraus. Bildung und Schriftkultur war auch nie nur ein Privileg des Klerus, im Unterschied zum mittelalterlichen Abendland, wo sich dieser von den prinzipiell schriftunkundigen Laien absetzte.

Eine Sonderrolle spielt im Weiterleben antiker Bildungstraditionen auch das europäische Judentum. Mit der Institutionalisierung des ›Bet Midrasch‹ (Lehrhaus) bzw. der ›Jeschiva‹ (weiterführende Schule), die männliche Jugendliche in der Regel vom 6. bis 12./13. Lebensjahr besuchten, hatte sich in den jüdischen Gemeinden ein von der familialen Erziehung unabhängiges Erziehungswesen entwickelt. Über die tatsächliche Reichweite dieses Bildungsangebots und seinen Erfolg, ausgedrückt im Alphabetisierungsgrad der jüdischen Gemeinden, lassen sich aber nur schwer Angaben machen. Vermittelt wurden vor allem elementare Kenntnisse zur Lektüre der biblischen Bücher und des Talmud. Nur in den jüdischen Gemeinden südlich der Alpen, in Spanien, Südfrankreich und Italien wurden die jüdischen Schulen über solche spezifisch jüdischen Bildungsinhalte hinaus geöffnet für Philosophie, Grammatik und Rhetorik sowie naturwissenschaftliche Stoffe.

Schule und Bildung im europäischen Mittelalter

Mit dem Verblassen der Traditionen der antiken Schriftkultur, dem Niedergang der Lebensformen der städtischen Zivilisation und der Auflösung der staatlichen Rechts- und Verwaltungsorganisation im Westen des Römischen Imperiums verlor auch das antike Schul- und Bildungssystem weitgehend seine sozialen Funktionen. Von besonderer Bedeutung für die Entwicklung der mittelalterlichen Bildungsvorstellungen ist die Situation im galloromanisch-fränkischen Großreich der Merowinger und Karolinger. Im Verlaufe des 5. und 6. Jahrhunderts mußte der gallorömische Senatorialadel seine kulturelle, politische und militärische Führungsrolle – auch in seinen letzten Bastionen, den bischöflichen »civitates« – an den weitgehend schriftlosen germanisch-fränkischen Schwertadel abgeben. Seitdem entwickelte sich vor allem in den Gebieten nördlich der Alpen bis zum 12. Jahrhundert eine Art von Dualismus in den Bildungs- und Erziehungsformen: ein sich z. T. gegenseitig blockierendes Nebeneinander der barbarischen volkssprachlich-mündlichen Kultur- und Erziehungsformen der schriftunkundigen Laien und einer Erziehung innerhalb der Schreib- und Lesekultur der christlichen Kirche.

Von den Sonderentwicklungen in Italien, dem byzantinischen Herrschaftsbereich und den jüdischen Kultgemeinden abgesehen, verschwinden die gesellschaftlichen Bereiche, in denen ›Ausbildung‹ in einem segregierten, raumzeitlich und organisatorisch von der Lebenspraxis der Erwachsenen getrennten System stattfindet. Es etablieren sich ständisch differenzierte Bildungs- und Erziehungsformen, die kaum einen Unterschied zwischen Kindern, Jugendlichen und Erwachsenen machen. Die Vermittlung von Kenntnissen und Fähigkeiten geht auf dem Weg einer kontinuierlichen Einführung in die entsprechende Lebenspraxis vor sich. ›Bildung‹ erfährt der junge Mensch in unmittelbarer funktioneller Verflechtung mit der Aneignung von Verhaltens-, Verständigungs-, Arbeits- und Beziehungsformen.

Vom Erlöschen der römisch-antiken Schulen bis zum 13. Jahrhundert gibt es in der Gesellschaft des christlichen Abendlandes nur einen Bereich, in dem systematisiertes Lehren und Lernen, die Kunst des Schreibens und der Umgang mit gelehrtem Buchwissen eine Existenzfrage darstellten, die Kirche. ›Schule im Schoß der christlichen Kirche‹ bedeutete zweierlei. Einerseits war sie der Inbegriff dessen, was im weitesten Sinne Einübung in die christlichen Kultformen und die Lehren des Glaubens bedeutete:

Predigt, die Auslegung der Schrift und die Erklärung des rechten Glaubens, das Erlernen von Gebetsformeln und der Erwerb von rituellen Praktiken der Heilsvergewisserung. Andererseits hatte die Kirche aber an den Bischofssitzen und Klöstern ›Schulen‹ mit dem pädagogischen Auftrag der Heranbildung ihres Nachwuchses einrichten müssen. Das ›Lehrprogramm‹ dieser Schulen im 9. Jahrhundert war äußerst elementar. Der Minimalkanon, auf den in der Umgebung Karls des Großen gedrängt wurde, war die Kenntnis des Psalters, an dem zugleich mit einfachen Lateinkenntnissen das Lesen und die Grundzüge der Grammatik gelernt wurden. Auch die Schreibkunst sollte vermittelt werden und die für die Kalenderfestlegung wichtige Zeitrechnung. In diesen Dom- und Klosterschulen fand auch eine Auseinandersetzung mit den antiken heidnischen Autoren und dem tradierten Gefüge der ›septem artes liberales‹ statt. Diese lieferten das denkerische Rüstzeug für die theologischen Bemühungen des Verstehens, Auslegens, Kommentierens und Vermittelns der Texte der Heiligen Schrift und waren selbst Gegenstand kritischer Auseinandersetzungen mit den heidnisch-profanen Wissenschaften und der antiken Gelehrsamkeit.

Dennoch wird man für diese Einrichtungen nur mit Einschränkungen von ›Schulen‹ und allenfalls in metaphorischem Sinne von ›Schulsystem‹ oder ›Unterrichtsorganisation‹ sprechen können. Eher ging es in diesen ›Schulen‹ um eine im Kollektiv praktizierte Einübung in eine religiöse Lebensform mit dem Ziel der dauerhaften und ausschließlichen Bindung an die Erziehungsinstitution: das Kloster oder die ›weltliche‹ Kirche. ›Schule im Schoß der Kirche‹ hat sehr viel mehr mit einer charismatischen Gemeinschaftserziehung zum Zwecke der Selbstrekrutierung des Nachwuchses zu tun. Das Bildungsgeschehen zielte mehr auf eine ›Erweckungserziehung‹ durch gemeinsame Übungen und Rituale als auf den Erwerb von spezifischen Kenntnissen und Qualifikationen.

Auf dieser Basis entsteht bis zum 12. Jahrhundert die Spezialform einer berufsständischen Ausbildung zum Kleriker innerhalb der von der Kirche monopolisierten Schriftkultur. Die Kloster- und Domschulen, Traditionsorte für die christliche Offenbarung, waren per definitionem an das Buch und den Buchstaben gebunden. Dort entwickelte sich ein aus der Spätantike gewonnener Lehrplan mit seinen verschiedenen Systematisierungsmodellen nach Trivium und Quadrivium. Die hieran ausgebildeten Kleriker konnten auch das schriftkundige Personal der ›weltlichen‹ Hofkapellen und Kanzleien bei Königen und Fürsten stellen.

Die Ausbildung des (Schwert)Adels war eine Erziehung, die weniger an der Schriftkultur als an den pragmatischen Notwendigkeiten des Hoflebens und an den kriegerischen Fähigkeiten zur Meisterung des räuberisch-unsteten, immer gefährdeten Lebens einer exklusiven Kriegerkaste ausgerichtet war. Dennoch gelang mit dem Ausbau der religiösen Kulturtradition vor allem über den Bedarf des königlichen Hofes (Hofkapelle) eine Transmission zwischen den profanen Formen der Ausbildung der Führungsschichten und der religiösen Erziehung mit der in ihr begründeten Schriftkultur. Diese Erziehung zielte dann nicht allein auf Wehrhaftmachung und Vorbereitung zum Kriegsdienst, sondern umfaßte wohl auch Kenntnisse administrativer Art.

Seit dem Hochmittelalter zeigten sich innerhalb dieser Erziehung verstärkt Systematisierungsbestrebungen, die sich teils an antike Modelle (septem probitates) anlehnen, teils als Überformungen aus antiken Tugendidealen erklären lassen (›Tugendsystem des christlichen Ritters‹). Wieweit diese neuen Erziehungsnormen die kriegerische Räubermentalität des Adels in der Realität zu humanisieren imstande waren, ist zweifelhaft. Wie auch in der zünftig-handwerklichen Ausbildung der sich später formierenden städtisch-bürgerlichen Gesellschaft lassen sich in dem systematisierten Ideal der Erziehung des männlichen Schwertadels besondere Erziehungsstufen ausmachen, die an Lebensaltersstufen orientiert waren und für die besondere Übergangsriten entwickelt wurden (Knappe, Schwertleite und Ritterschlag, Ritter).

In der Regel aber war der Schwertadel in der Periode des Früh- und Hochmittelalters ausgezeichnet durch stolze Nichtliteralität, durch seine Abneigung gegen das niedere Schreiberhandwerk, das die klerikale Bildung vermittelte. Die Kultur der Fürstenhöfe wie des Rittertums war im wesentlichen eine mündliche Kultur. Man kann sich schwerlich einen Minnesänger mit Pergament und Schreibfeder, gebückt über das Schreibpult, vorstellen.

Seit dem 13. Jahrhundert lassen sich Tendenzen zur Kritik am illiteraten Adel erkennen, die allerdings erst in der Zeit von Humanismus und Renaissance weitere Verbreitung finden. Die Ursachen sind in dem sozialen Druck durch die aufsteigenden bürgerlichen Schichten der Städte und ihrer fortgeschrittenen Bildung zu sehen. Der Adel versuchte zwar im Spätmittelalter, den Verlust an sozialer Überlegenheit mit der Wiederbelebung von Elementen seiner dysfunktional gewordenen Standeskultur und adeliger Lebensformen (z. B. Turniere) wettzumachen, um sich von den aufstrebenden bürgerlichen Schichten abzugrenzen. Eine Chance hatte er aber langfristig nur in der Annäherung an die Ideale schriftlich vermittelter Bildung. Vor allem mit solchen ›modernen‹ Qualifikationen konnten sich junge Adelige für standesgemäße Verwendungen in den sich formierenden Verwaltungen der Territorialstaaten anbieten.

Zu den bedeutendsten Leistungen der mittelalterlichen Gesellschaft für das europäische Bildungswesen gehört die Schöpfung der Universitäten, deren Anfänge in das 12. und 13. Jahrhundert zurückgehen. Ohne diese

Universitäten wäre die wissenschaftsgeschichtlich entscheidende Integration der aristotelischen Philosophie in das theologische Lehrgebäude der Scholastik und die Verwissenschaftlichung des Rechts als Grundlage des öffentlichen Lebens und des modernen Machtstaates im späten Mittelalter nicht denkbar gewesen. Die Universitäten sind ursprünglich privilegierte Genossenschaften der an einem Ort lehrenden und lernenden Männer (universitas magistrorum et scholarum). Zwischen 1170 und 1220 entstehen solche »universitates« nach der Gründung in Bologna z. B. auch in Paris, Oxford, Cambridge, Neapel und Salamanca. Sie besitzen eine eigene Gerichtsbarkeit, ausgeübt vom rector als dem Haupt der Universität, das Recht auf Abwanderung und das Monopol, Universitätsgrade zu verleihen. Studenten und Professoren haben Statuten, die die Organisation der Universität, das Unterrichtsprogramm, die Einteilung des Universitätsjahres und die Ablegung der Prüfungen bestimmen. Die wichtigste Aufgliederung ist die in bis zu fünf Fakultäten: Artistenfakultät (Freie Künste als Grundstudium), Theologie, Medizin, kanonisches und bürgerliches Recht. Nach propädeutischen und philosophischen Studien in den ›artes‹ mit dem doppelten Ziel der Beherrschung der Wissenschaftssprache Latein und der Kunst der Disputation nach den Regeln der scholastischen Schulwissenschaft konnte man sich den höheren Studien der Theologie, des Rechts oder der Medizin zuwenden. Allerdings gelangten wohl nur wenige Studenten über die Artistenfakultät hinaus, nur ein Teil von ihnen legte auch mit Erwerb des Doktorgrades eine Abschlußprüfung ab.

Zu keiner Zeit erreichten die Universitäten des Mittelalters ein Monopol der höheren Bildung, das ihnen unterschiedliche Formen von exklusiven, praxisorientierten Fachschulen im Umkreis der königlichen Höfe und vor allem die Schulen der Bettelorden (Dominikaner) streitig machen konnten. An den Universitäten entwickelten sich jedoch die geistigen und sozialen Normen wissenschaftlicher Ausbildung, die seit dem späten Mittelalter zu einem wesentlichen Faktor der Entstehung und Abgrenzung neuer sozialer Gruppen wurde. Von besonderer Bedeutung wurde dabei die Forderung nach wissenschaftlicher Qualifikation für diejenigen, die die Übernahme von höchsten Staats- und Kirchenämtern anstrebten.

Die Erziehung der Mädchen und Frauen in schulförmigen Institutionen bildete in der schriftlosen Laienkultur eine Ausnahme. Adelstöchter konnten zwar neben Nonnen in den Kloster- und Stiftsschulen eine lateinische Ausbildung erfahren, und die Zahl der eher lese- als schreibkundigen Adelsdamen mag nicht gering gewesen sein. Aber der faktische Ausschluß der Frauen von der universitär vermittelten scholastischen Bildung, das Fehlen von Klerikerpfründen und akademischen Berufen verwiesen die Adelsfrauen eher auf schriftlose Beschäftigungsbereiche, die zudem standestheoretisch abgesichert wurden.

Neue Impulse für das mittelalterliche Bildungswesen außerhalb der Universitäten ergaben sich durch den Siegeszug der Schriftkultur und den allgemeinen Übergang zu schriftlichen Verkehrsformen in Verwaltung, Rechtsprechung, Wirtschaft, Stadt und Staat. Hand in Hand ging damit seit dem 13./14. Jahrhundert die rapide Ausbreitung elementarer Lese-, Schreib- und Rechenkünste in den Kreisen des städtischen Bürgertums. Diese Bildung diente aber weniger dem Zweck des sozialen Aufstiegs und der Übernahme von höheren Funktionen als eher pragmatischen Zielen wie den berufsständischen Qualifikationen des künftigen Handwerksmeisters, des Kaufmanns oder Bankiers.
Neben den berufspraktischen Notwendigkeiten sind aber auch religiöse Interessenverlagerungen für die zunehmende Scheib- und Lesefähigkeit in den spätmittelalterlichen Städten verantwortlich. Die ›devotio moderna‹ und die neuen Formen der Glaubensvermittlung in Laienkreisen forderten und förderten Lesefähigkeit und Latinität. Die selbständige Aneignung von religiösem Wissen über das Lesen und die Privatisierung der Bibellektüre anhand von gedruckten Bibelübersetzungen boten zunehmend eine Alternative zur kollektiven Rezeption der Bibeltexte durch die volkssprachliche Predigt. Diese Tendenzen waren geeignet, langfristig das Auslegungs- und damit auch das Bildungsmonopol der Kirche zu brechen.
Die schulischen Einrichtungen des späten Mittelalters und der frühen Neuzeit sind vor allem bedingt durch frühe Formen berufsständischer Arbeitsteilung. In ihnen bezahlte man für eine Spezialausbildung, die im Rahmen der traditionellen Familienerziehung oder der unterschiedlichen landwirtschaftlichen oder handwerklich-gewerblichen Ausbildungsverhältnisse nicht erreicht werden konnte. Dies gilt zunächst vor allem für die spätmittelalterlichen und frühneuzeitlichen humanistischen städtischen Lateinschulen, die als Hilfsanstalten der Kirche fungierten und der Heranbildung des geistlichen Nachwuchses dienten. Erst im Laufe des 18. Jahrhunderts vollzogen sie mit der Erweiterung des Fächerkanons durch Geographie, Geschichte, Geometrie, Physik und Französisch einen schrittweisen Säkularisierungsprozeß. Ein akademisches Studium, das sich an den Besuch der Lateinschule anschließen konnte, war offenbar weniger für die Kinder des Stadtpatriziats attraktiv als für die Kinder der oberen Mittelschicht, die damit den erreichten sozialen Rang in der städtischen Hierarchie stabilisieren und den politischen Einfluß ihrer Familien sichern und erweitern konnten. Die Auswirkung auf die zum Studium befähigenden Lateinschulen war eine zunehmende ständisch-hierarchische Erstarrung. D. h., sie dienten im 18. Jahrhundert vor allem der Ausbildung und der späteren Versorgung der Söhne von Theologen, Pfarrern, Juristen und Medizinern oder der nach sozialem Aufstieg streben-

den Kinder der mittleren Schicht, also der Handwerker und Gewerbetreibenden. Sie garantierte den ratsfähigen Familien das Fortbestehen des aristokratischen Regiments, und den aufgestiegenen ›Literaten‹ den Fortbesitz der wenigen erstrebenswerten Stellen in der Stadt und ihrem ländlichen Umfeld. Diese durch Stipendien und Studienstiftungen gesteuerte soziale Exklusivität einer höheren Bildung über die Lateinschulen und die Fakultäten der Universität schuf in der Regel keinen sozialen Aufstieg, sondern diente zur Verfestigung und Konsolidierung des oft schon Generationen vorher in den Städten erworbenen Status der Familien.

Auf berufsständische Qualifikationen zielten vor allem aber bis ins 18. Jahrhundert die unter dem Namen ›teutsche Schulen‹ firmierenden ›Winkelschulen‹, die bereits vor der Reformation ein flexibles System für die Vermittlung von lebenspraktischen Qualifikationen für künftige Handwerker und Kaufleute anboten. Neben Schreiben und Lesen lehrten die als private Kleinunternehmer im Familienbetrieb tätigen ›freien Schreib- und Rechenmeister‹ vor allem kaufmännisches Rechnen und Buchführung. Das Vorbild für jene, vom Ausbildungssystem der Kirche unabhängige, praxisnahe Vermittlung von Spezialkenntnissen wird in den oberitalienischen Städten mit ihren entwickelten geldwirtschaftlichen Verkehrsformen zu suchen sein. Solche Schulen gab es im Spätmittelalter nicht allein in den Bischofs- und Residenzstädten, sondern auch in den kleineren Städten und Märkten. Erst nach der Reformation entstehen sie auch in den Dörfern.

Das erhebliche Bildungsgefälle zwischen Stadt und Land und die sehr starken regionalen Unterschiede machen es unmöglich, generelle Aussagen über die Wirksamkeit dieser Schulen in Richtung auf die Schreib- und Lesefähigkeit der breiten Volksmassen zu machen. Vorsichtige Schätzungen gehen davon aus, daß um 1770 allenfalls 15 Prozent der Bevölkerung lesen konnten. Zur Reformationszeit hat man in den Städten etwa mit 10 Prozent der Einwohner zu rechnen, die lesen und schreiben konnten. Allerdings kann in einzelnen Städten durchaus eine höhere Verbreitung von praxisbezogenen Techniken des Lesens, Schreibens und Rechnens angenommen werden. So bestanden etwa in Nürnberg neben den Lateinschulen gegen Ende des 16. Jahrhunderts 75 ›teutsche Schulen‹ von unterschiedlicher Größe und Qualität. 1613 sah sich der Rat gezwungen, die Zahl dieser Schulen auf 48 festzusetzen, um allen Schulmeistern ein angemessenes Einkommen zu sichern. Dabei galt die Zahl von 50 Schülern als eine durchschnittliche Größe, mit der ein Schulbetrieb rentabel gestaltet werden konnte.

Als ständische Schulen sind auch die nach der Reformation entstandenen Kollegien und Institute anzusehen, mit denen die protestantische wie die katholische Kirche versuchten, ihren Einfluß auf das gesellschaftliche und religiöse Leben zu sichern und auszuweiten. Eine für die höfische Kultur des 17. und 18. Jahrhunderts typische Variante der ständischen Kollegien bildeten die Ritterakademien, die vom Dreißigjährigen Krieg an eingerichtet wurden und vor allem im 18. Jahrhundert den Kindern des höfischen Adels nach einer ersten häuslichen Erziehung durch die Hofmeister jenes Wissen und jene Umgangsformen angedeihen ließen, die sie in der Administration und Diplomatie im Dienst ihres künftigen Territorialherren brauchten. Erst gegen Ende des 19. Jahrhunderts konnte sich das staatliche Schulwesen vollends gegen jene erstaunliche Vielfalt von privaten und kirchlichen Erziehungseinrichtungen, Kollegien, Instituten, Pensionaten und Unterrichtsanstalten durchsetzen, in denen Adel und reichgewordenes Bürgertum dem Zwang zu einer durch den technischen und wissenschaftlichen Fortschritt und den Beginn der Industrialisierung notwendigen besseren und zeitgemäßeren Bildung für ihren Nachwuchs, insbesondere die Mädchen, zu begegnen suchten.

Schule und Erziehung in der Neuzeit

In allen modernen Gesellschaften hat sich im Zusammenhang mit den sozialen und wirtschaftlichen Veränderungs- und Modernisierungsprozessen seit dem Ausgang des 18. Jahrhunderts eine spezifische Form des institutionalisierten Lernens durchgesetzt, die in Bildungssystemen funktional selbständig und dauerhaft wurde.

Die Bildungsprozesse in dieser ›Institution‹ Schule sind im Gegensatz zu einfacher organisierten Gesellschaften oder gesellschaftlichen Systemen, die keine institutionalisierte Schule kennen, durch eine Reihe von strukturellen Merkmalen gekennzeichnet, in denen unterschiedliche historische Entwicklungen zusammengeflossen sind.

a) Das erste Merkmal ist die räumliche und zeitliche Trennung des schulischen Lernens von der gesellschaftlichen und ökonomischen Praxis der Erwachsenen. Während in einfachen, traditionalen Gesellschaften die Heranwachsenden durch eine je nach Reife und körperlichen und geistigen Fähigkeiten gestufte aktive Teilnahme am Leben der Erwachsenengeneration ›lernen‹, entwickelte sich vor allem für die komplexen und hochgradig rationalisierungsfähigen Qualifikationen wie Rechnen, Schreiben und Lesen schon in den antiken Gesellschaften und dann wieder in den spätmittelalterlichen Städten eine Elementarschule als abgesonderter Lernort, an dem diese Fähigkeiten, abgekoppelt von der tatsächlichen späteren Praxis, gelernt werden.

b) Ein für später stattfindendes Lernen in dem abgehobenen ›Schonraum Schule‹ setzt voraus, daß in der Schule die Wirklichkeit, an der und für die gelernt werden soll, symbolisch repräsentiert ist durch Sprache und Schrift, Abbilder und Modelle. Denn nur so lassen sich Lernprozesse in der Schule planmäßig organisieren und systematisch hierarchisieren. Der erste Versuch der systematischen Repräsentation der Wirklichkeit durch Zeichensysteme für unterrichtliche Zwecke dürfte in der ›Didactia magna‹ des J. Commenius (Orbis sensualium pictus) vorliegen.

c) Seit der Aufklärung ist das schulische Lernen als ein Instrument des Fortschritts, der Rationalisierung und Modernisierung politischer und gesellschaftlicher Prozesse angesehen worden. Grundlage für diese Erwartung ist die Erfahrung einer systematischen Bindung der Lernzeit an eine bestimmte Lebenszeit, die mit den komplizierter und differenzierter werdenden Lernstoffen immer weiter ausgedehnt worden ist. Diese Zeitbindung des Lernens setzt die in einem langen zivilisatorischen Prozeß erworbene Fähigkeit der langfristigen Planung, der fernwirkenden Motivationen und eine allgemeine Abkoppelung vom natürlichen Zeitrhythmus des Hineinwachsens einer Generation in die Lebens- und Arbeitsformen der vorangegangenen voraus.

d) Schon sehr früh hat sich in der europäischen Gesellschaft eine institutionalisierte Lehrerrolle ausgebildet. Die Professionalisierung des Lehrberufs entwickelte sich allerdings erst beschleunigt mit der Verstaatlichung des Schulwesens seit dem 19. Jahrhundert und seiner Einbeziehung in das staatlich-bürokratische Verwaltungssystem.

e) Das segregierte Massenlernen in modernen Gesellschaften erfordert eine bestimmte formale soziale Organisation des Lernens. Kennzeichnend für die Entwicklung der letzten 200 Jahre ist dabei die strukturelle Parallele zwischen der Entwicklung der industriellen Arbeitsorganisation und den spezifischen Lernformen in der Schule. Erforderte jene eine innerbetriebliche Hierarchisierung, die Möglichkeit eines Bewährungsaufstieges durch Leistung und eine rigide Arbeitsplanung und -kontrolle, die durch ein differenziertes Arsenal von Disziplinierungsmaßnahmen gesteuert wurde, so bildete die Schule eine ebenfalls arbeitsteilige und hierarchisch nach Lernstufen gegliederte Differenzierung aus, erzeugte über die Mechanismen des »Sitzenbleibens« oder »Versetztwerdens« Aufstiegsorientierung und erzwang über die Schulzensuren ein konkurrentielles Leistungsverhalten.

f) Unabhängig von wechselndem Personal, dem jeweiligen Ausbildungsinhalt und den Ausbildungszielen besteht in allen modernen Gesellschaften ein Teilnahmezwang für die Institution Schule. Mit der Einführung und Durchsetzung der Schulpflicht innerhalb eines Prozesses von mehr als hundert Jahren hat der moderne Staat nach dem Zurückdrängen des Einflusses der Bildungsmacht Kirche das entscheidende Monopol der Beeinflussung der heranwachsenden Generation an sich gezogen und zugleich zu einem Instrument der Steuerung und Kontrolle sozialer Prozesse ausgebaut.

Diese generellen Charakteristika moderner schulischer Bildungsprozesse haben sich in den einzelnen historischen Gesellschaften Europas mit unterschiedlicher Akzentuierung ausgebildet.
Gemeinsame Grundlage für diese Entwicklung ist die optimistische Vorstellung der europäischen Aufklärung, die seit der Mitte des 18. Jahrhunderts mit dem Begriff der Bildung sowohl Prozeß als auch Produkt jenes Bündels von Erziehungsanstrengungen zu fassen suchte, das den Menschen ihrer Meinung nach besser und glücklicher mache, bürgerliche Tugenden ausspräge und von deren Zahl und Qualität der Grad der Glückseligkeit der Gesellschaft abhänge.
Unter der aufklärerischen Prämisse der staatsbürgerlichen Gleichheit wurde die traditionelle Vorstellung einer standesbezogenen Bildung pädagogisiert und dem Staat überantwortet, der Interesse, Recht und Pflicht habe, jedem Staatsbürger die Bildung zukommen zu lassen, die ihn in seinem Stande befähige, dem Wirtschafts- und Wohlfahrtssystem des Staates optimal zu dienen.
Diese Gedanken aus dem Kreis der Aufklärungspädagogik, die unter dem Begriff der Philanthropie mit den Namen J. H. Campe und J. B. Basedow verbunden sind, waren zwischen 1770 und 1780 in zahlreichen theoretischen Reformschriften, Schulprogrammen und methodischen Werken enthusiastisch vorgetragen worden. Sie fußten auf den Grundüberzeugungen der Aufklärung. Nachhaltig beeinflußt von den Erziehungsideen J.-J. Rousseaus, vertrauten sie auf die Güte der Menschnatur, die durch vernünftiges Denken und Handeln den Weg in die Glückseligkeit ermögliche. Sie nahmen an, daß eine vernünftige und natürliche Erziehung des Individuums die Vorbedingung für eine Humanisierung des gesellschaftlichen Lebens sei. Dieses Bildungskonzept, das im Rahmen der Vorschläge zur ›Nationalerziehung‹ eine Erziehung des Individuums für Gesellschaft und Staat thematisierte, setzte stark rationalistische, politisch-utilitaristische und moralische Akzente und orientierte sich an praktischer Lebenstüchtigkeit und staatsbürgerlicher Brauchbarkeit (Patriotismus als Ergebnis von Bildungsbemühungen).
Konsequent forderten die Philanthropen eine umfassende Verstaatlichung der Schulorganisation und eine einheitliche Durchgliederung des Schulwesens. Sie orientierten sich meist an den ständisch-dreigeteilten Mustern: Einrichtung von Elementarschulen für die Landbevölkerung und die ärmeren Bürger der Städte, mittlere Bürgerschulen und höhere Schulen als Vorbereitung für eine Elitegruppe künftiger Universitätsabsolventen.
Die philanthropische Revolution der Vorstellung von Erziehung war die Antwort auf vielfältige gesellschaftliche und politische Umbrüche, die Ende des 18. Jahrhunderts kulminierten. Einmal spiegelt sie die Verände-

rungen in den anthropologischen Voraussetzungen für die Erziehung wider, die sich mit dem Stichwort von der Entdeckung der Kindheit und der Jugend als eigenständiger Zeit prinzipieller Formbarkeit des Menschen ein neues Verhältnis zwischen den Generationen schafft. Dann stellt sie mit der Idee von der Formbarkeit und Erziehbarkeit des Menschen das pädagogische Korrelat zum bürgerlichen Begriff der individuellen Freiheit her. Als letztes ist sie die Antwort auf die Bedürfnisse des Aufgeklärten Absolutismus nach formbaren Untertanen und qualifizierten Beamten, die der überkommene Wildwuchs von privaten und halböffentlichen Winkel-, Latein- und Stiftsschulen und die Umtriebigkeit von Hofmeistern, Hauslehrern und Präzeptoren, die sich adelige und wohlhabende Familien leisten konnten, im erforderlichen Umfang nicht mehr bereitstellen konnten.

Das Aufklärungszeitalter also bereitete den ideologischen Boden für den universellen Siegeszug der schulförmigen und staatlich garantierten und kontrollierten Ausbildung der Jugend. Hier entsteht die Grundlage für die Verschulung aller Lernprozesse und die Vorstellung, die Schule als Institution könne jeden wünschenswerten Unterrichtsgegenstand vermitteln, wenn entsprechend qualifiziertes Lehrpersonal und geeignete Lehrmethoden zur Verfügung stünden. Konsequent ergibt sich aus den Gedanken der pädagogischen Revolution auch die allgemeine Schulpflicht, die, schon im 18. Jahrhundert gefordert, doch erst im 19. nach der Zurückdrängung der Kinderarbeit auf dem Lande über die Zwischenstufen des saisonalen bzw. sonn- und feiertäglichen Schulbesuchs als ganzjähriger Schulzwang real durchgesetzt werden kann. Mit der Idee der Gleichheit der Ausbildung ist die Aufklärung aber letztlich auch verantwortlich zu machen für die tatsächliche Selektions- und Segregationsfunktion der einzelnen Schulformen, in denen Kinder bestimmter Schichten und Klassen unterrichtet bzw. andere ausgeschlossen werden.

Charakteristisch für die Entwicklung in Deutschland ist die Ausbildung eines dreigliedrigen Schulsystems, das nach Status und Prestige differenten Sozial-, Staats- und Wirtschaftsbereichen zugeordnet werden kann. Eine deutsche Sonderentwicklung ergibt sich auch aus dem strukturellen Primat der höheren Bildung und der relativ frühen Verstaatlichung des Schulwesens, die besonders aus den staatlich-gesellschaftlichen Strukturen der (Bildungs-)Vormacht Preußen im 18. und 19. Jahrhundert zu erklären ist (territoriale Zersplitterung und Inhomogenität der gesellschaftlichen Führungsgruppen). Vor allem der Ausdifferenzierung der höheren Bildung als gymnasiale Bildung im Konzept des Neuhumanismus kam eine besondere politische und soziale Funktion bei der Formation und Konsolidierung des Beamtenstaates als neuem Herrschaftsapparat zu. So war das neuhumanistische Bildungsideal das soziale Korrelat der statusmäßigen Konsolidierung des politisch und ökonomisch zunächst einflußlosen, dann aber in den höheren staatlichen Funktionsstellen der Beamtenbürokratie quer zu den traditionellen Standes- und Klassengrenzen sich etablierenden Bildungsbürgertums.

Das neuhumanistische Konzept einer ›allgemeinen allseitigen Menschenbildung‹ übernahm einerseits das aufklärerische Konzept der Erziehbarkeit des Menschen, löste aber Begriff und Inhalt der Erziehung von den moralischen und politisch-utilitaristischen Zielsetzungen und kappte die pragmatische Bindung an eine beruflich-ständische Ausbildung. Der Begriff der Bildung wurde sozusagen ›verabsolutiert‹ und ›idealisiert‹. Auf die Entwicklung der Menschheit bezogen, erhielt er eine universelle Bedeutung als das »Erziehungswerk von Natur und Geschichte« (J. G. Herder).

Paradigmatischer Bezugspunkt für diese Bildungskonzeption war das idealisierte antike Griechenland, dessen Kultur als Muster für innere Harmonie und ideale äußere Form galt (J. J. Winckelmann). Auf den Grundpfeilern der beiden alten Sprachen (Griechisch und Latein) konstruierte der Neuhumanismus einen stark sprachlich-literarisch und ästhetisch eingefärbten Bildungskanon, der zum Grundelement der höheren Bildung im deutschsprachigen Raum und zum Ausweis des echten ›Gebildeten‹ wurde. Im Sinne Humboldts sollte dieser seine geistigen Möglichkeiten – zunächst frei von jeglicher Nutzanwendung – an Sprachen und Literaturen, insbesondere den antiken, dann an Mathematik und an natur- sowie weltkundlichen Einsichten zu einer geformten Individualität ausbilden.

Diese zunächst als Bildungsidee einer dünnen bürgerlichen Führungsschicht entwickelte Konzeption mußte natürlich mit ihrer Scheu vor ständisch-beruflicher Einpassung und staatlich-politischer Funktionalisierung zu erheblichen Diskrepanzen mit den Personalbedürfnissen des modernen Staates und der sich entwickelnden bürgerlich-industriellen Gesellschaft führen.

Das deutsche Schulwesen wurde von den neuhumanistischen Impulsen in den Jahren 1810 bis 1830 erfaßt. Die bildungspolitischen Maßnahmen der preußischen Reformzeit verwirklichten jedoch nur einen Teil der von den neuhumanistischen Reformern entwickelten Gesamtkonzeption eines einheitlichen Bildungswesens. Entscheidend für die Entwicklung des 19. Jahrhunderts wurde die institutionelle Absonderung des höheren vom niederen Schulwesen und damit eine Abgrenzung einer Gruppe von bevorrechtigten Gymnasien, die mit der partiellen Realisierung der neuhumanistischen Bildungskonzeption den Zugang zu den Universitäten regulieren und monopolisieren konnten.

Angelpunkt für diese Monopolisierung war die einheitliche Abiturprüfung, in der staatlich normiertes Berechtigungswesen mit dem bürgerlichen Leistungsprinzip verknüpft wurde. Damit waren die Berechtigung zum Universitätsstudium, der Eintritt in höhere Laufbahnen des öffentlichen Dienstes und bestimmte soziale Privilegien wie die Ableistung des einjährigen freiwilligen Militärdienstes an besonders qualifizierte Schulabschlüsse gebunden, die nur an staatlich anerkannten höheren Schulen erworben werden konnten.

Aus der am Anfang des 19. Jahrhunderts bestehenden Vielfalt gelehrter Schulen wurde durch das Abituredikt von 1812 und die Lehrplannormierungen von 1812/16 das humanistische Gymnasium herausgehoben, in dem Griechisch und Latein die zentrale Rolle spielten und als dritte Fremdsprache Französisch gelehrt wurde. Das Abiturreglement von 1834 brachte dann für die Gymnasien das Monopol für den Hochschulzugang, das sie bis zum Ende des Jahrhunderts zu verteidigen wußten.

Seine Entsprechung fand diese Entwicklung auch in der Akademisierung und sozialen Privilegierung der Gymnasiallehrer, für die mit der Einführung des Lehramtsexamens (Examen pro facultate docendi) eine wissenschaftliche Ausbildung vorgeschrieben wurde. Auf dieser Basis entwickelte sich das Gymnasium in der zweiten Hälfte des 19. Jahrhunderts zur grundständigen neunjährigen Eliteanstalt, nachdem durch den Lehrplan auch die unteren Klassen in die Abiturzielsetzung eingebunden waren.

Übrig blieb nach diesem Abschichtungsprozeß eine Vielzahl von Lehranstalten, die nicht den Lehrplananforderungen des Gymnasiums entsprachen: Realschulen, Bürgerschulen oder (höhere) Stadtschulen. Diesen gelang nur zum Teil der Ausbau zu vollberechtigten Gymnasien. Die normierenden Eingriffe der Unterrichtsverwaltung gaben diesen Schulen eigene Lehrplanprofile. Damit konsolidierten sie sich in der zweiten Hälfte des 19. Jahrhunderts als Realgymnasien und Oberrealschulen auf der Grundlage der zunächst außerhalb des staatlichen Schulwesens angesiedelten städtischen Bürgerschulen. Sie waren stärker auf die mittleren Qualifikationen in den expandierenden Industriebetrieben bezogen. Mit den Realgymnasien erkämpfte sich das moderne Wirtschaftsbürgertum im Ausgang des 19. Jahrhunderts eine der gymnasialen Bildung formal gleichberechtigte Bildung. Denn die noch fehlende Berechtigung zum Universitätsstudium wurde deren Abiturienten schließlich 1900 allgemein zuerkannt.

Die neuhumanistische Ausrichtung der Jugenderziehung auf die einheitliche Grundaufgabe einer allgemeinen Menschenbildung führte aber nicht nur zur Ausbildung einer einheitlichen, abgesonderten höheren Schulbildung. Sie war auch der ideologische Ansatzpunkt, die ständische Gliederung des Schulwesens aus den Angeln zu heben und in Deutsch-

land den Erfordernissen der sich ausbildenden Klassengesellschaft des 19. Jahrhunderts anzupassen.
Vor allem die Entwicklung des Volksschulwesens, sozusagen die Kehrseite der Privilegierung der gymnasialen Bildung, zeigt, wie diese Konzeption der Menschenbildung durch den Eingriff staatlicher Normierungen zu einer eindeutig klassenspezifischen Ausbildung umfunktioniert wurde.
Grundlage war zunächst die Durchsetzung des Schulzwangs. Die Schulpflicht wurde zwar in Preußen erstmals 1717 verkündet und 1763 im ›General-Landschulreglement‹ erneuert. Sie blieb aber bis weit ins 19. Jahrhundert hinein nur ein Postulat. Immerhin stieg die Einschulungsrate der Schulpflichtigen zwischen 1816 und 1846 von etwa 60 Prozent auf 82 Prozent und erreichte schließlich in den 1880er Jahren die 100-Prozent-Marke. Über den tatsächlichen regelmäßigen Schulbesuch sagen solche Zahlen jedoch nichts aus. Erst die Umstrukturierungen der landwirtschaftlichen Arbeitsprozesse, die Disziplinierungsnormen der industriellen Arbeit und die Veränderungen der familialen Sozialisation schufen bis zum Ende des 19. Jahrhunderts die Voraussetzungen für einen regelmäßigen Schulbesuch des Großteils der Schulpflichtigen.
Ging es bei der höheren Bildung primär um die intellektuelle Qualifizierung und soziale Privilegierung zunächst des höheren Beamtentums und später der wirtschaftlichen Führungspositionen, so war das staatliche Interesse an einem umfassenden Elementarschulwesen auf der Grundlage einer allgemeinen Schulpflicht weniger auf eine berufsvorbereitende Qualifizierung gerichtet als darauf, staatstreue und glaubensgefestigte, christlich-gehorsame Untertanen zu erziehen. Diesem Ziel entsprachen sowohl die unakademische, handwerklich-zünftige Ausbildung der Volksschullehrerschaft (bis 1920!) als auch die integrativen Organisationsformen des Unterrichtens und die Vermittlung von Lehrinhalten, die lediglich den bescheidenen Ansprüchen einer affirmativen Glaubens- und Gemütserziehung genügen konnten.
Zwar stellte die preußische Volksschulpolitik eine wichtige Etappe auf dem Weg gesamtstaatlicher Vereinheitlichung des Schulwesens dar. Sie schrieb jedoch inhaltlich eine strikte Bildungsbegrenzung für die unteren Volksschichten fest (Stiehlsche Regulative 1854) und stand damit einer Anpassung der Volksschule an die Qualifikationsbedürfnisse der entstehenden Industriegesellschaft im Wege.
Die vorsichtige Öffnung des Lehrplans der Volksschulen für die industrielle Arbeitswelt seit den 70er Jahren (1872 ›Allgemeine Bestimmungen betr. das Volksschul-, Präparanden- und Seminarwesen in Preußen‹ des liberalen Kultusministers Falk) gehen Hand in Hand mit der Lockerung der konfessionellen Ausprägung des deutschen Volksschulwesens, dessen kirchliche Bindung, manifestiert in geistlicher Schulaufsicht und

der Institution der Konfessionsschule, erst durch den Kulturkampf seit 1872 gelockert wurde.
Die Modernisierungszwänge der industriellen Entwicklung brachten schließlich – vor allem nach dem Ersten Weltkrieg – eine strukturelle Annäherung der öffentlichen Elementarbildung an die institutionalisierten Lernformen des Systems der höheren Bildung und verschafften ihr mit der Einrichtung weiterführender Mittel- und Fachschulen zumindest partiell den Anschluß zu höheren Berechtigungen.
In England entsprach das Schulsystem bis zum letzten Drittel des 19. Jahrhunderts der Klassenstruktur der englischen Gesellschaft. Seine Entwicklung ist nicht zu verstehen ohne den frühzeitigen Konsolidierungsprozeß der englischen Monarchie und ihre enge Verknüpfung mit der anglikanischen Staatskirche. Bis zum Beginn des 19. Jahrhunderts waren Kirche und religiöse Gruppierungen die einzigen Schulträger, die vor allem über private Grammar Schools und traditionsreiche Public Schools die aristokratischen oder bürgerlichen Oberschichtkinder auf ihre Führungsaufgaben in Verwaltung, Kirche und Wirtschaft vorbereiteten, während in den Elementarschulen, Armen- oder Sonntagsschulen das städtische Proletariat eine vorwiegend religiös bestimmte Unterweisung erhielt. Erst die Entwicklung eines staatlichen Schulsystems zu Anfang des 20. Jahrhunderts brachte Ansätze zu Einheitsschulideen, mit denen die herrschende soziale und kulturelle Polarisierung zugunsten von modernen, an Begabungen orientierten Auswahlverfahren für die einzelnen Schulformen unterlaufen werden sollten.
In Frankreich konnte das Schulsystem auf den zentralisierten Strukturen des Ancien Régime aufbauen. Es hat nicht allein einen wichtigen Beitrag zur politischen Integration der Nation geleistet, sondern auch ein spezifisches, an den staatlichen Bedürfnissen nach einer meritokratischen Führungselite ausgerichtetes Wettbewerbssystem (concours) ausgebildet. Obwohl dieses wenig mobile Ausleseverfahren auf strikter formaler Chancengleichheit beruhte, diente es im 19. Jahrhundert vor allem der Verfestigung der sozialen Hierarchie innerhalb des Großbürgertums und des Adels. Eine Anpassung an die Bedürfnisse des außerhalb der meritokratischen Oberschicht sich vollziehenden Industrialisierungsprozesses mit seinen Anforderungen an breitgestreute und vielfältige Qualifikationen, die in einem erweiterten und differenzierten Sekundarschulbereich zu erwerben waren, erfolgte aber im Grunde erst seit dem zweiten Drittel des 20. Jahrhunderts.
Trotz historisch bedingter Unterschiede haben die westeuropäischen Länder ein institutionalisiertes Schulsystem entwickelt, das generell vertikal gegliedert ist. Nach einer kurzen, im Prinzip für alle Schüler gemeinsamen Primärstufenphase verzweigt es sich in ein Nebeneinander von

Schulformen, die nach Qualifikationsniveau, Ausbildungsprofil und Verweildauer der Schüler unterschieden sind. In diesem System spiegelt sich die jeweilige soziale Hierarchie der gesellschaftlichen Funktionen wider.

[J. Hannig]

Sozialismus, Kommunismus

Der Begriff Sozialismus ist vielschichtig, er wird historisch wie aktuell zur Charakterisierung sehr unterschiedlicher Ideen, Bewegungen und Ziele verwendet. Zudem dient der Terminus Sozialismus als Bezeichnung ganz verschiedener Komplexe, nämlich erstens für eine politische und soziale Bewegung, zweitens für die Theorie dieser Bewegung und drittens für eine neue Sozialordnung.

Der moderne Sozialismus entstand im 19. Jahrhundert in Europa als Protestbewegung gegen die negativen Auswirkungen des ungezügelten Kapitalismus, gegen Ausbeutung und Unterdrückung der Massen in einer klassengespaltenen Gesellschaft. Das entscheidende Potential der neuen Bewegung bildeten die Lohnarbeiter, die Proletarier. Sie wollten ihr Los ändern, und ihnen dienten die sozialistischen Ideen als Waffe, um die Welt umzugestalten. Nun sahen sie die Ursache ihrer Not und Armut hauptsächlich darin, daß eine kleine Minderheit von Kapitalisten und Grundbesitzern allein über die Produktionsmittel verfügte. Deren Enteignung und die Schaffung von Gemeinbesitz sollten den Kapitalismus überwinden. Ziel der Arbeiterbewegung wurde der Sozialismus, die klassenlose Gesellschaft. Freilich blieb die Definition des Sozialismus auch deswegen recht allgemein, weil die Vorstellungen von der Zukunftsgesellschaft (oft auch als Kommunismus umschrieben) sehr vage und keineswegs konkret waren, die Aussagen der sozialistischen Theorie Spielraum für gegensätzliche Interpretationen ließen.

Die politische Lehre vom Sozialismus verbreitete sich mit der kapitalistischen Industrialisierung und dem Anwachsen der Arbeiterschaft, der Verelendung breiter Kreise und damit der Herausbildung der organisierten Arbeiterbewegung. Die Theorie von der möglichen Beseitigung der Unterschiede zwischen Arm und Reich, von der Herstellung von Gleichheit und Freiheit der Menschen durch Überwindung des Privateigentums und Schaffung von Gemeineigentum gewann so zunehmend Einfluß. Diese Ideen waren keineswegs neu, sie tauchten bereits in verschiedenen alten Religionen auf, und sie wurden von frühen Utopisten (Th. Morus, ›Utopia‹, 1516; T. Campanella, ›Der Sonnenstaat‹, 1602) als ideale Ordnungen menschlichen Zusammenlebens beschrieben.

Der sog. utopische Sozialismus des späten 18. und des frühen 19. Jahrhunderts rückte hingegen im Rahmen der Industrialisierung die Arbeit des Menschen in den Mittelpunkt und proklamierte im Sinne der Französischen Revolution eine Gesellschaft der Gleichheit und Freiheit (Babeuf, Cabet). Als wichtigste Vertreter des utopischen Sozialismus sind H. de Saint-Simon und R. Fourier anzusehen, die soziale Systeme für die Organisierung der arbeitenden Klassen entwarfen. Fourier entwickelte dabei Ideen eines Genossenschaftssozialismus, die eine eigenständige Bedeutung gewannen. R. Owen organisierte in England Produktions- und Konsumgenossenschaften. Mit Hilfe dieser Organisationsformen sollte eine sozialistische Ordnung erreicht werden. Andere sozialistische Denker (Rodbertus, aber auch Lassalle) wollten mit Unterstützung des Staates zur neuen sozialen Gesellschaft gelangen (Staatssozialismus).

Der Marxismus

Die klassische sozialistische Arbeiterbewegung wurde indes stark von K. Marx (und F. Engels) geprägt. Der Marxismus galt nun als die Theorie, mit welcher die reale Welt des Kapitalismus analysiert und verändert werden sollte. Marx wollte nachweisen, daß die Zerstörung der kapitalistischen Verhältnisse notwendig und der Aufbau einer sozialistischen Gesellschaft möglich sei. Sozialismus war demnach nicht mehr eine Entdeckung genialer Köpfe oder eine moralische Forderung, sondern das Ergebnis des Klassenkampfes zweier geschichtlich entstandener Klassen, der Arbeiterschaft und der Bourgeoisie.

Das neue Ordnungssystem, der zukünftige Sozialismus (oder Kommunismus) hatte in der Theorie des Marxismus folgende Prinzipien zu verwirklichen: Aufhebung jeder Form einer Herrschaft von Menschen über Menschen durch die Schaffung einer klassenlosen Gesellschaft, in der es keine Ausbeutung und Unterdrückung und keine Privilegien gibt. Die Produktionsmittel sind in dieser Zukunftsgesellschaft Gemeineigentum, die Produktion wird zur Deckung der Bedürfnisse geplant; eine höhere Produktivität der Arbeit als in allen vorhergegangenen Gesellschaftsformationen kann die menschlichen Bedürfnisse befriedigen und die Armut ausschließen. Damit sind die ökonomischen Voraussetzungen für die Emanzipation, die Entfaltung aller Kräfte des Individuums in einer freien Gesellschaft, gegeben.

Die Vorstellung vom Übergang zu dieser neuen Ordnung konzipierte der marxistische Sozialismus folgendermaßen: Eine Revolution der Arbeiterklasse (ob gewaltsam oder friedlich hängt von den Umständen ab) beendet die kapitalistische Herrschaft. Das »Proletariat ergreift die Staatsgewalt und verwandelt die Produktionsmittel zunächst in Staatseigentum« (Engels). Während Marx im ›Kommunistischen Manifest‹ (1848) noch die Meinung vertrat, die Arbeiter könnten die Staatsmaschine übernehmen, erklärte er nach den Erfahrungen der Pariser Kommune (1871), sie müßten ihren eigenen Staatsapparat aufbauen. Der Marxismus betrachtete den Staat weniger als Verwaltungs-, sondern vielmehr als Unterdrükkungsorgan mit Polizei, Heer, Justiz usw. Danach war der Staat in der Regel Instrument der ökonomisch herrschenden Klasse zur Niederhaltung der Ausgebeuteten. Entsprechend konnte der Staat »absterben«, sobald die klassenlose Gesellschaft errichtet war. Der Staat der Übergangszeit sollte ein ›Arbeiterstaat‹ sein, im ›Kommunistischen Manifest‹ noch mit der »Erkämpfung der Demokratie« gleichgesetzt, später manchmal auch als ›Diktatur des Proletariats‹ bezeichnet. Der proletarische Übergangsstaat ändert die ökonomische Struktur; er ersetzt das Privateigentum an Produktionsmitteln durch Gemeineigentum. Die Veränderung der Eigentumsverhältnisse, aber auch der Verfügungsgewalt durch die Produzenten sollte zur direkten Herrschaft der Arbeiter in Wirtschaft und Politik führen. Sozialismus war somit zu definieren als eine »Neuordnung der Gesellschaft durch Vernichtung aller Klassenunterschiede« (Engels).

Die 1. und 2. Internationale

Die marxistische Theorie, bestehend aus den drei Teilbereichen Kritik am Kapitalismus (Politische Ökonomie), Methode des historischen Materialismus sowie programmatische Aussagen zur Übergangs- und Zukunftsgesellschaft, wurde als Ideologie des Sozialismus zur Konzeption breiter Teile der Arbeiterbewegung. Bereits in der 1. Internationale (1864–1876) erlangten Marx und Engels maßgebenden Einfluß. Die in der Internationalen Arbeiter-Assoziation (IAA) zusammengeschlossenen verschiedenen kleinen sozialistischen Gruppen solidarisierten sich 1871 mit der Pariser Kommune; das führte zur Verfolgung ihrer Anhänger. In ihrer von Marx verfaßten ›Inauguraladresse‹ konstatierte die 1. Internationale, »die Emanzipation der Arbeiterklasse [muß] durch die Arbeiterklasse selbst erobert werden«. Nach Auseinandersetzungen mit den Anarchisten (Bakunin) kam es 1872 zur Spaltung und 1876 zur Auflösung der IAA. Auch die 2. Internationale (1889–1914), die nach der Entstehung zahlreicher sozialistischer Parteien in Europa gegründet wurde, war in ihrem Selbstverständnis marxistisch. Ihr Ziel, der Sozialismus, sollte »von dem als Klasse und international organisierten Proletariat« erkämpft werden, es hatte nach Erringung der »politischen Macht« die »gesellschaftliche Besitzergreifung der Produktionsmittel durchzuführen« (Resolution Bebel 1889). Diese Linie bestätigten die folgenden Kongresse. Das SPD-Programm von Erfurt (1891) sowie die Parteistruktur der SPD hatten Vorbildcharakter für die 2. Internationale, deren Organisationen Ende des 19. Jahrhunderts 300000 Mitglieder und 4,4 Millionen

Wähler und 1914 drei Millionen Mitglieder und zwölf Millionen Wähler zählten. Die 2. Internationale blieb indes ein loser Zusammenschluß. Im Ersten Weltkrieg vertraten fast alle sozialistischen Parteien die Position der ›Vaterlandsverteidigung‹ und des ›Burgfriedens‹ mit den jeweiligen Regierungen; dies führte zum Zusammenbruch der Internationale.
Obwohl sich die sozialistische Bewegung durchaus einig war in ihrer Zielsetzung, bestand keine Einigkeit über den einzuschlagenden Weg. Die Streitfrage war, ob der Kapitalismus und in den meisten Ländern die undemokratischen politischen Regime friedlich oder gewaltsam, durch ›Reform‹ oder ›Revolution‹ überwunden werden sollten. Darüber gab es ständige Spannungen in den einzelnen Parteien, die bis zu Abspaltungen gingen. Die Auseinandersetzungen in der sozialistischen Bewegung konnten nur mühsam durch gemeinsame abstrakte und nebelhafte Vorstellungen vom ›Endziel‹ überbrückt werden. Unumstritten aber blieb für die sozialistische Bewegung seit ihren Anfängen das Eintreten für politische Demokratie, für Freiheit und Frieden. Die Demokratie sollte sich keinesfalls auf die Politik beschränken, sondern auf die ökonomische und gesellschaftliche Ebene ausgedehnt werden. Demokratie wurde begriffen als Durchsetzung des Mehrheitswillens, Minderheitenschutz, Garantie der ›bürgerlichen‹ Rechte und Freiheiten des Individuums. In diesem Sinne definierte W. Liebknecht bereits 1869: »Sozialismus und Demokratie... gehören zueinander, ergänzen einander, können nie miteinander in Widerspruch stehen. Der Sozialismus ohne Demokratie ist Aftersozialismus wie die Demokratie ohne Sozialismus Afterdemokratie. Der demokratische Staat ist die einzig mögliche Form der sozialistisch organisierten Gesellschaft«.

In der Realität der sozialistischen Bewegung zeigte sich freilich, daß das Verhältnis von Demokratie und Sozialismus keineswegs so problemlos war. Die Vorstellungen der Sozialisten verengten sich im 19. Jahrhundert bis zum Dogmatismus, sie führten zur These von der ›Naturnotwendigkeit‹ des Untergangs der alten Gesellschaft und des Sieges des Sozialismus. Die ›Sozialisierung‹ der Wirtschaft rückte in den Mittelpunkt. Zugleich entwickelte sich mit dem Wachstum der Bewegung der Reformismus. Die Masse der Anhänger des Sozialismus erwartete konkrete Verbesserungen ihrer Lage, Reformen sollten die Gesellschaft verändern. Schließlich entstand inmitten einer feindlichen Umwelt eine sozialistische ›Subkultur‹ mit Arbeiterbildungsvereinen, Arbeitersport, Konsumvereinen und dergleichen mehr. Insgesamt fielen revolutionäre marxistische Doktrin und reformistisches Handeln bei den meisten sozialistischen Parteien auseinander.

In der SPD wollte der von E. Bernstein entwickelte Revisionismus seit Ende des 19. Jahrhunderts die Kluft zwischen Theorie und Praxis durch die Umwandlung der Sozialdemokratie in eine gemäßigte Reformpartei schließen, während der von R. Luxemburg u. a. vertretene Radikalismus ab 1905 umgekehrt die praktische Politik nur von der Programmtheorie ableiten wollte. Doch keine der beiden Strömungen konnte sich durchsetzen, bestimmend blieb das »marxistische Zentrum« (K. Kautsky), in der Realität dominierte der Reformismus.

Demokratischer Sozialismus

Weit gravierender war freilich die Abspaltung der kommunistischen Bewegung vom Sozialismus und dessen Praxis in Sowjetrußland während und nach dem Ersten Weltkrieg. Der Gegensatz zwischen Sozialismus und Kommunismus spitzte sich zunächst auf die Frage ›Demokratie oder Diktatur‹ zu. In einem Prozeß der Abgrenzung und Auseinandersetzung mit dem diktatorischen Kommunismus, aber auch der Bewältigung der eigenen Vergangenheit und durch Präzisierung eines originären Standpunktes bildete sich der demokratische Sozialismus heraus.

Nach verschiedenen Spaltungen und Wiedervereinigungen konstituierte sich 1923 als Nachfolgerin der 2. Internationale die Sozialistische Arbeiterinternationale. Ihr gehörten 1931 36 Parteien mit 6,2 Millionen Mitgliedern an, so hatte sich der Sozialismus über Europa hinaus ausdehnen können. Der Zweite Weltkrieg beendete ihre Aktivitäten, und 1940 löste sie sich auf. Ihre Nachfolgeorganisation wurde 1951 die Sozialistische Internationale, heute ein weltweiter Zusammenschluß der sozialdemokratischen und sozialistischen Parteien beinahe aller Länder. Ihre theoretische Position ist der demokratische Sozialismus. Er wurde zum Sammelbegriff aller Parteien und Bewegungen, die sich zur Demokratie bekennen und den Sozialismus, die Emanzipation des Menschen, anstreben. Wie der traditionelle Begriff Sozialismus ist auch der demokratische Sozialismus von heute durch eine große Bandbreite seiner Bewegungen und Ziele gekennzeichnet. Hier wirken sich die verschiedenen Traditionslinien ebenso aus wie die unterschiedlichen Situationen der Parteien in den Ländern Europas, Asiens, Amerikas oder Afrikas. Insgesamt ist demokratischer Sozialismus zu definieren als ein Gesellschaftsmodell, eine neue Ordnung, die auf der Basis des parlamentarisch-demokratischen Rechtsstaates schrittweise Mißstände des Kapitalismus überwindet und die Klassenprivilegien abschafft. Soziale Sicherheit soll garantiert, Demokratie in Staat, Wirtschaft und Gesellschaft verwirklicht, Rechtsstaatlichkeit sowie persönliche und geistige Freiheit sollen gesichert und damit die Grundwerte Frieden, Freiheit, soziale Gerechtigkeit und Solidarität erkämpft und bewahrt werden.

Gegenüber dem ›klassischen‹ Sozialismus orientiert sich der demokratische Sozialismus primär an ethischen Grundwerten, leitet die neue Ordnung also nicht aus ›historischen Notwendigkeiten‹ ab. Außerdem wird der Sozialismus nicht als ›Endziel‹ verstanden, sondern als eine dauernde Aufgabe in einem ständigen Prozeß von Reformen. Reform ist überhaupt die zentrale Kategorie des demokratischen Sozialismus. Seine Anhänger sind Reformisten, die ihre Ziele in der parlamentarischen Demokratie auf dem Weg schrittweiser, friedlicher Veränderungen verfolgen und nur insoweit, wie sie dazu in freien Wahlen die Zustimmung der Mehrheit erhalten. Aus dieser Grundhaltung heraus sind die Parteien des demokratischen Sozialismus offene Parteien, nicht einer einzigen Theorie oder gar Weltanschauung verpflichtet. Die Variationsbreite, aber auch die Verschwommenheit der Programmatik kann eine Stärke des demokratischen Sozialismus sein, wenn sie zur Integration und praktischen Zusammenarbeit führt, aber auch eine Schwäche, wenn sie sich nur auf pragmatische Politik beschränkt oder umgekehrt auf abstrakte Theorie. Spannungen zwischen den ›Praktikern‹ und den auf Programmatik abzielenden demokratischen Sozialisten können so förderlich, aber auch destruktiv wirken. Dabei kann es auch zu Schwierigkeiten bei der Abgrenzung gegenüber jenen sozialistischen Kräften kommen, die nicht eindeutig demokratisch sind. Der ›reale Sozialismus‹ der Sowjetunion und der osteuropäischen Staaten als Ergebnis der kommunistischen Bewegung bleibt weiterhin der Gegenspieler des demokratischen Sozialismus. Aber auch der Kommunismus selbst ist nicht mehr einheitlich, da er inzwischen unterschiedliche Strömungen aufweist (UdSSR, China, Eurokommunismus usw.). Ursprünglich bestand der harte Kontrast zwischen den Begriffen Sozialismus und Kommunismus nicht, für Marx und Engels waren es verschiedene Ausprägungen der gleichen Idee, sie nannten sich zunächst Kommunisten (daher das ›Kommunistische Manifest‹) später Sozialisten und Sozialdemokraten. Nach dem Auseinanderbrechen des Sozialismus im Ersten Weltkrieg und vor allem dem Sieg der Bolschewiki unter Lenin und Trotzki im Jahr 1917 in Rußland bezeichnete sich die radikale Strömung des Sozialismus nunmehr als Kommunismus, und sie bildete 1919 die (1943 aufgelöste) Kommunistische Internationale.

Kommunismus

Die Konzeptionen der 3. Internationale, der Komintern, wurden zunächst weitgehend von der Theorie Lenins bestimmt, nach dessen Tod erhob Stalin den ›Marxismus-Leninismus‹ zur offiziellen und verbindlichen Ideologie des Kommunismus. Lenin, der sich als orthodoxer Marxist verstand, vertrat die Zielsetzung des Kommunismus als klassenlose Gesellschaft (dessen erste Stufe er Sozialismus nannte) und er betrachtete den Emanzipationskampf der unterdrückten Klassen als das treibende Element der Geschichte. Allerdings hat er den Marxismus modernisiert, ihn versachlicht und ihm eine Wende ins Voluntaristische gegeben. Seine Theorie des Imperialismus schuf die ideologische Begründung sowohl für die Russische Revolution als auch für die Weltrevolution. Lenin war nicht nur der Schöpfer der bolschewistischen Partei (er maß – im Gegensatz zu Marx – der Parteiorganisation überragende Bedeutung bei), sondern auch Verfechter der Idee des Räte-(Sowjet-)Staates. Die Komintern berief sich in ihrer Programmatik und Zielsetzung auf Marx und vor allem Lenin, deren Lehren sie dogmatisierte, ja kanonisierte, wobei sie die Ideologie des Marxismus-Leninismus in drei Teilbereiche gliederte. In der Philosophie vertrat die Komintern den dialektischen Materialismus sowie das geschichtsphilosophische Prinzip des historischen Materialismus. Die Politische Ökonomie des Marxismus-Leninismus definierte den modernen Kapitalismus als Imperialismus (Lenin charakterisierte ihn seiner inneren Struktur nach als Monopolkapitalismus, in seiner außenpolitischen Wirksamkeit als Aggression und seiner historischen Stellung nach als sterbenden Kapitalismus). Aus den philosophischen und politökonomischen Thesen resultierten die politisch-ideologischen Vorstellungen (heute ›wissenschaftlicher Kommunismus‹ genannt). Danach war die Welt im 20. Jahrhundert in die Epoche der Kriege und Revolutionen eingetreten. Die wichtigsten Länder standen am Vorabend der Revolution, die die bisherige Wirtschafts- und Staatsordnung vernichten und die ›bürgerliche Demokratie‹ als Herrschaftsform des Kapitalismus überwinden sollte. Die kommunistischen Parteien hatten die Revolution zu organisieren, die – entsprechend dem Beispiel der Russischen Oktoberrevolution – durch einen bewaffneten Aufstand einzuleiten war, wobei ein Bürgerkrieg unabwendbar schien. Nächster Schritt der Kommunisten sollte die Führung der Weltrevolution zur Errichtung der Diktatur des Proletariats und der Rätemacht unter Führung der kommunistischen Partei nach dem Vorbild der UdSSR sein. Die Komintern als straffe Zusammenfassung aller kommunistischen Parteien und disziplinierte Weltpartei der Revolution beanspruchte die Führungsrolle. Als Vorposten der Revolution mußte die Sowjetunion eine überragende Rolle spielen. In den kommunistischen Parteien setzte sich immer stärker die Vorstellung durch, die Verstaatlichung der Produktionsmittel bedeute bereits Sozialismus und daher sei die Sowjetunion auch das Modell des Sozialismus. Die Verteidigung der UdSSR – von den Kommunisten als ›Vaterland aller Werktätigen‹ deklariert – wurde ab 1927 zu einer Hauptaufgabe der Kominternsektionen erhoben. Erst 1935 änderte die Komintern einige strategische Konzeptionen, nunmehr erklärte sie, auf dem Weg zur proletarischen Revolution gebe es Zwischenphasen, die durch ›Volksfront‹-Politik realisiert werden sollten. Im Grundsatz blieben die ideologischen Positionen aber unangetastet.

Die Kommunistische Internationale
Die Kommunisten erwarteten eine Verlagerung der Bewegung von den fortgeschrittenen industrialisierten Großmächten zu den zurückgebliebenen Ländern der Peripherie. Als erste internationale Organisation erkannte die Komintern die Bedeutung der Kolonialrevolution, sie richtete ihr Augenmerk vor allem auf Asien. Doch keiner ihrer Sektionen gelang es, während der Existenz der Komintern von 1919 bis 1943 in irgendeinem Land die Herrschaft zu erringen. Immerhin zählten 1922 66 Parteien mit 1,2 Millionen Mitgliedern zur 3. Internationale und 1935 61 Parteien mit 3,1 Millionen (davon außerhalb der Sowjetunion freilich nur 785000).
Die Komintern, die im Gegensatz zur 2. Internationale eine straff organisierte Weltpartei mit zentraler Führung (EKKI) in Moskau war und die ideelle und materielle Hilfe von der KPdSU und vom Sowjetstaat erfuhr, hatte sich in den 20er Jahren weitgehend den Interessen der sowjetischen Politik untergeordnet. Mit dem Sieg Stalins in der UdSSR unterwarfen sich die Kominternparteien – nach vollzogener ›Bolschewisierung‹ und der Auswechselung ihrer Führergruppen – völlig dem Hegemonieanspruch der KPdSU. Oppositionelle kommunistische Richtungen, etwa der Trotzkismus, bekämpften den Stalinismus von leninistischen Positionen aus. Die Anhänger Trotzkis bildeten eine 4. Internationale, die freilich ohne Masseneinfluß blieb.
Durch die Stalinschen Säuberungen in der UdSSR 1936 bis 1938, denen auch die Führung der Komintern zum Opfer fiel und die den Apparat in Moskau dezimierten, verlor die 3. Internationale jegliche Bedeutung. Der Stalin-Hitler-Pakt 1939 führte zu ideologischen Problemen, 1943 wurde sie schließlich im Interesse des sowjetischen Bündnisses mit den Westalliierten aufgelöst.
Nach dem Zweiten Weltkrieg erfolgte keine straffe Zusammenfassung der kommunistischen Bewegung mehr. Zunächst blieb freilich die Führungsrolle der UdSSR im stark anwachsenden Weltkommunismus ebenso unumstritten wie in den ›volksdemokratischen‹ Ländern Osteuropas, in denen die Kommunisten (meist durch die Hilfe der Sowjetarmee) die Macht übernommen hatten. Mit dem Konflikt zwischen Jugoslawien und der UdSSR 1948 kam es zu einem ersten Bruch im Weltkommunismus. Stalins Tod 1953, die Abkehr seiner Nachfolger von den terroristischen Methoden sowie die neuen ideologischen Thesen von der Koexistenz mit dem Westen und vom ›friedlichen‹ Übergang zum Sozialismus als der ersten Stufe des Kommunismus führten auch zum Bruch mit der KP Chinas. Damit erfolgte eine Spaltung im Weltkommunismus, in fast allen Ländern entstanden radikale, am chinesischen Maoismus orientierte Parteien, z. T. wandten sich auch traditionelle kommunistische Parteien (z. B. die starke KP Indonesiens, aber auch die KPen von Burma, Malaysia oder

Thailand) vor allem aber das kommunistisch regierte Albanien gegen Moskau.
So zeigte sich in den 60er Jahren ganz deutlich, daß es den einheitlichen Weltkommunismus nicht mehr gab. Seitdem sind unter dem Begriff Kommunismus vielfältige politische und ideologische Strömungen aktiv. Aus dem monolithischen Kommunismus der Stalin-Ära ging eine kommunistische Weltbewegung mit über 100 Parteien hervor, deren Spannweite vom diktatorisch-bürokratischen Staatskommunismus Moskauer Prägung zum revolutionären Kommunismus chinesischer Richtung bis zum Reformkommunismus und den Ansätzen eines demokratischen Kommunismus in der CSSR 1968 sowie zum Eurokommunismus reichte. Auf Weltkonferenzen der kommunistischen Parteien in Moskau 1960 und 1969 traten schwerwiegende Differenzen nicht nur auf ideologischem, sondern vor allem auf politischem Gebiet zutage.

Spaltung des Kommunismus
Der bürokratisch-diktatorische Kommunismus, dessen extremste Form der Stalinismus war, blieb zwar das Grundmodell orthodoxer Kommunisten, ist aber keineswegs der Kommunismus. Nach der progressiven Lenin-Ära hatte sich in der Sowjetunion der Stalinismus als die Herrschaft der Funktionäre, der ›Apparate‹ entwickelt, die im Einparteiensystem allein bestimmten und eine sozial privilegierte Oberschicht bildeten. Die Parteiführung dirigierte alle politischen, gesellschaftlichen, wirtschaftlichen und kulturellen Bereiche. Sie übt seither die Macht mit Hilfe des Apparats ihrer hauptamtlichen Funktionäre (der hierarchisch gegliedert ist) sowie des Staates und der ›Massenorganisationen‹ aus. Gegner des Regimes sind Repressionen ausgesetzt, sie werden mit Gewalt niedergehalten (bis zum Terror der Stalin-Zeit). Durch die ›Neutralisierung‹ breiter Bevölkerungskreise, vor allem steigenden Lebensstandard, soll das System gefestigt werden. Durch ideologische Indoktrination schließlich will die Führung vor allem auf die Jugend einwirken und neue Anhänger gewinnen. Diese stalinistische und nachstalinistische Richtung des Kommunismus versucht durchaus, bestimmte – aber einseitig ausgewählte – Vorstellungen des Marxismus-Leninismus zu verwirklichen. Auch wenn die Ideologie mehr Verschleierungs- und Rechtfertigungsinstrument denn programmatische Richtschnur der Politik ist, wurden doch in ihrem Sinne der Privatkapitalismus überwunden, das Privateigentum an Produktionsmitteln abgeschafft, soziale Sicherheit garantiert, Klassenprivilegien im Bildungswesen aufgehoben. Dennoch ist der bürokratisch-diktatorische Kommunismus weniger von den Ideen des Kommunismus als vom Stalinismus, der Rückständigkeit Rußlands, der fehlenden demokratischen Tradition geprägt.

Grundsätzlich anders hatte sich als die zweite Strömung der revolutionäre Kommunismus entwickelt. Unter Berufung auf die revolutionäre Tradition des Leninismus versuchten die Kommunisten in China unter Mao und in Kuba unter Castro, im ›großen Sprung‹ ohne bürokratische Strukturen und ohne soziale Privilegierung einer Minderheit zu einer kommunistischen Gesellschaft der Gleichheit vorzustoßen. Immer neue Kampagnen wie die Kulturrevolution oder ideologische Vorgaben anstelle des ›materiellen Anreizes‹ der UdSSR sollten eine solidarische – notfalls auch arme – Gesellschaft bringen. Der ultralinke Kommunismus fand bei den Guerillakämpfern in Asien und Lateinamerika ein Echo, seine extreme Form war der ›Steinzeitkommunismus‹ mit Methoden der Ausrottung wie in Kambodscha. Während sich Kuba in den 70er Jahren wieder der Sowjetunion näherte, wurde in China nach dem Tode Maos und der Niederlage der ›Viererbande‹ ebenfalls dem revolutionären Kommunismus abgeschworen, so daß dieser gegenwärtig keine besondere Rolle mehr spielt. Selbst in Albanien, das lange Zeit auf dem Stalinismus beharrte, sind seit dem Tod von E. Hodscha Tendenzen einer Öffnung der Gesellschaft zu erkennen.

Modernisierung des Kommunismus?

Hingegen konnte eine dritte große Grundrichtung, der Reformkommunismus, an Bedeutung gewinnen. Die technisch-wissenschaftliche Revolution zwingt vor allem die europäischen kommunistisch regierten Staaten zu Erneuerungen. So befürworten Technokraten und Wirtschaftsfunktionäre grundsätzliche Reformen, um endlich eine effektivere Wirtschaft zu erreichen. Dabei kommt es ihnen auf eine Modernisierung und weniger auf eine Demokratisierung der Gesellschaft an, doch zeigt sich, daß ohne Abbau der Parteidiktatur und größere persönliche Freiheit und Sicherheit ein effizienteres System nicht möglich erscheint. In der Sowjetunion versucht M. Gorbatschow, diese Modernisierungen mit Freiräumen in Kultur und Wissenschaft sowie Flexibilität in der Politik herbeizuführen. Die mit den Begriffen ›Perestrojka‹ und ›Glasnost‹ verbundene Reformpolitik brachte erhebliche Veränderungen der Theorie und Praxis des ›Kommunismus‹ in der Sowjetunion, in Ungarn oder Polen. Sollte es Gorbatschow gelingen, seine Absichten auf Dauer durchzusetzen, wäre es auch für die anderen kommunistisch regierten Staaten unmöglich, diese Entwicklung in ihren Ländern aufzuhalten, eine Transformation des herkömmlichen Modells des Kommunismus ist daher nicht auszuschließen.

Diese könnte vielleicht in die Richtung eines demokratischen Kommunismus tendieren. Dessen theoretische Konzeptionen gehen vom Widerspruch zwischen der Realität der kommunistisch regierten Staaten und der Marxschen Ideen aus. Aus dem Gegensatz zwischen Anspruch und Wirklichkeit leitet der demokratische Kommunismus seine Forderung nach der Änderung des gegenwärtigen Kommunismus, nach Demokratisierung des politischen Systems ab. Was ansatzweise 1968 in der CSSR praktiziert wurde, läßt erkennen, was demokratischer Kommunismus ist: die Verbindung der reformierten sozioökonomischen Ordnung kommunistischer Staaten mit Elementen demokratischer Mitbestimmung und institutionalisierter Rechtssicherheit. Zu dieser Richtung gehört im Ansatz auch der Eurokommunismus. In der Abwendung vom sowjetischen Modell und dem Bekenntnis zum Pluralismus zeigen sich die neuen Positionen. Der mit den Enthüllungen über die terroristische Stalin-Ära einsetzende Autoritätsverlust der Sowjetunion war Anstoß für den Eurokommunismus, aber zugleich war ein weiterer Faktor seiner Entwicklung die Isolierung der kommunistischen Parteien in den westlichen Industriegesellschaften.

Auch wenn sich die Bedeutung des Eurokommunismus inzwischen reduzierte, beweist sein Entstehen ebenso wie die Geschichte des Kommunismus oder die Spannungsverhältnisse in den kommunistisch regierten Staaten die grundsätzliche Möglichkeit der Wandelbarkeit des Kommunismus, der eben kein geschlossenes System darstellt, auch kein starres, statisches, nur von der Ideologie bestimmtes Regime, sondern auch eine soziale Bewegung ist. Der Kommunismus wie der Sozialismus stehen so trotz der vielfältigen Ausprägungen nach wie vor als Theorie in der Tradition der modernen Emanzipationsbewegung.

Staat, Herrschaft

Begriffsbestimmung

Politische Herrschaft ist nicht verbindlich definiert. M. Weber bezeichnet Herrschaft allgemein als die »Chance, für einen Befehl Fügsamkeit zu finden«. In diesem Sinn ist Herrschaft ein – häufig konstitutives – Element vieler gesellschaftlicher Beziehungen von der Familie über die Arbeitswelt bis zur Einbindung in das Gemeinwesen. Zu unterscheiden ist jedoch zwischen privaten und öffentlichen Herrschaftsbeziehungen. Erstere bestehen zwischen den Gesellschaftsmitgliedern untereinander und können wie in der Familie formeller oder wie in der Gruppe informeller Art sein. Letztere bestehen zwischen den Gesellschaftsmitgliedern und dem Gesellschaftsganzen bzw. einer Instanz, die der Gesellschaft ihren Willen aufzwingen oder deren Geschäfte zu führen beanspruchen kann. In diesem Fall soll von politischer Herrschaft die Rede sein.

Wichtig ist dabei vor allem die Frage, inwieweit politische Herrschaft das

Resultat der politischen Selbstorganisation einer Gesellschaft oder das Produkt der Unterwerfung einer Gesellschaft durch eine andere ist. Maßstab der politischen Selbstbestimmtheit darf dabei nicht der Grad der Herrschaftsbeteiligung der Bürger sein. Denn das Partizipationsmodell stellt nur eine Form der politischen Selbstorganisation u. a. dar. Die Unterwerfung unter einen Sakralkönig oder einen charismatisch legitimierten politischen Führer kann ebensogut selbstbestimmt sein. Abgesehen davon muß die Gleichheit und Allgemeinheit der Herrschaftsbeteiligung realhistorisch ohnehin als eine politiktheoretische Fiktion gelten. Denn gesellschaftliche Differenzierungen erscheinen nicht nur immer wieder in politische Gewichte übersetzt, sei es, daß eine Geburtsaristokratie weiterhin einflußreich bleibt, sei es, daß aus den Eigentumsverhältnissen erwachsende Abhängigkeiten sich etwa in der Gestalt von Klientelbeziehungen niederschlagen. Es bilden sich überdies selbst dort, wo für die Gleichheit und Allgemeinheit der Herrschaftsbeteiligung wie beispielsweise in Athen verfassungsinstitutionell Sorge getragen wird, politische Klassen aus, die sich durch die Beherrschung einschlägiger Beeinflussungs- und Überzeugungstechniken größeres politisches Gewicht verschaffen.

Als distinktives Merkmal selbstbestimmter politischer Herrschaft kann allerdings gelten, daß für sie in der einen oder anderen Form Legitimationsbedarf besteht. Alle Gesellschaften durchlaufen einen Zustand der politischen Selbstorganisation, aber nicht alle vermögen diesen Zustand auf Dauer zu erhalten. Entweder kommt es zu innergesellschaftlichen Machtergreifungen, die bisweilen, jedoch nicht notwendigerweise in ereignisgeschichtlichen Verdichtungen faßbar sind. Oder eine Gesellschaft wird durch eine andere unterworfen. In beiden Fällen tritt Gewalt an die Stelle der Legitimation als Mittel der Begründung und des Erhalts politischer Herrschaft.

Grundformen vormoderner Herrschaft

Typen der politischen Selbstorganisation. *Segmentäre Herrschaft.* Politische Herrschaft ist nicht notwendig an Institutionen gebunden. Entscheidend sind allein die Formen und die Kontrolle der Mittel, mit denen das Gesellschaftsganze gegenüber den Gesellschaftsmitgliedern zur Geltung gebracht wird. Das läßt sich insbesondere an den sog. segmentären Gesellschaften zeigen, welche die Anthropologie als ›akephal‹ oder staatslos bezeichnet, weil in ihnen zentrale Herrschaftsorgane entweder nicht vorhanden oder nur schwach ausgeprägt sind. Der entwicklungsgeschichtliche Ort dieses Gesellschaftstyps, der eine vom Beginn der historischen Überlieferung bis in unser Jahrhundert namentlich in Afrika nachweisbare Grundform soziopolitischer Organisation darstellt, ist die frühe Ackerbau- und Viehzüchtergesellschaft, die in historischer Zeit jenseits der Zivilisationskerne an der kleinasiatisch-mediterranen und der chinesischen Peripherie des eurasischen Kontinents allenthalben anzutreffen ist. So sind Spuren segmentärer Organisation in den Stammes- bzw. Volksrechten der Israeliten, der Germanen, der präislamischen Araber, der Mongolen, der Turkvölker und anderer zentralasiatischer Reiternomaden überliefert. Diese Gesellschaften entfalteten trotz des Zivilisationsgefälles zu den Hochkulturen eine demographisch-militärische Dynamik, der dieselben auf längere Sicht nicht gewachsen waren. Im Fehlen dieser entwicklungsgeschichtlichen Herausforderung in Afrika und Amerika und in den unterschiedlichen Wegen ihrer Bewältigung durch die intellektuell-materielle Überwindung eines Kulturbruchs in Europa und die Assimilation der Eroberer in China liegen welthistorische Weichenstellungen.

Politische Herrschaft und der Kampf um politische Macht passen sich der besonderen Vergesellschaftungsweise segmentärer Gesellschaften an. Die soziopolitische Grundeinheit bildet die drei bis vier Generationen umfassende patri- oder matrilineale agnatische Abstammungsgruppe (lineage). Sie regelt den Zugang ihrer Mitglieder zu den natürlichen Ressourcen (Boden, Vieh, Wasser), zu Ehefrauen und, soweit es solche gibt, zu Ritualämtern. Darüber hinaus gewährt sie ihren Mitgliedern Hilfe und Schutz durch Beistand bis zur Blutrache. Der Grad ihrer internen Organisation hängt von den Siedlungsverhältnissen, von ökologischen Faktoren, von der Gruppengröße, von kulturell-rituellen Traditionen sowie von der Ausgestaltung der Autoritätsverhältnisse im Abstammungsverband ab, die von einer stark entwickelten patriarchalischen Zwangsgewalt mit Tötungsrecht bis zur bloß moralischen Autorität des oder der Lineageältesten reichen mag. In jedem Fall aber mediatisiert die Lineage als eine besondere Friedens- und Rechtsgemeinschaft ihre Mitglieder gegenüber der Gesamtgesellschaft.

Das Bauprinzip segmentärer Gesellschaften besteht nun darin, eine unterschiedlich große Anzahl solcher Abstammungsgruppen auf unterschiedlichen Ebenen genealogischer Tiefe zu einer pyramidalen Struktur aus mehreren Segmentebenen zu verkoppeln, welche dann keine soziale Schichtung, sondern eine Staffelung der sozialen Integration zum Ausdruck bringt. Die Anzahl der Ebenen und somit die Größe der segmentär integrierten Gesellschaft hängt von der Tiefe der genealogischen Erinnerung ab. Alle Tiv in Nigeria führen sich auf einen gemeinsamen Urahn dieses Namens zurück; bei den Nuer im südlichen Sudan dagegen reicht die segmentäre Integration nur bis zur Stammesebene; bei den Amba im Grenzgebiet von Kongo und Uganda schließlich werden die Generationen nur soweit zurückgezählt, bis die Einwohner eines Dorfes erfaßt sind.

Dieser gesellschaftliche Aufbau bewirkt, daß der soziale Zusammenhalt sich mit der Verdünnung der Verwandtschaftsverhältnisse lockert, wenn die Gesellschaft wächst. Segmentare Gesellschaften sind deshalb instabile soziale Gebilde. Ein Indiz für das Nachlassen der Integrationsspannung ist darin zu sehen, daß sie zunehmend zweckgebundener wird. So schließen sich etwa die rivalisierenden Clans eines Stammes erst zusammen, wenn sie von entfernteren Clans angegriffen werden. In die gleiche Richtung weisen die Vorschriften über die Schadensbegrenzung im Konfliktfall. So werden etwa bei den Nuer Streitigkeiten im Dorf nur mit Knüppeln, solche zwischen den Bewohnern verschiedener Dörfer jedoch mit Speeren ausgetragen. Zwischen Stammessektionen soll auf Viehraub verzichtet und in Tötungsfällen Blutgeld bezahlt werden. Nuer-Stämme untereinander rauben sich zwar Vieh, aber keine Frauen und Kinder. Keine dieser Beschränkungen gilt im Kampf mit fremden Völkern.

Kommunale Herrschaft. Kommunale Herrschaft im Sinne dieser Typologie liegt vor, wenn die Herrschaftsfunktionen der Außenverteidigung, der Friedenswahrung und der Ressourcenverteilung an eigens dafür geschaffene und ausschließlich zuständige Organe überwiesen sind, die jedoch gesellschaftlicher Kontrolle unterliegen. In diesem weiteren Sinne ist kommunale Herrschaft nicht an eine bestimmte Siedlungsform gebunden, wenngleich die städtische oder dörfliche Selbstregierung als ihre ausgeprägteste Erscheinungsform gelten kann. Kommunale Herrschaft signalisiert zwar, daß für die Gesellschaft, über die sie besteht, nicht mehr ein Netz verwandtschaftlicher Beziehungen, sondern die Lebens- und Arbeitsgemeinschaft der Gesellschaftsmitglieder konstitutiv ist, wächst aber häufig aus verwandtschaftlich organisierten Gesellschaften hervor. So begegnen etwa bei den Germanen neben Elementen segmentärer Herrschaft in der Sippenordnung solche kommunaler Herrschaft im Thing. Ähnliches gilt für die gentilizischen Relikte in den antiken Poleis, den Komitien in Rom oder den Phylen und Phratrien in Athen.

Die Grundform kommunaler Herrschaft, die sich aus den ältesten Schriftquellen für die vormonarchische Zeit in Mesopotamien rekonstruieren läßt und bis in die jüngste Zeit in den ›primitiven‹ Gesellschaften nachweisbar war, ist das Zusammenwirken von Häuptling, Ältestenrat und Volksversammlung. In dieser Trias ist der Häuptling einerseits mehr als ein bloßes Vollzugsorgan eines sich ständig neu herstellenden Gemeinwillens. Andererseits ist er bei der Ausübung seiner Macht zum einen an das, was als Recht und Sitte gilt, zum anderen in allen Grundsatzfragen an den Rat der Alten oder gar die Zustimmung aller berechtigten Gesellschaftsmitglieder gebunden. In Jäger- und Sammlergesellschaften tritt diese Grundstruktur schon wegen der Größe der Verbände nur ganz formlos in Erscheinung. Die Autorität des Häuptlings im Alltag ist gering und mag sich nur auf die Schlichtung von Streitigkeiten oder auf die Entscheidung, wann und wohin das Lager zu verlegen sei, erstrecken. Sie wird, wenn überhaupt, nur funktional erweitert. So gaben sich die bisonjagenden Plains-Stämme Nordamerikas oder die Buschmänner Afrikas Jagdhäuptlinge mit einer Jagdpolizeigewalt, die nur für die Dauer der Jagd bestand und deren Umfang sich nach dem jeweils notwendigen Maß an Jagddisziplin richtete. Darüber hinaus stellte die Möglichkeit der Aufkündigung des tacitus consensus durch die Sezession ein wirksames Mittel einesteils der gesellschaftlichen Kontrolle und andernteils der Wahrung der sozioökonomisch ja ohnehin gegebenen Interessenhomogenität dar. Gegenläufigen Momenten in diesem Herrschaftskontext geringer Intensität wie etwa der Erblichkeit des Häuptlingsamtes oder seiner Bindung an einen bestimmten Clan kam unter solchen Umständen kaum Gewicht zu. Eine größere Gefahrenquelle stellten auf diesem entwicklungsgeschichtlichen Stand eher die Ritualämter dar, von denen aus sich der gesellschaftliche Konsensus manipulieren ließ.

Komplexere Formen kommunaler Herrschaft begegnen zum einen unter fortgeschritteneren sozioökonomischen Bedingungen und zum anderen als Produkt von Auseinandersetzungen um die Verteilung der Macht im Gemeinwesen. Der klassische Fall, der wirkungsgeschichtlich eine kaum zu unterschätzende Bedeutung erlangt hat, sind die antiken Poleis, bei denen gesellschaftliche Differenzierung und Entwicklung der politischen Strukturen Hand in Hand gingen. Die Idee, den politischen Prozeß einem Satz von Regeln wie einem Rechtsverfahren zu unterwerfen, und die Herrschaftsfurcht der antiken Polites haben durch den Niederschlag, den sie im Verfassungsgedanken gefunden haben, das politische Denken der europäisch-atlantischen Welt namentlich in der Neuzeit entscheidend geprägt.

Grundsätzlich lassen sich hinsichtlich der gesellschaftlichen Kontrolle politischer Herrschaft zwei Verfassungsstrategien unterscheiden, die realhistorisch natürlich nicht isoliert, sondern in einem jeweils unterschiedlichen Mischungsverhältnis vorkommen. Es handelt sich erstens um das Modell der Herrschaftsbeauftragung und der Mißbrauchprävention durch Verfassungssicherungen. Hier haben die Amtsinhaber im Rahmen der Gesetze Entscheidungsvollmacht, müssen sich aber gegenüber den Beauftragenden verantworten und werden darüber hinaus bei ihrer Amtsausübung durch andere Amtsträger überwacht und gegebenenfalls blockiert bzw. korrigiert. Im zweiten Modell werden die politischen Entscheidungen in einem diskursiv organisierten Entscheidungsprozeß von allen berechtigten Gesellschaftsmitgliedern getroffen, so daß den Amtsträgern eher eine Ausführungsverantwortung verbleibt. Politische Macht zielt im ersten Fall auf die Kontrolle des Zugangs zu Ämtern, im zweiten auf die Beherrschung des Entscheidungsprozesses. Und dementspre-

chend variieren die jeweils üblichen Herrschaftstechniken. Zur Illustration sei auf die römische Republik und die athenische Demokratie verwiesen.
Roms Verfassung stand im Zeichen der Herrschaftsbeauftragung und der Mißbrauchsprävention. Schon der Übergang von der Monarchie zur Republik und die Ständekämpfe zwischen Patriziern und Plebejern stellten die Fragen der Herrschaftskontrolle und des Zugangs zu Ämtern in den Mittelpunkt. In der Republik traten nach einer Übergangsphase an die Stelle des Königs zwei Konsuln als Inhaber des legitimen Gewaltmonopols, deren Machtfülle jedoch erstens zeitlich befristet war und zweitens dadurch eingeschränkt wurde, daß beide gleichermaßen die volle Amtsgewalt besaßen, so daß sie sich im Bedarfsfall einigen mußten oder einander durch Einspruch blockieren konnten. Zu den Mißbrauchssicherungen der Annuität und der Kollegialität trat in den Ständekämpfen als drittes Element die Einrichtung einer Vetoinstanz in Gestalt des für sakrosankt erklärten Tribunats, die den Herrschaftsauftrag fallbezogen suspendieren konnte. All das lief auf eine Differenzierung des Herrschaftsapparates nicht nach dem Gesichtspunkt der Funktion, sondern nach dem der Gewaltenkontrolle hinaus. Daß diese Mechanismen die Beeinträchtigung der staatlichen Funktionsfähigkeit im Interesse des Bürgerschutzes bewußt in Kauf nahmen, ergibt sich daraus, daß sie im Notstandsfall, bei der Ausrufung der Diktatur, mit Ausnahme des nun verschärft angewandten Befristungsprinzips außer Kraft gesetzt wurden. Die Schlüsselrolle der Ämterverfassung in der Herrschaftsgeschichte der römischen Republik offenbart sich, abgesehen von der Errichtung einer Veto- und Alternativmagistratur, in den Ständekämpfen darin, daß der Übergang von der Republik zur Quasimonarchie des Prinzipats nicht im Wege der Abschaffung der republikanischen Ämter, sondern in dem der Aushöhlung und Mißachtung des komplizierten Geflechts der Mißbrauchssicherungen erfolgte, dem sie unterworfen waren.
Darüber hinaus war die Herrschaftsausübung der Amtsträger in Rom an Recht und Gesetz gebunden, dessen Änderung seit dem Ende der Ständekämpfe der Zustimmung des Volkes bedurfte. Die Volksversammlung bzw. die Volksversammlungen waren in Rom indes nur Wahl- und Abstimmungskörperschaften, die über Vorlagen entschieden, aber keine Beratungsorgane, so daß die Beteiligung des Volkes an der Gesetzgebung anders als in Griechenland nicht zur Herausbildung einer diskursiven Organisation des politischen Entscheidungsprozesses führte. Das deliberative Moment kam statt dessen im Senat zur Geltung, der, wie die Anrede ›patres‹ zeigt, ursprünglich ein Ältestenrat von Clanoberhäuptern war, aber schließlich als Versammlung der gewesenen Amtsträger und Reserve der Republik zu dem durch Prestige, Sachverstand und gleichsam

indirekt auch durch Wahl legitimierten Gravitationszentrum der römischen Politik wurde. Gleichwohl entstand durch den Wahlzwang ein gewissermaßen vorherrschaftlicher, aber durch den Wettbewerb um Stimmen und Anhänger politischer Raum, in dem es galt, politische Sympathie zu organisieren. Zwar war das Klientelsystem wohl geeignet, die bestehenden Strukturen gesellschaftlicher Stärke in politischen Einfluß zu übersetzen. Doch stieß die klientale Kontrollierbarkeit der römischen Gesellschaft in der späten Republik an ihre Grenzen. Um die Klientelkerne entstand eine Öffentlichkeit, die mit anderen Mitteln gewonnen werden mußte und konnte.

Im Gegensatz zu Rom stand in Athen die Herrschaftsteilnahme aller Bürger in einem auf diskursiver Entscheidungsfindung beruhenden politischen Prozeß im Vordergrund. Amtsinhaber hatten eher eine Ausführungsverantwortung denn politische Macht, die weniger in den Ämtern als in den verschiedenen Organen des Demos, namentlich der Volksversammlung, zu greifen war. Die auch in der athenischen Verfassung ausgeklügelten Mechanismen der Herrschaftskontrolle, angefangen von der Verwendung des Losverfahrens bei der Besetzung von Ämtern über die turnusmäßigen Vertrauensabstimmungen in der Volksversammlung (ekklesia) bis hin zum Rechenschaftsbericht am Ende der selbstverständlich befristeten Amtsperiode, dienten deshalb auch mehr der Sicherung des politischen Monopols der Bürgergemeinde denn dem unmittelbaren Schutz der Bürger vor Herrschaftsmißbrauch. Die Schlüsselstellung des Demos in der Verfassung Athens warf drei Probleme auf, die schon die Zeitgenossen thematisierten.

Erstens setzte das Modell den uneingeschränkt politischen Bürger voraus. Das Problem der unterschiedlichen Politikfähigkeit der Bürger wurde zwar erkannt, aber auf seinen materiellen Aspekt reduziert. Das Misthos-System der Diätenzahlung sollte sicherstellen, daß niemand aus wirtschaftlichen Gründen an der Ausübung seiner Bürgerrechte und Bürgerpflichten gehindert würde. Kompetenz, kritisches Vermögen und Artikulationsfähigkeit hingegen blieben im Demos ungleich verteilt. Die Volksversammlung war deshalb auch kein Ort der Diskussion, in dem das freie Spiel der Argumente und Gegenargumente vernünftige Entscheidungen hervorbrachte. Allein die Zahlenverhältnisse standen dem entgegen. Sie glich vielmehr einem Theater mit einer Bühne, auf der die politischen Spieler um die Gunst eines sich im wesentlichen auf Beifalls- und Mißfallenskundgebungen beschränkenden Publikums buhlten. Wer in Athen nach politischer Macht strebte, der mußte die Meinungsbildung des Demos zu steuern wissen. Athen wurde so zur Geburtsstätte der politischen Rhetorik als einer vom Gegenstand unabhängigen Überredungs- und Überzeugungstechnik und brachte in den politeuómenoi eine Klasse von Berufspolitikern hervor, die auf die Herstellung von Konsens spezialisiert waren. Charismatisch legitimierte Tyrannis und Demagogenherrschaft waren für Aristoteles entwicklungsgeschichtlich unterschiedene, aber strukturell ähnliche Deformationserscheinungen der Volksherrschaft. Darüber hinaus bestand zwischen den Systemzielen der Herrschaftsbeteiligung aller Bürger und der Herrschaftseffizienz ein Zielkonflikt, der immer wieder als Argument gegen die Staatsform Verwendung fand.

Zweitens warf die attische Demokratie die Frage nach den Auswirkungen einer Trennung von politischer und sozioökonomischer Macht auf. Zwar blieb der Poliskrieg der Stadt der Armen gegen die Stadt der Reichen realhistorisch aus; doch Aristoteles' Warnung vor dem sozialrevolutionären Potential des demokratischen Prinzips erwies sich wirkungsgeschichtlich als folgenreich. Und drittens problematisierte die attische Demokratie das Verhältnis von Volksbeschluß und Gesetz. Gab es ein vom politischen Willen des Volkes unabhängiges Gesetz, dem die Herrschaft der Vielen so unterworfen war wie die der Wenigen? Die athenische Verfassung beantwortete diese Frage, indem sie die Gesetzgebung in der Nomothesie prozedural deutlich von der bloßen Beschlußfassung trennte und darüber hinaus durch das ›Paranomon graphe-Verfahren‹ die Möglichkeit der Überprüfung der Rechtskonformität von Volksbeschlüssen vorsah. Nichtsdestoweniger verwies Aristoteles darauf, daß die Logik des demokratischen Prinzips die Spannung zwischen Souveränität und Recht auf den kritischen Punkt brachte.

Kephale Herrschaft. Kephale Herrschaft liegt vor, wenn das Herrschaftszentrum, dem die Herrschaftsfunktionen zur ausschließlichen Wahrnehmung überwiesen sind, keiner gesellschaftlichen Kontrolle unterliegt. Natürlich wirft diese Definition sogleich die Frage auf, ob kephale Herrschaft so verstanden überhaupt als eine Form der politischen Selbstorganisation gelten kann oder ob sie nicht notwendigerweise auf Unterwerfung zurückgeht. Schließt das Prinzip der Selbstorganisation nicht zwingend das Moment des Herrschaftskonsenses ein?

Sicherlich ist unter bestimmten Bedingungen die Selbstauslieferung einer Gesellschaft an charismatische Führer denkbar, ohne daß es gelingt, eine anders geartete, in der kommunalen Tradition stehende politische Kultur zu verdrängen. Zur Illustration sei auf die griechische Tyrannis oder den langen Tod der römischen Republik bis zu ihrer Transformation im frühen Prinzipat verwiesen. Als ein entscheidendes Kriterium des Übergangs von zeitlich begrenzter zu zeitlich unbegrenzter kephaler Herrschaft kann dabei die Dynastiebildung gelten. Interessant ist in diesem Zusammenhang der Fall des Heiligen Römischen Reichs. Obwohl die Habsburger seit dem 15. Jahrhundert mit nur einer kurzen Unterbrechung das deutsche Kaiserhaus stellten, hat die Tatsache, daß die deutsche Monarchie eine Wahlmonarchie war, dazu beigetragen, ihren kephalen Charakter in den Wahlkapitulationen grundgesetzlich weitgehend auszuhöhlen. Darüber hinaus ist die Rechtsbindung kephaler Herrschaft zu erwägen. Die Spannung zwischen Herrschersouveränität und Verpflichtung zur Rechtskonformität gehört zu den Schlüsselproblemen der europäischen Verfassungsgeschichte seit dem Mittelalter. Während im Mittelalter eher die Rechtsgebundenheit im Vordergrund stand, bekamen seit dem 16. und namentlich seit dem 17. Jahrhundert mit der Entstehung der frühmodernen Staaten die Momente der Souveränität und der Innovativität des Herrschaftshandelns immer größeres Gewicht. Exemplarisch greifbar wird das im Frankreich des Absolutismus, wo der König den Anspruch erhob, als Souverän über den Gesetzen zu stehen, ›princeps legibus absolutus‹ zu sein, und deswegen von den Richtern der Obergerichte bekämpft wurde, die ihre Amtspflicht, königliche Edikte zu registrieren, juristisch zu überprüfen und gegebenenfalls wiedervorzulegen, in ein Verfassungsrecht der Kontrolle der Rechtskonformität allen Herrschaftshandelns uminterpretierten.

Ist indes kephale Herrschaft als politische Selbstorganisation ohne solcherlei explizite oder implizite Bedingungen denkbar? Um die Beantwortung dieser Frage kreiste schon die staatstheoretische Diskussion des 16. bis 18. Jahrhunderts über das Problem der Legitimität politischer Herrschaft (Hobbes, Locke, Rousseau), die für sich schon Ausdruck jenes Wandels im Herrschaftsverständnis des europäischen Fürstenstaates war, der sich im Zeitalter der Französischen Revolution vollendete. Der Akzent lag dabei jedoch auf der Ermittlung von Normen für die Legitimitätsprüfung. Hier soll die Frage nach den Erscheinungsformen eines Legitimitätseinverständnisses unter Kontrollverzicht empirisch beantwortet werden. Drei Typen, die im historischen Einzelfall eher in wechselnden Mischungsverhältnissen als in Reinform auftreten, lassen sich unterscheiden:

Erstens ist auf die Ausgestaltung der sakralen Momente des Häuptlingstums in Stammesgesellschaften zu verweisen. Ansätze hierzu finden sich zwar auch in den indogermanischen Gesellschaften und haben die Gründungsgeschichte Europas nicht unwesentlich beeinflußt. Als inzwischen christlich überformte Relikte des germanischen Sakralkönigtums blieben sie das Mittelalter hindurch erhalten und hatten wie etwa das Ritual der Handauflegung bei Skrofulosekranken sogar noch in den Legitimationsstrategien neuzeitlicher Herrscher ihren Platz. Sie sind indes nie verfassungsgeschichtlich dominant geworden. Anders verhält es sich mit den Tempel- und Sakralherrschaften der frühen Hochkulturen oder auch des präkolumbianischen Amerika. Hier kam es wie etwa in Mesopotamien und Ägypten zu einem Priester- bzw. Gottkönigtum, das die Vorstellungswelt der Gesellschaft über die Religion so effektiv beherrschte, daß Dissens entweder nicht oder nur in einer sozial nicht akzeptierten Weise artikuliert werden konnte. Hinzu trat die konsensstiftende und gesellschaftsintegrative Macht des Kultus, die das Interessenkalkül der Gesellschaftsmitglieder als Legitimationsinstanz weiter mediatisierte. Es ist bezeichnend, daß die Sakralmacht immer erst dann in Gefahr geriet, wenn Naturkatastrophen, Mißernten, Kriegsverheerungen und ähnliche Zeichen anzeigten, daß sie ihrer ureigensten Aufgabe, nämlich der, zwischen Göttern und Menschen zu vermitteln, nicht mehr gerecht wurde. Im alten China, wo der Herrscher sich als Sohn des Himmels verehren ließ, hieß es dann, der Kaiser habe das Mandat des Himmels verloren. Und dieser Legitimitätsverlust sakraler Macht war dann ebenso total wie ihre Legitimität.

Zweitens ist an die Perpetuierung von Militärherrschaften zu denken. Unter Berufung auf den Notstand als Normalzustand werden die politischen Beziehungen nach dem Weisungsprinzip geordnet, wird aus der Kriegsverfassung des Gemeinwesens seine Zivilverfassung. Dies kann der Fall sein, wenn eine Gesellschaft unter ständigem Verteidigungsdruck steht oder wenn sie etwa unter starkem demographischen Druck von innen zur Expansion oder zur periodischen Ergänzung der Ressourcen durch organisierten Raub gezwungen wird. Beide Möglichkeiten werden als Faktoren genannt, die bei der Herausbildung der mesopotamischen Militärmonarchien eine entscheidende Rolle gespielt haben. Aber auch das frühe europäische Feudalfürstentum, das sich in Nordwesteuropa als Schutzherrschaft gegen die Wikingereinfälle bildete, gehört in diese Kategorie. Im Sinne der Konflikttheorie über die Entstehung des Staates begegnet die Unterstellung unter eine Militärherrschaft natürlich auch als Antwort auf soziale Spannungen im Gefolge sozialer Differenzierung.

Drittens ist vorstellbar, daß das Herrschaftszentrum für die Gesellschaft unverzichtbare Leistungen erbringt. Zu denken ist hier einmal an die sowohl in den alten Hochkulturen von China über den Fruchtbaren Halbmond bis nach Mesoamerika als auch in den pazifischen Häuptlingstümern zu beobachtende Restributionsfunktion. Der Warentausch wurde in diesen Gesellschaften nicht im Wege der Selbstorganisation über den Markt abgewickelt, sondern einem Zentrum überlassen, das desto unverzichtbarer wurde, je weiter soziale Differenzierung und ökonomische Entwicklung fortschritten. Die Übernahme dieser Restributionsfunktion stellte im übrigen ein außerordentlich wirksames zusätzliches Legitimationselement in Sakral- und Militärherrschaften dar. Jedenfalls stützte sich die Tempelherrschaft der alten Hochkulturen im hohen Grade darauf, daß sie die Vorrats- und Distributionswirtschaft kontrollierte. Neben der Wahrnehmung der Distributionsfunktion spielte das Herrschaftszentrum häufig außerdem noch bei der Organisation der Produktion eine entscheidende Rolle. Das war namentlich dort der Fall, wo wie im alten China, in Ägypten oder auch im präkolumbianischen Amerika komplizierte Bewässerungs- oder Flußregulierungssysteme unterhalten werden mußten.

Kephale Herrschaft schließt zwar eine kollegiale Verfassung des Herrschaftszentrums nicht aus. Entscheidend ist allein der autoritäre und nicht partizipatorische Charakter des Herrschaftshandelns. Im Normalfall steht in allen drei Fällen jedoch ein Monarch an der Spitze, der indes auch dann, wenn er weder eine Symbolfigur noch rechtsgebunden ist, an Grenzen der politischen Durchsetzbarkeit in dem ganz auf ihn zugeschnittenen Herrschaftssystem stößt. In bürokratisch organisierten kephalen Herrschaften etwa bricht sich der Wille des Herrschers immer wieder entweder an der Manipulierbarkeit seines Kenntnisstandes oder an der Unmöglichkeit der Erfüllungskontrolle im Einzelfall. Er entkommt letztlich im europäischen Absolutismus ebensowenig wie in der orientalischen Despotie dem Diktat der bürokratisch vermittelten Sachverhalte und dem Widerspruch zwischen der abstrakten Herrschaftsausübung durch Normsetzung und der konkreten Herrschaftsausübung durch Normanwendung im Einzelfall.

Typen der Unterwerfungsherrschaft. Die Unterwerfung einer Gesellschaft durch eine andere begegnet in vier Grundformen, die häufig ineinander über- und auseinander hervorgehen, nämlich als tributäre, als feudale und als imperiale Herrschaft sowie in Gestalt internationaler oder zwischenstaatlicher Abhängigkeitsverhältnisse unterschiedlicher Intensität, auf die hier nicht näher eingegangen werden kann. Für ihr jeweiliges Erscheinungsbild ist die Wechselwirkung zwischen der Verfassung der Erobereregesellschaft und dem Modus der Unterwerfung maßgeblich. So organisierte etwa die aristokratische Polis Rom die Unterwerfung ihrer Nachbargesellschaften und die Abschöpfung ihres Mehrprodukts im Wege eines Provinzialsystems anders als die zentralasiatischen Stammesgesellschaften, die tributäre und feudale Wege beschritten, wo sie nicht das Erbe höher entwickelter Unterwerfungsstrukturen antreten konnten. Der Akt der Unterwerfung veränderte darüber hinaus auf längere Sicht zumeist auch die Herrschafts- und Sozialverfassung der Erberergesellschaften selbst. Das zeigt sich an der Entwicklung des Imperium Romanum, das auf der Grundlage der republikanischen Verfassung nicht mehr zu beherrschen war und schließlich zum militärisch-bürokratisch gelenkten Zentralstaat wurde, ebenso wie an der Geschichte des Osmanischen Reiches, in der Phänomene der Aufbauphase wie das ›Gazi-Grenzkriegertum‹ oder die Rolle der Stammesaristokratie in der Militärverfassung im Zuge der Reichsbildung marginalisiert bzw. umgewertet wurden.

Tributäre Herrschaft. Tributäre Herrschaft ist ein defizienter Modus von Unterwerfungsherrschaft. Es handelt sich um eine Übergangsform zwischen bloßem Grenzraub und feudaler oder imperialer Unterwerfung, die einerseits die Unfähigkeit oder den Unwillen einer bedrohten Gesellschaft zur Abwendung der Gefahr und andererseits die Unfähigkeit oder den Unwillen der Angreifer zur vollständigen Unterwerfung dieser Gesellschaft zum Ausdruck bringt. Die Gründe für die Entscheidung im einen oder anderen Sinn können dabei in der Sozialverfassung sowohl der tributfordernden als auch der tributzollenden Gesellschaft angelegt sein. Die Beziehung der russischen Fürstentümer zu den Tartaren weisen in die erste, das Verhältnis des Römischen Reiches zu den Germanen, das von Byzanz zu den Germanen, Slawen, Osmanen, oder auch das des chinesischen Kaiserreiches zu den Hunnen und Mongolen an den jeweiligen Grenzen weisen in die andere Richtung. Verdichtungs- und Transformationsformen tributärer Herrschaft wurden im römischen Foederaten-System und in der Stiftung vasallitischer Beziehungen zwischen den Osmanen einerseits und Byzanz und den Balkanfürstentümern andererseits erreicht. In diesen Fällen waren die Grenzherausforderer noch nicht und das Zentrum nicht mehr stark genug, um eine Entscheidung herbeizuführen. In diesen Zusammenhang gehört auch, daß das alte China seinem realiter natürlich undurchsetzbaren universalen Herrschaftsanspruch dadurch gerecht wurde, daß es seine Beziehungen zu anderen Völkern als Tributbeziehungen der Außenwelt zur Mitte begriff, auch wenn diese Völkerrechtsfiktion jeglicher Grundlage entbehrte und eher das Gegenteil der Fall war.

Imperiale Herrschaft. Imperiale Herrschaft liegt vor, wenn die Ausweitung und Sicherung eines viele Regionen umfassenden Herrschaftsraumes und die Abschöpfung des dort erzeugten Mehrprodukts von einer Herrschaftszentrale wahrgenommen werden, die ihre militärischen und fiskalischen Strategien an der Gesamtheit des Reichsgebiets ausrichtet und die Reichsverwaltung auf rechenschaftspflichtige Amtsträger mit einem befristeten und meist auch materiell eingeschränkten Herrschaftsauftrag gründet. Die jeweilige historische Erscheinungsform imperialer Herrschaft hängt zum einen davon ab, wie die Probleme der Durchdringung des Herrschaftsraumes und der Organisation des Herrschaftsapparates gelöst werden. Dabei sind in beiden Fällen die Kommunikationsmöglichkeiten im Kontext der geographischen und kulturellen Bedingungen entscheidend. Zum anderen wird die Dichte und Tiefe imperialer Herrschaft von der Herrschaftskapazität der Eroberergesellschaft und vom Entwicklungsstand der unterworfenen Gesellschaften bestimmt.

Der erste Punkt läßt sich durch einen Vergleich des Imperium Romanum und des chinesischen Kaiserreiches illustrieren. Für den Bestand des Römischen Reiches war es förderlich, daß die Mittelmeerwelt einen natürlichen Kommunikationsraum darstellte, in dem sich eine Reichsgesellschaft herausbilden konnte. Der Zug zur Verteilung der Herrschaftsaufgaben auf mehrere Zentren und die materiell und organisatorisch zu beobachtende Herrschaftsintensivierung im spätantiken Zwangsstaat reflektierte dann nicht nur Veränderungen der Lage an den Grenzen und der Militärstrategie, sondern auch die Krise der mediterranen Gesellschaft, deren sozioökonomisches Fundament zerbröckelte, lange bevor mit dem Siegeszug des Islam in Nordafrika und Kleinasien auch die kulturelle Einheit endgültig verlorenging.

Im Landreich China hingegen, in dem es an Kommunikationshindernissen nicht mangelte, mußte die Reichsverwaltung einheitsstiftend wirken, indem sie das Land streng zentralistisch und straff hierarchisch auf den Kaisersitz hin erfaßte und der Vielfalt der Regional- und Lokalgesellschaften die Einheit einer Herrschafts- und Kulturelite entgegensetzte. Die Entwicklung des Herrschaftsapparates befand sich deshalb etwa hinsichtlich der Kompetenzverteilung – vertikal im Instanzenzug und horizontal bei der Abgrenzung materieller Zuständigkeiten – oder hinsichtlich der Techniken und Institutionen der bürokratischen Herrschaftskontrolle, früh auf einem hohen Stand. Noch bezeichnender ist das Gewicht, das der Beamtenausbildung und dem Prüfungssystem mit ihrer kultischen Betonung der Klassiker und der Schrift als gesamtchinesischen Institutionen zukam.

Als Unterwerfungsherrschaft zielt imperiale Herrschaft auf die Abschöpfung eines möglichst großen Teils des Mehrprodukts der unterworfenen Gesellschaft, der dann in der Eroberergesellschaft zur Verteilung kommt. Dabei tritt die Erhebung von Steuern und Abgaben als Abschöpfungstechnik an die Stelle der Enteignung und Versklavung, die nur noch subsidiär, etwa bei öffentlichem Eigentum oder im Kontakt mit weniger entwickelten Gesellschaften, Anwendung finden. Zugrunde liegt zum einen die Einsicht, daß die Versklavungsalternative von einer bestimmten Größenordnung an organisatorisch nicht mehr zu bewältigen ist. Ein Charakteristikum dieser Konstellation liegt denn auch darin, daß die Mitglieder der Eroberergesellschaft, sei es als Einzelpersonen oder als Gruppen, Steuerprivilegien genießen, wenn diese in die unterworfenen Gebiete hinein- und mit ihnen verwächst. Verwiesen sei auf die Siedlungen und den Status römischer Bürger außerhalb Italiens, die nicht dem Provinzstatthalter und dem Provinzialrecht, sondern dem ius Italicum unterworfen waren, und auf die Sonderstellung Italiens im römischen Reichsverband. Entsprechendes gilt für die Muslime in der arabischen Welt. Zum anderen schlägt die Überlegung zu Buche, daß die Abschöpfung dann optimiert wird, wenn ein gleich hoch- oder sogar höherentwickelter Wirtschaftszusammenhang intakt bleibt. Überhaupt prägt die politische Ökonomie der Abschöpfung das Gesicht imperialer Herrschaft. Einen wichtigen Schritt stellte in diesem Zusammenhang immer wieder der Übergang von der Privatisierung zur Verstaatlichung der Ausbeutung dar, der der Einsicht Rechnung trug, daß individuelle Nutzenmaximierung zu einem gefährlichen Raubbau an den menschlichen und materiellen Ressourcen führen müsse. Verwiesen sei auf die Zurückdrängung des Systems der Steuerpacht und die Rationalisierung des Besteuerungswesens in der römischen Kaiserzeit oder auch auf die Reformen im spanischen Kolonialreich um 1570, die dem Ausbeutungsterror der mit öffentlicher Gewalt ausgestatteten Kolonisten, der ›Encomenderos‹, ein Ende setzten, weil er bis zur physischen Vernichtung der ausgelieferten Bevölkerung getrieben worden war.

Feudale Herrschaft. Feudale Herrschaft bezeichnet eine Verschmelzung politischer und gesellschaftlich-wirtschaftlicher Macht, die zum einen unter dem Gesichtspunkt der Binnenverfassung der Herrschaftsklasse und zum anderen unter dem der Organisation der Beziehungen zwischen den Herren und der unterworfenen Bevölkerung zu betrachten ist.

Was den ersten Aspekt angeht, so stellt feudale Herrschaft entweder eine Verfalls- oder eine Aufbauform zentralisierter Herrschaft dar. Als Verfallsform tritt sie in Erscheinung, wenn ein Herrschaftszentrum nicht mehr in der Lage ist, seine Amtswalter in den Regionen wirksam zu kontrollieren, oder Aufgaben wie die der Reichssicherung so ungenügend erfüllt, daß die regionalen Machthaber auf sich selbst gestellt sind. In einer solchen Schwächelage entwickelt sich feudale Herrschaft darüber hinaus als herrschaftliches Korrelat gesellschaftlicher Differenzierungsprozesse, wenn sozioökonomische Macht sich zusätzlich öffentlicher Gewalt bemächtigt, so daß die betroffenen Angehörigen des Untertanenverbandes mediatisiert werden.

Feudalisierung als Resultat eines Prozesses der Erosion von Staatlichkeit, wie er sich etwa in der Herausbildung von Immunitäten manifestiert, begegnet sowohl im spätantiken Rom als auch in Japan nach dem 9. Jahrhundert. Feudalisierung als Folge eines Kompetenzverlusts der Zentrale in der Reichsverteidigung beobachten wir in der Endzeit des Imperium Romanum oder in China nach dem Zusammenbruch der Han-Dynastie. Im Reich der Karolinger wirkten beide Momente zusammen. Die innere Entwicklung war von einer Schwächung der ohnehin erst ansatzweise entwickelten imperialen Strukturen gekennzeichnet. Das zeigte sich etwa in der seitens der Herrscher sogar geförderten Herausbildung von Immunitäten und in der Feudalisierung des Grafenamts. Hinzu kam, zumal im

Westen des Reiches, der Druck von außen, gegen den sich die Lokalgewaltigen in die Verteidigungspflicht genommen sahen. Nominell blieben die im Zuge von Feudalisierungsprozessen entstandenen Hoheitszonen aus eigener Macht zwar häufig mehr oder weniger in das Ganze eines Herrschaftsgefüges eingebunden. In Japan bestand das Kaiserhaus mit seinem auf Gesamtjapan gerichteten Anspruch wegen seiner kultisch-rituellen Bedeutung über die ganze Feudalepoche hinweg fort, ohne über reale Macht zu verfügen. In Europa spielte die Fiktion der Fortexistenz des Römischen Reiches bis an die Schwelle der Moderne eine vergleichbare Rolle.

Als Aufbauform begegnet feudale Herrschaft zum einen dann, wenn eine Eroberergesellschaft nicht oder noch nicht in der Lage ist, einen auf ein Zentrum ausgerichteten Herrschaftsapparat aufzubauen, sei es, daß ihr die entsprechende Herrschaftskapazität fehlt oder sie wie viele Stammesgesellschaften einer solchen Zentralisierung entgegenstehende Verteilungsregeln kennt. Die Reichsbildungen der seit frühester Zeit aus Zentralasien in den kleinasiatisch-europäisch-nordafrikanischen Raum eindringenden Eroberergesellschaften, zuletzt die der Osmanen, wiesen diese Züge auf. Verwandtschaftliche oder militärgefolgschaftliche Loyalitätsbeziehungen wirkten hier als Surrogat oder Vorform zentralisierter Verwaltung. In der Aufbauphase des Osmanischen Reiches etwa dienten die timar genannten Militärlehen gegenüber den türkischen Stammesfürsten, die mit ihren Kriegern vor dem Aufbau der Zentralarmee die tragende Rolle im türkischen Heer spielten, als Einheit der Beutezuweisung, die gleichsam die Veralltäglichung der Plünderung ermöglichte. Namentlich gegenüber den christlichen Kleinadeligen auf dem Balkan dagegen fungierte das timar-System als ein Instrument der Expansion durch Integration, weil es ihnen anbot, als Timarioten in quasi-vasallitische Beziehungen zum Sultan zu treten und so Besitz und Status zu erhalten.

In einer anderen Weise ist feudale Herrschaft dort Aufbauform, wo die Machtkonkurrenz von Regional- und Lokalgewaltigen in einer Art Herrschaftsdarwinismus zu Unterstellungsverhältnissen führt, bei denen der Unterlegene seine Machtvollkommenheit in einem Loyalitätsversprechen gleichsam im Wege des Feindschaftsverzichts und der Gefolgschaftsfestlegung beschränkt bzw. zu beschränken gezwungen ist und dafür in seiner Position bestätigt wird. In diesem Sinne stellte das europäische Lehenswesen zwar auf der einen Seite die Verfallsform des seinerseits als Eroberergesellschaft noch mit starken feudalen Zügen ausgestatteten karolingischen Imperiums und der ihm nachfolgenden Reichsbildungen im Osten des alten fränkischen Herrschaftsraumes dar, die die Reichsidee aufgriffen. Auf der anderen Seite jedoch war es Aufbauform, insofern es primär mit der Ausbildung des Lehensrechts und sekundär mit dem Ethos der Rittergesellschaft ein Mittel bereitstellte, den Herrschaftswettkampf der feudalen Machtbezirke unter der Rechtsfigur der Vasallität zu fassen und zu regeln. Ähnliche Entwicklungen lassen sich im Japan namentlich der Tokugawa-Zeit beobachten, als durch dem europäischen Lehenseid vergleichbare Treuegelöbnisse, durch Geiselgestellungen und durch den Einsatz von den Ministerialen ähnlichen Herrschaftsbeauftragten minderen Rechts ein hohes Maß an politischer Zusammenfassung auf das Shogunat hin erreicht wurde. Desgleichen fanden für den Feudalzusammenhang typische Herrschafts- und Kontrolltechniken wie die Hausmachtbildung oder die Konzentration der Aristokratie am Hof Anwendung.

Zur Binnenorganisation feudaler Herrschaft gehört neben den Beziehungen der Feudalherren untereinander das Verhältnis dieser zu ihrer militärischen und zivilen Gefolgschaft, mit deren Hilfe sie ihren Anspruch nach außen und innen behaupteten. Die bestimmenden Faktoren waren hier neben der allgemeinen wirtschaftlichen und gesellschaftlichen Entwicklung und den Raum- und Verkehrsverhältnissen in erster Linie die Entstehungsweise feudaler Herrschaft und der Stand der Kriegstechnik und des Militärwesens überhaupt. In der Spätantike kamen die Feudalisierungstendenzen u. a. darin zum Ausdruck, daß sich sowohl hohe Würdenträger in Armee und Verwaltung als auch Territorialmagnaten mit besoldeten Privatarmeen (bucellarii) umgaben. Wo wie im frühmittelalterlichen Europa oder in der Aufbauphase des Osmanenreiches Stammesfürsten die Rolle von Feudalherrn übernahmen, galten die Regeln der Militärgefolgschaft unter Stammeskriegern fort. In Europa und Japan, wo eine Kaste von berittenen Kriegern mit Land oder Ziehungsrechten (shiki) auf die Feudalrente ausgestattet wurde, wurden die Regeln, die die Beziehung der Feudalherrn untereinander beherrschten, auf deren Gefolgschaften übertragen.

Das Verhältnis der Feudalherrn und ihrer Gefolgschaft zu der unterworfenen Bevölkerung steht im Zeichen des Einsatzes politischer Herrschaft zur Abschöpfung des gesellschaftlichen Mehrprodukts. Herrschaft erscheint dabei als eine Form von Eigentum, sei es, daß ein Prozeß der Privatisierung der öffentlichen Gewalt die von der Herrschaft ausgeschlossene Bevölkerung mediatisiert hat, sei es, daß bei der Überlagerung einer Gesellschaft durch eine Eroberergesellschaft Portionen der öffentlichen Gewalt zur Beuteverteilung gekommen sind. Wirtschaftlich gesprochen, stellt sich die Herausbildung solchen Herrschaftseigentums, dessen Nutzen auf nicht ökonomische Weise maximiert wird, als das Resultat entweder wie in der Spätantike eines Verlusts oder wie über weite Strecken des Mittelalters eines Mangels an Markt bzw. der Fähigkeit zu marktbezogenem ökonomischen Handeln dar. Der Einsatz unmittelbarer Gewalt wird dabei schnell von einem Verrechtlichungsprozeß abgelöst,

der einerseits in einem der rechtlichen Begründung von Abgaben dienenden Eigentumsvorbehalt des Feudalherrn und andererseits in der Beschränkung der Freizügigkeit der Untertanen in verschiedenen Stufen der Hörigkeit oder Untertänigkeit bis hin zur Leibeigenschaft seinen Niederschlag findet. Beide Male wird dabei die deökonomisierte oder vorökonomische Natur des Verhältnisses von Eigentum und Arbeit offenbar, die es erlaubt, die eigentlichen Produktionszusammenhänge als eine Gesellschaft in bzw. unter der Gesellschaft fortbestehen zu lassen.
Zur Erpressung von Abgaben tritt die Erpressung von Diensten, die einerseits die persönliche Abhängigkeit des Untertanen besonders sinnfällig werden läßt, andererseits jedoch bisweilen und zumal im Europa der Frühen Neuzeit ein Element in sich birgt, das über den feudalen Zusammenhang hinausweist. Das war dann der Fall, wenn die Dienstpflichtigkeit der unterworfenen Bevölkerung systematisch in ein System der Arbeitsbeschaffung umgestaltet wurde, um auf diese Weise unter den Bedingungen knapper Arbeit eine ökonomische Nutzung von besonders ausgewiesenem Herrenland zu ermöglichen.

Moderne Herrschaft

Moderne Herrschaft unterscheidet sich nach Form und Inhalt von vormoderner Herrschaft. Sie ist nicht mehr das ›arcanum et proprium‹ von Herrschaftsbesitzern, sondern das ›publicum et mandatum‹ der Herrschaftsunterworfenen. An die Stelle einer allenfalls subjektiv durch die Verantwortung vor Gott qualifizierten Ausübung von Herrschaft über Untertanen tritt die qua Verfassung objektiv festgestellte Verantwortung gegenüber Bürgern. Das äußert sich zum einen in der grundrechtlichen Beschränkung von Herrschaft und zum anderen in der Umkehrung des Anspruchs- und Leistungsverhältnisses zwischen Staat und Gesellschaft. Die Idee der Grundrechte als Herrschaftsschranke, die dem Individuum einen privaten Freiraum ausgrenzt, wurzelt in der Erfahrung des konfessionellen Zeitalters und im individualistischen Zuschnitt der modernen Naturrechtslehre. Am Ende von über eineinhalb Jahrhunderten Konfessionskampf steht die Einsicht, daß die Individualisierung der Religion in der Konfession die Anerkennung der Gewissensfreiheit zur Voraussetzung der Vergesellschaftung macht. Das Naturrechtsdenken, das in der englischen politischen Theorie, in den amerikanischen Grundrechtserklärungen und schließlich in programmatischer Verdichtung in der französischen Erklärung der Menschen- und Bürgerrechte politisch umgesetzt wird, säkularisiert und erweitert diesen Freiraum und legt das Fundament des modernen Grundrechtsverständnisses, das einen Kristallisationskern aller modernen Verfassungsordnungen bildet. Darüber hinaus propagieren die Meinungsführer des politischen Diskurses im 17. und

18. Jahrhundert – etwa mit der Denkfigur des Herrschaftsvertrages oder in der Diskussion über das Widerstandsrecht – die Auffassung, daß Herrschaft auf einen öffentlichen Zweck verpflichtet und der Kontrolle, ja dem Konsens der Beherrschten unterworfen sei. Der Fürstenstaat gibt dem so entstehenden Legitimationsdruck, den die Forderung des aufgeklärten Diskurses nach vernünftiger Erklärung und Begründung der Welt verstärkt, zwar durch die Rationalisierung seines Herrschaftsapparats und seiner Herrschaftstätigkeit nach und wandelt sich im Zeichen des Aufgeklärten Absolutismus teils widerstrebend, teils schwerfällig und überall eher ansatzweise als grundlegend vom Steuer- und Abschöpfungszum Dienstleistungsstaat. Aber er kann den Mitwirkungsanspruch einer sich als mündig begreifenden Gesellschaft, die Herrschaft als öffentliche Angelegenheit ansieht, nur vorübergehend abwehren.

Zwischen Fürsten- und Volkssouveränität. Der Umbruch zur modernen Herrschaft beginnt im 17./18. Jahrhundert in Westeuropa und Nordamerika, erreicht in der Französischen Revolution einen ersten Höhepunkt, um dann im Laufe des 19. Jahrhunderts auf das übrige Europa und Amerika überzugreifen. Im 20. Jahrhundert erfaßt er die übrige Welt. Etwa seit der Mitte des 19. Jahrhunderts wächst diesem Prozeß der politischen Umgestaltung durch den Übergang von der Agrar- zur Industriegesellschaft eine sozioökonomische Dimension zu, die ihn einerseits beschleunigt und andererseits in neue Bahnen lenkt. Dabei steht zunächst die Souveränitätsfrage im Vordergrund: Denn der Durchbruch zur modernen Herrschaft erfolgt wenigstens in Europa im Rahmen eines historischen Kompromisses mit den alten Herrschaftskräften, die sich gegen ihre Entmachtung wehren, aber auch durch Anpassung an die neue politische Welt im Spiel halten. So entsteht eine politische Kultur des Übergangs, die in den einzelnen Staaten unterschiedlich stark ausgeprägt ist und auch unterschiedlich lange bestimmend ist.

In England wird das Parlament, genauer gesagt, das Unterhaus als Vertretung der politischen Nation nach der Glorreichen Revolution von 1688/89 zum Gravitationszentrum der englischen Politik, ohne daß die überkommenen Formen der monarchischen Verfassung über Bord geworfen zu werden brauchen, weil der vom Parlament bestätigte König selbst nicht mehr Herrschaftsbesitzer aus eigenem Recht, sondern Amtskönig durch den Willen der politischen Nation ist. In den Vereinigten Staaten und in Frankreich hat sich der Anspruch der alten Herrschaftsträger so grundsätzlich erledigt, daß sie sich in der neuen politischen Kultur nicht mehr oder nur noch schwer verankern lassen. Zwar schwingt das Pendel nach den wilden Jahren der Revolution beiderorts zurück. Aber der amerikanische Präsident ist trotz der Machtfülle, die ihm die Verfassung in Anlehnung an die – freilich verfassungstheoretisch mißverstandene – Rolle des englischen Königs zuspricht, kein Herrscher aus eigenem Recht, sondern gewählter Repräsentant der Nation. In Frankreich ist die Restauration der Bourbonen unter Ludwig XVIII. gerade keine Wiederherstellung des Ancien Régime, sondern ein historischer Kompromiß mit dem Verfassungs- und Partizipationsgedanken der Revolution, der in der vom König oktroyierten ›Charte constitutionelle‹ Ausdruck findet. König und Nation akzeptieren sich gleichermaßen unter Vorbehalt. Die Kündigung dieses Kompromisses durch Karl X. führt denn auch 1830 zur Juli-Revolution.

In Deutschland, dessen politische Verhältnisse durch das Ausgreifen Napoleons nach Mitteleuropa von Grund auf verändert werden, bleiben die alten Herrschaftsträger im politischen Geschäft, jedoch in neuen Rollen. Als Erben des Ancien Régime leihen die deutschen Fürsten ihr Ohr denen, die sich mit den politischen und gesellschaftlichen Veränderungen nicht abfinden wollen; als Erben des Aufgeklärten Absolutismus agieren sie teils aus Überzeugung, teils widerstrebend als Stützen einer Reformbürokratie, welche zunächst die Modernisierung von Staat, Gesellschaft und Wirtschaft im Zeichen der Vernunft und der Mobilisierung der Bevölkerung für den Staat energisch vorantreibt, nach der Niederwerfung Napoleons aber auf einen reformkonservativen Kurs der Revolutionsprophylaxe einschwenkt. Als Landesherren neuer Art geben sie wenigstens in Süddeutschland und nach der Revolution von 1848 in Preußen Verfassungen nach dem Modell der französischen Charte, in denen sie die Öffentlichkeit der Politik und die Parlamentarisierung des politischen Lebens zugeben und doch zugleich durch ihren Souveränitätsanspruch als Vetokönige sowohl der Bürokratie als auch der hochkonservativen Kräfte bereitstehen. So entsteht in Deutschland im Zeichen des Konstitutionalismus eine doppelte politische Kultur; die eine gründet auf Bürokratie und Militär, die andere steht im Zeichen eines parlamentarischen politischen Lebens. Die Entscheidung zwischen beiden fällt zwar letztlich erst 1917/18, doch zeigt die relative Reibungslosigkeit des Übergangs zur Weimarer Republik, daß die Bedeutung dieser parlamentarischen Kultur im Wartestand nicht zu unterschätzen ist.

Österreich und Rußland sind von dem Druck auf die Veröffentlichung der Politik aufgrund der Entwicklung ihrer gesellschaftlichen Verhältnisse weniger berührt. Im Habsburger Vielvölkerstaat geht dieser Druck zudem nicht von einer Gesellschaft, sondern von den Nationalitäten aus, die das Reich zusammenfaßt. Die deutsch geprägte Reichsbürokratie begegnet ihm mit immer neuen Zugeständnissen in einer Nationalitätenpolitik, welche die sozialen Auseinandersetzungen innerhalb der Nationalitäten zur Lösung an diese zurückverweist und damit regional auf die Integrationskraft eines Nationalismus verweist, den sie gesamtstaatlich bekämpft. In Rußland dagegen sind die gesellschaftlichen Verhältnisse so unterentwickelt, daß sich jener spezifische Gegensatz zwischen Intelligenz und Autokratie herausbildet, der angesichts des bleibenden Entwicklungsdefizits der russischen Gesellschaft die einerseits verantwortungsorientierten, andererseits partizipationsfeindlichen Avantgardekonzeptionen der russischen Politik bis in die Zeit der Revolution bestimmt hat.

Von der Zensusrepublik zur Massendemokratie. Neben der Entscheidung der Souveränitätsproblematik steht die Frage nach Art und Umfang der politischen Partizipation der Bürger im Vordergrund der Herrschaftsgeschichte vom späten 18. bis zum frühen 20. Jahrhundert. Zwar besteht Einigkeit, daß das Repräsentativsystem die nach klassischem Vorbild nur in Klein- und Stadtstaaten mögliche Selbstregierung in großräumigen und großgesellschaftlichen Nationalstaaten möglich macht. Ungelöst bleibt indes, wer wie repräsentiert werden soll. Zwei Optionen stehen einander gegenüber: die naturrechtlich-normative der Menschen- und Bürgerrechtserklärung, derzufolge jedermann politisch berechtigt ist, und die realsoziologisch-zensitäre, welche zwischen Passivbürgern, die Anspruch auf alle Abwehrrechte gegenüber dem Staat haben, und Aktivbürgern, die dazu politische Mitwirkungsrechte besitzen, unterscheidet, um auf diese Weise die sozioökonomischen in politische Machtverhältnisse zu übersetzen.

Auf längere Sicht ist die Zensuslösung, die sich in der ersten Hälfte des 19. Jahrhunderts oft in Verbindung mit altständischen Elementen in Gestalt von Pairskammern oder Repräsentationsprivilegien für den Adel in den Zweiten Kammern überall in Europa durchsetzte, indes kein geeignetes Mittel, den Widerspruch zwischen politischer Gleichheit und sozioökonomischer Ungleichheit zu überbrücken. Denn die Zensuslimitierung des parlamentarischen Lebens läßt sich trotz einschlägiger Versuche nicht wirksam auf die politische Öffentlichkeit übertragen. So kommt es zu politischen Bildungen außerhalb der Wagenburg des Zensusbürgertums, welche die Konzentration des politischen Lebens auf den Ort des legitimen Gewaltmonopols in Frage stellen und deshalb, so sie nicht unterdrückt werden können, integriert werden müssen. Wie lange Partizipationsansprüche abgewiesen werden können und unter welchen Zugeständnissen sie schließlich integriert werden müssen, hängt wesentlich von der Stärke der Herausforderung und den Integrationsmöglichkeiten des politischen Systems ab. Die Geschichte der Arbeiterbewegung, die den klassischen Fall einer politischen Kraft außerhalb des Herrschaftsapparates darstellt, illustriert dies. Sie läßt sich etwa in Großbritannien als Gewerkschaftsbewegung sehr viel länger über das Parteiensystem integrieren, als dies in Deutschland der Fall ist.

Die Öffnung der Zensusrepublik zur Massendemokratie erfolgte schrittweise durch Wahlrechtsreformen, die einerseits den Kreis der politisch Berechtigten erweitern, andererseits die Vielfalt der Möglichkeiten, das Wahlsystem zu manipulieren, von der Wahlkreiseinteilung bis zur Organisation des Wahlvorgangs ausloten. Das gilt für Großbritannien, wo die Wahlmanipulation geradezu ein Traditionselement der politischen Kultur darstellt, aber auch für Frankreich und die Vereinigten Staaten, in denen der Süden die Wahlrechtszuständigkeit der Einzelstaaten ausnutzt, um das im 15. Verfassungszusatz ausgesprochene Verbot der Wahlrechtsverweigerung aus rassischen Gründen durch gegen die schwarze Bevölkerung gerichtete Wahlfähigkeitstests zu umgehen. In Deutschland, wo das allgemeine Männerwahlrecht schon 1867 im Norddeutschen Bund und 1871 im Reich eingeführt wird, kann die Ausdehnung der Wahlberechtigung allerdings nicht ohne weiteres als ein Maßstab der Öffnung des politischen Systems gewertet werden, weil der Reichstag nicht das Gravitationszentrum der deutschen Politik ist. Gleichwohl sind die politischen Kosten dieser Integrationsstrategie etwa hinsichtlich der Entwicklungsmöglichkeiten der im engeren Sinn politischen Organisation der Arbeiterbewegung in der Sozialdemokratie größer als angenommen. Den eigentlichen Durchbruch zur Massendemokratie bringt indes – von Frankreich abgesehen – nahezu überall in Europa der Erste Weltkrieg, der die Nationen in einer Weise in die Pflicht genommen hat, die es verbietet, ihnen fürderhin die politischen Rechte zu verweigern.

Mit der Öffnung der Zensusrepublik wandelt sich zugleich die Funktion der Parteien, die sich zunächst als lose parlamentarische Verbindungen zum Zweck der Überwindung des Repräsentantenatomismus und der Verklammerung von Parlament, politischer Nation und politischer Öffentlichkeit herausgebildet haben. Aus den Parlamentsparteien werden Wählerparteien, welche die zunehmend bedeutsame Funktion der Vermittlung zwischen Nationalrepräsentation und Nation, zwischen Volksvertretung und Volk zu leisten haben, indem sie die Vielheit der Wählerwillen aggregieren und in das Geschehen der parlamentarischen Mehrheitsfindung einbringen. Für die Stabilität der neuen konsensverpflichteten politischen Ordnungen wird damit über die Ausdehnung der Wahlberechtigung hinaus das Integrationsangebot entscheidend, welches die einzelnen Parteien und das Parteienspektrum unterbreiten. Die Entwicklung des Parteiwesens steht dabei im Spannungsfeld zwischen politischen Traditionen und gesellschaftlichen Entwicklungen.

In den USA etwa fehlt der Nährboden für Klassen- und Weltanschauungsparteien. In Großbritannien wandeln sich die alten Parlamentsparteien der Whigs und Tories im Laufe des 19. Jahrhunderts zu Öffentlichkeitsparteien, die über die Vertretung ökonomischer und anderer schaftlicher Interessen und über ein freilich nur vages ideologisch-programmatisches Angebot Wählerstimmen anzuziehen suchen und zugleich die Handhabung des Wahlsystems mit all seinen Möglichkeiten beherrschen. In Frankreich und Deutschland wirkt der Gegensatz zwischen Konservativen und Liberalen, zwischen den zur Anpassung an die neue politische Kultur gezwungenen, aber noch nicht besiegten Kräften der alten und denen der neuen Zeit, auf die Parteibildung. In Deutschland kommt zudem der politische Katholizismus ins Spiel, der dort, wo er wie in Preußen in einer Minderheitsposition ist, auf den freiheitlich-parlamentarischen Verfassungsstaat setzt, und dort, wo er sich wie in Bayern oder in Österreich in einer Mehrheitsstellung weiß, autoritär-konservative Züge annimmt.

Die Industrialisierung verändert das Parteienspektrum, weil sie zum einen Interessengegensätze innerhalb des Besitzbürgertums schafft und zum anderen Arbeiterparteien entstehen läßt, die das Integrationsangebot an die Wählerschaft und die Mehrheitsverhältnisse in den Parlamenten von Grund auf verändern. Diese Parteien profitieren von der Herstellung der Massendemokratie. In Großbritannien beginnt nach dem Ersten Weltkrieg, verschleiert durch das relative Mehrheitswahlrecht, die Ablösung der Liberalen durch die Labour Party. In Mitteleuropa wird die Sozialdemokratie zu einer prägenden politischen Größe. Eine Monopolstellung erlangen die Arbeiterparteien indes nicht, weil ihre ursprüngliche politische Klientel gerade in den entwickelten industriellen Gesellschaften ihr gesellschaftliches Gewicht verliert und andere politische Parteien mit anderen Integrationsstrategien wie etwa dem Nationalismus in der Massenpolitik Fuß fassen. Das zeigt sich u. a. an den Schwierigkeiten der deutschen Sozialdemokratie in der Weimarer Republik und am Aufstieg des Nationalsozialismus. Die Überformung des Gegensatzes zwischen politischer Massengesellschaft und ökonomischer Klassengesellschaft durch die Massenkonsumgesellschaft hat diese Entwicklung weiter gefördert. Heute stellen sich als die zentralen Probleme der Massendemokratie die Konkordanz zwischen Parteienspektrum und Meinungsspektrum in der Bevölkerung und die Überwucherung der Verfassungsinstitutionen durch das Parteienprivileg dar, dessen Nutznießer sich zu einer neuen politischen Klasse entwickelt haben.

Während die Arbeiterparteien im industrialisierten West- und Mitteleuropa in das parlamentarische System und in die historische Kontinuität der gesellschaftlichen Verhältnisse eingebunden werden, setzt sich im noch weitgehend agrarischen Rußland nach 1917 das aus der Zeit der Konfrontation der Arbeiterbewegung mit der Staatsmacht herrührende Konzept der Klassendiktatur zur Herstellung der klassenlosen Gesellschaft durch. Doch wird die Diktatur des Proletariats auf dem Hintergrund der historischen Erfahrung der russischen Intelligenz mit den Massen in die Diktatur der kommunistischen Partei als der Avantgarde der Arbeiterklasse umgedeutet, die sich zwar insofern in die Kontinuität der Entwicklung der Moderne stellt, als sie sich formal zu den Grundrechten bekennt und sich mit demokratischen, ja im Hinblick auf das Rätesystem sogar radikaldemokratischen Formen drapiert, dann jedoch beide im Zeichen des Klassenkampfes und realiter zur Erhaltung der Klassenmacht der in der Partei organisierten politischen Klasse systematisch negiert. Dieses System wird nach dem Zweiten Weltkrieg mit dem Ausgreifen der Sowjetunion nach Westen den Staaten Mittel- und Südosteuropas aufgezwungen, die in der tautologischen Bezeichnung ›Volksdemokratie‹ den Gegensatz zum Klassencharakter der parlamentarischen Demokratien westlicher Observanz ausdrücken wollen.

Der Wandel der Staatsfunktion in der Industriegesellschaft. Der Umbruch zur modernen Herrschaft zielt zunächst auf die Befreiung der Gesellschaft von herrschaftlichen Zwängen und die Reduktion der Staatsfunktion auf den Schutz gesellschaftlicher Verhältnisse, die sich auf der Grundlage von Markt und Eigentum frei entfalten. Der Fortgang der Industrialisierung setzt dieser Epoche dann aber aus zwei Gründen ein Ende: Erstens ist der Staat gefordert, den Gegensatz zwischen politischer Massengesellschaft und ökonomischer Klassengesellschaft zu überbrükken, der sich in dem Maße verschärft, in dem einerseits das politische System geöffnet wird und andererseits die Produktivitätssteigerungen und Gewinndimensionen der Industrieproduktion die krasse Ungleichheit in der Verteilung des wachsenden gesellschaftlichen Reichtums hervortreten lassen. Zweitens weist die Entwicklung der Industriewirtschaft selbst dem Staat immer neue regulative Aufgaben zu.

Was die erste Aufgabe angeht, so nimmt der Staat seit dem Ende des 19. Jahrhunderts über das Steuersystem und die Gewährung von sozialen Leistungen in wachsendem Maße eine Umverteilungsfunktion wahr, an welche die verschiedenen gesellschaftlichen Gruppen unterschiedliche Erwartungen knüpfen. Diese Umverteilungsfunktion ist in den einzelnen Staaten Nordamerikas und Europas je nach Problemdruck und nach der Verankerung des Interventionsprinzips in der jeweiligen politischen Kultur unterschiedlich stark ausgeprägt. In den USA, in Kanada und in West- und Mitteleuropa steht dabei die Korrektur von Fehlentwicklungen der industriellen Markt- und Eigentümergesellschaft im Vordergrund. Als Wohlfahrts- oder Sozialstaat zielt die Massendemokratie zum einen auf die Garantie von Mindeststandards des guten Lebens im Hinblick auf Altersversorgung, Gesundheitsfürsorge, Arbeitslosenunterstützung und Humanisierung der Arbeitswelt von der Regelung der Jugendarbeit bis zur Begrenzung der Arbeitszeit. Darin ist ein wesentliches Element jener

Überformung des Gegensatzes zwischen politischer Massengesellschaft und ökonomischer Klassengesellschaft durch die Massenkonsumgesellschaft zu sehen, die eine Stabilitätsvoraussetzung der westlichen Demokratien darstellt. Zum anderen sucht die Massendemokratie durch die Öffnung und vor allem durch den Ausbau eines aus öffentlichen Mitteln finanzierten Bildungssystems die Chancengleichheit des Zugangs zur Ungleichheit herzustellen.
In der Sowjetunion hingegen hat sich in der Berufung auf die in der Arbeiterbewegung virulente Utopie des Einsatzes der Staatsmacht zur Umgestaltung der Gesellschaft nach sozialistischen Grundsätzen, d. h. unter Abkehr von Markt und Eigentum, eine monumentale Gesellschaftsverwaltung entwickelt. Die Optimierung der Verteilungsgerechtigkeit ist indes nach ersten und unter großen Opfern vollbrachten Aufbauleistungen nicht gelungen. Dafür sind sicherlich auch die erschwerten Entwicklungsbedingungen im verkehrsmäßig schlecht erschlossenen Agrarland Rußland oder in dem unter ständigem demographischen Druck stehenden China verantwortlich. Vor allem aber schlagen die Effizienzprobleme der Zentralverwaltungswirtschaft und die hohen Kosten ideologisch motivierter Fehlentscheidungen bei der Gesellschafts- und Wirtschaftsgestaltung zu Buche, denen in jüngster Zeit durch die Einführung marktwirtschaftlicher Elemente abgeholfen werden soll.
Umgekehrt hat die Idee der marktwirtschaftlich organisierten Industriewirtschaft als eines sich selbst genügenden Regelzusammenhangs im Grunde schon seit dem Ende des 19. Jahrhunderts ausgedient. So haben das Zurückbleiben Englands und das stürmische Vordringen Deutschlands im Leistungsvergleich der Industriewirtschaften nach 1890 wesentlich mit der unterschiedlichen Anteilnahme des Staates am Wirtschaftsgeschehen in beiden Ländern zu tun. Je komplexer die Industriewirtschaft wird, desto weniger kann sich der Staat auf seine Protektionsfunktion zurückziehen, so wichtig diese für den Aufbau noch nicht oder die Abschottung nicht mehr leistungsfähiger Wirtschaftszweige auch ist. Der Staat tritt vielmehr in wachsendem Maße als Garant von wirtschaftsnotwendigen Infrastrukturen in den Bereichen Verkehr, Ausbildung, Forschung, Landschaftsentwicklung und neuerdings auch Umwelt auf den Plan, welche die Anarchie der profitverpflichteten privatwirtschaftlichen Kostenrechnungen nicht mehr zu organisieren in der Lage wäre, ohne die sie aber auch nicht auskommen kann. Der klassische Fall ist das Bildungswesen, bei dem sich Verteilungsfunktion und Infrastrukturfunktion treffen. Im Zusammenhang mit diesen Maßnahmen, aber auch unabhängig davon ist der Staat der Industriegesellschaft namentlich seit dem Siegeszug der keynesianischen Ökonomie als Investor und Garant von Massenkaufkraft gefragt, um konjunkturelle Schwankungen gezielt auszu-

gleichen oder Veränderungen in den Produktionsstrukturen arbeitsmarkt- und regionalpolitisch abzufangen. Hinzu kommt seine Rolle als Verwalter des Geldwerts im Austausch der Volkswirtschaften ebenso wie im binnengesellschaftlichen Verkehr.

Dieser Funktionszuwachs des Staates belastet das Verhältnis zur politischen Massengesellschaft in doppelter Weise. Zum einen kann der Staat die ihm gestellten Aufgaben nur durch den Einsatz eines Verwaltungsapparates bewältigen, der die Trennung von Staat und Gesellschaft schon dadurch aufhebt, daß die Staatsdiener allein quantitativ zu einer wesentlichen gesellschaftlichen Kraft werden. Zum anderen erfordert die Wahrnehmung der genannten Aufgaben Sachkenntnisse, die den Charakter von Herrschaftswissen annehmen. Auf diese Weise gerät die politische Gewalt in Abhängigkeit nicht einmal nur von einer, sondern von einer Pluralität von Expertokratien, die den Herrschaftswillen dem Sachzwang und der Einsicht in Notwendigkeiten unterwerfen. Zudem verändert sich die politische Argumentationskultur in den Massendemokratien zum Nachteil des Mitspracherechts der Bürger, die im Dilemma zwischen politischer Berechtigung und politischem Willen einerseits und sachlicher Urteilsunfähigkeit andererseits auf bloße Tendenzentscheidungen verwiesen sind. Diese Entdemokratisierung des politischen Diskurses unter Beibehaltung des institutionellen Rahmens der Massendemokratie stärkt das Monopol der in den Parteien organisierten politischen Klasse insofern, als ihre Experten um so gesicherter als die einzig kompetenten Mittler zwischen der Welt der Sachzwänge und dem politischen Wollen der Wählerschaft auftreten können.

Moderne Herrschaft und Dritte Welt. Das in Europa und Nordamerika entwickelte Herrschaftsverständnis wird im Zuge der Auflösung des spanischen und des portugiesischen Kolonialreichs zunächst nach Südamerika exportiert. Die Republiken, die dort zu Beginn des 19. Jahrhunderts entstehen, blicken bei der Gestaltung ihrer Verfassungen nach Frankreich und vor allem nach den Vereinigten Staaten, deren Präsidialregime auf die Führerfiguren des Unabhängigkeitskampfes und ihre politischen Erben zugeschnitten scheinen. Anders als in den USA ist ihr politisches Leben jedoch von einer endemischen Instabilität gekennzeichnet, angesichts derer dem Militär immer wieder eine Ordnungs- und Schiedsrichterfunktion zuwächst, die es natürlich auch in eigener Sache mißbraucht. Das liegt an der Integrationsschwäche der politischen Institutionen, die freilich nur Ausdruck eines unterentwickelten oder fehlenden gesellschaftlichen Konsenses ist. Mit der Herstellung der Massendemokratie verschärft sich dieses politische Profil, weil die explosive Bevölkerungsentwicklung und die Position der südamerikanischen Schwellenländer im weltwirtschaftlichen Zusammenhang die sozialen Gegensätze immer krasser werden lassen. Die ungemilderte Spannung zwischen politischer Massen- und ökonomischer Klassengesellschaft führt zu dem für Südamerika charakteristischen Wechselspiel zwischen bürgerlichem Verfassungsleben und Flucht in die (bürgerliche) Militärdiktatur, die zu ihrem Symbol die Folter als wirksamstes Mittel der Abschreckung vom Klassenverrat gemacht hat.

Mit der ›Meji-Restauration‹ beginnt danach Japan um die Mitte des 19. Jahrhunderts unter Rückgriff auf das Exempel des preußischen Konstitutionalismus den Weg in die politische Moderne. Es entsteht eine politische Kultur, die namentlich im 20. Jahrhundert vor ganz ähnliche Probleme gestellt ist wie die deutsche. Der Souveränitätskompromiß erweist sich nämlich auch dort bis zu einem gewissen Grade als Kompromiß zwischen traditioneller und moderner Gesellschaft, wobei die traditionelle Gesellschaft hinter dem Souveränitätsvorbehalt der kaiserlichen Macht Schutz sucht, aber schließlich einem modernen nationalistischen Autoritarismus den Boden bereitet. Wie tief die Verwestlichung der politischen Formen freilich dringt, bleibt fraglich, weil mit ihr keine Verwestlichung der gesellschaftlichen Strukturen einhergeht, sondern gerade im Bereich der Industriewirtschaft eine Instrumentalisierung traditoneller Muster stattfindet. In China, der zweiten asiatischen Hochkultur, die sich zwar einem bisweilen demütigenden westlichen Druck ausgesetzt sieht, aber nicht auf kolonialen Status herabgedrückt ist, kommt es zu keiner vergleichbaren Entwicklung. Die Sun Yat-sen-Revolution von 1912 stürzt zwar das Kaiserreich, das bereits selbst – etwa mit der Abschaffung des Prüfungssystems – erste Reformschritte unternommen hat. Doch die westlichen politischen Formen bleiben fremd und geben dem neuen Nationalchina keine stabile politische Gestalt, bis die Kommunisten die Aufgabe der Modernisierung der Gesellschaft mit Methoden angehen, die zwar neu begründet werden, aber in ihrer autoritär-unitarischen Ausrichtung chinesische politische Traditionen aufnehmen.

In der übrigen Welt – zumal in Afrika, aber auch in Indien und Südostasien – geht der Export des Herrschaftsverständnisses, das sich in Europa im 17./18. Jahrhundert herausgebildet hat, mit der Dekolonialisierung nach dem Zweiten Weltkrieg und in den 1960er Jahren einher. Eine in Europa oder Nordamerika geschulte Intelligenz versucht, die Werte und Institutionen, die sie dort kennengelernt hat, auf ihre Heimatländer zu übertragen, scheitert aber an der Modernitätsdiskrepanz zwischen dem von der Kolonialmacht ererbten Staat und der Gesellschaft, die, wie der islamische Fundamentalismus zeigt, zur kulturellen Gegenoffensive in der Lage ist. In Afrika fällt sie politischen Führern des zweiten Glieds zum Opfer, die unter Ausnutzung der neugewonnenen Souveränität entweder als Imperialisten gegenüber dem eigenen Volk agieren, die über die Zentren und die Reichtümer ihres Landes gebieten, oder eine technologisch-technokratisch halbierte Modernisierung des Herrschaftsapparates mit autochthonen politischen Traditionen in einer bisweilen mörderischen Weise verbinden. [G. Lottes]

III. Historische Epochen

Antike

Die Antike als historische Epoche

Als ›Antike‹ bezeichnet man die um den Mittelmeerraum zentrierte Kultur- und Staatenwelt etwa des 1. vorchristlichen und der 1. Hälfte des 1. nachchristlichen Jahrtausends, d. h. der Zeit ungefähr von den Anfängen der griechischen Poleis bis zum Ende des Römischen Reiches im Westen. Gegenüber den bis um 3000 v. Chr. zurückreichenden, älteren Hochkulturen des Vorderen Orients setzt damit der engere Zusammenhang der europäisch-okzidentalen Kultur ein. Ungeachtet der Bedeutung einer Vielzahl weiterer Völker (z. B. Juden, Karthager, Etrusker) kommt dabei den Griechen und Römern eine herausragende Rolle zu, so daß man oft geradezu von der ›griechisch-römischen Antike‹ spricht. Demgegenüber umfaßt der Begriff ›Altertum‹ im Prinzip sowohl die Antike wie auch den sog. Alten Orient.

Begründet ist die Sonderstellung der ›Antike‹ innerhalb des ›Altertums‹ in erster Linie dadurch, daß sie in vielen Hinsichten als eine entscheidende ›formative‹, prägende Phase der späteren okzidentalen Kulturentwicklung verstanden werden muß. Wohl steht die moderne Welt des Westens auf den ersten Blick sowohl in ihren gesellschaftlichen Strukturen wie in ihrer technisch-industriellen Entwicklung in denkbar größtem Gegensatz zu ihren mediterran-antiken Ursprüngen. Doch ist klar, daß die Wurzeln zahlreicher auch heute wirksamer, spezifisch westlicher Werthaltungen, Denk- und Ausdrucksformen in Wissenschaft, Philosophie, Recht, Sprache und Literatur, Kunst usw. in der Antike liegen, aus der außerdem das Christentum hervorging. Auch ist die ganze europäische Geschichte durch die immer neue, intensive Rückbesinnung auf Werke und Leistungen der antiken Kultur gekennzeichnet, und es bleibt eine wichtige Frage, wie weit die neuzeitliche ›Sonderentwicklung‹ Europas Ursprünge bereits in der Antike hat. Jedes tiefere historische Begreifen der westlichen Zivilisation bleibt daher auf die Kenntnis der Antike (bzw., so die älteren, an normativen Vorstellungen orientierten Ausdrücke, der ›klassischen‹ Antike, des ›klassischen Altertums‹) verwiesen.

Was die generelle Bedeutung der Antike für die historische Erkenntnis betrifft, so gelten als Merkmale in dieser Beziehung seit jeher die relative Abgeschlossenheit des historischen Gesamtverlaufs in sich und die damit gebotene Möglichkeit, sehr langfristige geschichtliche Prozesse als Ganzes zu überblicken, sowie der paradigmatische Charakter zahlreicher Einzelerscheinungen (z. B. der Formen der politischen Verfassung) wie auch wesentlicher Probleme der Alten Geschichte (z. B. der ›Fall Roms‹). – Sosehr die wichtigste Quellengattung der Antike, die ›literarischen‹ Texte

(d. h. die antike Historiographie, Reden, Briefe, Dichtung, »Fachautoren«, Rechtskodifikationen usw.), seit langem bekannt sind und ihr Umfang kaum mehr zunimmt, werden doch andere besonders aufschlußreiche Primärmaterialien wie die große Masse der (Stein-)Inschriften (Grab-, Ehren-, Bauinschriften u. a.) und die Papyri (in Ägypten) durch Neufunde und Ausgrabungen laufend vermehrt, wie überhaupt das von der Historie oft zu wenig genutzte archäologische Material in unabsehbarem Wachstum begriffen ist. Die vielfach schwierige Quellenlage in der antiken Geschichte hat schon immer das Methodenbewußtsein und die historische Reflexion geschärft. Damit hängt zusammen, daß gerade die Beschäftigung mit Fragen der ältesten römischen Geschichte wesentlich mit zur Ausbildung der modernen (d. h. philologisch-kritischen) historischen Methode in Deutschland im frühen 19. Jahrhundert beigetragen und die Geschichtswissenschaft insgesamt von der Geschichte der Antike wichtige Anregungen erfahren hat. Daß dabei die Forschungsziele den allgemeinen Entwicklungstendenzen der Geschichtswissenschaft unterliegen, wird u. a. an der typischen Tendenz der Verlagerung des Interesses vom Staat als Bezugsrahmen (politische, Verfassungs-, Rechtsgeschichte) zur Gesellschaft bzw. Sozial- und Wirtschaftsgeschichte der Antike deutlich. Charakteristische Fragestellungen sind heute vor allem solche, die auf gesellschaftliche Gruppen, Strukturen und Probleme gerichtet oder auch vom Versuch einer mehr ›anthropologischen‹ Fragestellung bestimmt sind (z. B. Sklaven, Gesellschaftsaufbau; Frau und Familie, Alltag).

Allgemein ist für die antike Mittelmeerwelt eine intensive Entwicklung des Städtewesens charakteristisch. Dabei handelt es sich einmal – jedenfalls ursprünglich – um selbständige Städte bzw. ›Stadtstaaten‹; zum anderen führte die innere Entwicklung bei allen lokalen Unterschieden so gut wie durchgehend zu einer bald mehr oligarchischen, bald mehr demokratischen, jedenfalls republikanischen Form der Verfassung. Hier wie bei dem damit korrespondierenden Ideal politischer ›Freiheit‹ hat man es mit einer wichtigen Besonderheit des antiken Städtewesens zu tun, nicht zuletzt – trotz vereinzelter Ansätze in der gleichen Richtung – im Gegensatz z. B. zum altorientalischen wie altindischen und altchinesischen Städtewesen. Auch wo später Städte in monarchische Flächenstaaten eingegliedert erscheinen, gab es im allgemeinen keine Alternative zur republikanischen Stadtverfassung. – Träger des Städtewesens waren die Bürger, die nicht nur eine politische, sondern zugleich eine kultische Gemeinschaft bildeten. Auf ihnen ruhte die militärische Potenz des Gemeinwesens; sie waren zur politischen Tätigkeit oder doch Partizipation (z. B. in der Volksversammlung) berufen, so unterschiedlich dies im einzelnen auch aussehen mochte. Typisch für die antike Stadtentwicklung ist ferner das

z. T. erhebliche Ausmaß der Sklaverei (Schuldsklaverei – in der älteren Zeit –; Sklaverei aus Kriegsgefangenschaft; Kaufsklaverei; Sklaverei durch Geburt von einer Sklavin), bei der man nach ihren Funktionen zwischen Haus- (Bedienung) und Produktionssklaverei (Landwirtschaft, Handwerk) unterscheidet. Die Unfreien sind grundsätzlich in die einzelne Haus- bzw. Wirtschaftsgemeinschaft (Oikos) eingebunden. Was die ökonomischen Grundlagen betrifft, so ist wesentlich, daß jeder ›Stadtstaat‹ eine Einheit aus der Stadt und dem sie umgebenden Landgebiet darstellt. Die dominierende Rolle der Landwirtschaft und damit auch die Bedeutung des Grundbesitzes für die soziale Position der Bürger sind offenkundig. So hochentwickelt das antike Handwerk in seinen Erzeugnissen vielfach war, ist es ähnlich wie der (See-)Handel nach seiner gesellschaftlichen Geltung insgesamt in auffälliger Weise hinter der Landwirtschaft zurückgeblieben.
Die Antike kann im wesentlichen als die rund 1500 Jahre umfassende Periode der von außen weitgehend ungestörten Entwicklung der städtisch bestimmten Kultur des Mittelmeergebietes betrachtet werden, wobei sich die zeitliche Begrenzung jeweils durch anhaltende, in ihren Folgen katastrophenartige Einbrüche aus der angrenzenden Welt ›barbarischer‹ Stammesgesellschaften ergibt, die Völkerbewegungen des späten 2. Jahrtausends bzw. der Wende vom 2. zum 1. Jahrtausend v. Chr. sowie die mit ihren Vorläufern etwa im 3. Jahrhundert n. Chr. einsetzende germanische Völkerwanderung. Der innere Zusammenhang der Epoche wird dabei nicht nur durch die Einheit des historischen Schauplatzes und die besonderen städtischen Strukturen als wichtigstem Substrat der Gesamtentwicklung konstituiert, sondern vor allem auch durch jenen übergreifenden langfristigen Prozeß, der von den ursprünglich kleinen, selbständigen Stadtstaaten über eine Reihe von weiträumigeren Systemen (Polis-Hegemonialverbände, monarchische Flächenstaaten) schließlich zu dem die gesamte antike Kulturwelt in einer ›universalen‹ politischen Ordnung zusammenfassenden Römischen Reich führt, wobei sich die antike Stadtkultur zugleich erheblich über das mediterrane Gebiet hinaus ausdehnt. Dabei sind zwei Momente zu beachten: zum einen die z. T. beträchtlichen Gegensätze zwischen der östlichen und der in der Entwicklung dem Osten vielfach nachhinkenden westlichen Hälfte des Mittelmeerraums, zum anderen das, was sich als die Hauptwende in der ganzen inneren Entwicklung darbietet. Die ältere Zeit, d. h. im wesentlichen die Ära der selbständigen Stadtstaaten, wies eine weitverbreitete Tendenz zur Verstärkung der politischen Partizipation der Bürgerschaft auf (mit einem gewissen Höhepunkt zumal im Athen des 5. und 4. Jahrhunderts v. Chr.), während die spätere Phase, das Zeitalter der monarchischen Territorialstaaten und der großen Reichsbildungen, umgekehrt durch den langsamen Rückgang

dieser Tendenzen in den Städten und das Aufkommen andersartiger Strukturen bestimmt war. Die sukzessive Entwicklung von den anfänglichen Stadtstaaten zum Römischen Weltreich und dessen Zerfall in der 1. Hälfte des 5. Jahrhunderts n. Chr. liegt als eine Art strukturgeschichtlicher Leitfaden der folgenden Übersicht über die Antike als historische Epoche zugrunde.

Anfänge der antiken Zivilisation.
Die griechischen Poleis vom 8.–4. Jahrhundert v. Chr.

Frühzeit und archaische Periode. Die erste hochentwickelte griechische Kultur existierte bereits im 2. Jahrtausend v. Chr.: Es ist die bronzezeitliche, sog. mykenische Zivilisation des 16.–12. Jahrhunderts v. Chr. mit ihren Zentren auf der Peloponnes und in Mittelgriechenland, auf Kreta und den Inseln der südlichen Ägäis, die sich aber nicht zuletzt durch ihren intensiven Handel im ganzen Raum von Syrien-Palästina bis nach Unteritalien und Sizilien geltend machte.

Obwohl man es nach Ausweis der sog. Linear-B-Texte offenkundig mit Griechen zu tun hat, bildet die durch Burgen und Paläste, zentralisierte Palastwirtschaft und ›Bürokratie‹ bestimmte, stark durch das ältere Vorbild des ›minoischen‹ Kreta geprägte mykenische Kultur ihren typischen Strukturen wie auch ihrer kulturellen Prägung nach in erster Linie einen Teil der gleichzeitigen altorientalischen Welt.

Die mykenische Zivilisation hat im ausgehenden 13. und 12. Jahrhundert ihr Ende gefunden und ist durch eine zwar keineswegs absolute, aber doch überaus tiefreichende Zäsur von der späteren (zugleich eisenzeitlichen) griechischen Welt getrennt, eine Zäsur, die u. a. durch das Ende der gesamten Palastwelt (und überhaupt der Steinarchitektur), Verlust der Schriftlichkeit sowie Bevölkerungswechsel und -rückgang großen Ausmaßes gekennzeichnet ist. Hauptursache waren umfangreiche, von den Bereichen der »barbarischen« Stämme im Norden ausgehende Völkerbewegungen, die den weitgehenden Zusammenbruch des altorientalischen Staatensystems des späten 2. Jahrtausends herbeiführten und in deren Verlauf durch die ›Dorische‹ und andere Wanderungen die griechischen Stämme und Dialektgruppen bis zum 10. Jahrhundert ihre dann festen Siedlungsgebiete im griechischen Mutterland und im Ägäisgebiet gewannen.

Wesentliche Vorgänge im Mittelmeerraum in der frühesten Phase der Antike, d. h. der Zeit nach dem Abklingen der Wanderungsbewegungen, sind insbesondere die phönikische Westexpansion ungefähr seit dem 10. Jahrhundert, die Herausbildung und Expansion der hellenischen Poliswelt etwa seit dem 8. Jahrhundert sowie die Entstehung der etruskischen Stadtkultur auf der Apenninenhalbinsel seit dem 7. Jahrhundert, wo-

bei zunächst allenthalben das Fehlen starker übergreifender politischer Machtstrukturen kennzeichnend ist.
Die vielseitigste Entwicklungsdynamik ist dabei zweifellos bei den Griechen zu beobachten. Zwar ist die Entstehung der griechischen Poleis im Mutterland und im Ägäisbereich bis heute nur unzureichend zu fassen; doch setzt die im 8. Jahrhundert beginnende ›Große Kolonisation‹ den ausgebildeten Typus der griechischen Polis bereits voraus, und zwar in aller Regel in ihrer nach der Beseitigung des anfänglichen Königtums durch Adelsherrschaften gekennzeichneten Form. Anregungen durch die phönikische Kolonisation, erhebliches Bevölkerungswachstum, Suche nach Land, Handelsinteressen und als wichtigste Voraussetzung das damals noch bestehende allgemeine ›Machtvakuum‹ in weiten Küstenbereichen des Mittelmeers wirkten zusammen, um bis zur Mitte des 6. Jahrhunderts den griechischen Siedlungsraum in Gestalt zahlreicher einzelner, selbständiger Poleis bis zu den Küsten Unteritaliens und Siziliens, des Westens (Massalia/Marseille), Nordafrikas (Kyrene) sowie der nördlichen Ägäis und des Schwarzmeergebietes auszudehnen.
Dieser bedeutenden, nach außen gerichteten Dynamik entsprechen nicht weniger intensive innere Wandlungen, die infolge der zahlreichen lokalen Verschiedenheiten und des konstitutiven ›Polyzentrismus‹ der griechischen Welt kaum auf einen Nenner zu bringen sind. Immerhin ist die Sozialstruktur der Poleis im allgemeinen durch den Gegensatz zwischen einem in erster Linie grundbesitzenden Adel und der Masse der freien, überwiegend als mittlere bzw. Kleinbauern und Handwerker tätigen Bevölkerung (Demos) bestimmt. Vor allem militärische und wirtschaftliche Veränderungen wirken jedoch nachhaltig auf die gesellschaftliche Struktur ein, so die wachsende Bedeutung der geschlossenen Schlachtreihe der schwerbewaffneten Fußtruppen (Hoplitenphalanx) seit dem 7. Jahrhundert, die Erfindung und Verbreitung des Münzgeldes und die Ausweitung des Handels. Verschuldung von Teilen des Demos, aber auch Aufstieg von anderen Teilen und Erschütterung der Stellung des traditionellen Adels sind charakteristische Erscheinungen in einer Reihe von Poleis.
Mit den sichtbarsten Ausdruck findet dieser rasche Wandel in der Verfassungsentwicklung, die vielfach durch eine Stärkung der politischen Stellung des Demos bestimmt ist. Höchst bedeutsam ist, daß die zwischen ca. 650 und 500 v. Chr. vielerorts als Folge der typischen inneren Konflikte grassierenden Herrschaften einzelner (Tyrannis) sich auf Dauer nirgends zu halten vermochten. Relativ am besten ist die Entwicklung in Athen faßbar, wo die Reformen Solons (594/3: Kompromiß zwischen den gegnerischen Parteiungen, Schuldenerlaß, Abstufung der politischen Rechte nach dem Vermögen, Rechtskodifizierung u. a.) und, nach der Tyrannis des Peisistratos und seiner Söhne, des Kleisthenes wesentliche Vorausset-

zungen für die Demokratie des 5. Jahrhunderts schufen. Die beträchtliche Breite der Entwicklungsmöglichkeiten zeigt etwa Sparta, dessen Bürger dank der schollengebundenen ›Staatssklaven‹ (Heloten) und minderberechtigten Periöken so gut wie ausschließlich als Krieger (Hopliten) aktiv sind, womit die deutlichen egalitären Tendenzen wenigstens innerhalb der Hopliten-Gemeinschaft bzw. des ›Damos‹ (gemeinsame Erziehung, Syssitien u. a.) unmittelbar zusammenhängen.
Aber die Poliswelt der archaischen Zeit zeichnet sich nicht nur durch ihre typischen nicht-monarchischen Strukturen aus, sondern zugleich durch den eindrucksvollen Reichtum ihrer kulturellen Entfaltung, die zwar ohne den Alten Orient nicht denkbar ist, in der aber doch auch vor allem die besondere griechische Rationalität zum Ausdruck gelangt: Übernahme, Vervollkommnung und Verbreitung der Alphabetschrift (etwa seit dem frühen 8. Jahrhundert), Dichtung (homerische Epen, Hesiod; 8./7. Jahrhundert), monumentale Steinarchitektur (Tempel), Steinplastik, Lyrik (auch politische Lyrik, z. B. Solon) sowie erste Anfänge eines philosophischen und naturwissenschaftlichen Denkens im 6. Jahrhundert. Etwa im späteren 6. Jahrhundert tritt eine weitgehende Veränderung in der politischen Situation der griechischen Welt ein, die sich nicht zuletzt im Ende der Kolonisationsbewegung zeigt. Im Westen stoßen die Griechen zunehmend auf den Widerstand des die Führung der phönikischen Niederlassungen übernehmenden und ein eigenes Machtsystem aufbauenden Karthago wie auch der Etrusker, während im Osten das persische Reich der Achaimeniden entsteht, dem u. a. ganz Kleinasien samt den dortigen griechischen Poleis anheimfällt. In dem bis dahin eher losen Nebeneinander von Poleis (mit einigen vorwiegend religiösen ›panhellenischen‹ Zentren: Olympia, Delphi) bilden sich erste größere hegemoniale Zusammenschlüsse (Peloponnesischer Bund Spartas).
Klassische Zeit und Krise des Polis-Staatensystems. Die wachsende Bedrohung durch äußere Mächte und ihre erfolgreiche Abwehr in der Zeit der Perserkriege bilden einen prägenden Aspekt der folgenden ›klassischen‹ Periode des 5. Jahrhunderts. Nach dem Scheitern des Abfalls der kleinasiatischen Poleis vom Perserreich im Ionischen Aufstand kommt es zu einer persischen Expedition gegen Griechenland, die hauptsächlich von den Hopliten Athens bei Marathon (490) abgewiesen wird. Eine erneute große Offensive der Perser gegen Hellas wird von einer Koalition griechischer Staaten unter der Führung Athens und Spartas in den Schlachten von Salamis (480) und Plataiai (479) abgewehrt und so die ›Freiheit‹ der mutterländischen Griechen gegen die drohende ›Despotie‹ der persischen ›Barbaren‹ behauptet. Im Jahre 480 erringt Gelon, Tyrann von Syrakus, bei Himera auf Sizilien einen befreienden Sieg auch gegen die Karthager. Im Ägäisbereich bildet sich jetzt als neuer Zusammen-

schluß von Poleis der ›Delisch-Attische Seebund‹ unter der Hegemonie Athens, der seinerseits im östlichen Mittelmeerraum eine Zeitlang gegen die Perser offensiv wird.

Die innere Entwicklung der Poleis läßt sich auch für das 5. Jahrhundert kaum allgemein charakterisieren. Die Tendenz zur weiteren Festigung der Stellung des Demos war immerhin weiter verbreitet als die übliche Konzentration auf den weitaus am besten bekannten Fall, Athen, nahelegt. Dort erreicht nach einer Reihe von Reformen der Zeit von Kleisthenes bis Perikles die antike Demokratie ihren Höhepunkt. Ihre Hauptmerkmale waren die nahezu vollständige formelle politische Gleichberechtigung aller Bürger, das Prinzip der ›direkten‹ Demokratie (Volksversammlung) sowie die große Bedeutung von Losverfahren für die Bestellung der (500) Mitglieder des Rats, des wichtigsten Leitungsgremiums, wie der zahlreichen, meist ebenfalls ein Jahr amtierenden »Beamten« (mit Ausnahme der wichtigsten davon, der von der Volksversammlung gewählten 10 Strategen). ›Sold‹zahlungen für die meisten Funktionen sollten jedem Bürger die effektive Wahrnehmung seiner Rechte ermöglichen. Sozial ruht die athenische Demokratie wesentlich auf den vielen selbständigen Kleinbauern und Handwerkern, wobei für das politische Gewicht des Demos nicht zuletzt die militärische Funktion (Flottenbemannung) maßgebend war. In den höchsten Führungspositionen erscheinen bis Perikles in der Regel Angehörige des alten, grundbesitzenden Adels, danach auch ›Führer des Demos‹ (Demagogen), die ihren Aufstieg z. T. eigenen gewerblichen Unternehmungen verdankten. Zu beachten bleibt immer, daß die vollberechtigten Bürger nur eine Minderheit der erwachsenen Bevölkerung darstellten; die Frauen gehörten ebensowenig dazu wie die große Zahl der Sklaven und die fest ansässigen, minderberechtigten Fremden (Metöken), die zumal im Handel Athens eine führende Rolle spielten.

Mit der wachsenden politischen Machtstellung Athens nach den Perserkriegen geht eine außerordentliche kulturelle Blüte Hand in Hand. Bildende Kunst (Architektur, Plastik), Theater (Tragödie, Komödie), wo Grundprobleme von Mensch und Polis ähnlich Gegenstand der Reflexion werden wie in der Philosophie (Sophistik; Sokrates), auch die Geschichtsschreibung (Herodot; Thukydides) machen Athen zum bedeutendsten kulturellen Zentrum der griechischen Poliswelt.

Außenpolitisch wird nach der Abwehr der äußeren Bedrohung die dem System der vielen selbständigen Stadtstaaten inhärente Problematik jedoch immer deutlicher. Die Tendenz zu umfassenderen Ordnungen gewinnt Gestalt in Symmachien (militärischen Bündnissen) vieler ›autonomer‹ Poleis unter einer ›Hegemonial‹macht: Peloponnesischer Bund Spartas, Seebund Athens. Zugleich aber ist die ›Pentekontaetie‹ (der

Zeitraum der ca. 50 Jahre vom Ende der Perserkriege bis zum Ausbruch des Peloponnesischen Krieges) bestimmt durch die ständig wachsende politische Rivalität zwischen diesen Machtblöcken.

Der daraus entstehende Peloponnesische Krieg (431–404), der das ganze griechische Mutterland und den Ägäisbereich erfaßt und sich zeitweise bis nach Sizilien ausweitet, bedeutet die politische Katastrophe des Polissystems. Wohl gelingt es am Ende Sparta, Athen und den Seebund niederzuringen, doch die wenig stabile Hegemonie zunächst Spartas, dann Thebens, der praktisch gescheiterte Versuch des 2. Attischen Seebundes, die vergeblichen Anläufe zu einem ›allgemeinen Frieden‹ in Hellas: dies alles läßt nur zu deutlich die tiefe ›Krise der Polis‹ (als maßgebliche Einheit der politischen Ordnung) erkennen, die schließlich die erfolgreiche Intervention der bisherigen Randmacht Makedonien unter Philipp II. auf sich zieht und damit zur Errichtung der politischen Vorherrschaft Makedoniens über das ganze griechische Mutterland nach der Schlacht von Chaironeia (338) in Gestalt des sog. Korinthischen Bundes führt.

In der inneren Entwicklung der Poleis ist gleichzeitig eine gewisse Stagnation unverkennbar. Wohl geht z. B. in Athen die ›Demokratisierung‹ der politischen Verfassung im 4. Jahrhundert in manchem noch weiter; im ganzen aber schwächen sich die für die vorangegangene Epoche so kennzeichnenden ›demokratischen‹ Impulse merklich ab und deutet sich auch hier eine langfristige Wende in der Entwicklung der Poliswelt an: sinkendes Interesse des Demos an der von professionellen ›Rhetoren‹ und ›Strategen‹ beherrschten Politik; auch finanzielle und wachsende militärische Probleme (z. B. Notwendigkeit des Rückgriffs auf geschulte, kostspielige Söldnertruppen anstelle der herkömmlichen Bürgermiliz) machen den Poleis zu schaffen.

Bei all dem bildet Athen auch im 4. Jahrhundert den kulturellen Mittelpunkt der griechischen Welt. So erreichen dort die politische Rhetorik (Isokrates; Demosthenes im Kampf für die demokratische Polis gegen Makedonien) und vor allem die Philosophie gerade damals Höhepunkte, wobei auch für die beiden größten Denker, Platon und Aristoteles, wie selbstverständlich die Polis die Hauptbezugsgröße ihrer letztlich auf die Schaffung des »besten« (Stadt-)Staates gerichteten politischen Reflexion bleibt.

Alexander der Große. Die Staatenwelt des Hellenismus

Der Alexanderzug, die rasche Eroberung des ganzen persischen Reiches von der Ägäis und vom Nil bis hin zum Indus durch Philipps II. Sohn Alexander verwandelt wie kein anderer Vorgang in kürzester Zeit (334–323) tiefgreifend und dauerhaft die politische Szenerie der östlichen Mittelmeerwelt. Mit dem Reich Alexanders d. Gr. setzt eine neue Epoche

ein, die Zeit des ›Hellenismus‹, die wesentlich geprägt ist durch die führende Rolle der neuen makedonisch-griechischen Flächenstaaten gegenüber den Poleis wie auch durch die enorme Vergrößerung des Einflußbereichs der griechischen Sprache und Kultur im Orient, die ihrerseits in manchen ihrer Formen und Gehalte von dem politischen Strukturwandel nicht unberührt bleibt. Das Alexanderreich selbst war, auf seine zeitliche Dauer hin betrachtet, ein ephemeres Phänomen; andererseits war der Zerfall, der sofort nach dem frühen Tod seines Gründers einsetzte, doch eher partiell. In den ein halbes Jahrhundert sich hinziehenden ›Diadochenkämpfen‹, in denen das alte makedonische Königshaus seinen Untergang fand, bildeten sich unter neuen, kraft militärischen Siegerrechts proklamierten Königen makedonischer Herkunft vor allem die drei Reiche der Seleukiden (Kleinasien, Syrien, Mesopotamien, Iran), Ptolemäer (Ägypten und umfängliche ›Außenbesitzungen‹) und Antigoniden (Makedonien). Auf dem Boden des Seleukidenreiches verselbständigten sich im 3. Jahrhundert nach und nach weitere monarchische Staaten: Pergamon, Kappadokien, Baktrien. Dazu traten noch ›einheimische‹, jedoch dem allgemeinen Typus der Diadochenreiche entsprechende Königreiche wie Bithynien und Pontos; auch das im späteren 2. Jahrhundert aus dem Makkabäeraufstand gegen die Seleukidenherrschaft hervorgegangene jüdische Königtum der Hasmonäer war stark hellenistisch geprägt.
Bei allen Unterschieden im einzelnen weisen die hellenistischen Monarchien einen in vielem ähnlichen Grundcharakter auf, der sich äußerlich z. B. im Diadem des Herrschers als dem verbreitetsten Herrschaftszeichen, vor allem aber in der Bedeutung von griechischer Sprache und Kultur in den neuen Staaten zeigt. Der strukturelle Gegensatz zu den Polisstaaten ist denkbar groß. Er betrifft nicht nur die völlig anderen territorialen Dimensionen, das Fehlen eines ›politischen‹ Lebens und die Institution des Monarchen, der zum Adressaten eines gerade auch von den griechischen Poleis dargebrachten Herrscherkultes wird. Auch die Hauptgrundlage des monarchischen Systems, das vom König besoldete und abhängige Beamtentum, das königliche Heer und die im Zusammenhang damit erhobenen regelmäßigen direkten Steuern sind den Poleis ganz fremd. Die in Resten erkennbare ›Heeresversammlung‹ ist politisch so gut wie bedeutungslos; die den Rat des Königs bildenden Philoi (›Freunde‹) werden von ihm bestimmt: Die hellenistische Monarchie ist faktisch ›absolut‹.
Wenn das militärische und politische Gewicht der Poleis insgesamt entscheidend sinkt, so behaupten sie sich doch weiterhin fest als grundlegende Strukturen des politisch-gesellschaftlichen Lebens der Griechen. Auch betreiben die Herrscher ihrerseits eine vor allem anfänglich sehr intensive Städtegründungspolitik. Die Monarchien haben sich im übrigen

(von Makedonien abgesehen) nur auf dem Boden des früheren Perserreiches gebildet, also im wesentlichen außerhalb der traditionellen Poliswelt. Die Poleis des Mutterlandes befinden sich seit 338 jedoch vielfach in Abhängigkeit von Makedonien. Bei den Poleis des Westens (Sizilien, Unteritalien) treten zwar wiederholt Tendenzen zur Errichtung einer umfassenden Monarchie auf (z. B. Agathokles, Pyrrhos); sie bleiben jedoch regelmäßig ohne dauernden Erfolg. Im einzelnen sind die Beziehungen zwischen Poleis und Herrschern und die Formen der Abhängigkeit von diesen sehr vielgestaltig. Im Innern der Poleis sind der zunehmende Bedeutungsverlust der Volksversammlungen und die Präponderanz des von den besitzenden Führungsschichten gestellten Rates und der Beamten, insgesamt auch eine beginnende ›Entpolitisierung‹ charakteristisch, obwohl es sich nominell jetzt nahezu überall um ›Demokratien‹ handelt. Besonders kennzeichnend für die hellenistische Zeit ist andererseits das Hervortreten einer Reihe von ›Bundesstaaten‹ (z. B. aitolischer und achaiischer Bund in Griechenland), die den beachtenswerten Versuch einer ›föderativen‹ Ausweitung des Polisprinzips auf größere Territorien darstellen, ohne damit freilich etwa die Dimensionen der flächenstaatlichen Monarchien erreichen zu können.
Die sozialen und wirtschaftlichen Zustände in den hellenistischen Monarchien sind eher disparat. Vor allem im Seleukiden- und im Ptolemäerreich ist der ethnische Gegensatz zwischen den (in manchem privilegierten) Makedonen und Griechen und der orientalischen Bevölkerung evident, auch wenn dies nur vereinzelt zu manifesten Konflikten führt. Für die Ptolemäer ist nach einheimischer ägyptischer Tradition ein stark zentralisiertes Wirtschaftssystem kennzeichnend; die Seleukiden versuchen, ihre Herrschaft besonders auf die griechischen Städte zu stützen. In den weiten ländlichen Räumen herrschen abhängige (teilweise schollengebundene), aber persönlich freie Bauern vor; die Sklaverei hat einen Schwerpunkt eher in den griechischen Poleis. Für diese selbst ist in sozialer Hinsicht im Vergleich zur früheren Zeit die Stagnation der sozialen Entwicklung, praktisch das Nebeneinander einer sich verfestigenden Oberschicht und der Masse der Bürger charakteristisch, wobei freiwillige Zuwendungen aus dem Vermögen der Reichen an die Allgemeinheit (Bauten, Veranstaltung von Festen u. dgl.) u. a. zwecks Steigerung des eigenen Prestiges (›Euergetentum‹) üblich sind.
Der Hellenismus, nach J. Burckhardt für das Griechentum geradezu seine Verwandlung »aus einer politischen in eine Kulturpotenz«, bedeutet auch ein neues Zeitalter für die griechische Kultur und Kunst. Besonders typisch ist der Aufschwung von ›Fachwissenschaften‹ (Philologie, Mathematik, Physik, Medizin u. a.) und deren teilweise starke Förderung durch die Herrscher (z. B. Museion und Bibliothek in Alexandreia). Der

politische Bedeutungsverlust der Poleis spiegelt sich in der Literatur, so in der unpolitischen ›Neuen‹ Komödie; auch neue philosophische Richtungen wie Stoa und Epikureismus sind mehr auf über die Polis hinausweisende Zusammenhänge oder das Individuum gerichtet als auf ein Engagement in der Polis. Kennzeichnend ist auch das Vordringen orientalischer, nicht an die Polis gebundener Kulte.

Politisch sind die großen monarchischen Flächenstaaten des Hellenismus zweifellos weniger stabil und langlebig als die traditionellen Poleis. Zwar besteht im späteren 3. Jahrhundert faktisch ein Mächte›system‹ mit einem gewissen ›Gleichgewicht‹, doch ist dieses durch vielerlei, vorwiegend politische Spannungen bedroht: regionale Selbständigkeitstendenzen im Seleukidenreich, Vordringen der Parther im Osten, Konflikte zwischen Seleukiden und Ptolemäern um Syrien-Palästina, dazu z. B. Probleme der Antigoniden mit den griechischen Poleis. Im 2. Jahrhundert wird dann die politische und militärische Schwäche der Königreiche gegenüber der neuen Vormacht im westlichen Mittelmeerraum, Rom, evident, dessen fortschreitender Expansion (neben den Parthern) sie nacheinander alle zum Opfer fallen und in dessen Zeichen seither die ganze weitere Entwicklung der antiken Mittelmeerwelt steht.

Rom und die römische Expansion bis zum Ende der Republik

Die Entwicklungsschwerpunkte der antiken Welt lagen lange Zeit vor allem in den griechischen Poleis und damit überwiegend im östlichen Mittelmeerraum; erst relativ spät tritt durch den Aufstieg Roms eine nachhaltige Verlagerung nach der westlichen Mittelmeerhälfte ein. Obwohl auch die Anfänge Roms bis etwa ins 8. Jahrhundert v. Chr. zurückreichen, ist es über den Rahmen eines größeren Stadtstaates von nur regionaler Bedeutung erst seit dem späten 4. Jahrhundert hinausgelangt. Die Ausgangslage auf der Apenninenhalbinsel war dabei angesichts der dortigen großen ethnischen Vielfalt in vielem wesentlich anders als z. B. im griechischen Mutterland: Neben vielen Stammeseinheiten von sehr unterschiedlicher sprachlicher Zugehörigkeit standen die griechischen Kolonien in Unteritalien und insbesondere die zeitweise von der Poebene bis nach Kampanien sich erstreckende, hochentwickelte etruskische Städtekultur. Doch sind die innere Struktur Roms und ihre Veränderungen mit den in der griechischen Poliswelt zu beobachtenden Formen und Vorgängen grundsätzlich vergleichbar, trotz gravierender Differenzen im einzelnen und nicht zuletzt einer charakteristischen ›Phasenverschiebung‹ der römischen gegenüber der griechischen Entwicklung.

Nach der ›Stadtwerdung‹ Roms, für die das zuletzt etruskische Königtum von wesentlicher Bedeutung ist, vollzieht sich dort eine ähnliche Entwicklung wie in den griechischen Poleis: Nach der Beseitigung des Königtums und dem Übergang zur adligen Republik (traditionell: 509/8 v. Chr.) kommt es auch hier zum Kampf benachteiligter Gruppen um politischen Aufstieg. In den ›Ständekämpfen‹ des 5. und 4. Jahrhunderts zwischen Patriziern und Plebejern, in denen letztere vor allem mit Hilfe des Volkstribunats ihre politische Gleichberechtigung erringen, entsteht freilich keine ›Demokratie‹; vielmehr tritt im Ergebnis an die Stelle der patrizischen Führungsschicht eine neue ›patrizisch-plebejische Nobilität‹, die sich ihrerseits vielfach auf die als ›Klienten‹ einzelner vornehmer ›Patrone‹ (bzw. Familien) sozial abhängigen Teile der Plebs stützt, ein ›Bindungswesen‹, das in den griechischen Poleis keine Entsprechung hat. Dazu kommt die für Rom besonders kennzeichnende starke Stellung der (jährlich gewählten) Magistrate sowie des aus Mitgliedern auf Lebenszeit (in der Regel gewesenen Magistraten) bestehenden Senats. Die Volksversammlung erscheint eher eingeschränkt, nicht nur durch die Position der Magistrate ihr gegenüber, sondern auch durch das ›korporative‹ Prinzip von ungleichen Stimmeinheiten anstelle individueller Stimmabgabe. Dennoch fehlen dem römischen Staat, der ›res publica‹, so sehr er stets aristokratisch geprägt bleibt, nicht genuin ›demokratische‹ Momente; insgesamt ist auch er als eine Variante des allgemeinen Typus des antiken mediterranen Stadtstaates zu verstehen.

Das Besondere an Rom ist die nach dem Ende der Ständekämpfe einsetzende beispiellose Expansion, durch die der zunächst vergleichsweise kleine ›Stadtstaat‹ bereits im 2. Jahrhundert zur dominierenden Macht im ganzen Mittelmeerraum wird: Erringung der Hegemonie in Italien (ca. 338–270), im westlichen (besonders durch die beiden Punischen Kriege, 264–241 und 218–201) und danach alsbald auch im östlichen Mittelmeergebiet (Kriege vor allem gegen das Antigoniden- und das Seleukidenreich zwischen 200 und 168). Die Triebkräfte hinter diesem Prozeß sind sehr vielgestaltig, auch zeitlichen Veränderungen unterworfen; zu den wichtigsten gehörten jedoch Prestigestreben und Machtkonkurrenz in der Nobilität, Erwartung von Land und Beute und nicht zuletzt das Eigengewicht der erfolgreich in Gang gesetzten Expansionsdynamik. Im ganzen erscheint der Aufstieg Roms zur ›Welt‹macht seit dem 3. Jahrhundert dabei zugleich als Stufe in der allgemeinen Entwicklung der politischen Strukturen der Antike: Die vorausgegangene Ausbildung etwa des karthagischen Machtsystems im Westen und zumal der hellenistischen Flächenstaaten im Osten waren wesentliche Voraussetzungen für die Entstehung des übergreifenden römischen Herrschaftsgebildes.

Neben den militärischen Siegen war für den römischen Erfolg entscheidend die politische Organisation, die sich, wo immer möglich, auf städtische Einheiten, deren Führungsgruppen und eine vorhandene Selbstverwaltung aufbaute. Abgesehen von der Gründung städtischer Siedlungen

(Kolonien) zwecks strategischer Kontrolle und Landversorgung stehen sich dabei vor allem zwei große Komplexe deutlich gegenüber: Italien wird in der sog. ›italischen Wehrgemeinschaft‹ in Form einer ›hegemonialen Symmachie‹ organisiert, d. h. hier einem ganz auf Rom zentrierten Bündnissystem mit sorgfältig abgestuftem Status der einzelnen Mitglieder, die vor allem Heeresfolge zu leisten haben, wodurch Rom seit dem 3. Jahrhundert zur leistungsfähigsten Militärmacht im Mittelmeerraum wird. Außerhalb Italiens werden dagegen Provinzen eingerichtet (zuerst Sizilien und Sardinien-Korsika, 227), d. h. förmliche, zu Tributen verpflichtete ›Untertanen‹gebiete unter einem römischen Statthalter, wobei der Senat bei der Schaffung von Provinzen (die in der Tat zur republikanischen Struktur Roms in einem inneren Gegensatz stehen) eine gewisse Zurückhaltung zeigt und zeitweise eine eher informelle politische Kontrolle deutlich bevorzugt.

Die äußere Expansion bleibt indes nicht ohne tiefgreifende Folgen für die gesellschaftlichen Verhältnisse Roms. Für die Oberschicht ist seit dem späten 3. Jahrhundert die Bildung einer wohlhabenden, auch im Handel und für den Staat (z. B. Steuerpacht) tätigen, daher von der Ämterlaufbahn ausgeschlossenen Gruppe der Ritter neben den Senatoren charakteristisch, für die Masse der Bürger der Niedergang von Teilen des Kleinbauerntums, das durch den Militärdienst in Mitleidenschaft gezogen, aber auch durch das Einströmen von Sklaven in Italien bedroht wird, das die Entstehung größerer Güter auf Kosten der freien Bauern ermöglicht.

Bei immer weiterem Fortschreiten der äußeren Expansion erfahren die inneren Spannungen schließlich eine entscheidende Zuspitzung in der langen ›Krise der Republik‹ (133–30), in der – anders als in den Ständekämpfen oder den Verfassungskämpfen der älteren griechischen Poleis – die republikanische Struktur selbst am Ende zerbricht und einem der für einen Stadtstaat beispiellosen territorialen Ausdehnung Roms adäquateren, stabilen monarchischen System Platz macht. Der unablässige Machtwettbewerb im Senat, die enormen Chancen aus der Provinzherrschaft und der Expansion für einzelne Magistrate in Verbindung mit den (ebenfalls aus der Expansion erwachsenen) sozialen Problemen führen mehrfach bis zum offenen Bürgerkrieg. Zwar tangieren die großen Sklavenaufstände (z. B. Spartacus, 73–71) die republikanische Verfassung ebensowenig wie der Abfall der italischen Bundesgenossen (Bundesgenossenkrieg, 91–88), dessen Folgen die Auflösung der italischen Wehrgemeinschaft, die Verleihung des römischen Bürgerrechts an alle freien Italiker und die Organisation ganz Italiens in städtischen Einheiten nach römischem Vorbild (Munizipien) sind. Aber die Krise des römischen Kleinbauerntums und vor allem die zunehmende Machtfülle einzelner

(z. B. durch ›außerordentliche Imperien‹ von mehrjähriger Dauer und über mehrere Provinzen) greifen an die Grundlagen des Systems. Nach dem Scheitern des Versuchs einer Wiederherstellung des Kleinbauerntums durch die Reformgesetzgebung der Gracchen richten sich die Hoffnungen der ›Plebs‹ bald auf die (Veteranen-)Versorgung durch mächtige Militärs; man pflegt geradezu von einer jetzt entstehenden ›Heeresklientel‹ zu sprechen, d. h. der Loyalität der Truppen gegenüber einzelnen ehrgeizigen Feldherren anstelle der traditionellen Klientelbindungen an Häuser der Nobilität. So führt die ›Militarisierung‹ der Krise von Marius und Sulla über das sog. 1. Triumvirat (60) zu Caesar, nach dessen Ermordung durch republikanische Verschwörer (44) zum 2. Triumvirat (43) und zur Alleinherrschaft Octavians (30 v. Chr.), dem die Institutionalisierung eines faktisch monarchischen Systems in Rom in der Form des sog. Prinzipats gelingt.

Für das kulturelle Leben Roms ist nicht zuletzt die Entstehung einer lateinischen Literatur von Rang kennzeichnend, die zwar die wesentlichen Anregungen von der hellenistischen Welt im Gefolge der politischen Expansion seit dem 3. Jahrhundert empfängt, jedoch zugleich ganz eigenständige Züge entwickelt. Die Anfänge von Epos, Drama und Geschichtsschreibung sind eng verbunden mit der Unterwerfung der Griechen in Unteritalien und Sizilien. Die römische Komödie des 3./2. Jahrhunderts (Plautus, Terenz) adaptiert unmittelbar hellenistische Vorbilder. Seit dem 2. Jahrhundert entwickelt sich die Rhetorik (der Ältere Cato, zugleich Geschichtsschreiber und Begründer der lateinischen Literatur über Landwirtschaft) sowie die spezifisch römische Gattung der Satire (Lucilius). Ins 1. Jahrhundert gehören bedeutende Werke der Lyrik (Catull) und der Geschichtsschreibung (Sallust; auch Caesars Kommentarien) sowie der Höhepunkt der römischen Rhetorik (Cicero). Bedeutsam ist ferner die Entwicklung der römischen (Privat-)Rechtswissenschaft wie auch die Grundlegung einer lateinischen philosophischen Literatur – wiederum nach griechischen Vorbildern – durch Cicero.

Das Weltreich der römischen Kaiserzeit

Die ersten beiden Jahrhunderte: ›Pax Romana‹. Mit dem Übergang zu einem monarchischen System seit Octavian-Augustus findet die bei weitem größte und insofern geradezu zu einer ›Anomalie‹ gewordene ›imperiale Republik‹ der Antike, ja der vorneuzeitlichen Geschichte überhaupt, ihr Ende. Von diesem Wendepunkt an nähert sich das Römische Reich in seiner Gesamtstruktur tendenziell deutlich den älteren Monarchien des Ostens, von denen es durch eine Reihe zwar mehr und mehr zurücktretender, aber nie ganz verschwindender ›republikanischer‹ Züge doch auch immer geschieden bleibt.

Dabei erscheint im Kontext des 1. Jahrhunderts v. Chr. der von Augustus nach dem Ende der Bürgerkriege etablierte ›Prinzipat‹ zunächst nicht als scharfer Bruch, sondern eher als eine ausgewogene Synthese aus den Haupttendenzen der späten Republik. Die traditionellen republikanischen Institutionen (Magistratur, Senat, auch Volksversammlung) bleiben im Prinzip unangetastet, doch wird durch zahlreiche, dem ›Princeps‹ verliehene Befugnisse, Privilegien und außergewöhnliche Ehrungen die gesamte politische Macht in seiner Person konzentriert. Von zentraler Bedeutung ist dabei die an die außerordentlichen Imperien des 1. Jahrhunderts v. Chr. anknüpfende, dauernde Befehlsgewalt über die sog. ›kaiserlichen‹ Provinzen und die damit verbundene Verfügung über die dort nunmehr ständig stationierten Truppen (seit 27 v. Chr.); dazu kommt der dominierende Einfluß im Senat, auf dessen Zusammensetzung, auf die rasch bedeutungslos werdenden Volksversammlungen u. a. m. Zum stehenden Heer treten die Anfänge einer besonderen kaiserlichen Provinzial- und Zentralverwaltung; beides zusammen bildet die Hauptgrundlage der neuen monarchischen Struktur, in die sich die bisher herrschende Schicht der Senatoren als Spitze der zivilen und militärischen Verwaltung (Provinzstatthalter, Legionskommandeure) einfügt; auch für die Ritter werden in der kaiserlichen Verwaltung neue Betätigungsfelder eröffnet. – Die augusteische Zeit bedeutet zugleich einen Höhepunkt der kulturellen Entwicklung in Rom, der von der vielfach als Erlösung empfundenen Wiederherstellung des inneren Friedens nicht zu trennen ist: Dichtung (Vergil, Horaz, Ovid), Geschichtsschreibung (Livius), Kunst (Ara Pacis).

Die Gesamtentwicklung des Reiches und damit der antiken Welt während der folgenden zwei Jahrhunderte ist gekennzeichnet durch die weitere Verfestigung und den Ausbau des monarchischen Systems sowie den, aufs Ganze gesehen, nur sporadisch gestörten allgemeinen Friedenszustand (Pax Romana). Die Expansion schreitet auch in der Prinzipatszeit bis ins frühe 2. Jahrhundert fort, wobei sich allerdings in Germanien mit der Einstellung der Offensiven zwischen Rhein und Elbe 16 n. Chr. wie auch z. B. im Verzicht auf die vollständige Eroberung Britanniens gegen Ende des 1. Jahrhunderts die Grenzen der Expansionsfähigkeit des Imperiums abzuzeichnen beginnen, das sich seit dem 2. Jahrhundert mit der Anlage umfangreicher Limites mehr und mehr auf Defensive gegenüber den angrenzenden ›Barbaren‹ einstellt, die ihrerseits wichtige Impulse für ihre Entwicklung vom Reich empfangen.

Im Innern ist die Prinzipatszeit vor allem eine Blütezeit der enorm zahlreichen Städte des Imperiums, die sich nicht zuletzt in der Bautätigkeit ihrer (vorwiegend auf agrarischem Grundbesitz basierenden) Führungsschichten ausdrückt. Eine grundlegende Entwicklungstendenz ist der wirtschaftliche und soziale Aufstieg der Provinzen gegenüber Italien, der in der wachsenden Ausbreitung des römischen Bürgerrechts (bis hin zur allgemeinen Bürgerrechtsverleihung, der constitutio Antoniniana von 212) ebenso hervortritt wie im stetigen Wandel der Zusammensetzung des Senats und des Ritterstandes durch zahlreiche (in erster Linie aus den städtischen Führungsschichten stammende) ›Aufsteiger‹ aus den Provinzen. Besonders in der lateinischen Westhälfte gehen Urbanisierung und Romanisierung Hand in Hand. Im sozialen Bereich ist u. a. das Streben nach gesetzlicher Milderung von Härten des Sklavendaseins für das Reich der Prinzipatszeit kennzeichnend. Das kulturelle Leben ist durch eine Reihe führender Autoren der sog. ›Silbernen Latinität‹ des 1. Jahrhunderts geprägt (z. B. Seneca, der Ältere und der Jüngere Plinius, Sueton, Juvenal, Martial, Tacitus), die vielfach aus den westlichen Provinzen stammen; aber auch der griechische Osten erfährt zumal seit dem 2. Jahrhundert einen neuen Aufschwung (Plutarch, die sog. Zweite Sophistik); die römische Jurisprudenz erlebt ihre ›klassische‹ Periode.

Von besonderer Bedeutung sind endlich die über die Städte erfolgende Verbreitung der universalen, monotheistischen Erlösungsbotschaft des Christentums und die Bildung christlicher Gemeinden in zahlreichen Städten des Reiches in Ost und West.

Reichskrise des 3. Jahrhunderts. Die Spätantike. Im Lauf des 3. Jahrhunderts kommt es zu einem grundlegenden Wandel in der Gesamtsituation des Weltreichs, indem die Defensive gegenüber den ›Barbaren‹ zum Dauerzustand wird. Zu den neuen großen germanischen Stammesverbänden an Rhein und Donau (z. B. Alemannen, Goten) tritt seit ca. 224 als weiterer Gegner im Osten nach dem Sturz der Partherherrschaft das ›neupersische‹, sich auf den einstigen achaimenidischen Territorialbestand berufende Reich der Sasaniden. Die anhaltenden Mehrfrontenkriege belasten das Imperium aufs äußerste; der ständige Wechsel der ›Soldatenkaiser‹ (seit 235), beschleunigter Niedergang zahlreicher Städte und ihrer Führungsschichten, ein Münzverfall größten Ausmaßes gehören zu den verheerenden Folgen. Auf dem Höhepunkt der ›Reichskrise des 3. Jahrhunderts‹ in den 60er Jahren (mit ›Sonderreichen‹ in Ost und West) scheint das Imperium unmittelbar vor dem Auseinanderbrechen zu stehen; doch gelingt schließlich dank einer Reihe einschneidender Reformen eine Wende und eine neue Konsolidierung.

Das spätantike Imperium, wie es am Ende des 3. und Beginn des 4. Jahrhunderts aus den Reformen Diokletians und Konstantins des Großen hervorgeht, ist geprägt durch den Versuch der systematischen Mobilisierung aller Ressourcen im Dienste der militärischen Leistungsfähigkeit mit Hilfe staatlichen Drucks: Stabilisierung und Erhöhung des Kaisertums (Diokletians System der ›Tetrarchie‹), beträchtliche Vergrößerung (etwa

Verdoppelung) des Heeres, Reform der Reichsverwaltung (Verkleinerung der Provinzen, Schaffung der Präfekturen), des Steuersystems, Münzreformen u. a. m. Die gesellschaftliche Entwicklung steht im Zeichen der Bestrebungen des Staates, die einzelnen fest an ihre jeweilige Funktion zu binden, ob als Mitglied eines städtischen Rates (Decurio), eines gewerblichen Collegiums oder Kolone (schollengebundener, persönlich freier Pachtbauer); der Kolonat tritt zunehmend an die Stelle der zurückgehenden Sklaverei in der Landwirtschaft. Die Neuorientierung des Reiches auf religiösem Gebiet führt Konstantin durch seine Hinwendung zum Christentum und zur Kirche (seit 312) herbei; von größter Zukunftswirkung ist daneben seine Erhebung des alten Byzanz als Konstantinopel zur zweiten – christlichen – Hauptstadt, die sich zum Zentrum der griechischen Hälfte des Imperiums entwickelt.
Das 4. Jahrhundert bedeutet zunächst vielfach einen Aufschwung im Reich, wie er z. B. in einer Reihe zu neuen Verwaltungszentren gewordener Städte sichtbar wird. In seinem Verlauf wird das Christentum – trotz der vorübergehenden antichristlich-neuplatonischen Reaktion unter Julian – zur Staatsreligion, die die bisherige antike Religiosität, nämlich den römischen Staats- (und Herrscher-)Kult und die sonstigen lokalen wie auch die konkurrierenden orientalischen Kulte definitiv überwindet, ein Wandel, der sich nicht zuletzt in der überreichen Produktivität der griechischen wie lateinischen christlichen Literatur (Kirchenväter) spiegelt. Dabei geht jedoch der starke Druck der ›Barbaren‹ auf das Imperium weiter und beginnt sich im letzten Viertel des Jahrhunderts zu Völkerbewegungen großen Ausmaßes zu steigern (germanische Völkerwanderung), die eine Parallele allenfalls in den weiträumigen Völkerverschiebungen anderthalb Jahrtausende zuvor am Beginn der antiken Epoche finden und an denen die von Rom errichtete ›universale‹ staatliche Einheit der Mittelmeerwelt schließlich zerbricht.
Nach der sog. ›Reichsteilung‹ von 395 wird die getrennte Entwicklung der Reichshälften immer deutlicher. Im 5. Jahrhundert kommt es innerhalb weniger Jahrzehnte zur völligen Auflösung des Reiches im Westen, das von Britannien bis Nordafrika den ›Barbaren‹ anheimfällt und mit germanischen Staatengründungen überzogen wird, bis 476 auch in Italien selbst ein germanischer Heerführer, Odoaker, die Macht gewinnt, was oft als, natürlich nur symbolischer, ›Schlußpunkt‹ der römischen Geschichte genommen worden ist. Die griechische Osthälfte des Reiches vermag sich dagegen zu behaupten, ja im 6. Jahrhundert kann Justinian, freilich nur vorübergehend, Teile des Westens zurückerobern. Aber die von Rom geschaffene politische Einheit ist nie wiederhergestellt worden – im Unterschied etwa zum gleichzeitigen chinesischen Reich, das von ganz ähnlichen barbarischen Invasionen getroffen wurde, wo aber u. a. eine zu-

sammenhängende Landmasse günstigere Voraussetzungen für die Wiedergewinnung des politischen und die Erhaltung des zivilisatorischen Zusammenhalts bot. Mit dem Ende des einheitlichen römischen Imperiums und dem sich bildenden Nebeneinander des byzantinischen, des Frankenreiches und dann auch der islamisch gewordenen Länder am Mittelmeer ist die ethnische, kulturelle und politische Physiognomie der mittelmeerisch-europäischen Welt so tiefgreifend verwandelt, daß die traditionelle Scheidung zwischen Antike und Mittelalter dadurch ihre Begründung erfährt; so steht auch die – gleichwohl bezeichnende – Wiedererrichtung eines westlichen ›römischen‹ Kaisertums im Jahre 800 durch Karl den Großen bereits in einem neuen epochalen Zusammenhang.

[J. Deininger]

Mittelalter

Mittelalter als Epochenbegriff: Zeit und Raum

Der Begriff Mittelalter meinte zur Zeit seiner Entstehung im Humanismus eine zunächst wertfrei abgegrenzte Zwischenzeit zwischen der als ideales Vorbild empfundenen Antike und der aus radikalen Umbrüchen entstandenen ›Neuzeit‹ der eigenen historischen Gegenwart. Damit ist der Mittelalterbegriff per definitonem auf die Geschichte Europas als einer der großen Weltkulturen begrenzt und greift prinzipiell über die Grenzen von Nationalstaaten hinaus.

Die Frage nach dem Beginn des Mittelalters ist zugleich die nach der Markierung des zeitlichen Endes der Antike. Eine relative Zustimmung dürfte die Epochenabgrenzung mit der Wende vom 5. zum 6. Jahrhundert finden, als Langobarden und Franken mit ihren Staatsgründungen aus dem Bannkreis der provinzialrömischen Kultur herauszutreten beginnen, als 529 die Schließung der Platonischen Akademie in Athen den Bankrott universaler antiker Gelehrsamkeit signalisiert und gleichzeitig Benedikt von Nursia das Kloster Monte Cassino gründet.

Das Ende der mittelalterlichen Epoche wird gewöhnlich auf die Zeit um 1500 festgelegt. Diese Zäsur verdeckt allerdings sowohl die Vorbereitung der Strukturen neuzeitlicher, territorialer Verwaltungsstaaten im 14. und 15. Jahrhundert als auch die Kontinuität der agrargesellschaftlichen Strukturen und feudalen Appropriationsformen bis ins 18. Jahrhundert hinein. Vor allem aber bildet das ›Ende‹ des Mittelalters keine Zäsur in der Entwicklung der geldwirtschaftlich-städtischen Verkehrs- und Produktionsformen, die sich seit dem 13. Jahrhundert von wenigen Zentren aus relativ kontinuierlich durchgesetzt haben.

So gilt die Epochenbezeichnung ›Mittelalter‹ vornehmlich für die in einer

Jahrhunderte währenden Entwicklung und Umgestaltung entstandene, weitgefächerte kulturelle Einheit der romanisch-germanisch-westslawischen Völker, die auf der Grundlage der karolingischen Großreichsbildung jene römisch-abendländische Christenheit formiert hatte, aus der das moderne Europa hervorgehen sollte.
Sie umfaßt aber gleichzeitig auch die aus einer religiösen Revolution im 7. Jahrhundert innerhalb weniger Jahrzehnte entstandene arabisch-islamische Welt, die bis zum 8. Jahrhundert der christlichen Religion fast die Hälfte ihres Wirkungsbereiches abgenommen hatte. In diese Epochenbezeichnung gehört auch die staatlich-politische Weiterexistenz der ehemaligen oströmischen Reichshälfte in der dritten mittelalterlichen Großmacht: Byzanz. Zwischen den beiden aus ehemaligen Randlandschaften des römischen Imperiums neu entstandenen Großreichen und Byzanz als dem festen Bollwerk religiöser, politischer und militärorganisatorischer Traditionen des spätrömischen Imperiums hatte sich im Frühmittelalter eine Art von politisch-militärischem Gleichgewichtszustand herausgebildet, der erst durch den politischen Aufstieg der Seldschuken und den Niedergang der byzantinischen Macht in der Ära der Kreuzzüge nachhaltig erschüttert wurde.
Das Weiterwirken der antiken Kultur- und Bildungstraditionen, soweit sie die ideologischen Filter des nachkonstantinischen Staatskirchentums hatten passieren können, vollzog sich in den drei Kulturkreisen in fundamental unterschiedlichen kommunikativen Systemen. In Byzanz geschah die Transformation der Antike vor allem im Bereich der staatlichen Organisationen, mit dem zentralen Ausstrahlungspunkt der byzantischen Hofgesellschaft. In der germanischen und später der westslawischen Welt vollzog sich die Rezeption der antiken Kultur und Bildung vorwiegend innerhalb der christlichen Kirche und ihrer Klöster. Der islamisch-arabische Bereich hatte vor allem die späthellenische Philosophie und die kulturell-technologischen Traditionen der Antike rezipiert (Medizin, Mathematik, exakte Naturwissenschaften), aber erst nach dem radikalen Bruch mit der christlichen Religion und Kirchenorganisation im 8. und 9. Jahrhundert, in ständiger Konkurrenz und Abgrenzung zu den griechisch-christlichen Denktraditionen und außerhalb eines der christlichen Kirche vergleichbaren hierarchischen Systems. Die eigenständige Weiterentwicklung der griechischen Wissenschaften und Philosophie im islamisch-arabischen Kulturkreis hatte durch vielfältige Austauschbeziehungen langfristig nicht nur für die intellektuellen Denkformen des europäischen Hoch- und Spätmittelalters (Aristotelesrezeption, Scholastik) erhebliche Bedeutung, sondern auch für die ritterlich-höfische Laienkultur. Dieser Austausch erfolgte jedoch weniger im Zuge der Konfrontation der beiden Welten in der tristen Kreuzzugsepoche des 11.–13. Jahrhun-

derts, als vor allem durch die jahrhundertelange Nachbarschaft in den kulturellen Kontaktzonen Unteritaliens, Siziliens und Spaniens.
Seit der Gründungsphase des Frankenreiches am Beginn des »archaischen« (K. Bosl) frühen Mittelalters ist also ein spezifisches Verhältnis von Reduktion der antiken, über die provinzialrömischen Gesellschaften vermittelten Kulturformen und eigenständigen kulturellen, wirtschaftlichen und technologischen Innovationen für die Formierung der Einheit der mittelalterlichen Welt bestimmend.
Im Verlauf des Mittelalters werden in staatlich-politischer, in gesellschaftlicher, kultureller und wirtschaftlicher Hinsicht die Grundlagen der modernen europäischen Zivilisation gelegt und damit auch die Voraussetzungen für die expansive ›Überlegenheit‹ Europas gegenüber den anderen Weltkulturen in der Neuzeit geschaffen.

Wirtschaftliche Grundlagen: Grundherrschaft und Entstehung der Geldwirtschaft

Das beginnende 12. Jahrhundert teilt die Wirtschaftsgeschichte des Mittelalters. Es trennt das Zeitalter der relativ autarken, grundherrschaftlich organisierten Hauswirtschaften, die über eine intensive, vornehmlich geschenkweise Zirkulation von nach dem Prinzip genereller Reziprozität distribuierten Gütern, Reichtümern und Diensten miteinander in Verbindung stehen (›gift economie‹), von dem Beginn einer arbeitsteiligen Verkehrswirtschaft, in der Produkte, Güter und Dienstleistungen zunehmend in Warenform und über Märkte in geldwirtschaftlichen Verkehrsformen miteinander ausgetauscht werden.
Die das gesamte Mittelalter bestimmende neuartige wirtschaftliche Organisationsform ist die der Grundherrschaft. Sie vereinigte politische, rechtliche und wirtschaftliche Funktionen. Die Ausbildung der Grundherrschaft beruhte wohl auf dem Agrarsystem der Spätantike und seinen mit Immunitätsrechten ausgestatteten Kolonenwirtschaften. Dieses System wurde überformt durch die archaischen Institutionen der aus der germanischen Hausherrschaft über abhängige Hörige (Leibherrschaft) abgeleiteten Herrengewalt und der Schutzherrschaft über freie Gefolgsleute. Der mittelalterliche Grundherr besitzt nicht nur das Verfügungsrecht über Grund und Boden, er herrscht auch über die diesen bewirtschaftenden Menschen. Grundherrschaft ist ›Herrschaft über Land und Leute‹.
Die Grundherrschaft war die wichtigste Grundlage der Adels- und Königsherrschaft schlechthin. Soweit das Land nicht in Eigenwirtschaft vom Herrenhof (Fronhof, Salhof, ›curtis dominica‹) aus durch unfreies Hofgesinde und Unterstützung der zu ›gemessenen‹ Frondiensten verpflichteten Hufenbauern bestellt wurde, war es zur Erbleihe ausgegeben und

wurde dann von Leibeigenen, Hörigen und Freien in unterschiedlich intensiven Abhängigkeitsverhältnissen bewirtschaftet. Solche Personen mit eingeschränktem Rechtsstatus wurden mit dem spätmittelalterlichen Begriff als ›Hörige‹ bezeichnet. Diese nicht freien, sondern unter einem Grundherren lebenden Bauern sind mit ihren Familien nicht nur im Hinblick auf den von ihnen bewirtschafteten Boden vom Grundherren abhängig. Sie unterstehen dem Grundherrn und sind ihm zu Dienstleistungen und Abgaben verpflichtet. Der adelige bzw. geistliche Grundherr übt als Gegenleistung herrschaftliche Funktionen für die von ihm Abhängigen aus: Er hat für inneren Frieden zu sorgen und ist Richter, er garantiert mit seinen Kriegsleuten, Waffen und Befestigungsanlagen (Burgen) den Schutz vor den räuberischen Zugriffen anderer Grundherren und deren kriegerischem Gefolge.
Größere grundherrschaftliche Bezirke konnten so ein weitgespanntes Netz von Haupt- und Nebenhöfen mit abhängigen Bauerngütern umfassen. Die Grundherrschaftsverbände waren im Prinzip autark. Ihre Organisationsform begünstigte aber nicht nur die Herausbildung von arbeitsteiligen und spezialisierten Produktionsformen (Mühlen, Schmieden, Textilwerkstätten, Stellmachereien), sie konnte auch Überschüsse produzieren, die – wenn sie nicht den Luxus- und Prestigebedürfnissen der Grundherren geopfert wurden – in marktwirtschaftliche Austauschbeziehungen eingebracht werden konnten. Die großen Grundherrschaften waren nicht nur die organisatorische Voraussetzung für den früh- und hochmittelalterlichen Landesausbau, da sie allein in der Lage waren, über Jahre hinaus Arbeitskräfte für die notwendigen Rodungsarbeiten freizustellen und zu versorgen. Auch die Melioration der Anbauflächen (›Vergetreidung‹) und die Verbreitung der technischen Innovationen der Landwirtschaft beruhte auf ihren Organisationsformen. So ermöglichte die Entwicklung der Grundherrschaften nicht nur die demographische Expansion der abendländischen Christenheit, sondern auch die geographische.
Die seit dem 12. Jahrhundert innerhalb der naturalwirtschaftlich organisierten Gesellschaft sich durchsetzende Geldwirtschaft basierte nicht nur auf der seit dem Frühmittelalter einsetzenden agrarwirtschaftlichen Produktivitätssteigerung. Die Vergrößerung der Anbauflächen und die Modernisierung der Bearbeitungsmethoden erbrachte Überschüsse, die vorwiegend in Form der bäuerlichen Feudalabgaben auf die städtischen Märkte kamen. Die Geldwirtschaft setzte auch die durch die Christianisierung ermöglichte Abkehr von der in großem Umfang betriebenen unproduktiven Verschwendung der Edelmetallreichtümer für den Totenkult voraus und die Konzentration von Reichtümern und Grundbesitz in den kirchlichen Zentren (G. Duby).

Dabei waren Natural- und Geldwirtschaft seit dem Frühmittelalter keine sich ausschließenden ökonomischen Formen. Auch das Frühmittelalter war nicht nur in der Vorstellungswelt naturalwirtschaftlich geschlossener Hauswirtschaften befangen. Nicht nur der Fernhandel mit Luxusgütern – vor allem über das Mittelmeer – wurde über einen ›Markt‹ und ›Geld als Tauschäquivalent‹ abgewickelt und blieb bis ins 9. und 10. Jahrhundert durchaus funktionstüchtig. In Friedenszeiten und Zeiten guter Ernte konnte auch in den agrarischen Mangelgesellschaften des Frühmittelalters ein ›Surplus‹ erwirtschaftet werden, der – wenn er nicht unmittelbar zusätzlich konsumiert oder in Formen der Vorratshaltung eingeflossen ist – über einen rudimentären Handel in Marktbeziehungen eingebracht und in Formen von Luxuskapital transformiert werden konnte.
Den entscheidenden Durchbruch erzielte die Geldwirtschaft jedoch in der sozioökonomischen Konstellation des ausgehenden 12. Jahrhunderts. Dort schaffen die demographische Expansion, die Intensivierung der Agrarwirtschaft und damit die Möglichkeit, höhere Überschüsse zu erzielen, und der Wiederaufschwung des Handels ein Klima neuer räumlicher und sozialer Mobilität, in der die neu entstehenden bürgerlichen Zwischenschichten die ökonomischen Lebensformen sukzessive umzugestalten beginnen. Das aufblühende Städtewesen und die allmähliche Durchsetzung der Geldwirtschaft sind eng miteinander verbunden. Die Städte dienen den Bauern der Umgebung als Nahmärkte, auf denen sie ihre Produkte absetzen können. Die Städte sind auch Zentren der gewerblichen Produktion, die über die Grundversorgung der Bevölkerung hinaus bald auch Güter des gehobenen Bedarfs für den Export herstellen und Handel und Geldwirtschaft beleben. Nicht zuletzt der Finanzbedarf der sich formierenden neuen territorialstaatlichen Herrschaften fördert die Geldwirtschaft. Die Geldwirtschaft sickert in immer weitere Lebensbereiche ein, die Produktion von Waren für einen Markt wird sich als dominierende Form der Herstellung von Gütern durchsetzen.

Gesellschaftsentwicklung: Bauern – Adel – Bürgertum
Die Gesellschaftsentwicklung im mittelalterlichen Europa steht in engem Zusammenhang mit der wirtschaftlichen Entwicklung. Fast alle Stände oder Klassen unserer modernen Gesellschaft haben ihre Wurzeln in einer relativ kurzen Zeitspanne des Hochmittelalters zwischen 1050 und 1300: der Bauernstand, der Adel mit seinen rechtlichen, politischen und sozialen Privilegien, der freilich nur noch in einigen Ländern Reste seiner alten Sonderstellung bewahren konnte, und das Bürgertum in seinen spezifischen städtischen Lebens- und Wirtschaftsformen. Selbst die Arbeiterklasse und ihre ökonomische Voraussetzung, die Lohnarbeit, reichen bis in das Spätmittelalter zurück.

Bauernstand, Adel und Bürgertum haben sich – von geringfügigen Ausnahmen abgesehen – alle aus der unfreien Bevölkerung des Mittelalters entwickelt. Diese gesellschaftlichen Entwicklungsprozesse sind relativ dynamisch verlaufen und regional sehr unterschiedlich ausgeprägt. Eine Reihe genereller Entwicklungslinien sind jedoch beschreibbar.

Bäuerliche Bevölkerung. Die Masse der mittelalterlichen Bevölkerung lebt in agrarischen Lebens- und Produktionszusammenhängen und ist damit beschäftigt, dem alles beherrschenden, unzugänglichen Wald und dem widerspenstigen Boden fast mit bloßer Hand Nahrung abzugewinnen, stets gefährdet von der unberechenbaren Witterung, Hungersnöten und endemischen Krankheiten. Trotz der dünnen Besiedlung und der erdrückenden Mangelwirtschaft entwickelt diese agrarische Bevölkerung jedoch eine erhebliche gesellschaftliche Dynamik.

Der entscheidende gesellschaftsgeschichtliche Prozeß ist in der Entwicklung des Bauernstandes und seiner spezifischen Siedlungsform, des Dorfes, zu sehen.

Die Entstehung des Bauernstandes hängt mit den Veränderungen der landwirtschaftlichen Produktion und der Herrschaftsorganisation während des Mittelalters zusammen. Schon während des frühen Mittelalters hatte sich die ehedem auf Viehzucht und einer äußerst extensiven Bodenbebauung (Brandrodung und kurzfristiger Wechsel der Anbauflächen) gründende landwirtschaftliche Produktion gewandelt. Die Umstellung auf die Erzeugung von Getreide und die intensivere Bodennutzung (schollenbrechende Pflüge anstelle des den Boden nur ritzenden Hakenpfluges) erforderten einen erhöhten Zeitaufwand, so daß der ursprünglich ›freie‹ Ackerbauer nur in beschränkterem Umfang für Kriegs- und Beutezüge zur Verfügung stehen konnte. Diese gehörten aber zu den Rechten und Pflichten des ›Freien‹.

Aber nicht nur das Anwachsen des Anteils des Ackerbaus an der landwirtschaftlichen Produktion und die zeitraubende Intensivierung der Bodenbearbeitung bedingten einen gesellschaftlichen Wandlungsprozeß. Hinzu kamen seit der Karolingerzeit auch die wachsenden Ansprüche der Kriegsherren an die zu leistenden Dienste. Nicht nur, daß die Kriegszüge länger dauerten und sich über sehr viel weitere Räume erstreckten, kriegerische Unternehmungen, die über kurzfristige Beutezüge in die unmittelbare Nachbarschaft hinausgingen, erforderten auch eine gesteigerte kämpferische Qualifizierung und eine verbesserte militärische Ausrüstung. Zudem bildeten seit dem 8. Jahrhundert die Krieger zu Pferde (Nutzung des Steigbügels) den militärisch entscheidenden Teil des Heeresaufgebotes. Da sowohl Waffen als auch Kriegspferd von den Aufgebotenen zu stellen waren, hinderten diese Entwicklungen einen zunehmenden Teil der bäuerlichen Bevölkerung daran, ihren Kriegsdienstpflichten nachzukommen. Im Laufe des Frühmittelalters trennten sich also die ursprünglich bei der Masse der ›Freien‹ verbundenen Funktionen von agrarischer Produktion und periodischer räuberisch-kriegerischer Aneignung von fremden Reichtümern.

Die ›Freien‹ konnten sich diesem wachsenden Druck zum Teil wohl nur dadurch entziehen, daß sie unter Aufgabe ihres Rechtsstatus sich einem mächtigen Herren unterstellten, der ihnen nicht nur Schutz und Unterhalt zusicherte, sondern ihnen auch ihren Besitz zur Bewirtschaftung mit der Auflage von Diensten und Abgaben überließ. Zur realen sozialen Deklassierung führte dieser Prozeß der ›Vergrundholdung‹, seit im 9. Jahrhundert das System der auf kriegerische Beute von außen gerichteten Reichtumsgewinnung für die Luxus- und Prestigebedürfnisse der Oberschichten zusammengebrochen war und durch eine Expansion der Ausbeutung nach innen kompensiert wurde. Die Grundherren intensivierten den Ausbeutungsdruck gegenüber den auf ihrem Boden Arbeitenden. Dies führte zu einer fortschreitenden Verwischung des Unterschiedes zwischen den kleinen bäuerlichen Grundbesitzern und den abhängigen Hintersassen, zwischen Freiheit und Sklaverei. Den gleichen, sehr viel härteren Ausbeutungsformen ausgesetzt, werden für die gemeinen Bauern die traditionellen, auf gestuften Freiheiten aufruhenden Trennungslinien zwischen unfreien Sklaven und freien Bauern hinfällig. Seit dem 11. Jahrhundert stellen die in das Gefüge der Grundherrschaft eingegliederten Bauern die Masse der ländlichen Bevölkerung dar. Sie betreiben Landwirtschaft als Ackerbau auf im Dreifeldersystem dauernd bewirtschafteten Flächen, von festen Gehöften aus, die zu ständigen Siedlungen, Dörfern, zusammengefaßt sind.

Der soziale Zusammenhalt der Bauern im entstehenden Dorfverband wurde durch die Tatsache gefördert, daß sich parallel zum Wandel der Herrschafts- und Wirtschaftsverhältnisse eine allmähliche Angleichung der ständischen Unterschiede der verschiedenen bäuerlichen Sozialgruppen vollzogen hatte. Mit der Lockerung der engen Bindung der unfreien Bauern an ihre Grundherren in wirtschaftlicher und sozialer Hinsicht trat an die Stelle der Zugehörigkeit zu verschiedenen Hofverbänden die genossenschaftliche Gemeinsamkeit aller im Dorf Wohnenden. Die ständischen Unterschiede zwischen freien, halbfreien und unfreien Bauern verwischten sich. Dieser Prozeß der ständischen Nivellierung war wohl am ausgeprägtesten auf der Grundlage der einheitlichen bäuerlichen Rechtsverhältnisse in den Kolonistendörfern der Rodungsgebiete.

Der rasch voranschreitende Landesausbau des 12. und 13. Jahrhunderts und die Erschließung neuer Siedlungsgebiete begünstigten jedoch zusammen mit der durch die Geldwirtschaft initiierten Verdinglichung der Beziehungen zwischen Bauern und Grundherrn (Umwandlung von Naturalabgaben und Diensten in feste Geldrenten) einen offenbar generellen Prozeß der Erleichterung bäuerlicher Lasten und wachsender bäuerlicher Selbständigkeit. Diese findet ihren Niederschlag in regional sehr unterschiedlichen politischen, rechtlichen und ökonomischen Gruppenrechten (dörfliche Niedergerichtsbarkeit, Allmende) auf der Basis genossenschaftlicher Arbeitsformen. Dieser Prozeß differenzierte jedoch gleichzeitig das soziale Gefüge des Dorfes: Zusammen mit der Vergabe von Grundbesitz und bäuerlichen Rechten an städtische Käufer entstehen neue, minderberechtigte unterbäuerliche Schichten, die zu genossenschaftlichen Arbeitsformen und Selbstverwaltungsrechten nicht mehr fähig sind.

Das Ende des hochmittelalterlichen Aufschwungs der Agrarwirtschaft mit dem Stillstand der Rodungen, einem starken Bevölkerungseinbruch und einer langandauernden Agrarkrise führte zu einer erneuten Intensivierung der bäuerlichen Abhängigkeiten und zu neuen Ausbeutungsformen. Von regionalen Sonderentwicklungen (Gutsherrschaft) abgesehen, verstärkte sich der Trend zur Reduzierung der grundherrlichen Eigenwirtschaft und der Ausrichtung auf ein Zins- und Rentensystem mit fixierten bäuerlichen Abgaben und Leistungen.

Adelige Führungsschichten. Das 11. und 12. Jahrhundert bildet auch in der Entwicklung der kriegerischen weltlichen und geistlichen Oberschichten, der Herren des Mittelalters, einen Einschnitt. Vor allem im 11. Jahrhundert formierten sich die lockeren Familienverbände, aus denen sich die frühmittelalterlichen Führungsschichten rekrutierten, zu (geburts)adeligen, dynastischen Verbänden, in denen die Dominanz der Vater-Sohn-Abfolge zum entscheidenden Kriterium eines neuen Verwandtschafts- und Familienverständnisses wurde. Motor für diese Entwicklung war einmal die Konzentration von autonomen Herrschaftsrechten und solchen, die ursprünglich vom König delegiert waren, über den eigenen und als erbliche Lehen ausgebeuteten großen Grundbesitz, zum anderen die Selbstetablierung dieser Familien in einer charismatisch-gesteigerten, auf blutmäßigen Qualitäten beruhenden rangmäßigen Sonderstellung. Es entwickelte sich ein relativ geschlossener Geburtsstand, der aber in vielen rangbildenden Abstufungen realisiert ist, wie sie im frühen 13. Jahrhundert vor allem in der Lehnshierarchie der ›Heerschildordnung‹ sichtbar wird. Als Spitzengruppe beginnt sich im Laufe des 12. Jahrhunderts in Deutschland der ›ältere Reichsfürstenstand‹ abzuschichten. Die politischen und wirtschaftlichen Wandlungsprozesse des 12. Jahrhunderts, deren Indizien der Investiturstreit und die welfisch-staufische Auseinandersetzung, Machtschwund und zeitweiliger Zusammenbruch der Königsherrschaft waren, setzten einen erneuten Entwicklungsschub in Gang, in dem mehr und mehr die kleineren konkurrierenden Adelsgewalten verdrängt wurden und der Territorialstaatsbildung mit dem aus ihr hervorgehenden Landesfürstentum Vorschub geleistet wurde.

Unterhalb der Gruppe der adeligen Dynastien rekrutierte sich der Territorialadel aus Familien, die erst im hohen und späten Mittelalter aus der Unfreiheit bzw. aus dem städtischen Bürgertum aufgestiegen sind. Ursache dieses sozialen Aufstiegs der Ministerialen, die zunächst unfreie Diener in gehobenen Positionen waren, war ihre Unentbehrlichkeit in der Ausübung besonders qualifizierter Funktionen, sei es als berittene Berufskrieger im Dienst kirchlicher oder weltlicher Grundherrschaften, sei es als Administrationsfachleute vor allem in den Städten. Das Mißverhältnis zwischen rechtlichem Status und militärischer und administrativer Funktion konnte innerhalb eines Systems, das für benötigte und erbrachte Leistungen vor allem mit der Übertragung von Herrschaftsrechten oder finanziell nutzbaren Ämtern lohnen konnte, nur in Richtung auf eine Emanzipation und Angleichung an die soziale Position des Adels gelöst werden.

Die Entstehung der neuen kulturellen und sozialen Normen des Rittertums aus dieser Ministerialenschicht heraus läßt im Hochmittelalter eine ausgeprägte und einzigartige Laienkultur entstehen, die um 1200 ihre höchste Blüte erlebte und Hochadel, Fürsten und Könige gleichermaßen mitumfaßte.

Im Zentrum dieser Laienkultur steht das ›Ideal der ritterlichen Lebensführung‹. Ihre Voraussetzung bestand einmal in der gesellschaftlichen Einbindung der auf Raub, Plünderung und militärische Gewaltaktion ausgerichteten Lebensform des seit dem 8. Jahrhundert als Panzerreiter kämpfenden Berufskriegers (miles) durch die horizontal-genossenschaftlichen wie vertikal-herrschaftlichen Elemente des Lehnswesens. Zum anderen führte dieses Ideal unmittelbar auf die Anstrengungen der Kirche zurück, dieses Berufskriegertum durch christlich motivierte Lebens- (Schutz der Armen und Schwachen) und Aktionsziele (Kampf gegen die Heiden, Kreuzzüge) gewissermaßen zu domestizieren und ihr Aggressionspotential nach außen zu richten.

Städtische Lebensformen. Die (Neu)Entwicklung städtischer Lebensformen und die Abwanderung der Landbevölkerung in die Städte dürfte zwischen dem 10. und 13. Jahrhundert einer der einschneidendsten Vorgänge im christlichen Abendland gewesen sein. Die Geburt der mittelalterlichen Städte steht im Gegensatz zu den längst zu kleinen Siedlungen geschrumpften Städten der Antike, die ehedem Mittelpunkte von militärischer und staatlicher Macht und der politisch-fiskalischen Administration gewesen waren, vornehmlich im Zusammenhang mit ihren wirtschaftlichen Funktionen. Die Stadt entsteht zunächst als Zentrum des Güteraustausches, sowohl im Rahmen von Nahmärkten für die ländliche

Umgebung als auch als Umschlagplatz von Fernhandelsgütern. Später wird sie auch selbst Ort der Gütererzeugung: vornehmlich für den örtlichen Bedarf, in wenigen Beispielen auch für den Export (Textilherstellung in Flandern und Norditalien). Ansiedlungen von Fernkaufleuten kannte bereits die Karolingerzeit in den präurbanen Dauersiedlungen, die sich im Schutz der Umwallungen von Dom- und Klosterburgen auch außerhalb jener von der Loire und den Alpen nördlich begrenzten Zone einer (funktionsreduzierten) Weiterexistenz der alten Städte gebildet hatten. Die Mehrzahl dieser unabhängig von antiken Siedlungskernen entstandenen Handelsniederlassungen verödete jedoch sehr rasch. Die Entwicklung des Städtewesens im Mittelalter begann vorwiegend in den mit Marktrechten begabten kirchlichen Zentren. Zu besonderer Blüte entfalteten sie sich in Gebieten mit griechisch-römischer, byzantinischer oder muslemischer Tradition (Italien, Provence, Languedoc und Spanien) und vor allem in den Gegenden, in die die großen Handelsstraßen mündeten: Norditalien als Endpunkt der Verkehrswege über die Alpen und des Seehandels im Mittelmeer, Norddeutschland und Flandern, den Umschlagplätzen des Osthandels, und Nordfrankreich mit den Messen der Champagne. Zweifellos sind auch die entstehenden Stadtgemeinschaften Ausformungen der Feudalgesellschaft. Sie bedürfen des Schutzes und der aktiven Unterstützung des Stadtherren. In ihrem Gesamtaufbau als Herrschaftsform spielen jedoch die Emanzipationsbestrebungen der die Bürger als Kaufleute oder sonstige Gewerbetreibenden einenden genossenschaftlichen Schwurverbände (›coniurationes‹, ›communitates‹) vor allem unter dem Einfluß der seit der 2. Hälfte des 10. Jahrhunderts aufkommenden Gottesfriedensbewegung und der durch den Investiturstreit ausgelösten Konflikte eine zunehmend erfolgreichere Rolle. Sie sicherten zunächst den städtischen Oberschichten, dann, um die Geschlossenheit der städtischen Gerichtsbarkeit zu wahren, allen Stadtbewohnern persönliche und wirtschaftliche Freiheitsrechte.

Mit den seit dem Ende des 12. Jahrhunderts über West- und Mitteleuropa durchgesetzten Ratsverfassungen verschaffte sich die vorwiegend aus reichgewordenen Kaufleuten und königlichen oder stadtherrlichen Ministerialen zusammengesetzte städtische Oberschicht nach und nach alle Rechte der Stadtverwaltung, Gesetzgebung und Wehr- und Steuerhoheit, Marktaufsicht, Münze und Gewerbeüberwachung.

Gleichzeitig entwickelte sich in der administrativen Organisation der Ratsverwaltung das Muster für die später in den Territorialstaaten übernommenen zentral gelenkten Verwaltungsorganisationen. Auch von der Entwicklung der rechtlichen Gleichheit der Menschen als Bürger einer Stadt und von der Ausbildung des Monopols der Gewaltausübung in der Hand der politischen Führung bei gleichzeitiger Kriminalisierung der

Selbsthilfe führen wichtige Entwicklungslinien von der politisch-rechtlichen Organisation der mittelalterlichen Stadtgesellschaft zum frühmodernen Staat. Einen entscheidenden Anteil hatten die Städte auch an der Modernisierung und Weiterbildung des Rechts im Bereich der Normen des gerichtlichen Verfahrens (Zurückdrängung des Gottesurteils, Meineid, Inquisitionsverfahren und Folter).

Die im Fernhandel mit seinen riesigen Gewinnspannen gipfelnden Expansionstendenzen der neuen städtischen Gemeinschaften förderten die geographische Ausweitung der abendländischen Christenheit. Die norditalienischen Seestädte erschließen vollends den Mittelmeerraum, im Norden betreibt die Hanse, als Handelsgenossenschaft zu erheblicher politischer Macht gelangt, über ihre Auslandskontore eine Art von Handelskolonialismus gegenüber den Nord- und Ostseestaaten.

Die Städte mit ihren aufgehäuften Handelsgewinnen beeinflussen auch als Verbraucher- und Güteraustauschzentren in zunehmendem Maße die Ausweitung der Geldwirtschaft. Wenn auch die Gewinne oft in Bodenrenten angelegt wurden, so war doch durch den Preisanstieg infolge des nie nachlassenden Geldzustromes eine Existenz auf reiner Rentenbasis auf die Dauer gefährdet. Das Übergreifen der Geldwirtschaft auf die feudalen Grundzinsen stellt so einen der entscheidenden Momente in der Umgestaltung des feudalen Mittelalters dar.

Zwar dominierte bis ins Spätmittelalter für die städtischen Oberschichten der Habitus adeliger Lebensführung als nachahmenswertes Vorbild (Familientradition, Wappenführung, Kapitalanlage in Landbesitz), aber die Erfordernisse kaufmännischen Betriebswesens und der Ausbau der städtischen und territorialstaatlichen Administration machten für die Sozialisation des städtischen Patriziats nicht nur neue Ausbildungsformen und Inhalte notwendig (städtische Domschulen, Universitäten, Literalisierung, Verdrängung des Latein durch die Volkssprache), sondern ließen auch insgesamt die Stadtkulturen seit dem 12. und 13. Jahrhundert zu den Brennpunkten der neuen geistigen Bewegungen werden (Scholastik, Bettelorden). Die städtische Kathedrale des 13. Jahrhunderts kann als Ausdruck dieser »kulturellen translatio« (LeGoff) angesehen werden, durch die die Städte den Klöstern das Monopol der Bildung und damit der durch Kunst und Kultur vermittelten Weltinterpretation streitig gemacht haben.

Die wirtschaftliche und politische Macht der Stadtgesellschaften reichte jedoch nicht aus, sich gegenüber den gefestigten territorialen und königlichen Staatsgewalten zu behaupten. Allein in Nord- und Mittelitalien gelingt der Ausbau von Landesstaaten von städtischen Zentren aus, durch die Erweiterung der Herrschaft über das ökonomisch abhängige ländliche Umfeld (›contado‹, Venedigs ›terra ferma‹). In Frankreich kann

das Königtum im 12. und 13. Jahrhundert die Städte in den Aufbau des französischen Königsstaates integrieren und die städtische Wirtschaftskraft und administrative Kompetenz in den Auseinandersetzungen mit den Feudalgewalten funktionalisieren.
In Deutschland gelang es trotz der vorübergehenden Erfolge der Städtebünde nur einer begrenzten Zahl von Städten, ihre Freiheiten als ›Reichsstädte‹ zu behaupten, während die Masse in die entstehenden räumlichen und herrschaftlichen Ordnungen der Territorialstaaten eingegliedert wurde.

Königsherrschaft und Reichsbildungen
Die mittelalterliche Königsherrschaft ist zunächst geprägt von dem Anspruch auf göttliche Sanktionierung der Herrschaftsausübung, der auch die Herrschaftsbegründung aus der Tradition oder dem Recht untergeordnet war. Dabei wurde in allen mittelalterlichen Gesellschaften die personelle und institutionelle Verbindung zwischen den Herrschaftsausübenden und den Sachwaltern der Religion zum entscheidenden Faktor.
Das Königtum im mittelalterlichen Abendland erscheint in zwei unterschiedlichen, von christlichen Einflüssen geprägten Ausformungen:
Im byzantinischen Reich, dessen Konzeption für die spätere russische Autokratie maßgeblich werden sollte, hatten hellenistische und orientalische Einflüsse eine Version entstehen lassen, die im Herrscher den Stellvertreter Gottes auf Erden erblickte, den von Gott als Herrn des Universums ernannten Kaiser, der gleichermaßen für die ›irdischen‹ wie die ›himmlischen‹ Belange seiner Untertanen verantwortlich war.
Im westlichen Teil des römischen Reiches ging das Königtum aus einer Verbindung von germanischen Stammestraditionen (charismatisches Geblütsrecht, Wahl des Heerkönigs) und dem sich ausweitenden herrschaftlichen Einfluß der katholischen Kirche hervor. Die Sakralisierung und christlich-kirchliche Legitimierung königlicher Herrschaft, wie sie im ›gesalbten König‹ des Mittelalters entgegentritt, war eine der entscheidenden politisch-konzeptionellen Leistungen des Frühmittelalters. Sie stabilisierte die Königsherrschaft, überhöhte sie über ihren faktischen Wirkungsradius hinaus und immunisierte sie in gewissen Grenzen gegen Usurpationsversuche. Auf der anderen Seite erzeugte sie aber ein stets wirksames und immer wieder neu sich formierendes ideologisches und politisch-reales Spannungsverhältnis zwischen ›weltlicher‹ Machtausübung und den Kontroll- und Lenkungsansprüchen der als monopolistischer Interpretator des göttlichen Willens auftretenden römisch-katholischen Kirche.
Die Bindung des Königtums an die Kirche instrumentalisierte jedoch nicht nur deren ideologisch-legitimatorisches Potential. In der Phase des

Zusammenbruchs der spätantiken Verwaltung hatte die Kirche eine universale soziale und politische Organisation erhalten, die in der Form der bischöflichen Stadtherrschaften des 5.–8. Jahrhunderts auch herrschaftliche Aufgaben übernommen hatte. Die Eingliederung der Kirche als sozialer und hierarchisch gegliederter politischer Organismus in den Aufbau des frühmittelalterlichen Königsstaates öffnete diesem die Kanäle des einzigen überregional funktionsfähigen Kommunikations- und Administrationssystems, das den Zusammenbruch der antiken Staatlichkeit überdauert hatte.

Diese Zugriffsmöglichkeit auf das administrative, aber auch ökonomische und militärische Potential der Kirche in den unterschiedlichen Formationen der ›Reichskirchensysteme‹ seit der Karolingerzeit sicherte dem König den entscheidenden Vorsprung vor den adligen Herrschaftskonkurrenten. Denn die Ausübung der königlichen Herrschaft im Mittelalter hing ab von einer Art Machtbalance zwischen den Angehörigen der jeweiligen königlichen Dynastie und den wichtigsten Gefolgsleuten des königlichen Haushaltes, die an der Herrschaft durch verschiedene Formen der ›Delegation‹, unter denen das ›Lehenswesen‹ das wichtigste war, beteiligt wurden. Kein mittelalterlicher Herrscher konnte ›allein‹ regieren. Er war stets darauf angewiesen, seine Konkurrenten an den Zielen seiner Herrschaft zu interessieren und sie durch ein gestuftes System von ›Belohnungen‹ und Zugeständnissen an sich zu binden.

Kennzeichnend für die politische Entwicklung der staatlichen Ordnung der Epoche des Früh- und Hochmittelalters sind die Reichsbildungen, von denen das römische Kaiserreich für Westeuropa die größte Bedeutung besaß.

Am Aufgang des Mittelalters steht der Prozeß der Reichsbildung der fränkischen Germanen, die unter der Herrscherfamilie der Karolinger beinahe ganz Westeuropa umfaßte. Die Franken waren wie andere Germanenstämme seit dem Ende des 4. Jahrhunderts in den westrheinischen und nordgallischen Raum eingesickert und hatten z. T. als Föderaten mit ihren Anführern militärische Sicherungsaufgaben übernommen. Grundlage für den Erfolg der fränkischen Reichsbildung war die Tatsache, daß es dem tüchtigsten ihrer Kleinkönige aus dem Geschlecht der Merowinger nach dem Untergang der weströmischen Reichsorganisation nicht nur gelungen war, sich militärisch und politisch gegen die konkurrierenden Germanenreiche der Burgunder, Alemannen, Thüringer und Westgoten durchzusetzen, sondern auch Teile der galloromischen Oberschicht zu integrieren. Das sicherte dem Frankenreich eine gewisse, wenn auch bis ins 8. Jahrhundert immer mehr abnehmende Kontinuität der provinzialrömischen politischen und administrativen Strukturen und stellte gleichzeitig die entscheidenden Verbindungen zur römischen Kirche her. Bis zum

9. Jahrhundert entstand so durch unaufhörliche territoriale Expansion das Vielvölkerreich der Franken, das in wechselnden Teilreichen (regna) organisiert war und von Königen aus der als geheiligt geltenden Dynastie regiert wurde. Die Chance der Zentralgewalt, ihren Willen in den politischen Untereinheiten und regionalen Sonderstrukturen (Dukate, civitates und pagi) durchzusetzen, war abhängig davon, wieweit die dort quasi aus eigener Machtvollkommenheit herrschende, grundbesitzende und relativ unabhängige adelige Führungsschicht zur Mitarbeit am ›Königsstaat‹ gewonnen werden konnte.

Die karolingische Herrscherfamilie, die mit ideologischer Unterstützung des Papstes die fränkische Königswürde erringen konnte, war in der ersten Hälfte des 7. Jahrhunderts in die Führungsposition der Adelsgruppen des austrasischen Teilreichs aufgestiegen. Ihr Erfolgsgeheimnis war die Kooperation mit dem Teilreichsadel und die Integration der Kirchenhierarchie in den Verwaltungsaufbau des Reiches. Damit konnte sie sich eine politische Unterstützung über den Kreis ihrer eigenen Klientel verschaffen. Die Versuche der Karolinger, einen an das Herrscherhaus gebundenen ›neuen Reichsadel‹ zu schaffen und mit Hilfe des an den eigenen Privatarmeen erprobten Mittels der Vasallität und der Leihe von Land und lukrativen Ämtern (Lehnswesen) in eine festere Zuordnung zu ihren Herrschaftsinteressen zu bringen, waren letztlich von den materiellen und ideellen Ressourcen abhängig, die den Herrschern zur Verfügung standen. Der ungeheure Expansionsdrang der Karolinger, die gegen Langobarden, Griechen, Sachsen, Dänen, Slawen, Hunnen und gegen die Sarazenen in Spanien und Italien zu Felde zogen, hat hier seine wichtigste Wurzel. Auf der anderen Seite gelang es den Karolingern, den hohen Klerus zu einem Instrument im Dienst der politischen, administrativen und militärischen Interessen der regierenden Dynastie zu machen und mit dem unmittelbaren Zugriff auf die materiellen Ressourcen und das organisatorische Potential der Kirche ein Staatskirchentum aufzubauen (Reichskirchensystem).

So entsteht schon im karolingischen Reich ein für alle Reiche des Mittelalters charakteristisches zweifaches Spannungsfeld: einmal das Spannungsfeld zwischen den Machtansprüchen des Königtums und denen der konkurrierenden mächtigen Adelsfamilien und ihrer Klientel, zum anderen das zwischen der weltlichen Herrschaft und dem Lenkungs- bzw. Autonomieanspruch der Kirche. Als die Einheit des karolingischen Reiches im 9. Jahrhundert zerbrach, fanden die sich bis zum 11. Jahrhundert entwickelnden Reiche je eigene Lösungen innerhalb dieser Spannungsfelder.

Im westfränkischen Teilreich, dem späteren Frankreich, kam es zunächst bis zum 13. Jahrhundert zu einer ununterbrochenen Stärkung der regionalen Gewalten. Die Verteidigung des Landes, die ursprüngliche Funktion des Königtums, ging rapide und unwiderruflich zunächst in die Hände regionaler Fürsten über, dann in die der Grafen und der Burghauptleute. Diese eigneten sich die königlichen Vorrechte und Herrschaftsfunktionen, die ursprünglich an sie delegiert worden waren, an und vereinnahmten sie für das Patrimonium von regionalen und lokalen Dynastien. Das bedeutendste dieser regionalen Fürstentümer war das Herzogtum der Normandie. Von seiner dynastischen Basis aus wurde 1066 England erobert, Süditalien beherrscht; Angehörige französischer Herrscherfamilien regierten in Ungarn und im Orient. Nur ihre Versuche, in die spanischen Reiche einzudringen (13. Jahrhundert), blieben ohne Erfolg.

Dieser als Prozeß der ›Feudalisierung‹ bezeichnete Verfall der monarchischen Autorität und die Aufsplitterung der ›staatlichen‹ Funktionen und Rechte und der politischen Organisation in immer kleinere territoriale Einheiten zeigten sich auch in der englischen Monarchie und drangen bis nach Italien vor, konnten sich aber hier angesichts der gefestigten Position der Städte nicht ohne weiteres durchsetzen.

Wo der Herrscher seine Autorität außerhalb des direkt von ihm kontrollierten Machtbereiches (Reisekönigtum) nicht selbst durchsetzen konnte, war er auf ein System von persönlichen Beziehungen zwischen sich und den anderen mächtigen Herren angewiesen. Die rechtliche Normierung und hierarchische Zentralisierung dieser Beziehungen auf das Amt des Königs hin im virtuellen Modell der ›Lehnspyramide‹ setzte zuerst das Königtum in Frankreich durch, dann auch die Herrscherfamilien in Spanien und England.

Im Laufe des 11.–13. Jahrhunderts gelang es den französischen Königen aus dem Geschlecht der Kapetinger, sich selbst an die Spitze der Lehnspyramide zu setzen und mit dem Festhalten an rechtlichen Sonderansprüchen (Treuevorbehalt und ligische Königstreue) eine straffe Lehnsoberhoheit (Suzeränität) aufzubauen. Durch zähes und geduldiges Ringen um die feste Bindung jedes einzelnen Vasallen an die Krone, durch geschicktes Eingreifen in die Streitigkeiten zwischen Territorialfürsten und deren Vasallen konnte das französische Königtum die Mediatisierung der Untervasallen durchbrechen und die Großvasallen in seine Herrschaft integrieren bzw. deren Emanzipation verhindern. Die Auseinandersetzung mit dem angevinischen Reich, die mit der kriegerischen Eroberung des englischen Lehensbesitzes endet, und die Unterwerfung der fast völlig selbständigen südfranzösischen Gebiete im 13. Jahrhundert (Ludwig IX. der Heilige) sind die spektakulären Aktionen der Erweiterung des Einflußbereichs der französischen Krone. Die Basis für diese Erfolge waren vor allem die Vergrößerung des Krongutes und die Intensivierung seiner

wirtschaftlichen Nutzung durch Rodung und Landesausbau, die systematische Einziehung erledigter Lehen und die Verpflichtung der mächtigeren Territorialherren als Kronvasallen an das Königtum.
Seit dem 12. Jahrhundert war der Aufstieg der französischen Monarchie auf der Grundlage einer kontinuierlichen territorialen Expansion der ›Krondomäne‹ erfolgt. Die Notwendigkeiten, diese umfangreichen Ländereien für die Interessen der Krone wirtschaftlich zu nutzen, zu verwalten und zu regieren, erforderten die Schaffung neuartiger Verwaltungs-, Finanzierungs- und Herrschaftsprinzipien: die Einrichtung einer zentralisierten Verwaltung, in der vom König abhängige und besoldete Beamte tätig waren, eine auf den König hin ausgerichtete und einheitliche Gerichtsbarkeit, ein modernes Steuer- und Finanzsystem und letztlich auch die Institutionalisierung des Mitspracherechts der Beherrschten in Form der ›Generalstände‹.
Die wachsende Machtstellung des Königs und der durch Verwaltungsausbau, Beamtenbesoldung und Expansionskriege unstillbare Finanzbedarf der Krone, der sich unter Philipp dem Schönen (1285–1314) besonders verschärfte, zwang den Herrscher, sich der Kirche als Machtinstrument und Einkommensquelle stärker als bislang zu bedienen. Begünstigt wurde diese Politik durch die grundsätzliche Forderung (Legisten), daß sich die französische Kirche wie alle anderen Faktoren in die werdende Einheit des Staates einzufügen habe, ihm als Glied und Organ des Ganzen für das Allgemeinwohl zu dienen habe. Eine solche theoretische Integration der Landeskirche in den autonom gedachten Staat und ihre finanzielle Indienstnahme durch die Krone mußte auf den schärfsten Widerstand der Papstkirche mit ihrem Weltherrschaftsanspruch und ihren Steuer- und Finanzpraktiken gegenüber den Landeskirchen stoßen.
Der Konflikt zwischen dem französischen König als Vertretung eines weltlichen (National)Staates mit dem theokratischen und universalen Herrschaftsanspruch der Papstkirche (Bonifaz VIII.) endet damit, daß die Kirche Frankreichs als romfreie Landeskirche in den Staat integriert und zunehmend vom Willen des Königs abhängig wird. Die antipäpstliche nationale Bewegung stärkt die Stellung des Königs, der immer mehr mit dem autonomen und rein innerweltlich gedachten Staat identifiziert wird.
Das Beispiel der französischen Feudalmonarchie zeigt modellhaft eine der entscheidenden herrschaftsorganisatorischen Leistungen des europäischen Mittelalters: die Transformation der früh- und hochmittelalterlichen ›Personenverbandsstaaten‹, die kaum öffentliche Organe, weder ein stehendes Heer noch eine Polizei oder ein Beamtentum kannten, zu den ›institutionellen Flächenstaaten‹, die das neuzeitliche Europa formieren sollten.

Im ostfränkisch-deutschen Reich machte sich der Feudalisierungsprozeß erst mit erheblicher Verspätung bemerkbar. Dort waren die politischen Strukturen der Karolingerzeit bis an die Schwelle des 12. Jahrhunderts lebendig geblieben. Von besonderer Bedeutung für die Herrschaftsbildung im Deutschen Reich war der Übergang des Römischen Kaisertums auf den ostfränkisch-deutschen König (962, Otto I.). Die Kaiserkrone ermöglichte den deutschen Herrschern die daraus abgeleiteten Ansprüche auf eine universale Herrschaft und die imperiale Suprematie über die anderen Herrscher der Länder Europas. Aus ihr ließ sich auch der unmittelbare göttliche Amtsauftrag für die Verfügungsgewalt über den kirchlich-geistlichen Bereich ableiten (ottonisch-salisches Reichskirchensystem). Bis zum Investiturstreit blieb dann auch die Kirche die stärkste Stütze des Königtums in den Auseinandersetzungen mit dem regional verwurzelten Stammesadel. Der an den Herrschaftsansprüchen des Papstes (Dictatus Papae 1075) sich entzündende Investiturstreit relativierte letztlich beide universalen Herrschaftsansprüche gegenseitig.
Die vor allem in den normannisch beeinflußten Ländern (England und Süditalien) und in der kapetingischen Monarchie erfolgreiche Eingliederung des Adels in die Königsherrschaft mit dem rechtlichen Ausbau des Lehnswesens, die tendenzielle Monopolisierung der staatlichen Macht bei der Krone und die Umwandlung des feudalistischen Personenverbandsstaates in ein zentral gelenktes modernes Staatswesen sind im Deutschen Reich des Mittelalters nicht gelungen. Die Auseinandersetzungen des 12. Jahrhunderts zwischen den schwäbischen Adelsgeschlechtern der Welfen und Staufer und die Durchsetzung des Wahlprinzips bei der Königserhebung markieren die entscheidenden Zäsuren in der Geschichte des mittelalterlichen Deutschen Reiches. Die Modernisierung des Staatswesens, die in England, Frankreich und Spanien auf nationaler Ebene gelang, vollzog sich im Deutschen Reich auf der regionalen Ebene der Territorialstaaten (Statutum und Confoederatio Friedrichs II.). Es bildeten sich große, von der Zentralgewalt weitgehend unabhängige Territorien, die dann jenen frühneuzeitlichen ›Fleckerlteppich‹ des Heiligen Römischen Reiches Deutscher Nation ausmachten.

Kirche und Christentum

Die Bedeutung der Kirche erschöpft sich nicht in ihrer Unentbehrlichkeit für das Funktionieren rudimentärer Formen einer Zentralverwaltung im karolingischen Imperium oder in der Stabilisierungsfunktion, die sie als durchfeudalisierte Reichskirche in den ottonisch-salisch-staufischen Integrationssystemen wahrgenommen hatte. Sie erschöpft sich auch nicht in Tatsachen wie der, daß erst mit der kirchlichen Organisation in Bistümern die missionarische Durchdringung der dem christlichen Abendland eroberten westslawischen Stämme und damit ihr politisches Überleben in eigenen Staaten (Böhmen, Polen, Ungarn) gesichert worden war. Zur Realität der mittelalterlichen Kirche gehörte auch die unaufhebbare Spannung zwischen dem geistlichen, jenseitsgerichteten Denken und irdischem, diesseitsbezogenen Handeln ihrer aus adeligen, später auch ministerialischen Familien stammenden Führungsspitzen. Wenn auch die Einbindung der Kirche in die Organisationsformen weltlicher Regierung und in die ökonomischen Appropriationsmechanismen der Grundherrschaft (Eigenkirchenwesen) ganz elementare Sachverhalte sind, so verzichtete die Kirche jedoch nie auf den prinzipiellen Anspruch, eine Gegenwelt geistlicher Gemeinschaft zu bilden, herausgelöst aus der Welt ›unheiliger‹ Fürsten und Krieger, privilegiert mit besonderen klerikalen Standes- und Freiheitsrechten. Von dieser Position aus ließ sich unter dem Kampfruf der Kirchenreform die faktische Herrschaft von Laien über die Amtskirche stets in Frage stellen – vor allem in karolingischer Zeit und dann namentlich im 11. Jahrhundert, in der Zeit des schnell Anhänger findenden Kampfes um die ›libertas ecclesiae‹, der dann in den Investiturstreit einmündete.

Wenn auch die rohen Formen der direkten Laienherrschaft über die Kirche im hohen Mittelalter vor allem im Zusammenhang mit der Systematisierung des Kirchenrechtes beseitigt wurden, so blieb diese jedoch in der Formation der Adelskirche mit ihren reichen Dom- oder Stiftspfründen und ihren hochdotierten Versorgungsplätzen für die Angehörigen adeliger Familien in den Klöstern ein ständiger Anlaß für die radikale Kritik von seiten der bald als häretische Sekten, bald als innerkirchliche Oppositionsgruppen auftretenden Reformbewegungen. Vor allem erneuerte sich diese Kritik immer wieder aus den dynamischen, asketisch-spirituellen Traditionssträngen des weltabgewandten Mönchtums.

Daß solche Bewegungen seit dem frühen 13. Jahrhundert mit dem Auftreten der Waldenser und Katharer, der Bettelorden bis hin zu der vorreformatorischen Ketzerbewegung der Hussiten große Anhängerscharen aufbieten konnten, gibt eine Antwort auf die Frage, wie tief die Menschen des Mittelalters von der christlichen Religion erfaßt waren. Während im Frühmittelalter die Christianisierung vornehmlich eine Entscheidung der politischen Führung war, der germanischen und später slawichen Fürsten und Könige, die ihren Stammeskult nach der Taufe durch die zunächst rein äußerlichen Kultformen der christlichen Religion ersetzten, erfaßte das Christentum wohl erst parallel zu den hochmittelalterlichen Ausbauvorgängen und den Siedlungsverdichtungen in Dörfern und Städten die Menschen auf der Ebene alltäglichen Denkens und Handelns. Denn erst der Ausbau eines Netzes von ländlichen Pfarrkirchen und städtischen Kircheninstitutionen ermöglichte einen dichteren und permanenten

Kontakt zwischen Geistlichen und ihren ›Gläubigen‹. Dennoch blieb die Christianisierung, wenn man unter ihr eine Lebensformen, Denkgewohnheiten und Gefühl prägende individuelle Entscheidung für die »neue« Religion versteht, bis zum Vorabend der Reformation vorwiegend ein Phänomen der städtischen Verdichtungszonen. In ihnen lebte eine Bevölkerung, die vielfach erst seit wenigen Generationen den agrarischen Lebens- und Solidaritätszusammenhängen entfremdet war. Für sie bot die über den bloßen Akt der Taufe hinausgehende Übernahme der entlastenden, personalen Heilsversicherungen des Christentums eine neuartige Form des Umgangs mit den stets als reale Mächte empfundenen, lebensbedrohenden und lebensbestimmenden überirdischen und jenseitigen Kräften, die zu versöhnen und günstig zu stimmen man nicht genug opfern, stiften, beten und bauen konnte.

Frühe Neuzeit

Die historische Epochenbestimmung und Fachdisziplin Frühe Neuzeit, international ›Early Modern Europe‹, hat sich erst in der Geschichtswissenschaft der 1960er und 70er Jahre voll durchgesetzt. Es handelt sich um eine Synthese aus zwei konkurrierenden Ansichten zu Verlauf und Periodisierung der Geschichte.

Zum einen stehen die Europäer seit dem 18./19. Jahrhundert unter dem Eindruck, daß die eigene Kulturepoche mit Renaissance und Reformation, der Ausbildung der europäischen Staaten und der europäischen Expansion begonnen hat. Der Begriff der Neuzeit, entstanden aus der späthumanistischen Dreiteilung der Geschichte, entwickelte den vorwärtsgewandten ›modernen‹ Sinn, der auch in Denkhaltungen der Rationalität, Wissenschaftlichkeit und einer beginnenden Säkularisierung zu fassen gesucht wird. Die Zäsur um 1500 gilt so bis heute als Modernitätsschwelle, wenngleich viele zur Begründung angeführte Erscheinungen eigentlich älterer Herkunft, späterer Ausbildung oder gar nicht so eindeutig Kennzeichen des Modernen sind. Das stärkste Zäsurargument bleibt die schlagartige Durchsetzung der Textreproduktion mit beweglichen Lettern, des Buchdrucks, der mit seinen kommunikativ-multiplikatorischen und wissensakkumulativen Effekten nur mit dem Beginn hochkultureller Schriftlichkeit überhaupt und der Medienrevolution unseres Jahrhunderts vergleichbar ist. Zusammen mit einer ersten, über Klöster und Kanzleien hinausgehenden Alphabetisierungswelle im Dienste aufsteigender urbaner und administrativer Strukturen, bezeichnet dies den Beginn eines neuzeitlichen Verschriftlichungsschubes von zivilisationsgeschichtlicher Relevanz. Eine nicht zu unterschätzende Nebenwirkung ist

die damit veränderte Quellensituation für die Historiker in den Bibliotheken und Archiven, die der Neuzeitschwelle auch einen forschungspraktischen Sinn gibt und sie im historischen Bewußtsein verankert.
Auf der anderen Seite erscheint aus der Perspektive der modernen Industriegesellschaft und ihrer politisch-gesellschaftlichen Denk- und Organisationsformen eine Umbruchphase um 1800 als die letztlich entscheidende Wende zur Moderne. Die Zeit zuvor schließt sich dann unter Einebnung der Neuzeitschwelle zu einem vergleichsweise homogenen alteuropäischen Zeitalter zusammen. Zu verweisen ist dabei besonders auf die vorindustrielle Norm des noch Leben und Arbeit umgreifenden »ganzen Hauses« (O. Brunner) und die aus Lehenswesen und Feudalsystem hervorgehende altständische Gesellschaft. Unter verfassungsgeschichtlichem Gesichtspunkt erscheint besonders die Zeit zwischen dem 13. und 18. Jahrhundert als Einheit, die durch das gemeineuropäische Problem des Dualismus von Fürsten und Ständen und charakteristische Organisationsstrukturen wie das Reich geprägt war. Dazu stimmt die anhaltendc Dominanz des Agrarischen und die ›vorindustrielle Bevölkerungsweise‹, die in einem sich selbst regulierenden System der Geburtenregelung, vor allem durch Hinausschiebung des Heiratsalters bei knapp werdenden Erwerbsstellen, den Bevölkerungsanstieg bis ins 18. Jahrhundert in Grenzen hielt. Mit gleichfalls guten Gründen konnte so die entscheidende zivilisationsgeschichtliche Schwelle zur Moderne von 1500 auf 1800 verschoben werden.
Diese beiden konkurrierenden Modernitätsschwellen um 1500 und um 1800 können durch die Ausgrenzung einer eigenen Epoche zwischen ihnen in ihrem relativen Recht gelten gelassen werden. Die Frühe Neuzeit rückt so in die periodologische Position einer Zwischenzeit, wie sie einst das Mittelalter einnahm. Zwar läßt sich jede Epoche als eine Übergangserscheinung beschreiben, die Frühneuzeitler aber haben es mit der nach der heutigen historischen Erfahrung zentralen Umschaltphase zu tun: Die alteuropäische Lebensordnung war noch voll lebendig und gleichzeitig begannen sich die unmittelbar in die Gegenwart führenden modernen Entwicklungen abzuzeichnen. Das heißt jedoch nicht, daß man die historischen Erscheinungen gleichsam nach Alt und Neu sortieren könnte. Gerade aus dem spezifischen Ineinander und der Art damit umzugehen, ist der unverwechselbare frühneuzeitliche Epochenstil zu verstehen.
Die Frühe Neuzeit ist der Teil der Neuzeit, der seine Neuzeitlichkeit noch nicht wahrhaben wollte. Die Normen und Legitimationen gingen noch von einer im Prinzip und von Rechts wegen unveränderlichen Welt aus und beanspruchten immerwährende Geltung. Eine Innovationsakzeptanz bestand noch kaum; der Nachweis einer Neuerung war schon ein Argument gegen die Sache. Einige Veränderungen aber wurden doch

erfahren und damit zum Problem, für das sich besondere Bewältigungsstrategien ausbildeten. So zeigen gerade die großen, unverwechselbar frühneuzeitlichen Erscheinungen und Prozesse nicht nur einen engen funktionalen Zusammenhang, sondern die eigentümlich frühneuzeitliche Strukturparallele, daß man sie doch irgendwie auf das Maß einer vorgegebenen Welt bringen oder festschreiben wollte.

Die Renaissance der Religion und die Konfessionsbildung

Die Frühe Neuzeit begann mit einer Serie von Renaissance- und Reformationsphänomenen: neuen Entwicklungen, die sich als Rückkehr zu Altem nach vorübergehender Dekadenz darstellten. Die ›Entdeckung der Welt und des Menschen‹, am irdischen Raum der zentralperspektivischen Malerei und in den illusionslosen Staatsschriften ablesbar, war eine Wiederentdeckung und Auseinandersetzung mit dem klassischen Altertum. Der Humanismus mit seinen die Druckpresse und die Bildungsgeschichte in Bewegung setzenden literarischen Idealen, edierte die Alten und suchte sie zu imitieren. Entsprechend meinte der das 15. und 16. Jahrhundert erfüllende Ruf nach einer Reformation in sozialer, politischer und religiöser Hinsicht die Wiederherstellung von etwas gutem Alten, das zwischenzeitlich in Unordnung geraten war. Die gescheiterte Erhebung des ›gemeinen Mannes‹ um 1525 trieb, ob man sie zum Bauernkrieg oder zum Höhepunkt einer frühbürgerlichen Revolution stilisiert, die durchgehende altständische Orientierung zum ›göttlichen Recht‹ weiter, so oder so eine Legitimation an zeitlosen Urnormen. Die Serie weiterer Aufstände war bis ins 18. Jahrhundert altrechtlich motiviert. Zu Teilerfolgen führte eine Reichsreform, die mit dem Reichstag, der Reichsgerichtsbarkeit und der administrativen Ausgestaltung von Reichskreisen die institutionellen Grundlagen für noch einmal 300 Jahre deutscher Verfassungsgeschichte legte.

Der weltgeschichtlich folgenreichste Reformationsvorgang aber war ›die‹ Reformation, die Kirchenreformation. Nach säkularisierenden Tendenzen der Renaissance leitete sie eine Renaissance der christlichen Religion ein. Indem Luther, die Reformatoren und die altprotestantische Orthodoxie die Reformation nicht – wie später Aufklärung und Neuprotestantismus – als eine vorwärtsgewandte Neuerung, sondern als Wiederherstellung einer durch das Papsttum verdunkelten alten Lehre interpretiert haben, erfüllten sie ein frühneuzeitliches Argumentationsmodell: Unter der Voraussetzung einer an sich stetigen Welt konnte es immerhin zu Dekadenzerscheinungen kommen, deren Aufhebung dann als erlaubte, ja gebotene Rückveränderung galt. Faktisch konnte sich so aber auch Neues formieren und legitimieren.

Die Renaissance der Religion in einer Serie von Reformationen leitete vor allem einen der folgenreichsten frühneuzeitlichen Institutionalisierungsprozesse ein, die Konfessionsbildung. Die älteste Konfession war das aus den reformatorischen Bewegungen des deutschen Raums hervorgegangene und nach Skandinavien expandierende lutherische Kirchenwesen. Aus einer weitergetriebenen ›Zweiten Reformation‹ der nächsten Generation entstand der genfisch-niederländische Typus des Calvinismus, der sich als reformierte Konfession europaweit von Schottland bis Ungarn organisierte, zeitweise in Frankreich (Hugenotten) und Polen starke Fraktionen bildete. Gleichzeitig konstituierte sich in einer konkurrierenden ›Gegenreformation‹ ein Reformtyp, der sich – im südlichen Europa ausgehend von Papsttum und Tridentium, in den geistlichen Staaten des Reiches aber von den reformwilligen Kräften der Ostkirche (Untridentinische Reform, H. Moliton) – als katholische Konfessionskirche etablierte. Auch die anglikanische Staatskirche entwickelte sich zur Konfession, ohne daß die abweichenden und zum Teil nach Nordamerika abgedrängten Sonderkonfessionen soweit eliminiert worden wären wie auf dem Kontinent.

Die Konfessionen sprengten die locker gefügte Einheit der Christenheit, gewannen aber in ihren Grenzen gerade eine weit größere Einheitlichkeit. Die frühneuzeitliche Religionsgeschichte ist durch diese Homogenisierung auf mittlerer Ebene geprägt, die in der Konkurrenz institutionalisierter Heilsalternativen einen regional organisierten Pluralismus der Religion in Europa einführte. Es entstand eine effektive, aber nicht erdrückende Organisationsstruktur und eine Kommunikationssituation, die sogar Vertauschungen erlaubte. So war der Jansenismus mit seinem strengen Gottesbild ein augustinisch-calvinistisches Element im Katholizismus, während der Pietismus auch ein Stück vergessener katholischer Praxis in den Protestantismus einbrachte.

Die Konfessionsbildung, die im Zentrum des Engagements mehrerer Generationen gestanden hat, wurde aber vor allem auch für die frühneuzeitliche Allgemeingeschichte von Bedeutung. Die Abgrenzungsstrategien zum Aufbau konfessioneller Identität förderten die Vielfalt europäischer Kulturlandschaften. Dem Sozialtypus des evangelischen Pfarrhauses, der durch hohe Selbstrekrutierung eine beispiellose Bildungsakkumulation bewirkte, stehen die relativ mobilen Karrieremuster des katholischen Klerus gegenüber, in denen ein Bauernsohn Abt, ein Adliger Fürstbischof werden konnte. Die protestantische Wortkultur, der katholische Brauchtumsschutz und das calvinistische Gemeindeprinzip sind idealtypische Tendenzen, die über die Religionsgeschichte hinausweisen. Die noch halb Europa umgreifende Sonderstruktur des Papsttums verdient besondere Beachtung. Die modernisierte Zentraladministration der Kurie mit reorganisierten Kardinalskongregationen, mit zwölf ständigen

Nuntiaturen an den europäischen Höfen, dem ersten Premierminister in Gestalt des päpstlichen Nepoten oder Kardinalstaatssekretärs und mit einem versierten Finanz-, Kredit- und Subsidiensystem erprobte in der Kirche schon den Staat. Richelieu war Kardinal, und Nuntius Mazzarini wurde sein Nachfolger. Von Rom aus ging auch die triumphale Barockkultur in die Welt; die eindrucksvolle stilistische Konvergenz von Kirchenbau und Residenzkultur entsprach dem Konstruktionsprinzip der geistlichen Staaten im Reich. Auch in der Bildungslandschaft bestimmte die evangelische Landesuniversität oder die Hochschule der Jesuiten den Stil, wobei erst die eine, dann die andere einen Vorsprung gewann, bis sich im Reich des späteren 17. Jahrhunderts beide in einer gewissen Rückständigkeit fanden. Bedeutsamer noch als das, was die getrennten Konfessionen arbeitsteilig in die europäische Kultur einbrachten, ist das, was sie ihr beide gleichermaßen mit auf den Weg gaben. Als erstes großes Anwendungsfeld frühneuzeitlicher Verschriftlichung wurden die Bekenntnisse, ausgehend von ›Confessio Augustana‹ (1530) und ›Tridentinum‹ (1563) zu Lehrsystemen durchstilisiert und mit regulierenden Katechismen und Kirchenordnungen sowie kontrollierenden Visitationen durchgesetzt. Dabei zeigten alle Konfessionen einen ähnlichen Stil der rationalen Organisation außerrationaler Vorgaben und wirkten disziplinierend und normierend auf Verhaltensleitbilder und Alltagsleben ein. Die Weber-These vom Modernitätsvorsprung des Protestantismus aus einer Art innerweltlicher Vorausdisziplinierung des kommenden kapitalistischen Geistes verwechselt die spezifische Konfession mit dem konfessionellen Prinzip. Namentlich die Antriebe und Techniken des calvinistischen und jesuitischen Aktivismus wirken gleichermaßen modern.

Diese konfessionell durchorganisierte Hochreligion war, wie viele Visitationsprotokolle zeigen, auch die letzte Etappe einer Christianisierung Europas, die durchaus Parallelen zur missionarischen Expansion zeigt. Das katholisch-jesuitische Missionsexperiment der Akkulturation fremder Riten stimmte zur Taktik der Gegenreformation, die den Menschen ihre geheiligten Nothelfer ließ. Was alle Konfessionen eliminierten, war eine selbständige Volksmagie, wobei der Schadzauber gegen den Nächsten zum Teufelswerk dramatisiert wurde.

Die Hexenverfolgung hat vielfältige Ursachen, aber als charakteristisches Phänomen der Frühen Neuzeit mit dem Höhepunkt im 17. Jahrhundert läßt sie sich aus einem problematischen mentalitätsgeschichtlichen Übergang verstehen. Solange man mit dem Zauber lebte wie zuvor, oder aber wenn man ihn nicht mehr ernst nahm, wie dann in der Aufklärung, gab es keine Veranlassung, gegen Zauberer vorzugehen. In der Phase, in der man sich von der Magie befreien wollte, aber noch in ihrem Bann stand, wurde sie diabolisiert. Die Konfessionen grenzten die Magie aus, und eine durch Strafrecht und sozialpsychologische Faktoren dazu bereite Gesellschaft verbrannte ihre Magier. Warum dabei mehr Frauen als Männer starben, ist noch keineswegs geklärt. Doch wird man die verschärfte Triebrepression und Sexualmoral in Rechnung zu stellen haben, die von der neuen Seuche der Syphilis oder zur Korrektur der demographischen Entwicklung geboten gewesen sein mag und die in allen Konfessionen eingeübt wurde. Und das im Wettbewerb: Nachdem Genf für außerehelichen Geschlechtsverkehr die Todesstrafe verhängte, sah sich das menschenfreundlichere Straßburg doch genötigt, wenigstens die Geldstrafe anzuheben, »damit man uns nit für Päpstisch halte«. Aber auch in Rom wurden zeitweise öffentliche Häuser geschlossen.

Hinter der konfessionellen Disziplinierung stand freilich in letzter Instanz der Staat. Die Administrationsspitze war vielfach identisch, ob es nun gewählte Bischöfe waren, die zugleich Territorien regierten wie in Rom und im Reich, oder Territorialfürsten und Monarchen, die ihre konfessionelle Landeskirche als Bischöfe leiteten wie im evangelischen oder anglikanischen Summepiskopat oder ähnlich auch im gallikanischen Staatskirchentum. Für den Staat bestand fast ein funktionaler »Zwang zur Konfessionalisierung« (W. Reinhard), zur Homogenisierung der Untertanen, zur administrativen Kompetenzerweiterung und zur Unterstützung des politischen Identitätsaufbaus. Doch verstärkten die regelmäßig konfessionell überhöhten Abgrenzungen auch die Konflikte zwischen Fürsten und Ständen, und umgekehrt stimmten in zwischenstaatlichen Konflikten Politik und Religion oft nicht überein. Ein beachtlicher Rest von Dysfunktionalität zwischen dem konfessionellen und dem etatistischen Institutionalisierungsprozeß hat in Europa den Aufbau allzu eindimensionaler Loyalitäten verhindert.

Zu einem spezifischen Problem der politischen Kultur der Frühen Neuzeit wurde dabei die dogmatische Intoleranz aller Konfessionen. Gerade der exklusive Anspruch aller frühneuzeitlichen Konfessionen, allein dieselbe alte Wahrheit zu vertreten – wobei die einen von den alten Texten, die anderen von der alten Hierarchie ausgingen –, schloß jedes geregelte Miteinander eigentlich aus. Die Institutionalisierung dieser kontroverstheologischen Situation durch die Konfessionsbildung begünstigte eine Serie von Religionskriegen oder konfessionell aufgeladenen Konflikten – den Schmalkaldischen Krieg zwischen Kaiser Karl V. und den evangelischen Reichsständen, den konfessionellen Bürgerkrieg in Frankreich und England, den geradezu in der Sprache des heiligen Krieges stilisierten Kampf zwischen Spanien und England mit dem Höhepunkt des Untergangs der Armada und den Sezessionskrieg der Niederlande gegen die spanische Krone. Den Höhe- und Wendepunkt bildete der Dreißigjährige Krieg. Der böhmische Ständekonflikt und die kaiserlichen und bayerischen Triumphe wie das Eingreifen des lutherischen Schwedens waren von Religionskriegspathos getragen, dann aber wurden politische Gesichtspunkte übergeordnet. In den konfessionellen Parteikämpfen gelang es vielfach dem Staat, sich als arbiträre Instanz und einziger Garant eines modus vivendi zu etablieren, so klassisch in der Praxis Frankreichs unter Heinrich IV. und in der absolutistischen Theorie von Th. Hobbes. Aber auch in den Religionskriegen zwischen konfessionell gegeneinander stehenden Staaten mußte doch irgendwann auch ein politischer Friede über die dogmatisch unversöhnlichen Parteien hinweg geschlossen werden. Am kompliziertesten war die Herstellung eines politischen Religionsfriedens im Reich: 1555 versuchte man es in Augsburg mit der Anerkennung des fürstlichen ›Jus reformandi‹, als ein Optionsrecht der Fürsten für ›Confessio Augustana‹ oder katholische Kirche. Nachdem das auf Dauer nicht zur konfessionellen Beruhigung gereicht hatte, griff man 1648 zu einem ganz anderen Rezept: Die Konfessionsverteilung zwischen Lutheranern, Calvinisten und Katholiken wurde auf den Stand des Normaljahres von 1624 eingefroren. Der Protest des Papsttums gegen diesen zweiten Religionsfrieden und eine Serie kleiner Störfaktoren bis zum Siebenjährigen Krieg zeigen die unterschwellige Fortdauer der Problematik.

Gelöst wurde sie erst durch eine kulturelle Veränderung der ausgehenden Frühen Neuzeit. Die säkularisierenden Tendenzen der Aufklärung entwerteten auch die konfessionellen Abgrenzungen, und dabei kam der Relativierung durch ein neues geschichtliches Bewußtsein besondere Bedeutung zu. Denn der Kampf um alte Wahrheit und statische Traditionen wurde durch das Entwicklungs- und Fortschrittsdenken des 18. Jahrhunderts intellektuell gegenstandslos. In zwei Schritten, erst als politische Notwendigkeit und dann als kulturelle Denkleistung, formierte sich die Idee der Toleranz. Die Institutionalisierung der Konfessionen erzwang so die Ausbildung einer Kulturfertigkeit, die in den gelungeneren Momenten der modernen Entwicklung auch auf andere gesellschaftliche Bereiche übertragen werden konnte.

Die Verstaatlichung der Ständeordnung

Die Konfessionsbildung leistete weiteren frühneuzeitlichen Institutionalisierungsprozessen Schrittmacherdienste. Nach einer Phase der vermeintlichen Wiederherstellungen war das auf Immergültigkeit eingestellte Weltverständnis offensichtlich der Verstetigung und Normierung der Verhältnisse besonders günstig. Gegenüber bedrohlichen Wandlungen wurde der buchstäblich ›festschreibende‹ Effekt des Aufschreibens von der religiösen Bekenntnisformulierung bis zu den Rechtskodifikationen genutzt, die sich nicht als ein zu setzendes, sondern als festgehaltenes

Recht präsentierten. Besonders signifikante Tendenzen zur Permanenz kennzeichnen den staatlichen Bereich. Das reicht vom ständigen Nuntiatur- und Gesandtschaftswesen, das nach italienischen Anfängen im 16./17. Jahrhundert ganz Europa mit einem fest installierten Informationsnetz überzog, bis zu den Reichstagen, die im 15./16. Jahrhundert ihre Organisationsform fanden und im späteren 17. Jahrhundert unbemerkt in einen ›immerwährenden‹ Gesandtenkongreß übergingen. Diese zeitgenössisch hochgeschätzte und heute wiederentdeckte Institution des Regensburger Reichstages, die, präsidiert vom Prinzipalkommissar des Kaisers, in drei reichsständischen Kurien aus den Vertretern der geistlichen und weltlichen Kurfürsten, der geistlichen und weltlichen Fürsten und kollektiv vertretenen Reichsständen und aus den Abgesandten der Reichsstädte getrennt tagte und votierte, ist charakteristisch für die ständisch-staatliche Repräsentation frühneuzeitlicher Herrschaft. Der folgenreichste Verstetigungsvorgang aber war die ›Staatswerdung‹ selbst, die Herausbildung des ›institutionellen Flächenstaates‹. Die dem Staat und den Ständen gemeinsame sprachliche Wurzel des ›status‹ verweist auf den doppelten Institutionalisierungsvorgang und hält zugleich seine statuarische Komponente fest.

Der Stand im sozialen Sinne stellte sich in der Frühen Neuzeit als eine vorgegebene Kategorie dar, doch auch in der Ständeordnung gab es sozialen Auf- und Abstieg. In den geistlichen Stand wurde man nicht geboren, wenngleich die obersten Ränge der Reichskirche wegen der Doppelstellung der Bischöfe als Fürsten dem Adel vorbehalten blieben. Aber selbst in Rom stiegen lange neue Familien wie die Borghese zu Kardinals- und Papstrang auf. Der Adel stellte sich durch die Erweiterung zum Amtsadel wie in der französischen Noblesse de Robe und die Aufnahme eines bürgerlichen Elements in der englischen Gentry als eine relativ offene Elitestruktur dar. Der Bauernstand differenzierte sich zwischen der geregelten Deklassierung des Anerbenrechts und der ungeregelten Überbesetzung durch Realteilung in eine breite Skala von gutsähnlichen Höfen bis zu unterbäuerlichen Schichten. Das Stadtbürgertum, eine heterogene Mischung aus Patriziat, einem zünftisch-berufsständischen Element, Ackerbürgern und neuen funktions- und bildungsbürgerlichen Schichten, ist in seiner Mobilität vor allem im 18. Jahrhundert eine Wissenschaft für sich geworden. Was den Stand zum Stand machte, war nicht starre Gliederung oder fehlende Mobilität; ebensowenig Abwesenheit wirtschaftlicher Bezüge, die in der feudalen und lehensrechtlichen Herkunft der ständischen Grundstruktur nicht ganz fehlten. Der Punkt ist, daß schon die Zugehörigkeit zu einem Stand den Anspruch und die Verpflichtung auf eine besondere vorgegebene Lebensform begründete. Die höfische Gesellschaft, in der sich viele Adlige hoch verschuldeten, um einen standesgemäßen Repräsentationsaufwand betreiben zu können, ist ein von N. Elias eindringlich analysiertes Modell. Insofern gehört die Ständeordnung zu den die Frühe Neuzeit sozial stabilisierenden Institutionen.

Nach den Krisen der Reformationszeit, in der die reformatorische Linke um Th. Müntzer und die Täufer die ständischen Unterschiede mit der Bibel in der Hand aufgehoben wissen wollten, haben Publizistik und Predigt die ständisch organisierte Arbeitswelt zur Norm erhoben und sie als Ausdruck vorgegebener göttlicher Ordnung interpretiert, um etwas offenbar Bedrohtes festzuhalten. Viele Historiker meinen geradezu, daß erst die Neuzeit die ins Rutschen kommenden Standschaften zu einer ›Ständeordnung‹ verfestigt hat und verweisen auf die Rolle der Obrigkeit in den Policey- und Kleiderordnungen oder erkennen auf eine nunmehr »staatlich gesicherte Ständegesellschaft« (R. van Dülmen). Das ist allerdings nicht ganz leicht mit einer ebenfalls dem modernen Staat zugeschriebenen Herstellung eines homogenen, tendenziell egalitären Untertanenverbandes zu vereinen. Die Lösung liegt in der vom Adel her konstruierten Herrschaftsordnung des frühneuzeitlichen Staates. Der Regent oder Monarch, auf den der Staat noch gegründet war, war selbst der oberste Stand, der seinen Herrschaftsanspruch als vorgegebene ständische Ehre präsentierte und so zur Legitimation noch nicht auf das ständische Prinzip verzichten konnte. Indem den Regenten nach Ausweis der Ständebücher aber zunehmend eine ganze intellektuell-administrative Funktionselite umgab – man vergleiche den altständischen ›Amman‹ (1568) mit dem etatistisch überformten ›Weigel‹ (1698) – oder er im absolutistischen Frankreich das Zentrum einer herrschaftsrepräsentativen »höfischen Gesellschaft« bildete, entstand zwischen der staatstragenden Elite und den politisch zu Untertanen zusammengefaßten übrigen Ständen dann doch eine Kluft. Die gegliederte Ständeordnung wurde durch ihre Verstaatlichung zunächst stabilisiert und zugleich von der Spitze her politisch überholt.

Denn die Staatswerdung war der folgenreichste Institutionalisierungsprozeß der Neuzeit. Die politischen Loyalitäten wurden jenseits universaler Entwürfe und ständischer Gliederungen auf der mittleren Ebene erfolgreicher Fürsten- und Königshäuser zusammengefaßt. Die Verschriftlichung, Verrechtlichung und Verdichtung der administrativen Strukturen machte größere Landkomplexe regierbar und ließ sie als Flächen- oder Territorialstaaten wahrnehmbar werden. Dazu kam eine Ausweitung der staatlichen Zuständigkeit, die über die konfessionalisierte Religion das Bildungswesen und schließlich auch die Finanz- und Wirtschaftspolitik erfaßte.

Der Staat wurde dabei zum wichtigsten Exekutivorgan der frühneuzeitlichen Sozialdisziplinierung. Auf elementarer Ebene ist hier an die durchorganisierte Strafgerichtsbarkeit zu denken, die nach Abschaffung des Fehderechts Gewalt, Raub und Totschlag zugunsten der staatlichen Gewalt monopolisierte, aber auch einen weiten Bereich abweichenden sittlichen Verhaltens kriminalisierte. Kennzeichnend war vor Einführung des Zeugen- und Indizienbeweises und der Gefängnisstrafen die Geständniserzwingung durch die Tortur und das öffentliche Spektakel der Körper- und Todesstrafen. Die vorhumanen Rechtsfindungsmittel und Sanktionen sind in der Aufklärung überwunden worden; das Gewaltmonopol des Staates ist geblieben. Dahinter steht ein von Elias beschriebener umfassender Zivilisationsprozeß einer verinnerlichten Verhaltensregulierung, die von einer Selbstdisziplinierung der Eliten ausging. Der Staat aber wurde zum Garanten des inneren Friedens als geregeltem Nebeneinander der Stände, Korporationen, Konfessionen und Individuen in einer regionalen Einheit.

Das frühneuzeitliche Problem dabei war die Vermittlung dieses modernen staatlichen Gewaltmonopols mit der überkommenen dualistischen Struktur der Staaten. Denn einige privilegierte Stände im politischen Sinne repräsentierten ein altes Mitspracherecht der Landschaften, das von den fürstlich-etatistischen Herrschaften überwölbt wurde. Das klassische Lösungsmodell wurde der Absolutismus, der die landständische Beteiligung an der Herrschaft abbaute. Gestützt auf gezielt ausgelegte Traditionsbestände wie die religiöse Überhöhung von Herrschaft und die monistische antike Staatsformenlehre sowie flankierende Programmbegriffe wie Staatsräson und Souveränität, wurde das von (fast) allen Bindungen gelöste absolute Gewaltrecht des Staates zum Ideal erhoben. Als einziges Befriedungsmittel im Frankreich Heinrichs IV. erprobt, hat Hobbes diese Lösungsstrategie rational durchdacht und in eine Vertragstheorie gekleidet: Um des inneren Friedens willen verzichten alle auf ihre Sonderrechte und unterwerfen sich dem absoluten Monarchen. Zum klassischen Fall wurde das Frankreich Ludwigs XIV., das ein europaweit wirkendes Modell setzte – mit der monarchisch zentrierten Hofgesellschaft, der Zurückdrängung von Ständeversammlungen und rechtskodifizierenden Parlamenten, dem administrativen Organisationsschub der Intendanturen, mit Merkantilismus und Militär und nicht zuletzt durch seine kulturelle Überhöhung in Versailles und der französischen Diplomatie und Sprache.

Zum Gegenmodell dieser Form der Verstaatlichung aber wurde England. Nach absolutistischen Ansätzen, die durch religiös überhöhte Bürgerkriege, die Hinrichtung eines Königs und die Sonderherrschaft Cromwells unterbrochen wurden, mußte die erneuerte Krongewalt seit 1688 verfassungsmäßige Einschränkungen hinnehmen. Dabei entwickelte sich aus der ständischen Wurzel, repräsentiert in den Häusern des Parlaments, ein nicht minder durchdiszipliniertes und effektives, in die parlamentarisch-demokratische Entwicklung einlenkendes Staatswesen. Das europäische Gefälle im Zeichen des Absolutismus reichte von Dänemark, wo die ständische Mitsprache geradezu formell zugunsten der Krongewalt abdankte, bis zur Adelsrepublik Polen, die weder auf ständischem Wege noch mit einem schwachen Wahlkönigtum staatliche Homogenität und Effizienz erreichte und schließlich zum Opfer großer modernisierter Nachbarn wurde.

Im Zentrum Europas war hingegen die Ausgangssituation der Machtebenen nicht dualistisch, sondern sogar triadisch: Das Wahlkaisertum der Habsburger, denen man im Dreißigjährigen Krieg noch selbst reichsabsolutistische Pläne zutraute, blieb die oberste, den legitimen Rahmen gebende Gewalt. Die zweite und effektivste Ebene bildeten die Reichsfürsten und andere Reichsstände, die in ihren Territorien die Durchstaatlichung vorantrieben. Dabei mußten sie sich aber drittens mit ihren Landständen arrangieren, die teils wie in Kurbrandenburg zurückgedrängt wurden, teils wie in Kursachsen das Land entscheidend mitrepräsentierten. Die Landstände waren vielfach nicht nur für die Bewilligung, sondern die Aufbringung der Steuern unentbehrlich und konnten auch in die modernisierte Administration eingebaut werden. Der Absolutismus hat das ständische Prinzip Europas mehr zeitweise und regional überdeckt als getilgt – selbst die Französische Revolution begann wieder als Ständeversammlung. Gerade diese Vielfalt zeigt, worin die entwicklungsgeschichtliche Bedeutung des absolutistischen Ideals zu suchen ist: nicht so sehr in der Absolutsetzung dieser oder jener Gewalt im Staate, sondern in der Absolutsetzung des Staates, wer immer in ihm die Gewalt hatte.

Eine Weiterentwicklung der Staatlichkeit, wenn auch aus einer Art regionalem Nachholbedarf hervorgegangen, ist mit dem Namen des aufgeklärten Absolutismus verknüpft. Indem die Herrscher ihr Regiment zum Dienst am Staat stilisierten, war ein wichtiger Schritt der Institutionalisierung zu einem entpersönlichten Anstaltsstaat getan – gerade von so ausgesprochenen Selbstherrschern wie Friedrich dem Großen und Joseph II., die sich gleichsam selbst zu Staatsdienern funktionalisierten. Neben Preußen und Österreich erlebten besonders Spanien und Portugal, die italienischen Staaten Neapel, Toskana, Mailand und das Rußland Katharinas II. mit dem Begriff des aufgeklärten Absolutismus verknüpfte Modernisierungsschübe. Die Progressivität liegt zum einen in der Umsetzung der Inhalte der Aufklärung, die vor allem in der Humanisierung des Strafrechts, Wohlfahrtsbestrebungen und intellektuellen Liberalisierungen bleibende Ergebnisse zeitigten. Zum anderen wurde die Einheitlichkeit und Rationalität des Staates noch gesteigert, vor allem mit der Vollendung der Rechtseinheit und der Entmachtung korporativer Sonderformen wie der Kirche in den katholischen Staaten. Als innovationsbewußte ›Revolution von oben‹ führte der aufgeklärte Absolutismus, zumindest in der österreichischen Spielart des Josephinismus, schon in die Anfänge der Moderne.

Die Institutionalisierung von Krieg und Frieden

Der Preis des inneren Friedens, der in der Frühen Neuzeit durch die Staatsgewalt hergestellt wurde, war der immerwährende Krieg zwischen den Staaten. Als Norm des Alten und Stabilen galt zwar der Frieden. Denn in keinem Friedensvertrag fehlte der Gestus der bloßen Restitution der rechten alten Verhältnisse, und als Laufzeit der Verträge wurde Friedensschluß für Friedensschluß ›ewige Gültigkeit‹ vereinbart (J. Fisch). Das kontraproduktive Ergebnis aber war geradezu eine frühneuzeitliche Verstetigung des Krieges. Denn die Monopolisierung der Gewalt auf der mittleren Ebene des Staates führte doch zu mehreren sehr effektiven Staaten, die keine übergeordnete Instanz anerkannten. Wie die frühneuzeitlichen Kriegsmanifeste bei Kriegsausbruch zeigen, bedurfte es zwar zur Aufnahme von Feindseligkeiten durchaus inhaltlicher Argumente und Legitimationen (K. Repgen). Die Lehre vom ›gerechten Krieg‹ konzentrierte sich jedoch von den drei überkommenen Kriterien einer gerechten Sache, rechten Intention und Autorität des Fürsten auf dieses letztere: Den rechtmäßigen Fürsten stand das Recht zum Kriege zu (Jus ad bellum). Der sich im 17. Jahrhundert formierende Kreis der souveränen Mächte Europas, vornehmlich die Monarchien und mit gewissen Einschränkungen die armierten deutschen Fürstentümer galten als Völkerrechtssubjekte, die auch nach verlorenen Kriegen für den Ausbruch des Krieges nicht zur Verantwortung gezogen wurden. Damit trat eine Trennung von Innen- und Außenpolitik ein, die im Zeichen der Fehde und der vielfältig abgestuften lehensrechtlichen Gliederungen noch nicht sinnvoll unterscheidbar gewesen war. Während der Staat seine innenpolitischen Ziele nun in der Regel unblutig durchsetzte, bewegten sich die Staaten außenpolitisch wie zuvor die fehdefähigen Stände unablässig zwischen Krieg und Frieden hin und her.

Die besondere Dichte der frühneuzeitlichen Kriege, besonders im Umkreis des schon von den Zeitgenossen ›martialisch‹ genannten 17. Jahrhunderts, ist auffällig. Es gelang noch nicht, die staatliche Ausweitung des Krieges durch entsprechende längere Friedensperioden dazwischen zu kompensieren. In Mitteleuropa wurde mit kurzen Unterbrechungen der Dreißigjährige Krieg (1618–1648) geführt, dem in der zweiten Jahrhunderthälfte noch ein weiterer dreißigjähriger Krieg (1667–1697) des expandierenden Frankreichs folgte (Devolutionskrieg, Holländischer Krieg, Reunionen, Pfälzischer Erbfolgekrieg). Selbst dies aber sind nur griffige Ausgrenzungen aus durchlaufenden Konfliktreihen spanisch-französischer, spanisch-holländischer, holländisch-englischer und nordischer Kriege. Dazu kamen die süd- und osteuropäischen Türkenkriege des 16., späten 17. und frühen 18. Jahrhunderts, die ins europäische Kriegssystem einbezogen wurden. Gesamteuropäisch ist es kaum möglich, kriegsfreie Jahre zu benennen, und viele Regionen kamen über Generationen nicht zur Ruhe.

Auch diese Kriegsmassierung erklärt sich aus einem langanhaltenden Übergangscharakter der Frühen Neuzeit. Die Aufladung zu Religionskriegen im Traditionszusammenhang der ›heiligen Kriege‹ hat zwischen Christen und Osmanen wie zwischen den Konfessionen militante Ideologisierungen bis in die Mitte des 18. Jahrhunderts möglich gemacht. In dem Maße, in dem diese Faktoren zurücktraten, verschärften aber Handelsinteressen die politische Konfliktlage zwischen den Seemächten England und Holland, in den Reichskriegen mit Frankreich und umfassend im Spanischen Erbfolgekrieg. Entscheidend aber waren drei genuin politische Schwachstellen des Übergangs zu einem friedlicheren Staatensystem:

Erstens gaben die Ständekonflikte, die der absolutistische Staat überwinden wollte, zunächst gerade Anlaß zu Staatenkonflikten. Der Schmalkaldische Krieg Karls V. gegen die Reichsstände, der Hugenottenkrieg auf dem Hintergrund des spanisch-französischen Konflikts, die englischen Bürgerkriege und der mit dem böhmischen Ständeaufstand beginnende Dreißigjährige Krieg zeigen diese Konfliktschiene zwischen Ständen und Staaten. Einerseits verbanden sich oft die Staaten noch mit der Ständeopposition der Konkurrenzstaaten, andererseits waren es oft überhaupt erst Ausscheidungskämpfe, wer Stand und wer Staat war. So drängten sich im 17. Jahrhundert die niederländischen Generalstaaten in den Kreis der souveränen Mächte, was nur mit Waffengewalt bei den etablierten Mächten durchgesetzt werden konnte.

Das zweite Übergangsproblem war, daß die Idee politischer Universalkonzeptionen um Reich, Christenheit und Weltmonarchie lange fortlebte, und der Wettbewerb der Fürsten um die A-Position in Europa unter den Bedingungen des werdenden Staatensystems in einen beständigen Hegemonialkonflikt überging. Nachdem Karls V. Monarchia universalis von der französischen Krone in einer Serie von Kriegen abgewiesen wurde, mußte sich umgekehrt das werdende Staatensystem gegen das hegemoniale Frankreich Ludwigs XIV. behaupten. Kriegstreibend wirkte sich dabei besonders der Mächteantagonismus zwischen Habsburg und der französischen Krone aus, der nach einer Akkumulation negativer historischer Erfahrungen über die reale Interessenlage hinaus bis 1756 anhielt.

Die dritte und nachhaltigste Schwachstelle für eine außenpolitische Beruhigung des Staatensystems aber lag in eben der dynastisch monarchischen Spitze, deren Überordnung die innere Ruhe ermöglichte. Denn die ganz auf die Person des Monarchen gestellten Staaten gerieten in dem Moment in eine außenpolitische Krise, in dem sich die geringste Unklarheit in der Nachfolge zeigte. Das war angesichts des Konnubium des europäischen Hochadels, den zahllosen Linien und Unklarheiten der weiblichen Erbfolge häufig der Fall. Eheklauseln, Hausregulierungen, Ständeverträge und Testamente sollten hier Abhilfe schaffen, verkomplizierten aber häufig die ›natürliche‹ Rechtslage noch zusätzlich. Dazu kamen Ausschließungen, Absetzungen und Thronoptionen aus konfessionellen Gründen. So schürte die Nachfolgeproblematik fast alle frühneuzeitlichen Kriege – man denke an die Folgen der vergeblichen Kaiserkandidatur Franz I. 1519, den Jülisch-Klevischen Konflikt und böhmischen Thronstreit zu Beginn des Dreißigjährigen Krieges, die europäischen Verwicklungen der mehrfachen Kämpfe um den englischen und polnischen Thron, die Erbfolge in Flandern und schließlich die explizite Serie des jeweils ein Jahrzehnt und mehr beherrschenden Pfälzischen (Orleanschen), Spanischen und Österreichischen Erbfolgekrieges. In der monarchisch organisierten Staatlichkeit der Frühen Neuzeit wurde der Erbfolgekrieg geradezu zum stilprägenden Kriegstyp (J. Kunisch). Die Erbfolgefrage konnte ein Vorwand für andere Interessen sein, wie in den Anfängen Ludwigs XIV. und Friedrichs des Großen, aber auch kriegstreibende Konstellation, die in echten Thronvakanzen wie 1700 in Spanien den außenpolitischen Handlungsbedarf erst erzeugte.

Erst im 18. Jahrhundert wurde eine Tendenz zur Einschränkung der Kriege spürbar. Das nunmehr etablierte Staatensystem stabilisierte sich um die alten Großmächte Frankreich und Habsburg-Österreich und die aufsteigende, die Niederlande überflügelnde Seemacht England. Während Spanien und Schweden zurücktraten, inserierten sich Rußland und in geringerem Maße auch die Türkei als europäische Mächte. Ein rationales Kalkül um die Idee des europäischen Gleichgewichts, der Kongreßdiplomatie und der Regelung rechtlicher Konflikte nach der Konvenienz der Mächte, das freilich zu so extremen Resultaten wie den polnischen Teilungen führen konnte, wirkten im frühen und späten 18. Jahrhundert außenpolitisch beruhigend. Dazwischen freilich sorgten zwei vorrevolutionäre Störfaktoren für eine um so heftigere Kriegsphase: das verspätet zur Souveränität aufgestiegene, überrüstete Preußen, das sich regelrecht in das Staatensystem hineinkämpfte, und die aus dem amerikanischen Kolonialkonflikt entstandene englisch-französische Auseinandersetzung um die Weltmachtstellung. Das Jahrhundertspektakel des Siebenjährigen Krieges 1756–1763 bezog seine Dynamik aus dem Zusammenfall beider

Probleme, zu denen noch reichs- und konfessionspolitische Spannungen kamen. Friedensgeschichtliche Fortschritte wurden so mehr in der Begrenzung der Kriegsziele aus einem rationalen Zweck-Mittel-Kalkül (Kabinettskriege) und mäßigenden kriegsrechtlichen Normierungen erzielt (jus in bello). Das kam freilich ausschließlich der Lebensqualität der nicht zum Militär rekrutierten Menschen zugute, für die sich die Schrecken des Krieges am Ende der Frühen Neuzeit reduzierten.

Zum Signum dieses verstaatlichten und institutionalisierten Krieges wurde das stehende Heer. Nach Ablösung der ritterlichen Lehensaufgebote wurden zunächst für den Kriegsfall Landsknechte geworben und besoldet, manchmal auch ein Teil der Untertanen für eine organisierte Landesdefension ausgebildet (W. Schulze). Die Bedürfnisse der absolutistischen Staaten und die Dauer und Dichte der Konflikte führten zum ›miles perpetuus‹, einer der folgenreichsten Verstetigungsvorgänge der Frühen Neuzeit, der in modifizierter Form bis in die Gegenwart überdauert. Damit zusammen ging die nach ihrem niederländischen Ursprung benannte ›Oranische Heeresreform‹, die aus einer wiederum stoisch-antikisierenden Rückwendung heraus eine rigide militärische Disziplin einübte, die zur Avantgarde der frühneuzeitlichen Sozialdisziplinierung wurde. Stehenbleibende Kennzeichen des Militärischen wie Drill und Exerzieren, Uniformierung, Kasernierung spiegeln den geometrisierend-vereinheitlichenden Stil des Absolutismus und zeigen das in der Gesellschaft nur partiell durchsetzbare Ideal des von einem einheitlichen Willen gelenkten, mechanisch funktionierenden Untertanenverbandes. Stilbildend wurde mit seinen Heeresgliederungen und Rangfolgen die größte Landmacht des absolutistischen Frankreichs, nachgeahmt auch von den armierten Reichsständen, und an Effektivität übertroffen von Preußen. Indem gemeineuropäisch die Offiziersstellen bevorzugt dem Adel offenstanden, wurde eine kriegerische Standestradition in den Staat eingebaut und die frühneuzeitliche Verstaatlichung des Krieges vollendet.

In diesen durchorganisierten und disziplinierten absolutistischen Heeren hat sich das Kriegsbild nachhaltig verändert. Die noch recht umständlich zu benutzenden Handgewehre wurden durch neuartige Drillverfahren und die Lineartaktik mit großem Effekt einsatzfähig. Auf die mörderische Wirkung in den deckungslos geführten Schlachten reagierte hinwiederum eine sich herausbildende Kriegswissenschaft mit einer schlachtenvermeidenden Manöverstrategie, die freilich in der Praxis oft versagte. Im Wechselverhältnis rüstete sich der technische »Fortschritt« zwischen den Geschützgießern und Minen-Ingenieuren auf der einen Seite und den Festungsbaumeistern auf der anderen hoch. Ansprüche an den Krieg mit seinen immensen Kosten für Werbung, Besoldung, Uniformierung, Ausrüstung und Zukauf von Subsidientruppen steigerten erheblich den Finanzbedarf des frühneuzeitlichen Staates. Die fiskalischen Grenzen waren ein meist wirksameres Mittel zur Begrenzung von Kriegen und Schlachten als humanitäre Impulse und haben manchen Friedensschluß erzwungen. Nichtsdestoweniger ließen die Staaten nichts unversucht, sie weiter hinauszuschieben und schließlich für die Staatsmacht die Ökonomie in Anspruch zu nehmen.

Der Weg in die Ökonomie

Das System frühneuzeitlicher Lebensformen ist entscheidend durch die Industrialisierung des 19./20. Jahrhunderts umgestaltet worden. Im nachhinein lassen sich einige Vorbedingungen und Anfänge dieser Entwicklung schon in der Frühen Neuzeit erkennen, wenngleich man sich den großen Transformationsprozeß einer feudal und ständisch dominierten Agrarordnung in den industriellen Kapitalismus nicht zu früh und umfassend vorstellen sollte. Denn die Märkte waren begrenzt, und das Marktgeschehen repräsentierte im frühneuzeitlichen Interessenhorizont nur einen kleinen Ausschnitt. Die frühökonomischen Ansätze standen lange in anderen Wissens- und Lebenszusammenhängen, und als sie sich etablierten, verließen sie darum noch nicht die vormodernen statischen Orientierungen und Legitimationen.

Grundlegende Herausforderung war die Zunahme des Geldverkehrs, die von der Verdichtung des Handels vorangetrieben wurde. Nach einer Steigerung der Transportleistungen seit der Küsten- und Flußschiffahrt der Hanse und mit Hilfe der rechenhaften kaufmännischen Fertigkeit der Buchführung, der Kredit- und Wechseltechnik und des Bankwesens aus Italien haben zu Beginn des 16. Jahrhunderts die mit dem Namen der Fugger verknüpften oberdeutschen Handelsgesellschaften eine neue organisatorische Ebene des Einsatzes von Handelskapital erreicht, das den Textilverlag, die Montanausbeute und Kreditgeschäfte weltpolitischen Zuschnitts verband. Im Streit um die Monopole der Handelsgesellschaften, ein Kampfbegriff, in den die Sorge um die standesgemäße Nahrung und die ›gerechten Preise‹ einging, reagierte die öffentliche Meinung der Reformationszeit sensibel auf eine erste Bedrohung der Ständeordnung durch den systemsprengenden geldwirtschaftlichen Schub des Kaufmannsstandes, der freilich eine deutsche Episode blieb. Entscheidend wurde der vor allem in Westeuropa vorangetriebene Aufbau eines Weltmarktes, der Europa einen Anstieg der Nachfrage nach Fertigwaren einbrachte und es zugleich mit den nötigen Zahlungsmitteln durch überseeisches Edelmetall versorgte. Die europäische Expansion, die auch eine anthropologische, religionsgeschichtliche und politische Eigendynamik hatte, diente doch mit ihren Handelsstützpunkten und Kolonisationen, dem Montan- und Negersklavengeschäft in erster Linie dem materiellen

Interesse, namentlich der Portugiesen und Spanier, der Holländer, Engländer und Franzosen. Kapitalgesellschaften wie die ›Merchant Adventurers‹, die Ostindische Kompanie und das moderne Börsen- und Bankwesen profitierten von einem asymmetrischen Welthandelssystem, das schließlich Afrika, beide Amerika, die pazifische Inselwelt und mit dem Beginn der handelspolitischen Erschließung des pelzreichen Sibiriens durch Rußland auch Asien umschloß.

Dabei blieben freilich Landwirtschaft, Bevölkerungsstand und Klima Dominanten des wirtschaftlichen Geschehens. Bescheidene Ansätze zu einer Kommerzialisierung der Landwirtschaft finden sich unter der feudalen Überstruktur der auf Abgaben und Dienste beschränkten westeuropäischen Grundherrschaft, bei den ostelbischen Grundherren, die unter Verschärfung von Leibeigenschaft und Schollenbildung selbst eine Gutswirtschaft aufbauten, und am weitesten im englischen Pachtsystem mit seiner zunehmenden Einbeziehung von Gemeindeland. Der Ackerbau expandierte und intensivierte sich in vielfältigen Formen des Fruchtwechsels bis zu einer Steigerung des dreifachen mittelalterlichen Kornertrages auf das Sechs- bis Zehnfache im Westen, während die extensive Viehhaltung mehr zu einer Spezialität der osteuropäischen Länder wurde. Die Abgabe von Überschüssen über den Eigenbedarf je Haus hinaus überstieg allerdings letztlich kaum 20 bis 30 Prozent, doch begann der Markt damit doch eine Rolle zu spielen: Die frühen säkularen konjunkturellen Wechsellagen werden als Agrarpreiskonjunkturen rekonstruiert. Eine lange Aufschwungphase des 16. Jahrhunderts ging in eine beschleunigte ›Preisrevolution‹ über, eine Teuerung ohne Lohnanpassung. Es folgte die Münzverschlechterung aus Geldknappheit, wie sie im Reich als ›Kipper- und Wipperzeit‹ um 1620 überliefert ist, und der Konjunktureinbruch des 17. Jahrhunderts, der mit einer Klimaverschlechterung, einer weitgehenden demographischen Stagnation, dem Schrumpfen des Handelsvolumens zusammenging und in gesellschaftspolitisch umfassender Weise als ›Krise des 17. Jahrhunderts‹ interpretiert wird. Die neue Aufschwungphase des 18. Jahrhunderts leitete die europäische Bevölkerungsexplosion von einhundert auf zweihundert Millionen und die Industrialisierung ein.

Besondere Bedeutung kommt in der Frühen Neuzeit der »Industrialisierung vor der Industrialisierung« zu (H. Medick), eine auf dem nicht zunftgebundenen Lande einsetzende Fertigung und Verarbeitung für den Markt, namentlich von Leinen, Wolltuchen, Seide und schließlich der billigen Baumwolle im bunten Kattundruck, sowie von Eisenerz und Kleineisenverarbeitung in holzenergiereichen Regionen. Statt der idealtypischen Entwicklungsreihe, Verlag, Manufaktur, Fabrik, erscheint als der entscheidende Punkt heute die Entstehung einer solchen frühneuzeitlichen Protoindustrie, die mit einem hohen Anteil von Heimgewerbe flexibel die im Landwirtschaftsbetrieb jahreszeitlich oder unterbäuerlich nicht voll genutzte Arbeitskraft zur Erweiterung der Märkte nutzte. Nach der weitestgehenden Theorie bewirkte der Optimismus günstiger Absatzjahre das Mehr an frühen Eheschließungen, das die demographische Revolution auslöste, doch ist gegenüber solchen entwicklungsgeschichtlichen Überpointierungen auf die Vielfalt unterschiedlicher Organisationsformen und Gewerbelandschaften zu verweisen (W. Mager).

Zum Impulsgeber und institutionellen Rahmen der Modernisierung wurde auch im ökonomischen Bereich der Staat mit seinem ungeheuren Geldbedarf für repräsentative, administrative und militärische Zwecke. Im Medium des Staates erst schlossen sich zwei ganz unterschiedliche Vorformen eines ökonomischen Weltverständnisses folgenreich zusammen. Das eine war die Altökonomik, die in der ›Hausväterliteratur‹ überhöhte grundlegende soziale Einheit des Hauses als eine patriarchalische Herrschaftsorganisation, die u. a. auch die materielle Subsistenz regulierte, aber nicht durch Produktion für den Markt, sondern administrativ innerhalb des Haushaltes. Das andere war der Bereich von Handel und Kommerzien, der sich aus der ständischen Wurzel der Kaufmannschaft löste und die Verselbständigung von Tauschsphäre und Marktgeschehen vorantrieb. Der Fürstenstaat nun entwickelte sich über die höfische Haushaltung, die ›Domänen‹-Verwaltung, und seine fiskalischen Interessen selbst zu einem Großhaushalt, regiert von einem ›Landesvater‹ in Analogie zum Hausvater, gestützt auf die halbökonomische Verwaltungslehre des Kameralismus und zunehmend geöffnet für eine planvolle Finanz- und Wirtschaftspolitik des Gesamtstaates. Dabei integrierte der Staat im 17. und 18. Jahrhundert die Marktsphäre der Kommerzien, klassisch im ›Handelsstaat England‹ und im französischen ›Colbertismus‹. Ansatzweise findet sich das aber auch im ›Reichsmerkantilismus‹, einer münzpolitisch vereinheitlichenden und zeitweise protektionistisch gegen Frankreich gerichteten Politik der Reichsgremien, sowie im ›Universalkommerz‹ der österreichischen Gesamtstaatskonzeption. Dieser gemeineuropäische Merkantilismus, in dem die Staatsmacht sich durch Handels- und Gewerbepolitik zu finanzieren suchte, hat nicht zuletzt die geldwirtschaftliche Tauschsphäre ›hoffähig‹ gemacht und als Vorbedingung der Industrialisierung ein expandierendes, marktorientiertes Umfeld durchgesetzt.

Und doch blieb selbst dieser großökonomisch-merkantilistische Ansatz im Banne der statischen Orientierung und eingegrenzten Weltauffassung der Frühen Neuzeit. Die Idee einer universalen Vermehrung des Reichtums durch Produktion, Wachstum und Entwicklung in Wirtschaftsstufen, wie sie seit A. Smith und den englischen, französischen und deutschen Klassikern faszinierte und in allen Widersprüchen und Modifikationen dem ökonomisch-industriellen Bereich sein besonderes gesellschaftliches Prestige verlieh, war bis in die Mitte des 18. Jahrhunderts nicht denkbar. Theorie und Konzeption des ›Merkantilismus‹ rechneten denn auch ausschließlich mit konstanten Mengen: einem vorgegebenen Gütervorrat im 16. Jahrhundert, so daß nach der Quantitätstheorie des Geldes die Zufuhr von Edelmetall eine Teuerung bewirken mußte; oder einem Gesamtbestand von Edelmetall, von dem der eigene Staat möglichst viel in seine Kassen ziehen sollte, indem er durch Exportförderung und Importbehinderung von Fertigwaren eine aktive Handelsbilanz erzielte; oder einer Schließung von Bevölkerungslücken nach demographischen Katastrophen wie dem Dreißigjährigen Krieg durch ausgleichende Wanderbewegungen.

Das ökonomisch-politische Interesse kreiste noch nicht um die Produktion, wie in der industriellen Gesellschaft, sondern um die Verteilung des vorgegeben Vorhandenen. Insofern verstärkte diese ökonomische Konzeption auch die politische Aggressivität der frühneuzeitlichen Staatenwelt. Wenn die realgeschichtlich-gewerbliche Entwicklung etwas dynamischer war, als es die theoretischen Konzepte bewältigen konnten, so ließ doch die reale Begrenztheit der Ressourcen, Märkte und Möglichkeiten und der gebremste demographische Anstieg keinen eklatanten Gegensatz zu den tradierten Denkformen aufbrechen. Niemand kann bis heute sagen, was die ›vorindustrielle Bevölkerungsweise‹ wirklich gesprengt hat und die industrielle Revolution und ein neues ökonomisches Selbstverständnis heraufgeführt hat. Um so wichtiger ist es, auch den Umbruch der wissenschaftlich-kulturellen Mentalitäten in Rechnung zu stellen.

Die frühneuzeitliche Kultur und ihre Vergeschichtlichung

Gerade die europäische Kultur der Frühen Neuzeit gründet bei allem Reichtum noch auf traditionalen Orientierungen. Die breite, schriftlos weitergegebene Volkskultur auf dem Lande ruhte in den wiederkehrenden Verrichtungen und dem Erfahrungswissen einer Arbeitswelt, die sich noch über Generationen gleich blieb oder nur unterhalb der Wahrnehmungsschwelle wandelte. »Gar nicht hoch genug können darum Erfahrung und Tradition als Elemente des Lebens im Alltag jener Zeit eingeschätzt werden. Sie – neben der Religion, doch stärker noch als diese – halten den Menschen aufrecht, geben ihm die Sicherheit, ohne die er nicht hätte arbeiten, sein Leben nicht hätte einrichten können.« (J. Kuczynski) Magische Rituale in fließendem Übergang zur konfessionellen Hochreligion, körpernahe Formen der Geselligkeit und eine den Jahres- und Lebenslauf gliedernde Festkultur dienten der Daseinsbewältigung. Wandlungsimpulse kamen eher von außen durch die staatlich-kirchliche Repression

und eine in der Aufklärung kulminierende disziplinierende Pädagogik. Zwar hatte namentlich der frühneuzeitliche ›Verfleißigungsprozeß‹ (P. Münch) am Ende sichtbare Erfolge bis hin zur drastischen Feiertagsreduzierung, doch verschanzte sich die europäische Landbevölkerung lange gegen steigende obrigkeitliche Ansprüche, die der Lebensfreude selten zuträglich waren, hinter dem alten Recht und Brauch. Auch die urbane Kultur blieb im ›Städtetal‹ der Frühen Neuzeit nach Abebben der Gründungswelle und nach Ausbau des typischen Stadtensembles mit Mauern und Toren, Türmen und den sich verbreitenden öffentlichen Uhren seit dem 16. Jahrhundert relativ konstant, in Übereinstimmung mit politisch-rechtlichen und zünftischen Abschließungstendenzen. Waren die Reformation wie auch die gleichzeitige Handelskultur und altdeutsche Malerei der Dürer-Zeit vornehmlich ein »städtisches Ereignis« gewesen, so verloren die kontinentalen Städte erst einmal ihre kulturelle Signalwirkung mit Ausnahme der aufsteigenden Handelsstädte des Atlantiksaumes und der auf die Höfe weisenden Residenzstädte.
Denn von der bäuerlichen und urbanen Kultur löste sich im 16./17. Jahrhundert eine neue adelig-höfische Form der Daseinskultivierung, die sich in der einzigartigen Baukonjunktur des frühneuzeitlichen Europa ihr bis heute sichtbares Gehäuse errichtete. Zu einem guten Teil diente diese Adels- und Residenzarchitektur zusammen mit Kleiderluxus, theatralischen Festlichkeiten und Hofzeremoniell der Herrschaftsrepräsentation. Der Adel entwickelte nun aber auch Bildungsbedürfnisse und bezog die Universitäten oder eigene Ritterakademien. Die moderne Verfeinerung der Umgangssitten begann, wie Elias gezeigt hat, in der höfischen Gesellschaft, einer auch auf verinnerlichte Selbstdisziplinierung vorausdeutenden Elite im Prozeß der Zivilisation. Das Essen mit der Gabel, avantgardistisches Symbol einer körperfernen Ästhetik, war zunächst eine Adelsmode. Vor allem aber wurden die Höfe als Auftraggeber und Abnehmer von Architektur und Kunst zum stilprägenden Kulturträger.
Neben konfessionell-katholischen Impulsen, die in den romanischen Ländern, Österreich und Süddeutschland dem Kirchenbau einen triumphalen Aufschwung gaben, war es vor allem die kontinentaleuropäische Schloßarchitektur und Residenzkultur, die in einer raumbewußten gemeineuropäischen Formensprache aus der herben Symmetrie der Renaissance in die geschwungenen Stilisierungen des Barock und Rokoko übergingen – eine weltweit romanische und im Zeichen des französischen Vorbildes bald auch interkonfessionell-kontinentale Stileinheit. Nur in der Malerei, die im 17. Jahrhundert in Flandern und den Niederlanden einen neuen Höhepunkt erreichte, blieb neben den fürstlichen Sammlern der urbane Hintergrund präsent. Die schöne Literatur erreichte im goldenen

Zeitalter Spaniens, im elisabethanischen England, im absolutistischen Frankreich und zuletzt in verbürgerlichten Formen in der deutschen Aufklärung ihre klassischen Höhepunkte, auf denen jeweils geniale Spitzen die entwickelte nationale Sprachkultur markierten. Ganz singulär wurde die Frühe Neuzeit die Zeit des Aufbaus der Weltstellung der europäischen Musik durch ihre zunehmende harmonische und melodische Raffinesse zwischen polyphoner Kirchenmusik und höfischer Oper des italienisch-deutschen Stils.

Nichtsdestoweniger blieben Kunst, Literatur und Malerei inhaltlich traditional rückgebunden, wobei nun neben die christlichen Motive und Ikonographie verstärkt die antike Mythologie trat. Die ›Querelles des antiques et modernes‹ boten einen Ansatz zur literarischen und künstlerischen Emanzipation der Moderne, der in der Mitte des 18. Jahrhunderts eine neue Mentalität heraufführte. Bis in die neue wirkungsästhetische Dynamik der Musik hinein und die verzeitlichte Stimmungsästhetik des Theaters zwischen Erinnerungs- und Erwartungshaltungen ist der Abschied von der gleichförmig-räumlich stilisierten Erfahrungswelt der Frühen Neuzeit zu hören. Das ästhetische Führungsprinzip verlagerte sich vom Raum zur Zeit.

Eine besondere Rolle kommt dabei dem gemeineuropäischen Bildungs- und Innovationsschub der Aufklärung zu. Der ersten Alphabetisierungswelle, die im 17. Jahrhundert auf einem Stand von höchstens 25 Prozent lesenden Männern stagnierte, folgte eine zweite. Während die hohen Schulen und Universitäten im 17. Jahrhundert in ihrer theologischen Orthodoxie, lateinisch-antikisierenden Bildung und ihrer praktischen Verprovinzialisierung zur Rekrutierung des regionalen Beamtennachwuchses die geistige Führung verloren, zeigten gelehrte Akademien und Gesellschaften neue Bedürfnisse an.

Wenn im 16./17. Jahrhundert einzelne Namen wie Kopernikus, Kepler, Galilei und Newton für ein neues kosmisch-mechanisches Weltbild oder Descartes für eine neue okzidentale Rationalität stehen, so sah doch erst das 18. Jahrhundert eine breite publizistische, in Deutschland auch Universitäten wie Halle, Leipzig, Göttingen und schließlich Berlin erreichende Bewegung. Und die räumlich-kinetische Problematisierungsebene der astronomisch-physikalischen Leitwissenschaften war doch ohne die prozeßhaft gerichtete moderne Zeitdynamik gleichsam erst protomodern. Seit der Mitte des 18. Jahrhunderts akzentuierte sich ein von der Vergangenheit abhebender innovatorischer Impuls in die Zukunft, der gegen ›alte Vorurteile‹ antrat, gesellschaftliche Verbesserungen für möglich hielt und schließlich die Geschichte als einen universalen Fortschrittsprozeß begriff.

Dieser Umbruch des Geschichtsbewußtseins als mentales Leitphänomen kann gar nicht genug betont werden. Noch nach dem Geschichtsbild des 16. und 17. Jahrhunderts lebte man in der jeweils letzten von drei oder mehr Heilszeiten oder von vier einander ablösenden Weltmonarchien, die nach der mitteleuropäischen Staatsvorstellung mit dem Heiligen Römischen Reich Deutscher Nation zusammenfiel. Danach war nur noch das unausweichliche Weltende zu erwarten, das durch den Termindruck biblischer Prophezeiungen und Berechnungen einer nur knapp 6000jährigen Gesamtspanne bedrohlich naherückte. R. Koselleck hat gezeigt, wie die abgeschnittene Zukunft auch die innergeschichtliche Veränderung entwerten mußte. Dazu kam, daß man die Vergangenheit noch nicht als andersartige Zeit begriff, sondern als zeitloses Exempel für vermeintlich immergültige Verhaltensnormen nutzte. Nun aber entdeckte man die Fremdheit und prinzipielle Andersartigkeit der Vergangenheit und die dem Neuen geöffnete Zukunft. Die eigene Gegenwart wurde zum Moment in einem fortlaufenden Veränderungs- und Entwicklungsprozeß der Welt, der in einer ersten Welle des Fortschrittsoptimismus enthusiastisch begrüßt und selbst wieder zur Legitimation innovatorischen Verhaltens eingesetzt wurde.

Diese Verzeitlichung und Vergeschichtlichung der Welt in der zweiten Hälfte des 18. Jahrhunderts hat auch in der politischen Gesamtkultur so manches von der Frühen Neuzeit hinterlassene Problem zu lösen geholfen. Das konfessionelle Toleranzproblem wurde entdramatisiert durch die Relativierung jeder alten Wahrheit, durch die neuprotestantische Interpretation der Reformation als Fortschrittsetappe und durch die prinzipielle Dynamisierung von Religionsgeschichte. Der aufgeklärte Absolutismus deutet als bewußt innovierendes Reform- und Fortschrittshandeln auf den Liberalismus voraus, wenngleich die in jedem Absolutismus fehlende Freiheitskomponente und Sozialbindung erst einmal die Revolution von unten auf die weltgeschichtliche Tagesordnung setzte. Selbst das ›neue System‹ der Außenpolitik, die dreihundert Jahre lang in einem traditionalen Hegemonialkonflikt gefangen war, wurde als Überwindung ›alter Vorurteile‹ und Diplomatische ›Revolution‹ schon 1756 modern legitimiert; ebenso die Ablösung des Alten Reiches, das nicht mehr ›an der Zeit‹ sei. Vor allem aber öffnete die neue Ökonomie die alte Hauseinheit wie das merkantilistisch geschlossene Weltverteilungsmodell für eine universale Produktions- und Wachstumsorientierung. Die kulturelle Basisinnovation, die all diese politisch-gesellschaftlichen Bereiche verbindet, war das innovatorisch-zeitdynamische Bewußtsein selbst. Indem die Frühe Neuzeit sich dazu bekannte, wurde sie zur Neuzeit.

Neuzeit, Neuere Geschichte

Die politisch-wirtschaftliche Doppelrevolution des ausgehenden 18. Jahrhunderts eröffnete eine Entwicklungsphase, in der die ›alte Welt‹ unterging und die ›Moderne‹ entstand – ein unabgeschlossener Prozeß, in dem der Erste Weltkrieg einen tiefen Einschnitt markiert. Nun endete mit dem Eingreifen der USA die weltpolitische Führungsrolle Europas. Es begann die ideologische Blockbildung um die beiden Pole USA und Sowjetrußland, und politische Erschütterungen setzten ein, die in die faschistischen Regime mündeten. Insofern umspannen die Französische Revolution von 1789 als der entscheidende Umbruch der alteuropäischen Ordnung und der Erste Weltkrieg eine Zeit dramatischer Veränderungen. Das gilt nicht nur für die politische Entwicklung. Die dichte Folge politischer Revolutionen seit den 1770er Jahren bis zur Mitte des 19. Jahrhunderts und darüber hinaus wurde begleitet durch gesellschaftliche Umbrüche, die das Leben der Menschen zutiefst veränderten. Die Alltagserfahrung schien entwertet, die Zukunft wurde grundsätzlich uneinsehbar, als sie sich nicht mehr aus der erlebten Gegenwart fortschreiben ließ, da sich diese »fast in einer geometrischen Progression« (G. G. Gervinus) bewegte. E. M. Arndt formulierte 1807 eindringlich diese Erfahrung vom unkalkulierbar beschleunigten Fortschritt, von der Verzeitlichung alles Bestehenden (R. Koselleck): »Die Zeit ist auf der Flucht, die Klügeren wissen es lange. Ungeheure Dinge sind geschehen, große Verwandlungen hat die Welt still und laut, im leisen Schritt der Tage und in den Orkanen und Vulkanen der Revolution erlitten; Ungeheures wird geschehen, Größeres wird verwandelt werden.«

Industrialisierung und gesellschaftlicher Wandel

Zu den Kräften, die das bewirkten, gehörte die Industrielle Revolution. Im 18. Jahrhundert in England einsetzend, im folgenden Jahrhundert dann zeitlich ungleichmäßig den größten Teil Europas und Nordamerikas erfassend, formte sie die Gesellschaft um und schuf ein neues Fundament für die politische Ordnung. Ökonomischer und politischer Fortschritt verliefen allerdings keineswegs parallel. Das 19. Jahrhundert wurde vielmehr geprägt durch die Konflikte, die aus dem ungleichzeitigen Wandel von politischer und gesellschaftlicher Verfassung hervortrieben. Der durch Krisen vielfach gestörte, langfristig aber doch verstetigte und beschleunigte Prozeß wirtschaftlichen Wachstums machte die Gesellschaft insgesamt beweglicher, für Neuerungen aufgeschlossener. Dazu trug ein Bündel von Faktoren bei. Innovationen, seien es ökonomische oder politische, die in einem Staat erfolgreich waren, verbreiteten sich nun immer rascher in einer Art Kettenreaktion über den europäischen Kontinent.

Entlang dem gesellschaftlichen Modernisierungsgefälle zwischen dem höchstentwickelten England sowie Rußland und dem zerfallenden Osmanischen Großreich als dem anderen Extrempol verlangsamte sich zwar die Geschwindigkeit, mit der Neuerungen aufgenommen wurden. Doch generell gilt: Europa und auch Nordamerika wuchsen im 19. Jahrhundert zu einem Kommunikationsraum zusammen, in dem die Grenzen vor allem für Ideen, aber auch für Menschen und Waren durchlässiger wurden. Die Aufklärung hatte grenzübergreifende Gemeinsamkeiten im Denkstil der Gebildeten geschaffen, die Revolutionen in Nordamerika und Frankreich und die staatenverschlingende napoleonische Herrschaft fügten das Wissen um die »schier überall bestehende leichte Revolutionierbarkeit oder Entzündbarkeit der Societät« (Fr. v. Baader) hinzu. Die antirevolutionären Staaten setzten diesem europäisch-atlantischen Ideen- und Politikverbund 1815 auf dem Wiener Kongreß einen ebenso globalen Stabilisierungspakt entgegen. Konzentriert war er auf Europa, doch der konservative Kern, die Staaten der ›Heiligen Allianz‹, wollten ihn nicht auf Europa beschränkt sehen. Ein Eingreifen in die lateinamerikanischen Unabhängigkeitskriege lag in ihrem Blickfeld. Das gilt ebenso gegenüber den Vereinigten Staaten, die aber als Sperriegel gegen europäische Interventionshoffnungen ihre Erklärung setzten, ein Eingreifen nicht-amerikanischer Staaten auf dem amerikanischen Kontinent nicht zu dulden (Monroe-Doktrin, 1823). Diese Form der Weltpolitik, zu der auch das Ende des älteren Kolonialsystems und der Aufstieg Englands zur neuen wirtschaftlichen Führungsmacht der Welt gehörten, wäre nicht möglich gewesen ohne die ›Kommunikationsrevolution‹, die das 19. Jahrhundert erlebte. Der Überseeverkehr wuchs rapide, und er wurde schneller. In der ersten Jahrhunderthälfte überwogen noch die Segelschiffe, dann setzte sich das Dampfschiff durch. Die Frachtkapazitäten im Weltschiffsverkehr stiegen von 1800 bis 1910 von rund 4 auf 35 Millionen Tonnen. Zum wichtigsten Verkehrsmittel jedoch wurde die Eisenbahn. Sie stimulierte nicht nur die gesamte Wirtschaft und beschleunigte den Industrialisierungsprozeß. Sie erleichterte auch die koloniale Durchdringung Lateinamerikas, Afrikas und Asiens und ermöglichte die wirtschaftliche Erschließung Australiens und vor allem Nordamerikas, auf das 1920 43 Prozent des Welteisenbahnnetzes entfielen. Europa lag mit knapp 24 Prozent weit zurück an zweiter Stelle. Die Bedeutung der Eisenbahn für die Lebensverhältnisse und für die Politik können kaum überschätzt werden. Sie revolutionierte die Vorstellungen von Zeit und Raum. »Welche Veränderungen müssen jetzt eintreten in unsere Anschauungsweise und in unsere Vorstellungen! Sogar die Elementarbegriffe von Zeit und Raum sind schwankend geworden«, notierte H. Heine, als er 1843 die Eröffnung der Linie von Paris nach Orléans miterlebte. Eisenbahnverkehr und Fabrikproduktion erzwangen eine bis dahin ungewohnte Zeitdisziplin. Die Eisenbahnzeit setzte sich als Standardzeit durch und wurde offiziell anerkannt. 1884 teilte schließlich eine internationale Konferenz die Welt in Zeit-Zonen ein. Die »Vernichtung von Raum und Zeit« (W. Schivelbusch) durch die Eisenbahn wurde ergänzt durch neue Formen der Nachrichtenübermittlung. In den 1840er Jahren wurden die zunächst dem Militär und der Eisenbahn vorbehaltenen elektrischen Telegraphen für die Öffentlichkeit freigegeben, 1851 verband ein Nachrichtenkabel England und den Kontinent, 1866 wurde das erste transatlantische Kabel von London nach Nordamerika gelegt. Zu Beginn des 20. Jahrhunderts verband ein Netz von Land- und Seekabeln die Welt; mit dem Telefon und dem Auto, auch schon dem Radio und dem Flugzeug kündigte sich bereits die Zukunft an. Zeitungen und Zeitschriften trugen diesen weltweiten Informationsverbund in der zweiten Hälfte des 19. Jahrhunderts selbst in abgelegene Gebiete.

Diese ungeheure Verdichtung von Raum und Zeit brach die engen Lebenswelten auf, in denen die meisten Menschen immer noch lebten. Auch im Dorf endete der Horizont jetzt nicht mehr am eigenen Kirchturm. Dieser Fortschritt wurde von vielen als gefährlich empfunden, wenn die ›Welt‹ nun stärker als zuvor in das gewohnte Lebensgefüge eingriff, aber er setzte sich durch. Lebensformen und Gesellschaftsbilder, an denen der einzelne sein Verhalten ausrichtete, wurden einheitlicher, wenn etwa die nationale Hochsprache Mundarten zurückdrängte, staatliche Normen lokale Rechtsbräuche ersetzten, Waren und Ideen von ›draußen‹ sich überall verbreiteten und die Lebenswelten materiell, politisch und kulturell entlokalisierten. Dieser umfassende Modernisierungsvorgang bestimmte die Richtung, in der sich die Gesellschaft im 19. Jahrhundert wandelte, selbst dort, wo man sich dagegen sperrte. Vor allem aber bildete er die Grundlage, auf der sich die zentralen Entwicklungsprozesse des 19. Jahrhunderts vollzogen: Nationsbildung, ›Verstaatung‹ und Demokratisierung. In diesen drei Begriffen läßt sich der krisenreiche Weg in die ›Modernität‹ bündeln, der das 19. Jahrhundert zu einer Epoche von eigenständigem Gepräge formte. Die einzelnen Nationen schlugen unterschiedliche Wege ein und kamen unterschiedlich weit. Doch auf den Weg machten sich alle. Denn der internationale Verbund ließ nirgendwo Stillstand in einer Welt zu, die in Bewegung geraten war. Der Kampf um die Gestaltung des Neuen wurde deshalb zum Signum der Zeit zwischen der »atlantischen Doppelrevolution« (R. R. Palmer) des 18. Jahrhunderts, mit der das neunzehnte begann, und dem Ersten Weltkrieg, mit dem es endete.

Die tiefgreifenden Veränderungen, die in alle Lebensbereiche einwirkten, begannen für die große Mehrheit der Europäer mit einer ungeheuren

Massenarmut (Pauperismus). Sie ist nicht durch die Industrialisierung geschaffen worden, wie viele Menschen, die ihre Arbeitsplätze durch die industrielle Produktion gefährdet sahen, verständlicherweise glaubten. Die Massenarmut der ersten Hälfte des 19. Jahrhunderts war vielmehr der Höhepunkt eines jahrhundertealten Prozesses, in dem die Bevölkerung schneller wuchs als der Nahrungsspielraum. Neu war aber das katastrophale Ausmaß, das die Massenarmut im Zeitalter der um die Mitte des 18. Jahrhunderts in Europa einsetzenden Bevölkerungsexplosion erreichte. Im 19. Jahrhundert stiegen die Zuwachsraten noch weiter an, so daß die europäische Bevölkerung bis zum Ende des Jahrhunderts von etwa 187 auf 401 Millionen Menschen anschwoll. Ohne die Agrarrevolution, die der industriellen vorausging, hätte die so rasch wachsende Bevölkerung nicht ernährt werden können.

Der Begriff ›Agrarrevolution‹ umschreibt eine Vielzahl von Entwicklungen, welche die Leistungsfähigkeit der Landwirtschaft steigerten: z.B. die Beseitigung oder Verringerung kollektiver Besitzrechte am Boden und herrschaftlicher Rechte über die Bauern, die Erweiterung der agrarisch genutzten Flächen oder die Einführung neuer Fruchtarten. Trotz aller Verbesserungen reichte das Wachstum der landwirtschaftlichen Produktion jedoch nicht aus, um die steigende Bevölkerung ausreichend ernähren zu können. Diese Erfahrung verarbeitete T. R. Malthus 1798 zu der pessimistischen Prognose, der Bevölkerungszuwachs werde die Nahrungsmittelproduktion stets übertreffen. Einen Ausweg aus der ›malthusianischen Falle‹ bot die Auswanderung. Etwa 1,5 Millionen Menschen wanderten von der Jahrhundertwende bis 1840 aus Europa aus; bis 1880 stieg die Zahl der Auswanderer weiter auf ca. 13 Millionen. Diese – meist wirtschaftlich bedingte – Emigration entlastete die europäische Wirtschaft, ohne jedoch für die Zurückbleibenden eine durchgreifende Verbesserung zu bewirken. Das ermöglichte erst die beschleunigte Industrialisierung, die in Europa seit etwa der Mitte des 19. Jahrhunderts genügend neue Arbeitsplätze schuf, um die agrarische ›Überschußbevölkerung‹ aufnehmen zu können.

Dieser industrielle Ausweg aus der Massenarmut schuf zwar eine Fülle neuer Probleme, zu denen u.a. die erbärmlichen Wohnverhältnisse der städtischen Unterschichten gehörten. Gleichwohl gilt es zu betonen, daß mit dem Fortschreiten der Industrialisierung die ›alte Armut‹ in den Industriestaaten verschwand. Armut nahm jetzt andere Formen an. Die Armutsschwelle lag in den Industriestaaten nun oberhalb des physischen Existenzminimums, und Hungersnöte gehörten seit der Mitte des 19. Jahrhunderts, abgesehen von Kriegszeiten, der Vergangenheit an. Armut wurde seitdem anders definiert: nicht mehr als Unmöglichkeit, sein Leben aus eigener Arbeitskraft zu fristen, sondern im Vergleich zu den Lebensverhältnissen der sozial Bessergestellten. Dieses veränderte Verständnis von Armut war Teil eines umfassenden Wandels gesellschaftlicher Leitbilder, die sich im Zuge der Urbanisierung durchsetzten. Verstädterung und die Verbreitung urbaner Lebensformen gehörten zu den zentralen gesellschaftlichen Prozessen, die in der zweiten Hälfte des 19. Jahrhunderts das Leben der Menschen und deren Gesellschaftsbilder umformten. Die Stadt wurde zum Motor und Zentrum gesellschaftlichen Wandels, der keinen Lebensbereich aussparte. In der Stadt wirkte sich der industrielle Aufschwung am stärksten aus, die neuen Berufe des Dienstleistungssektors entstanden hier, die modernen Formen der staatlichen Daseinsvorsorge von der verbesserten Hygiene bis zum enorm ausgeweiteten kulturellen Angebot wurden in den Städten entwickelt, und auch die vielfältigen Arten der modernen organisierten Interessenvertretungen bis hin zu den politischen Parteien waren vorrangig städtische Phänomene. In den Städten setzte im 19. Jahrhundert auch die »Revolution der Ehe- und Familienbeziehungen« (T. Nipperdey) ein. Das bürgerliche Familienbild, das eine neue, individualisierte Familienkultur schuf und die Lebenskreise der Geschlechter wohl stärker als je zuvor trennte, setzte sich zunächst in den Städten durch. Dort begann jedoch auch eine bis heute andauernde Gegenbewegung, die sich – vorangetrieben durch die Organisationen der Frauenbewegung – mit den vermeintlich naturgegebenen Geschlechterrollen nicht abfand.

Der Prozeß der Nationsbildung

Die Suche nach der Gestalt der Zukunft äußerte sich im 19. Jahrhundert zunächst vor allem anderen im Prozeß der Nationsbildung, denn in ihm liefen die vielfältigen gesellschaftlichen Entwicklungslinien zusammen und gewannen ihre politische Stoßkraft. Nationsbildung hat verschiedene Dimensionen. Eine war die Entstehung von Nationalstaaten in Europa und auch in Lateinamerika. Staatenbildung nach dem Nationalitätenprinzip stellte die historisch gewachsene Ordnung auf dem europäischen Kontinent grundsätzlich in Frage, allerdings in sehr unterschiedlicher Weise. Das Heilige Römische Reich Deutscher Nation löste sich unter dem Druck der napoleonischen Herrschaft auf (1803/06), das Osmanische Reich zerfiel in einem langen, krisenreichen Prozeß, der im Ersten Weltkrieg seinen Endpunkt erreichte. Die Habsburger Monarchie war als multinationale Großmacht vom Kampf der Nationalitäten um einen eigenen Staat am stärksten in ihrer Existenz bedroht. Sie entwickelte sich deshalb unter dem Staatskanzler Metternich zu einem Bollwerk der Immobilität, das die Revolution von 1848 nur mit russischer Waffenhilfe und auf Grund des britischen Interesses überstand, Habsburg zur Sicherung des ›Gleichgewichts der Mächte‹, vor allem aber als Puffer gegen russi-

sche Expansionswünsche zu erhalten. Ein Jahrzehnt später überstand die Habsburger Monarchie jedoch den Ansturm der nationalen Bewegungen nicht mehr. In Oberitalien verlor sie ihren Besitz, die Lombardei (1859) und Venetien (1866), an den neuen italienischen Nationalstaat. Und die kleindeutsche Nationalstaatsgründung unter preußischer Führung (1866/71) drängte sie vollends ab in den krisengeschüttelten südosteuropäischen Raum, in dem sich die Interessen der vielen kleinen, noch staatenlosen Nationalitäten und der europäischen Großmächte überkreuzten.
Eine zweite Dimension der Nationsbildung bedeuteten die nationalen Bewegungen, die in der ersten Hälfte des 19. Jahrhunderts zu Massenbewegungen anwuchsen. Begonnen hatten sie in kleinen Zirkeln von Gebildeten, die am frühesten fähig waren, die Chancen der zunehmend verdichteten großräumigen Kommunikation zu nutzen und nationale Ideen als Gegenentwürfe zu den bestehenden staatlichen Ordnungen zu formulieren. Diese Gebildeten aus Bürgertum und Adel – letzterer vor allem in Süd- und Südosteuropa – schufen die Ideengehäuse und stellten die Wortführer der nationalen Bewegungen, die aber verstärkt in den 1830er und 40er Jahren in die Breite wuchsen, zunehmend auch unterbürgerliche Schichten erfaßten, in den Städten ihre Zentren besaßen, sich mehr und mehr organisierten und über staatliche Grenzen hinweg das Leitbild der Nation und des Nationalstaats verbreiteten. Es war ein wirkungsmächtiges Leitbild, mit dem kein anderes ernsthaft konkurrieren konnte. Im 18. Jahrhundert hatte es sich in den Revolutionen der nordamerikanischen Kolonien und Frankreichs geformt, in der Gründung des griechischen und des belgischen Nationalstaats (1830) bewies es erneut seine Kraft. In der ›Idee der Nation‹ entstand ein Gegenentwurf zu den Fundamenten, auf denen die vielfach abgestufte Privilegiengesellschaft der ›alten Welt‹ errichtet war. Er forderte für die neue Staatsbürgergesellschaft, auf die er zielte, im Prinzip gleiches Recht für alle, und mit der Nation bot er der säkularisierten Gesellschaft ein neues Bindemittel, das sich nicht mehr aus gottgewollter Ordnung rechtfertigte. Die Idee der Nation ging vielmehr vom diesseitigen Glücksanspruch jedes einzelnen Menschen aus, der als Staatsbürger mit der souveränen Nation verschmolz und an ihren Entscheidungen teilhatte. Die Nation und der Nationalstaat wurden so zur obersten Instanz, vor der sich die bestehenden Institutionen wie auch ihre Gegner zu legitimieren hatten. Das war ein vielschichtiger Prozeß, der in den einzelnen Staaten höchst unterschiedlich verlief. Doch überall gilt, daß der Leitwert Nation, und nur er, in der Lage war, die verschiedenartigen Reformziele und Modernisierungsstrategien der Zeit zu bündeln und damit eine politische Dynamik auszulösen, der sich auf Dauer nicht einmal die alten staatlichen Führungskreise, deren Position dadurch gefährdet wurde, entziehen konnten.

Die innere Nationsbildung vollzog sich in den bereits gefestigten Nationalstaaten England und Frankreich ebenso wie in den noch staatenlosen Nationen Südosteuropas und der in viele Staaten zersplitterten deutschen und italienischen Nation. Innere Nationsbildung – das soll heißen: Nationale Identitäten entstanden, als der einzelne politisch, wirtschaftlich und kulturell immer stärker in umfassendere Zusammenhänge eingebunden wurde. Die größeren Wirtschaftsräume, die im Zuge der Industrialisierung entstanden, trugen dazu ebenso bei wie der vermehrte direkte Kontakt des einzelnen Bürgers mit dem Staat, etwa in Form von Steuern oder von Wahlen zu den neuen parlamentarischen Vertretungen oder der verbesserten Schulbildung, die vor allem in West- und Mitteleuropa die Analphabetenquote bereits in der ersten Hälfte des 19. Jahrhunderts bedeutend senkte. Letzteres war ein Glied in der erwähnten Ausweitung und Verdichtung der Kommunikation, ohne die Nationsbildung nicht denkbar ist. In dem Maße, in dem diese politischen und gesellschaftlichen Verflechtungen in die Breite wuchsen, konnten nationale Bewegungen als Massenorganisationen entstehen. Die Art dieser Organisationen hing von den politischen und gesellschaftlichen Bedingungen in den einzelnen Staaten ab. In England, auch in Frankreich, bildete sich bereits in der ersten Hälfte des 19. Jahrhunderts ein dichtes Netz von Organisationen, differenziert nach Aufgaben, Berufen, Schichten und Klassen. Politische Klubs gehörten ebenso dazu wie Gewerkschaften oder Selbsthilfeeinrichtungen. In Staaten, deren Herrschaftsordnungen geringere Freiräume für organisierte Interessenvertretung boten, entstanden Geheimgesellschaften (vor allem in Südeuropa, z. B. G. Mazzinis ›Junges Italien‹); wo dagegen die gesellschaftlichen Voraussetzungen für eine breite Politisierung schon gegeben waren, die Staaten aber repressiv dagegen vorgingen, kam es zu verhüllt politischen Massenorganisationen. Das gilt etwa für die Turn- und Gesangvereine im ›Deutschen Bund‹. All diese Organisationen legitimierten ihre politischen und sozialen Gleichheitsforderungen aus dem Ideal der nationalen Staatsbürgergesellschaft, das wie in einem Brennspiegel die Reformhoffnungen der Zeit zusammenzwang. Dem widerspricht nicht, daß die politischen und sozialen Vorstellungen der einzelnen Organisationen z. T. erheblich voneinander abwichen und nur eine Minderheit die egalitäre Zukunftsvision ›staatsbürgerliche Nation‹ in ihrer vollen Radikalität vertrat.

Bürgerliche Leitbilder und staatliche Reformen

Im Bürgertum, das in West- und Mitteleuropa an der Spitze der nationalen Bewegungen stand, überwog der Wunsch nach Reform, nicht nach Revolution. Verwirklichung des Verfassungsstaates und bürgerliche Beteiligung an der staatlichen Herrschaft lauteten die Kernforderungen.

Beseitigung der Monarchie verlangten nur die republikanischen Demokraten, die an Zahl und Einfluß deutlich hinter den Liberalen zurückstanden. Diese wollten die Monarchie reformieren, nicht beseitigen. In ihren Mitwirkungsforderungen gingen sie unterschiedlich weit. Während in England das parlamentarische Regierungssystem, nach dem die stärkste Fraktion die Regierung stellt, bereits durchgesetzt war, gingen die deutschen Frühliberalen überwiegend von einer dualistischen Vorstellung aus. Regierung und Parlament sollten sich als zwei Blöcke gegenüberstehen, die Abgeordnetenkammer »mitgesetzgebend, (...) nicht mitregierend« (F. C. Dahlmann) sein. Regierung und Verwaltung standen in der Sicht der vormärzlichen deutschen Liberalen dem Monarchen zu, gezähmt durch eine Verfassung, nicht jedoch entmachtet. So unterschiedlich weit die europäischen Liberalen in ihren Teilhabeforderungen auch gingen, in einem stimmten sie überein: Nur vor dem Recht sollten alle gleich sein, nicht hingegen sollten alle sofort politische Vollbürger werden. Politische Demokratisierung verstanden sie vielmehr als eine langfristige Zukunftsaufgabe, realisierbar nur in dem Maße, in dem die unterbürgerlichen Schichten über Bildung und Besitz in die ›bürgerliche Gesellschaft‹ hineinwuchsen. Als wichtigste Sperre gegen deren Überwältigung durch die ›arbeitenden Classen‹, aus denen die Mehrheit der Bevölkerung bestand, galt den Liberalen das eingeschränkte Wahlrecht. Selbst die französische Julirevolution von 1830 gewährte nur etwa 2,8 Prozent der erwachsenen Männer das Wahlrecht – Frauen als politisch gleichberechtigt anzuerkennen, lag bis zum Ersten Weltkrieg für die meisten europäischen Liberalen außerhalb ihrer Vorstellungskraft –, und die englische Reform von 1832 stattete auch nur die bürgerlichen ›Mittelklassen‹ mit dem Wahlrecht aus. Der europäische Frühliberalismus dachte den Citoyen also als Bourgeois. Damit verbanden sich allerdings unterschiedliche Vorstellungen. Während in England und Frankreich bereits eine starke, nach politischer Macht strebende Großbourgeoisie existierte, waren die deutschen, aber auch die italienischen und die ungarischen Liberalen eher mittelständisch geprägt. Ihr Leitbild war die klassenlose Bürgergesellschaft (L. Gall). Sie blieb jedoch für die Bürger zweiter Klasse, die noch nicht durch Erwerb von Bildung und Besitz in den Kreis der politisch vollberechtigten Staatsbürger aufgestiegen waren, eine bürgerliche Klassengesellschaft – allerdings gedacht als eine Klassengesellschaft auf Zeit.

In diesem frühliberalen Gesellschaftsbild, das noch nicht mit einer Arbeiterklasse rechnete, sondern die lohnabhängige Arbeit als eine Durchgangsphase zur ökonomischen Selbständigkeit und damit zur vollen Bürgerlichkeit betrachtete, spiegelt sich die kleingewerblich-mittelständische Wirtschaftsstruktur der mittel-, süd- und südosteuropäischen Staaten.

Die Industrialisierung hatte sie noch kaum erfaßt, und die Mehrzahl ihrer Liberalen standen ihr eher skeptisch gegenüber. Einen ungezügelten ›marktrationalen‹ Laissez-faire-Kapitalismus lehnten sie ab. Sie hielten staatliches Eingreifen für notwendig, um den wirtschaftlichen ›Krieg Aller gegen Alle‹ (C. v. Rotteck), den sie in England bereits wahrzunehmen meinten, zu vermeiden. Dieses Vertrauen auf die helfende Hand des Staates war im deutschen Liberalismus wohl am stärksten ausgeprägt. Um das zu verstehen, muß man nicht eine besondere Neigung der Deutschen zur Untertanengesinnung unterstellen. Mehr erklärt die deutsche Staatstradition. In der bunten Vielfalt der Staatenwelt des Alten Reichs mit seinen zahlreichen Selbstverwaltungsinstitutionen hatte nicht das Bild des fernen, allgewaltigen Staates aufkommen können, und der ›Aufgeklärte Absolutismus‹ des 18. Jahrhunderts hatte die Selbstbeschränkung des Monarchen und die Vorstellung von der ›Gemeinwohl‹-Verpflichtung des Staates noch vertieft. Vor allem aber hatte er bereits den Reformen vorgearbeitet, die unter dem Druck der napoleonischen Herrschaft nach der Jahrhundertwende die feudal-ständische Gesellschaft grundlegend aufbrachen. Was in Frankreich die Große Revolution, in England das Ineinandergreifen von ›Industrieller Revolution‹, den im Parlament repräsentierten ›etablierten Interessen‹ und der Öffentlichkeit in Gang setzten, wurde in den deutschen Staaten als ›Revolution von oben‹ nachgeholt. Es wäre völlig verfehlt, für Deutschland von einer Zweiteilung in reformbegierige Gesellschaft und reformverweigernde Staaten auszugehen. In der Gesellschaft hatte es zwar vielfältige Reformbestrebungen gegeben, doch den Reformschub zu Beginn des 19. Jahrhunderts setzte die staatliche Bürokratie durch, z. T. sogar gegen die betroffenen Bevölkerungsgruppen. Damit wurde der Prozeß der ›Verstaatung‹ vorangetrieben, der im Laufe des Jahrhunderts auf immer weitere Lebensbereiche ausgriff. Erst dadurch entstand die moderne Staatsbürgergesellschaft, die den einzelnen in unmittelbare Beziehung zum Staat brachte. Zu den vielen Zwischengewalten, die als politische Ordnungsmächte langsam ausgeschaltet oder deren Aufgaben durch den Staat neu geordnet und auf diesen bezogen wurden, gehörten der Adel ebenso wie die kommunalen korporativen Selbstverwaltungsgremien oder die Handwerkerzünfte. Auch die Stellung des Monarchen veränderte sich in diesem Prozeß der ›Verstaatung‹, der mehr und mehr rationale Leistungskriterien an die Stelle von Privileg und Herkunft setzte. Das monarchische Gottesgnadentum endete zwar nicht wie in Frankreich unter der Guillotine und dann endgültig in der Gestalt des ›Bürgerkönigs‹, geschaffen von der Julirevolution 1830 und frei von allen Attributen eines Herrschers von Gottes Gnaden. Aber auch in Deutschland genügte nicht mehr allein die Legitimation durch Herkunft, zunehmend wichtiger wurde auch hier die Legitimation durch Leistung. Nur soweit sie vom Staat und seinen Institutionen erbracht wurde, trug der monarchische Herrschaftsanspruch. Diese Entmythologisierung dynastischer Legitimität wurde in Deutschland also nicht wie in Staaten mit revolutionärer Tradition gewaltsam von unten erzwungen, sondern eingeleitet wurde sie durch die ›Revolution von oben‹, die Napoleon auslöste, und dann verlief sie eher schleichend, abgeschlossen erst mit dem revolutionären Übergang vom Kaiserreich zur Weimarer Republik. Gebrochen blieb dieser Entmythologisierungsprozeß auch, weil nur ein Teil der deutschen Staaten in der Reformära eine Verfassung erhielt. Die beiden deutschen Vormächte, Österreich und Preußen, blieben bis 1848 (Preußen) bzw. bis 1861 (Österreich) Staaten ohne Verfassung und ohne gesamtstaatliches Parlament. Das gilt auch für den 1815 geschaffenen Deutschen Bund, einer lockeren Klammer um diejenigen Staaten, die die territoriale Flurbereinigung Napoleons und des Wiener Kongresses überstanden hatten. Auch die Verfassungen der süddeutschen Staaten bewahrten zahlreiche altständische Bestimmungen, und die Rechte ihrer Abgeordnetenkammern blieben beschränkt. Aber die ›bürgerliche Gesellschaft‹ erhielt in ihnen doch einen institutionellen Ort rechtlich gesicherter Mitwirkung am Staat. Der deutsche Süden, vor allem Baden, konnte deshalb zur Hochburg des konstitutionellen Lebens und der politischen Bewegungen im Deutschen Bund werden.

Reform durch Revolution

Nach dem Wiener Kongreß, mit dem die europäischen Mächte ohne Mitwirkung der Völker die Revolutionsära abzuschließen suchten, ohne aber vorrevolutionäre Zustände zu restaurieren, gingen alle Staaten gegen die politisch-sozialen Oppositions- und Emanzipationsbewegungen vor. Sie stillzustellen, gelang ihnen jedoch nicht. Das europäische Neuordnungswerk des Wiener Kongresses, das den revolutionären Ideen ›Nation‹ und ›Volkssouveränität‹ den Grundsatz dynastisch legitimierter Staatlichkeit entgegensetzte, zerfaserte bis 1848 von den Rändern her. Eine Kette von Revolutionen, die Spanien, Portugal, Italien, Griechenland und Belgien erfaßten, erschütterten das dynastische Europa, mit dem Höhepunkt 1830, als die Revolutionswelle auch auf Mittel- und Nordeuropa und sogar auf England ausstrahlte. Zudem entstanden mit Belgien und Griechenland 1830 zwei neue Staaten, in denen die beiden großen konkurrierenden Legitimitätsprinzipien der Zeit sich verbanden. Denn hier schufen sich zwei Nationen mit revolutionärem Druck gegen übernationale Dynastien ihren Staat, der aber ein monarchisches Oberhaupt erhielt, was ihnen die Zustimmung der europäischen Mächte eintrug. Die neue Grundlage für staatliche Herrschaft und für Staatlichkeit überhaupt, die

›souveräne Nation‹, hatte sich also als stark genug erwiesen, das Prinzip dynastischer Legitimität zu dehnen und die restaurative Versteifung der europäischen Ordnung von 1815 spektakulär zu durchbrechen. Zu diesem Erfolg trug bei, daß sich die antirevolutionäre Allianz der Kongreßmächte bereits erheblich gelockert hatte. Den westeuropäischen Verfassungs- und Nationalstaaten England und Frankreich, an denen sich die nationalen Bewegungen Europas orientieren konnten, stand der Erhaltungsblock der ›Ostmächte‹ Rußland, Österreich und Preußen gegenüber, die nationale Selbstbestimmung und innenpolitische Liberalisierung ablehnten. Politischer Stillstand ließ sich jedoch auch durch staatliche Unterdrückung nicht mehr erzeugen. Dafür war die Gesellschaft bereits zu sehr in Bewegung geraten. Die Staaten hatten selber daran mitgewirkt. Sie konnten dann den Prozeß der Nationsbildung, in dem eine sich wandelnde Gesellschaft mit gesteigerten Selbstbestimmungsansprüchen heranwuchs, nicht mehr aufhalten. Wohl aber gelang es ihnen, das Übergreifen der gesellschaftlichen Bewegung auf die politische Herrschaftsordnung zu blockieren. Der Preis für diesen Erfolg waren die Revolutionen von 1848.

Die Revolutionswelle von 1848 erfaßte mehr europäische Staaten als alle früheren und späteren Revolutionen. Im Zentrum standen Frankreich, der Deutsche Bund und die Habsburger Monarchie sowie Italien. Zu Unruhen und Aufstandsversuchen kam es auch in den Donaufürstentümern Moldau und Walachei, in Irland, Spanien, Griechenland und England. In Belgien, den Niederlanden und den skandinavischen Staaten wurden die revolutionären Ansätze durch Reformen aufgefangen. In der Schweiz endete der Sonderbundskrieg von 1847, der zum Auftakt der europäischen Revolutionen gehört, mit der Umwandlung des Staatenbundes in einen Bundesstaat, dessen Verfassung 1848 durch Volksabstimmung angenommen wurde. Nur Rußland, dessen Herrschaftsordnung bis zur Mitte des 19. Jahrhunderts noch kaum unter gesellschaftlichen Reformdruck geraten war, wurde von der Revolutionswelle nicht berührt. Die Revolutionen von 1848 enthüllten die politische Kraft der nationalen Idee, aber auch die Spannungen und Gegensätze, die innerhalb und zwischen den nationalen Bewegungen Europas auftraten, sobald die staatliche Unterdrückung wegfiel oder nachließ und die konkurrierenden Interessen offen aufeinanderstoßen konnten. Zwei große Aufgaben standen überall im Vordergrund: Politische Demokratisierung und, abgesehen von Frankreich, die Bildung von Nationalstaaten. Soziale Erweiterung der politisch vollberechtigten Staatsbürgergesellschaft hatte bereits vor 1848 eine Kernforderung der nationalen Bewegungen gelautet. Darin gründete die Fähigkeit der nationalen Idee, unterschiedliche Reformziele zu bündeln. Doch als es um die Verwirklichung dieser Idee ging, brachen die

Unterschiede sofort auf. Die bürgerlichen und – vor allem in Süd- und Südosteuropa – adligen Revolutionskräfte spalteten sich 1848 danach, welches Ausmaß an Reformen sie für unverzichtbar und für sozialverträglich hielten. Sie stimmten, abgesehen von Minderheiten, darin überein, daß die politische Revolution dort enden sollte, wo die soziale begann. Doch über die Frage, wie diese Grenzlinie am besten zu sichern sei, spalteten sich die Revolutionsbewegungen überall in zwei Lager, deren Kampf gegeneinander zum Scheitern der Revolutionen erheblich beitrug. Es ging in diesem Streit im Kern darum, wie weit die politische Herrschaftsordnung demokratisiert werden sollte: Wie war die Macht zwischen Staatsoberhaupt und gewähltem Parlament zu verteilen, wer sollte das Parlament wählen dürfen, sollte der Rechtsstaat allen Männern gleiche politische Rechte gewähren, sollte und konnte er darüber hinaus in den Umbau von Wirtschaft und Gesellschaft eingreifen und Sicherungen gegen die Massenarmut schaffen? Auf diese Grundfragen nach der staatlich-gesellschaftlichen Ordnung der Zukunft gaben die Revolutionsbewegungen zwei unterschiedliche Antworten. Das demokratische Lager wollte die volle politische Demokratisierung des Staates sofort und ohne soziale Einschränkungen wagen, damit alle Schichten über das demokratische Wahlrecht an der Gestaltung der Zukunft mitwirken konnten, um die im Parlament gerungen werden sollte. Das liberal-konstitutionelle Lager dagegen war überzeugt, daß diese Demokratisierung nur am Ende einer längeren Entwicklung stehen könne, da sonst die noch ungefestigte ›bürgerliche Gesellschaft‹ in einem sozialrevolutionären Chaos untergehen werde.

Die Revolutionen ließen nicht einen europäischen ›Völkerfrühling‹ erblühen, sondern sie gaben einen Vorgeschmack darauf, daß Demokratisierung und nationaler Machtanspruch durchaus zusammengehen konnten. Erkennbar wurde auch, wo die nationalpolitischen Rivalitäten in Zukunft die heftigsten Konflikte erwarten ließen: in den ethnischen Gemengelagen Mittel- und Südosteuropas. 1848/49 nutzten diese Rivalitäten vor allem den Repräsentanten der ›alten Ordnung‹.

Die europäischen Revolutionsbewegungen standen 1848 also vor einer Fülle von Problemen, die sich als unlösbar erwiesen. Die Frontlinien verliefen nicht einfach zwischen zukunftsorientierten Revolutionären und vergangenheitsfixierten Gegnern. Wer nach entschiedener politischer Demokratisierung verlangte, konnte zugleich die privilegiengeschützte Wirtschaftsordnung der Vergangenheit verteidigen; wer politische Reformen ablehnte, konnte Gewerbe- und Agrarreformen bejahen; wer um soziale Grundrechte kämpfte, konnte dies mit sozialrestaurativen Ideen und mit den traditionalen Mitteln des kollektiven Protestes tun, den Liberale und auch große Teile der Demokraten zugunsten organisierter, gewaltloser Formen der Interessendurchsetzung ablehnten. Dieses verwirrende Gemenge von Zukunfts- und Vergangenheitsbildern, aus denen die Menschen ihre Forderungen und Verhaltensweisen rechtfertigten, spiegelt die Probleme von Gesellschaften, die sich fundamental wandelten. »Man kann spüren, daß die Alte Welt am Ende ist: Wie aber wird das Neue aussehen?« Diese Frage A. de Tocquevilles wußte 1848 niemand zu beantworten, auch die Revolutionäre nicht. Sie suchten nach neuen Leitbildern, die sie – wie ihre Gegner – z. T. aus der Vergangenheit schöpften. Insofern waren die Revolutionen von 1848 auch ein letzter Versuch, die Vergangenheit gegen die kapitalistische Gesellschaft der Zukunft zu verteidigen. Dieser Versuch scheiterte überall. Die Folgen des Scheiterns waren gesamteuropäisch wie die Revolutionen.

Nationalstaatliche Gründungsära in Italien und Deutschland
Die nachrevolutionäre Reaktion erneuerte nirgendwo auf Dauer vorrevolutionäre Verhältnisse, denn der »Eintritt des Volks in die Politik« (O. Vossler) ließ sich nicht mehr rückgängig machen. Der Prozeß der Fundamentalpolitisierung, der das 19. Jahrhundert charakterisiert, hatte sich 1848 mächtig beschleunigt. Das gilt auch für das Problem der Nationalstaatsbildung, das 1848 nur vertagt wurde. Als sich die italienische und die deutsche Nationalbewegung Ende der 1850er Jahre erneut regten, endete die nachrevolutionäre Erstarrung des politischen Lebens. Doch nun hatten sich ihre Wirkungsmöglichkeiten gegenüber der ersten Hälfte des Jahrhunderts grundlegend verändert. Revolution gehörte nun nicht mehr zum bürgerlichen Handlungsrepertoire auf dem Wege zum Nationalstaat und zur ›bürgerlichen Gesellschaft‹. Beides suchte das Bürgertum nun in Zusammenarbeit mit reformbereiten Staaten zu erreichen.
In Italien übernahm diese Rolle das Königreich Piemont-Sardinien, das 1848/49 vergeblich die italienische Einigung im Nationalkrieg gegen Österreich zu erzwingen versucht hatte. Unter der Leitung C. Cavours übernahm es in den fünfziger Jahren, unterstützt von der 1857 gegründeten ›Società Nazionale‹, erneut die Führung der italienischen Nationalbewegung, in der die liberalen Moderati und Demokraten zusammenwirkten. Cavour schirmte die Politik der nationalen Einigung außenpolitisch ab, indem er sich die militärische Unterstützung des französischen Kaisers Napoleon III. gegen Österreich sicherte. Der Krieg von 1859, in dem die österreichische Armee dem französisch-piemontesischen Heer unterlag, konnte jedoch, wie Napoleon und Cavour erfahren mußten, nicht mehr im Stile der alten Kabinettskriege beendet werden. Die Kraft der nationalen Bewegung, symbolhaft verkörpert in G. Garibaldis ›Zug der Tausend‹, ging über die staatliche Diplomatie hinweg und erzwang bis 1861 die italienische Einigung unter dem Piemontesen Viktor Emanuel II.

als ›König von Italien‹. Der italienische Nationalstaat war aber in doppelter Weise unvollendet: territorial, denn das österreichische Venetien und der Rest des Kirchenstaats gehörten noch nicht dazu, und vor allem nach innen. Während die territoriale Vollendung des Nationalstaats 1866 bzw. 1870/71 gelang, blieb die innere Nationsbildung eine Zukunftsaufgabe. Die Nationalstaatsgründung wurde nicht durch ein wirtschaftliches und soziales Reformprogramm zugunsten des ökonomisch unterentwikkelten Südens begleitet. Der teilweise schon industrialisierte Norden setzte seine Interessen vielmehr in einer Weise durch, die manche Kritiker als innere Kolonialpolitik gegenüber dem Süden empfanden. Dort war 1861 mit der nationalen Einigung ein Aufstand des Landproletariats ausgebrochen, der erst nach mehreren Jahren blutig unterdrückt werden konnte.

Die nationale Bewegung begann also in Italien im Augenblick ihres Erfolges die soziale Bewegung zu bekämpfen. Anders als in Mittel- und Westeuropa entwickelte diese soziale Bewegung Italiens zunächst keine theoretisch begründeten langfristigen Zukunftsvorstellungen, die man auf den Nationalstaat als Handlungsraum bezogen und mit den modernen Mitteln organisierter Interessenpolitik durchzusetzen versucht hätte. Anarchistische Ideen schienen den verarmten Massen des Südens günstigere Perspektiven zu bieten als der liberal geprägte Nationalstaat, der ihnen mit der Handels- und Gewerbefreiheit, mit der Wehrpflicht und nationalen Steuern neue Lasten, aber keine sozialen Hilfen brachte und über 90 Prozent der Bevölkerung vom Wahlrecht ausschloß. Erst 1892 entstand eine Sozialistische Partei, die aber für die Politisierung und Nationalisierung der Arbeiter nie eine mit der deutschen Sozialdemokratie vergleichbare Position errang.

In Deutschland hielt die Verflechtung von nationaler und sozialer Bewegung länger, obwohl 1863 mit dem ›Allgemeinen Deutschen Arbeiterverein‹ (ADAV) und 1869 mit der ›Sozialdemokratischen Arbeiterpartei‹ (SDAP) bereits vor der Reichsgründung zwei selbständige Arbeiterparteien entstanden. Das bedeutete aber noch keine endgültige »Trennung der proletarischen von der bürgerlichen Demokratie« (G. Mayer). Im Reichsgründungsjahrzehnt ordneten sich vielmehr die Arbeiterparteien noch den beiden großen Richtungen zu, in die sich die nationale Bewegung gespalten hatte. Der ADAV war kleindeutsch-propreußisch, die mit den bürgerlichen Demokraten zusammenarbeitende SDAP großdeutsch-antipreußisch ausgerichtet. Nach der Reichsgründung lockerte sich diese Verbindung mit der bürgerlichen Nationalbewegung zwar, und während des ›Sozialistengesetzes‹ (1878–90), mit dem der neue Nationalstaat die sozialistische Arbeiterbewegung zu vernichten suchte, zerbrach sie. Doch anders als in Italien bezog die deutsche Arbeiterbewegung ihre Politik von vornherein auf den Nationalstaat. Sie wollte ihn grundlegend verändern, aber ihre Strategien dazu waren doch auf die Nation ausgerichtet, und mit zunehmendem Wahlerfolg verstand sie sich mehr und mehr als die legitime ›Erbin‹ nationaler Kultur, die sie sozial erweitern und politisch demokratisieren, nicht zerstören wollte.

Die deutsche Nationalbewegung vermochte ebensowenig wie die italienische, den ersehnten Nationalstaat aus eigener Kraft zu schaffen. Während es in Italien aber keine Alternative zum Königreich Piemont als nationaler Führungsmacht gab, war es in Deutschland keineswegs sicher, daß Preußen sich zur Reichseinigungsmacht entwickeln würde. Ein Teil der kleindeutsch-protestantischen Liberalen arbeitete zwar unermüdlich am borussischen Geschichtsbild, nach dem die Hohenzollerndynastie auserkoren war, die Reformation politisch im deutschen Nationalstaat zu vollenden. Doch der Verfassungskonflikt (1862–66) schien Preußen zunächst als Bündnispartner für die liberal geführte Nationalbewegung auszuschließen. Als der Konfliktminister O. v. Bismarck jedoch 1866 den preußisch-österreichischen Krieg unter dem Banner der nationalen Idee führte, stieg er im Urteil der kleindeutschen Nationalbewegung vom unmoralischen Junker zum großen politischen Reformator auf, dem man die politischen Sünden der Vergangenheit um der nationalstaatlichen Zukunft willen vergab. Erst Einheit, dann Freiheit wurde zum nationalpolitischen Glaubensbekenntnis. Das war kein ›Verrat‹ an der liberalen Idee zugunsten der nationalen. Prioritäten setzten alle, auch die Demokraten, als sie im Kampf gegen ein großpreußisches Deutschland, das sie nicht für demokratisierbar hielten, Allianzen mit innenpolitischen Gegnern eingingen, wenn diese nur antipreußisch waren. Dieser Politik der Abwehr setzte der größere kleindeutsche Flügel der nationalen Bewegung eine Politik entgegen, die der nationalen Einigung alles andere unterordnete. Darin zeigte sich, ebenso wie in der Defensivpolitik der Demokraten, die Schwäche der gesamten deutschen Nationalbewegung. Sie konnte ihr Ziel nur in Zusammenarbeit mit einem Staat erreichen, der bereit war, dafür seine militärische Macht einzusetzen, und diese Zusammenarbeit war nur gegen Verzicht auf eine entschiedene Reform der Herrschaftsordnung zu erhalten. Der liberale Verzicht war jedoch nicht nur ein Zeichen von Schwäche, sondern auch von Zukunftssicherheit. Die Liberalen glaubten sich im Bündnis mit dem ›Fortschritt‹, der allenfalls verzögert, nicht aufgehalten werden könne. Ihr Optimismus speiste sich aus der Überzeugung, daß die Zukunft ihnen gehöre: der ›bürgerlichen Gesellschaft‹ im liberal geprägten, fortschrittsverbürgenden Nationalstaat. Der liberale Ausbau des neuen Nationalstaats im ersten Jahrzehnt seines Bestehens schien ihnen recht zu geben. Die Nationalliberalen wurden faktisch zur Regierungspartei, allerdings ohne Regierungsbeteiligung. Erst als Bismarck 1878 in der sog. ›Zweiten Reichsgründung‹ diese Zusammenarbeit aufkündigte, mußten die Liberalen erkennen, daß der Nationalstaat ihnen keineswegs zwangsläufig den Weg zur Macht öffnete.

Politischer und gesellschaftlicher Wandel im Zeitalter des Imperialismus

Dieses Ende der ›liberalen Ära‹ bedeutete für die Zeitgenossen mehr als lediglich einen politischen Kurswechsel. Sie empfanden es als einen umfassenden »Wendepunkt der Reichspolitik« (L. Bamberger), als grundstürzenden Umbruch der protestantisch-liberal geprägten politischen Kultur des jungen Nationalstaats. Die politischen und weltanschaulichen Gegner, Konservative und das katholische Zentrum, bildeten nun die neuen Stützen der Reichspolitik, und Schutzzölle ersetzten den Freihandel, der zum ökonomischen Wahrzeichen des liberalen Fortschrittsglaubens geworden war. Mit diesem Glauben geriet auch der politische Liberalismus in die Krise, als der wirtschaftliche Einbruch von 1873 die lange Spanne der Hochkonjunktur beendete, in der sich die Nationalstaatsgründungen in Italien und Deutschland und die inneren Reformen in den europäischen Staaten vollzogen hatten. Der Rückgang des Wachstums reichte aus, um die Ära des bürgerlich-liberalen Fortschrittsoptimismus durch eine »Epoche der allgemeinen Unzufriedenheit« (R. Gneist) abzulösen. Das gilt nicht nur für Deutschland. Auch in den anderen europäischen Staaten lief die Phase des Hochliberalismus aus. Damit setzte sich ein verändertes Verständnis vom Staat und seinen Aufgaben durch. Auch der Hochliberalismus war für einen starken Staat – nach außen; nach innen dagegen wollte man einen staatlich gesetzten rechtlichen Rahmen, innerhalb dessen der Gesellschaft und dem einzelnen möglichst weite Freiräume eingeräumt werden sollten: Gewerbefreiheit und Koalitionsfreiheit, Recht auf unbeschränkte Freizügigkeit und Vertragsfreiheit, rechtliche Gleichstellung aller Konfessionen, womit die Judenemanzipation gesetzlich abgeschlossen wurde, das Recht, ohne kirchliche oder staatliche Einspruchsmöglichkeiten heiraten zu dürfen, Handelsfreiheit und Vereinsfreiheit, um nur einiges zu nennen. Freiheit im Schutz allgemeiner Gesetze lautete die Maxime des europäischen Hochliberalismus zur Kultivierung der Menschheit. Dieses Leitbild war zugeschnitten auf den gebildeten, wirtschaftlich gesicherten Bürger. Es wurde brüchig, als mit der Demokratisierung der Staatsbürgergesellschaft Schichten in die Politik eintraten, die nicht nur individuelle Freiheit, sondern vor allem soziale Demokratie verlangten. Daseinsvorsorge wurde nun die große Aufgabe, der sich die europäischen Staaten zuwenden mußten. Dieser neue Schub von ›Verstaatung‹, in dem sich die Anfänge des modernen Interventionsstaates herausbildeten, mußte zwangsläufig die politische

Position des bürgerlichen Liberalismus aushöhlen, sofern sich dieser nicht fähig zeigte, neue Antworten auf die neuen großen Zukunftsaufgaben zu geben. Der Liberalismus sah sich zur sozialen Öffnung seiner Politik und seiner Leitvorstellungen genötigt, doch dies fiel den europäischen Liberalen aus einer Reihe von Gründen sehr schwer. Fixiert auf Bildung und Besitz als Grundlagen der Staatsbürgergesellschaft, waren sie auf deren Erweiterung auf die Vielen, die diese Kriterien nicht erfüllten, schlecht vorbereitet. Daß dieser Eintritt der Vielen in die Politik geschah, als sich die Gesellschaft und mit ihr die Lebensverhältnisse der Menschen grundlegend wandelten und dem Staat damit neuartige Ordnungs- und Leistungsaufgaben zuwuchsen, schwächte zusätzlich die politische Überzeugungskraft des bürgerlichen Liberalismus.

In dieser Situation, als zudem das Ende des Wirtschaftsbooms den ökonomischen Liberalismus und mit diesem den politischen diskreditierte, gewannen konkurrierende Leitbilder an Boden. Kirchliche, vor allem katholische, und konservative gehörten ebenso dazu wie sozialistische, und auch eine veränderte Form der Judenfeindschaft, für die damals das Wort Antisemitismus aufkam, breitete sich aus. Anklang fand er vor allem bei denen, die sich als Opfer der ›Moderne‹ sahen, die nach Schutz gegen die vermeintlich gesellschaftszersetzende Liberalität, gegen die wirtschaftlich Starken verlangten. Der Antisemitismus war antisozialistisch und antiliberal, er konnte populistisch sein, aber er fand auch Fürsprecher unter Akademikern. ›Jüdisch‹ wurde für die Antisemiten zum Signum der ›schlechten Modernität‹, für Warenhaus und Börsenspekulation, für amoralisches Großstadtleben und Kulturverfall. Und ›jüdisch‹ wurde abgelöst von der Konfession, wurde zu einer Eigenschaft des Blutes erklärt. Der rassische Antisemitismus lehnte die Idee der konfessionell neutralen Staatsbürgergesellschaft strikt ab, und er verschloß auch den Fluchtweg der Assimilation durch die Taufe, in der diejenigen, die zur vollen konfessionellen Liberalität nicht fähig waren, den erwünschten Abschluß der Judenemanzipation erblickten.

Der Antisemitismus trat nicht nur in Deutschland seit dem letzten Drittel des 19. Jahrhunderts als ein »irrationaler Protest gegen die moderne Welt« (P. Gay) auf. Aber in Deutschland wirkte er politisch besonders diffamierend, weil er die Juden aus der Nation ausschloß, die sich eben erst zu bilden begann, und sie in die Reihe der inneren ›Reichsfeinde‹ rückte, gegen die die kleindeutsche Nation ihre Identität suchte. ›Ultramontane‹ Katholiken bekamen die vor Ausnahmegesetzen nicht zurückschreckende nationale Illiberalität, an der die Liberalen kräftig mitwirkten, zuerst zu spüren, dann die Sozialisten, aber auch ethnische Minderheiten, antipreußische Demokraten und selbst der oppositionelle Linksliberalismus gerieten in den Geruch nationaler Illoyalität. Treitschke, wortmächtiger Künder des protestantischen Kaiserreichs als erfüllter Verheißung deutscher Geschichte, gehörte zu den Verfechtern eines nach innen gerichteten aggressiven Nationalismus, wie er auch dazu beitrug, mit dem »Judenkrieg« die »eben erst geeinigte Nation« auf eine »gefährliche Bahn« zu führen, wie Th. Mommsen 1880 schrieb. Der Antisemitismus des späten 19. Jahrhunderts enthüllt besonders eindringlich den Funktionswandel des Nationalismus seit den siebziger Jahren.

Der Begriff der Nation war als ein progressiv gefüllter Kampfbegriff entstanden, mit dem die Emanzipationsbewegungen von den Liberalen bis zu den Sozialisten die Gesellschaft der Zukunft politisch einforderten. In der Radikalität der Zukunftsentwürfe unterschied man sich, doch sie zielten stets auf das Ideal der Staatsbürgernation, die wirtschaftliche, soziale und kulturelle Unterschiede überwölben und tendenziell einebnen sollte. In den siebziger Jahren, nach den Nationalstaatsgründungen in Italien und Mitteleuropa, änderte der Begriff jedoch seine Stoßrichtung, indem er zum Gehäuse einer brisanten Mischung aus Modernitätsfurcht und Aufbruchsstimmung wurde. Das Bestehende sollte nach innen verteidigt werden gegen die Bewegungskräfte, von denen immer mehr Menschen ihre Existenz bedroht wähnten und die sie deshalb aus der ›Nation‹ auszugrenzen suchten. Zugleich aber entfalteten diese Erhaltungsallianzen, die den Begriff der Nation für sich beanspruchten, eine machtpolitische Dynamik, die in den imperialistischen Wettkampf um die Aufteilung der Welt mündete.

Der Versuch europäischer Mächte, die außereuropäische Welt zu durchdringen, sie formell in Besitz zu nehmen oder informell zu beherrschen, war nicht neu. Im 19. Jahrhundert schien der direkte koloniale Besitz weniger wichtig zu werden im Vergleich zur ›Europäisierung‹ der Welt durch den Export von Waren, Kapital und Menschen. Zu Beginn der achtziger Jahre lief diese Phase des freihändlerisch geprägten Frühimperialismus jedoch aus. Es begann die Epoche des Hochimperialismus, in der die Methoden des informellen Imperialismus weitergeführt wurden, zugleich aber fast alle europäischen Staaten versuchten, Kolonien zu erringen. Die Zeitgenossen empfanden selber, am Beginn einer neuen Epoche zu stehen. Der neuentbrannte Wettlauf um die Aufteilung der Welt, in den sich mit den USA und Japan erstmals außereuropäische Mächte einschalteten, mußte zwangsläufig die Konflikte zwischen den europäischen Staaten vermehren und die Kriegsgefahr erhöhen. Die Rivalitäten in den ›Peripherien‹ der Welt schlugen zurück in den europäischen Kernraum, und mit den traditionellen Mitteln der zwischenstaatlichen Diplomatie ließen sie sich nicht mehr beilegen. Der Hochimperialismus entzog sich der staatlichen Regie, weil seine Triebkräfte in der Gesellschaft wurzelten. Der Kampf um den ›Platz an der Sonne‹ war für die europäischen Staaten und ihre Bevölkerung kein wirtschaftliches Rechenexempel, das sich kühl kalkulieren und notfalls auch gänzlich abbrechen ließ: In ihm äußerten sich vielmehr die Selbstwertgefühle der Nationen, ihr Anspruch auf Macht und auf Gleichberechtigung untereinander. Der Hochimperialismus sog den älteren Nationalismus in sich auf. Das machte ihn fähig, eine erstaunliche gesellschaftliche Integrationskraft zu entfalten, der sich nicht einmal die innenpolitischen Gegner der Staats- und Gesellschaftsordnung völlig entziehen konnten. Imperialistische Ziele ließen sich innenpolitisch nutzen, um gesellschaftliche Konflikte nach außen zu leiten (Sozialimperialismus), aber sie waren kein Ergebnis manipulativer Eingriffe von oben. Solche Steuerungen gab es vielfach, aber sie konnten nur deshalb erfolgreich sein, weil sie auf eine empfangsbereite Gesellschaft trafen. Dazu hatten eine Fülle von Entwicklungen beigetragen, vor allem: Alle Gesellschaften und Staaten waren auf Wachstum ausgerichtet. Kaum ein Bereich blieb davon ausgespart. Der Lebensstandard erhöhte sich sozial und kulturell, obwohl die Bevölkerung sprunghaft zunahm; neue Städtelandschaften entstanden, durchdrungen von einer steigenden Informationsflut; die Industrielle Revolution trat in eine neue Etappe, bestimmt nun durch die forschungsintensiven Wachstumsbranchen Chemie und Elektro; die Organisationsgrößen schnellten überall empor: Kartelle, Konzerne, Verwaltungsbürokratien der Staaten, Kommunen und Firmen, Mitgliederzahlen der Interessenverbände und Parteien; auch die Wissenschaft wurde zum Großbetrieb, und sie lieferte der Wachstumsgesellschaft mit dem popularisierten Darwinismus eine breitenwirksame Ideologie.

Die sozialdarwinistische Vorstellung vom ›Fortschritt‹ als einem ständigen Überlebenskampf bildete die Grundstimmung einer Epoche, für die Stillstand Niedergang bedeutete. Auch der politische Demokratisierungsprozeß förderte den Glauben der Epoche an die Durchsetzungskraft des machtvoll Großen, und er war die Grundvoraussetzung für die Breitenwirkung imperialistischer Ideen. Ohne die fortschreitende Politisierung der europäischen Gesellschaften wäre die innen- und außenpolitische Dynamik, die die Epoche des Hochimperialismus auszeichnet, nicht denkbar. Die politische Herrschaftsordnung geriet dadurch überall unter den Druck, sich durch Leistung nach innen und außen vor der Bevölkerung ständig legitimieren zu müssen. Zu den großen, in die Zukunft verweisenden innenpolitischen Neuerungen gehörten vor allem die kommunale und staatliche Daseinsvorsorge, in der sich der moderne ›Interventions- und Wohlfahrtsstaat‹ ankündigte. Mit dem Wachstum der Städte entstand eine kommunale Leistungsverwaltung, die tief in das Leben aller Menschen eingriff. Das reichte von der verbesserten Wasserversorgung – die Zeit der großen, durch mangelnde Hygiene verursachten

Seuchen ging in Europa zu Ende – über die Einrichtung von ärztlich überwachten Schlachthöfen, von Straßenbahnen und Straßenreinigung bis zur Anlage von Parks, Museen, Volksbüchereien und Theatern. Vieles davon unterhielten die Städte im Eigenbetrieb. Die Zeitgenossen sprachen deshalb von ›Munizipalsozialismus‹, ein aus England stammender Begriff. Diese kommunale Daseinsvorsorge wurde ergänzt durch die staatliche, zu der auch die neuen Sozialgesetze zählten, mit denen die Menschen gegen soziale Not im Alter und bei Krankheit geschützt werden sollten. Es war nur ein Anfang, unzureichend noch, aber es begann. Am frühesten setzte die staatliche Sozialversicherung in Deutschland ein (1883–90), andere Staaten folgten bis zum Ersten Weltkrieg.

Der Trend zum Interventions- und Wohlfahrtsstaat spiegelt die zunehmende ›Verstaatung‹ der Gesellschaft wider, er ist aber auch ein Zeichen für den wachsenden Einfluß der ›Massen‹ auf die staatliche Politik. Dazu trug vor allem das Wahlrecht bei, das in allen europäischen Staaten ausgedehnt wurde. Frauen blieben jedoch, abgesehen von Finnland und Norwegen, überall vor dem Weltkrieg von den Wahlen ausgeschlossen. Die Republiken Frankreich und Schweiz und das deutsche Kaiserreich gewährten den Männern das gleiche, geheime und direkte Wahlrecht; England (1884/85), Belgien (1893), die Niederlande (1896), Österreich (1907) und Italien (1912) erweiterten den Kreis der wahlberechtigten Männer erheblich. Damit veränderte sich die Art, in der Politik gemacht wurde. Die Zeit der Honoratiorenpolitik ging zu Ende, als die Wahlkämpfe kostenaufwendige Großveranstaltungen wurden, die Parteien dauerhafte Apparate aufbauten und eine Vielzahl von mitgliederstarken, einflußreichen Interessenverbänden entstanden, die ebenfalls in die Politik eingriffen.

Der Organisationsgrad gesellschaftlicher Interessen und die Wahlrechtsdemokratisierungen allein lassen jedoch noch nicht erkennen, in welchem Ausmaß die Verfassungsordnungen den Parteien politische Gestaltungsmöglichkeiten einräumten. Der Einfluß der Parlamente nahm zwar überall zu – am wenigsten in Rußland, wo es erst seit 1905 ein Parlament (Duma) gab, und im Osmanischen Reich –, doch zur vollen Parlamentarisierung kam es nur in West- und Nordeuropa sowie in Italien, während in Mittel- und Südosteuropa die parlamentarischen Mitwirkungsmöglichkeiten begrenzt blieben.

Es gab also keinen europäischen ›Normalweg‹ in den modernen Staat, der seinen Bürgern Rechtssicherheit garantiert, ihnen über das Wahlrecht und die Parlamente gleiche demokratische Teilhaberechte an der staatlichen Politik eingeräumt und die soziale und kulturelle Daseinsvorsorge zunehmend übernommen hätte. Es gab viele Wege, und nirgendwo wurden sie gleichgewichtig ausgebaut. Frühe Gewährung des demokratischen Männerwahlrechts konnte verbunden sein mit blockierter Parlamentarisierung, frühes sozialpolitisches Engagement des Staates konnte die Kehrseite einer obrigkeitsstaatlichen Unterdrückungspolitik gegenüber der Arbeiterbewegung darstellen. Das deutsche Kaiserreich ist ein Lehrbeispiel für diese Brechungen des ›Fortschritts‹. Aber nicht nur das Kaiserreich. Die Parlamentarisierung Englands z. B. scheint durch das stark eingeschränkte Wahlrecht begünstigt worden zu sein, da es in seinem Schutz den bürgerlichen Parteien leichter fiel, das Risiko der parlamentarischen Regierungsbildung anzunehmen. In Deutschland dagegen begünstigte das demokratische Wahlrecht den Aufstieg der Sozialdemokratie zur stärksten Arbeiterpartei Europas. Deren Mitwirkung im nationalen Parlament und mehr und mehr auch in den Länder- und Stadtparlamenten förderte die staatlich-kommunale Sozialpolitik, dämpfte aber die Bereitschaft der bürgerlichen Parteien, energisch eine entschiedene Parlamentarisierung zu fordern. Ambivalent waren in den europäischen Staaten auch die Folgen der Fundamentalpolitisierung. Sie steigerte zweifellos die Tendenz zur Demokratisierung von Politik und Gesellschaft, indem sie über die zahlreichen neuen Interessenorganisationen die Partizipationschancen des einzelnen erhöhte. Erhöht wurden aber auch die Wirkungsmöglichkeiten derjenigen Kräfte, die in der Nation eine Kampfgemeinschaft gegen innere und äußere Feinde sahen und sie für den Wettlauf um die Aufteilung der Erde und für die Eskalation der Rüstung im Dienst nationaler ›Weltpolitik‹ einsetzten. Im Ersten Weltkrieg erreichte diese von Europa ausgehende Dynamik ihren Kulminationspunkt. Die Idee der ›Nation als Lebensgemeinschaft‹ bewies erneut ihre überlegene Integrationsfähigkeit, als es in den kriegführenden Mächten über alle innenpolitischen Gräben hinweg zum ›Burgfrieden‹, zur ›union sacrée‹ kam. Aber sie bewies auch erneut ihre Kraft, die Gegenwart nach Zukunftsbildern zu gestalten. Denn am Ende des Krieges standen die Revolutionen in Rußland und in Mitteleuropa, die Entstehung neuer Nationalstaaten und der Beginn der schrittweisen Auflösung der europäischen Kolonialreiche. Diese Zäsur, zu der auch der Übergang des europäischen Mächtesystems in ein Weltsystem gehört, stand am Anfang von etwas Neuem, das dem 19. Jahrhundert und seinem Lebensgefühl nicht mehr angehörte.

Neueste Geschichte

In der Entwicklung der modernen Welt bildete der Erste Weltkrieg in vielfältiger Hinsicht einen Einschnitt. Daher wird die ›Neueste Geschichte‹ oder – wie man häufiger, doch ungenauer, sagt – ›Zeitgeschichte‹

in der Bundesrepublik in der Regel mit dem Zeitraum ab etwa 1917 angesetzt (Kriegseintritt der Vereinigten Staaten, Russische Revolution). Andere Länder stellen nationale Zäsuren stärker in den Vordergrund, so wenn in England mit der Parlamentsreform von 1832 der Beginn der ›contemporary history‹ angesetzt wird oder in Frankreich mit der Revolution von 1789 der Beginn der ›histoire contemporaine‹. In marxistisch-leninistischer Perspektive leitete die Oktoberrevolution 1917 die ›Neueste Zeit‹ des ›Übergangs vom Kapitalismus zum Sozialismus und Kommunismus‹ ein. In den letzten Jahren verstärkt sich in der nicht-marxistischen Geschichtsschreibung die Tendenz, die Zeit seit 1944/45 erneut abzugrenzen (›histoire du temps présent‹).

Es spricht manches dafür, die Zeitspanne seit dem Ersten Weltkrieg bis in die 1970er Jahre, von der Grundlegung der großen Konflikte des 20. Jahrhunderts bis zur Erkenntnis der »Grenzen des Wachstums« (Club of Rome 1972), unter gemeinsamen, verbindenden Problemen zu beschreiben. Mit der ökologischen Krise der Hochtechnologie bei gleichzeitiger elektronischer Revolution, mit der Massenarbeitslosigkeit im Zeichen verminderter ökonomischer Wachstumsraten, mit der allmählichen Überlagerung der Ost-West-Konfliktmuster durch die Nord-Süd-Problematik eröffnen sich neue Perspektiven, deren Wirkungen auf die aus dem 19. Jahrhundert überkommenen politischen und sozialen Strukturen – etwa im europäischen Parteiensystem – sich noch nicht klar beurteilen lassen. Das Spannungsfeld von Tradition und Moderne, welches das 19. Jahrhundert kennzeichnete, hat im 20. Jahrhundert sein Erscheinungsbild vielfach gewandelt, bleibt als solches jedoch bestehen.

Allgemeine Tendenzen

Beide Weltkriege markieren wesentliche Etappen in der politischen, wirtschaftlichen und sozialen Entwicklung Europas und der Welt, auch wenn Charakteristika des 20. Jahrhunderts etwa für die Revolutionen (Rußland 1905), für die Entwicklung des Wohlfahrtsstaates oder für das Wiederaufflammen des Antisemitismus um die Jahrhundertwende bereits angelegt waren. Der Zweite Weltkrieg brachte vielfach Tendenzen, welche mit dem Ersten Weltkrieg begründet oder verstärkt worden waren, zum Durchbruch. Dies gilt auf machtpolitischer Ebene ebenso wie z. B. in der Sozialpolitik. War die Weltpolitik im 19. Jahrhundert weithin von Rußland, England, Frankreich, Österreich-Ungarn und Preußen bzw. dem Deutschen Reich dominiert worden, so trat um 1917 ein Wandel in dieser Mächtestruktur ein, der im Ergebnis des Zweiten Weltkrieges zur Beherrschung der Weltpolitik durch Sowjetunion und Vereinigte Staaten führte. Der Aufstieg autoritärer und faschistischer Regime in Italien, Deutschland und Japan brachte in der Zwischenkriegszeit andere Konfliktmuster hervor; dennoch war der erst nach 1945 voll aufbrechende Ost-West-Gegensatz ideologisch 1917 bereits ähnlich angelegt, wie machtpolitisch der nach dem Zweiten Weltkrieg zunehmend quer hierzu verlaufende Nord-Süd-Gegensatz. Stellten die Kolonialreiche vor allem Deutschlands und Frankreichs vor dem Ersten Weltkrieg ökonomisch noch zumeist ein Zuschußunternehmen für die Regierungen der imperialistischen Mächte dar, so gewannen einige kolonisierte Länder infolge ihres Einsatzes in beiden Weltkriegen zunächst militärisches und ökonomisches und in der Folge auch politisches Gewicht. Damit verstärkten die Kriege langfristige politische Entwicklungstendenzen, und Entkolonialisierungsmuster der 1960er und 1970er Jahre wurden strukturell in der Zwischenkriegszeit bereits vorgeprägt.

In der Beschäftigungsstruktur setzte sich der im 19. Jahrhundert begonnene Wandel in regional unterschiedlicher und phasenverschobener Form fort. In Industrieländern verlor der landwirtschaftliche Sektor seine einstige Führungsrolle, in Westeuropa um die Mitte der 1920er Jahre, in der Sowjetunion um 1970; in der Bundesrepublik z. B. waren 1986 noch 5,2 Prozent der Erwerbstätigen im Primärsektor tätig, der an der volkswirtschaftlichen Gesamtleistung noch mit 1,8 Prozent beteiligt war, bei einem landwirtschaftlichen Selbstversorgungsgrad von 79 Prozent. In hochentwickelten außereuropäischen Ländern wie Japan, Australien, Kanada oder den USA trat der Dienstleistungssektor schon früh quantitativ an die erste Stelle. In Europa blieb die industrieintensive Beschäftigungsstruktur des späten 19. Jahrhunderts als Besonderheit erhalten. Auch als der Dienstleistungssektor, der in Westeuropa schon zuvor in den Niederlanden, Griechenland, Norwegen, Dänemark und Irland vorherrschend war, in den 70er Jahren in den meisten europäischen Ländern einschließlich der Sowjetunion, aber ohne den übrigen Ostblock die Führungsrolle übernahm, blieb der Sekundärsektor im Weltvergleich stark. Teilweise spiegeln die Unterschiede und Phasenverschiebungen aber auch einen langfristigen Trend zu einer »innereuropäischen Arbeitsteilung zwischen Agrar-, Industrie- und Dienstleistungsregionen« (H. Kaelble) wider, die Grundlagen bilden für langfristige ökonomische wie politische Interdependenz- und Integrationsprozesse.

Gegenüber dem 19. Jahrhundert verstärkte sich die Ausdifferenzierung sozialer Schichten in den industrialisierten Ländern. Ihre Abgrenzung gegeneinander wird zunehmend schwieriger und hängt auch von den Definitionskriterien ab. Das Anwachsen der Angestelltenberufe trug zur Binnendifferenzierung der Mittelschichten ebenso bei wie zu ihrer quantitativen Ausweitung, aber auch zur Unschärfe ihrer Grenzen etwa im Übergang zur Oberschicht bei Führungspositionen in Industrie und Verwaltung. Zunehmende Qualifikationsanforderungen und steigender Lebensstandard in den Arbeiterberufen ließen die meisten von ihnen aus den ›Unterschichten‹ im Sinne des frühen 19. Jahrhunderts hinauswachsen. Der säkulare Trend, die Lebensbedingungen von Arbeitern und Angestellten – etwa im Sozialleistungssystem – einander anzunähern, ließ auch an diesen Grenzen alte soziologische und politische Unterscheidungskriterien immer weniger aussagekräftig werden, wenngleich gesellschaftliche Trennungslinien hier länger fortwirkten als ökonomische. Bei laufenden Einkommen setzte sich der seit Jahrhunderten zu beobachtende Trend einer allmählichen Nivellierung im 20. Jahrhundert fort und verstärkte sich in den industrialisierten Ländern nach dem Zweiten Weltkrieg, in Europa und Japan etwas mehr als in den USA. Dagegen blieben die Unterschiede in der Vermögensverteilung größer, obwohl häufig ein quantitatives Anwachsen der Spitzengruppen zu beobachten ist sowie eine Verbreiterung der Grundlagen großer Vermögen vom traditionellen Grundbesitz hin zu Finanzen, Unternehmen und – zu geringerem Teil – hohen Einkommen. In Staatshandelsländern charakterisiert sich die kleine Oberschicht stärker durch Zugang zu materiellen und politischen Privilegien als durch private Vermögen. Nichtindustrialisierte Länder blieben weithin durch den Gegensatz von kleinen Ober- und breiten Unterschichten gekennzeichnet, zwischen denen sich Mittelschichten im Verlauf des 20. Jahrhunderts nur langsam herausbilden; Faktoren für eine solche Differenzierung können z. B. die Urbanisierung und die Entwicklung des produzierenden Gewerbes sein.

Das 20. Jahrhundert wurde auch zum Jahrhundert der Migrationen und Flüchtlingsströme. Ihr Umfang stellt die großen Auswanderungswellen des 19. Jahrhunderts weit in den Schatten. Revolutionäre Vorgänge wie in Rußland 1917 bewirkten die Wanderung von Millionen. Noch weit größere Migrationen hatte die nationalsozialistische Politik zur Folge mit den Flüchtlingsströmen der Emigration und des Krieges, den zwangsweise ins Deutsche Reich verbrachten ›displaced persons‹ und der folgenden Vertreibung von etwa 13 Millionen Deutschstämmigen aus Ostmitteleuropa. Sie beendete weitgehend die seit dem Mittelalter erfolgte deutsche Ostkolonisation. Zahlreiche kleinere Kriege und ethnische Konflikte entwurzelten häufig gleichfalls Hunderttausende, wenn nicht Millionen von Menschen. In den Zuwanderungsgebieten mußten solche Bewegungen nicht immer nur neue soziale und politische Konflikte zur Folge haben. Je nach nationalen Konstellationen und nach Qualifikation der Flüchtlinge konnten sie auch modernisierend wirken mit der allmählichen Entschärfung traditionsbedingter konfessioneller Gegensätze, mit der Öffnung regionaler sozio-kultureller Milieus gegenüber ihrer Umwelt und mit dem Einsatz qualifizierter und motivierter Arbeitskräfte in ökonomischen Aufschwungphasen wie nach dem Zweiten Weltkrieg.

Migrationen eines anderen, vorwiegend binnenwirtschaftlichen Typs setzte der Verstädterungsprozeß in Gang. In Europa war er eng verflochten mit Faktoren wie dem angesprochenen Wandel der Beschäftigungsstruktur und dem Trend zur Kleinfamilie, den auch die USA erfuhren. Die großen Urbanisierungsschübe der Hochindustrialisierung wurden hier jedoch nicht mehr erreicht, und Europa blieb durch die große Zahl der Mittelstädte gekennzeichnet. Dagegen nahm die Verstädterung in der Dritten Welt im 20. Jahrhundert einen rasanten Aufschwung und führte zu einer Vervielfachung der Millionenstädte.

Im politischen System der meisten industrialisierten Staaten brachte die Zwischenkriegszeit, verstärkt mit der Weltwirtschaftskrise, den Beginn der langfristigen Entwicklung von Weltanschauungs- oder Klassenparteien zu Volksparteien, welche Wähler aus allen Schichten ansprechen. Die NSDAP der ausgehenden Weimarer Republik stellte, trotz eines Schwerpunktes in den Mittelschichten, in ihrer Mitglieder- und Wählerstruktur im deutschen Bereich einen frühen Fall dieses neuen Parteientyps dar; in Frankreich sind ähnliche Tendenzen zugleich bei den Sozialisten zu beobachten, in Italien bereits zuvor bei den Faschisten. Unter völlig anderen Vorzeichen als in der NSDAP kennzeichnet die Auflösung »sozialmoralischer Milieus« (Lepsius) viele Parteien der Nachkriegszeit vor allem in Europa. Mit der wachsenden Ausdifferenzierung der Sozialstruktur in den industrialisierten Ländern geht trotz aller nationalen Unterschiede offenbar eine Reduzierung der Klassen- oder Schichtenbindung politischer Organisationen einher. Ideologisch kommt hinzu, daß die klassischen Forderungen des Liberalismus des 19. Jahrhunderts wie parlamentarisches System, Vereinigungsfreiheit etc. im 20. Jahrhundert zunehmend Allgemeingut der meisten politischen Tendenzen parlamentarisch verfaßter Länder wurden. Dies bewirkte sowohl einen Rückgang der Bedeutung liberaler Parteien, wie sie etwa die Politik Italiens, Frankreichs, Englands und Deutschlands seit dem 19. Jahrhundert unterschiedlich lange beherrscht hatten, als auch im Vergleich zu früheren Zeiten eine relative ideologische Nivellierung unter den großen Nachkriegsparteien konservativen, christdemokratischen und sozialdemokratischen Zuschnitts in Europa. Der wiederum phasenverschobene, in der westlichen Welt durch die sozio-kulturelle Umbruchstimmung der Jahre nach 1968 wesentlich geförderte Aufstieg ökologischer Gruppierungen seit den 1980er Jahren deutet darauf hin, daß die Erkenntnis der ›Grenzen des Wachstums‹ der im 19. Jahrhundert entstandenen Industriegesellschaft auch eine Mutation des mit ihr entstandenen Parteiensystems einleiten könnte.

Spannungsverhältnisse und gleichzeitiger Ablauf unterschiedlicher Entwicklungsstadien kennzeichnen auch die Nationalstaatsentwicklung im

20. Jahrhundert. In den mittel- und westeuropäischen Staaten erfolgte auch dann, wenn sie ihre politische Nationalstaatsgründung vor dem oder im 19. Jahrhundert rechtlich-innenpolitisch und außenpolitisch abgeschlossen hatten, die Schaffung einheitlich strukturierter Wirtschaftsräume und die sozio-kulturelle Integration mitunter erst im 20. Jahrhundert. Politische, ökonomische und sozio-kulturelle Nationsbildung können auch innerhalb von Nationalstaaten phasenverschoben verlaufen; regionale Autonomiebewegungen, wie sie in ganz unterschiedlichen Ausprägungen etwa Spanien, Irland, Frankreich oder Jugoslawien gegen Jahrhundertende kennzeichnen, zeigen die Grenzen, die der Integration vielfach gezogen bleiben. Auf einer höheren Ebene tendieren die großen, bis zum Ersten Weltkrieg entstandenen Nationalstaaten bereits zur Entwicklung transnationaler Strukturen, während die Nationalstaatsbildung in der außereuropäischen Welt ihre Wirkung und ihre politische Sprengkraft im Verlauf des Jahrhunderts erst entwickelte. Nationalstaatsbildung und ihre Überwindung verlaufen nebeneinander; ihre Rückschläge und Erfolge greifen vielfältig ineinander und gehören zu den grundlegenden Faktoren der weltpolitischen Entwicklung.

Solche Grundtendenzen können angedeutet werden, doch überdecken sie auch dann die vielfältigen Phasenverschiebungen und Unterschiede zwischen Regionen, Ländern und Kontinenten, wenn einige Probleme des 20. Jahrhunderts epochenspezifisch etwas mehr eingegrenzt werden.

Von Krieg zu Krieg

Die Gleichzeitigkeit voranweisender und rückwärtsgewandter Entwicklungen prägte die Zwischenkriegszeit in besonderem Maße. Bereits die 1918/19 ausgehandelten, von den Vereinigten Staaten nicht ratifizierten Friedensverträge, ein Kompromiß aus widerstreitenden Interessen, verkörperten diese innere Widersprüchlichkeit und trugen damit von vornherein zu einer erneuten weltpolitischen Destabilisierung bei. So setzte Frankreich mit seinen Reparationsforderungen auf traditionelle Machtpolitik, um das Deutsche Reich zu schwächen und eine europäische Wirtschaftsordnung unter eigener Führung zu schaffen, während die 14 Punkte des amerikanischen Präsidenten W. Wilson gleichzeitig den Anspruch stellten, Grundlage für eine neue, demokratische Friedensordnung nationaler Selbstbestimmung zu werden. Schon bei der territorialen Neuordnung insbesondere des Deutschen Reiches und bei der Schaffung der Nachfolgestaaten der Habsburgermonarchie wurde das Selbstbestimmungsrecht wenig beachtet. Damit wurden nicht nur einige der folgenden internationalen Konflikte bereits vorprogrammiert, sondern auch schwere Belastungen für die innere Stabilität der neuen Demokratien geschaffen: Oppositionsbewegungen in den besiegten Ländern konnten Revisionsforderungen leicht für innenpolitische Zwecke instrumentalisieren. Die Hypothek der Kriegsanleihen, vor allem der zumeist in den USA aufgenommenen und jetzt zurückzuzahlenden Auslandsanleihen, bremste aber auch in den Siegerstaaten, vor allem in Frankreich, sowohl unter ökonomischen wie unter innenpolitischen Gesichtspunkten die Bereitschaft, eine Revision von nicht realisierbaren oder ungerechten Bedingungen zuzulassen. Nach dem Aufstieg des Nationalsozialismus bildete die Anerkennung der politischen und moralischen Berechtigung von Revisionsforderungen neben anderen Faktoren wie Rücksicht auf das Empire und langer Dauer der Aufrüstung einen der Hintergründe dafür, daß in den englischen Führungsschichten lange Zeit eine schärfere Reaktion auf die Diktatoren kaum gefordert wurde (Appeasement-Politik). Versailles war nicht die Ursache für den Aufstieg der Diktatoren, aber die Folgen des Ersten Weltkrieges verschärften manche der Strukturkonflikte, die den Hintergrund für ihren Erfolg bildeten.

Pläne für eine neue Nachkriegsordnung griffen über alte nationalstaatliche Muster hinaus mit der Gründung des Völkerbundes, gleichfalls ein Bestandteil des Versailler Vertrages. Machtpolitisch war die Wirkungsmöglichkeit des Völkerbundes bereits durch den anfänglichen Ausschluß Deutschlands und der Sowjetunion sowie das Fernbleiben der USA kompromittiert. Als Konfliktregelungsinstrument sollte er sich, etwa bei den Sanktionen nach Italiens Überfall auf Abessinien 1936, als weitgehend wirkungslos erweisen. Doch wurden in seinem Rahmen in öffentlich weniger beachteten Bereichen wie der Sozialpolitik der Internationalen Arbeitsorganisation in Genf Strukturen internationaler Kooperation und Koordination aufgebaut, deren Wirkungen vielfach wiederum erst im und nach dem Zweiten Weltkrieg zum Tragen kamen.

Die Regelung der aktuellen politischen Konflikte blieb dem traditionellen Zusammenspiel der Diplomatie überlassen. In Ostmitteleuropa ergänzte Frankreich das Versailler System durch die Kleine Entente. Eine Etappe auf dem Weg zur Entspannung brachte 1925 der Locarno-Vertrag mit der deutschen Anerkennung der Versailler Westgrenze. In Osteuropa blieben die Konfliktpotentiale jedoch gerade nach der deutsch-russichen Annäherung (Rapallo 1922) weitgehend erhalten. Die USA wurden dank ihrer Wirtschafts- und Finanzkraft und ihrer Schlüsselposition in der Kriegsfinanzierung der Entente zur global wichtigsten Macht, wirkten im Zwiespalt zwischen weltpolitischer Führungsrolle und Isolationismus jedoch mitunter krisenverschärfend. Die Politik der ›Offenen Tür‹ mit dem Ziel wirtschaftlicher Präponderanz in einem liberalen Welthandelssystem implizierte zwar regionale Machtausgleichsinitiativen, insbesondere für Ost- und Südostasien 1921/22, nicht jedoch ein allgemeines Engagement in internationalen politischen Konfliktregelungsmechanismen. So verstärkte das Bestehen auf der Rückzahlung der Kriegskredite Frankreichs und Großbritanniens trotz des amerikanischen Verzichts auf eigene Reparationen die innereuropäischen Spannungen in der Reparationsfrage, deren Lösung gerade die USA immer dringender forderten. Die allmähliche Eingrenzung der Reparationsforderungen in Dawes-Plan 1924 und Young-Plan 1929 bis zur Lausanner Konferenz 1932 erfolgte zu spät, um ihre innenpolitische Sprengkraft vor allem in Deutschland noch wirksam zu entschärfen. Die Absorbierung politischer Gestaltungspotentiale durch die Reparationsfrage und eine verbreitete Fixierung auf einseitig finanzpolitische Problemlösungsstrategien wie den Goldstandard trugen dazu bei, daß aus dem Ersten Weltkrieg kein neues Weltwirtschaftssystem hervorging, sondern die Wiederaufbauprobleme in eine zunehmende Regionalisierung (Ottawa-Abkommen im Commonwealth 1932) oder gar Bilaterialisierung der internationalen Wirtschaftsbeziehungen mündeten. Diese Desintegration stärkte ihrerseits wieder in den einzelnen Ländern die Stellung des Staates. Kurzfristige Administrationsmaßnahmen aus dem Ersten Weltkrieg entwickelten sich vor diesem Hintergrund zu langfristigen Charakteristika der Wirtschaftspolitik.

Der Durchbruch vom klassischen Ordnungs- zum modernen Interventionsstaat wird gelegentlich mit der Weltwirtschaftskrise angesetzt, war jedoch in vielfältiger Weise, insbesondere in der Sozialpolitik, seit dem 19. Jahrhundert angelegt. Der Erste Weltkrieg brachte in Deutschland teilweise eine Verstärkung älterer Ansätze der auf einer paternalistischen sozialen Defensivstrategie gegründeten Tradition des Kaiserreiches. In anderen Bereichen und in anderen Ländern bewirkte er Neuansätze und insgesamt einen langfristig wirksamen Modernisierungsschub. Dieser beruhte nicht zuletzt auf der Dimension des Krieges. In einem seit langen Zeiten nicht mehr erfahrenen Ausmaß waren nicht nur Soldaten gefallen (etwa 10 Millionen), sondern auch die Zivilbevölkerung in Mitleidenschaft gezogen worden. Die Heere der Kriegsheimkehrer wurden zur Rekrutierungsbasis für die neuen Bürgerkriegstruppen, und die Massen der Verwundeten und Hinterbliebenen stellten die Staaten vor neue Aufgaben, die ihrerseits die Tendenzen zum Interventionsstaat förderten. Die Erfordernisse der Kriegswirtschaft hatten die politische Stellung der Arbeitnehmer und Gewerkschaften gestärkt. Wieder griffen langfristige Entwicklungslinien des Wohlfahrtsstaates und ereignisgeschichtliche Anlässe der Kriegssituation in ihrer Wirkung ineinander.

Tarifverträge, Acht-Stunden-Tag, Betriebsverfassungsgesetze, Ausbau der sozialen Sicherung für Krankheit und Alter sowie Arbeitslosenversicherung (in Deutschland seit 1927) gehörten zu den wichtigen sozialpolitischen Problemen der Zwischenkriegszeit, welche die industrialisierten

Länder in unterschiedlicher Weise angingen und auch erst teilweise lösten; so entwickelten sich breitere Ansätze staatlicher Sozialpolitik in den USA erst im zweiten ›New Deal‹ ab 1935. In Europa brachte die Furcht vor sozialer Revolution die Sozialgesetzgebung zu Kriegsende vielfach voran, doch reduzierte schon die scheinbare ökonomische Stabilisierung ab 1924/25 und die verbreitete Überzeugung, eine aktive Sozialpolitik sei mit ihr unvereinbar, die Chancen für eine rasche Weiterentwicklung. Daß der Bruch der Großen Koalition, welcher 1930 das Ende der Weimarer Republik einzuläuten begann, sozialpolitische Probleme zum Anlaß hatte, spiegelt symptomatisch Fortschritte, Grenzen und Interdependenzen politischer und sozio-ökonomischer Entwicklungen zwischen den Kriegen wider.

Inkohärenzen und Widersprüche waren in der Weltwirtschaft längst angelegt, als Überproduktion und Nachfrageschwäche, Spekulation, unzureichende Kooperation der Notenbanken und Fixierung auf feste Wechselkurse im Goldstandard dazu beitrugen, die 1929 von den USA ausgehende Bankenkrise zu einer weltweiten Wirtschaftskrise anwachsen zu lassen. Deflationistische Reaktionen in den meisten Ländern wie erhebliche Reduzierung der sozialpolitischen und anderen staatlichen Leistungen oder der Löhne und Gehälter vermochten die Krise nicht zu meistern, trugen aber zur Verstärkung mancher von ihr zunächst unabhängiger innenpolitischer Konflikte bei. Die Krise erfaßte Länder und Regionen unterschiedlich intensiv, teils als Krise der Landwirtschaft, teils als Krise der Industrie; sie bewirkte Rückzug in die Subsistenzwirtschaft, Ausweitung der Verschuldung, Arbeitslosigkeit und Pauperisierung in wechselnder Intensität. In einem vergleichsweise noch wenig modernisierten Land wie Frankreich kam sie später und weniger stark, hielt aber auch wesentlich länger an als in Deutschland oder Großbritannien.

In der Folge der Krise erhielten autoritäre und faschistische Regime in Europa durchaus unterschiedliche Aufstiegschancen. Sie hingen wesentlich ab von Gleichzeitigkeit oder Phasenverschiebung der Nationsbildung, der Durchsetzung parlamentarischer Demokratien und der wirtschaftlichen Wachstumskrisen in den einzelnen Ländern (s. Artikel Faschismus). Faschistische Regime konnten sich nur dort durchsetzen, wo die drei Krisen zeitlich etwa zusammenfielen wie in Italien und Deutschland. Blieb der italienische Faschismus auf die Zusammenarbeit mit anderen Kräften wie Kirche, Krone und Industrie angewiesen, so setzte sich der Nationalsozialismus in einem bis 1938/39 andauernden, allerdings selbst während des Krieges nicht auf allen Ebenen vollendeten Prozeß gegen konkurrierende Gruppen durch, nachdem die parlamentarische Verfassung in den Präsidialregimen der Jahre 1930–1933 in wesentlichen Teilen bereits funktionsunfähig geworden war. Ausgehend von einer »Mischung von pseudolegalen Verordnungsakten der Regierung mit revolutionärer Drohung und terroristischem Druck« (K. D. Bracher), erfolgte die Durchsetzung des Regimes in einem »Akzelerationsprozeß politischer Aggressivität und Radikalisierung« (M. Broszat), der in seinem Terrorcharakter bald über das italienische Vorbild hinausging. Nicht zuletzt, weil Hitler eigene Entscheidungen oft zu vermeiden oder aufzuschieben suchte, behielt das Regime einen Charakter der »permanenten Improvisation« (K. D. Bracher). Wurden Sozialdemokraten und Kommunisten, ähnlich wie in Italien nach 1923, bereits 1933 machtpolitisch ausgeschaltet, so verblieben nationalkonservative Repräsentanten noch einige Jahre länger in Spitzenstellungen. Auch aus diesem Grund erhielt vor allem der ›konservative‹ Widerstand, dessen Angehörige anfänglich teilweise Hoffnungen auf das Regime gesetzt hatten, noch Aktionschancen, als sich mit der erneuten Radikalisierung der Judenverfolgung ab 1938 und der Expansionspolitik ab 1939/40 die Durchsetzung Hitlerscher Lebensraum- und Vernichtungsziele innerhalb des Regimes immer deutlicher abzeichnete. Die differenzierte Struktur der Führungseliten in den ersten Jahren des ›Dritten Reiches‹ ist auch einer der Hintergründe für die Spannungen und Widersprüche in der nationalsozialistischen Außenpolitik, die mit Hitlers Programm zunächst nur teilweise vereinbar war; so, wenn neben traditionell revisionistische Elemente, wie die Remilitarisierung des Rheinlandes, die Verfolgung traditioneller wilhelminischer Großmachtziele durch Göring in Südosteuropa oder die Durchsetzung des Anschlusses Österreichs 1938 traten, die beide den Interessen des faschistischen Bündnispartners in Italien zuwiderliefen (Achse Berlin – Rom 1936), oder wenn der Anti-Komintern-Pakt 1936/37 entgegen Hitlers rassistischen Vorstellungen Japan einschloß, zudem bei gleichzeitiger versteckter Unterstützung seines Feindes China.

Die Spannung von rückwärtsgewandter Blut-und-Boden-Ideologie und technisch-modernem Auftreten trug zur Faszinationskraft des Regimes, die zunächst durchaus über Deutschland hinausreichte, ähnlich bei wie der soziale und ökonomische Aufschwung. Erreicht wurde dieser anfangs mit Mitteln, die keineswegs spezifisch nationalsozialistisch und in wesentlichen Teilen auch in Deutschland, nicht nur im Autobahnbau, schon seit 1930/32 vorbereitet waren. Ähnlich wie Hitler setzte auch Roosevelts ›New Deal‹ auf eine keynesianisch geprägte Politik staatlicher Arbeitsbeschaffung und Kreditschöpfung. In Deutschland wurde jedoch die Rüstungswirtschaft zum entscheidenden Faktor, und die wirtschafts- und finanzpolitischen Instrumentarien wurden weitgehend verschleiert: gewaltiger Geldüberhang bei Zurückstauung der Inflation durch Preis- und Lohnstop, Reduzierung der Konsumgüter – zugunsten der Rüstungsproduktion, Devisenzwangswirtschaft und teilweise Zerstörung der Außenhandelsstrukturen, Ausplünderung der besetzten Länder während des Krieges, ›geräuschlose‹ Kriegsfinanzierung – ähnlich wie in Italien und Japan, doch wesentlich stärker als in den demokratisch verfaßten Ländern – durch eine indirekte Abschöpfung von Sparguthaben, Sozialversicherungsbeiträgen etc. statt durch direkte Steuern. Erst in der Schwarzmarktzeit nach Kriegsende brach das Kartenhaus zusammen, und erst jetzt erlebte die Bevölkerung voll die Wirkungen dieser Politik, die sie allerdings irrtümlich weitgehend der alliierten Besatzung zur Last legte.

Erst im unmittelbaren Vorfeld des Krieges festigte das Regime sich zu einem ›totalitären Faschismus‹. Damit erfolgte auch die stufenweise Radikalisierung von der Verfolgung zur 1941 eingeleiteten systematischen Vernichtung, von den Konzentrationslagern zu den außerhalb des Altreiches im Osten unter Geheimhaltung angelegten, fast industrialisierten Vernichtungslagern. Auch hierin liegt ein grundlegender Unterschied zum italienischen Faschismus. Die vor allem hier und im Ostfeldzug erfolgte Ermordung und Vernichtung von über 5,2 Millionen europäischen Juden, von Sinti und Roma, von großen Bevölkerungsgruppen in den besetzten Gebieten, von Millionen von Kriegsgefangenen und Fremdarbeitern stellte ebenso wie die begonnenen Bevölkerungsumsiedlungen in Osteuropa, die Ausplünderung besetzter Länder und die Politik der ›verbrannten Erde‹ Weichen für machtpolitische Verschiebungen, Bedrohungsängste und daraus folgende politische Konfliktlinien der Nachkriegszeit. In manchen besetzten Ländern, etwa Frankreich, verband die Besatzungssituation sich mit autoritären innenpolitischen Erneuerungsbewegungen, welche ihrerseits in den daraus folgenden Konflikten prägend wurde für Traumata und Frontstellungen in Politik und politischer Kultur der Nachkriegsjahre. Trotz der Bedeutung der Widerstandsbewegungen in einigen Ländern oder Regionen vermochte erst das Eingreifen der USA den Zweiten Weltkrieg zur Entscheidung zu bringen. Der säkulare machtpolitische Abstieg des alten Europa war damit besiegelt.

In Osteuropa schuf die Sowjetunion die Ausgangspositionen für ihre Hegemonialstellung der zweiten Nachkriegszeit. Nach den Mißerfolgen staatlicher Lenkungswirtschaft in der ersten nachrevolutionären Phase leitete Lenin mit der ›Neuen ökonomischen Politik‹ 1921 den Versuch einer Verbindung zentralverwaltungswirtschaftlicher und privatwirtschaftlicher Elemente ein. Er endete ab 1928 in der sukzessiven Zwangskollektivierung der Landwirtschaft, der nach den Hungerverlusten von 1921/22 erneut Millionen von Menschen zum Opfer fielen, und ab 1929 in Stalins umfassendem Industrialisierungsprogramm; ausgehend von den Modernisierungskernen in dem wenig entwickelten Land, legte es die Grundlage für die sowjetische Industriemacht. Es ging einher mit einer straffen Zentralisierung der Staatsführung, welche Entkolonialisierungstendenzen nicht nur verhinderte, sondern das alte Zarenreich im Hitler-Stalin-Pakt 1939 noch erweiterte, und mit der systematischen Ausschaltung bürgerlicher und sozialistischer Oppositionstendenzen, die Mitte der 30er Jahre ihren Höhepunkt erreichte. Spiegelbildlich waren hier gleichfalls Nachkriegsprobleme angelegt, die aber erst ein halbes Jahrhundert später zum offenen Ausbruch kommen sollten.

Vom Kolonialismus zur ›Dritten Welt‹

Die ökonomische und militärische Mobilisierung von Kolonien und abhängigen Gebieten und die Revolutionierungspolitik beider kriegführender Seiten besonders in Nahost trugen in der Folge des Ersten Weltkriegs zur Herausbildung eines autochthonen Nationalismus und politischen Bewußtseins in diesen Regionen bei. Beginnend in Nordafrika und dem Nahen Osten, formierten sich allmählich politische Eliten, die nach 1940/45 vielfach zum Träger der Unabhängigkeitsbewegungen wurden. Der 1918/19 proklamierte Grundsatz des Selbstbestimmungsrechts der Völker höhlte die Position der Kolonialmächte zusätzlich politisch aus. War er in der Praxis für die meisten Länder auch noch wenig wirksam, so stellte das Treuhänderprinzip, nach dem der Völkerbund die ehemaligen deutschen Kolonien und die vom Osmanischen Reich abhängigen Gebiete unter Großbritannien, Frankreich, Südafrika und Belgien 1919 bis 1923 aufteilte, mit der Internationalisierung der Verantwortung und der Formulierung des Fernzieles der Unabhängigkeit doch einen politisch und rechtlich grundlegenden Schritt dar. Erst 1989/90 ist die Unabhängigkeit des letzten dieser ehemaligen Mandatsgebiete, Namibia, zu erwarten. Widersprüchliche britische und französische Zusagen an Juden und Araber während des Ersten Weltkriegs wirkten mit den Entscheidungen von 1919–23 besonders in Palästina und im Libanon sowie mit den Erneuerungsbewegungen von Zionismus und Islamismus (Weltislamkonferenz 1931) seit Ende des 19. Jahrhunderts zusammen in der Weichenstellung für neue, langfristige Konfliktherde.
Der Aufstieg Chinas nach der Revolution 1911 und Japans nach seinem Sieg über Rußland 1904/05 wies im Fernen Osten voraus auf den machtpolitischen Abstieg Europas und wurde zu einem Ansporn für weitere Autonomiebewegungen der Zwischenkriegszeit. Großbritannien entwikkelte mit dem 1926–31 entstandenen Commonwealth ein Instrument, welches das Empire zugleich in die politische Unabhängigkeit entließ und zusammenhielt. Zunächst auf die im Dominion-Status seit 1867 (Kanada) nach und nach autonom werdenden weißen Siedlungskolonien angewandt, prägte es den britischen Entkolonialisierungsprozeß verfassungsrechtlich auch nach 1940/45. In der Zwischenkriegszeit war Großbritan-

nien mit Widerstandsbewegungen neben Nahost vor allem in Indien konfrontiert, wo die von Gandhi geführte Bewegung bürgerlichen Ungehorsams sich mit der alten Problematik der Kasten sowie des religiösen, machtpolitischen und verfassungsrechtlichen Gegensatzes von Moslem und Hindu verschränkte. Das nicht nur im britischen Empire angewandte Prinzip der indirekten Herrschaft unter möglichst weitgehender Stützung auf eingesessene Herrschaftsstrukturen verminderte zwar die direkten Eingriffe der Kolonialmächte und die europäische Einwanderung, trug aber besonders in Afrika zur Verfestigung solcher alten Strukturen bei und schloß neu entstehende afrikanische Eliten, wie sie sich etwa unter dem Zeichen des Panafrikanismus zu sammeln begannen, lange Zeit von Führungspositionen aus. Das schuf neue Konfliktpotentiale. Noch weniger fand Frankreich eine klare Linie seiner Kolonialpolitik zwischen den theoretischen Alternativen einer Assimilation und einer Assoziation der Kolonien mit Frankreich. Aufstände vor allem in Vietnam und Marokko waren die Folge. Die Forcierung der Rohstoffproduktion seit dem Ersten Weltkrieg, der allmähliche Ausbau von Produktionsstätten in den Kolonien selbst und die damit einhergehende isolierte Entwicklung einzelner Wirtschaftssektoren verstärkten demgegenüber die Küstenwanderung und Urbanisierung in weiten Teilen Afrikas und förderten die Auflösung alter Sozialstrukturen. Sie führte aber auch zu Überproduktionskrisen mit dem Fallen der Weltmarktpreise in der Weltwirtschaftskrise nach 1929, und dies verbreiterte seinerseits die politische Basis für den beginnenden afrikanischen Nationalismus. Bei allen Unterschieden zwischen den einzelnen Ländern und zwischen innerem Afrika und Küstengebieten zeichneten sich in solchen Gegensätzen und einander zuwiderlaufenden Entwicklungen manche politischen, sozialen und wirtschaftlichen Probleme der zweiten Nachkriegszeit doch bereits ab.

Nicht nur imperialistische Herrschaftsstrukturen als solche, sondern auch die spezifischen Formen ihres Wandels und ihres Abbaus in der beginnenden Entkolonialisierung stellten Weichen für Gegenwartsprobleme. Die geläufige Unterscheidung indirekter Herrschaft der Engländer und direkter Herrschaft der Franzosen oder Belgier ist eine ebenso unzulässige Vereinfachung wie der daraus oft abgeleitete Schluß auf eine gewaltfreie oder kriegerische Entkolonialisierung. In allen Teilen der Welt haben imperialistische Herrschaftsformen sich der politischen und sozialen Situation im jeweiligen Land und zur jeweiligen Epoche angepaßt. Die Beziehungen zwischen Kolonialmächten und unterworfenen oder kontrollierten Ländern und Völkern waren dementsprechend vielfältig und hingen stark auch von der inneren Situation an der Peripherie ab.

Die »Selbstentmachtung Europas« (A. Hillgruber) wurde im Zweiten Weltkrieg ebenso durch den Einsatz von Kolonialvölkern für die Krieg-

führung der Mutterländer verstärkt wie durch die Niederlagen und den damit verbundenen Prestigeverlust der Großmächte, vor allem Frankreichs 1940, und ihre allmähliche Ablösung durch neue Mächte. Japans Kriegsimperialismus in Ost- und Südost-Asien und die offiziell antikolonialistische Politik der USA nach Kriegsende schwächten die Position der alten Kolonialmächte weiter. Die Fortdauer alter oder der Aufbau neuer Dependenzstrukturen wurde durch die zunächst in Asien, dann in Nordafrika und um 1960 im übrigen Afrika einsetzende Welle politischer Unabhängigkeitsvorgänge zunächst verdeckt. War die indische Unabhängigkeit 1947 ein Beispiel für die Beendigung eines in der Zwischenkriegszeit bereits relativ weit gediehenen politischen Emanzipationsprozesses, so wirkten in anderen Ländern wie Burma und Indonesien die Kriegsereignisse selbst viel unmittelbarer. Schon früh sammelten sich viele der neuen Staaten in der Bewegung der Bündnis- und Blockfreiheit (Bandung-Konferenz 1955). Ein anderer Entkolonialisierungstyp entwickelte sich in Vietnam. Hier begann sich der von Ho-Chi-Minh angeführte antikolonialistische Guerilla-Krieg 1947/48–1954 nicht zuletzt aufgrund französischer Fehleinschätzungen zunehmend mit dem amerikanisch-sowjetischen Gegensatz zu verweben; er wurde so zu einem Beispiel der Verschränkung von Ost-West-Konflikt und Nord-Süd-Antagonismus, bis nach der Beendigung des Krieges gegen die USA (1975) der traditionelle vietnamesische Subimperialismus im südostasiatischen Raum im Einmarsch in Kambodscha 1978/79 wieder in den Vordergrund trat und seinerseits den sowjetisch-chinesischen Gegensatz widerspiegelte.
Auf die Formen der Entkolonialisierung wirkten auch die jeweiligen Ideologien der Kolonialmächte ein. Flexible und auf einen Erziehungsanspruch gegründete Konzeptionen wie im britischen Raum ließen eine Entkolonialisierung in der Öffentlichkeit zumindest als Fernziel leichter akzeptabel werden. Empfand eine ehemalige Großmacht wie Frankreich dagegen ihren machtpolitischen Abstieg im 20. Jahrhundert besonders stark als politische Niederlage, so konnte in Reaktion darauf ein hartnäckiges Festhalten an kolonialen Herrschaftsformen in politischer Führung wie Öffentlichkeit die Folge sein. Wesentlicher noch wurde der historisch begründete Unterschied zwischen Siedlungs- und Handelskolonien. Wo sich europäische Siedler seit Generationen niedergelassen hatten, wurde die Kolonie und nicht die Metropole zu deren Heimatland. Das seit 1830 besiedelte Algerien beispielsweise galt auch administrativ als integraler Bestandteil des Mutterlandes; der Entkolonialisierungsprozeß verlief hier als Krieg mit Frankreich (1954–1962), der zugleich die Metropole selbst an den Rand des inneren Bürgerkrieges führte und Anlaß zum Sturz der IV. Republik 1958 wurde. Umgekehrt bedurfte es im portugiesischen Kolonialreich einer Revolution im Mutterland (1974), um Angola

und Mozambique zur Unabhängigkeit zu führen. In den Kolonien konnten solche gewaltsamen Entkolonialisierungsprozesse interne politische, ethnische und soziale Gegensätze jahrelang überdecken oder auch zur gewaltsamen Durchsetzung einzelner politischer Gruppen zum Zeitpunkt der Unabhängigkeit beitragen.

Vorkoloniale Strukturen und Gegensätze überdauerten vielfach die Kolonialzeit und trafen mit jüngeren Konfliktpotentialen zusammen. Meist verstärkten sich dabei ethnische, religiöse und sozioökonomische Fronten gegenseitig. Dies gilt beispielsweise für die Abspaltung des mehrheitlich moslemischen Pakistan von dem stärker hinduistisch geprägten Indien bei der Unabhängigkeit 1947, eine Teilung, welche die inneren Probleme beider Länder allerdings auch nicht dauerhaft zu entschärfen vermochte (Bürgerkrieg um die Sezession von Bangla-Desh 1971; Kämpfe zwischen Sikhs und Hindu in Indien). Die Sezession Biafras 1967–70 ging auf die Gegensätze zwischen den traditionellerweise Führungspositionen einnehmenden Ibo und anderen nigerianischen Völkern zurück. Die innerafrikanischen Auseinandersetzungen in Rhodesien/Zimbabwe, die zugleich die scheinbar moderne Parteibildung charakterisieren, haben ihren Ursprung im alten Antagonismus von Shona und Ndbele. Daß vor allem afrikanische Regierungen die kolonialen Grenzen nach der Unabhängigkeit weitgehend beibehielten, verschärft solche Nationsbildungskonflikte noch. Der Beispiele sind viele.

Die Langzeitwirkungen des Kolonialismus können nur in länder- und regionsspezifischer Differenzierung beurteilt werden. Auch nicht oder nur kurzzeitig kolonisierte Länder wie Afghanistan und Äthiopien gehören heute zu den am wenigsten entwickelten Ländern (›Vierte Welt‹). Den Infrastrukturleistungen der Kolonialmächte (Schulen, Verkehr, Sozialwesen etc.) stehen Belastungen etwa durch monokulturelle Wirtschaftsstrukturen oder unzureichende Formierung von Führungseliten gegenüber. Koloniale Fernwirkungen wirken in oft schwer zu trennender Form zusammen mit neueren Dependenzstrukturen in der Weltwirtschaft, welche Politik, Wirtschaft und auch Kultur armer Länder auf Vorbilder und Bedürfnisse der Industrienationen hin orientieren. Das Eigengewicht von Dependenzstrukturen gegenüber politischen Emanzipationsprozessen wird besonders deutlich im Verhältnis zwischen den USA und Lateinamerika, dessen politische Unabhängigkeit bereits im frühen 19. Jahrhundert erreicht worden war. Bevölkerungsexplosion, gigantisches Wachstum der Großstädte zu kaum mehr steuerbaren Agglomerationen, Migrationsbewegungen aus sozio-ökonomischen Gründen sowie Flüchtlingsströme als Folge der seit 1945 größtenteils in der Dritten Welt konzentrierten zahlreichen Kriege, Überlastung der natürlichen Ressourcen, Korruption als Ausdruck der Schwäche politischer Systeme trotz oft diktatorischer Verfassungen, Anwachsen der Armut und der Kriminalität, Stagnation oder Sinken des Bildungsniveaus, gewaltige und weiter wachsende Überschuldung, Abhängigkeit von der Fluktuation der Welt-Rohstoffpreise und Sinken der ökonomischen Wachstumsraten seit dem ›zweiten Ölschock‹ 1979 gehören zu den wichtigsten Belastungsfaktoren. Sie lassen die Entwicklung der Länder der Dritten und Vierten Welt, in einer im einzelnen sehr unterschiedlichen Stärke und Ausprägung, gegen Ende des 20. Jahrhunderts insgesamt eher in ungünstigerem Licht erscheinen als noch ein Vierteljahrhundert früher. ›Entwicklungsdiktaturen‹, von denen man nach der politischen Unabhängigkeit häufig Entwicklungsschübe erwartete, haben solche Leistungen bislang in der Regel nicht erbracht. In Wirtschaft, Bildung und Sozialwesen vergrößert sich das Gefälle zwischen Industrienationen und anderen Ländern eher, als daß es sich verringerte, auch wenn manche ›Schwellenländer‹ auf westliche Industrialisierungsmodelle einschwenken und in ihnen bessere Wachstums- und Entwicklungschancen finden oder erhoffen.

Vom Kalten Krieg zu den Grenzen des Wachstums

Machtpolitik und Rekonstruktion – mit diesen Schlagworten ließen sich aus europäisch-atlantischer Perspektive die Hauptprobleme der beiden ersten Nachkriegsjahrzehnte umreißen. Das Gewicht, welches der Rekonstruktion jetzt zukam, bezeichnet einen der weltpolitisch wirksamsten Unterschiede zur Zeit nach dem Ersten Weltkrieg. Eine wesentliche Vorbedingung dafür war, daß die USA, anders als 1919, einer Isolationspolitik bald eine klare Absage erteilten. Erst nach der Konsolidierung der Rekonstruktion wurden allmählich die Gefahren unbegrenzter Wirtschaftsexpansion erkannt, und hierin liegt ein weiterer fundamentaler Unterschied zur Zwischenkriegszeit. Es bedurfte des zunehmenden Bewußtseins von der Diskrepanz der Entwicklung industrialisierter und nichtindustrialisierter Staaten sowie einer zunehmenden Zahl regionaler Konflikte und ›Stellvertreterkriege‹ außerhalb Europas und Nordamerikas, um die Chancen für eine Entspannung auch im Ost-West-Verhältnis wachsen zu lassen.

Die jetzt als Weltmächte etablierten USA und Sowjetunion standen sich zu Kriegsende nicht sofort in offener Polarisierung gegenüber. Die »antagonistische Kooperation« (W. Link) gegen die regionalen Imperialismen Japans, Italiens und des ›Dritten Reiches‹ während der Kriegszeit schien zunächst noch Chancen für eine universalistische Weltfriedensordnung im Rahmen der neu begründeten Vereinten Nationen zu eröffnen. Die Entscheidung für eine formale Präponderanz der Großmächte im UNO-Weltsicherheitsrat gehörte ebenso wie das anfängliche amerikanische Atombomben-Monopol zu den Elementen, welche die faktische Asymmetrie in den frühen Konzepten deutlich werden und diese scheitern ließen.

Rasch kamen weitere Faktoren hinzu. Die Sowjetunion, in der Stalins innenpolitische Position nach den Schauprozessen der 1930er Jahre und durch die Integrationsfunktion des Krieges gefestigt war, sicherte sich in den Kriegskonferenzen der Alliierten in mehr oder weniger expliziter Form faktisch die mit Hitler 1939 in Polen und dem Baltikum abgesprochene Westgrenze und eine Einflußzone in Ostmitteleuropa sowie auf dem Balkan. Das sowjetische Zögern beim Rückzug aus den Kriegspositionen in den nordpersischen Ölgebieten 1945/46, der Bürgerkrieg in Griechenland 1946–1949 und die z. T. gewaltsame Verdrängung nicht-kommunistischer politischer Kräfte aus der politischen Führung in den Ländern des sowjetischen Interessengebietes trugen bei den Westmächten zu dem Eindruck von einer sowjetischen Expansionspolitik bei. Umgekehrt sah die Sowjetunion in der durch die USA erneut proklamierten Politik der ›Offenen Tür‹ und der ›One World‹ sowie in der Bindung von Kreditzusagen an politische Bedingungen eine Bedrohung des Aufbaus des Sozialismus marxistisch-leninistischer Prägung. Machtpolitik, ideologische Gegensätze und spezifische Einschätzungen der Absichten der jeweiligen Gegenseite verstärkten sich gegenseitig in ihrer polarisierenden Wirkung, die 1946/47 in den ›Kalten Krieg‹ mündete. In den großen Krisen der Berlin-Blockade 1948/49 und des Korea-Krieges 1950–53 sahen die Protagonisten jeweils Bestätigungen ihrer Interpretation der weltpolitischen Situation.

Die deutschen Westzonen, in denen der Produktionsaufschwung bereits 1945/46 wieder einsetzte, dem normalen Verbraucher allerdings erst nach der Währungs- und Wirtschaftsordnungsreform 1948/49 allmählich voll zugänglich wurde, profitierten bald von einer westlichen Rekonstruktionspolitik. Dagegen trug, nach anfänglichen Demontagen in allen Zonen, die sowjetische Zone/DDR die Hauptlast der deutschen Reparationen für die gewaltigen sowjetischen Kriegsschäden, nachdem die Ostgebiete schon im Frühjahr 1945 faktisch an Polen gefallen waren, das seinerseits seine Ostgebiete an die Sowjetunion verlor. Die in Potsdam 1945 beschlossene Trennung in zwei unterschiedliche Reparationszonen und die rasche gesellschaftliche Umgestaltung mit u. a. der schrittweisen Kollektivierung der Landwirtschaft in der sowjetischen Zone/DDR, die unterschiedliche Entwicklung der Parteiensysteme und gesellschaftlichen Organisationen, die Währungsreform und die Berlin-Blockade 1948/49 sowie die Ausarbeitung der Verfassungen bezeichneten Etappen auf dem schon 1945 eingeleiteten Weg zur Teilung; faktische Wandlungsprozesse und Weichenstellungen wurden dabei meist auf östlicher Seite früher eingeleitet, während formale Entscheidungen oft auf westlicher Seite früher erfolgten als in der SBZ/DDR.

Die Notwendigkeit einer Rekonstruktionspolitik in Europa unter Einschluß Deutschlands war auf westlicher Seite seit Kriegsende erkannt worden. US-Präsident Truman formulierte sie 1947 auch politisch als Mittel zu einer ›Eindämmung‹ kommunistischer Einflüsse in Europa. Der Marshall-Plan, der ergänzend zu der binnenwirtschaftlichen Liberalisierung und währungspolitischen Sanierung in den europäischen Ländern Auslandskredite für den Wiederaufbau bereitstellte, verstärkte in diesem Kontext nicht nur die Rekonstruktionseffekte in Europa, sondern auch seine Trennung, da die osteuropäischen Staaten eine Beteiligung ablehnten bzw. ablehnen mußten. Durch den Zwang zu gemeinschaftlicher Planung beim Einsatz der Mittel (Organization for European Economic Cooperation/OEEC 1948) förderte er aber auch die frühe politische Kooperation. Sie wurde auf atlantischer und militärischer Ebene durch die Gründung der NATO 1949 und durch ihre allmähliche Ausweitung ergänzt; mit ihr wurde zugleich eine Spannung zwischen europäischer und atlantischer Orientierung deutlich, die zahlreiche europäische Länder innen- wie außenpolitisch langfristig kennzeichnen sollte. In Osteuropa, das mit dem Rat für gegenseitige Wirtschaftshilfe/RGW ab 1949 die ökonomischen Bindungen weiter institutionalisierte, folgte 1955 parallel die Gründung des Warschauer Paktes.

Stufenweise wurden Bundesrepublik und DDR, wie die meisten anderen Länder Europas, bis 1955 in die jeweiligen Machtblöcke integriert. Für die bundesdeutsche Politik ergab sich daraus der Zwiespalt zwischen Wiedervereinigungsziel einerseits und Integration in westlich-parlamentarisch verfaßte Bündnissysteme andererseits, ein Zwiespalt, in dem die Entscheidungen weniger juristisch als faktisch-politisch auf Jahrzehnte zugunsten der Westintegration fielen. Multilaterale Allianzen wie die Organisation Amerikanischer Staaten/OAS (1948) oder die South East Asian Treaty Organization/SEATO (1954–1977) banden andere Weltregionen über die USA an das westlich-atlantische System indirekt an.

Zu dem weltpolitischen Zusammenhang von Integrationstendenzen kamen neuartige Wirkungen älterer politischer Traditionen, die dadurch ihrerseits einem Wandel unterworfen wurden. Verstärkten sicherheitspolitische Motive auf der Ebene der Weltmächte die Polarisierung, so entfalteten sie auf der Ebene der zu Mittelmächten herabsinkenden ehemaligen Großmächte durchaus ambivalente Wirkungen, in denen sich schon bald Kooperationsmodelle abzeichneten. Dazu trug nicht nur der Druck der Ost-West-Beziehungen bei. Besonders bezeichnend ist das Beispiel Frankreichs, dessen Politik von deutscher Seite als unerbittlich hart eingestuft wurde, das jedoch bereits 1944/45 seine traditionelle Sicherheitspolitik gegenüber dem östlichen Nachbarn weiterentwickelte zu einer vielschichtigen Konzeption, in der neben militärische Sicherheit eine – durchaus im eigenen Wiederaufbauinteresse liegende – Rekonstruktionspolitik und ein Abbau von Konfliktpotentialen in Deutschland selbst traten. Die Europäische Gemeinschaft für Kohle und Stahl (Schuman-Plan 1950/51), eine wesentliche Etappe auf dem Weg zu europäischer Kooperation, war eine Konsequenz dieser seit Kriegsende in Konzeption und Praxis angelegten Neuorientierung.

Die vor dem Hintergrund der Kriegserfahrungen und der Rekonstruktionszwänge in zahlreichen Ländern entwickelten, vielfach idealistischen europapolitischen Zielsetzungen gerieten allerdings an die Grenze ihrer Realisierbarkeit, als wesentliche ökonomische Rekonstruktionsziele erreicht schienen. Der Schritt zur politischen Integration folgte nicht selbstverständlich aus der ökonomischen Kooperation. So entstand 1957/58 zunächst nur die Europäische Atomgemeinschaft/EURATOM und die Europäische Wirtschaftsgemeinschaft/EWG. Trotz stufenweisen Ausbaus in den nächsten Jahren (Zollunion 1968, Europäische Politische Zusammenarbeit 1970) folgten erst in den 1980er Jahren wesentliche weitere Initiativen zu einer europäischen Integration mit dem Nahziel eines europäischen Binnenmarktes 1992.

In Nahost – um einen der großen Konflikte der Welt beispielhaft herauszugreifen – hatten sich die Frontstellungen nicht zuletzt aufgrund der Ölschätze der Region bereits vor und im Ersten Weltkrieg eng mit den Interessen der Großmächte zu verweben begonnen. Dem in der Zwischenkriegszeit forcierten, mit der Berufung auf das alte ›Erez Israel‹ begründeten systematischen jüdischen Landerwerb in Palästina konnte die arabische Bevölkerung schon aufgrund der feudalistischen Strukturen in ihrer Gesellschaftsordnung und der damit verbundenen Nachteile für die Entwicklung moderner politischer Organisationsformen kaum effizient begegnen. Pogromwellen in Osteuropa, dann jedoch vor allem die nationalsozialistische Verfolgungs- und Vernichtungspolitik ließen die Einwandererströme anwachsen, denen die Mandatsmacht Großbritannien zur Minderung der Konflikte mit den Arabern gegenzusteuern versuchte. War in Europa die politische Nationalstaatsbildung im wesentlichen im 19. Jahrhundert abgeschlossen, so entwickelten sich ähnliche, ihrerseits phasenverschobene Prozese im Judentum und in der arabischen Welt erst im 20. Jahrhundert. Vor diesem Hintergrund scheiterten die von britischer Seite oder nach Kriegsende von der UNO entwickelten Ansätze zu Koexistenzlösungen oder zu einer einvernehmlichen Teilung ebenso wie die Integration palästinensischer Flüchtlinge und Vertriebenen in arabischen Ländern, in denen wirtschaftliche und intellektuelle palästinensische Eliten zudem als Konkurrenz einheimischer Eliten erscheinen konnten und Bauern sozial und ökonomisch nicht leicht einzugliedern waren. Während des 1947–1949 geführten Palästinakrieges zog Großbritannien sich zurück und setzte Israel die Unabhängigkeit des 1948 proklamierten Staates durch. Der kleine Dauerkrieg an seinen Grenzen weitete sich allmählich jedoch zum zentralen Konfliktherd der ganzen Region aus. In den Kriegen 1967 und 1973 sicherte sich Israel die Kontrolle weiterer Gebiete, die jedoch trotz des israelisch-ägyptischen Ausgleichs 1977/78 und nach der Invasion im Libanon 1982 die Nationalitätenkonflikte weiter verschärften. Palästina-Problem und religiöse Gegensätze verwoben sich zusätzlich nach dem Sturz des Schah 1979 und der jetzt vom Iran ausgehenden, schiitisch geführten politischen Radikalisierung im Islam, welche zur Destabilisierung in Nordafrika ebenso beitrug wie zur Desintegration des Libanon. Zugleich wandelt sich Israel selbst mit einem steigenden Bevölkerungsanteil sephardischer Juden gegenüber den europäischen Einwanderern. Stabilisierung in den meisten mit der Ölpreis-Steigerung 1973 reich gewordenen Golfstaaten und Destabilisierung durch die religiös-nationalen Konfliktherde bezeichnen das Spannungsverhältnis, in dem Großmachtinteressen, alte Traditionen der Region und neue ökonomische Entwicklungen ineinandergreifen.

Daß Krisen wie der Kongo-Konflikt 1960, der Bau der Berliner Mauer 1961, die Kubakrise 1962 oder die Nahost-Kriege nicht zu einer direkten kriegerischen Konfrontation der Weltmächte führten, lag einerseits an den gewachsenen Risiken eines Atomkrieges und war andererseits Ausdruck eines allmählichen Überganges vom Kalten Krieg zu einem zweiten Versuch antagonistischer Kooperation in der Entspannungspolitik. Kooperationsabkommen auf strategischem Gebiet (u. a. Vertrag über die Nicht-Weiterverbreitung von Atomwaffen 1968/70, strategische Rüstungsbeschränkungsabkommen/SALT 1969/72 und 1979), engere wirtschaftliche Verflechtung und politische Konsultationsmechanismen griffen dabei ineinander und wurden ergänzt durch bi- und multilaterale Abkommen auf der Ebene mittlerer Mächte; so beispielhaft in den Gewaltverzichtsabkommen der Bundesrepublik mit der UdSSR und Polen 1970, dem Vier-Mächte-Abkommen über Berlin 1971 und dem Grundlagenvertrag Bundesrepublik – DDR 1972/73. Eine neue Dimension erhielt die Entspannung seit 1973/76 mit dem Beginn der Konferenzen über Sicherheit und Zusammenarbeit in Europa (KSZE). Konflikte innerhalb der großen Blöcke wie die militärische Intervention in der CSSR 1968, Liberalisierungstendenzen wie in Ungarn und der Sowjetunion oder zeitweise Liberalisierungsrückschläge wie in Polen in den 1980er Jahren, erneut aufflammende Nationalitätenkonflikte wie in der Sowjetunion, wechselnde innenpolitische Orientierungen wie in China mit der Kulturrevolution 1966–1969, der Modernisierungswende nach dem Tod von Mao Tse-tung 1967 und dem erneuten Rückschlag 1989 bezeichnen einige der vielfältigen Verflechtungen, die auf Lösungschancen in den Ost-West-

und Nord-Süd-Gegensätzen einwirken und ihre Entwicklungen und Phasen beeinflussen.
Die Fortschritte in der Ost-West-Entspannung fallen zeitlich etwa zusammen mit dem Wandel in den Wachstumsmustern der Industriestaaten. Die gewaltigen ökonomischen Wachstumsraten, welche die im Krieg unterlegenen Länder vor allem in den 1950er Jahren, die westlichen Siegerländer sowie die ärmeren südeuropäischen Staaten noch stärker in den 1960er Jahren erfuhren, gingen in den 1970er Jahren wesentlich zurück, u. a. in Verbindung mit den ›Öl-Schocks‹ von 1973/79. Einer Erholung in den 1980er Jahren stehen jetzt sinkende Raten in der Dritten Welt gegenüber. Zugleich verlangsamte sich die nach Kriegsende eingeleitete große Expansion des Sozialstaates in seinen im einzelnen unterschiedlich ausgeprägten Modellen, und manche Leistungen wurden eher wieder eingegrenzt. Grenzen des Wachstums wurden somit einerseits im quantitativen Sinne deutlich. Sie kennzeichnen Politik, Wirtschaft und politische Kultur des ausgehenden 20. Jahrhunderts aber noch stärker in der Erkenntnis des Preises, der für unbegrenztes Wachstum zu zahlen ist und den aufzubringen die Gesellschaften der industrialisierten Staaten nicht mehr so vorbehaltlos bereit sind wie noch in der Expansionsstimmung der Rekonstruktionsphase nach dem Krieg. Insofern eröffnen die ›Grenzen des Wachstums‹ gegen Jahrhundertende die Perspektive vielfältiger neuer Umbruchprozesse in Politik, Wirtschaft und Gesellschaft.

[R. HUDEMANN]

Bibliographie

Der gewaltige Umfang des historischen Schrifttums legte sowohl den Autoren und dem Herausgeber als auch dem Verlag eine Beschränkung in der Auswahl der aufgenommenen Werke auf. Die unter den Titeln der Beiträge aufgelisteten Buchtitel und Zeitschriftenartikel sind daher eher als weiterführende Literaturhinweise zu verstehen denn als ausgewählte Bibliographie zu den behandelten Themenkomplexen.

Abkürzungen: GG = Geschichte und Gesellschaft
HZ = Historische Zeitschrift
KZfS = Kölner Zeitschrift für Soziologie

Historische Methode

BERNHEIM, E., Lehrbuch der historischen Methode und der Geschichtsphilosophie. 5./6. Aufl., Leipzig 1908

BRANDT, A. V., Werkzeug des Historikers. Eine Einführung in die historischen Hilfswissenschaften. 2. Aufl., Stuttgart 1960

DROYSEN, J. G., Historik (Textausgabe von Peter Leyh). Stuttgart 1977

DÜLMEN, R. VAN / N. SCHINDLER (Hg.), Volkskultur. Zur Wiederentdeckung des vergessenen Alltags (16.–20. Jahrhundert). Frankfurt/M. 1984

ECKERMANN, W. / H. MOHR (Hg.), Einführung in das Studium der Geschichte. Berlin (DDR) 1979

HONEGGER, C. (Hg.), Schrift und Materie der Geschichte. Vorschläge zur systematischen Aneignung historischer Prozesse. Frankfurt/M. 1977

KOCKA, J., Sozialgeschichte. Begriff – Entwicklung – Probleme. Göttingen 1977

KÜTTLER, W. (Hg.), Gesellschaftstheorie und geschichtswissenschaftliche Erklärung. Berlin (DDR) 1985

MARX, K. / F. ENGELS, Die deutsche Ideologie. MEW Bd. 3, Berlin (DDR) 1962

MEDICK, H., »Missionare im Ruderboot«? Ethnologische Erkenntnisweisen als Herausforderung an die Sozialgeschichte. In: Geschichte und Gesellschaft 10 (1984), S. 295–319

MEIER, CHR. / J. RÜSEN (Hg.), Historische Methode (Theorie der Geschichte. Beiträge zur Historik. Bd. 5) München 1988

NIETHAMMER, L., Fragen – Antworten – Fragen. Methodische Erfahrungen und Erwägungen zur Oral History. In: ders. / A. v. Plato (Hg.), »Wir kriegen jetzt andere Zeiten«. Auf der Suche nach der Erfahrung des Volkes in nachfaschistischen Ländern. Berlin/Bonn 1985, S. 392–445

RÜSEN, J., Rekonstruktion der Vergangenheit. Grundlinien einer Historik II: Die Prinzipien der historischen Forschung. Göttingen 1986

TOPOLSKI, J., Methodology of History. Warschau/Dordrecht/Boston 1976

WEHLER, H.-U., Geschichte als historische Sozialwissenschaft. Frankfurt/M. 1973

Theorie der Geschichte

BAUMGARTNER, H. M./J. RÜSEN (Hg.), Seminar: Geschichte und Theorie. 2. Aufl., Frankfurt/M. 1982

BLOCH, M./F. BRAUDEL u. a., Schrift und Materie der Geschichte. Vorschläge zur systematischen Aneignung historischer Prozesse, hg. von C. Honegger. Frankfurt/M. 1977

DANTO, A. C., Analytische Philosophie der Geschichte. Frankfurt/M. 1974

DROYSEN, J. G., Historik. Historisch-kritische Ausgabe, hg. von P. Leyh. Bd. 1, Stuttgart 1977

KOCKA, J., Sozialgeschichte. Begriff – Entwicklung – Probleme. 2. Aufl., Göttingen 1986

KOCKA, J./TH. NIPPERDEY (Hg.), Theorie und Erzählung in der Geschichte (Theorie der Geschichte. Beiträge zur Historik. Bd. 3). München 1979

KOSELLECK, R./H. LUTZ/J. RÜSEN (Hg.), Formen der Geschichtsschreibung (Theorie der Geschichte. Beiträge zur Historik. Bd. 4). München 1982

KOSELLECK, R./W. MOMMSEN/J. RÜSEN (Hg.), Objektivität und Parteilichkeit in der Geschichtswissenschaft (Theorie der Geschichte. Beiträge zur Historik. Bd. 1). München 1977

KÜTTLER, W. (Hg.), Gesellschaftstheorie und geschichtswissenschaftliche Erklärung. Berlin (DDR) 1985

MEDICK, H., »Missionare im Ruderboot«? Ethnologische Erkenntnisweisen als Herausforderung an die Sozialgeschichte. In: GG 10 (1984), S. 295–319

MERAN, J., Theorien in der Geschichtswissenschaft. Die Diskussion über die Wissenschaftlichkeit der Geschichte. Göttingen 1985

RÜSEN, J., Historische Vernunft. Grundzüge einer Historik I: Die Grundlagen der Geschichtswissenschaft. Göttingen 1983

RÜSEN, J., Rekonstruktion der Vergangenheit. Grundzüge einer Historik II: Die Prinzipien der historischen Methode. Göttingen 1986

RÜSEN, J./H. SÜSSMUTH (Hg.), Theorien in der Geschichtswissenschaft. Düsseldorf 1980

WHITE, H., Meta-History. The Historical Imagination in Nineteenth-Century Europe. Baltimore 1973

Politische Geschichte, Geschichte der internationalen Beziehungen

CONZE, W., Die Strukturgeschichte des technisch-industriellen Zeitalters als Aufgabe für Forschung und Unterricht. Opladen 1957

FABER, K.-G., Ausprägungen des Historismus. In: HZ 228 (1979), S. 1–22

FAULENBACH, B., Ideologie des deutschen Weges. Die deutsche Geschichte in der Historiographie zwischen Kaiserreich und Nationalsozialismus. München 1980

HILDEBRAND, K., Geschichte der »Gesellschaftsgeschichte«. Die Notwendigkeit einer politischen Geschichtsschreibung von den internationalen Beziehungen. In: HZ 223 (1976), S. 328–357

HILLGRUBER, A., Politische Geschichte in moderner Sicht. In: HZ 216 (1973), S. 529–552

KOCKA, J., Sozialgeschichte. Göttingen 1977
LANGEWIESCHE, D., Sozialgeschichte und Politische Geschichte. In: W. Schieder/V. Sellin (Hg.), Sozialgeschichte in Deutschland. Bd. 1, Göttingen 1986, S. 9–32
LE GOFF, J./P. NORA (Hg.), Faire de l'histoire. 3 Bde., Paris 1974
MEIER, CHR., Der Alltag des Historikers und die historische Theorie. In: H. M. Baumgartner/J. Rüsen (Hg.), Seminar: Geschichte und Theorie. Umrisse einer Historik. Frankfurt/M. 1976, S. 36–58
MOMMSEN, H., Politische Geschichte. In: Handbuch der Geschichtsdidaktik, hg. von K. Bergmann u. a., Bd. 1, Düsseldorf 1979, S. 141–145
MOMMSEN, W. J., Gegenwärtige Tendenzen in der Geschichtsschreibung der Bundesrepublik. In: GG 7 (1981), S. 149–188
OESTREICH, G., Die Fachhistorie und die Anfänge der sozialgeschichtlichen Forschungen in Deutschland. In: HZ 208 (1969), S. 320–363
RITTER, G., Gegenwärtige Lage und Zukunftsaufgaben deutscher Geschichtswissenschaft. In: HZ 170 (1950), S. 1–22
SCHMIDT, G., Wozu noch »politische Geschichte«? In: apz B 17 (1975), S. 344 bis 369
SCHULIN, E., Geschichtswissenschaft in unserem Jahrhundert. Probleme und Umrisse einer Geschichte der Historie. In: HZ 245 (1987), S. 1–30
WEHLER, H.-U., Moderne Politikgeschichte oder »Große Politik der Kabinette«? In: GG 1 (1975), S. 344–369
WEHLER, H.-U., Geschichtswissenschaft heute. In: J. Habermas (Hg.), Stichworte zur »Geistigen Situation der Zeit«. Bd. 2, Frankfurt/M. 1979, S. 709–753

Kulturgeschichte, Mentalitätengeschichte, Historische Anthropologie

BAUSINGER, H., Traditionale Welten – Kontinuität und Wandel in der Volkskultur. In: HZ 241 (1985), S. 265–286
BOCK, G., Historische Frauenforschung: Fragestellungen und Perspektiven. In: K. Hausen (Hg.), Frauen suchen ihre Geschichte. München 1983, S. 22–60
DAVIS, N. Z., Humanismus, Narrenherrschaft und die Riten der Gewalt. Frankfurt/M. 1987
DÜLMEN, R. VAN/N. SCHINDLER (Hg.), Volkskultur. Zur Wiederentdeckung des vergessenen Alltags (16.–20. Jahrhundert). Frankfurt/M. 1984
GRAUS, F. (Hg.), Mentalitäten im Mittelalter. Methodische und inhaltliche Probleme. Sigmaringen 1987
GUREVIC, A. J., Die Geschichte als Dialog mit den Menschen vergangener Epochen. In: P. Rossi (Hg.), Theorie der modernen Geschichtsschreibung. Frankfurt/M. 1987, S. 266–273
HAMMERSTEIN, N. (Hg.), Deutsche Geschichtswissenschaft um 1900. Wiesbaden 1982
JEGGLE, U. u. a. (Hg.), Volkskultur in der Moderne. Probleme und Perspektiven empirischer Kulturforschung. Reinbek 1986
KOCKA, J. (Hg.), Sozialgeschichte und Kulturanthropologie. In: GG 10, H. 3. Göttingen 1984
LEPENIES, W., Das Ende der Naturgeschichte. Wandel kultureller Selbstverständ-

lichkeiten in den Wissenschaften des 18. und 19. Jahrhunderts. München/Wien 1976

LÜDTKE, A. (Hg.), Alltagsgeschichte. Zur Rekonstruktion historischer Erfahrungen und Lebensweisen. Frankfurt/M. 1989

POMATA, G., Eine Frage der Grenzziehung – die Geschichte der Frauen zwischen Anthropologie und Biologie. In: Feministische Studien 2 (1983), H. 2, S. 113–127

RAULFF, U. (Hg.), Mentalitäten-Geschichte. In: Ders. (Hg.): Vom Umschreiben der Geschichte. Berlin 1986

RÜSEN, J., J. Burkhardt: In: H.-U. WEHLER (Hg.), Deutsche Historiker. Bd. 3, Göttingen 1972, S. 5–28

SCHMIDT, R., Kulturgeschichte in landeshistorischer Sicht. In: Zeitschrift für Ostforschung 30 (1981), S. 321–348

SÜSSMUTH, H. (Hg.), Historische Anthropologie. Göttingen 1984

Wirtschafts- und Sozialgeschichte, Historische Sozialwissenschaft, Gesellschaftsgeschichte

BOELCKE, W. A., Wirtschafts- und Sozialgeschichte. Einführung, Bibliographie, Methoden, Problemfelder. Darmstadt 1987

BRUNNER, O., Neue Wege der Verfassungs- und Sozialgeschichte. 2. Aufl., Göttingen 1968

CONZE, W., Strukturgeschichte des technisch-industriellen Zeitalters als Aufgabe für Forschung und Unterricht. Köln 1957

ERBE, M., Zur neueren französischen Sozialgeschichtsforschung. Die Gruppe um die »Annales« (Erträge der Forschung). Darmstadt 1979

FABER, K.-G., Geschichtslandschaft – Région historique – Section in History. Ein Beitrag zur vergleichenden Wissenschaftsgeschichte. In: Saeculum 30 (1979), S. 4–21

FISCHER, W., Wirtschaft und Gesellschaft im Zeitalter der Industrialisierung. Aufsätze – Studien – Vorträge. Göttingen 1972

HINTZE, O., Soziologie und Geschichte. Gesammelte Abhandlungen zur Soziologie, Politik und Theorie der Geschichte, hg. und eingeleitet von G. Oestreich. 2. Aufl., Göttingen 1964

IGGERS, G. G., Neue Geschichtswissenschaft. Vom Historismus zur Historischen Sozialwissenschaft. Ein internationaler Vergleich. München 1978

KOCKA, J., Sozialgeschichte. Begriff – Entwicklung – Probleme. 2. Aufl., Göttingen 1986

KOCKA, J., Sozialgeschichte im internationalen Überblick. Ergebnisse und Tendenzen der Forschung. Darmstadt 1988

LUDZ, P. C. (Hg.), Soziologie und Sozialgeschichte. Aspekte und Probleme. In: KZfSS, Sonderh. 16, Opladen 1973

MOMMSEN, W. J., Die Geschichtswissenschaft jenseits des Historismus. Düsseldorf 1972

OESTREICH, G., Die Fachhistorie und die Anfänge der sozialgeschichtlichen Forschung in Deutschland. In: HZ 208 (1969), S. 320–63

ROSENBERG, H., Probleme der deutschen Sozialgeschichte. Frankfurt/M. 1969

SCHIEDER, W./U. SELLIN (Hg.), Sozialgeschichte in Deutschland. Entwicklungen und Perspektiven im internationalen Zusammenhang (Gedächtnisschrift für Werner Conze). 4 Bde., Göttingen 1986/87
SCHULZE, W., Soziologie und Geschichtswissenschaft. Einführung in die Probleme der Kooperation beider Wissenschaften. München 1974
SCHULZE, W., Deutsche Geschichtswissenschaft nach 1945. München 1989
WEHLER, H.-U., Historische Sozialwissenschaft und Geschichtsschreibung. Studien zu Aufgaben und Traditionen deutscher Geschichtswissenschaft. Göttingen 1980
WEHLER, H.-U., Deutsche Gesellschaftsgeschichte. 2 Bde (Bd. 1: 1700–1815, Bd. 2: 1815–1845/49), München 1987
WEHLER, H.-U. (Hg.), Moderne deutsche Sozialgeschichte. Köln 1966
ZORN, W., Einführung in die Wirtschafts- und Sozialgeschichte des Mittelalters und der Neuzeit. Probleme und Methoden. München 1972

Adel

ALFÖLDY, G., Römische Sozialgeschichte. 3. Aufl., Wiesbaden 1984
BOSL, K./H. MOMMSEN, Adel. In: Marxismus im Systemvergleich, Geschichte 1, Freiburg 1974, Sp. 25–51
BRUNNER, O., Adeliges Landleben und europäischer Geist. Leben und Werk Helmhards von Hohberg 1612–1688. Salzburg 1949
BUMKE, J., Höfische Kultur. Literatur und Gesellschaft im Mittelalter. 2 Bde., München 1986
CONZE, W./C. MEIER, Adel, Aristokratie. In: Geschichtliche Grundbegriffe, Bd. 1 (1971), S. 1–48
GOLLWITZER, H., Die Standesherren. Die politische und gesellschaftliche Stellung der Mediatisierten 1815–1918. Göttingen 1957
GSCHNITZER, F., Griechische Sozialgeschichte. Von der mykenischen bis zum Ausgang der klassischen Zeit. Wiesbaden 1981
MEYER, J., Noblesses et Pouvoirs dans l'Europe d'Ancien Régime. Paris 1973
PUHLE, H.-J./H.-U. WEHLER (Hg.), Preußen im Rückblick. In: GG. Sonderheft 6, Göttingen 1980
REIF, H., Der Adel in der modernen Sozialgeschichte. In: Sozialgeschichte in Deutschland, hg. von W. Schieder/V. Sellin, Bd. IV, Göttingen 1987, S. 34–60
REIF, H., Westfälischer Adel 1770–1860. Vom Herrschaftsstand zur regionalen Elite (Kritische Studien zur Geschichtswissenschaft, 35). Göttingen 1979
REUTER, T. (Hg.), The Medieval Nobility: Studies on the Ruling Classes of France and Germany from the Sixth to the Twelfth Century. Amsterdam 1979
SABLONIER, R., Adel im Wandel. Eine Untersuchung zur sozialen Situation des ostschweizerischen Adels um 1300 (Veröffentlichung des Max-Planck-Instituts f. Geschichte, 66). Göttingen 1979
VIERHAUS, R. (Hg.), Der Adel vor der Revolution. Göttingen 1971
WERNER, K. F., Adel. In: Lexikon des Mittelalters. Bd. 1, München/Zürich 1980, Sp. 118–128

Arbeiter, Arbeiterbewegung

COLE, G. D. G., A History of Socialist Thought. 7 Bde., London 1953–1960

DOWE, D., Bibliographie zur Geschichte der deutschen Arbeiterbewegung, sozialistischen und kommunistischen Bewegung von den Anfängen bis 1863. 3. Aufl., bearb. von V. Mettig. Bonn 1981

DROZ, J. (Hg.), Geschichte des Sozialismus. 16 Bde., Frankfurt/M. 1974–1979

GEARY, D., Arbeiterprotest und Arbeiterbewegung in Europa 1848 bis 1939. München 1983

KLOTZBACH, K., Bibliographie zur Geschichte der deutschen Arbeiterbewegung 1914 bis 1945. Sozialdemokratie, Freie Gewerkschaften, Christliche-Soziale Bewegungen, Kommunistische Bewegung und Linke Splittergruppen. 3. Aufl., bearb. von V. Mettig. Bonn 1981

KLOTZBACH, K., Der Weg zur Staatspartei. Programmatik, praktische Politik und Organisation der deutschen Sozialdemokratie 1945 bis 1965. Berlin/Bonn 1982

KUCZYNSKI, J., Die Geschichte der Lage der Arbeiter unter dem Kapitalismus. 38 Bde., Berlin (DDR) 1961–1972

LANDAUER, C., European Socialism. A History of Ideas and Movements from the Industrial Revolution to the First World War and its Aftermaths. 2 Bde., Berkeley/Los Angeles 1959

RITTER, G. A. (Hg.), Geschichte der Arbeiter und der Arbeiterbewegung in Deutschland seit dem Ende des 18. Jahrhunderts. 6 Bde., im Erscheinen, bisher: H. A. Winkler, Arbeiter und Arbeiterbewegung in der Weimarer Republik 1918 bis 1933. 3 Bde., Berlin/Bonn 1983–1987

STURMTHAL, A., Comparative Labor Movements. Ideological Roots and Institutional Development. Belmont/Cal. 1972

TENFELDE, K. (Hg.), Arbeiter und Arbeiterbewegung im Vergleich. Berichte zur internationalen historischen Forschung. München 1986

TENFELDE, K./G. A. RITTER (Hg.), Bibliographie zur Geschichte der deutschen Arbeiterschaft und Arbeiterbewegung 1863 bis 1914. Berichtszeitraum 1945 bis 1975. Bonn 1981

Aufklärung

BAHNER, W., Aufklärung als europäisches Phänomen. Überblick und Einzeldarstellungen. Leipzig 1985

BAHR, E. (Hg.), Was ist Aufklärung? Thesen und Definitionen. Stuttgart 1974

CASSIRER, E., Die Philosophie der Aufklärung. Tübingen 1932. (= Grundriß der philosophischen Wissenschaften).

DÜLMEN, R. VAN, Die Gesellschaft der Aufklärer. Zur bürgerlichen Emanzipation und aufklärerischen Kultur in Deutschland. Frankfurt/M. 1986

HAMPSON, N., The Enlightenment. Harmondsworth 1968 (= The Pelican History of European Thought, 4)

HINSKE, N., Aufklärung. In: Staatslexikon. Recht – Wirtschaft – Gesellschaft in 5 Bänden. Hg. von der Görres-Gesellschaft. 7. Aufl., 1. Bd., Freiburg/Basel/Wien 1985, Sp. 390–400

HOLZ, H. H., Aufklärung. In: Ch. Wulf (Hg.), Wörterbuch der Erziehung. München/Zürich 1974, S. 40–44

IMHOF, U., Das gesellige Jahrhundert. Gesellschaft und Gesellschaften im Zeitalter der Aufklärung. München 1982

JEISMANN, K.-E., Schulgeschichte seit der Französischen Revolution. Zu zwei Quellenbänden von B. Michael u. H.-H. Schepp. In: Zeitschrift für Pädagogik 21 (1975), S. 789–800

KOPITZSCH, F., Die Aufklärung in Deutschland. Zu ihren Leistungen, Grenzen und Wirkungen. In: Archiv für Sozialgeschichte 23 (1983), S. 1–21

MARTENS, W., Die Botschaft der Tugend. Die Aufklärung im Spiegel der deutschen Moralischen Wochenschriften. Stuttgart 1968

MÖLLER, H., Die Interpretation der Aufklärung in der marxistisch-leninistischen Geschichtsschreibung. In: Zeitschrift f. Hist. Forschung 4 (1977), S. 438–472

MÖLLER, H., Vernunft und Kritik. Deutsche Aufklärung im 17. und 18. Jahrhundert. Frankfurt/M. 1986

VIERHAUS, R., Deutschland im 18. Jahrhundert. Politische Verfassung, soziales Gefüge, geistige Bewegung. Göttingen 1987

TROELTSCH, E., Aufklärung. In: Realencyklopädie für protestantische Theologie und Kirche. 3. Aufl., 2. Bd., Leipzig 1987, S. 225–241. Auch in: F. Kopitzsch (Hg.), Aufklärung, Absolutismus und Bürgertum in Deutschland. München 1976, S. 245–274

Bauer

ABEL, W., Agrarkrisen und Agrarkonjunktur. 3. Aufl., Hamburg/Berlin 1978

BADER, K. S., Studien zur Rechtsgeschichte des mittelalterlichen Dorfes. 3 Bde. Weimar/Wien/Köln/Graz 1957–1973

BLICKLE, P., Landschaften im Alten Reich. München 1973

BLICKLE, P., Die Revolution von 1525. 2. Aufl., München 1981

BLUM, J., The End of the Old Order in Rural Europe. Princeton 1978

CHAYANOV, A. V., The Theory of Peasant Economy. Homewood 1966

DUBY, G., L'économie rurale et la vie des campagnes dans l'Occident médiéval. 2 Bde, Paris 1962

FRANZ, G. (Hg.), Deutsche Agrargeschichte. 5 Bde, Stuttgart 1962–1970

HILTON, R. H., The English Peasantry in the Later Middle Ages. Oxford 1975

LE ROY LADURIE, E., Les paysans de Languedoc. 2 Bde, Paris/La Haye 1966

PATZE, H. (Hg.), Die Grundherrschaft im späten Mittelalter. 2 Bde, Sigmaringen 1983

PIGGOTT, ST. (Hg.), Agrarian History of England and Wales. 5 Bde, Cambridge 1981–1985

REDFIELD, R., The Little Community. 10. Aufl., Chicago/London 1973

SCHULZE, W., Bäuerlicher Widerstand und feudale Herrschaft. Stuttgart/Bad Cannstatt 1980

SKAZKIN, S. D., Der Bauer in Westeuropa während der Epoche des Feudalismus. Berlin 1976

WENSKUS, R. u. a. (Hg.), Wort und Begriff »Bauer«. Göttingen 1975

WOLF, E. R., Peasants. Englewood Cliffs, N. J. 1966

Bürger, Bürgertum

COWAN, A. F., The Urban Patriciate. Lübeck and Venice, Köln/Wien 1986

EBEL, W., Der Bürgereid als Geltungsgrund und Gestaltungsprinzip der deutschen mittelalterlichen Stadtrechte. Weimar 1958

GERTEIS, K., Die deutschen Städte in der Frühen Neuzeit. Zur Vorgeschichte der ›bürgerlichen Welt‹. Darmstadt 1986

Histoire de la France urbaine. 5 Bde., Paris 1980–85

ISENMANN, E., Die deutsche Stadt im Spätmittelalter. 1250–1500. Stuttgart 1988

KOCH, R., Grundlagen bürgerlicher Herrschaft. Verfassungs- und sozialgeschichtliche Studien zur bürgerlichen Gesellschaft in Frankfurt a. M. Wiesbaden 1983

KOCKA, J. (Hg.), Bürger und Bürgerlichkeit im 19. Jahrhundert. Göttingen 1987

KOCKA, J. (Hg.), Bürgertum im 19. Jahrhundert. Deutschland im europäischen Vergleich. 3 Bde., München 1988

MALETTKE, K. (Hg), Ämterkäuflichkeit. Aspekte sozialer Mobilität im europäischen Vergleich (17. und 18. Jahrhundert). Berlin 1980

RAUSCH, W. (Hg.), Beiträge zur Geschichte der Städte Mitteleuropas. 8 Bde. und Registerbd., Linz 1963–1987

SCHILLING, H. (Hg.), Bürgerliche Eliten in den Niederlanden und in Nordwestdeutschland. Studien zur Sozialgeschichte des europäischen Bürgertums im Mittelalter und in der Neuzeit. Köln 1985

Städteforschung. Reihe A: Darstellungen. Bd. 1 ff., Köln 1976 ff.

STONE, L. / J. C. FAWTIER STONE, An Open Elite? England 1540–1880. Oxford 1984

STOOB, H. (Hg.), Altständisches Bürgertum. 2 Bde., Darmstadt 1978

VIERHAUS, R. (Hg.), Bürger und Bürgerlichkeit im Zeitalter der Aufklärung. Heidelberg 1981

WEHLER, H.-U., Deutsche Gesellschaftsgeschichte, 2 Bde., München 1987 (2 weitere Bde. geplant)

Familie

ANDERSON, M., Approaches to the History of the Western Family 1500–1914. London 1980

CONZE, W. (Hg.), Sozialgeschichte der Familie in der Neuzeit Europas. Stuttgart 1976

GOODY, J., Die Entwicklung von Ehe und Familie in Europa. Berlin 1986

HERLIHY, D., Medieval Households. London 1985

HERRMANN U. u. a., Bibliographie zur Geschichte der Kindheit, Jugend und Familie. München 1980

LASLETT, P./R. WALL (Hg.), Household and Family in Past Time. Cambridge 1972

MILDEN, J. W., The Family in the Past Time. A Guide to the Literature. New York 1977

MITTERAUER, M./R. SIEDER (Hg.), Historische Familienforschung. Frankfurt/M. 1982

MITTERAUER, M. / R. SIEDER (Hg.), Vom Patriarchat zur Partnerschaft. Zum Strukturwandel der Familie. München 1984

ROSENBAUM, H. (Hg.), Seminar: Familie und Gesellschaftsstruktur. Materialien zu den sozioökonomischen Bedingungen von Familienformen. Frankfurt/M. 1978

ROSENBAUM, H. (Hg.), Formen der Familie. Untersuchungen zum Zusammenhang von Familienverhältnissen, Sozialstruktur und sozialem Wandel in der deutschen Gesellschaft des 19. Jahrhunderts. Frankfurt/M. 1982

SHORTER, E., Die Geburt der modernen Familie. Hamburg 1977

SIEDER, R., Sozialgeschichte der Familie. Frankfurt/M. 1987

SOLIDAY, G. L., History of the Family and Kinship: A Selected International Bibliography. New York 1980

WALL, R. u. a. (Hg.), Family Forms in Historic Europe. Cambridge 1983

Faschismus

BRACHER, K. D., Zeitgeschichtliche Kontroversen. Um Faschismus, Totalitarismus und Demokratie. München 1976

DE FELICE, R., Der Faschismus. Ein Interview von M. A. Ledeen. Stuttgart 1977 (ital. 1975)

Der italienische Faschismus. Probleme und Forschungstendenzen. München/Wien 1983

LAQUEUR, W., Fascism. A Readers Guide. Analyses, Interpretations, Bibliography. Berkeley/Los Angeles 1976

LARSEN, S. U. / B. HAGTVET / I. P. MYKLEBUST (Hg.), Who Were the Fascists? Social Roots of European Fascism. Bergen/Oslo/Tromsö 1980

LEDEEN, M. A., Universal Fascism. The Theory and Practice of the Fascist International 1928–1936. New York 1972

MOSSE, G. (Hg.), International Fascism: New Thoughts and New Approaches. London/Beverly Hills 1979

NOLTE, E., Der Faschismus in seiner Epoche. 5. Aufl., München 1979

NOLTE, E., Die Krise des liberalen Systems und die faschistischen Bewegungen. München 1968

PAYNE, S. G., Fascism. Comparison and Definition. Madison 1980

REES, P., Fascism and Prefascism in Europe 1880–1945. A Bibliography of the Extreme Right. Brighton 1984

SCHIEDER, W. (Hg.), Faschismus als soziale Bewegung. Deutschland und Italien im Vergleich. 2. Aufl., Göttingen 1983

THAMER, H.-U. / W. WIPPERMANN, Faschistische und neofaschistische Bewegungen. Darmstadt 1977

Totalitarismus und Faschismus. Eine wissenschaftliche und politische Begriffskontroverse. München/Wien 1980

WIPPERMANN, W., Faschismustheorien. Zum Stand der gegenwärtigen Diskussion. 4. Aufl., Darmstadt 1980

Imperialismus

ALBERTINI, R. VON, Europas Kolonialherrschaft. Die Expansion in Übersee von 1880 bis 1940. Zürich/Freiburg 1976

CIPOLLA, C. M./K. BORCHARDT (Hg.), Europäische Wirtschaftsgeschichte. Bd. 1–6, Stuttgart 1976–1980

ELLIOTT, J. H., The Old World and the New 1492–1650. Cambridge 1970

GEYER, D., Der russische Imperialismus. Studien über den Zusammenhang von innerer und auswärtiger Politik 1860-1914. Göttingen 1977

GIRAULT, R., Diplomatie européenne et impérialismes. Histoire des relations internationales contemporaines, I: 1871–1914. Paris/New York 1979

GOLLWITZER, H., Geschichte des weltpolitischen Denkens. Bd. 2: Zeitalter des Imperialismus und der Weltkriege. Göttingen 1982

MOMMSEN, W. J., Der europäische Imperialismus. Aufsätze und Abhandlungen. Göttingen 1979

MOMMSEN, W. J., Imperialismustheorien. Ein Überblick über die neueren Imperialismusinterpretationen. 2. Aufl., Göttingen 1980

MOMMSEN, W. J./J. OSTERHAMMEL (Hg.), Imperialism and After. Continuities and Discontinuities. London 1986

OSTERHAMMEL, J. (Hg.), Britische Übersee-Expansion und britisches Empire vor 1840. Bochum 1987

REINHARD, W., Geschichte der europäischen Expansion. Bd. I: Die Alte Welt bis 1918. Stuttgart 1983

SCHMIDT, G., Der europäische Imperialismus. München 1985

WALLERSTEIN, I., The Modern World-System. Vol. I: Capitalist Agriculture and the Origins of the European World Economy in the Sixteenth Century. New York 1974; Vol. II: Mercantilism and the Consolidation of the European World Economy, 1600–1750. New York 1980

WOODRUFF, W., Impact of Western Man. A Study of Europe's Role in the World Economy 1750–1960. London 1966

WEHLER, H.-U., Bismarck und der Imperialismus. Köln 1969

Industrialisierung

AUBIN, H./W. ZORN (Hg.), Handbuch der deutschen Wirtschafts- und Sozialgeschichte. Bd. 2: Das 19. und 20. Jahrhundert. Stuttgart 1976

BORCHARDT, K. (Hg.), Europäische Wirtschaftsgeschichte, Bd. 4: Die Entwicklung der industriellen Gesellschaften. Stuttgart/New York 1977

BRAUN, R. u. a. (Hg.), Industrielle Revolution. Wirtschaftliche Aspekte. Köln/Berlin 1972

BRAUN, R. u. a. (Hg.), Gesellschaft in der Industriellen Revolution. Köln 1973

GERSCHENKRON, A., Economic Backwardness in Historical Perspective. A Book of Essays. Cambridge/Mass. 1962

Handbuch der europäischen Wirtschafts- und Sozialgeschichte. Bde. 5 und 6, Stuttgart 1985

HENNING, F.-W., Die Industrialisierung in Deutschland 1800 bis 1914. Paderborn 1973

HENNING, F.-W., Das industrialisierte Deutschland 1914 bis 1972. Paderborn 1974

HOFFMANN, W. G. u. a., Das Wachstum der deutschen Wirtschaft seit der Mitte des 19. Jahrhunderts. Berlin u. a. 1965

KRIEDTE, P. u. a., Industrialisierung vor der Industrialisierung. Gewerbliche Warenproduktion auf dem Lande in der Formationsperiode des Kapitalismus. Göttingen 1977

LANDES, D. S., Der entfesselte Prometheus. Technologischer Wandel und industrielle Entwicklung in Westeuropa von 1750 bis zur Gegenwart. Köln 1973

MITCHELL, B., European Historical Statistics. London/Basingstoke 1975

RADANDT, H. u. a. (Hg.), Handbuch Wirtschaftsgeschichte. 2 Bde., Berlin (DDR) 1981

ROSTOW, W. W., Stadien wirtschaftlichen Wachstums. 2. Aufl., Göttingen 1967

SPREE, R., Wachstumstrends und Konjunkturzyklen in der deutschen Wirtschaft von 1820 bis 1913. Göttingen 1978

WEHLER, H.-U., Deutsche Gesellschaftsgeschichte, Bd. 1: 1700–1815; Bd. 2: 1815–1848. München 1987

Reformation

BLICKLE, P., Die Reformation im Reich. Stuttgart 1982

BLICKLE, P., Die Revolution von 1525. 2. Aufl., München 1981

BLICKLE, P., Gemeindereformation. München 1985

BRECHT, M., Martin Luther. 3 Bde., Lahr 1981–1986

DÜLMEN, R. VAN, Reformation als Revolution. München 1977

GOERTZ, H.-J., Pfaffenhaß und groß Geschrei. München 1987

KÖHLER, H.-J., Erste Schritte zu einem Meinungsprofil der frühen Reformationszeit. In: V. Press/D. Stievermann (Hg.), Martin Luther. Stuttgart 1986, S. 244–281

LOCHER, G. W., Die Zwinglische Reformation im Rahmen der europäischen Kirchengeschichte. Göttingen 1979

MAIER, H., Die ältere deutsche Staats- und Verwaltungslehre. 2. Aufl., München 1980

MOELLER, B., Deutschland im Zeitalter der Reformation. Göttingen 1977

NIJENHUIS, W., Calvin. In: Theologische Realenzyklopädie. Bd. 7, Berlin/New York 1981, S. 568–592

SCHMIDT, H. R., Reichsstädte, Reich und Reformation. Stuttgart 1986

SCRIBNER, R., For the Sake of Simple Folk. Cambridge 1981

TROELTSCH, E., Aufsätze zur Geistesgeschichte und Religionssoziologie. Tübingen 1925

WEBER, M., Die protestantische Ethik und der Geist des Kapitalismus. In: Gesammelte Aufsätze zur Religionssoziologie, hg. von M. Weber. Bd. 1. 6. Aufl., Tübingen 1972, S. 17–206

WOHLFEIL, R., Einführung in die Geschichte der deutschen Reformation. München 1982

Religion, Kirche

ANDRESEN, C./G. DENZLER, Wörterbuch der Kirchengeschichte. München 1982
BARRACLOUGH, G. (Hg.), Die Welt des Christentums. Kirche und Gesellschaft in 2 Jahrtausenden. München 1982
Gesamtdarstellungen der Kirchengeschichte. In: Verkündigung und Forschung 1/2 (1980) [Forschungsüberblicke]
GRESCHAT, M. (Hg.), Gestalten der Kirchengeschichte. 12 Bde., Stuttgart/Berlin/Köln/Mainz 1982–1985
HAENDLER, G./K. MEIER/J. ROGGE (Hg.), Kirchengeschichte in Einzeldarstellungen. Bd. I/1 ff. Berlin 1978 ff.
HARMS, H. H. u. a. (Hg.), Die Kirchen der Welt. 20 Bde., Frankfurt/M. 1959–1986 [Selbstdarstellungen!]
JEDIN, H. (Hg.), Handbuch der Kirchengeschichte. 7 Bde., Freiburg/Basel/Wien 1962–1979 [Paperback-Ausgabe 1985]
KHOURY, A. TH. (Hg.), Lexikon religiöser Grundbegriffe. Judentum – Christentum – Islam. Graz/Wien/Köln 1987
KRAUSE, G./G. MÜLLER (Hg.), Theologische Realenzyklopädie. Bd. I ff. Berlin/New York 1976/77 ff.
MOELLER, B. (Hg.), Die Kirche in ihrer Geschichte. Ein Handbuch, begr. von K. D. Schmidt u. E. Wolf. Lieferung A/1 ff., Göttingen 1961 ff.
OBERMANN, H. A./A. M. RITTER/H.-W. KRUMWIEDE (Hg.), Kirchen- und Theologiegeschichte in Quellen. 4 Bde., Neukirchen/Vluyn 1977–1980
ROGIER, L. J./R. AUBERT/M. D. KNOWLES (Hg.), Geschichte der Kirche. 5 Bde., Zürich 1963–1977
Saeculum Weltgeschichte III/IV: Die Hochkulturen im Zeichen der Weltreligionen. Freiburg/Basel/Wien 1967
SCHRÖDER, C. M. (Hg.), Die Religionen der Menschheit. Bd. 1 ff. Stuttgart/Berlin/Köln 1960 ff.
WALDENFELS, H. (Hg.), Lexikon der Religionen. Freiburg/Basel/Wien 1987
WIDENGREN, G., Religionsphänomenologie. Berlin 1969

Revolution

BENDER, K.-H., Revolutionen. Die Entstehung des politischen Revolutionsbegriffs in Frankreich zwischen Mittelalter und Aufklärung. München 1977
DIPPEL, H., Die Amerikanische Revolution 1763–1787. Frankfurt/M. 1985
GEYER, D., Die Russische Revolution. Göttingen 1985
GRIEWANK, K., Der neuzeitliche Revolutionsbegriff. Stuttgart 1969
KOSELLECK, R. u. a., Revolution, Rebellion, Aufruhr, Bürgerkrieg. In: Geschichtliche Grundbegriffe. Bd. 5, Stuttgart 1984, S. 653–788
KOSSOK, M. u. a., Bürgerliche Revolutionen. Frankfurt/M. 1979
LANGEWIESCHE, D. (Hg.), Revolution und Krieg. Zur Dynamik politisch-gesellschaftlichen Wandels seit dem 18. Jahrhundert. Paderborn 1989
REINALTER, H. (Hg.), Revolution und Gesellschaft. Zur Entwicklung des neuzeitlichen Revolutionsbegriffs. Innsbruck 1980
SCHIEDER, TH. (Hg.), Revolution und Gesellschaft. Freiburg 1973

SCHMITT, E., Einführung in die Geschichte der Französischen Revolution. München 1976 (mit Darstellung der kontroversen Deutungen)
SCHRÖDER, H.-CH., Die Amerikanische Revolution. München 1982
Ders., Die Revolutionen Englands im 17. Jahrhundert. Frankfurt/M. 1987
SKOCPOL, TH., States and Social Revolutions. A Comparative Analysis of France, Russia, and China. Cambridge 1979 (mit Überblick über Revolutionstheorien)
WENDE, P., Probleme der Englischen Revolution. Darmstadt 1980

Schule, Bildung

ALT, R., Bildatlas zur Schul- und Erziehungsgeschichte. 2 Bde., Berlin 1960 und 1965
BALLAUF, TH./K. SCHALLER, Pädagogik. Eine Geschichte der Bildung und Erziehung. 3 Bde., Freiburg 1969, 1970 und 1973
BOEHM, L., Das mittelalterliche Erziehungswesen. In: Prop. Geschichte der Literatur II, 1983
ENNEN, E., Stadt und Schule in ihrem wechselseitigen Verhältnis vornehmlich im Mittelalter. In: RhVjBll 22 (1957)
FERTIG, L., Zeitgeist und Erziehungskunst. Eine Einführung in die Kulturgeschichte der Erziehung in Deutschland von 1600 bis 1900. Darmstadt 1984
FRIED, J. (Hg.), Schule und Studium im sozialen Wandel des hohen und späten Mittelalters. (Vorträge und Forschungen Bd. 30) o.O. 1986
HERRLITZ, H. G./W. HOPF/H. TITZE, Deutsche Schulgeschichte von 1800 bis zur Gegenwart. Eine Einführung. Königstein/Ts. 1981
ILLMER, D., Erziehung und Wissensvermittlung im frühen Mittelalter. Ein Beitrag zur Entstehungsgeschichte der Schule. Kastellaun 1979
LESCHINSKY, A./P. M. ROEDER, Schule im historischen Prozeß. Zum Wechselverhältnis von institutioneller Erziehung und gesellschaftlicher Entwicklung. Stuttgart 1976
MARROU, H. I., Geschichte der Erziehung im klassischen Altertum. Freiburg 1957
MOELLER, B./H. PATZE/K. STACKMANN (Hg.), Studien zum städtischen Bildungswesen des späten Mittelalters und der frühen Neuzeit. Bericht über die Kolloquien der Kommission zur Erforschung der Kultur des Spätmittelalters 1978 bis 1981. Göttingen 1983
PAULSEN, F., Geschichte des gelehrten Unterrichts auf den deutschen Schulen und Universitäten vom Ausgang des Mittelalters bis zur Gegenwart. (1885) Reprint: 2 Bde., Berlin 1960
RICHÉ, P., Les écoles et l'enseignement dans l'Occident chrétien de la fin du Ve siècle au milieu du XIe siècle. Paris 1979
VIERHAUS, R., Artikel: Bildung. In: Geschichtliche Grundbegriffe, hg. v. O. Brunner/W. Conze/R. Koselleck. Bd. I, 1972

Sozialismus, Kommunismus

BEER, M., Allgemeine Geschichte des Sozialismus und der sozialen Kämpfe. 7. Aufl., Berlin 1932
BRAUNTHAL, J., Geschichte der Internationale. 3 Bde., Hannover 1961–1971
COLE, G. D. H., A History of Socialist Thought. 4 Bde., London 1953–1960
DROZ, J. (Hg.), Geschichte des Sozialismus. 16 Bde., Frankfurt/Berlin 1972–1978
FETSCHER, I., Karl Marx und der Marxismus. 4. Aufl., München 1984
FRANK, P., Geschichte der Kommunistischen Internationale. 2 Bde., Frankfurt/M. 1981
HOFMANN, W., Ideengeschichte der sozialen Bewegung des 19. und 20. Jahrhunderts. 6. Aufl., Berlin 1979
KOLAKOWSKI, L., Die Hauptströmungen des Marxismus. 3 Bde., München 1977–1979
LEONHARD, W., Die Dreispaltung des Marxismus. Düsseldorf 1970
LICHTENHEIM, G., Kurze Geschichte des Sozialismus. Köln 1972
MEDWEDEW, R., Die Wahrheit ist unsere Stärke. Geschichte und Folgen des Stalinismus. Frankfurt/M. 1973
MEYER, T. u. a., Lexikon des Sozialismus. Köln 1986
VRANICKI, P., Geschichte des Marxismus. 2 Bde., Frankfurt/M. 1972–1974
WEBER, H., Kommunistische Bewegung und realsozialistischer Staat. Köln 1988
Wörterbuch des wissenschaftlichen Kommunismus. 2. Aufl., Berlin/DDR 1984

Staat, Herrschaft

ANDERSON, E. N./R. PAULINE, Political Institutions and Social Change in Continental Europe in the Nineteenth Century. Berkeley, Los Angeles 1967
ANDERSON, P., Von der Antike zum Feudalismus. Spuren der Übergangsgesellschaften. Frankfurt/M. 1978
COLBOURN, R. (Hg.), Feudalism in History. Princeton 1956, Repr. Ann Arbor 1963
DUVERGER, M., Die politischen Systeme. Hamburg 1960
DUVERGER, M., Die politischen Parteien. Tübingen 1959
EISENSTADT, S. N., The Political Systems of Empires. New York 1969
FINLEY, M. I., Das politische Leben in der antiken Welt. München 1986
HINTZE, O., Feudalismus – Kapitalismus. Hrsg. und eingel. von Gerhard Oestreich. Göttingen 1970
KRAMER, F./CH. SIGRIST (Hg.), Gesellschaften ohne Staat. 2 Bde, Bd. 1: Gleichheit und Gegenseitigkeit. Bd. 2: Genealogie und Solidarität. 2. Aufl., Frankfurt/M. 1983
MOORE, B., Soziale Ursprünge von Diktatur und Demokratie. Die Rolle der Grundbesitzer und Bauern bei der Entstehung der modernen Welt. Frankfurt/M. 1969
POLANYI, K., The Great Transformation. Politische und ökonomische Ursprünge von Gesellschaften und Wirtschaftssystemen. Frankfurt/M. 1978
SERVICE, E. R., Ursprünge des Staates und der Zivilisation: Der Prozeß der kulturellen Evolution. Frankfurt/M. 1977
WEBER, M., Wirtschaft und Gesellschaft. Grundriß der verstehenden Soziologie.

5. rev. Aufl. mit textkritischen Erläuterungen hrsg. v. J. Winckelmann, Tübingen 1976

WESEL, U., Frühformen des Rechts in vorstaatlichen Gesellschaften. Umrisse einer Frühgeschichte des Rechts bei Sammlern und Jägern und akephalen Akkerbauern und Hirten. Frankfurt/M. 1985.

WITTFOGEL, K. A., Die orientalische Despotie. Eine vergleichende Untersuchung totaler Macht. Frankfurt/M. 1977

Antike

ALFÖLDY, G., Römische Sozialgeschichte. 3. Aufl., Wiesbaden 1984

BENGTSON, H., Griechische Geschichte von den Anfängen bis in die römische Kaiserzeit. 7. Aufl., München 1986

BLEICKEN, J., Die athenische Demokratie. Paderborn 1985

BLEICKEN, J., Geschichte der römischen Republik. 3. Aufl., München 1988

DEMANDT, A., Die Spätantike. Römische Geschichte von Diocletian bis Justinian 284–565 n. Chr. München 1989

FINLEY, M. I., Die antike Wirtschaft. 2. Aufl., München 1980

FINLEY, M. I., Das politische Leben in der antiken Welt. München 1986

GSCHNITZER, F., Griechische Sozialgeschichte von der mykenischen bis zum Ausgang der klassischen Zeit. Wiesbaden 1981

HEUSS, A., Römische Geschichte. 5. Aufl., Braunschweig 1983

KOLB, F., Die Stadt im Altertum. München 1984

KRÜGER, B. (Hg.), Die Germanen. Geschichte und Kultur der germanischen Stämme in Mitteleuropa. Berlin (DDR), Bd. 1, 5. Aufl. 1988, Bd. 2, 2. Aufl. 1986

MARTINO, F. DE, Wirtschaftsgeschichte des alten Rom. München 1985

MEIER, CHR., Res publica amissa. Eine Studie zu Verfassung und Geschichte der späten römischen Republik. 2. Aufl., Frankfurt/M. 1980

SCHMITT, H.-H./E. VOGT (Hg.), Kleines Wörterbuch des Hellenismus. Wiesbaden 1988

VOGT, J., Sklaverei und Humanität. Studien zur antiken Sklaverei und ihrer Erforschung. 2. Aufl., Wiesbaden 1972 (dazu Erg.-Heft, Wiesbaden 1983)

ZIEGLER, K./W. SONTHEIMER (Hg.), Der Kleine Pauly. Lexikon der Antike. 5 Bde., Stuttgart, später München 1964–75

Mittelalter

BLOCH, M., Die Feudalgesellschaft. Frankfurt/Berlin/Wien 1982

BOOCKMANN, H., Einführung in die Geschichte des Mittelalters. München 1978

BORST, A., Lebensformen im Mittelalter. Frankfurt/Berlin/Wien 1973

DUBY, G., Krieger und Bauern. Die Entwicklung von Wirtschaft und Gesellschaft im frühen Mittelalter. 2. Aufl., Frankfurt/M. 1981

DUBY, G., Europa im Mittelalter. Stuttgart 1986

DOPSCH, A., Die Wirtschaftsentwicklung der Karolingerzeit, vornehmlich in Deutschland. 2 Bde., 3. Aufl., Weimar 1962

LE GOFF, J., Kultur des europäischen Mittelalters. Zürich 1970

GURJEWITSCH, H. J., Das Weltbild des mittelalterlichen Menschen. München 1980

LE ROY LADURIE, E., Montaillou. Ein Dorf vor dem Inquisitor 1294–1324. Frankfurt/Berlin/Wien 1980

KUCHENBUCH, L., Bäuerliche Gesellschaft und Klosterherrschaft im 9. Jahrhundert. Wiesbaden 1978

Mittelalterforschung (= Forschung und Information Bd. 29), Berlin 1981

PIRENNE, H., Mahomet und Karl der Große. Frankfurt/M. 1963

PRINZ, F., Klerus und Krieg im früheren Mittelalter. Stuttgart 1971

Frühe Neuzeit

BAUER, L./H. MATIS, Geburt der Neuzeit. Vom Feudalsystem zur Marktgesellschaft. München 1988

BURKHARDT, J., Frühe Neuzeit 16.–18. Jahrhundert. Königstein/Ts. 1985

DUCHHARDT, H., Das Zeitalter des Absolutismus. München 1989

DÜLMEN, R. VAN, Entstehung des frühneuzeitlichen Europa 1550–1648. Frankfurt/M. 1982

HINRICHS, E., Einführung in die Geschichte der Frühen Neuzeit. München 1980

KOENIGSBERGER, H. G., Early Modern Europe. London 1986

KOSELLECK, R., Vergangene Zukunft. Zur Semantik geschichtlicher Zeiten. Frankfurt/M. 1979

KUNISCH, J., Absolutismus. Europäische Geschichte vom Westfälischen Frieden bis zur Krise des Ancien Régime. Göttingen 1986

MAGER, W., Protoindustrialisierung und Protoindustrie. In: GG 14 (1988), H. 3

MIECK, I., Europäische Geschichte der Frühen Neuzeit. 2. Aufl., Stuttgart 1977

NITSCHKE, A. (Hg.), Verhaltenswandel in der Industriellen Revolution. Beiträge zur Sozialgeschichte. Stuttgart 1975

REINHARD, W., Geschichte der europäischen Expansion. 2 Bde., Stuttgart 1983–1985

SCHULZE, W., Einführung in die Neuere Geschichte. Stuttgart 1987

SKALWEIT, S., Der Beginn der Neuzeit. Epochengrenze und Epochenbegriff. Darmstadt 1982

ZEEDEN, E. W., Hegemonialkrieg und Glaubenskämpfe 1556–1648. Propyläen Geschichte Europas. Bd. 2, Frankfurt/Berlin/Wien 1977

Neuzeit, Neuere Geschichte

ANDERSON, M. S., The Ascendancy of Europe. London 1972

BERGERON, L./F. FURET/R. KOSELLECK, Das Zeitalter der europäischen Revolutionen 1780–1848. Frankfurt/M. 1969

FEHRENBACH, E., Vom Ancien Régime zum Wiener Kongreß. München 1981

GALL, L., Europa auf dem Weg in die Moderne 1850–1890. München 1984

LANGEWIESCHE, D., Europa zwischen Restauration und Revolution 1815–1849. München 1985

The New Cambridge Modern History, Bd. IX–XII. Cambridge 1960–1968

PLOETZ, Epochen der modernen Geschichte, hg. von G. Niemetz/U. Uffelmann. Freiburg 1986

SCHIEDER, TH., Staatensystem als Vormacht der Welt 1848–1918. Frankfurt/M. 1982
SCHÖLLGEN, G., Das Zeitalter des Imperialismus. München 1986
WEIS, E., Der Durchbruch des Bürgertums 1776–1847. Frankfurt/M. 1982

Neueste Geschichte

BRACHER, K. D., Die Krise Europas 1917–1975 (= Propyläen Geschichte Europas Bd. 6). Frankfurt/M. 1975
FISCHER, W. (Hg), Europäische Wirtschafts- und Sozialgeschichte vom Ersten Weltkrieg bis zur Gegenwart (= Handbuch der europäischen Wirtschafts- und Sozialgeschichte, Bd. 6). Stuttgart 1987
FISCHER, W. (Hg.), Geschichte der Weltwirtschaft im 20. Jahrhundert, 6 Bde., München 1973/1984
HILLGRUBER, A., Europa in der Weltpolitik der Nachkriegszeit 1945–1963 (= Oldenbourg Grundriß der Geschichte Bd. 18). 3. Aufl., München 1987
KAELBLE, H., Auf dem Weg zu einer europäischen Gesellschaft. Eine Sozialgeschichte Westeuropas 1880–1980. München 1987
KOLB, E., Die Weimarer Republik (= Oldenbourg Grundriß der Geschichte Bd. 16). 2. Aufl., München 1988
LINK, W., Der Ost-West-Konflikt. Die Organisation der internationalen Beziehungen im 20. Jahrhundert. 2. Aufl., Stuttgart 1988
RITTER, G. A., Der Sozialstaat. Entstehung und Entwicklung im internationalen Vergleich. München 1989
SCHIEDER, TH. (Hg.), Europa im Zeitalter der Weltmächte (= Handbuch der Europäischen Geschichte Bd. 7). Stuttgart 1979
THAMER, H.-U., Verführung und Gewalt. Deutschland 1933–1945 (= Die Deutschen und ihre Nation Bd. 5). Berlin 1986
Weltbank (Hg.), Weltentwicklungsbericht (jährlich seit 1977)

Personenregister

Sachregister

Kulturgeschichte

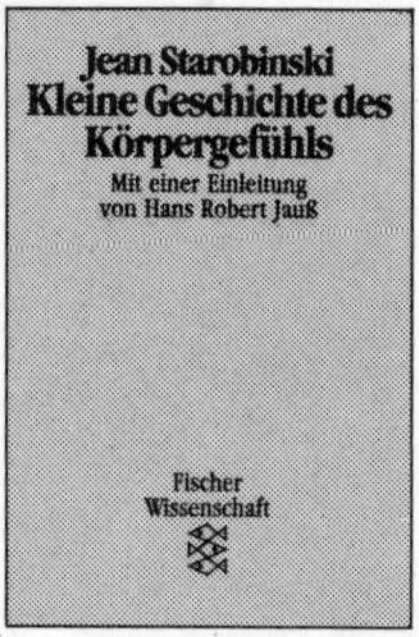

Hermann Glaser
Die Kulturgeschichte der Bundesrepublik Deutschland
Drei Bände in Kassette: Bd. 10530
Die Bände sind auch einzeln erhältlich:

Band 1: Zwischen Kapitulation und Währungsreform (1945–1948)
Band 10527

Band 2: Zwischen Grundgesetz und Großer Koalition (1949–1967)
Band 10528

Band 3: Zwischen Protest und Anpassung (1968–1989)
Band 10529

Rebekka Habermas, Walter H. Pehle (Hg.)
Der Autor, der nicht schreibt
Über den Büchermacher und das Buch (Festschrift für Günther Busch)
Band 4444

Jost Hermand
Grüne Utopien in Deutschland
Zur Geschichte des ökologischen Bewußtseins. Band 10395

Jost Hermand, Frank Trommler
Die Kultur der Weimarer Republik
Band 4397

Herfried Münkler
Machiavelli
Die Begründung des politischen Denkens der Neuzeit aus der Krise der Republik Florenz. Band 7342

Wolfgang Schivelbusch
Geschichte der Eisenbahnreise
Zur Industrialisierung von Raum und Zeit im 19. Jahrhundert
Band 4414

Lichtblicke
Zur Geschichte der künstlichen Helligkeit im 19. Jahrhundert
Band 4341

Das Paradies, der Geschmack und die Vernunft
Eine Geschichte der Genußmittel
Band 4413

Jean Starobinski
Kleine Geschichte des Körpergefühls
Mit einer Einleitung von Hans Robert Jauß
Band 10523

Fischer Taschenbuch Verlag

fi 1703 / 1 b

Mentalitäts- und Sozialgeschichte

Erna M. Johansen
Betrogene Kinder
Eine Sozialgeschichte der Kindheit
Band 6622

Jürgen Kocka
Klassengesellschaft im Krieg
Deutsche Sozialgeschichte 1914–1918
Band 4395

Eva Labouvie
Zauberei und Hexenwerk
Zur Hexenverfolgung in Deutschland
Band 10493

Peter Laslett
Verlorene Lebenswelten
Geschichte der vorindustriellen Gesellschaft
Band 10561

Maurice Lombard
Blütezeit des Islam
Eine Wirtschafts- und Kulturgeschichte 8.–11. Jahrhundert
Band 10773

Hans-Jürgen Lüsebrink, Rolf Reichardt
Die »Bastille«
Zur Symbolgeschichte von Herrschaft und Freiheit
Band 4419

Wolfgang J. Mommsen (Hg.)
Das Ende der Kolonialreiche
Dekolonisation und die Politik der Großmächte
Band 4439

Lutz Niethammer u.a.
Bürgerliche Gesellschaft in Deutschland
Historische Einblicke, Fragen, Perspektiven
Band 4387

Wilfried Nippel
Griechen, Barbaren und »Wilde«
Alte Geschichte und Sozialanthropologie
Band 4429

Wolfgang Reinhard (Hg.)
Imperialistische Kontinuität und nationale Ungeduld im 19. Jahrhundert
Band 10576

Fischer Taschenbuch Verlag

fi 1702 / 1 c

Historische Handbücher

Wolfgang Benz (Hg.)
Die Geschichte der Bundesrepublik Deutschland
Aktualisierte, erweiterte und illustrierte Neuausgabe. Vier Bände in Kassette: Bd. 4424
Die Bände sind auch einzeln erhältlich:

Band 1: Politik
Band 4420

Band 2: Wirtschaft
Band 4421

Band 3: Gesellschaft
Band 4422

Band 4: Kultur
Band 4423

Fischer Lexikon Geschichte
Herausgegeben von Richard van Dülmen
Band 4563

Hermann Glaser
Die Kulturgeschichte der Bundesrepublik Deutschland
Drei Bände in Kassette:
Band 10530
Die Bände sind auch einzeln erhältlich:

Band 1: Zwischen Kapitulation und Währungsreform (1945–1948)
Band 10527

Band 2: Zwischen Grundgesetz und Großer Koalition (1949–1967)
Band 10528

Band 3: Zwischen Protest und Anpassung (1968–1989)
Band 10529

Hajo Holborn
Deutsche Geschichte in der Neuzeit
Band 1: Das Zeitalter der Reformation und des Absolutismus (bis 1790). Bd. 6414

Band 2: Reform und Restauration, Liberalismus und Nationalismus (1790–1871). Bd. 6415

Band 3: Das Zeitalter des Imperialismus (1871–1945). Bd. 6416

Wilhelm von Sternburg (Hg.)
Die deutschen Kanzler
Von Bismarck bis Schmidt. Band 4383

Robert Wistrich
Wer war wer im Dritten Reich?
Ein biographisches Lexikon. Band 4373

Fischer Taschenbuch Verlag

fi 1704 / 1